자연어 처리의 정석

자연어 처리의 정석

자연어 처리의 A-Z 과거부터 최근 연구까지

제이콥 에이젠슈테인 지음   이동근·김근호 옮김

에이콘

한국어판 추천의 글

이 책은 자연어 처리의 역사책이 아닐까 싶습니다. 저자는 다양한 주제를 포괄적으로 다루면서도 그 핵심들을 짚을 수 있게 설명합니다.

최근 자연어 처리에 대한 관심이 증가하고 있습니다. 아무래도 딥러닝의 눈부신 발전 덕인 것으로 보입니다. 이런 시기일수록 오랫동안 보존된 생각이 담긴 교과서 같은 책을 살펴보는 것이 중요하다고 생각합니다.

어느 시기든 풀고자하는 핵심 문제는 반복되기 때문입니다. 이 책을 읽고나면 자연어 처리의 굵직한 생각들을 살펴볼 수 있으며 앞으로도 살아남을 생각은 무엇일지 알아보는 데도 도움을 줄 수 있으리라 기대됩니다.

유택근
포항공대 컴퓨터공학과 박사과정

자연어 처리, NLP 주제와 관련해 수많은 책이 등장하고, 최근에는 Transformers 라이브러리를 통해 무척 적은 코드로도 굉장한 성능을 낼 수 있는 방법들이 유행하고 있다. 한편, 자연어 처리의 기본이 되는 여러가지 부분에 있어서는 노력 대비 성능이 떨어진다는 점에서 상대적으로 소홀히되는 측면도 적잖게 있다. 솔직히, 수많은 이론과 수식, 혹은 입문서에서 다루는 여러가지 패키지를 통해 나오는 결과들만 보고 필요한 것을 그때그때 사용하는 것은 개발자로서 굉장히 메리트 있는 내용이긴 하다. pip install과 import를 통해 실제로 어떻게 동작하는지는 잘 모르지만 여전히 결과는 잘 나오는 그런 상태, 나도 첫 시작에서는 항상 느껴왔던 것이다.

기초부터 다시 볼까? 무엇부터 다시 보아야 할까?라는 생각을 수차례 반복하고 책을 이것저것 사 보기도 하다가도, 원서를 사면 수많은 수식도 부담스러운데 게다가 영어로 읽어야 한다는 부담까지 더해져 머리가 아파온다. 영어로 읽는 것은 스택오버플로우, 미디엄 아티클, 논문 정도면 충분한게 아닐까 하며, 밑줄 그으며 읽어보지만 어느날 책장에 들어가 있는 책을 발견하게 된다. 하지만 여전히 기초와 기본적인 내용에 대해 갈증이 느껴지는 상태, 내가 이걸 정말 잘 알고 쓰는 것인가 하는 의문, 그리고 나는 아무것도 모르는 게 아닌가 싶은 양심적 가책을 느끼는 상태를 해소하고 싶은 마음은 여전하다.

이 책이 다루고 있는 내용과 깊이는 위의 고민을 상당히 해결해준다. 아쉬운, 뭔가 양심이 찔리는 듯한 느낌이 드는 부분들을 수식 하나하나를 짚어가며 어떻게 처리가 되는지 이야기한다. 책을 읽으면, 이전에 수많은 글과 영상을 통해 갖고 있던 지식의 조각들이 하나의 완성형으로 만들어지는 과정을 경험하게 되고, 단순히 라이브러리의 API만 가져다 사용하는 과정에서 퍼즐 속 잃어버린 조각을 하나씩 채워가는 느낌을 받을 것이라 생각한다.

이준범
파이썬 개발자이자 한국어 자연어 처리 연구자

지은이 소개

제이콥 에이젠슈테인^{Jacob Eisenstein}

현재 구글에서 연구하고 있다. 구글에 합류하기 전에는 조지아공과대학교의 컴퓨터 과학부^{School of Interactive Computing}에서 교수로 재직했다.

감사의 말

많은 동료, 학생들과 친구들이 자신들의 전문 분야에 해당하는 영역에서 초본의 각 장들을 읽어줬다. Yoav Artzi, Kevin Duh, Heng Ji, Jessy Li, Brendan O'Connor, Yuval Pinter, Shawn Ling Ramirez, Nathan Schneider, Pamela Shapiro, Noah A. Smith, Sandeep Soni, Luke Zettlemoyer에게 감사를 전한다. 또한 한 줄 한 줄씩 읽으며 많은 의견을 남겨줬던 reviewer4라는 익명의 리뷰어에게도 특히 감사를 전한다. 또한 이 책은 Kevin Murphy만큼 높은 수준의 의논을 나눌 수 있었던 에디터 Marie Lufkin Lee, Shawn Ling Ramirez, Bonnie Webber에게도 감사를 전한다. 또한 초본을 읽고 주요 레퍼런스를 확인하며 많은 실수를 잡아줬던 사람들에게도 고마움을 전한다. 여기에는 Parminder Bhatia, Kimberly Caras, Jiahao Cai, Justin Chen, Rodolfo Delmonte, Murtaza Dhulia Wala, Yantao Du, Barbara Eisenstein, Luiz C. F. Ribeiro, Chris Gu, Joshua Killingsworth, Jonathan May, Taha Merghani, Gus Monod, Raghavendra Murali, Nidish Nair, Brendan O'Connor, Dan Oneata, Brandon Peck, Yuval Pinter, Nathan Schneider, Jianhao Shen, Zhewei Sun, Rubin Tsui, Ashwin Cunnapakkam Vinjimur, Denny Vrandečić, William Yang Wang, Clay Washington, Ishan Waykul, Aobo Yang, Xavier Yao, Yuyu Zhang과 여러 익명의 의견을 주는 사람들이 있었다. Clay Washington은 몇 가지 프로그래밍 문제에 대해서 테스트를 해줬고, Varun Gupta는 쓰여진 문제에 대해서 테스트를 해줬다. 그림 19.3에 대한 높은 수준의 해결책을 공유해준 Kelvin Xu에게도 고마움을 전한다.

이 책의 대부분 내용은 조지아텍의 인터렉티브 컴퓨팅 스쿨에서 가르치며 썼다. 이 프로젝트를 지원해준 학교 측과 교수 생활을 시작할 때 지원해준 그곳의 동료들에게 고마움을 전한다. 또한 이 책의 초창기 버전으로 고통받았을 조지아텍의 CS4650과 7650에 있는 수많은 사람들에게 고마움과 사과를 함께 전한다. 이 책을 부모님께 바친다.

옮긴이 소개

이동근(ddanggle.y@gmail.com)

컴퓨터 과학을 전공하던 중 소프트웨어 엔지니어의 길로 들어섰다. 채용과 아웃소싱 시장의 변화를 주도하고 있는 시소seeso를 창업했다. 수백 개의 프로젝트와 수백 명의 실무 전문가들과 작업하고, 여러 업무 데이터를 활용해 프로젝트를 효율적으로 수행할 수 있는 서비스를 개발했다. AI를 활용한 서비스를 꾸준히 개발하고 있으며, 함께 팀으로 일하며 성장하는 것에 관심이 많다. 여유가 있을 때는 사회 문제를 IT로 해결하는 프로젝트를 수행하거나 번역 작업을 한다. 오픈 소스와 오픈 소스가 갖는 문화에 존경심을 갖고 있다.

김근호(astrocat9311@gmail.com)

한국외국어대학교에서 영어통번역과 중국지역학을 전공했다. 어릴적부터 언어를 좋아했고, 언어학으로 시작한 관심이 프로그래밍 언어로 이어져 지금은 백엔드 개발자로 일하고 있다. 현재는 ERP 시스템을 개발한다. 지금도 언어에 관심이 많아 프로그래밍 언어와 함께 여러 언어를 학습하는 것이 취미이다.

옮긴이의 말

공부하던 강의(NLP 224n)에서 이 책을 처음 만난 후로, 실무를 하다가 이해 안 가는 부분을 찾아보며 일주일 동안 다섯 번 정도 이 책과 저자가 쓴 글을 마주했을 때 느꼈던 운명 같은 느낌을 아직도 간직하고 있습니다. 그리고 나서 운이 좋게도 이 책을 번역할 기회가 주어졌을 때는 운명이지 않을까 생각했습니다.

어느 책이나 번역하는 일은 항상 하늘이 내린 일이라고 생각하지만, 자연어 책을 참고하며 번역하는 일은 더욱 숙명적이고도 어려운 일이었습니다. 실력이 부족한 점도 없지 않아 있었겠지만 익숙치 않은 언어학적인 관점을 충분히 이해하고 번역해야 하기 때문입니다. 모국어도 언어학적인 관점에서 보는 한글과 실제로 사용하는 한국어가 다릅니다. 또 한글로 쓰인 수필, 소설, 에세이, 기사 등의 문장에서 느껴지는 작은 묘미를 독자들은 크게 느끼지만, 짧은 문장에도 숨겨진 문법성의 의미와 언어학적 의미를 살려서 번역하는 것은 정말 힘든 일이었습니다.

이 책은 자연어 처리의 정석이라고도 할 수 있는 교과서 스타일의 책입니다. 한국어로 잘 설명된 교과서를 보는 것도 상당한 에너지가 필요하고, 시작하기 전 마음을 다잡아야 하는데 이런 어려운 면면을 다 가진 책이라니. 이 책을 펼쳐 든 독자분들도 앞으로의 길이 쉽지 않으리라 생각합니다.

하지만 확언하건대 이 책은 자연어 처리에 관한 가장 탁월하게 설명하며, 읽으면 여러분의 실력을 굉장히 향상시켜줄 것입니다. 실력이 어느 정도 쌓인 후, 실무에 적용하는 수준이 되고 나면 각각으로 쪼개져 있는 지식의 양을 더 넓히는 동시에 합칠 줄 알아야 한다고 생각합니다. 또 알고 있는 지식 사이에 듬성듬성 나 있는 구멍을 메워야 하는 시기가 온다고 생각합니다. 그런 과정에 있다면 이 책은 최고의 책입니다. 자연어 처리 분야의 일부만 연구했더라도, word2vec과 BERT를 사용하며 실무의 한 부분에만 익숙하더라도, 20년 전의 검색 엔진 분석을 위한 텍스트 파싱에만 익숙한 모든 분께 더 넓은 시야와 깊은 지식을 얻을 수 있는 책이리라 확신합니다.

머신러닝/딥러닝의 주요한 분야 중 자연어 처리가 굳건히 자리를 잡은지도 시간이 지났지만, 기본 지식이 쌓이고 나서 무엇을 어떻게 공부해야 할지 총체적으로 알려주는 책은 없었습니다. 언어학의 일부를 공부하다가도, 혹은 머신러닝을 공부하다가도 어느 순간 코드를 보며 BERT, GPT 등을 사용하기 급급했을 수도 있습니다. 이 책은 자연어 처리를 소개하는 기본서는 아니지만 어느 정도의 지식이 있다면 내가 몰랐던 부분을 채우고 향후에 어떤 연구를 해야 하며, 애플리케이션을 어떻게 만들어야 할지 그 방향을 제시해주는 책이 될 것입니다. 제 마음속에 '정석'이라는 이름을 감히 붙이고 싶은 까닭입니다.

여러분이 이 책과 함께하면서 이해가 안 되는 부분이 있다면 모두 번역자의 잘못일 것입니다. 그럼에도 조금씩 읽어 간다면 이 책을 펼쳐 든 가장 큰 동기를 성취할 수 있을 것입니다.

이 책을 번역하면서 언어학에 대한 지식이 부족해 언어학을 전공한 친구와 함께 작업을 했습니다. 번역자 중 한 명은 언어학을 전공하다가 소프트웨어 엔지니어가 됐고, 나머지 한 명은 소프트웨어 엔지니어로서 훨씬 더 많고 깊은 프로그램을 개발할 수 있었을 뿐더러 제가 사용하던 프로그래밍 언어와 함께 한국어와 영어를 깊이 있게 이해할 수 있게 됐습니다. 여러분들도 가지고 있는 지식들이 자연어라는 하나의 주제로 통합되며 성장하는 경험을 하면 좋겠습니다.

생각보다 번역 작업이 길어졌고, 크고 작은 예상치 못한 상황이 있었지만 출간까지 이어질 수 있었던 것은 모두 에이콘출판사와 조유나 편집자님의 도움이 있었기 때문입니다. 긴 기간 동안 응원을 보내줬던 사랑하는 사람들께도 고마움을 전합니다. 마지막으로 이 책을 읽는 모든 독자 여러분께, 고마움의 인사와 함께 이 책을 펼쳐 든 이유이실 공부하고자 하는 지식을 얻을 수 있도록 진심 어린 응원의 메시지를 전합니다. 그리고 없는 시간을 쪼개어 베타리딩해주시고, 부족한 것을 제안해주신 베타리더 택근님과 준범님께도 이 자리를 빌어 진심 어린 고마움을 남깁니다.

차례

I   학습

III   의미

에이콘출판의 기틀을 마련하신 故 정완재 선생님 (1935-2004)

들어가며

이 책의 목표는 학습과 탐색 개념을 기반으로 자연어 처리의 다양한 핵심 개념들을 다루는 것이다. 자연어 처리 작업을 위한 수많은 문제는 다음의 여러 방법을 함께 사용해 해결할 수 있다.

- 탐색: 비터비 탐색, CKY 알고리듬, 스패닝 트리, 이동-감소, 정수 선형 프로그래밍, 빔 탐색
- 학습: 최대 우도 추정, 로지스틱 회귀, 퍼셉트론, 기댓값-최대화, 행렬 분해, 역전파

이 책에서는 이러한 방법들이 어떻게 동작하는지 설명하고, 광범위한 자연어 처리 작업에 어떻게 적용할 수 있을지 다뤄본다. 또한 문서 분류, 단어 의미 모호성, 품사 태깅, 개체명 인식, 파싱, 상호 참조 해결, 관계 추출, 담화 분석, 언어 모델링, 기계 번역 등과 같은 여러 자연어 처리 작업에 대해서 함께 다룰 것이다.

배경지식

자연어 처리는 수많은 여러 분야의 전통적인 연구 내용을 가져와서 사용하므로 그 연구자들은 하나 혹은 그 이상의 분야에 대해 준비가 완료됐다고 생각하지 않는다. 이 책을 읽기 위해 필요한 내용과 해당 내용을 어디서 더 자세히 공부할 수 있는지 간단히 소개한다.

- **『수학과 머신러닝』**: 이 책에서는 벡터, 행렬, 미분, 편미분 등의 다변수 미분법과 선형대수학에 관한 기본 지식이 있다고 가정하고 설명한다. 또한 확률과 통계에 관해서도 익숙해야 한다. 확률의 기본적인 내용에 대한 짧은 요약본은 부록 A에서, 수치 최적화에 대한 최소한의 내용은 부록 B에서 확인할 수 있을 것이다. 선형대수학에 대해서는 Strang(2016)이 훌륭한 온라인 코스와

책을 제공한다. Deisenroth et al.(2018)이『머신러닝에 관한 수학^{Mathematics for Machine Learning}』(Cambridge University Press, 2020)이라는 책을 집필하고 있으며, 해당 초본은 온라인에서 확인할 수 있다.[1] 또한 확률적 모델링과 추정에 대한 기본은 James et al.(2013)을 확인하면 되고, 해당 내용에 관해 훨씬 더 깊고 종합적인 논의에 대해서는 Hastie et al.(2009)의 유명한 책을 참고하면 된다.

- 『**언어학**』: 이 책에서는 언어학에 대해 초등 영어 문법에 관해 배우면서 접한 명사, 동사 등의 개념을 학습한 이외에 정규학습을 받지 않았다고 가정한다. 이 책에서는 여러 장에 걸쳐 필요한 만큼만 언어학의 여러 아이디어를 소개한다. 형태론과 구문론(9장), 의미론(12장과 13장), 담화(16장) 등에 대해 살펴보게 될 것이다. 언어학에서 다루는 문제 또한 응용에 초점을 맞추는 4, 8, 18장에서 다룬다. 자연어 처리를 공부하는 학생들을 대상으로 한 짧은 언어학 가이드는 Bender(2013)가 있다. 이 책에서 시작해, 좀 더 종합적인 기본 책들을 선택하면 될 것이다(예컨대 Akmajian et al., 2010; Fromkin et al., 2013).

- 『**컴퓨터 과학**』: 이 책은 알고리듬 분석과 복잡성 이론에 대한 기본 강의를 수강한 컴퓨터 과학자들을 대상으로 쓰여졌다. 특히 동적 프로그래밍과 함께 알고리듬의 메모리 비용과 시간의 점근적인 분석법에 대해 익숙해야 한다. 알고리듬의 전통적인 책은 Cormen et al.(2009)이 있으며, 컴퓨팅 이론에 대한 개론은 Arora & Barak(2009)이나 Sipser(2012)를 참고하면 된다.

이 책을 활용하는 법

기본적인 내용을 다룬 후, 다음의 4개 주요 영역에 관해 다룰 것이다.

- 학습: 다른 섹션에서 사용되는 여러 머신러닝 툴을 만들어볼 것이다. 머신러닝에 초점을 맞춰서 설명하기 때문에 텍스트 표현이나 언어학적인 현상들은 대부분 간단하다. "단어 가방^{bag-of-words}" 텍스트 분류를 예시 모델로 다룰 것이다. 4장에서는 단어 기반의 텍스트 분석에 관해 언어학적으로 흥미로운 응용 방법들을 설명한다.

---

1   https://mml-book.github.io/. 이 책은 출간이 됐고, 한국어로 출간되진 않았다. 해당 웹페이지에서 무료로 확인 가능하다(2022년 4월 기준).

- 시퀀스와 트리: 언어를 구조학적인 현상에 비춰 설명하는 섹션이다. 시퀀스 및 트리 표현과 이들이 만들어내는 알고리듬에 대해 다루고 이러한 표현에서 발생되는 한계점에 대해서 설명한다. 9장에서는 유한 상태 오토마타[finite-state automata]에 대해 소개하고, 영어 구문론에서의 문맥 자유 언어를 짧게 소개한다.

- 의미: 형식 논리에서부터 뉴럴 단어 임베딩까지 텍스트를 통해 의미를 표현하고, 계산하기 위한 내용을 다룬다. 의미론과 밀접하게 관련 있는 참조 모호성을 해결하기 위한 방법과 담화 구조에서의 다문장 분석에 대한 두 가지 주제 등을 다룬다.

- 응용: 자연어 처리에 대한 주요한 응용 문제인 정보 추출, 기계 번역, 텍스트 생성에 대해 설명한다. 하지만 이 문제 각각에 대해 깊게 다루려면 책 분량의 (예컨대 Koehn, 2009; Grishman, 2012; Reiter & Dale, 2000) 설명이 필요할 수도 있다. 각 장에서 뉴럴 어텐션과 같은 방법들을 소개하면서 이 책의 앞부분에서 구축한 형식과 방법을 사용해 가장 잘 알려진 시스템 중 일부를 설명한다.

일러두기: 표기 및 주의 사항

이 책은 쉽지 않으며 딱딱한 책입니다. 대학원생들을 위한 강의 노트에서 시작되며 쓰여진 데다 언어학과 영어의 상당한 부분을 다루기 때문에 우리에게 익숙하지 않은 부분들이 많습니다. 게다가 최근의 자연어 처리 기법을 다루는 만큼 국내에서 번역된 사례 혹은 단어들이 없는 경우 또한 많았습니다.

이 책을 번역하는 동안 최대한 국립국어원 표기와 맞춤법에 따른 한국어로 번역할 수 있도록 노력했습니다. 하지만 이 책을 읽는 주요 독자층들은 딥러닝/머신러닝과 수학에 관한 어느 정도의 지식이 있어야 하고, 수학과 영어, 한국어에 대한 기본 지식이 있으리라 생각했기 때문에 이 또한 감안해야 했습니다. 그 고민 끝에 최소한의 기준을 세웠습니다. 책을 읽으시는 분들도 다음의 기준을 참고하면 좋겠습니다.

1. 머신러닝 대중 서적, 강의를 통해서 학습자들에게 대중적으로 외래어로 고착화된 것들은 그대로 옮긴다.

   예시) 딥러닝, 네트워크, 컨볼루션 등

2. 자연어 처리 혹은 머신러닝 학습자들이 그대로 읽어도 이해하기 쉽다고 생각하는 부분은 국립국어원의 표기법을 따라 한국어로 옮긴다.
   예시) 확률적 경사하강법(stochastic gradient descent)

3. 학술 전문 용어가 아닌 경우는 최대한 한국어로 번역하여 옮긴다.

4. 학술 전문 용어인 경우, 이해를 위해 최대한 음차하여 적고, 영문을 함께 기재한다.

5. 연구자의 이름 및 논문 레퍼런스 등은 색인을 위해 그대로 영어를 기재한다.

6. 저자가 이 책에서 개념의 설명을 전달하기 위한 예시로 사용된 경우에는 해당 사례가 문맥과 문맥에 맞지 않더라도 책의 문맥을 전달하기 위해 영어 문장을 살리고 한국어를 직역이 되도록 번역하여 참고할 수 있도록 한다. 해당 경우 영어 단어/문장 이후 대괄호 [ ]를 적고, 해당 대괄호 내에 한국어로 기재한다.

7. 번역자의 판단 기준에서 연습 문제/예문 등에서, 영어 문장만 그대로 두는 경우가 더 전달이 잘 된다고 판단되는 경우에는 영어 문장을 그대로 둔다. 해당 경우는 극히 일부에 해당하며 이 책을 읽는 독자들 중에는 해당 문장을 읽는 데 전혀 문제가 없다고 판단된 경우에만 제한한다.

문의

한국어판에 관한 질문이 있다면 에이콘출판사 편집 팀(editor@acornpub.co.kr)이나 옮긴이의 이메일로 문의하길 바란다.

한국어판의 정오표는 에이콘출판사 도서정보 페이지 http://www.acornpub.co.kr/book/visual-dl에서 찾아볼 수 있다.

표기법

통상적인 규칙, 단어, 단어 빈도와 관찰된 결과의 여러 타입들은 로마자 (a, b, c)로 표기하며, 파라미터들은 그리스 문자 (α, β, θ)로 표기할 것이다. 벡터들은 확률변수 $\boldsymbol{x}$와 파라미터 $\boldsymbol{\theta}$로 볼드 처리한다. 또 다른 유용한 표기 방법에 대해서는 다음 표로 정리했으니 확인하면 된다.

기본

$\exp x$	2를 밑으로 하는 지수. 예컨대 2^x
$\log x$	2를 밑으로 하는 로그. 예컨대 $\log_2 x$
$\{x_n\}_{n=1}^{N}$	$\{x_1, x_2, ..., x_N\}$로 구성된 집합(세트)
x_i^j	x_i를 j만큼 제곱한 것
$x_i^{(j)}$	i와 j를 인덱싱함을 의미한다.

선형대수

$\boldsymbol{x}^{(i)}$	인스턴스 i에 대한 피처 빈도에 열 벡터, 보통은 단어 빈도를 의미한다.
$\boldsymbol{x}_{j:k}$	벡터 $\boldsymbol{x}$의 j에서 k까지를 (포함한) 요소
$[\boldsymbol{x}; \boldsymbol{y}]$	두 열 벡터에 대한 직교 연결
$[\boldsymbol{x}, \boldsymbol{y}]$	두 열 벡터에 대한 수평 연결
$\boldsymbol{e}_n$	위치 n에 대한 값만 1을 가지고 나머지는 0을 가지는 "원 핫" 벡터를 의미한다.
$\boldsymbol{\theta}^{\top}$	열 벡터 $\boldsymbol{\theta}$을 전치^{transpose}한 것
$\boldsymbol{\theta} \cdot \boldsymbol{x}^{(i)}$	내적값을 모두 더한 것, 즉 $\sum_{j=1}^{N} \theta_j \times x_j^{(i)}$
$\mathbf{X}$	행렬
$x_{i,j}$	행렬 $\mathbf{X}$의 i번째 행, j번째 열
$\text{Diag}(\boldsymbol{x})$	$\boldsymbol{x}$로 대각행렬이 만들어져 있을 때. 예컨대 $\begin{pmatrix} x_1 & 0 & 0 \\ 0 & x_2 & 0 \\ 0 & 0 & x_3 \end{pmatrix}$

$\mathbf{X}^{-1}$ 행렬 $\mathbf{X}$에 대한 역행렬

텍스트 데이터 세트

w_m 위치 m에서의 단어 토큰

N 트레이닝 인스턴스의 개수

M (단어 혹은 태그들의) 시퀀스 길이

V 어휘집에 포함돼 있는 단어의 개수

$y^{(i)}$ 인스턴스 i에 대해 참인 라벨

$\hat{y}$ 예측된 라벨

$\mathcal{Y}$ 가능한 모든 라벨의 수

K $K = |\mathcal{Y}|$을 만족하는 가능한 라벨의 수

$\square$ 시작 토큰

$\blacksquare$ 정지 토큰

$\boldsymbol{y}^{(i)}$ 태그 시퀀스와 같은 인스턴스 i에 대한 구조화된 라벨

$\mathcal{Y}(\boldsymbol{w})$ 시퀀스 $\boldsymbol{w}$에 대한 가능한 라벨링 세트

$\Diamond$ 시작 태그

$\blacklozenge$ 정지 태그

확률

$\Pr(A)$ 사건 A에 대한 확률

$\Pr(A|B)$ 사건 B가 일어난다는 조건상에서 사건 A가 일어날 확률

$p_B(b)$ 확률변수 B가 값 b를 얻을 주변확률. 문맥에서 확률변수의 선택이 명확하다면, $p(b)$로 쓴다.

$p_{B|A}(b|a)$ 확률변수 A가 a라는 값을 얻었다는 상황하에, 확률변수 B가 값 b를 얻을 확률. 문맥에서 확률변수의 선택이 명확하다면, $p(b|a)$로 쓴다.

$A \sim p$ 확률변수 A의 분포는 분포 p를 따른다. 이를테면 $X \sim \mathcal{N}(0, 1)$라 한다면, 확률변수 X는 평균이 0이고, 분산이 1인 정규 분포를 가짐을 의미한다.

$A \mid B \sim p$ 확률변수 B라는 조건상에서의 A의 분포가 p를 따른다는 가정을 의미한다.

머신러닝

$\Psi(\boldsymbol{x}^{(i)}, y)$ 라벨 y를 인스턴스 i로 할당한 결과에 대한 점수

$\boldsymbol{f}(\boldsymbol{x}^{(i)}, y)$ 라벨 y에 대한 인스턴스 i의 피처 벡터

θ 가중치의 (열) 벡터

$\ell^{(i)}$ 각각의 인스턴스 i에서의 손실

L 전체 데이터 세트에 대한 목적함수

$\mathcal{L}$ 데이터 세트의 로그우도$^{\text{log-likelihood}}$

λ 정규화 수치

01 개요

자연어 처리는 사람들의 언어를 컴퓨터가 다룰 수 있도록 만든 방법이다. 지난 10년 동안 자연어 처리는 우리 일상에 자연스럽게 스며들었다. 기계 번역은 이미 웹과 SNS 등에서 광범위하게 쓰이고 있고, 텍스트 분류 작업을 통해 메일함이 스팸 메일로 가득 차지 않도록 도와준다. 검색 엔진은 단순히 텍스트를 매칭해 찾는 것을 넘어섰으며, 언어의 아주 미묘한 차이를 다루는 높은 수준의 네트워크 분석도 이뤄진다. 대화 시스템은 굉장히 빠르게 보편화되고 있고, 정보를 얻고 유통하기에 굉장히 효율적인 도구로 사용되고 있다.

이런 다양한 애플리케이션은 공통적인 아이디어와 알고리듬, 언어학, 논리, 통계학 등을 바탕으로 만들어진다. 이 책은 이런 지식을 알아갈 수 있는 길잡이 역할을 하도록 집필했다. 기술에 관한 본격적인 내용은 2장부터 다룰 것이며 1장에서는 다른 지식적 관점에서 자연어 처리를 다룬다. 높은 차원에서의 현대 자연어 처리 분야에 대해 설명하고, 이 주제에 대해 다루기 가장 좋은 방법들을 제시할 것이다.

1.1 자연어 처리와 그 이웃들

자연어 처리는 형식 언어에서 통계 물리에 이르기까지 여러 전통적인 지식들을 통해 다뤄져왔다. 1장에서는 이 분야의 가장 가까운 이웃 분야의 관점으로 자연어 처리를 간략하게 다뤄본다.

전산 언어

자연어 처리 연구의 저널이나 미팅을 주관하는 곳들은 대부분 "전산 언어"라는 이름이 포함돼 있다. 그래서 자연어 처리와 본질적으로 비슷하다고 생각하기 쉽고 상당한 부분이 겹치기도 하지만 다루는 관점에서 주요한 차이점이 존재한다. 언어학에서 언어는 연구 대상이다. 컴퓨팅 방법론은 전산 생물학이나 전산 천문학처럼 과학적인 지식을 만들도록 해주지만, 궁극적으로는 지원하는 역할이다. 그렇지만 자연어 처리는 사람들이 자연어를 처리하고 표현하도록 전산 알고리듬을 디자인하고 분석하는 데 집중한다. 자연어 처리는 텍스트에서 정보를 추출하고 언어들 간에 번역이 이뤄지며 질문에 답하고 대화하고 무언가를 소개하는 등의 인간의 언어와 연관된 새로운 전산 능력을 제공할 수 있도록 하려고 한다. 본질적인 언어학 기반의 통찰력은 이 업무를 수행하기 위해 매우 중요하지만 자연어 처리에서의 궁극적인 성공은 이 작업들이 얼마나 성공적으로 잘 수행됐는지, 어떻게 수행됐는지 측정함에 달려 있다.

머신러닝

최근의 자연어 처리 처리 방법은 이미 존재하는 예시 데이터로부터 복잡한 컴퓨터 프로그램을 만들 수 있도록 해주는 머신러닝 방법에 정말 많은 부분 의존하고 있다. 머신러닝은 수행하는 작업에 대한 일반적인 방법들을 제공한다. 이를테면 한 어휘집 내의 구별된 토큰들의 시퀀스를 다른 어휘집의 선형화된 토큰 시퀀스로 옮기는 일(일반화해서 비공식적으로 표현하면 "번역") 등의 일을 수행하도록 도와준다. 오늘날 많은 머신러닝 연구는 머신러닝을 적용하는 것으로 생각할 수도 있다. 그렇지만 자연어 처리에서는 머신러닝의 여러 응용 분야와는 확실히 다른 특징이 존재한다.

- 이미지와 오디오 파일 등과는 다르게 근본적으로 텍스트 데이터는 분리돼 있고, 기호 단위를 여러 가지 방법으로 조합 및 배열을 통해 의미를 만든다. 번역이나 요약 등의 텍스트가 특정 결과물인 애플리케이션에서는 최적의 솔루션이 점진적으로 나올 가능성이 낮기 때문에 더욱 두드러진다.
- 단어들이 분리돼 있을뿐더러, 새로운 단어가 끊임없이 만들어진다. (다른 언어학적 요소들과) 단어들의 분포는 **멱법칙**Power law과 유사한 분포를 따른다(Zipf, 1949) 몇몇 단어들은 굉장히 자주 쓰이고, 멱법칙 분포 그래프에 꼬리에 있는

단어들은 잘 사용되지 않는다. 이러한 이유들로 트레이닝 데이터에서 잘 나타나지 않는 경우가 많아 자연어 처리 알고리듬 연구는 특히 더 어렵다.

- 언어는 **구성적**인compositional 형태를 가진다. 단어와 같은 단위들을 조합해서 구phrase를 만들 수 있지만, 이와 거의 유사한 방법으로 매우 긴 구도 만들 수 있다. 예를 들면 the whiteness of the whale[하얀고래]처럼 명사구는 전치사구와 조합한 짧은 명사구와 또 조합할 수도 있다. 전치사(이 경우, of)와 명사구(the whale)를 조합해 **전치사구**를 만들었다. 이 방법을 사용하면 긴 임의적인 구도 만들 수 있다. 예를 들면

(1.1)　… huge globular pieces of the whale of the bigness of a human head.
　　　[인간의 두개골만큼 큰 고래의 거대한 구형 조각][1,2]

이 구의 의미는 계층적 구조를 통해서 분석해야 한다. 이 경우 huge globular pieces of the whale[고래의 거대한 구형 조각]이라는 명사구와 of the bigness of a human head[인간의 두개골만큼 큰]이라는 전치사구와 결합돼 있다.

　이 해석을 huge globular pieces[거대한 구형 조각]라는 명사구를 전치사구 of the whale of the bigness of a human head[인간 머리만큼 큰 고래의]라는 전치사구와 결합돼 있다고 보면, 몹시 작은 고래로 다르게 해석된다. 텍스트가 순서대로 나타난다고 하더라고, 머신러닝 방법에서는 반드시 내재된 재귀 구조에 대해서도 설명해야 한다.

인공지능

인공지능의 목표는 인간 수준의 소프트웨어나 로봇을 만드는 것이다(Russell & Norvig, 2009). 자연어 처리는 이 목표와 몇 가지 방면에서 비슷한 부분이 있다. 가장 근본적인 단계에서 살펴본다면 언어 능력은 인간의 지능에서 가장 중요한 특징 중 하나이므

1　이 책에서 이러한 표기법은 언어학적인 예시를 소개하기 위해 사용한다.
2　이 책에서 인용하는 문장은 원문장을 통해서만 제대로된 의미가 전달되거나, 구/분절 등의 문법을 사용할 수 있으므로 최대한 직역했다. 영어의 언어학적 측면을 이해할 수 있도록 참고로만 활용하기를 바란다. – 옮긴이

28

로 인공지능의 선행 조건이 될 수도 있다.[3] 대부분의 인공지능 연구에서는 가정에 기반해 결론을 추론할 수 있는 시스템을 만들기 위해 집중하지만 시스템 내의 알고리듬은 이미 학습된 만큼만 잘 동작한다(Dreyfus, 1992). 자연어 처리는 텍스트와 대화 등에서 나온 지식들을 잘 병합하면, 「지식 병목 현상」에 대해 해결책이 될 수 있다. 이 아이디어는 1949년에 앨런 튜링이 논문 「계산 기계와 지능」에서 인공지능의 달성 여부를 정의한 **튜링 테스트**로 거슬러 올라간다.

하지만 언어 처리에서 대명사 참조 해결과 같은 기본적인 작업에서도 꼭 필요하다. 이러한 예시 중에는 한 단어가 대명사의 참조 대상을 바꾸는 것을 의미하는 **위노그래드 스키마**Winograd schema가 있다. 이 관계를 풀기 위해서 지식과 추론에 대해 충분히 알고 있어야 한다(Levesque et al., 2011). 예를 들면 다음과 같다.

(1.2) The trophy doesn't fit into the brown suitcase because it is too [small/large].
       [트로피는 갈색 가방에 들어가지 않는다. 왜냐하면 그것은 너무 [작다/크다].]

여기서 마지막 단어가 **작다**라면, 대명사 **그것**(it)은 가방을 의미한다. 그렇지만 마지막 단어가 **크다**라면, 그것이 의미하는 것은 **트로피**다. 위의 예시에 대한 답을 찾기 위해서는 행동과 그 영향, 감정과 의도, 사회적 관계 등에 대해 추론하는 여러 스키마들을 고려하는 공간 추론이 필요하다.

이러한 예시들을 살펴보면 인간 언어의 이해를 설명하려면 지식과 추론을 떼어놓고 하기는 어렵다. 그렇지만 인공지능의 역사를 살펴보면 세부 전문 분야의 발전으로 이뤄졌다. 자연어 처리, 머신러닝, 컴퓨터 비전 등의 세부 분야의 엄청난 연구가 이뤄지기 때문에, 모든 분야에서 전문 지식을 유지하기는 정말 어렵다. 하지만 여전히 자연어 처리를 컴퓨터 비전(예컨대 Antol et al., 2015)이나 게임(예컨대 Branavan et al., 2009a) 등의 AI의 다른 연구 분야와 흥미롭게 연결지어 설명하는 경우도 있다.

---

3   이 관점은 인공지능 분야의 저명한 연구자들 사이에서도 의견이 갈린다. 머신러닝 전문가인 Michael Jordan은 10억 달러를 특정한 스케일 이상의 프로젝트 연구에서 사용할 수 있다면, 자연어 처리 연구에 사용할 것이라고 했다(https://www.reddit.com/r/MachineLearning/comments/2fxi6v/ama_michael_i_jordan/). 또한 2018년 2월 진행됐던 인공지능의 미래를 이야기한 공개 토론에서 컴퓨터 비전 연구자인 Yann Lecun은 수많은 실용적인 응용 연구에서도 언어는 인공지능 연구의 우선순위 목록 중 300번째 즈음에 든다고 했다. 그리고 인공지능이 언어 능력이 전혀 없는 오랑우탄 정도의 능력에만 도달한다고 해도 엄청난 성공이 될 것이라고 이야기했다(http://www.abigailsee.com/2018/02/21/deep-learning-structure-and-innate-priors.html).

인공지능에서 머신러닝의 압도적인 사용은 그래픽 모델과 계산 그래프 등의 표현법과 역전파와 조합 기반의 최적화 방법 등의 알고리듬을 사용해 광범위한 합의점을 만들어냈다. 이 책에서의 많은 알고리듬과 표현법은 이 합의점에 따라 설명할 것이다.

컴퓨터 과학

자연어의 재귀와 구분된(이산적인) 피처는 컴퓨터 과학의 여러 이론적 아이디어에서 가져왔다. 촘스키^{Chomsky}와 몬터규^{Montague} 같은 언어학자들은 형식 언어 이론이 자연어의 구문과 의미를 설명할 때 도움이 될 수 있다는 것을 보여줬다. 유한 상태나 푸시다운 오토마타^{pushdown automata} 등의 이론 모델들은 실제로 많은 자연어 처리 시스템의 토대를 제공했다. 자연어 발화 분석을 위한 조합 공간을 탐색하는 알고리듬은 연구 관점에서 계산 복잡도를 분석하고, 이론적 근사치도 상황에 따라 적용할 수도 있다.

컴퓨터 시스템 학습도 자연어 처리와 연관돼 있다. 라벨링되지 않은 텍스트로 만들어진 거대한 데이터 세트는 맵리듀스 등의 더 빠르고 병렬 처리할 수 있는 기법으로 처리할 수 있다(Dean & Ghemawat, 2008; Lin & Dyer, 2010). 소셜 미디어 등의 엄청난 양의 데이터 자원은 근사 스트리밍 및 스케치 기법을 사용해 효율적으로 요약할 수 있다(Goyal et al., 2009). 프로덕션 시스템에서 딥 뉴럴 네트워크가 실행될 때는 감소 정밀도 계산^{reduced-precision arithmetic} 등의 기법을 사용해서 속도 측면에서 이점을 갖게 됐다(Wu et al., 2016). 많은 자연어 처리 알고리듬은 GPU 병렬화에 그대로 사용하기에는 적합하지 않은 부분이 있어서, 자연어 처리와 컴퓨팅 하드웨어 간의 교차점에서 더 많은 연구를 할 수 있는 방향을 제시했다.

음성 처리

자연 언어는 보통 발화 형태로 전달되고, 음성 인식은 소리 신호를 텍스트로 변환하는 작업이다. 이 문제는 신호 처리 문제이고, 자연어 처리에 적용하기 위한 선행 단계로 생각하는 관점도 있다. 그렇지만 문맥을 파악하는 것은 사람이 직접 음성 처리를 할 때 매우 중요한 역할을 한다. 둘러싸인 단어들에 대한 지식은 인식에 영향을 주며 노이즈에서 올바른 정보를 찾을 때 도움이 된다(Miller et al., 1951). 그렇기 때문에 음성 인식은 텍스트 분석과 보통 연결된다. 특히 6장에서 다룰 텍스트의 순서의 확률을 구하는 통계 **언어 모델**에서 사용된다. 음성 처리는 음성 인식 외에도 19장에서 간략하게 다룰 음성 기반의 대화 시스템이나 광범위한 분야에서 사용된다. 전통적으로 음성 처리는 보통 전기전자 분야에서 많이 다뤄왔지만, 자연어 처리에서는 컴퓨터 과학자들이 다뤄왔다. 그래서 다른 연구 분야에 비해 신호와 컴퓨터 과학을 넘나들며 확장하지 못한 부분이 있다.

윤리

머신러닝과 인공지능이 광범위하게 사용되면서 여러 분야들을 넘나들며 이익, 손해, 리스크들을 이해하는 데 중요한 지점이 됐다. 그러면서 윤리, 공정성, 책임 등의 특정 부분에서 자연어 처리가 핵심적인 이슈로 부상하고 있다.

- 접근: 누가 자연어 처리를 제공하도록 디자인할 것인가? 이를테면 누구의 언어가 번역될 것이며 누구의 언어로 번역될 것인가?
- 편견: 언어 기술이 말뭉치에서 사회적 편견을 학습했다면 이 편견은 객관적인 컴퓨터가 내린 결론을 강화시키도록 사용될 것인가?
- 노동: 누구의 텍스트와 음성이 자연어 처리를 만들 수 있는 데이터 세트에 구성될 것이고, 누가 이 데이터에 주석을 달 것인가? 이런 기술의 이점들은 해당 일을 가능하게 만든 모든 사람들에게 공유될 것인가?
- 개인정보와 인터넷상의 자유권: 대규모 텍스트 처리가 자유와 사적인 커뮤니케이션에 미치는 영향은 무엇일까? 검열하고 감시하는 제도에서 자연어 처리가 가져야할 내재된 역할은 무엇일까?

이 책에서는 §14.6.3과 §18.1.1에서 공정성과 편견에 대한 이슈들을 가볍게 짚고 넘어가지만, 하나의 책으로 만들어도 충분한 가치가 있을 만큼 다룰 내용이 많다. 전산 언어학에서 이 분야가 좀 더 궁금하다면 자연어 처리의 연례 윤리 워크숍의 논문들을 읽어보면 좋겠디(Hovy et al., 2017; Alfano et al., 2018). 거대한 데이터 과학과 연관된 윤리 이슈를 다른 관점에서 보고 싶다면 Boyd & Crawford(2012)를 읽어봐도 좋다.

그 외

자연어 처리는 **전산 사회 과학**computational social science과 **디지털 인문학**과 같은 떠오르는 융합 학문 분야에서 굉장히 중요한 역할을 하고 있다. 4장에서 다룰 텍스트 분류, 5장에서의 클러스터링, 17장에서의 정보 추출은 특히나 이러한 분야에서 유용한 도구로 사용된다. 또 이 책에서는 다루지 않지만 **확률적 토픽 모델**Probabilistic Topic Models(Blei, 2012)도 유용하게 사용된다. **정보 검색**(Manning et al., 2009)도 비슷한 방식으로 사용되는 도구이지만 이 방법은 §14.3에서 다룰 숨겨진 의미론 분석에서 사용된다. **텍스트 마이닝**은 분류와 클러스터링 등의 데이터 마이닝 기법의 응용에서 가끔 사용된다. 텍스트마이닝은 자연어 처리와 비교해서 뚜렷하게 다른 차이점을 갖고 있진 않지만(데이터마이닝과 머신러닝의 차이도 비슷하다) 통상적으로 텍스트 마이닝은 언어 구조를 상대적으로 덜 중요시하고 빠르고 확장 가능한 알고리듬에 초점을 맞춘다.

1.2 자연어 처리의 세 가지 주제

자연어 처리는 다양한 작업과 방법들, 언어 현상을 광범위하게 다룬다. 또한 둘 사이에 확실한 연결고리를 찾기 힘든 분야도 다룬다. 예를 들면 과학 기사를 요약하거나(§16.3.4 참조) 스페인어 동사의 접미사 패턴 인식(§9.1.4) 등의 일반적인 주제들도 해당한다. 이러한 주제들은 이 책에서 여러 형태로 수차례 등장할 것이며, 1장의 나머지 부분은 이 주제에 초점을 맞춰 다룰 것이다. 각 주제를 자연어 처리 방법의 양 극단에있는 두 가지 관점을 바탕으로 설명한다. 이 책에서 다룰 여러 가지 방법은 이 두 극단의 관점 사이 어딘가에 위치해 있을 것이다.

1.2.1 학습과 지식

머신러닝과 언어학 지식의 상대적인 중요성은 끊임없이 반복되는 토론의 주제이기도한다. 한쪽 극단의 관점은 "밑바닥부터 자연어 처리 학습하기(Collobert et al., 2011b)"로 대변되는 집단이다. 원문을 요약, 데이터베이스, 번역 등의 원하는 결과에 맞춰 변환시켜주는 엔드 투 엔드 시스템을 학습하도록 머신러닝을 사용하는 것이다. 또 다른극단에 있는 관점은 자연어 처리의 핵심적인 부분은 범용 목적의 언어학 구조에 텍스트를 변환해 쌓는 것으로 생각한다. 보조 단어 유닛인 **형태소**morphems에서부터 단어 수준의 **품사**, 문법으로 표현되는 트리형 구조, 이를 넘어서 의미를 표현하는 논리 구조에까지 이른다. 원론적으로는 이 범용 목적의 구조는 원하는 응용 사례에 상관없이 사용할 수 있다.

엔드 투 엔드 접근법은 음성인식과 컴퓨터 비전의 최근 결과에서 많은 동력을 얻었다. 광학과 음운론에 기반한 전문적인 엔지니어링 표현법은 머신러닝에 엄청난 힘을 불어넣었다(Krizhevsky, 2012; Graves & Jaitly, 2014). 그렇지만 머신러닝은 최근에 이뤄지는 거의 모든 자연어 처리 접근법에 사용되지만, 구문 트리와 같은 언어학적 표현법은 전통적인 광학 윤곽선 검출기나 음운론의 트라이폰[4]만큼 많은 역할을 수행하지는 못했다. 언어학자들은 언어를 만들어내고 이해하기 위해 특별히 고안된 추상화된 세트를 인코딩할 수 있는 "언어 능력"이 모든 인류에게 있다고 주장한다. 언어학 교수들은 아이들이 경험을 통해서 언어를 학습하는 것보다, 훨씬 더 적은 예시로 빠르게 학습하는 것을 보며 이러한 주장을 뒷받침한다.[5] 실용적인 관점으로 보면 언어 구조는 트레이닝 데이터가 제한적일 때 중요하게 사용된다.

학습과 지식을 자연어 처리 내에서 합칠 수 있는 여러 방법이 존재한다. 학습을 촉진시킬 수 있는 표현으로 데이터를 미리 변환한 공학적 피처를 신중하게 사용하는 많은 지도학습 시스템이 있다. 예를 들면 탐색 같은 경우에는 각 단어들의 어간을 잘 확인하는 것이 중요하다. 그래서 해당 시스템에서는 고래, 고래들, 고래잡이배, 고래잡이(whale, whales, whalers, and whaling) 등의 관련 용어들을 쉽게 일반화할 수 있도록 만든다(접미사나 접두사에 대한 훨씬 정교한 시스템을 가지고 있는 다른 언어들에 비해 영어는 상당히 친절한 편이다). 이런 피처들은 사전에서 각각의 단어들을 수동으로 하나의 어근에 연결지어서 얻을 수 있다. 또 다른 방법으로, 파서나 발화 부분 태깅 시스템 등의 지도학습 머신러닝으로 만들어진 범용 목적의 언어 처리 시스템을 통해 얻은 결과로 해당 피처를 얻을 수도 있다.

또 학습과 지식을 결합할 수 있는 연결고리는 모델 구조에도 존재한다. 언어 이론에서 영감을 받아 만들어진 머신러닝 모델이 있다. 문장을 **구성적인** 요소로 설명하는 것이다. 작은 의미의 구성 요소들이 모여서 점점 더 큰 의미의 유닛을 구성한다. 이 아이디어를 통해 현대의 딥러닝 방법을 사용해 훈련하는 딥 뉴럴 네트워크 구조를 만

---

4   세 음운이 연속적으로 나오는 형태 – 옮긴이
5   『언어 본능(Language Instinct)』(Pinker, 2003)에서 이러한 주장을 매력적이고 대중적인 스타일로 설명했다. 이와 반대로 언어의 천부적인 특성에 반하는 주장은 Elman et al.(1998)을 참고하면 된다.

들 수 있다(Dyer et al., 2016).

　머신러닝과 언어학 지식 중 어떤 것이 더 중요하냐는 문제는 가끔 열렬한 토론이 열리기도 한다. 머신러닝 전문가 중에 자신의 엔지니어링 방법론이 과학적이지 않은 연금술[6]이라고 듣고 싶어 하는 사람은 없다. 또 언어학자들도 일반적인 언어 원리나 구조들을 찾기 위한 방법론이 빅데이터와의 연관성 내에서 만들어진다는 것을 별로 듣고 싶어 하지 않는다. 그렇지만 두 연구 분야 모두를 아우르는 곳은 반드시 존재한다. 엔드 투 엔드 학습만을 통해 어디까지 도달할 수 있는지 꼭 알아야 한다. 이런 연구 과정이 이뤄지는 동안에도 한쪽으로는 응용 분야, 시나리오, 언어 등을 다룰 수 있도록 일반화하는 언어적 표현을 계속 찾아 나가야 한다. 두 분야 간의 지나간 논쟁에 대해 더 관심이 있다면, Church(2011)의 글을 참고하자. 또 전산언어학과 딥러닝 간의 일어날 수 있는 공생 관계에 대해 낙관적인 관점으로 서술한 Manning(2015)의 글도 참조하면 좋겠다.

1.2.2 탐색과 학습

많은 자연어 처리 문제는 최적화를 수행하기 위한 수식으로 표현할 수 있다.[7]

$$\hat{y} = \underset{y \in \mathcal{Y}(x)}{\mathrm{argmax}}\ \Psi(x, y; \theta) \qquad\qquad [1.1]$$

- x는 집합 $\mathcal{X}$의 원소 중 하나이며, 입력값이다.
- y는 집합 $\mathcal{Y}(x)$의 원 중 하나이며, 결괏값이다.
- Ψ은 평가 함수(**모델**로도 부른다)이고, 집합 $\mathcal{X} \times \mathcal{Y}$를 실수에 매핑한다.
- θ은 Ψ을 위한 파라미터 벡터이다.
- $\hat{y}$은 결과값을 예측한 값이며, 평가함수를 최대화하도록 선택된 값이다.

　이러한 기본 구조는 엄청나게 광범위한 범위의 문제에 적용할 수 있다. 입력값 x가 소셜 미디어의 글이라면, 결괏값 y는 작성자가 표현한 감정을 분류한 것이다(4장). 혹은 x가 불어로 만들어진 문장이라면, y는 타밀어로 된 문장일 수도 있으며(18장), x가

6　Ali Rahimi는 많은 딥러닝 연구가 "연금술"과 비슷하다고 2017년 NIPS에서 발표했다. 그는 언어학보다는 더 많은 학습 이론을 옹호했다.

7　이 책에서 수식은 대괄호 [ ]로 매겨지고, 언어학 예시는 괄호로 표시한다.

34

영문으로 구성된 문장이라면, y는 문장의 구문 구조를 표현한 것일 수도 있다(10장). 그리고 또한 x가 뉴스 기사라면, y는 기사가 설명하는 사건의 구조화된 기록일 수도 있다(17장).

이러한 공식은 언어 처리 알고리듬이 다음의 두 가지 모듈을 가진다는 암묵적인 합의를 드러나도록 해준다.

- 탐색: 탐색 모듈은 함수 Ψ의 argmax[8] 값을 계산하기 위해 필요하다. 즉, 입력값 x에 대해 최대 점수를 가지는 결괏값 $\hat{y}$를 찾는다. 이때, 탐색공간 $\mathcal{Y}(x)$이 헤아릴 수 있을 정도로만 작은 공간이거나 함수 Ψ가 부분으로 쪼개기 편리하다면 쉽게 $\hat{y}$를 찾을 수 있다. 그렇지만 많은 경우에 평가함수는 이렇게 쉽게 찾을 수 없다. 그래서 **상향식 동적 계획법**Bottom-up Dynamic Programming(§10.1 참조)이나 빔 탐색Beam Search(§11.3.1) 등의 훨씬 더 정교한 탐색 알고리듬을 사용해야 할 때도 있다. 그 이유는 자연어 처리 문제의 결괏값은 보통 불연속적이고 탐색 알고리듬은 **조합 최적화 과정**을 따르기 때문이다.[9]
- 학습: 학습 모듈은 파라미터 θ를 찾기 위해 필요하다. 이 과정은 통상적으로 엄청난 양의 이미 라벨링된(분류돼 있는) 예시들 $\{(x^{(i)}, y^{(i)})\}_{i=1}^{N}$을 처리하는 과정을 통해 이뤄진다(항상 그렇지는 않다). 탐색에서와 비슷하게 학습에서도 2장에서 다루게 될 최적화라는 프레임의 형태를 통해 접근한다. 그 이유는 파라미터가 보통 연속적으로 나타나므로 학습 알고리듬은 일반적으로 **수치 최적화 과정**을 따른다. 수치 최적화 과정은 모델과 분류된 데이터의 어떤 함수를 최적화하기 위한 실수 파라미터 벡터를 확인하기 위해 사용한다. 부록 B에 수치 최적화에 대한 몇 가지 기본 원리들을 적어 놓았으니 참조하길 바란다.

자연어 처리를 탐색과 학습 모듈로 분리하는 과정을 통해 많은 작업과 모델에서 적용가능하고 재사용할 수 있는 **제네릭**generic 알고리듬을 만들 수 있다. 대부분의 자연어 처리 분야에서는 언어 현상을 식별하고 수식화하는 모델 Ψ을 디자인하는 것에 집중한다. 또한 탐색과 최적화, 학습에서 지난 수십 년 동안 발전하며 얻은 연구 결과를 활용한다. 이 책은 평가함수에 대한 여러 층위를 설명하고, 이에 대한 탐색과 학습의

---

8 argmax: 함수를 최댓값으로 만들기 위한 값, 이후의 장에서는 argmax라고 표현해서 사용한다. – 옮긴이
9 조합 최적화는 통계적이고, 자연어 처리 문제는 이산적이라는 말이다. – 옮긴이

알고리듬을 다룬다.

모델이 미묘한 언어적 차이에 대한 구별할 수 있을 때, 표현력이 있다고 말할 수 있다. 표현력은 통상적으로 탐색과 학습의 효율성과 맞바꾸게 된다. 즉, 단어 간 번역 모델은 쉽게 탐색 및 학습할 수 있지만, 나쁜 번역과 좋은 번역을 구분해낼 정도로 충분한 표현력을 갖고 있지 않다. 자연어 처리에서의 많은 문제는 입력의 크기가 너무 커서 탐색의 복잡도가 기하급수로 증가하는 특성을 가진 동시에 표현력이 있는 모델이 필요하다. 이러한 모델에서 적합한 탐색은 보통 불가능하다. 또한 탐색과 학습 모듈으로 깔끔하게 분리하기도 어렵다. 탐색에서 경험적 근사치를 설정하는 것이 필요하다면, 이러한 특정 경험상에서 잘 수행되는 모델을 학습할 때 유리할 것이다. 이런 관점은 탐색과 학습을 통합하고 싶어하는 일부 연구자들에게 영감을 줬으며 이에 대한 내용은 11장과 15장에서 짧게 언급할 것이다.

1.2.3 관계적, 구성적, 분포적 관점으로 보기

단어, 구, 문장, 소리까지 언어의 모든 요소들은 최소한 3가지 관점으로 설명할 수 있다. 언론인이라는 단어를 생각해보자. 언론인은 직업의 하위 범주에 해당하고, 앵커는 언론인의 한 범주에 해당한다. 언론인은 저널리즘을 수행하고, 항상 그렇지는 않지만, 많은 경우 글쓰기의 하위 범주에 속한다. 관계성을 바탕으로 한 관점은 단어와 다른 기본적인 의미론 단위의 요소들의 관계를 나열하는 WORDNET(Fellbaum, 2017)처럼 의미에 기반한 존재론^{ontologies}에 따른다.

(1.3) Umashanthi interviewed Ana. She works for the college newspaper.
    [우마샨티는 애나를 인터뷰했다. 그녀는 대학 신문에서 일한다.]

이 문장에서 대학 신문에서 일하는 사람은 누구일까? 문장에서 직접적으로 드러나 있진 않지만, 언론인이라는 단어는 신문에 인터뷰를 한다고 암묵적으로 관계를 지을 수 있으므로 Umashanthi가 대명사인 '그녀'에 조금 더 적합할 가능성이 높다(대명사에 무엇을 연결짓는 문제에 대한 담론은 15장에서 다룬다).

관계성의 관점에서 추론력이 강하더라도, 계산을 위해 수식화하기는 쉽지 않다. 정확히 어떤 요소들을 연결지을 수 있을까? 언론인과 리포터를 구분할 수 있을까? 혹은 하나의 범주로 묶을 수 있을까? 언론인이 인터뷰하는 것과 직장을 구할 때 인터뷰하는 것과 같은 층위라고 볼 수 있을까? 존재론을 디자인하는 사람들은 이러한 어려운 질문에 수없이 맞닥뜨리고, 존재론 프로젝트는 결국 보르헤스^{Borges}가 1993년에 쓴 『천상에 있는 친절한 지식^{Celestial Emporium of Benevolent Knowledge}』으로 돌아가게 된다. 이 책에서 보르헤스는 동물을 다음의 범주로 나눈다.

(a) 황제에 예속된 동물들

(b) 박제된 동물들

(c) 훈련된 동물들

(d) 돼지들

(e) 인어들

(f) 전설의 동물들

(g) 떠돌이 개들

(h) 이 분류 항목에 포함된 동물들

(i) 미친 듯이 날뛰는 동물들

(j) 헤아릴 수 없는 동물들

(k) 낙타 털로 만든 섬세한 붓으로 그려진 동물들

(l) 그 밖의 동물들

(m) 방금 항아리를 깨뜨린 동물들

(n) 멀리서 보면 파리로 보이는 동물들

존재론에 따라 구성짓는 어려움 때문에 언어학자들은 단어의 의미를 분리하는 독립적인 방법이 없다고 주장했다(Kilgarriff, 1997).

 하지만 어떤 문제들은 좀 더 쉽다. 언론인들^{journalists}이라는 그룹 내의 요소들은 언론인^{journalist}이다. 영어에서 대부분의 명사에서는 들(–s)이라는 접미에서 복수라는 의미를 구별할 수 있다. 이와 비슷하게 구어체로 보면 언론인은 언론에서 일하거나 만드는 일을 한다. 이 접근법을 좀 더 깊게 살펴보면 언론^{journal}이라는 단어는 프랑스어 *jour+nal*, 혹은 *day+ly = daily*에서 비롯됐다. 이런 방법에 따라 단어의 의미가 부분별로 구성되는 것을 언어의 **구성성**^{compositionality}**의 원리**라 한다. 이 원리는 구, 문장 혹은 그 이상의 좀 더 긴 요소들에 적용할 수 있다. 사실 구성성의 관점으로 봤을 때 가장 큰 장점은 전체 텍스트와 발화를 이해할 때, 개별 단어들의 아주 작은 부분에 대한 분석을 통해서도 어떻게 이해할지 로드맵을 그릴 수 있다.

그렇지만 언론인^{journalist}과 반의회주의자^{parliamentarians}들에서는 수없이 많은 언어 요소들이 존재한다. 생각해보면 고래(*whale*), 고래의 지방(*blubber*), (고래가 나오는) 난터켓(*Nantucket*) 섬 등이다. *kick the bucket*(양동이를 차다)[10]나 *shoot the breeze*(산들바람을 쏘다)[11]와 같은 자연스러운 어구들은 그 자체 문장을 이루는 요소들과는 다른 의미를 지닌다(Sag et al., 2002). 구성성은 단어와 표현에는 별 도움이 되지 않지만, 의미를 확인할 수는 있다. 최소한 어떤 문맥에서 나왔는지 파악해 의미를 유추해볼 수는 있다. 예를 들면 *blubber*(고래기름)이라는 단어는 다음의 문맥에서 나타난다.

(1.4) a. The blubber served them as fuel. [고래기름은 연료로 사용된다.]

b. extracting it from the blubber of the large fish... [큰 물고기로부터 고래기름을 추출하는…]

c. Amongst oily substances, blubber has been employed as a manure. [기름류 중에서 고래기름은 거름으로 사용돼왔다.]

이런 문맥이 바로 *blubber*[고래기름]이라는 **단어의 분포성**^{Distributional Properties}을 보여준다. 그리고 이런 분포는 비슷한 류의 지방, 가죽, 따개비 등의 구조에서도 나타날 수 있다. 이런 분포성은 라벨링되지 않은 데이터 홀로 있을 때 의미를 찾을 수 있도록 도와준다. 분포성은 연결성과 구성성과는 달리 수동으로 주석 처리를 해준다거나 전문가 지식이 필요하지 않고, 엄청나게 광범위한 언어 현상을 다룬다. 그렇지만 분포성은 정확성이 떨어진다. 고래기름은 어떤 의미에서는 지방과 연결될 수 있고 가죽, 따개비와 연결되기도 한다. 동일한 문맥에서 이런 단어들이 등장하는 이유는 아직 밝혀지지 않았다.

관계성, 구성성, 분포성은 언어의 의미를 이해하기 위해 필요한 요소들이고, 이 3가지 모두 자연어 처리에서는 매우 중요한 요소들이다. 그렇지만 이런 요소들을 쉽

---

10 '죽음'을 의미하는 어구 – 옮긴이
11 '수다를 떨다'라는 어구 – 옮긴이

고 조화롭게 사용하기는 어렵고, 함께 나오기 힘든 표현과 알고리듬적인 여러 가지 방법들을 통해서만 가능하다. 이 책에서는 이러한 표현 각각에 대해 적용할 수 있는 가장 잘 알려져 있고 성공적인 방법에 대해 설명하지만 향후 연구를 통해 새로운 방법으로 이들을 합칠 수 있는 방법이 나올 것이다.

학습

02 선형 텍스트 분류

텍스트 분류 문제부터 시작해보자. 이 문제는 주어진 문서에서 가능한 분류 라벨들의 집합 $\mathcal{Y}$를 만족하는 $y \in \mathcal{Y}$인 y로 할당하는 작업으로, 스팸메일을 필터링하는 작업부터 전자 의무 기록 분석까지 다양한 곳에서 사용되고 있다. 2장에서는 가장 잘 알려져 있고 효율적인 텍스트 분류 알고리듬에 대해 설명하고, 수식을 활용해 해당 알고리듬이 무엇이고, 어떻게 동작하는지 이해할 수 있도록 돕는다. 텍스트 분류는 자연 언어 처리 분야의 일을 더 정교하게 쌓아 올리기 위해 벽돌을 만드는 일이다. 머신러닝이나 통계 쪽의 배경 지식이 없는 독자들은 2장의 내용을 충분히 이해하기 위해서 다른 장들보다 훨씬 더 많은 시간을 할애해야 할 수도 있지만, 2장에서 배운 기본 텍스트 알고리듬 내에서 동작하는 수학적인 원리들은 이 책의 전반에 걸쳐서 계속 보게 될 것이라 잘 익혀둔다면. 가치가 더욱 빛을 발하게 될 것이다.

2.1 단어 가방

텍스트 분류를 다루기 위해서는 문서들과 인스턴스[1]들을 표현하는 방법부터 시작해야 한다. 일반적으로 단어의 출현 횟수를 바탕으로 열 벡터를 만들어 사용한다. 이를 테면 단어 j의 출현 횟수를 x_j라고 한다면, $x = [0, 1, 1, 0, 0, 2, 0, 1, 13, 0...]^{\top}$으로 적을 수 있다. 그리고 x의 길이가 $V \triangleq |\mathcal{V}|$이라면, $\mathcal{V}$는 어휘집 내의 가능한 모든 단어들의 집합이다. 선형 분류 문제에서는 단어 출현 횟수 등의 각 피처 개수의 총합에 가

---

1 인스턴스는 하나의 피처 벡터. 데이터 점들을 의미하기 때문에 사례, 샘플 등으로 부르기도 하지만 모두 통칭할 만한 단어가 없어서 이 책에서는 '인스턴스'로 번역한다. – 옮긴이

중치를 매겨서 어디로 분류할지 결정한다.

x는 하나의 벡터이지만 각 단어가 얼마나 나타난지에 대한 출현 횟수에 대한 정보만 제공하고 다른 정보는 제공하지 않기 때문에 뭉뚱그려서 **단어 가방**$^{\text{bag of words}}$이라고 부른다. 단어 가방에서는 단어 외의 문장이나 문단의 범위가 어디인지, 문법 등의 어떤 정보도 다루지 않는다. 그렇지만 단어 가방 모델은 텍스트 분류의 효율성을 엄청나게 높여준다. 만약 어떤 문서에서 '고래'라는 단어를 봤다면, 이 문서는 소설일까 논픽션일까? 그렇다면 몰리브데넘$^{\text{molybdenum2}}$은 어떠한가? 단어 하나는 많은 분류 문제에서 강력한 예측자 역할을 할 수 있다.

단어 가방에서 라벨들을 분류하려면 라벨들과의 적합성 등을 측정해 어휘집 내의 단어에 대한 점수를 매길 수 있다. FICTION이라는 라벨이 있다고 해보자. 고래라는 단어에 대해서는 양의 숫자를 가지도록 점수를 줄 수 있고, 반대로 몰리브데넘에 대해선 음수를 가지도록 점수를 줄 수 있을 것이다. 이 점수들을 **가중치**^{weights}라고 하며, 하나의 열 벡터 θ에 정렬해서 표현한다.

다중 클래스로 분류하는 $K \triangleq |\mathcal{Y}| > 2$를 만들고 싶다고 해보자. 예를 들면 뉴스를 스포츠, 유명인, 음악, 비즈니스 등의 카테고리별로 분류하려면 주어진 단어 가방 x에 가중치를 부여해 라벨 $\hat{y}$를 예측해야 한다. $y \in \mathcal{Y}$를 만족하는 각각의 y에 대해 단어 가방 x와 라벨 y와의 적합도에 관한 스칼라값을 반환하는 점수를 매기는 함수 $\Psi(x, y)$를 계산해야 한다. 선형 단어 가방 분류기에서는 가중치 값과 **피처함수** $f(x, y)$를 벡터곱해 해당 점수를 구할 수 있다.

$$\Psi(x,y) = \theta \cdot f(x,y) = \sum_j \theta_j f_j(x,y) \qquad [2.1]$$

위의 표기에 따르면, f는 인자 두 개로 구성된 함수다. 단어 출현 횟수 x와 라벨 y를 입력받아 벡터 결과를 반환한다. 이를테면 주어진 인자 x와 y, 요소 j로 구성된 **피처 벡터**$^{\text{feature vector}}$는 다음과 같다.

$$f_j(x,y) = \begin{cases} x_{whale}, & \text{if } y = \text{FICTION} \\ 0, & \text{otherwise} \end{cases} \qquad [2.2]$$

---

2 molybdenum: 화학 원소. 한국어로는 수연이라고 하며, 원소 기호는 Mo이다. – 옮긴이

라벨이 FICTION이라면 이 함수는 단어 whale의 출현 횟수를 반환하고, 그 외에는 0
을 반환한다. 그리고 인덱스 j는 어휘집 내에서 whale의 위치와 가능한 라벨 세트 내
에서 FICTION의 위치에 따라 결정된다. 그다음 그에 따른 가중치 θ_j는 단어 whale
과 라벨 FICTION의 호환성에 관한 점수를 의미한다.[3] 또한 점수가 양의 값이라면 이
단어는 해당 라벨에 분류될 가능성이 높다는 뜻이다.

  피처함수의 결과는 다음과 같이 벡터로 수식화할 수 있다.

$$f(\boldsymbol{x}, y = 1) = [\boldsymbol{x}; \underbrace{0; 0; \ldots; 0}_{(K-1) \times V}] \qquad [2.3]$$

$$f(\boldsymbol{x}, y = 2) = [\underbrace{0; 0; \ldots; 0}_{V}; \boldsymbol{x}; \underbrace{0; 0; \ldots; 0}_{(K-2) \times V}] \qquad [2.4]$$

$$f(\boldsymbol{x}, y = K) = [\underbrace{0; 0; \ldots; 0}_{(K-1) \times V}; \boldsymbol{x}] \qquad [2.5]$$

$[\underbrace{0; 0; \ldots; 0}_{(K-1) \times V}]$은 $(K-1) \times V$개의 0으로 구성된 열 벡터이고, 세미콜론은 세로로 합친
다는 의미다. K개의 가능한 라벨에 대해서 피처함수는 특정 라벨 y에 따라 단어 출현
횟수 $\boldsymbol{x}$의 열 벡터로 특정 위치에 삽입된 값을 제외하면, 대부분의 값이 0으로 구성된
열 벡터를 반환한다. 이를 정리하면 그림 2.1과 같은 모습이 된다. 이 정리를 처음에
접하면 조금 어색해 보이지만, 학습 시 설정하는 범위를 일반화시켜준다. 7~11장에
서 집중해서 다룰 **구조 예측**Structure Prediction에도 많은 도움을 준다.

---

3 실제로는 f과 θ 모두 벡터가 아니라 사전형으로 만들어질 가능성이 높으므로, 그럴 경우에는 j를 명시적으로 식별할 필요
가 없다. 사전형으로 구현된다면, 튜플(whale, FICTION)은 사전 두 개에서 f 내의 값은 피처 개수이고, θ의 값은 가중치가
된다.

44

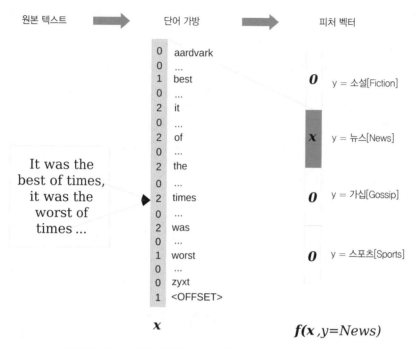

그림 2.1 텍스트 분류 작업을 가정해 만든 단어 가방과 피처 벡터 표현

주어진 가중치 벡터 $\theta \in \mathbb{R}^{VK}$를 사용해서 2.1에서 정리한 점수를 구하는 함수인 $\Psi(x, y)$을 계산할 수 있다. 이 수식을 계산해 나온 벡터의 내적값은 라벨 y에서 단어 x가 관찰되면 적합한지 여부를 알려주는 적합성에 대한 점수를 제공한다.[4] 이 과정을 일반화해 모든 문서 x에 라벨 $\hat{y}$를 예측한다고 하면 다음과 같다.

$$\hat{y} = \operatorname*{argmax}_{y \in \mathcal{Y}} \Psi(x, y) \qquad [2.6]$$

$$\Psi(x, y) = \theta \cdot f(x, y) \qquad [2.7]$$

이 벡터의 내적을 표현하는 벡터 표기법은 데이터(x와 y)와 **파라미터**(θ)를 깔끔하게 구분시켜준다.

---

4 $V \times (K - 1)$개의 피처와 가중치만이 필요하다. 만약 x에 대해 독립인 함수 $\Psi(x, y = K) = 0$로 규정한다면, $V \times K$의 피처만 있어도 분류 규칙을 구현할 수 있다. 이 처리 방식은 $y = \text{Sign}(\beta \cdot x + a)$과 같은 이진 분류 규칙에서 사용한다. 이 규칙에서 β는 가중치 벡터이고, a는 오프셋이고, 라벨 세트는 $\mathcal{Y} = \{-1, 1\}$에 해당한다. 그렇지만 다중 클래스에서는 모든 $y \in \mathcal{Y}$에 대해 $\theta \cdot f(x, y)$와 같이 간략하게 표기한다.

표기할 때와 분석할 때도 벡터 표기법을 사용하지만 코드에서 가중치와 피처 벡터를 사전형을 활용해서 구현할 수 있다. 내적곱은 루프를 이용해 계산할 수 있으며, 이를 위한 파이썬 코드를 작성하면 다음과 같다.

```
def compute_score(x,y,weights):
    total = 0
    for feature,count in feature_function(x,y).items():
        total += weights[feature] * count
    return total
```

이렇게 코드를 작성하면 0을 헤아리는 많은 피처들을 반복 및 저장하지 않도록 해주므로 이점이 존재한다.

일반적으로 값이 항상 1인 **오프셋 피처**를 단어 출현 횟수 x 벡터의 끝에 추가한다. 그다음 벡터 길이를 일치시키기 위해 각각의 제로 벡터에 대해 0을 추가해야 한다. 그러고 나면 길이가 $(V+1) \times K$인 전체 피처 벡터 $f(x, y)$를 얻을 수 있다. 오프셋 기능을 추가한 가중치 값은 바이어스값이나 각각의 라벨과 반대되는 값으로 생각할 수 있다. 예를 들면 대부분의 이메일이 스팸메일이라고 한다면, $y = \text{SPAM}$에 대한 오프셋 기능을 더한 가중치값은 $y = \text{NOT-SPAM}$에 대한 오프셋 기능을 더한 가중치값보다 항상 더 크다.

그러면 가중치 θ을 다시 살펴보자. 이 가중치 값은 어디에서 나왔을까? 간단하게 그냥 수동으로 설정해버리는 것도 한 가지 방법이다. 만약 영어에서 스페인어를 구별하고 싶다면 영어-스페인어 사전을 사용해서 연관 사전에서 해당 단어가 존재하면 가중치를 1로 설정하면 된다. 예를 들면 다음과 같다.[5]

$$\theta_{(E,bicycle)} = 1 \qquad\qquad \theta_{(S,bicycle)} = 0$$
$$\theta_{(E,bicicleta)} = 0 \qquad\qquad \theta_{(S,bicicleta)} = 1$$
$$\theta_{(E,con)} = 1 \qquad\qquad \theta_{(S,con)} = 1$$
$$\theta_{(E,ordinateur)} = 0 \qquad\qquad \theta_{(S,ordinateur)} = 0$$

이와 비슷한 방식으로 사회 심리학자들이 정의한 긍정과 부정 **감성 어휘**(§4.1.2 참조)들을 사용해서 긍정인지 부정인지도 구별할 수도 있다(Tausczik & Pennebaker, 2010).

---

5   여기서의 표기법에서는 각각의 튜플(언어, 단어)은 벡터를 유지하면서 θ 내의 요소에 인덱싱을 수행한다.

46

하지만 수동으로 직접 분류 가중치를 설정하는 것은 쉽지 않다. 엄청나게 많은 단어 개수들을 고려해야 하는 데다 정확한 수치를 골라야 하기 때문에 데이터를 바탕으로 가중치를 학습한다. 이메일을 사용하는 유저가 직접 SPAM 라벨으로 분류해놓았고, 신문에서는 자체적으로 BUISNESS나 STYLE 등의 카테고리로 분류해놓았다고 해보자. 이러한 **인스턴스 라벨**들을 활용해 **지도 기반 머신러닝**을 적용하면 가중치를 자동으로 얻을 수 있다. 2장에서는 확률을 바탕으로 한 분류법부터 분류를 위한 여러 머신러닝 방법에 대해서 다룰 것이다. 확률에 대해서 다시 한 번 훑고 싶다면, 부록 A를 참고하길 바란다.

2.2 나이브 베이즈

단어 가방 x와 실제 참인 라벨 y의 **결합 확률**joint probability은 p(x, y)로 표기한다. 이미 라벨링돼 있는 N개의 인스턴스 $\{(x^{(i)}, y^{(i)})\}_{i=1}^{N}$를 갖고 있다고 생각해보자. 이 인스턴스들은 **독립적이고 동일하게 분포**돼 있다고 가정한다(§A.3 참조). 그리고 전체 세트의 결합 확률은 p($x^{(1:N)}$, $y^{(1:N)}$)으로 표기하며, 해당 식은 $\prod_{i=1}^{N} p_{X,Y}(x^{(i)}, y^{(i)})$와 동일하다.[6]

그렇다면 이 결합 확률이 분류랑 어떤 관계가 있을까? 분류를 하려면 이미 분류된 데이터의 **트레이닝 세트**의 결합 확률을 최대화하는 가중치 θ을 설정해야 한다. 이 방법을 바로 **최대 우도 추정**maximum likelihood estimation이라고 한다.

$$\hat{\theta} = \underset{\theta}{\mathrm{argmax}}\, p(x^{(1:N)}, y^{(1:N)}; \theta) \qquad [2.8]$$

$$= \underset{\theta}{\mathrm{argmax}} \prod_{i=1}^{N} p(x^{(i)}, y^{(i)}; \theta) \qquad [2.9]$$

$$= \underset{\theta}{\mathrm{argmax}} \sum_{i=1}^{N} \log p(x^{(i)}, y^{(i)}; \theta) \qquad [2.10]$$

p($x^{(i)}$, $y^{(i)}$; θ)은 θ가 확률함수의 파라미터임을 의미한다. 확률의 곱은 로그 확률의 합으로도 표현될 수 있다. 로그 함수는 정의역이 양수라면 단조롭게 증가하는 함수이기

---

6   $P_{X,Y}(x^{(i)}, y^{(i)})$의 뜻은 특정 값 $x^{(i)}$과 $y^{(i)}$를 각각 반영한 확률변수 X와 Y 간의 결합 확률을 의미한다. 문맥상 명확한 경우에는 위에 붙는 첨자를 생략할 수 있다. 확률변수에 대한 내용은 부록 A를 참고하면 된다.

때문에, 확률과 로그값 모두 동일한 θ로 최대화할 수 있다. 로그를 사용하면 수치적으로 안정이 되므로 데이터 양이 많은 세트에서 사용하기 좋다. 즉, 데이터 양에 대해 확률곱을 구하면 0으로 **언더플로우**되지만, 로그를 통해 미리 방지할 수 있다. [7,8]

확률 $p(\boldsymbol{x}^{(i)}, y^{(i)}; \theta)$은 이상적인 무작위로 뽑는 과정을 통해 관찰된 데이터를 생성하는 **생성 모델**generative model을 통해 결정된다.[9] 다음의 알고리듬 1은 파라미터가 $\theta = \{\boldsymbol{\mu}, \boldsymbol{\phi}\}$인, 나이브 베이즈 분류기를 따르는 생성 모델을 설명한다.

- 생성 모델의 첫 번째 줄에서는 인스턴스들이 서로 간에 독립이라고 가정한 것에 대한 설명이다. 문서 i 내의 텍스트나 분류 라벨은 문서 j 내의 텍스트나 분류 라벨에 영향을 주지 않는다.[10] 또 모든 인스턴스는 동일하게 분포돼 있다. 즉, 분류 라벨 $y^{(i)}$과 ($y^{(i)}$의 조건하에) 텍스트 $\boldsymbol{x}^{(i)}$과 일부 조건에 맞는 y는 모든 인스턴스 i에 동일하게 분포돼 있다. 즉, 모든 문서는 분류 라벨에 걸쳐 동일하게 분포돼 있고, 단어 내 한 문서들의 분포 또한 오직 분류 라벨에만 영향을 받는다는 가정이다. 또 하나의 가정이 더 존재한다. 즉, 해당 가정에 따르면 각각의 문서들은 서로 영향받지 않는다. 만약 $i = 7$인 문서에서 고래가 나왔다고 하더라도 $i = 8$인 문서에 다시 나타난다는 가능성에 조금도 영향을 주지 않는다.

알고리듬 1 나이브 베이즈 분류 모델의 생성 과정

---

for instance $i \in \{1, 2, ..., N\}$ **do:**

    Draw the label $y(i) \sim \text{Categorical}(\boldsymbol{\mu})$;   ▷ 분류 라벨을 연결한다.

    Draw the word counts $\boldsymbol{x}^{(i)}|y^{(i)} \sim \text{Multinomial}(\boldsymbol{\phi}_{y^{(i)}})$.   ▷ 단어 빈도를 연결한다.

---

7 언더플로우란 가장 작은 값보다 더 작은 결과가 나올 경우 더 큰 값이 나오는 현상이다. 이를테면 char형(8비트)의 범위는 −128~127의 범위에 있다. 여기서 −129(−128 + (−1))를 만들려고 하면 도리어 1이 버려지면서, 127이 나오는 현상을 의미한다. − 옮긴이

8 이 책에서는 모든 로그함수와 지수함수는 직접 값을 표기한 것이 아니라면 밑은 2이다. 어떤 상황에 이슈가 있지 않다면 동일한 분류기를 얻을 것이며 밑이 2라면 손으로 직접 풀 때 편리하다.

9 생성 모델은 이 책의 전반에 걸쳐 사용될 것이다. 관찰된 변수와 잠재변수의 형태를 기본으로 하는 가정으로 기본적으로 명시된다. 통계학에서의 생성 모델에 대한 쉬운 설명은 Blei(2014)를 참고하면 된다.

10 이 가정이 정말로 강하게 적용되는 경우는 어떤 경우일까?

48

- 생성 모델 알고리즘의 두 번째 줄은 확률변수 $y^{(i)}$을 파라미터 $\boldsymbol{\mu}$에 따라 범주형 분포로 그려진다. 이러한 범주형 분포는 가중치가 할당된 주사위를 던지는 것과 비슷하다. 열 벡터 $\boldsymbol{\mu} = [\mu_1; \mu_2; \ldots; \mu_K]$은 각 라벨에 대한 확률을 알려주므로 라벨 y에 대한 확률은 μ_y와 같다. 예를 들면 $\mathcal{Y} = \{\text{POSITIVE},$ $\text{NEGATIVE}, \text{NEUTRAL}\}$이라면, 파라미터 $\boldsymbol{\mu} = [0.1; 0.7; 0.2]$를 얻게 된다. 각각의 분류 라벨의 확률이 음수가 되지 않으려면, $\sum_{y \in \mathcal{Y}} \mu_y = 1$과 $\mu_y \geq 0$, $\forall y \in \mathcal{Y}$을 만족시켜야 한다. 그리고 이러한 분류 확률의 총합은 1이다.[11]

- 세 번째 줄은 어떻게 단어 가방의 출현 횟수 $\boldsymbol{x}^{(i)}$가 생성되는지 설명한다. $\boldsymbol{x}^{(i)} \mid y^{(i)}$은 해당 라벨의 조건상에서 나타나는 단어의 개수를 뜻하며, 이에 따라 결합 확률은 연쇄 법칙$^{\text{chain rule}}$을 사용해 다음과 같이 계산한다.

$$p_{X,Y}(\boldsymbol{x}^{(i)}, y^{(i)}) = p_{X|Y}(\boldsymbol{x}^{(i)} \mid y^{(i)}) \times p_Y(y^{(i)}) \tag{2.11}$$

특정 분포 $P_{X|Y}$는 음수가 아닌 벡터의 출현 횟수에 대한 확률분포인 다항분포이므로, 이 분포에 대한 확률질량 함수는 다음과 같다.

$$p_{\text{mult}}(\boldsymbol{x}; \boldsymbol{\phi}) = B(\boldsymbol{x}) \prod_{j=1}^{V} \phi_j^{x_j} \tag{2.12}$$

$$B(\boldsymbol{x}) = \frac{\left(\sum_{j=1}^{V} x_j\right)!}{\prod_{j=1}^{V} (x_j!)} \tag{2.13}$$

범주형 분포에서는 파라미터 ϕ_j는 확률로 다룰 수 있다. 즉, 문서 내에서 주어진 토큰이 단어 j일 확률을 의미한다. 또한 여기서의 다항분포는 단어 간의 벡터의 곱셈을 포함한다. 이 곱셈의 각 항은 x_j을 지수화한 확률 ϕ_j과 같으며, 분포에서 출현 횟수가 0인 단어는 $\phi_j^0 = 1$이므로 곱셈에 어떤 영향도 미치지 못한다. 좌항의 $B(\boldsymbol{x})$는 **다항 계수** $^{\text{multinomial coefficient}}$이다. $\boldsymbol{\phi}$에 영향을 받지 않으며, 종종 무시할 수도 있다. 그렇다면 이 항은 왜 필요할까?[12]

---

11 수식에서는 Δ^{K-1}이 $K-1$ **확률 심플렉스**라면, $\boldsymbol{\mu} \in \Delta^{K-1}$가 필요하다. 또 K의 음수가 아닌 모든 숫자의 합은 1이다. 총합에 대한 제약 조건 때문에 크기가 K인 벡터에 대해서는 $K-1$만큼의 자유도가 존재한다.
12 엄밀히 따지면 다항분포는 x에서의 총 단어 개수를 의미하는 또 다른 파라미터가 필요하다. 단어 가방의 표현 방식에서는 x는 문서 내의 단어의 개수와 같지만, 이 파라미터는 분류와는 완전히 무관하다.

수식 p($x|y$; ϕ)는 주어진 분류 라벨 y에서 파라미터 ϕ을 고려해서 단어 개수 x가 나올 조건부 확률을 의미하고, 이 수식은 p_{mult}(x; ϕ_y)와 동일하다. 다항분포를 구분하고 나면, 그다음에 **다항 나이브 베이즈** 분류기를 설명할 수 있게 된다. 왜 "나이브"인가? 다항분포는 각각의 단어 토큰들을 클래스에 따른 조건상에서 다루기 때문이다. 또 이 확률질량 함수는 개수에 따라 분해된다.[13]

2.2.1 타입과 토큰

알고리듬 2는 나이브 베이즈의 생성 모델을 일부 수정한 것이다. 타입Type x의 출현 횟수에 대한 벡터를 생성하는 대신 해당 모델은 w = {w_1, w_2, ..., w_M}으로 표현되는 **토큰** 시퀀스를 생성한다.

타입과 토큰을 구별하는 것은 매우 중요하다. 이를테면 $x_j \in$ {0, 1, 2, ..., M}는 어휘집 내에서 단어 타입 j의 출현 횟수를 의미한 것이다(예컨대 식인종이라는 단어의 출현 횟수), $w_m \in \mathcal{V}$은 문서 내 토큰 m의 식별자를 의미한다(예컨대 Wm = 식인종).

시퀀스 w의 확률은 범주 확률의 벡터곱으로 구해진다. 알고리듬 2는 각각의 토큰 $w_m^{(i)}$든 $y^{(i)}$의 조건상에서 해당 토큰을 제외한 모든 토큰 $w_{n \neq m}^{(i)}$과 독립이다. 다항분포에서 표현된 "나이브" 독립 가정과 동일하며, 또 결과적으로 이 모델의 최적 파라미터는 다항 나이브 베이즈와 동일하다. 그래서 모든 인스턴스에서 이 모델을 통해 얻은 확률은 다항분포 나이브 베이즈의 확률과 비례한다. 이 비례상수가 바로 다항 계수인 $B(x)$이다. $B(x)$가 항상 1보다 크기 때문에, 출현 횟수 x 벡터에 대한 확률은 동일한 출현 횟수를 유도하는 단어 리스트 w의 확률보다 반드시 커야 한다. 출현 횟수가 1인 단일 벡터에 해당하는 수많은 단어 시퀀스들이 존재할 수 있다. 이를테면 *man bites dog*[사람이 개를 물었다]와 *dog bites man*[개가 사람을 물었다]는 {*bites*[물었다] : 1, *dog*[개] : 1, *man*[사람] : 1}와 같은 동일한 출현 횟수를 나타내는 벡터를 가지고 있으며, $B(x)$는 해당 출현 횟수 벡터 x에서 가능한 한 모든 단어를 정렬하는 방법의 총 횟수와 동일하다.

---

13 어떤 확률분포라도 생성 과정에 결부시킬 수 있을 것이고, 만약 피처들이 조건적이라는 "나이브" 가정을 유지하는 한 해당 생성 과정은 나이브 베이즈를 따를 것이다. 예를 들면 대각 공분산을 가지는 다변량 가우시안에서는 완전히 동일한 의미로 나이브하다.

타입의 출현 횟수 x를 인스턴스로 다루는 경우가 유용한 경우도 일부 있지만, 다른 대부분의 경우에서는 토큰으로 구성된 시퀀스 w으로 다루는 게 좋다. 만약 모델에서 생성된 토큰이 조건부 독립이라면 분류 라벨과 파라미터에 영향을 받지 않는 크기 인자를 제외하면 두 확률 모델이 완전히 동일하다는 결말에 이를 것이다.

알고리듬 2 나이브 베이즈 분류기 모델의 생성 과정의 또 다른 방법

---

for instance $i \in \{1,\ 2,\ 3,\ ...,\ N\}$ **do** :

    Draw the label $y^{(i)} \sim \text{Categorical}(\boldsymbol{\mu})$;   ▷ 분류 라벨을 연결한다.

    for token $m \in \{1,\ 2,\ 3,\ ...,\ M_i\}$ **do** :

        Draw the token $w_m^{(i)} \mid y^{(i)} \sim \text{Categorical}(\boldsymbol{\phi}_{y^{(i)}})$.   ▷ 토큰을 연결한다.

2.2.2 예측

나이브 베이즈 예측 규칙은 $\log \mathrm{p}(\boldsymbol{x}, y;\ \boldsymbol{\mu}, \boldsymbol{\phi})$를 최대화하기 위한 분류 라벨 y을 선택하기 위한 방법이다.

$$\hat{y} = \underset{y}{\text{argmax}} \log \mathrm{p}(\boldsymbol{x}, y; \boldsymbol{\mu}, \boldsymbol{\phi}) \qquad [2.14]$$

$$= \underset{y}{\text{argmax}} \log \mathrm{p}(\boldsymbol{x} \mid y; \boldsymbol{\phi}) + \log \mathrm{p}(y; \boldsymbol{\mu}) \qquad [2.15]$$

$$\log \mathrm{p}(\boldsymbol{x} \mid y; \boldsymbol{\phi}) + \log \mathrm{p}(y; \boldsymbol{\mu}) = \log \left[B(\boldsymbol{x}) \prod_{j=1}^{V} \boldsymbol{\phi}_{y,j}^{x_j} \right] + \log \mu_y \qquad [2.16]$$

$$= \log B(\boldsymbol{x}) + \sum_{j=1}^{V} x_j \log \phi_{y,j} + \log \mu_y \qquad [2.17]$$

$$= \log B(\boldsymbol{x}) + \boldsymbol{\theta} \cdot \boldsymbol{f}(\boldsymbol{x}, y) \qquad [2.18]$$

은 다음의 상황에서 성립한다.

$$\boldsymbol{\theta} = [\boldsymbol{\theta}^{(1)}; \boldsymbol{\theta}^{(2)};\ ...;\boldsymbol{\theta}^{(K)}] \qquad [2.19]$$

$$\boldsymbol{\theta}^{(y)} = [\log \phi_{y,1};\log \phi_{y,2};\ ...;\ \log \phi_{y,V};\log \mu_y] \qquad [2.20]$$

피처함수 $f(x, y)$는 단어 출현 횟수 벡터 V와 오프셋을 분류 라벨 y와 같지 않다면 0으로 채우는 함수이다(그림 2.1와 수식 2.3~2.5 참조). 이 과정은 가중치가 $\theta^{(y)}$을 가진 피처만을 활성화시키는 벡터의 내적곱 $\theta \cdot f(x, y)$의 실행을 보장한다. 여기서 수식 내 피처와 가중치는 각각의 y에 대한 결합 로그 확률 $\log p(x, y)$를 계산하기 위해 필요하다. 이 표기법에 따라 문서-라벨 간의 쌍 (x, y)의 우도log-likelihood 계산을 벡터의 내적 계산으로 변환시켰다.

2.2.3 추정

범주형 분포와 다항분포의 파라미터는 가능한 모든 현상에 대해 예상되는 빈도에 대한 벡터라고 단순히 해석할 수 있다. 이 해석에 기반해서 경험에 기반해 파라미터는 다음과 같이 설정한다.

$$\phi_{y,j} = \frac{\text{count}(y,j)}{\sum_{j'=1}^{V} \text{count}(y,j')} = \frac{\sum_{i:y^{(i)}=y} x_j^{(i)}}{\sum_{j'=1}^{V} \sum_{i:y^{(i)}=y} x_{j'}^{(i)}} \qquad [2.21]$$

수식의 $\text{count}(y, j)$는 라벨 y로 분류된 문서 내에서 나타난 단어 j의 출현 횟수이다.

수식 2.21은 ϕ에 대한 **상대 빈도 추정**relative frequency estimate을 나타낸 것이다. 이 식은 확률 $p(x^{(1:N)}, y^{(1:N)}; \theta)$을 최대화하기 위한 추정이므로 **최대 우도 추정**maximum likelihood estimate이라고 정의하기도 한다. 알고리듬 1의 생성 모델에 따르면 로그우도log-likelihood 는 다음과 같다.

$$\mathcal{L}(\phi, \mu) = \sum_{i=1}^{N} \log p_{\text{mult}}(x^{(i)}; \phi_{y^{(i)}}) + \log p_{\text{cat}}(y^{(i)}; \mu) \qquad [2.22]$$

위 수식은 파라미터 ϕ와 μ을 가지는 함수 $\mathcal{L}$로 적을 수 있다. $p(y)$은 ϕ를 따르는 상수 이기 때문에 버릴 수 있으므로, 여기서는 파라미터 ϕ에 초점을 맞춰서 좀 더 살펴보자.

$$\mathcal{L}(\phi) = \sum_{i=1}^{N} \log p_{\text{mult}}(x^{(i)}; \phi_{y^{(i)}}) = \sum_{i=1}^{N} \log B(x^{(i)}) + \sum_{j=1}^{V} x_j^{(i)} \log \phi_{y^{(i)},j} \qquad [2.23]$$

이 식에서 $B(x^{(i)})$는 ϕ에 대한 상수다.

최대 우도 추정은 우도 추정 함수 $\mathcal{L}$를 최대화하는 ϕ를 선택하지만 이 과정은 반드시 다음의 제약 조건상에서 수행된다.

$$\sum_{j=1}^{V} \phi_{y,j} = 1 \quad \forall y \tag{2.24}$$

이 제약 조건은 해당 목적함수에 라그랑주 승수$^{\text{Lagrange multipliers}}$ 세트를 추가해 통합할 수 있다(더 자세한 내용은 부록 B 참조). 각각의 θ_y에 대한 해를 찾기 위해서 다음의 라그랑지안^{Lagrangian}함수를 최대화해야 한다.

$$\ell(\phi_y) = \sum_{i:y^{(i)}=y} \sum_{j=1}^{V} x_j^{(i)} \log \phi_{y,j} - \lambda(\sum_{j=1}^{V} \phi_{y,j} - 1) \tag{2.25}$$

파라미터 $\phi_{y,j}$에 대해 미분하면, 다음의 수식을 얻는다.

$$\frac{\partial \ell(\phi_y)}{\partial \phi_{y,j}} = \sum_{i:y^{(i)}=y} x_j^{(i)} / \phi_{y,j} - \lambda \tag{2.26}$$

벡터 내의 각 요소들을 미분했을 때 값이 0이 되도록 설정해 해를 찾을 수 있다.

$$\lambda \phi_{y,j} = \sum_{i:y^{(i)}=y} x_j^{(i)} \tag{2.27}$$

$$\phi_{y,j} \propto \sum_{i:y^{(i)}=y} x_j^{(i)} = \sum_{i=1}^{N} \delta\left(y^{(i)}=y\right) x_j^{(i)} = \text{count}(y,j) \tag{2.28}$$

$\delta(y^{(i)}=y)$가 바로 $y^{(i)}=y$일 때 1을 반환한다. 이 함수는 지시함수라고도 부르는 **델타 함수**$^{\text{delta function}}$다. 수식 기호 $\propto$는 $\phi_{y,j}$가 식의 우항과 비례함을 의미한다.

수식 2.28은 동일한 식을 3가지 유형으로 표현한 식이다. 분류 라벨 $y^{(i)}=y$을 만족하는 모든 문서 i에 대한 단어 빈도의 총합을 의미한다. 이 총합은 특정 비례 상수까지의 파라미터 ϕ_y에 대한 해를 제시한다. 이제 다시 제약 조건 $\sum_{j=1}^{V} \phi_{y,j} = 1$로 돌아가보자. 이 제약 조건은 ϕ_y이 어휘집 내의 각 단어에 대한 확률 벡터를 의미하므로 필요하며, 해당 제약 조건은 λ에 영향받지 않고, 최적해에 도달할 수 있도록 해준다.

$$\phi_{y,j} = \frac{\text{count}(y,j)}{\sum_{j'=1}^{V} \text{count}(y,j')} \tag{2.29}$$

이 식은 수식 2.21의 상대 빈도 추정자와 비슷하다. 추정치와 비슷한 방법으로 미분했을 때, $\mu_y \propto \sum_{i=1}^{N} \delta(y^{(i)} = y)$이 성립한다.

2.2.4 평활법

텍스트를 다루다보면, 트레이닝 세트에서 $\phi_{y,j} = 0$이기 때문에 절대 출현하지 않는 분류 라벨과 단어의 쌍이 존재할 수 있다. 이를테면 몰리비데넘^{molybdenum}과 같은 단어는 소설 같은 문서에서는 절대 나타나지 않는다. 그렇지만 $\phi_{\text{FICTION,molybdenum}} = 0$과 같은 값을 선택한다면 $X_{molybdenum} > 0$인 경우 $p(\text{FICTION}|x) = 0$이 되면서 해당 단일 피처가 라벨을 완전히 거부하는 경우도 존재한다.

이 경우 **분산**이 높아지기 때문에 원하지 않는 상황이 만들어진다. 트레이닝 데이터 세트에서 어떤 데이터가 나오는지에 따라 완전히 다른 분류 규칙을 얻게된다. 이 문제를 해결하기 위한 여러 방법 중 하나는 각 출현 횟수에 "가짜 출현 횟수"를 곱한 이후 정규화한 값을 더해서 확률의 분산을 줄여 평탄하게 만들어준다.

$$\phi_{y,j} = \frac{\alpha + \text{count}(y,j)}{V\alpha + \sum_{j'=1}^{V} \text{count}(y,j')} \qquad [2.30]$$

이를 **라플라스 평활**$^{Laplace\ Smoothing}$[14]이라고 한다. 가짜 출현 횟수 α는 ϕ을 추정하도록 만드는 로그우도함수의 형태를 제어하는 **하이퍼파라미터**이다.

평활은 분산을 줄여주지만 **바이어스**^{bias}를 포함하기 때문에 최대 우도 추정값에서 더 멀어진다. 이 경우 바이어스 지점은 균일 확률로 향해간다. 머신러닝 이론에서는 홀드아웃 데이터의 에러는 바이어스와 분산의 합에 따라 발생함을 보여준다(Mohri et al., 2012) 또한 보통 분산을 줄이는 방법을 사용하면 **바이어스-분산 맞교환**$^{Bias\text{-}Variance\ Tradeoff}$이 일어나므로 바이어스가 증가한다.

- 편향되지 않은 분류자들은 트레이닝 데이터를 **과적합**^{overfit}시켜서 보이지 않는 데이터로 인해서 성능 저하를 발생시킨다.

---

14 라플라스 평활은 ϕ를 확률변수로 갖고 있는 확장된 생성 모델을 가지는 베이지안 정당성을 가지고 있다. ϕ에 대한 결과 분포는 데이터(x와 y)와 **이전 확률** p(ϕ; α)에 따라 달라진다. ϕ에 따른 추정을 **최대 사후 확률**(maximum a posteriori) 혹은 MAP이라고 한다. 이는 데이터에만 좌우되는 최대 우도와 반대되는 개념이다.

- 반대로 평활을 너무 크게 만들면 결과 분류자들이 **과소 적합**^{underfit}될 수 있다. $\alpha \to \infty$이 되면 분산이 0에 가까워진다. 평활을 키우면 데이터에 상관없이 같은 분류자를 얻게 되지만, 반대로 바이어스가 엄청 커지게 된다.

머신러닝 전반에 걸쳐서 비슷한 이슈가 발생한다. 그래서 이에 대한 해결 방법으로 2장 후반부에서는 정규화에 대해 다룰 것이다. 정규화는 로지스틱 회귀^{logistic regression}와 큰 마진 분류기^{large-margin classifiers}에서의 바이어스-분산 맞교환을 제어하는 역할을 한다(§2.5.1 참조). §3.3.2에서는 딥러닝에서의 변수를 제어하기 위한 방법을 알아본다. 6장에서는 경험적 확률을 평활시키기 위한 조금 더 세련된 방법을 소개한다.

2.2.5 하이퍼파라미터 설정하기

나이브 베이즈로 다시 돌아가 α와 같은 최적의 하이퍼파라미터를 어떻게 선택할 수 있을까? 여기서 최대 우도는 동작하지 않을 것이다. 트레이닝 세트에서의 α에 대한 최대 우도 추정값은 언제나 $\alpha = 0$이 된다. 대부분의 경우 우리가 실제로 원하는 값은 바로 **정확도**이다. 여기서 정확도는 올바르게 예측한 값을 전체 예측의 개수로 나눈 것이다(또 다른 분류 성능에 대한 측정 방법은 §4.4에서 다룰 것이다). 여태까지 봤던 것처럼 정확도를 직접 최적화하는 것은 어려운 일이기 때문에, α와 같은 스칼라 하이퍼파라미터를 사용한다. 이 하이퍼파라미터를 사용한 조정 과정은 아주 단순한 휴리스틱으로 그리드 탐색이라고 한다. 값으로 한 세트를 만든 이후에(예컨대 $\alpha \in \{0.001, 0.01, 0.1, 1, 10\}$), 각각의 값별로 정확도를 계산하고 그다음 정확도를 최대화할 수 있는 값을 선택해 설정한다.

α를 조정하는 이유는 아직 보지 못한 데이터에서도 분류기가 올바르게 수행되도록 만들기 위해서다. 그렇기 때문에 하이퍼파라미터를 위해 사용된 데이터는 트레이닝 세트에서 겹치지 않아야 하므로, α가 작을수록 좋다. 그 대신 **개발 세트**(조정 세트라고도 한다)를 하이퍼파라미터 선택을 위해 따로 빼놓는다. 이 개발 세트는 라벨링된 데이터의 10% 정도에 해당하는 매우 작은 부분으로 구성돼 있다.

그리고 우리의 분류기를 아직 관찰하지 못한 데이터에서도 잘 동작하도록 만들어야 한다. 이를 위해서 데이터의 일부를 반드시 따로 빼 둬야 한다. 이렇게 빼 둔 데이터 세트를 바로 테스트 세트라고 한다. 꼭 명심해야 할 것은 **테스트 세트**는 트레이닝이나 개발 세트와 전혀 겹쳐지지 않도록 만들어야 한다. 만약 겹쳐지는 상황이 존재한다면 분류기는 미래에 마주할 라벨링되지 않은 데이터에 대해 과대평가된 성능을 가질 수도 있다. 또한 테스트 세트는 피처함수의 형태나 어휘집의 크기 등등 모델링 결정과도 완전히 무관해야 한다(이러한 결정들은 4장에서 하나씩 다룰 것이다). 가장 이상적인 방법은 테스트를 단 한 번만 사용하는 것이다. 그렇지 않으면 테스트 세트는 분류기 디자인에 영향을 미치고 테스트 세트의 정확도는 실제 보지 못한 데이터에 대한 분류 정확도에 대한 차이가 존재하게 된다.

주석이 이미 달려 있는 데이터의 비용은 매우 비싸기 때문에 모두에 주석을 다는 이러한 이상적인 방법을 실제로는 사용할 수 없고, 수십 년에 걸쳐 여러 테스트 세트가 사용됐다. 하지만 기계 번역이나 정보 추출과 같은 영향력이 큰 애플리케이션에서는 해마다 새로운 테스트 세트가 출시되고 있다.

라벨링되어 있는 데이터의 양이 크지 않을 경우에도 테스트 세트 정확도를 신뢰하기 어려울 수도 있다. **K-겹 교차 검증**K-fold cross-validation은 이때, 유용하게 사용할 수 있는 한 가지 방법이다. 라벨링된 데이터를 K겹으로 나눈 이후, 각 겹들을 테스트 세트로 사용하면서 나머지 겹들을 트레이닝 세트로 사용하는 것이다. 그리고 나서 테스트 세트 정확도를 총체적으로 집계한다. 극단적인 상황에서 각 겹에는 데이터 하나만 존재할 수도 있다. 이런 경우를 **리브-원-아웃 교차 검증**leave-one-out cross-validation이라고 부른다. 교차 검증 과정에서 하이퍼파라미터 조정을 수행하기 위해서 다른 겹들을 그리드 검색에 사용할 수 있다. 그래서 분류기에 대한 디자인 결정이 이뤄지는 과정 중이나 관찰하지 못한 데이터에 대한 정확도를 과대평가하지 않도록 교차 검증된 정확도를 반복적으로 평가하지 않는 것이 매우 중요하다.

2.3 결정 학습

나이브 베이즈는 닫힌 형태 내에서 가중치를 추정할 수 있고, 확률적 해석을 통해 비교적 쉽게 확장시킬 수 있으므로 쉽게 동작한다. 하지만 피처들이 독립이라는 가정은 정확도를 높이는 데 어려움이 있을 수 있다. 여태까지 우리는 피처함수 $f(x, y)$를 정의하고 해당 함수가 단어 가방 피처들을 사용하도록 했다. 즉, 어휘집 내의 단어 하나당 하나의 피처를 가진다. 하지만, 이 조건은 자연어에서 단어 가방의 피처들은 조건부 독립이라는 가정에 위배된다. 이를테면 *naïve*[나이브]라는 단어를 포함하고 있는 문서는 확실히 *Bayes*[베이즈]라는 단어를 같이 포함할 가능성이 높지만, 이러한 위배는 비교적 가벼운 문제다. 하지만 텍스트 분류에서 좋은 성능을 내기 위해서는 단어 가방의 수보다 더 많은 피처가 필요할 경우도 있다.

- 어휘집에 없는 어휘들을 더 잘 다루기 위해서는 접두사나 접미사(예컨대 *anti-*[반대], *un-*[부정], *-ing*[진행형]), 대문자 등과 같은 여러 단어에 적용 가능한 피처들이 필요하다.
- 다중언어 유닛에 적용하기 위해서는 n그램 피처들도 필요하다. 이를테면 바이그램(예컨대 *not good*[좋지 않다], *not bad*[나쁘지 않다])이나 트라이그램(예컨대 *not so bad*[그렇게 나쁘지 않다], *lacking any decency*[품위가 전혀 없다], *never before imagined*[이전엔 상상도 하지 못했다]) 혹은 그 이상의 n-그램들이 있다.

이런 피처들은 나이브 베이즈 독립 가정들에 확실히 위배된다. 접두사 피처를 추가했을 때 어떤 일이 일어나는지 생각해보자. 나이브 베이즈 가정하에서는 단어와 해당 접두사에 대한 결합 확률은 다음의 근사치를 통해 계산할 수 있다.[15]

$$\Pr(\text{word} = \textit{unfit}, \text{prefix} = \textit{un-} \mid y) \approx \Pr(\text{prefix} = \textit{un-} \mid y) \times \Pr(\text{word} = \textit{unfit} \mid y)$$

근사치에 대한 품질을 평가하려면 좌항에 연쇄법칙을 적용해 수정할 수 있다.

$$\Pr(\text{word} = \textit{unfit}, \text{prefix} = \textit{un-} \mid y) = \Pr(\text{prefix} = \textit{un-} \mid \text{word} = \textit{unfit}, y) \qquad [2.31]$$
$$\times \Pr(\text{word} = \textit{unfit} \mid y) \qquad [2.32]$$

하지만 *un-*은 단어의 *unfit*의 접두사임을 보장하기 때문에 $\Pr(\text{prefix} = \textit{un-} \mid \text{word} = \textit{unfit}, y) = 1$이 된다. 그러므로 다음과 같다.

$$\Pr(\text{word} = \textit{unfit}, \text{prefix} = \textit{un-} \mid y) = 1 \qquad\qquad \times \Pr(\text{word} = \textit{unfit} \mid y) \quad [2.33]$$
$$\gg \Pr(\text{prefix} = \textit{un-} \mid y) \times \Pr(\text{word} = \textit{unfit} \mid y) \quad [2.34]$$

---

15 Pr(·)은 한 사건에 대한 확률을 의미하며, p(·)은 확률변수에 대한 확률밀도 혹은 확률질량을 의미한다(부록 A 참고).

앞의 식에서처럼 접두사 *un-*으로 시작하는 주어진 단어의 확률은 항상 1보다 작다. 나이브 베이즈는 시스템적으로 상호관계가 참인 피처들의 참의 결합 확률을 과소평가한다. 이러한 피처를 사용하기 위해서는 독립 가정에 영향을 받지 않는 학습 알고리듬이 필요하다.

나이브 베이즈 독립 가정의 원 형태는 관찰된 텍스트의 확률에 대한 모델링이 필요한 학습 목적함수 $p(x^{(1:N)}, y^{(1:N)})$이다. 분류 문제에서는 주어진 *x*에 대한 유일한 관심사는 라벨 *y*이다. 이러한 설정하에서는 텍스트 *x*에 대한 확률을 모델링하는 것은 어렵고 불필요한 작업으로 보이기 때문에, 판별 학습^{Discriminative Learning} 알고리듬에서는 이러한 작업을 건너뛰고, *y*를 직접 예측하는 것에만 초점을 맞춘다.

2.3.1 퍼셉트론

나이브 베이즈에서 가중치는 확률 모델의 파라미터로 설명될 수 있다. 그렇지만 이모델에서는 피처들에 대한 선택을 유지하거나 제한하기 위한 독립 가정이 필요하다. 그렇다면 확률에 대해서는 잊어버리고, 에러에 기반한 방법을 사용해 가중치를 학습시킬 수는 없을까? 알고리듬 3에서 설명하는 퍼셉트론 알고리듬은 이렇게 학습할 수있는 방법 중 한 가지다.

알고리듬 3 퍼셉트론 학습 알고리듬

1: **procedure** PERCEPTRON($x^{(1:N)}$, $y^{(1:N)}$)

2:    $t \leftarrow 0$

3:    $\theta^{(0)} \leftarrow 0$

4:    **repeat**

5:        $t \leftarrow t + 1$

6:        Select an instance i

7:        $\hat{y}$ argmax$_y$ $\theta(t-1) \cdot f(x^{(i)}, y)$

8:        **if** $\hat{y} \neq y^{(i)}$ **then**

9:            $\theta(t) \leftarrow \theta(t-1) + f(x^{(i)}, y^{(i)}) - f(x^{(i)}, \hat{y})$

10:        **else**

11:            $\theta(t) \leftarrow \theta(t-1)$

12:    **until** tired
13:    **return** $\theta(t)$

알고리듬은 단순하다. 만약에 오류가 발생하면 올바른 라벨 $y^{(i)}$을 활성시키는 피처에 대한 가중치를 증가시키고 추측 라벨 $\hat{y}$를 활성시키는 피처에 대한 가중치를 감소시킨다. 퍼셉트론은 분류기의 가중치가 모든 예시를 거칠 때마다 무조건 바뀌기 때문에 **온라인 학습**[16] 알고리듬에 해당한다. 나이브 베이즈와 같은 배치 학습 알고리듬과 구별되는 지점이다. 즉 배치 학습에서는 데이터 세트 전체에 대해 통계를 계산한 다음, 하나의 연산 내에서 가중치를 설정한다. 알고리듬 3에서는 온라인 학습 프로시저가 언제 종료되는지 모호한 지점이 존재한다. 이 문제에 대해서는 곧 다시 다룰 것이다.

퍼셉트론 알고리듬은 이론적이지 않은 휴리스틱(발견론적 방법)처럼 보이기도 한다. 나이브 베이즈는 확률 내에 견고한 기반 위에서 계산되는 반면, 퍼셉트론은 오류가 발생할 때마다 가중치에 상수를 더하거나 빼기만 할 뿐이다. 이게 정말 동작은 할까? 사실 퍼셉트론에 대해서는 **선형 분리 가능**$^{\text{linear separability}}$이라는 굉장히 적합한 이론이 존재한다. 비공식적으로 이진 라벨($y \in \{0, 1\}$)을 가지는 데이터 세트에서는 초평면(많은 차원 내의 한 직선)을 그릴 수 있다면 선형 분리 가능하다. 따라서 초평면의 각 측면에 있는 모든 인스턴스들은 동일한 라벨을 가진다. 이 정의는 여러 라벨에 적용하기 위해 확장 및 수식화할 수 있다.

정의 1 (선형 분리 가능)   데이터 세트 $\mathcal{D} = \{(x^{(i)}, y^{(i)})\}_{i=1}^{N}$가 선형 분리 가능하다면, 모든 인스턴스 $(x^{(i)}, y^{(i)})$을 만족하는 가중치 벡터 θ와 마진 ρ가 존재한다. θ와 진짜 참인 라벨에 대한 피처함수를 내적한 $\theta \cdot f(x^{(i)}, y^{(i)})$은 다른 가능한 라벨에 대한 피처함수와 θ와의 내적 $\theta \cdot f(x^{(i)}, y')$보다 최소 ρ만큼 크다.

$$\exists \theta, \rho > 0 : \forall (x^{(i)}, y^{(i)}) \in \mathcal{D}, \quad \theta \cdot f(x^{(i)}, y^{(i)}) \geq \rho + \max_{y' \neq y^{(i)}} \theta \cdot f(x^{(i)}, y') \qquad [2.35]$$

---

16 데이터를 모두 학습시키기에는 양이 너무 많아서, 여러 가지 이점을 위해 미니배치(mini-batch) 단위로 학습하는 것을 온라인 학습이라고 한다. 데이터가 들어오는 즉시 학습할 수 있기 때문에 '온라인'이라는 이름이 붙여졌다. - 옮긴이

선형 분리 가능은 몇 가지 내용을 보장하기 때문에 중요하다. 먼저 데이터가 선형 적으로 분리 가능하다면, 퍼셉트론은 분리자를 찾을 수 있다(Novikoff, 1962).[17] 퍼셉 트론이 휴리스틱처럼 보일 수는 있지만, 학습 문제가 충분히 쉽다면 확실한 성공을 보장한다.

이러한 증거는 얼마나 유용한 정보일까? Minsky & Papert(1969)가 단순한 exclusive-or[EOR] 논리함수가 분리 가능하지 않다면, 퍼셉트론은 이 함수를 학습할 수 없다고 증명한 사실은 유명하다. 그렇지만 퍼셉트론만 그런 건 아니다. 나이브 베이즈와 같은 모든 선형 분류 알고리듬은 이러한 학습 작업을 성공적으로 수행하지 못한 다. 텍스트 분류 문제는 보통 수천에서 수백만 개의 피처를 가지는 고차원 피처 공간을 포함하고 있고, 이러한 문제에서는 트레이닝 데이터를 실제로 분리할 수 있다. 그리고 데이터 세트를 분리할 수 없다고 하더라도 퍼셉트론 알고리듬이 만들어낼 에러의 개수에 대한 상한을 두는 방법으로 해결할 수도 있다(Freund & Schapire, 1999).

2.3.2 평균 퍼셉트론

알고리듬 4 평균 퍼셉트론 학습 알고리듬

1: **procedure** Avg-Perceptron($\boldsymbol{x}^{(1:N)}$, $\boldsymbol{y}^{(1:N)}$)

2:    $t \leftarrow 0$

3:    $\theta^{(0)} \leftarrow 0$

4:    **repeat**

5:       $t \leftarrow t + 1$

6:       Select an instance i

7:       $\hat{y}$ argmax$_y$ $\theta^{(t-1)} \cdot f(\boldsymbol{x}^{(i)}, y)$

8:       **if** $\hat{y} \neq y^{(i)}$ **then**

9:          $\theta^{(t)} \leftarrow \theta^{(t-1)} + f(\boldsymbol{x}^{(i)}, y^{(i)}) - f(\boldsymbol{x}^{(i)}, \hat{y})$

10:      **else**

11:         $\theta^{(t)} \leftarrow \theta^{(t-1)}$

12:      $\boldsymbol{m} \leftarrow \boldsymbol{m} + \theta^{(t)}$

---

17 분리자를 찾기 위해 필요한 트레이닝의 반복 횟수에 상한을 두는 것도 증명할 수 있다. 이와 같은 증명 또한 머신러닝 이론의 한 분야다(Mohri et al., 2012).

13:    **until** tired

14:    $\overline{\theta} \leftarrow \frac{1}{t}m$

15:    **return** $\overline{\theta}$

퍼셉트론은 알고리듬 3에 나와 있는 것처럼 "tired" 지점에 도달할 때까지 데이터에 대해 프로세스를 계속 반복하며 수행한다. 만약 데이터가 선형 분리 가능하면, 궁극적으로 퍼셉트론은 분류기를 찾을 것이고, 모든 트레이닝 인스턴스들이 올바르게 분류돼 있을 때 멈출 수 있다. 그렇지만 데이터가 선형 분리가 불가능하면, 퍼셉트론은 2개 혹은 그 이상의 가중치 설정 사이에서 요동치면서 절대 수렴하지 않는다. 이런 경우에는 어떻게 트레이닝을 멈추고 최종 가중치를 어떻게 어떻게 선택할 수 있을까? 효율적이고 실용적인 방법은 전체 반복에 대한 퍼셉트론 가중치의 **평균**을 사용하는 것이다.

이 프로시저는 알고리듬 4에서 잘 표현돼 있다. 학습 알고리듬은 퍼셉트론과 거의 동일해 보이지만, 가중치의 총합 벡터 m을 계속 유지한다. 그래서 학습 프로시저가 모두 끝나면 총합을 업데이트 횟수 t으로 나눠서, 평균 가중치 $\overline{\theta}$을 구한다. 그다음 구한 평균 가중치를 예측에 사용할 수 있다. 그림 4의 알고리듬 설계도에서 보면, 전체 총합에서부터 $m \leftarrow m + \theta$라는 식으로, 평균을 계산한다. 하지만 $|\theta|$ 연산은 현재 실행 중인 총합을 갱신하는 과정이 필요하기 때문에, 불필요할 때도 있다. 만약 $f(x, y)$가 희박하게 분포돼 있으면 각각의 (x, y)에 대해 $|\theta| \gg |f(x, y)|$가 된다. 즉 $2 \times |f(x, y)|$ 연산만 하는 θ 그 자체를 갱신하기 위한 계산보다 실행하는 총합을 갱신하는 것이 훨씬 비용이 많이 든다. 연습 문제 중 한 문제에서 평균 가중치를 계산하기 위해서 더 효율적인 알고리듬을 설계해본다.

만약 데이터 세트가 분리 가능하지 않더라도 평균 가중치는 궁극적으로는 수렴한다. 계산을 중단하기 위한 기준 중 하나는 데이터를 모두 통과할 때마다 이전과 이후의 평균 가중치 벡터 간의 차이를 계속 확인하는 것이다. 만약 벡터의 크기 차이가 사전에 정의한 특정치 아래로 떨어진다면 트레이닝을 종료할 수 있다. 또 다른 종료기준은 데이터 일부를 따로 빼놓고, 이 데이터에 대해 예측 정확도를 계속 측정하는 것이다. 따로 빼놓은 데이터의 정확도가 떨어지기 시작하면, 학습 알고리듬은 트레이닝 세트에 대해 **과적합**되기 시작한 것이다. 이 지점이 멈추기 가장 좋은 지점이다. 이 종료 기준을 바로 **초기 멈춤**$^{early\ stopping}$이라고 한다.

일반화는 트레이닝 데이터에 없는 인스턴스를 올바르게 측정할 수 있는 능력이다. 평균 방법을 통해 일반화 에러에 대한 상한을 지정한 후 계산해, 일반화를 향상시킬 수 있음을 증명했다(Freund and Schapire, 1999; Collins, 2002).

2.4 손실함수와 큰 마진 분류[18]

나이브 베이즈는 결합 로그우도 $\log \mathrm{p}(\boldsymbol{x}^{(1:N)}, y^{(1:N)})$을 최대화하는 θ를 학습한다. 전통적으로 최적화 문제는 **손실함수**를 최소화하도록 일반화해 수식을 만든다. 손실함수의 입력값은 가중치 벡터 θ이고, 결과는 트레이닝 인스턴스의 분류기에 대한 성능을 측정한 음이 아닌 실수이다. 형식상으로 보면 손실 $\ell(\theta; \boldsymbol{x}^{(i)}, y^{(i)})$은 인스턴스 $(\boldsymbol{x}^{(i)}, y^{(i)})$에서의 가중치 θ에 대한 성능을 측정한 것이다. 학습의 목표는 트레이닝 세트 내에 있는 모든 인스턴스에 대해 손실의 합을 최소화하도록 만드는 것이다.

여기서 손실함수를 음의 로그우도로 정의해 최대 우도를 손실함수로 어렵지 않게 재구성할 수 있다.

$$\log \mathrm{p}(\boldsymbol{x}^{(1:N)}, y^{(1:N)}; \boldsymbol{\theta}) = \sum_{i=1}^{N} \log \mathrm{p}(\boldsymbol{x}^{(i)}, y^{(i)}; \boldsymbol{\theta}) \qquad [2.36]$$

$$\ell_{\mathrm{NB}}(\boldsymbol{\theta}; \boldsymbol{x}^{(i)}, y^{(i)}) = -\log \mathrm{p}(\boldsymbol{x}^{(i)}, y^{(i)}; \boldsymbol{\theta}) \qquad [2.37]$$

$$\hat{\boldsymbol{\theta}} = \underset{\boldsymbol{\theta}}{\operatorname{argmin}} \sum_{i=1}^{N} \ell_{\mathrm{NB}}(\boldsymbol{\theta}; \boldsymbol{x}^{(i)}, y^{(i)}) \qquad [2.38]$$

$$= \underset{\boldsymbol{\theta}}{\operatorname{argmax}} \sum_{i=1}^{N} \log \mathrm{p}(\boldsymbol{x}^{(i)}, y^{(i)}; \boldsymbol{\theta}) \qquad [2.39]$$

이렇게 되면 손실함수 ℓ_{NB}를 최소화하는 문제는 최대 우도 추정 문제와 동일하게 된다.

손실함수는 학습 목표를 비교하기 위해 일반적인 프레임워크를 제공한다. 예를 들

---

18 마진은 저자가 추가로 설명하지만 추정하는 분류기에서 데이터까지의 빈 구간으로 해당 구간에는 데이터가 존재하지 않는다. 초평면(hyperplane)상에서의 데이터를 다루므로, 여백보다는 마진을 그대로 음차해 사용한다. – 옮긴이

면 또 다른 손실함수에는 **0-1 손실**이 있으며 다음과 같이 계산한다.

$$\ell_{0\text{-}1}(\boldsymbol{\theta}; \boldsymbol{x}^{(i)}, y^{(i)}) = \begin{cases} 0, & y^{(i)} = \text{argmax}_y\, \boldsymbol{\theta} \cdot \boldsymbol{f}(\boldsymbol{x}^{(i)}, y) \\ 1, & \text{otherwise} \end{cases} \qquad [2.40]$$

0-1 손실은 인스턴스를 제대로 분류했으면 1이고, 다른 경우에는 0이 된다. 0-1 손실의 총합은 트레이닝 데이터에 대한 분류기의 오류율에 비례한다. 분류기의 궁극적인 목표는 오류율을 낮추는 것이므로, 0-1 손실의 총합은 이상적으로 보이기는 하지만 몇 가지 문제를 갖고 있다. 하나는 **비볼록함수**라는 것이다.[19] 즉, 여기서는 경사도 기반 최적화 문제가 효과적이라고 확실하게 보장할 수는 없다. 게다가 더 심각한 문제는 미분값이 전혀 의미가 없다. 어떤 파라미터에 대해 편미분해도, 특정 $\hat{y}$에 대한 $\boldsymbol{\theta} \cdot \boldsymbol{f}(\boldsymbol{x}^{(i)}, y) = \boldsymbol{\theta} \cdot \boldsymbol{f}(\boldsymbol{x}^{(i)}, \hat{y})$을 만족하는 몇 가지 지점을 제외하고 값이 모두 0이다. 심지어 이 지점에서도 비연속이기 때문에 미분 가능하지 않다.

퍼셉트론은 학습 과정에서 더 나은 속성을 가지고 있는 손실함수를 최적화한다.

$$\ell_{\text{PERCEPTRON}}(\boldsymbol{\theta}; \boldsymbol{x}^{(i)}, y^{(i)}) = \max_{y \in \mathcal{Y}}\, \boldsymbol{\theta} \cdot \boldsymbol{f}(\boldsymbol{x}^{(i)}, y) - \boldsymbol{\theta} \cdot \boldsymbol{f}(\boldsymbol{x}^{(i)}, y^{(i)}) \qquad [2.41]$$

만약 $\hat{y} = y^{(i)}$이라면 손실은 0이 된다. 그렇지 않으면 예측 라벨 $\hat{y}$의 점수와 실제 라벨 $y^{(i)}$에 대한 점수 간의 차이를 선형적으로 증가시킨다. 입력 최대치에 대한 손실 $\max_{y \in \mathcal{Y}} \boldsymbol{\theta} \cdot \boldsymbol{f}(\boldsymbol{x}^{(i)}, y) - \boldsymbol{\theta} \cdot \boldsymbol{f}(\boldsymbol{x}^{(i)}, y^{(i)})$은 **힌지 손실**$^{\text{Hinge loss}}$에서 이름을 따온 힌지 모양을 따른다.

이 과정이 퍼셉트론을 사용해 어떻게 손실함수를 최적화할 수 있는지 살펴보려면 θ에 대해 편미분하면 된다.

$$\frac{\partial}{\partial \boldsymbol{\theta}} \ell_{\text{PERCEPTRON}}(\boldsymbol{\theta}; \boldsymbol{x}^{(i)}, y^{(i)}) = \boldsymbol{f}(\boldsymbol{x}^{(i)}, \hat{y}) - \boldsymbol{f}(\boldsymbol{x}^{(i)}, y^{(i)}) \qquad [2.42]$$

각각의 인스턴스에 대해 퍼셉트론 알고리듬은 **경사** $\nabla_{\boldsymbol{\theta}} \ell_{\text{PERCEPTRON}} = \frac{\partial}{\partial \boldsymbol{\theta}} \ell_{\text{PERCEPTRON}}$ $(\boldsymbol{\theta}; \boldsymbol{x}^{(i)}, y^{(i)})$ 방향의 반대 방향으로 1의 크기를 가진다. 이미 §2.6에서 다뤘듯이 이

---

19 모든 a가 $a \in [0, 1]$이고, 모든 x_i와 y_i를 함수의 정의역이라는 조건에서 $af(x_i) + (1 - a)f(x_j) \geq f(ax_i + (1 - a)x_j)$을 만족하면, 함수 f는 볼록함수가 된다. 즉, 임의의 두 점에 대해 f를 적용한 결괏값의 가중 평균은 동일한 두 점에 대한 가중 평균에 f를 적용한 결괏값보다 항상 크다. 볼록성에서는 모든 지역 최솟값이 전역 최솟값임을 의미하며, 볼록함수를 최적화하는 많은 효율적인 기법들이 존재한다(Boyd & Vandenberghe, 2004). 이는 부록 B에서 간략하게 다룬다.

식은 수식 2.41의 목적함수를 적용해 **확률적 경사 하강법**stochastic gradient descent을 사용한 최적화 알고리듬이다.

***하위 경사 하강과의 연결고리 끊기**[20]   꼼꼼하게 읽고 있는 독자라면 $\theta \cdot f(x^{(i)}, y)$을 최대화하는 고유한 $\hat{y}$이 존재한다는 암묵적인 가정을 알아차렸을 것이다. 이 함수를 최적화하기 위한 두 개 혹은 그 이상의 개수를 가진 라벨이 있다면 어떨까? 이진 분류를 생각해보자. 만약 최대자가 $y^{(i)}$이고, 경사가 0이라고 생각하면 퍼셉트론은 갱신된다. 그리고 최대자가 $\hat{y} \neq y^{(i)}$이라면, 이 값들을 적용한 함수의 차이 $f(x^{(i)}, y^{(i)}) - f(x^{(i)}, \hat{y})$로 갱신된다. 하지만 진짜 참인 라벨 $y^{(i)}$의 점수가 다른 라벨 $\hat{y}$과 동일한 힌지 지점에서 첫 번째 미분값이 불연속성을 가지므로, 퍼셉트론 손실이 부드럽지 않다는 근본적인 문제점을 가진다. 이 지점에서 고유한 하강은 존재하지 않고, 하위 경사subgradient 집합만 존재하게 된다. 벡터 v는 모든 u에 대해 u_0 iff $g(u) - g(u_0) \geq v \cdot (u - u_0)$의 함수 g의 하위 경사가 된다. 그래프로 보면 $g(u_0)$를 포함하는 초평면들의 집합이 정의되고, g는 서로 다른 지점에서는 교차하지 않는다. 왼쪽에서부터 힌지 지점으로 접근하면 경사는 $f(x, \hat{y}) - f(x, y)$이 되고, 오른쪽에서 접근하면 경사는 0이 된다. 힌지 지점에서의 하위 경사에서는 이 두 극값을 경계로 가지는 모든 벡터를 포함하고 있다. 그래서 하위 경사 하강에서는 모든 하위 경사들을 사용할 수 있게 된다. 그 이유는 θ과 $f(x, \hat{y}) - f(x, y)$ 모두 힌지 지점에서 하위 경사이므로, 둘 중 하나는 퍼셉트론 갱신에 사용될 수 있다. 즉, 다시 말하면 $\theta \cdot f(x^{(i)}, y)$를 최대화하는 여러 라벨의 존재한다고 하더라도, 그중 어떤 것들을 선택하더라도 퍼셉트론 갱신에 사용할 수 있다.

퍼셉트론 대 나이브 베이즈   퍼셉트론 손실함수는 나이브 베이즈가 갖고 있는 음의 로그 우도 손실과 비교해서 장단점을 가지고 있다.

- ℓ_{NB}와 $\ell_{PERCEPTRON}$ 둘 모두 볼록함수이므로, 상대적으로 최적화하기 쉽다. 하지만 ℓ_{NB}는 닫힌 형태 내에서만 최적화할 수 있고, $\ell_{PERCEPTRON}$은 데이터 세트 전체에 걸쳐 여러 번 반복하는 과정이 필요하다.

- ℓ_{NB}은 특정 사례에서는 확률이 0인 로그함수에서는 음의 무한대가 되므로, 손실이 무한대가 돼서 힘들어질 수도 있다. 그러므로 나이브 베이즈는 몇몇

---

20 이 책에서 고급 주제를 다룰 때는 해당 주제 앞에 *를 붙였다.

64

사례들은 더 많이 강조하고, 나머지들은 적게 강조하는 식으로 조정한다.

- 나이브 베이즈 분류기는 주어진 라벨에 대해 관찰되는 피처가 조건부 독립이라고 가정한다. 그리고 분류기의 성능은 이 가정이 얼마나 유지되는지에 따라 달려 있다. 퍼셉트론에서는 가정 자체가 필요 없다.

- $\ell_{\text{PERCEPTRON}}$은 모든 정답을 동등하게 다룰 수 있다. 만약 θ가 아주 작은 마진으로 정답을 제시한다고 하더라도, 손실은 여전히 0이 된다.

2.4.1 온라인 큰 마진 분류

위의 마지막 문장은 퍼셉트론의 잠재적인 문제점을 가지고 있음을 알려준다. 테스트 예시가 트레이닝 예시와 매우 비슷하지만 동일하지 않다고 해보자. 만약 분류기가 트레이닝 예시에서 아주 적은 양만 올바른 답을 가질 경우, 근방에 존재하는 테스트 인스턴스와 아주 다른 답을 가진다. 이런 직관을 바탕으로 수식화를 하기 위해 **마진**을 다음과 같이 정의한다.

$$\gamma\left(\boldsymbol{\theta};\boldsymbol{x}^{(i)},y^{(i)}\right) = \boldsymbol{\theta}\cdot\boldsymbol{f}(\boldsymbol{x}^{(i)},y^{(i)}) - \max_{y\neq y^{(i)}}\boldsymbol{\theta}\cdot\boldsymbol{f}(\boldsymbol{x}^{(i)},y) \qquad [2.43]$$

마지막은 올바른 라벨 $y^{(i)}$에 대한 점수와 가장 높은 점수를 가지는 잘못된 라벨 간의 차이이다. 이 발상의 이면에는 트레이닝 데이터를 올바르게 분류할 라벨이 충분하지 않을 때 사용할 수 있는 **큰 마진 분류**large-margin classification가 존재한다. 여기서 올바른 라벨은 반드시 유의미한 라벨로 다른 라벨과 분류돼 있어야 한다. 이를 손실함수 내에 수식으로 반영하면 다음과 같다. 여기서 x는 $(x)_+ = \max(0, x)$를 따른다.

$$\ell_{\text{MARGIN}}(\boldsymbol{\theta};\boldsymbol{x}^{(i)},y^{(i)}) = \begin{cases} 0, & \gamma\left(\boldsymbol{\theta};\boldsymbol{x}^{(i)},y^{(i)}\right) \geq 1, \\ 1 - \gamma\left(\boldsymbol{\theta};\boldsymbol{x}^{(i)},y^{(i)}\right), & \text{otherwise} \end{cases} \qquad [2.44]$$

$$= \left(1 - \gamma\left(\boldsymbol{\theta};\boldsymbol{x}^{(i)},y^{(i)}\right)\right)_+ \qquad [2.45]$$

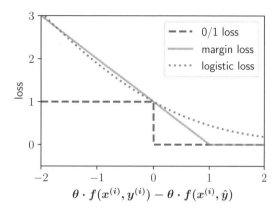

그림 2.2 마진, 0-1, 로지스틱 손실함수에 따른 그림

만약 마진이 진짜 참인 라벨과 가장 높은 점수를 가지는 대안 $\hat{y}$ 간의 차이가 최소 1이라면 손실은 0이 된다. 이는 퍼셉트론과 거의 비슷하지만 힌지 지점들은 그림 2.2에서 보이는 것처럼 오른쪽으로 이동한다. 마진 손실은 0-1 손실상의 위로 상한을 가지는 볼록함수 형태를 가진다.

마진 손실은 퍼셉트론과 비슷하게 온라인 학습 규칙을 사용해 최소화할 수 있다. 이 학습 규칙을 **온라인 서포트 벡터 머신**이라고 하며, 자세한 이유는 뒤이은 파생형을 다룰 때 설명할 것이다. 분류 에러에 대한 개념을 **비용함수** $c(y^{(i)}, y)$를 사용해 일반화하자. 간단한 비용함수에 초점을 맞춰볼 것이다.

$$c(y^{(i)}, y) = \begin{cases} 1, & y^{(i)} \neq \hat{y} \\ 0, & \text{otherwise} \end{cases} \qquad [2.46]$$

특히나 원치 않는 에러에 높은 페널티를 할당하는 특별한 비용함수를 디자인할 수도 있다(Tsochantaridis et al., 2004). 이 개념에 대해서는 7장에서 다시 다룰 것이다.

비용함수를 사용해 온라인 서포트 벡터 머신을 다음의 분류 규칙을 사용해 정의할 수 있다.

$$\hat{y} = \underset{y \in \mathcal{Y}}{\operatorname{argmax}} \, \boldsymbol{\theta} \cdot \boldsymbol{f}(\boldsymbol{x}^{(i)}, y) + c(y^{(i)}, y) \qquad [2.47]$$

$$\boldsymbol{\theta}^{(t)} \leftarrow (1 - \lambda)\boldsymbol{\theta}^{(t-1)} + \boldsymbol{f}(\boldsymbol{x}^{(i)}, y^{(i)}) - \boldsymbol{f}(\boldsymbol{x}^{(i)}, \hat{y}) \qquad [2.48]$$

이 갱신 과정은 퍼셉트론에서의 과정과 비슷하지만 주요 차이점 두 가지를 갖고 있다.

- 현재 분류 모델의 점수를 최대화하는 라벨 $\hat{y}$을 선택하기보다 argmax는 모든 라벨에 대해 $\theta \cdot f(x^{(i)}, y)$과 $c(y^{(i)}, y)$를 통해 가장 가능성이 높은 라벨과 잘못된 라벨을 탐색한다. 이 최대화 방법을 **비용을 보강한 디코딩**이라고 부른다. 그 이유는 가장 가능성이 높은 라벨과 잘못된 라벨은 고비용 라벨을 선호하는 목적함수를 더욱 강화시키기 때문이다. 만약 가장 높은 점수를 가지는 라벨이 $y = y^{(i)}$이라면, 이 인스턴스에 대한 마진 손실은 0이고, 추가적인 갱신 과정을 가질 필요가 없게 된다. 그렇지 않다면 마진 손실을 줄이기 위한 갱신 과정이 필요하다. 심지어 현재 모델이 인스턴스를 올바르게 분류한다고 해도 필요하다. 비용 보강은 학습되는 동안에만 이뤄지며, 보지 못한 데이터에 대해 예측할 때는 적용되지 않는다.
- 직전의 가중치 $\theta^{(i-1)}$는 $\lambda \in (0, 1)$을 만족하는 $(1 - \lambda)$의 범위로 조정된다. 이 과정의 영향으로 가중치는 "사라지게 되고" 다시 0으로 가까워진다. 서포트 벡터 머신에서 이 과정은 다음에서 설명하는 마진의 특수한 형태를 최소화하는 과정에서 발생한다. 하지만 이 과정을 과적합을 막아주도록 도움을 주는 정규화^{regularization}의 한 형태로 볼 수도 있다(§2.5.1 참조). 이런 관점에서 보면 나이브 베이즈의 평활화와 비슷한 역할을 수행한다(§2.2.4 참조).

2.4.2 *온라인 서포트 벡터 머신의 파생형

온라인 서포트 벡터 머신의 파생이 포함된 방법에서는 해당 방법이 어떻게든 동작하는지에 대해 또 다른 직관적인 측면을 제공한다. 다시 선형 분리로 돌아가 시작해보자. 만약 세트가 선형 분리 가능하다면, 마진 ρ를 가지고 모든 트레이닝 인스턴스들을 올바르게 분류하는 어떤 초평면 θ가 존재한다. 이 마진은 상수에 가중치를 곱하는 식으로 특정 원하는 값으로 증가시킬 수 있다.

그렇다면 모든 데이터 지점 $(x^{(i)}, y^{(i)})$에 대해, 분리하는 초평면까지의 기하학적인 거리는 $\frac{\gamma(\theta;x^{(i)},y^{(i)})}{\|\theta\|_2}$이 된다. 여기서 분모는 가중치의 크기로 $\|\theta\|_2 = \sqrt{\sum_j \theta_j^2}$로 정의된다. 이러한 기하학적 거리는 **함수 기반 마진**$^{\text{functional margin}}$인 $\gamma(\theta; x^{(i)}, y^{(i)})$에 반대되는 개념으로 **기하 마진**$^{\text{geometric margin}}$이라고 부르기도 한다. 해당 마진 둘 모두 그림 2.3에 표

현돼 있다. 기하 마진은 분류기의 강건성을 측정할 때 도움이 된다. 만약 함수 기반의
마진 값이 정말 크다면, 놈 $\|\theta\|_2$도 엄청 커지므로, $x^{(i)}$의 아주 미미한 변화는 오분류
를 만들어낸다. 그러므로 전체 데이터에 대한 최소 기하학적 마진을 마진 손실이 무
조건 0이라는 제한 조건상에서 최대화하려고 한다.

$$\max_{\boldsymbol{\theta}} \quad \min_{i=1,2,\ldots N} \quad \frac{\gamma\left(\boldsymbol{\theta};\boldsymbol{x}^{(i)},y^{(i)}\right)}{\|\boldsymbol{\theta}\|_2}$$
$$\text{s.t.} \quad \gamma\left(\boldsymbol{\theta};\boldsymbol{x}^{(i)},y^{(i)}\right) \geq 1, \quad \forall i \qquad [2.49]$$

이 수식을 **바로 제약 조건이 있는 최적화** 문제라고 한다. 위 식에서 2번째 줄의 의미가
가능한 해결책 θ의 공간상의 제약 조건을 의미한다. 위 예시의 경우 제약 조건상의
함수 기반 마진은 무조건 1이상이어야 하며, 목적함수는 최소 기하 마진을 가능한 크
게 만들도록 하는 값을 찾는다.

제약 조건이 있는 최적화는 부록 B에서 따로 다룰 것이다. 이 최적화에서 추가적인
조작은 제약 조건이 없는 최적화 문제로 이어진다. $\|\theta\|_2$의 범위를 벡터와 곱하여,
$\|a\theta\|_2 = a\|\theta\|_2$으로 선형화한다. 그래서 함수 기반 마진 γ은 θ에 대한 함수이므로,
$\gamma(a\theta;\boldsymbol{x}^{(i)},y^{(i)}) = a\gamma(\theta;\boldsymbol{x}^{(i)},y^{(i)})$이 된다. 결과적으로 θ에 대한 범위를 조정하는 모든
인자는 기하 마진에 대한 분자와 분모를 무효화시켜버린다. 만약 모든 ρ이 $\rho > 0$을
만족하고 데이터가 선형적으로 분리돼 있다면, θ에 스칼라 상수를 곱해 함수 기반 마
진의 크기를 언제나 재조정할 수 있다. 그래서 함수 기반의 마진상의 제약 조건에 집
중해 분모 $\|\theta\|_2$를 최소화하는 값을 찾는다. $\|\theta\|_2$의 최소자^{minimizer}는 좀 더 다루기 쉬
운 식인 $\frac{1}{2}\|\theta\|_2^2 = \frac{1}{2}\sum \theta_j^2$의 최소자이기도 하다. 이렇게 되면 더 단순한 최적화 문제
를 얻을 수 있다.

$$\min_{\boldsymbol{\theta}} . \quad \frac{1}{2}\|\boldsymbol{\theta}\|_2^2$$
$$\text{s.t.} \quad \gamma\left(\boldsymbol{\theta};\boldsymbol{x}^{(i)},y^{(i)}\right) \geq 1, \quad \forall i \qquad [2.50]$$

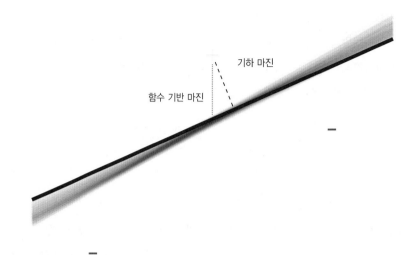

그림 2.3 이진 분류 문제에 대한 함수 기반 마진과 기하 마진. 모든 분류기는 그림에서 보이는 것처럼 제약 조건을 만족한다. 그림에서 가장 큰 기하 마진을 진하게 표현했다.

그러면 이 문제는 **이차 프로그램**으로 바뀐다. 즉 파라미터에 대한 목적함수가 이차 함수이고, 제약 조건이 모두 선형 부등식이 된다. 이 문제를 풀기 위한 한 가지 방법은 라그랑주 승수 $\alpha_i \geq 0$, $i = 1, 2, \dots, N$을 사용해 제약 조건을 통합하는 것이다. $\alpha_i > 0$에 대한 인스턴스들을 서포트 벡터라고 한다. 그리고 서포트 벡터에 해당하지 않는 다른 인스턴스들은 분류 경계와 연관성이 없어진다. 이 과정 때문에 **서포트 벡터 머신**이라는 이름이 붙여졌다.

여태까지 데이터 세트가 선형 분리 가능한 것이라고 가정하고 다뤘지만, 흥미로운 다수의 데이터 세트는 선형 분리가 가능하지 않은 경우가 많다. 이때는 마진 조건을 만족하는 θ가 존재하지 않는다. 더 유연하게 대응하기 위해 **완화 변수**^{slack variable} $\xi_i \geq 0$를 도입했다. 함수 기반 마진이 최소 1이거나 그 이상인 요구 조건을 꼭 가지는 대신에 $1 - \xi_i$과 같거나 큰 값을 갖도록 하면 된다. 완화하도록 만드는 이상적인 값은 구할 수 없으므로, 완화변수는 목적함수 내에서 페널티를 얻게 된다.

$$\min_{\boldsymbol{\theta},\boldsymbol{\xi}} \quad \frac{1}{2}||\boldsymbol{\theta}||_2^2 + C\sum_{i=1}^{N}\xi_i$$

$$\text{s.t.} \quad \gamma(\boldsymbol{\theta};\boldsymbol{x}^{(i)},y^{(i)}) + \xi_i \geq 1,$$

$$\xi_i \geq 0, \quad \forall_i \qquad\qquad\qquad [2.51]$$

위 수식에서 하이퍼파라미터 C는 조건을 위반하는 값과 마진 제약 간을 맞교환하는 θ의 크기가 낮을 때 선호되는 것을 제어한다. 만약 $C \rightarrow \infty$이 되면 완화값은 무한대로 비용이 올라가게 되고, 그에 따라 데이터가 분리 가능하면 한 가지 해만이 남게 된다. 그러므로 여기서 C는 나이브 베이즈 내의 평활화 파라미터(트레이닝 데이터에 가장 잘 들어맞도록 하는 방법과 더 일반화를 잘 시키기 위한 방법 간의 트레이드 오프를 제어한다)와 비슷하게 동작한다. 나이브 베이즈의 평활화 파라미터에서처럼, C는 반드시 사용자가 직접 설정해야 한다. 통상적으로는 미리 나눈 개발 세트에서 성능을 최대화하도록 만드는 값을 사용한다.

수식 2.51에서 정의한 제약 조건이 최적화 문제를 풀기 위해서는 먼저 다음의 완화변수를 먼저 해결해야 한다.

$$\xi_i \geq (1 - \gamma(\boldsymbol{\theta};\boldsymbol{x}^{(i)},y^{(i)}))_+ \qquad\qquad [2.52]$$

위의 수식에서처럼 부등식은 엄격하다. 최선의 해결책은 제약 조건을 계속 만족시키면서 완화변수를 가능한 작게 만드는 것이다. 그리고 다시 최소 완화변수를 수식 2.51 내에 다시 대입하면, 다음과 같이 제약이 없는 최적화 문제로 바뀌게 된다.

$$\min_{\boldsymbol{\theta}} \quad \frac{\lambda}{2}||\boldsymbol{\theta}||_2^2 + \sum_{i=1}^{N}(1 - \gamma(\boldsymbol{\theta};\boldsymbol{x}^{(i)},y^{(i)}))_+ \qquad\qquad [2.53]$$

여기서 각각의 ξ_i에 대해 수식 2.52의 우항을 빼고 나면, 완화변수에 대한 C의 인자는 가중치의 크기에 대한 $\lambda = \frac{1}{C}$로 다시 바꿔서 쓸 수 있다.

그리고 2.53은 마진을 확장해 다음과 같이 쓸 수 있다.

$$\min_{\boldsymbol{\theta}} \quad \frac{\lambda}{2}||\boldsymbol{\theta}||_2^2 + \sum_{i=1}^{N}\left(\max_{y\in\mathcal{Y}}\left(\boldsymbol{\theta}\cdot\boldsymbol{f}(\boldsymbol{x}^{(i)},y) + c(y^{(i)},y)\right) - \boldsymbol{\theta}\cdot\boldsymbol{f}(\boldsymbol{x}^{(i)},y^{(i)})\right)_+ \quad [2.54]$$

위 수식에서 $c(y, y^{(i)})$는 수식 2.46에서 정의한 비용함수이다. 그리고 이제 가중치에 대해 미분하자.

$$\nabla_{\boldsymbol{\theta}} L_{\text{SVM}} = \lambda \boldsymbol{\theta} + \sum_{i=1}^{N} \boldsymbol{f}(\boldsymbol{x}^{(i)}, \hat{y}) - \boldsymbol{f}(\boldsymbol{x}^{(i)}, y^{(i)}) \qquad [2.55]$$

L_{SVM}은 수식 2.54의 최소화된 목적함수를 의미하고, $\hat{y} = \text{argmax}_{y \in \mathcal{Y}} \; \boldsymbol{\theta} \cdot \boldsymbol{f}(\boldsymbol{x}^{(i)}, \; y)$ $+ c(y^{(i)}, y)$이 된다. 그리고 이러한 온라인 서포트 벡터 머신의 경사에 대한 갱신 과정 은 **확률적 경사 하강**(§2.6.2 참조)의 적용을 통해 이뤄진다.

2.5 로지스틱 회귀

여태까지 학습 알고리듬에 대해 광범위하게 광범위하게 분류되는 두 가지 부류에 관 해 다뤘다. 확률적 방법론인 나이브 베이즈는 결합 확률분포를 추정하는 방식과 동일 하게 학습이 이뤄진다. 퍼셉트론과 서포트 벡터 머신은 결정 방법을 사용해 에러 기 반의 알고리듬이 동작한다. 학습 목표는 트레이닝 데이터의 에러 개수에 따라 크게 달라진다. 확률 방법과 에러 기반의 방법 모두 각각에 맞는 장점이 존재한다. 확률에 서는 예측 라벨에 대한 비확실성을 수치화할 수 있지만, 나이브 베이즈의 확률 모델 은 피처들을 제한적으로 사용하는 비현실적인 독립 가정을 수반할 수도 있다.

로지스틱 회귀는 이러한 결정 학습과 확률 기반의 분류기의 이점을 결합한 것이다. 나이브 베이즈와는 달리 로지스틱 회귀는 **결합 확률** $P_{X,Y}$에서 시작한다. 그다음 원하 는 **조건부 확률** $P_{Y|X}$를 직접 정의한다. $\boldsymbol{\theta} \cdot \boldsymbol{f}(\boldsymbol{x}, y)$이 기본 피처 $\boldsymbol{x}$와 라벨 y의 호환성에 대한 점수를 매기는 함수라는 것을 기억하자. 이 점수를 확률로 변환하려면, 먼저 결 괏값이 음이 아님을 보장하는 지수함수에 대입해 $\exp(\boldsymbol{\theta} \cdot \boldsymbol{f}(\boldsymbol{x}, y))$을 얻는다. 그다음은 가능한 정규화^{normalize}를 하기 위해 모델 라벨 $y' \in \mathcal{Y}$을 모두 나눠준다. 최종 조건부 확률은 다음과 같이 정의된다.

$$p(y \,|\, \boldsymbol{x}; \boldsymbol{\theta}) = \frac{\exp(\boldsymbol{\theta} \cdot \boldsymbol{f}(\boldsymbol{x}, y))}{\sum_{y' \in \mathcal{Y}} \exp(\boldsymbol{\theta} \cdot \boldsymbol{f}(\boldsymbol{x}, y'))} \qquad [2.56]$$

주어진 데이터 세트 $\mathcal{D} = \{(\boldsymbol{x}^{(i)}, \; y^{(i)})\}_{i=1}^{N}$에서 가중치 $\boldsymbol{\theta}$는 **최대 조건부 우도**를 통해 계 산할 수 있다.

$$\log \mathrm{p}(\boldsymbol{y}^{(1:N)} \mid \boldsymbol{x}^{(1:N)}; \boldsymbol{\theta}) = \sum_{i=1}^{N} \log \mathrm{p}(y^{(i)} \mid \boldsymbol{x}^{(i)}; \boldsymbol{\theta}) \tag{2.57}$$

$$= \sum_{i=1}^{N} \boldsymbol{\theta} \cdot \boldsymbol{f}(\boldsymbol{x}^{(i)}, y^{(i)}) - \log \sum_{y' \in \mathcal{Y}} \exp\left(\boldsymbol{\theta} \cdot \boldsymbol{f}(\boldsymbol{x}^{(i)}, y')\right) \tag{2.58}$$

위 식의 마지막 줄은 수식 2.56에 대입해 로그함수를 취한 것이다.[21] 이 총합 내에는 (역으로 더한) **로지스틱 손실**을 얻을 수 있다.

$$\ell_{\mathrm{LOGREG}}(\boldsymbol{\theta}; \boldsymbol{x}^{(i)}, y^{(i)}) = -\boldsymbol{\theta} \cdot \boldsymbol{f}(\boldsymbol{x}^{(i)}, y^{(i)}) + \log \sum_{y' \in \mathcal{Y}} \exp(\boldsymbol{\theta} \cdot \boldsymbol{f}(\boldsymbol{x}^{(i)}, y')) \tag{2.59}$$

로지스틱 손실은 64쪽의 그림 2.2에서 확인할 수 있다. 0-1 손실, 힌지 손실과의 주요 차이점은 로지스틱 손실은 절대 0이 되지 않는다는 것이다. 즉, 올바른 라벨에 높은 신뢰도를 부여하는 방법으로 목적함수를 언제나 향상시킬 수 있다는 뜻이다.

2.5.1 정규화

서포트 벡터 머신에서 일반화를 더 잘시키기 위해서는 θ의 놈(크기)에 페널티를 부여하는 식으로 얻을 수 있다고 했다. 이 과정은 $\frac{\lambda}{2}\|\theta\|_2^2$을 더하는 과정을 추가해 목적함수를 최소화시킬 수 있다. 이 과정에서 $\frac{\lambda}{2}\|\theta\|_2^2$이 벡터 θ의 L_2 놈의 제곱 형태이므로 L_2 정규화라고 한다.

정규화^{Regularization}는 트레이닝 데이터의 성능과 가중치의 놈을 맞바꿔서 과적합이 일어나지 않도록 도와준다. 인스턴스 한 개 $\boldsymbol{x}^{(i)}$에 대해서만 활성화된 기본 피처 j에 대해 비정규화된 가중치를 도입하면 어떤 일이 일어날지 생각해보자. 해당 피처에 대한 가중치를 증가시키면 조건부 로그우도는 언제나 향상된다. 그래서 $x_j^{(i)}$과 $\boldsymbol{f}(\boldsymbol{x}^{(i)}, y)$ 내의 라벨 y에 대한 피처의 인덱스가 (j, y)일 때, $\theta_{(j, y^{(i)})} \to \infty$과 $\theta_{(j, \tilde{y} \neq y^{(i)})} \to -\infty$이 된다.

§2.2.4에서 나이브 베이즈의 확률을 평활화하는 것은 분류기의 파라미터가 **사전 확률**로 그려진 확률변수 그 자체가 될 때, 최대 사후 추정의 형태로 볼 수 있다고 했다.

---

21 log-sum-exp 항은 머신러닝내의 공통적인 패턴이다. 내적 값이 너무 작으면 언더플로가 발생하고, 내적 값이 너무 크면 오버플로우가 발생하기 때문에 수치적으로 불안정하다. 그래서 계산 과학 라이브러리에서는 logsumexp를 계산하기 위한 특별한 함수를 포함하고 있다. 하지만 일부에서 주장하듯 수치적으로 안정화할 수 있는 실행 방법을 알고 있어야 한다.

이 동일한 과정을 L_2 정규화에도 적용할 수 있다. 여기서 사전 분포가 바로 θ의 각 항에 대해 평균이 0인 가우시안 분포를 따른다. 평균이 0인 가우시안 분포에서의 로그 우도는 다음과 같다.

$$\log N(\theta_j; 0, \sigma^2) \propto -\frac{1}{2\sigma^2}\theta_j^2 \qquad [2.60]$$

그래서 정규화 가중치 λ은 사전 분포의 분산의 역수인 $\lambda = \frac{1}{\sigma^2}$과 같다.

2.5.2 경사

로지스틱 손실은 경사에 따른 최적화 과정을 통해 최소화할 수 있다. 이 방법에 대한 특정 알고리듬은 다음 절에서 다룰 것이지만, 한 예시를 통해 로지스틱 손실에 대한 경사를 먼저 계산해보자.

$$\ell_{\text{LOGREG}} = -\boldsymbol{\theta} \cdot \boldsymbol{f}(\boldsymbol{x}^{(i)}, y^{(i)}) + \log \sum_{y' \in \mathcal{Y}} \exp\left(\boldsymbol{\theta} \cdot \boldsymbol{f}(\boldsymbol{x}^{(i)}, y')\right) \qquad [2.61]$$

$$\frac{\partial \ell}{\partial \boldsymbol{\theta}} = -\boldsymbol{f}(\boldsymbol{x}^{(i)}, y^{(i)}) + \frac{1}{\sum_{y'' \in \mathcal{Y}} \exp\left(\boldsymbol{\theta} \cdot \boldsymbol{f}(\boldsymbol{x}^{(i)}, y'')\right)} \times \sum_{y' \in \mathcal{Y}} \exp\left(\boldsymbol{\theta} \cdot \boldsymbol{f}(\boldsymbol{x}^{(i)}, y')\right) \times \boldsymbol{f}(\boldsymbol{x}$$

$$[2.62]$$

$$= -\boldsymbol{f}(\boldsymbol{x}^{(i)}, y^{(i)}) + \sum_{y' \in \mathcal{Y}} \frac{\exp\left(\boldsymbol{\theta} \cdot \boldsymbol{f}(\boldsymbol{x}^{(i)}, y')\right)}{\sum_{y'' \in \mathcal{Y}} \exp\left(\boldsymbol{\theta} \cdot \boldsymbol{f}(\boldsymbol{x}^{(i)}, y'')\right)} \times \boldsymbol{f}(\boldsymbol{x}^{(i)}, y') \qquad [2.63]$$

$$= -\boldsymbol{f}(\boldsymbol{x}^{(i)}, y^{(i)}) + \sum_{y' \in \mathcal{Y}} \text{p}(y' \mid \boldsymbol{x}^{(i)}; \boldsymbol{\theta}) \times \boldsymbol{f}(\boldsymbol{x}^{(i)}, y') \qquad [2.64]$$

$$= -\boldsymbol{f}(\boldsymbol{x}^{(i)}, y^{(i)}) + E_{Y|X}[\boldsymbol{f}(\boldsymbol{x}^{(i)}, y)] \qquad [2.65]$$

마지막 단계에서 조건부 기댓값의 정의를 사용한다(§A.5). 로지스틱 손실의 경사는 현재 모델 $E_{Y|X}[\boldsymbol{f}(\boldsymbol{x}^{(i)}, y)]$상의 예측 빈도와 관찰된 피처 개수 $\boldsymbol{f}(\boldsymbol{x}^{(i)}, y^{(i)})$의 차이와 같다. 인스턴스 하나에 대해서 이 두 벡터가 같아지면, 더 이상 학습할 것이 없어진다. 또 전체 데이터 세트에 대한 총합과 같아지면, 데이터 세트 전체에 대해 더 이상 학습할 것이 없게 된다. 힌지 손실의 경사는 거의 동일하지만 조건부 분포인 $\text{p}(y|\boldsymbol{x}; \boldsymbol{\theta})$의 피처 기댓값인 $E_{Y|X}[\boldsymbol{f}(\boldsymbol{x}^{(i)}, y)]$가 아닌, 현재 모델상에서 예측된 라벨의 피처인 $\boldsymbol{f}(\boldsymbol{x}^{(i)}, \hat{y})$들을 포함하고 있다는 점이 다르다.

이 정규자는 총체적인 경사에 대해 $\lambda\theta$을 적용한다.

$$L_{\text{LOGREG}} = \frac{\lambda}{2}||\boldsymbol{\theta}||_2^2 - \sum_{i=1}^{N}\left(\boldsymbol{\theta}\cdot\boldsymbol{f}(\boldsymbol{x}^{(i)},y^{(i)}) - \log\sum_{y'\in\mathcal{Y}}\exp\boldsymbol{\theta}\cdot\boldsymbol{f}(\boldsymbol{x}^{(i)},y')\right) \quad [2.66]$$

$$\nabla_{\boldsymbol{\theta}}L_{\text{LOGREG}} = \lambda\boldsymbol{\theta} - \sum_{i=1}^{N}\left(\boldsymbol{f}(\boldsymbol{x}^{(i)},y^{(i)}) - E_{y|\boldsymbol{x}}[\boldsymbol{f}(\boldsymbol{x}^{(i)},y)]\right) \quad [2.67]$$

2.6 최적화

2장에서의 각 분류 알고리듬은 최적화 문제로도 볼 수 있다.

- 나이브 베이즈에서 목적함수는 결합 우도 로그인 $p(\boldsymbol{x}^{(1:N)}, \boldsymbol{y}^{(1:N)})$이다. 최대 우도 추정은 θ에 대해 닫힌 형태의 해를 가진다.
- 서포트 벡터 머신에서 목적함수는 정규화된 마진 손실이다.

$$L_{\text{SVM}} = \frac{\lambda}{2}||\boldsymbol{\theta}||_2^2 + \sum_{i=1}^{N}(\max_{y\in\mathcal{Y}}(\boldsymbol{\theta}\cdot\boldsymbol{f}(\boldsymbol{x}^{(i)},y) + c(y^{(i)},y)) - \boldsymbol{\theta}\cdot\boldsymbol{f}(\boldsymbol{x}^{(i)},y^{(i)}))_+ \quad [2.68]$$

여기서는 닫힌 형태의 해가 존재하지 않지만, 목적함수가 볼록함수 형태를 가진다. 퍼셉트론 알고리듬은 비슷한 목적함수로 최적화시킨다.

- 로지스틱 회귀에서의 목적함수는 정규화된 음의 로그우도다.

$$L_{\text{LOGREG}} = \frac{\lambda}{2}||\boldsymbol{\theta}||_2^2 - \sum_{i=1}^{N}\left(\boldsymbol{\theta}\cdot\boldsymbol{f}(\boldsymbol{x}^{(i)},y^{(i)}) - \log\sum_{y\in\mathcal{Y}}\exp\left(\boldsymbol{\theta}\cdot\boldsymbol{f}(\boldsymbol{x}^{(i)},y)\right)\right) \quad [2.69]$$

여기서도 닫힌 형태의 해가 존재하지 않지만, 목적함수는 볼록함수 형태를 띤다.

이러한 학습 알고리듬은 어떻게 최적의 가중치를 찾을 수 있는지에 따라 구별되는 게 아닌, 무엇을 최적화하는지에 따라 구별된다. 그래서 현재의 머신러닝 방법론에서는 분해하는 과정이 꼭 필요하다. 해당 분야의 전문가의 작업도 해당 목적함수를 어떻게 디자인할 수 있는지를 의미하며, 더 나아가 일반화하면 문제의 **모델**을 디자인하는 것이다. 만약 모델이 특수한 피처를 가지고 있다면, 일반적인 최적화 알고리듬은 해를 찾는 과정에 사용할 수 있다. 특히나 목적함수가 미분 가능하면, 경사 기반의 알고리듬을 사용한다. 또한 해당 함수가 볼록함수라면 경사 기반의 최적화는 반드시 전역 최적해를 도출한다. 서포트 벡터 머신과 로지스틱 회귀 둘 모두 이 속성을 가지고 있으므로, 일반적인 **볼록 최적화** 기법을 통해 처리할 수 있다(Boyd and Vandenberghe, 2004).

2.6.1 배치 최적화

배치 최적화 내에서 가중치에 대한 각개의 갱신 과정은 전체 데이터 세트에 대한 계산을 포함한다. 이에 해당하는 알고리듬 중 하나는 가중치를 반복해 갱신하는 **경사 하강**^{gradient descent} 알고리듬이 있다.

$$\theta^{(t+1)} \leftarrow \theta^{(t)} - \eta^{(t)} \nabla_\theta L \qquad [2.70]$$

위 식에서 $\nabla_\theta L$은 전체 데이터 세트에 대해 경사를 계산한 값이며, $\eta^{(t)}$은 반복 단계 t에서의 학습률을 의미한다. 만약 목적함수 L이 θ에 대한 볼록함수라면, 이 프로시저는 학습률 $\eta^{(t)}$의 적절한 계획에서 전역 최적점에서 종료됨을 보장한다.[22]

실제로 경사가 무한히 작아져야 하므로 경사 하강이 수렴하는 과정은 오래 걸린다. 더 빠르게 수렴하기 위해서 **헤시안 행렬**^{Hessian matrix}의 역행렬과 2차원 뉴턴 최적법을 결합하는 것이다.

$$H_{i,j} = \frac{\partial^2 L}{\partial \theta_i \partial \theta_j} \qquad [2.71]$$

헤시안 행렬의 크기는 피처의 개수에 대해 이차함수 형태를 띤다. 단어 가방 표현법에서는 피처의 크기가 저장하기에 너무 크기 때문에 역행렬 그 상태로 계속 둔다. **퀘시-뉴턴 최적 방법**^{Quasi-Newton Optimization} 기법은 헤시안 행렬의 역행렬 쪽으로 낮은 계수 근사법^{Low-Rank Approximation}을 유지하는 것이다. 이러한 기법을 사용하면, 일반적인 경사 하강을 사용했을 때보다 훨씬 빠르게 수렴하면서, 피처가 많은 데이터 세트에서도 계산이 쉬운 형태로 계속 유지된다. 가장 유명한 퀘시-뉴턴 최적 방법은 L-BFGS

---

22 수렴 증명에서는 다음의 조건 $\sum_{t=1}^{\infty} \eta^{(t)} = \infty$와 $\sum_{t=1}^{\infty} (\eta^{(t)})^2 < \infty$을 만족하기 위해 통상적으로 학습률이 필요하다. 해당 속성은 $\alpha \in [1, 2]$에 대한 모든 학습률 계획 $\eta^{(t)} = \eta^{(0)} t^{-\alpha}$를 만족한다.

(Liu & Nocedal, 1989)로 SCIPY나 MATLAB과 등의 많은 과학 계산 라이브러리에서 사용한다. 경사 기반 기법을 사용할 때는 사용자가 반드시 학습률 $\eta^{(t)}$을 설정해둬야 한다. 또한 수렴 증명에서는 보통 학습률이 낮아지기 때문에 실 작업 시에는 $\eta^{(t)}$를 10^{-3}과 같은 아주 작은 상수로 고정하는 것이 일반적이다. 실험을 통해 특정 상수를 선택할 수도 있고, 자동으로 학습률을 정하도록 하는 연구도 진행되고 있다(Schaul et al., 2013; Wu et al., 2018).

2.6.2 온라인 최적화

가중치 갱신이 이뤄지기 전에 전체 데이터 세트상의 목적함수를 계산하는 것을 배치 최적화라고 한다. 하지만 트레이닝의 초기 단계에서는 트레이닝 예시의 수가 작다면 학습자는 올바른 방향을 가리키기 때문에 이 방법을 수행하는 것은 비효율적인 과정으로 보인다. **온라인 학습** 알고리듬은 트레이닝 데이터를 반복하는 동안 가중치를 갱신한다. 이 방법에 대한 원론적인 개념은 전체 데이터 세트에서 무작위로 추출한 인스턴스 $(x^{(j)}, y^{(j)})$로 진짜 참인 목적함수에 대해 확률적 추정을 수행한다.

$$\sum_{i=1}^{N} \ell(\boldsymbol{\theta}; \boldsymbol{x}^{(i)}, y^{(i)}) \approx N \times \ell(\boldsymbol{\theta}; \boldsymbol{x}^{(j)}, y^{(j)}), \qquad (\boldsymbol{x}^{(j)}, y^{(j)}) \sim \{(\boldsymbol{x}^{(i)}, y^{(i)})\}_{i=1}^{N} \quad [2.72]$$

알고리듬 5 일반화된 경사 하강. 함수 BATCHER는 트레이닝 세트를 각각의 인스턴스들이 오직 한 번의 배치에서만 나타나는 조건을 만족하도록 B개의 배치로 나눈다. 경사 하강에서는 B가 1이고, 확률적 경사 하강에서는 $B = N$이다. 미니 배치 확률적 경사 하강에서는 $1 < B < N$을 따른다.

1: **procedure** GRADIENT-DESCENT($\boldsymbol{x}^{(1:N)}$, $\boldsymbol{y}^{(1:N)}$, L, $\eta^{(1...\infty)}$, BATCHER, $T_{\max}$)

2: $\quad \theta \leftarrow 0$

3: $\quad t \leftarrow 0$

4: $\quad$ **repeat**

5: $\quad\quad (\boldsymbol{b}^{(1)}, \boldsymbol{b}^{(2)}, ..., \boldsymbol{b}(B)) \leftarrow$ BATCHER(N)

6: $\quad\quad$ **for** $n \in \{1, 2, ..., B\}$ **do**

7: $\quad\quad\quad t \leftarrow t + 1$

8: $\quad\quad\quad \theta^{(t)} \leftarrow \theta^{(t-1)} - \eta^{(t)} \nabla_{\theta} L(\theta^{(t-1)}; \boldsymbol{x}^{(b_1^{(n)}, b_2^{(n)}....)}, \boldsymbol{y}^{(b_1^{(n)}, b_2^{(n)}....)})$

9: $\quad\quad\quad$ **if** Converged($\theta^{(1,2,....,t)}$) **then**

10:                    **return** $\theta^{(t)}$
11:     **until** $t = T_{\max}$
12:     **return** $\theta^{(t)}$

확률적 경사 하강법에서는 경사의 근사치는 무작위로 인스턴스 하나를 선택하고, 즉각 갱신하는 과정을 통해 계산한다. 이 과정은 한 번에 하나씩 가중치를 갱신하는 퍼셉트론 알고리듬과 비슷하다. **미니 배치** 확률적 경사 하강법 내에서 경사는 인스턴스들로 구성된 매우 작은 세트에서 계산된다. 이러한 미니 배치 크기를 설정하기 위한 일반적인 방법은 전체 배치가 GPU상의 메모리에 적합하도록 만드는 것이다(Neubig et al., 2017a). 그리고 나면 미니 배치 내의 전체 인스턴스에 대해 병렬적으로 계산을 수행하면서 학습 속도를 빠르게 높일 수 있다.

알고리듬 5는 경사 하강에 대한 총체적인 관점을 제시한다. 표준 경사 하강 방법에서는 모든 인스턴스에 대한 배치 하나를 반환한다. 확률적 경사 하강법에서는 인스턴스 하나당 N개의 배치를 반환한다. 미니 배치 설정에서의 배치 과정에서는 $1 < B < N$을 만족하는 N개의 미니 배치를 반환한다.

온라인 학습을 위한 또 다른 기법들이 존재하며, 이 분야에서의 연구는 계속 진행되고 있다(Bottou et al., 2018). 어떤 종류의 알고리듬에서는 모든 피처에 대해 서로 다른 적응형 학습률Adaptive Learning Rate을 사용한다(Duchi et al., 2011). 빈번하게 나타나는 피처들은 더욱 빈번하게 갱신될 가능성이 있으며, 그래서 더 큰 경사를 가질 가능성이 더 높다. **AdaGrad**(적응형 경사) 알고리듬은 각각의 피처에 대한 경사의 제곱의 총합을 저장하고, 역순으로 학습률의 크기를 재조정해 이 동작을 성공적으로 수행했다. 다음 식에서는 $f(x, y)$ 내의 피처에 대해 j번 반복을 수행한 것이다.

$$g_t = \nabla_{\boldsymbol{\theta}} L(\boldsymbol{\theta}^{(t)}; \boldsymbol{x}^{(i)}, y^{(i)}) \qquad [2.73]$$

$$\theta_j^{(t+1)} \leftarrow \theta_j^{(t)} - \frac{\eta^{(t)}}{\sqrt{\sum_{t'=1}^{t} g_{t,j}^2}} g_{t,j} \qquad [2.74]$$

특정 인스턴스에 대한 활성화된 피처의 개수는 대부분의 경우 가중치의 개수보다 적다. 그렇게 되면 온라인 최적화의 계산 비용은 정규화 항인 $\lambda\theta$에 따른 갱신 과정을 결정된다. 이를 위한 해결 방법은 각각의 가중치 θ_j이 사용됐을 경우에만 갱신하는 "게으르게" 작업하는 식이다. 이 방법을 구현하기 위해서는 θ_j이 마지막에 갱신된 반복 단계에서 파라미터 τ_j를 추가해 저장해야 한다. 만약 θ_j이 시간 t가 필요하다면, $t - \tau$ 정규화 갱신 과정을 통해 전체를 한 번에 수행할 수 있다. 이 방법에 관한 자세한 내용은 Kummerfeld et al.(2015)에서 확인할 수 있다.

2.7 *분류에서의 또 다른 주제들

이 절에서는 연구 논문을 이해하기 위한 자연어 처리와 연관성이 있는 분류 문제에서 몇 가지 추가적인 주제들을 소개한다.

2.7.1 정규화를 통한 피처 선택

로지스틱 회귀와 큰 마진 분류에서 L_2 놈을 사용해, 가중치를 0으로 만들면서 정규화 하는 과정을 통해 일반화 성능을 올릴 수 있다. 하지만 가중치를 더 작게 만들도록 하는 것보다, 모델을 희박하게 만들어지도록 하는 것이 좋다. 즉 대부분의 피처에 대해 정확히 0을 가중치로 할당하고, 꼭 필요한 피처에만 0이 아닌 가중치를 할당하는 것이다. 이 아이디어는 $L_0 = \|\theta\|_0 = \sum_j \delta(\theta_j \neq 0)$으로 표현되는 L_0 놈으로 수식화할 수 있다. 이러한 놈은 **피처 선택**의 한 형태로 볼 수도 있다. 즉, L_0 정규화된 조건부 우도를 최적화하면 로그우도와 활성 피처들의 개수를 맞교환한 것과 동일한 의미가 된다. 활성 피처의 개수를 줄이면 연관성이 없는 피처들이 사라지면서 결과 모델이 더 빨라지고, 메모리를 적게 사용하는 동시에 일반화를 더 잘 수행할 수 있도록 도와주기 때문에 추천할 만한 방법이다. 하지만 L_0 놈은 비볼록 형태를 띠며, 미분 불가능하다. 그래서 L_0하에서 이뤄진 최적화는 NP-문제가 발생한다. 즉, P = NP인 경우에만 효율적으로 문제를 해결할 수 있다(Ge et al., 2011).

또 다른 유용한 방법은 가중치의 절댓값의 총합 $\|\theta\|_1 = \sum_j |\theta_j|$인 L_1 놈을 사용하는 것이다. L_1 놈은 볼록함수이며, L_0에 대한 근사치로 사용할 수 있다. 또한 L_1 놈은 많은 계수들을 0으로 보내면서 편리하게 피처 선택도 수행할 수 있으며, 그렇기 때문에 **희박성 유도 정규자**sparsity-inducing regularizer로 부르기도 한다. L_1 놈은 $\theta_j = 0$에서 경사

를 갖고 있지 않기 때문에, 그 대신 **하위 하강**^{subgradient} 방법을 사용해 L_1로 정규화된 목적함수를 최적화해야 한다. 이렇게 연관된 확률적 하위 경사 하강 알고리듬은 전통적인 확률적 경사 하강보다 조금 더 복잡할 뿐이다. Sra et al.(2012)은 L_1과 여러 정규자들에서 추정에 대한 방법을 연구했다. 또한 Gao et al.(2007)은 자연어 처리 문제에 대해 L_1과 L_2 정규화를 비교했으며, L_1 정규화가 일반적으로 L_2 정규화의 정확도가 비슷하지만 피처 가중치의 90퍼센트가 0으로 설정돼 있기 때문에 L_1 정규화가 10~50배 정도 작게 모델을 만들 수 있음을 알아냈다.

2.7.2 로지스틱 회귀에 대한 또 다른 시각들

이진 분류에서는 피처함수를 만들 수 있으며, 내적 $\theta \cdot x$에 따라 y를 선택할 수 있다. 그리고 **로지스틱함수**를 통해 벡터의 내적을 통과시켜서 조건부 확률 $P_{Y|X}$을 선택할 수 있다.

$$\sigma(a) \triangleq \frac{\exp(a)}{1 + \exp(a)} = (1 + \exp(-a))^{-1} \qquad [2.75]$$

$$p(y \mid x; \theta) = \sigma(\theta \cdot x) \qquad [2.76]$$

이 식이 바로 "로지스틱 회귀"라는 이름이 붙여진 근본적인 계기다. 로지스틱 회귀는 크게 보면 **일반화된 선형 모델**^{GLMs}의 일환으로 볼 수 있다. 이 모델에서는 벡터의 내적 $\theta \cdot x$과 조건부 확률분포의 파라미터를 통해서 다양한 **연결함수**^{Link Function}가 변환된다.

　　로지스틱 회귀와 관련 모델은 **로그-선형**^{log-linear}으로 부르기도 한다. 그 이유는 피처에 대한 함수로 로그 확률을 사용하기 때문이다. 그렇지만 초기 NLP 문헌에서는 로지스틱 회귀를 보통 **최대 엔트로피** 분류라고 불렀다(Berger et al., 1996). **모멘트와 일치하는**^{moment-matching} 제약 조건상에서 최대 엔트로피 확률함수를 찾는 목표상에서 이에 대한 수식을 찾기 때문이다. 이 제약 조건은 각각의 피처에 대한 경험적 출현 횟수는 확률분포 $p_{Y|X;\theta}$에서 유도된 기대 횟수와 일치해야 함을 명확하게 만들어준다.

$$\sum_{i=1}^{N} f_j(x^{(i)}, y^{(i)}) = \sum_{i=1}^{N} \sum_{y \in \mathcal{Y}} p(y \mid x^{(i)}; \theta) f_j(x^{(i)}, y), \quad \forall j \qquad [2.77]$$

조건부 로그우도(식 2.65)의 미분이 0이면 모멘트와 일치하는 제약 조건을 정확하게 만족한다. 하지만 제약 조건은 θ의 값이 여러 개인 상황에 마주하게 된다. 그렇다면 어떤 값을 선택해야 할까?

$$H(\mathrm{p}_{Y|X}) = -\sum_{\boldsymbol{x} \in \mathcal{X}} \mathrm{p}_X(\boldsymbol{x}) \sum_{y \in \mathcal{Y}} \mathrm{p}_{Y|X}(y \,|\, \boldsymbol{x}) \log \mathrm{p}_{Y|X}(y \,|\, \boldsymbol{x}) \qquad [2.78]$$

위 식에서 $\mathcal{X}$은 가능한 모든 피처 벡터의 집합을 의미하고, $\mathrm{p}_X(x)$은 기본 피처 $\boldsymbol{x}$를 찾아낼 확률을 뜻한다. 분포 p_X는 알려져 있지 않지만, 트레이닝 세트 내의 모든 인스턴스들을 총합해 추정할 수 있다.

$$\tilde{H}(\mathrm{p}_{Y|X}) = -\frac{1}{N} \sum_{i=1}^{N} \sum_{y \in \mathcal{Y}} \mathrm{p}_{Y|X}(y \,|\, \boldsymbol{x}^{(i)}) \log \mathrm{p}_{Y|X}(y \,|\, \boldsymbol{x}^{(i)}) \qquad [2.79]$$

만약 엔트로피가 크다면 로그우도 함수는 y에 대해 가능한 모든 값에 대해 부드러울(평활할) 것이다. 그와 반대로 엔트로피가 작다면 로그우도 함수는 선호되는 특정 값에서 뾰족하게 첨점을 가진다. 특정 제약 조건하에서 엔트로피는 어떤 y에 대해 $\mathrm{p}(y|x) = 1$이라면 엔트로피 값은 0이 된다. 그래서 최대 엔트로피 척도는 수식 2.77의 모멘트와 일치하는 제약 조건을 만족하면서 가능한 가장 약하게 기여하는 것을 선택한다. 이러한 제약 조건이 있는 최적화 문제는 §2.5에서 다뤘던 최대 조건 우도(로지스틱 손실) 수식과 동일하다.

2.8 학습 알고리듬 요약

이쯤이면 독자 여러분은 과연 어떤 학습 알고리듬이 가장 좋은 건지 본질적인 궁금함이 들 것이다. 하지만 이에 대한 답변은 여러분이 해결하려고 하는 문제가 어떤 것이고 어떤 특성이 중요한지에 따라 달라진다.

나이브 베이즈(Naïve Bayes)

- 장점: 구현이 쉽다. 추정 속도가 빠르며 데이터 전체에 대해 한 번만 통과시키면 된다. 예측하는 라벨에 확률을 할당한다. 평활화 파라미터로 과적합이 일어나지 않도록 제어한다.

- 단점: 정확도가 낮은 경우가 많으며, 특히 상호 연관된 피처의 경우 해당 단점이 더욱 두드러진다.

퍼셉트론

- 장점: 간편하게 실행할 수 있으며, 온라인이다. 에러 기반 학습은 통상적으로 정확도가 높으며, 특히 평균을 산출한 이후에는 이와 같은 특성이 두드러진다.
- 단점: 확률적 기반의 로직을 따르지 않는다. 언제 학습을 중단해야 할지 알아내기 어렵다. 마진이 부족하므로 과적합이 발생할 수도 있다.

서포트 벡터 머신

- 장점: 에러 기반의 척도를 최적화하며, 대부분의 경우 정확도가 높다. 정규화 파라미터를 통해 제어한다.
- 단점: 확률적이지 않다.

로지스틱 회귀

- 장점: 에러에 기반하고 확률적이다. 정규화 파라미터로 과적합을 제어한다.
- 단점: 배치 학습을 위해 블랙 박스 최적화가 필요하다. 로지스틱 손실은 이미 학습된 데이터에 대해서도 학습하는 오버트레이닝^{overtraining}이 발생할 수 있다.

위의 여러 가지 선택지에서 구별되는 주요한 차이점 중 하나는 학습 알고리듬이 라벨에 대한 확률을 제공하는지에 대한 여부라고 할 수 있다. 이러한 사실은 한 분류기의 출력값이 다른 시스템의 입력값이 되는 모듈형 아키텍처에서 유용하다. 확률을 사용하지 않아도 되는 경우에는 일반적으로 서포트 벡터 머신을 선택하는 것이 좋다. 서포트 벡터 머신은 퍼셉트론만큼 구현이 쉬우면서도 더 정확한 경우가 많기 때문이다. 확률이 꼭 필요하다면 일반적으로 로지스틱 회귀가 나이브 베이즈보다 더 정확하다.

추가 자료

머신러닝에 관한 책은 비록 일반적인 자연어 처리 표기법과는 다소 다를 수도 있지만, 분류기와 세부 사항에 관한 더 많은 자료를 제공한다(예컨대 Murphy, 2012). 확률적 방식은 Hastie et al.(2009)이 전체적으로 연구한 바 있으며, Mohri et al.(2012)은 이론적인 고찰의 중요성을 강조한다. Bottou et al.(2018)은 급변하고 있는 온라인 분야를 연구했으며, Kummerfeld et al.(2015)은 큰 마진 학습에 대해 몇몇 최적화 알고리듬을 경험론적으로 검토한 바 있다. 파이썬 툴킷인 SCIKIT-LEARN은 2장에서 다뤘던 모든 알고리듬의 구현체를 포함하고 있다(Pedregosa et al., 2011).

부록 B에서는 수동적-능동적$^{passive-aggressive}$이라는 또 다른 큰 마진 분류기에 대해서 설명하고 있다. 수동적-능동적 알고리듬은 현재 인스턴스에서 마진 제약을 만족하는 최소한의 갱신 과정만을 찾는 온라인 학습자를 의미한다. 이는 2000년대 자연어 처리 분야에서 광범위하게 사용된 MIRA와 밀접한 연관성을 가지고 있다(Crammer & Singer, 2003).

연습 문제

각 장의 마지막 부분에서는 연습 문제를 제공한다. 2장의 연습 문제는 단원의 주제와 관련이 있는 대부분 수학적인 것에 초점을 맞춘 문제들이다. 다른 장의 연습 문제에서는 언어학 또는 프로그래밍의 측면에 중점을 둘 것이다.

1. x는 $\sum_{j=1}^{V} x_j = 1$인 단어 가방 벡터이다. 식 [2.12]에서 정의된 다항 확률 $p_{mult}(x; \phi)$이 동일한 문서상의 범주형 분포 $p_{cat}(w; \phi)$에서 동일한 확률을 가짐을 증명하라.

2. 다음과 같은 조건부 분포를 가지는 하나의 피처 x가 있다고 가정하자.

$$p(x \mid y) = \begin{cases} \alpha, & X = 0, Y = 0 \\ 1 - \alpha, & X = 1, Y = 0 \\ 1 - \beta, & X = 0, Y = 1 \\ \beta, & X = 1, Y = 1 \end{cases} \qquad [2.80]$$

또한 사전 확률이 균등한 $\Pr(Y=0) = \Pr(Y=1) = \frac{1}{2}$로 동일하며, $\alpha > \frac{1}{2}$, $\beta > \frac{1}{2}$이라고 가정해보자. 정확한 파라미터를 가진 나이브 베이즈 분류기가 있다고 가정할 때, 에러가 발생할 확률은 얼마인가?

3. 나이브 베이즈에서 파라미터 μ의 최대 우도 추정값을 구하시오.

4. 텍스트 내의 분류 모델은 가능한 각각의 라벨에 대한 가중치 벡터를 가지고 있다. 이는 표기하는 방법만 보면 편리하지만 과잉 결정된 것이다. $K \times V$ 가중치로

획득할 수 있는 모든 선형 분류기에 대해 $(K-1) \times V$ 가중치를 활용해 동일한 분류기를 구성할 수 있다.

a) 이러한 분류기를 어떻게 구성할 수 있는지 설명하시오. 구체적으로 가중치 세트 θ와 피처함수 $f(x, y)$가 주어졌을 때, 다음의 수식을 만족하는 대안 가중치 θ'와 대안함수 $f'(x, y)$를 어떻게 구성할 수 있는지 보이시오.

$$\forall y, y' \in \mathcal{Y}, \theta \cdot f(x, y) - \theta \cdot f(x, y') = \theta' \cdot f'(x, y) - \theta' \cdot f'(x, y') \qquad [2.81]$$

b) 여러분이 위에서 작성한 답안이 널리 알려진 이진 로지스틱 회귀의 또 다른 형태인 $\Pr(Y=1 \,|\, x; \; \theta) = \frac{1}{1+\exp(-\theta' \cdot x)} = \sigma(\theta' \cdot x)$를 어떻게 입증하는지 설명하시오. 여기서 σ는 시그모이드함수다.

5. 이미 라벨링된 데이터 세트 D_1과 D_2가 있다고 가정하자(피처와 라벨은 동일하다).

   - $\theta^{(1)}$은 데이터 세트 D_1상에서의 훈련을 통해 얻어진 비정규 로지스틱 회귀^{LR} 상관계수이다.
   - $\theta^{(2)}$는 데이터 세트 D_2상에서의 훈련을 통해 얻어진 비정규 LR 상관계수이다.
   - θ^*는 결합된 데이터 세트인 $D_1 \cup D_2$상에서의 훈련을 통해 얻어진 비정규 LR 상관계수이다.

   위와 같은 조건하에서 모든 피처 j에 대해 다음의 수식이 성립함을 증명하시오.

$$\theta_j^* \geq \min(\theta_j^{(1)}, \theta_j^{(2)})$$
$$\theta_j^* \leq \max(\theta_j^{(1)}, \theta_j^{(2)})$$

$\qquad [2.82]$

6. $\hat{\theta}$는 비정규 로지스틱 회귀 문제의 해이며 θ^*는 L_2 정규화를 수행하고 난 동일한 문제의 해다. $\|\theta^*\|_2^2 \leq \|\hat{\theta}\|_2^2$을 증명하시오.

7. §2.3.2의 평균 퍼셉트론에 대한 설명에서 언급한 바와 같이, 실행에 따른 총합 $m \leftarrow m + \theta$의 계산은 불필요하게 비용이 높으므로 $K \times V$가 필요하다. 평균 가중치 $\overline{\theta}$를 계산할 수 있는 또 다른 방법을 제시하시오. 이때 복잡도는 V와 상호 독립적이며, 피처 크기의 합인 $\sum_{i=1}^{N} |f(x^{(i)}, y^{(i)})|$와는 선형이다.

8. 서로 다른 라벨 $y^{(1)} \neq y^{(2)}$를 가진 동일한 인스턴스 $x^{(1)} = x^{(2)}$로 구성된 데이터 세

트가 있다고 하자. 모든 피처는 이진 로지스틱 회귀이며, 모든 j에 대해 $x_j \in \{0, 1\}$이 성립한다고 하자.

이제, 평균 퍼셉트론은 항상 인스턴스 $(\boldsymbol{x}^{i(t)}, y^{i(t)})$상에서 훈련한다고 가정하자. 여기서 $i(t) = 2 - (t \bmod 2)$로, 훈련 반복 단계인 t가 홀수일 때는 1이며, 짝수일 때는 2가 된다. 마지막으로, 다음과 같은 조건하에서 학습이 중단된다고 가정해보자.

$$\epsilon \geq \max_j \left| \frac{1}{t} \sum_t \theta_j^{(t)} - \frac{1}{t-1} \sum_t \theta_j^{(t-1)} \right| \qquad [2.83]$$

달리 말하자면 알고리듬은 평균 가중치의 가장 큰 변화량이 ϵ와 같거나 작으면 중단된다. 평균 퍼셉트론이 종료되기 이전까지의 반복 횟수를 계산하시오.

9. 마진 손실이 θ에 대해 볼록임을 증명하시오. 다음에 제시된 마진 손실의 정의를 활용하시오.

$$L(\boldsymbol{\theta}) = -\boldsymbol{\theta} \cdot \boldsymbol{f}(\boldsymbol{x}, y^*) + \max_y \boldsymbol{\theta} \cdot \boldsymbol{f}(\boldsymbol{x}, y) + c(y^*, y) \qquad [2.84]$$

이때 y^*는 황금 라벨이다. 참고로 함수 f는 모든 x_1, x_2와 $\alpha \in [0, 1]$에 대해. 다음의 수식이 성립할 때만 볼록이다.

$$f(\alpha x_1 + (1 - \alpha)x_2) \leq \alpha f(x_1) + (1 - \alpha)f(x_2) \qquad [2.85]$$

10. 만약 함수 f가 m에 대해 항상 성립하는 m-strongly 볼록이라면, 어떤 $m > 0$에 대해서 다음과 같은 부등식은 함수의 영역상에 위치한 모든 x와 x'에 대해서 성립한다.

$$f(x') \leq f(x) + (\nabla_x f) \cdot (x' - x) + \frac{m}{2} \|x' - x\|_2^2 \qquad [2.86]$$

$f(x) = L(\theta^{(t)})$는 경사 하강 $f(x') = L(\theta^{(t+1)})$의 반복 단계 t를 지난 지점에서 분류기의 손실을 나타낸다고 하자. 손실함수가 m-볼록이라고 가정하면, m에 의존적인 고정된 적정 학습률 η에 대해 $L(\theta^{(t+1)}) \leq L(\theta^{(t)})$임을 증명하라.

그리고 왜 이 증명이 고유 최솟값을 갖는 m에 대해 항상 성립하는 m-strongly 볼록 손실함수에 적용했을 때, 경사 하강이 수렴함을 의미하는지에 대해서도 설명하라.

03 비선형 분류

3장에서 다뤘던 선형 분류만으로도 자연어 처리 작업의 대부분을 수행할 수도 있다고 생각하기 쉽다. 하지만 단어 가방은 그 자체로 엄청나게 많은 차원으로 표현되는데다 통상적으로 피처의 개수는 라벨링된 트레이닝 인스턴스의 수보다 많다. 즉, 모든 트레이닝 데이터에 정확히 맞아떨어지는 선형 분류기를 찾을 수 있거나, 트레이닝 인스턴스에 임의로 라벨링한다고 해도 맞아떨어질 수 있다는 말이 된다! 그래서 과적합의 위험이 높아지는 경우에는 비선형 분류를 고려할 수 있다. 또 많은 경우 **어휘적 피처**lexical features는 서로 분리돼 있을 때 좀 더 의미가 있는 데다 인스턴스에 대한 분류 라벨을 만들 때 명확한 근거를 만들 수도 있다. 컴퓨터 비전의 분야에서는 각각의 픽셀이 의미 있는 정보를 갖는 경우가 거의 없고, 반드시 전체적인 모습을 통해 확인해야 한다. 그렇지만 자연어 처리에서는 그렇지 않으므로 여태까지의 연구는 선형 분류에 초점을 맞춰 진행됐다.

그렇지만 최근에 자연어 처리에서 비선형 분류의 연구의 붐이 일어나면서, 지금은 많은 자연어 처리 연구의 기본적인 접근 방법으로 자리매김했다(Manning, 2015). 비선형 연구가 대세가 된 이유는 다음과 같은 최소 3가지 이유가 있다.

- **딥러닝**의 급격한 성장이다. 딥러닝은 비선형 방법의 한 부류로 입력값을 여러 층을 쌓아 올려서 계산하는 복잡한 함수를 학습한다(Goodfellow et al., 2016).
- 딥러닝은 단어에 대한 고밀도 벡터dense vector인 **단어 임베딩**을 통합하는 작업을 편하게 만들어준다. 단어 임베딩은 분류되지 않은 엄청난 양의 데이터를 통해 학습하고, 정리된 트레이닝 데이터에서 나타나지 않은 단어들도 일반화

할 수 있도록 도와준다(14장에서 단어 임베딩의 세부적인 내용을 다룰 것이다).

- CPU 속도가 정체기를 거치는 동안 특수용 하드웨어인 그래픽 처리 유닛^{GPUs} 의 엄청난 발전이 이뤄졌다. 속도가 빨라졌으며 저렴해지고 프로그래밍하기 도 쉬워졌다. CPU 기반의 계산에 비해 성능 향상이 상당히 이뤄지면서 많은 딥러닝 모델들을 효율적으로 실행할 수 있게 됐다.

3장에서는 자연어 처리의 비선형 분류에서 대부분 사용되는 **뉴럴 네트워크**에 초점 을 맞춰 살펴본다.[1] 딥러닝 이전에는 다음과 같은 몇 가지 비선형 학습 방법을 언어 데이터에 적용했다.

- **커널 방법론**$^{Kernel Methods}$은 **최근접 이웃**$^{Nearest-Neighbor}$ 분류의 일반적인 방법으로 트레이닝 세트 내의 가장 비슷한 예시들끼리 각각의 인스턴스들을 분류한다. **커널 서포트 벡터 머신**$^{Kernel Support Vector Machine}$은 정보를 추출하는 방법으로 17장 에서 조금 더 자세히 설명한다.
- **결정 트리**는 인스턴스를 여러 조건들을 확인하며 분류한다. 단어 가방 내의 입력값이 커짐에 따른 결정 트리의 확장은 매우 어렵지만, 15장에서 다룰 상 호 참조 해결$^{Conference Resolution}$ 등의 더 작은 피처 세트로 구성할 수 있는 문제 에서는 성공적으로 동작한다(Soon et al., 2001).
- **부스팅**^{Boosting} 등의 **앙상블 방법**$^{Ensemble Methods}$은 피처들의 세부적인 부분만을 고려하는 "약한" 분류기 여러 개에서 얻은 예측을 조합해 사용한다. 부스팅 은 텍스트 분류(Schapire & Singer, 2000)와 구문 분석(Abney et al., 1999)에서 성 공적으로 동작한다. 아직까지도 캐글^{kaggle} 등의 머신러닝 대회 사이트에서 가장 성공적인 방법 중 하나로 남아 있다(Chen & Guestrin, 2016).

Hastie et al.(2009)은 앞의 방법들에 대한 총체적인 개요를 다룬 멋진 글을 작성했다.

3.1 피드포워드 뉴럴 네트워크

영화 리뷰를 분류하는 분류기를 만드는 문제를 생각해보자. 각각의 문서 x에 대해 $y \in \{좋음, 나쁨, 괜찮음\}$이라는 라벨 중 하나로 매길지 예측하는 것이다. 그렇다면

---

1   이 책에서는 '딥러닝'과 '뉴럴 네트워크'를 같은 의미로 번갈아 가며 사용할 것이다.

좋은 영화란 무엇일까? 그러려면 스토리, 연기, 활영 기법, 편집, 음악 등을 고려해야 한다. 그리고 이러한 피처 $z = [z_1, z_2, ..., zK_z]^\top$으로 라벨링된 트레이닝 세트가 있다고 생각해보자. 이러한 트레이닝 세트를 활용해 두 단계로 구성된 분류기를 만들 수 있다.

1. **텍스트 x를 사용해서 피처 z를 예측한다**: 각각의 $k \in \{1, 2, ..., K_z\}$에 대해 $p(z_k|x)$을 계산하는 로지스틱 회귀 분류기를 훈련시킨다.

2. **피처 z를 사용해서 분류 라벨 y를 예측한다**: $p(y|z)$를 계산하는 로지스틱 회귀 분류기를 다시 훈련시킨다. 테스트 데이터에서는 z를 알 수 없기 때문에 첫 번째 층의 $p(z|x)$를 사용한다.

이 설정으로 만들어진 **계산 그래프** 내에 만들어진 분류기를 그림 3.1을 통해 확인할 수 있다. 텍스트 피처 x는 중간층 z와 연결돼 있고, 이 중간층은 라벨 y와 연결돼 있다.

각각의 z_k가 $z_k \in \{0, 1\}$뿐인 이진이라면, 확률 $p(z_k|x)$는 이진 로지스틱 회귀를 사용해 모델링한다.

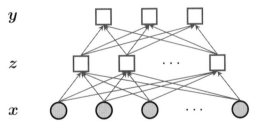

그림 3.1 피드포워드 뉴럴 네트워크. 테두리가 있는 원이 바로 관찰되는 피처들이며 일반적으로 단어들이 여기에 해당된다. 네모는 계산 그래프 내의 노드들이고, 화살표의 방향을 따라 들어온 정보들을 계산한다.

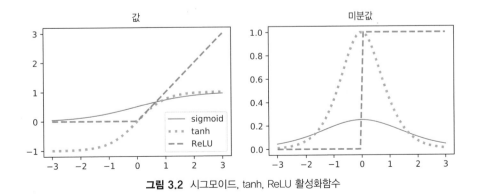

그림 3.2 시그모이드, tanh, ReLU 활성화함수

$$\Pr(z_k = 1 \mid \boldsymbol{x}; \Theta^{(x \to z)}) = \sigma(\boldsymbol{\theta}_k^{(x \to z)} \cdot \boldsymbol{x}) = (1 + \exp(-\boldsymbol{\theta}_k^{(x \to z)} \cdot \boldsymbol{x}))^{-1} \qquad [3.1]$$

(그림 3.2에서 보여지는 것처럼) σ는 **시그모이드함수**이고, 행렬 $\Theta^{(x \to z)} \in \mathbb{R}^{K_z \times V}$은 각각의 z_k에 대해 가중 벡터를 쌓아 올려 구성한다.

$$\Theta^{(x \to z)} = [\boldsymbol{\theta}_1^{(x \to z)}, \boldsymbol{\theta}_2^{(x \to z)}, \dots, \boldsymbol{\theta}_{K_z}^{(x \to z)}]^\top \qquad [3.2]$$

그리고 $\boldsymbol{x}$가 1이라는 상수를 가지고 있다고 하면, 그에 따른 오프셋 파라미터는 각각의 $\boldsymbol{\theta}_k^{(x \to z)}$를 포함한다.

결과층에서는 다음과 같이 다중클래스 로지스틱 회귀 확률을 바탕으로 계산된다.

$$\Pr(y = j \mid \boldsymbol{z}; \Theta^{(z \to y)}, \boldsymbol{b}) = \frac{\exp(\boldsymbol{\theta}_j^{(z \to y)} \cdot \boldsymbol{z} + b_j)}{\sum_{j' \in \mathcal{Y}} \exp(\boldsymbol{\theta}_{j'}^{(z \to y)} \cdot \boldsymbol{z} + b_{j'})} \qquad [3.3]$$

위 식에서 b_j은 분류 라벨 j에 대한 오프셋 파라미터이고, 연쇄적으로 결과 가중 행렬 $\Theta^{(z \to y)} \in \mathbb{R}^{K_y \times K_z}$이 생성된다.

$$\Theta^{(z \to y)} = [\boldsymbol{\theta}_1^{(z \to y)}, \boldsymbol{\theta}_2^{(z \to y)}, \dots, \boldsymbol{\theta}_{K_y}^{(z \to y)}]^\top \qquad [3.4]$$

y에 대해 가능한 모든 값의 벡터 확률은 다음과 같이 적는다.

$$\mathrm{p}(\boldsymbol{y} \mid \boldsymbol{z}; \Theta^{(z \to y)}, \boldsymbol{b}) = \mathrm{softmax}(\Theta^{(z \to y)} \boldsymbol{z} + \boldsymbol{b}) \qquad [3.5]$$

소프트맥스 함수 내의 결괏값 내의 요소 j는 수식 3.3을 사용해서 계산한다.

이 수식으로 구성된 집합은 여러 층으로 구성된 분류기를 정의하며, 다음과 같이 요약할 수 있다.

$$\mathrm{p}(\boldsymbol{z} \mid \boldsymbol{x}; \Theta^{(x \to z)}) = \sigma(\Theta^{(x \to z)} \boldsymbol{x}) \qquad [3.6]$$

$$\mathrm{p}(\boldsymbol{y} \mid \boldsymbol{z}; \Theta^{(z \to y)}, \boldsymbol{b}) = \mathrm{softmax}(\Theta^{(z \to y)} \boldsymbol{z} + \boldsymbol{b}). \qquad [3.7]$$

함수 σ는 **요소별 연산**elementwise을 적용해 벡터의 내적을 계산할 수 있다.

$$\sigma(\Theta^{(x \to z)} \boldsymbol{x}) = [\sigma(\boldsymbol{\theta}_1^{(x \to z)} \cdot \boldsymbol{x}), \sigma(\boldsymbol{\theta}_2^{(x \to z)} \cdot \boldsymbol{x}), \dots, \sigma(\boldsymbol{\theta}_{K_z}^{(x \to z)} \cdot \boldsymbol{x})]^\top \qquad [3.8]$$

은닉 피처 $\boldsymbol{z}$는 트레이닝 데이터에서 한 번도 관찰된 적이 없었다고 생각해보자. 하지만 그림 3.1에서 봤던 뉴럴 네트워크 아키텍처를 여전히 만들 수 있다. 예측된 각각의 값 z의 이산 벡터를 통해 y를 예측하는 대신, 확률 $\sigma(\theta_k \cdot \boldsymbol{x})$를 사용해서 예측할 것이다. 이 방법을 사용하면 분류기의 결과는 아주 미세하게 바뀐다.

$$z = \sigma(\Theta^{(x \rightarrow z)}\boldsymbol{x}) \qquad\qquad [3.9]$$

$$p(y \mid \boldsymbol{x}; \Theta^{(z \rightarrow y)}, \boldsymbol{b}) = \text{softmax}(\Theta^{(z \rightarrow y)}z + \boldsymbol{b}) \qquad\qquad [3.10]$$

위 식은 분류 모델이 기본 피처 $\boldsymbol{x}$를 가지고 "은닉층" z를 통해 각각의 라벨 $y \in \mathcal{Y}$ 중 어디에 해당하는지 예측하며, 이를 **피드포워드 뉴럴 네트워크**[2]라고 한다.

3.2 뉴럴 네트워크 디자인하기

피드포워드 뉴럴 네트워크를 일반화하는 몇 가지 방법이 있다.

3.2.1 활성화함수

은닉층은 은닉 피처들로 구성된 세트로 볼 수도 있지만, 수식 3.9 안에 있던 시그모이드함수는 주어진 함수를 활용해 이러한 은닉 피처 하나하나가 "활성화됨"을 의미한다. 그렇지만 은닉층은 보통 입력값의 비선형 변환으로 다뤄지므로, 그림 3.2에서 봤던 여러 활성화함수를 사용할 수 있도록 해준다. 이 시점부터 활성화함수의 선택은 과학의 영역이 아닌 예술의 영역이 되지만, 가장 인기 있는 함수에서 확인할 수 있는 다음과 같은 몇 가지 피처들이 있다.

- 시그모이드함수의 범위는 (0, 1)이다. 이를 통해 시그모이드함수가 급격한 결괏값으로 "폭발적으로 증가"하지 않도록 만들어준다. 이 부분은 여러 은닉층을 갖고 있는 딥 뉴럴 네트워크에서는 매우 중요한 부분이다. 시그모이드의 미분값은 $\frac{\partial}{\partial a}\sigma(a) = \sigma(a)(1 - \sigma(a))$이고, 이 미분값은 극단적으로 작아지면서 학습 속도를 느리게 만든다. 이를 **기울기 사라짐**[vanishing gradient] 문제라고 한다.
- Tanh 활성화함수의 범위는 (−1, 1)이다. 시그모이드함수와 비슷하게 범위가 한정돼 있지만, 음수 값을 포함한다. 미분값은 $\frac{\partial}{\partial a}\tanh(a) = 1 - \tanh(a)^2$이고, 로지스틱함수보다 원본에 더 가깝다[Lecun et al, 2012]. tanh 함수 또한

---

2 어떤 경우에는 **다층 퍼셉트론**(multilayer perceptron)이라고도 한다. 하지만, 이렇게 부르게 되면 2장에서 다뤘던 퍼셉트론의 형태가 아니기 때문에 오해의 소지가 있다.

시그모이드처럼 극값에 따라 기울기가 사라질 수도 있다.

- **정류 선형 유닛**ReLU, Rectified Linear Unit은 입력값이 음수이면 0이고, 양수이면 선형이다(Glorot et al., 2011).

$$\mathrm{ReLU}(a) = \begin{cases} a, & a \geq 0 \\ 0, & \text{그렇지 않으면} \end{cases} \qquad [3.11]$$

그래서 미분값은 계단 함수 형태를 띤다. 입력값이 양이면 1이고, 그렇지 않으면 0이다. 만약 활성값이 0이면 미분값도 0이다. 이에 따라 ReLU 노드가 모든 입력값에 대해 0이면, "죽은 뉴런" 문제를 발생시킨다. 그래서 음수 입력값에 대해 아주 작은 양이라도 기울기를 만들 수 있는 **leaky ReLU**가 해결책으로 나오게 됐다(Maas et al., 2013).

시그모이드와 tanh 함수는 범위가 일정하지 않은 입력값을 특정 범위에 제한하기 때문에 **짓누르는 함수**라고도 표현한다. 평균값의 $\frac{1}{2}$은 네트워크의 그다음의 층에서 포화 상태가 만들어져서, 자체 변수를 사용해서 매우 작은 기울기가 만들어질 수 있기 때문에 Glorot & Bengio는 2010년에 시그모이드 활성화함수를 딥 네트워크에서 사용하지 않기를 추천했다. 다른 활성화함수는 Goodfellow et al.의 『심층 학습Deep Learning』(제이펍, 2018)에 더 자세히 나와 있다. 해당 책에서는 Relu함수를 "기본 옵션"으로 사용하기를 권장했다.

3.2.2 뉴럴 네트워크 구조

딥러닝은 $z^{(d)}$가 모두 다음 층 $z^{(d+1)}$의 입력값으로 사용되는 여러 개의 은닉층으로 쌓여 있다. 네트워크의 노드 개수가 증가하면 입력값의 복잡한 함수를 학습할 수 있도록 크기가 만들어진다. 또 노드 개수를 고정하면 네트워크의 길이(각 층 내의 노드 개수 large K_z)나 깊이(층의 개수)중 어디에 집중해야 할지 결정해야 하다. 아직까지도 어떻게 절충안을 마련해 명확하게 구성해야 할진 정해지지 않았다.[3]

은닉층에서 입력값을 네트워크의 다른 높은 레벨과 직접 연결시키면서 정보를 전

---

3   은닉층 한 개만 있더라도, 뉴럴 네트워크는 어떤 연속함수도 근사시킬 수 있으며, $\mathbb{R}^N$의 정해진 하위 집합 내에서 0이 아닌 임의의 값으로 근사시킬 수도 있다. Goodfellow et al.의 『심층 학습』의 6.4.1절에서 해당 이론의 결과에 대한 여러 연구들을 확인할 수 있다. 그렇지만 근사시키고 싶은 함수에 따라 은닉층은 임의적으로 커지게 될 수도 있다. 또한 뉴럴 네트워크가 주어진 함수를 근사시킬 수 있는 수용량을 가지고 있다고 하더라도 기울기 기반 최적화 기법을 사용해서 함수를 학습할 수 있다는 의미는 아니다.

방향으로 직접 전달하는 "단락^{short circuit}"을 사용하는 것도 가능하다. 이 아이디어를 바탕으로 그다음 이어지는 층에 입력값을 연결시켜서 바로 정보를 전달시키는 **잔차 네트워크**^{Residual Network}가 만들어졌다(He et al., 2016).

$$z = f(\Theta^{(x \to z)} x) + x \qquad [3.13]$$

위 식에서 함수 f에 시그모이드나 ReLU 같은 어떠한 비선형함수를 사용해도 된다. 조금 더 복잡한 구조는 $f(\Theta^{(x \to z)} x)$ & x 사이의 보간을 다루는 게이트를 추가한 **하이웨이 네트워크**^{Highway Network}(Srivastava et al., 2015 ; Kim et al., 2016)에서 확인할 수 있다.

$$t = \sigma(\Theta^{(t)} x + b^{(t)}) \qquad [3.14]$$

$$z = t \odot f(\Theta^{(x \to z)} x) + (1 - t) \odot x \qquad [3.15]$$

위 식에서 $\odot$은 요소별 벡터곱을 의미하고, **1**은 값이 1로 구성된 열 벡터다. 이전에 다뤘던 것을 다시 생각해보면 시그모이드함수에서도 입력값에 요소별로 적용해 사용했으며, 결괏값의 범위를 (0, 1) 사이에 제한을 두었다. 전달 과정에서 통로를 만들어 주는 게이트 방법은 6장에서 다루게 될 **장단기 메모리**^{LSTM, Long Short-Term Memory}에서도 사용된다.

　잔차와 하이웨이 연결은 딥 아키텍처에 여러 가지 문제를 발생시킨다. 비선형 활성화 기법을 반복적으로 사용하면 네트워크의 낮은 레벨의 파라미터를 학습하기 어려워져서 **지도 신호**^{Supervision Signal}에서부터 상당히 멀리 벗어날 수도 있다.

3.2.3 결괏값과 손실함수

다중 클래스 분류 문제에서는 소프트맥스는 가능한 라벨에 대한 확률을 만들어낸다. 이 확률은 음의 **조건부 로그우도**^{Conditional Log-Likelihood}로 이어진다.

$$-\mathcal{L} = -\sum_{i=1}^{N} \log p(y^{(i)} \mid x^{(i)}; \Theta) \qquad [3.16]$$

$\Theta = \{\Theta^{(x \to z)}, \Theta^{(z \to y)}, b\}$은 모든 파라미터의 집합이다.

　그리고 손실은 다음과 같이 쓸 수 있다.

$$\tilde{y}_j \triangleq \Pr(y = j \mid x^{(i)}; \Theta) \qquad [3.17]$$

$$-\mathcal{L} = -\sum_{i=1}^{N} \boldsymbol{e}_{y^{(i)}} \cdot \log \tilde{\boldsymbol{y}} \qquad\qquad [3.18]$$

$\boldsymbol{e}_{y^{(i)}}$은 $y^{(i)}$에서의 값만 1이고 나머지는 모두 0인 **원-핫 벡터**^{one-hot vector}이다. 또한 $\boldsymbol{e}_{y^{(i)}}$와 $\log \tilde{\boldsymbol{y}}$를 내적한 값을 바로 다변수 **크로스-엔트로피**^{cross-entropy}라고 하며, 실제로 많은 뉴럴 네트워크 논문과 소프트웨어 패키지에서 사용된다.

그리고 마진 손실과 같은 다른 목표를 가지고 뉴럴 네트워크를 훈련시킬 수도 있다. 이 경우에는 은닉층의 마지막에서 아핀변환^{affine transformation}하는 것으로 충분하기 때문에, 결과층에서 소프트맥스를 사용할 필요가 없다.

$$\Psi(y; \boldsymbol{x}^{(i)}, \Theta) = \boldsymbol{\theta}_y^{(z \to y)} \cdot \boldsymbol{z} + b_y \qquad\qquad [3.19]$$

$$\ell_{\mathrm{MARGIN}}(\Theta; \boldsymbol{x}^{(i)}, y^{(i)}) = \max_{y \neq y^{(i)}} \left(1 + \Psi(y; \boldsymbol{x}^{(i)}, \Theta) - \Psi(y^{(i)}; \boldsymbol{x}^{(i)}, \Theta)\right)_+ \qquad [3.20]$$

회귀 문제에서 결괏값은 스칼라 값이거나 벡터값이기 때문에, 일반적인 손실함수는 제곱오차 $(y - \hat{y})^2$이거나 제곱 놈 $\|\boldsymbol{y} - \hat{\boldsymbol{y}}\|^2$의 형태를 띠게 된다.

3.2.4 입력과 룩업층

텍스트 분류에서는 단어 j가 나오는 횟수 x_j인 입력층 $\boldsymbol{x}$는 단어 가방 벡터를 따른다. 입력을 은닉 유닛 z_k에 입력하면 $\sum_{j=1}^{V} \theta_{j,k}^{(x \to z)} x_j$이 되고 단어 j는 벡터 $\boldsymbol{\theta}_j^{(x \to z)}$으로 표현한다. 이 벡터가 바로 단어 j의 임베딩이고, 14장에서 다루게 될 분류되지 않은 데이터로부터의 학습은 이러한 임베딩을 통해 학습이 이뤄진다. 2장은 텍스트 문서들을 $w_1, w_2, ..., w_M$과 같은 단어 토큰들의 시퀀스 등으로 표현하는 여러 방법에 대해 설명했다. 뉴럴 네트워크에서는 모든 단어 벡터 w_m은 차원 V에서 원-핫 벡터 형태인 $\boldsymbol{e}_{w_m}$으로 표현된다. 이렇게 수평적으로 원-핫 벡터 $\boldsymbol{W} = [\boldsymbol{e}_{w_1}, \boldsymbol{e}_{w_2}, ..., \boldsymbol{e}_{w_M}]$을 연결한 방식으로 완성된 문서를 표현할 수 있으며, 단어 가방은 각각의 행들을 모든 토큰 $m = \{1, 2, ..., M\}$에 따라 더한 행렬-벡터곱 $\boldsymbol{W}[1, 1, ..., 1]^{\top}$을 통해 복원한 것으로 표현할 수 있다. 행렬곱 $\Theta^{(x \to z)}\boldsymbol{W}$는 문서 내의 각 단어에 대해 수평적으로 분리돼 있는 임베딩을 포함하고 있다. 이 의미는 3.4에서 다루게 될 **컨볼루셔널 뉴럴 네트워크**를 공부할 때 중요하다. 이 행렬곱은 첫 번째 단계에서 입력 텍스트 내의 각각의 단어의 임베딩을 바라보고 있으므로 통상적으로 **룩업층**^{lookup layer}이라고도 부른다.

3.3 뉴럴 네트워크 학습하기

그림 3.1에서 학습했던 피드포워드 네트워크는 다음과 같이 적을 수 있다.

$$z \leftarrow f(\Theta^{(x \rightarrow z)} \boldsymbol{x}^{(i)}) \qquad [3.21]$$

$$\tilde{\boldsymbol{y}} \leftarrow \text{softmax}\left(\Theta^{(z \rightarrow y)} z + \boldsymbol{b}\right) \qquad [3.22]$$

$$\ell^{(i)} \leftarrow -\boldsymbol{e}_{y^{(i)}} \cdot \log \tilde{\boldsymbol{y}} \qquad [3.23]$$

f는 σ와 ReLU함수와 같은 요소별 활성화함수이고, $\ell^{(i)}$ 해당 인스턴스 i의 손실을 의미한다. $\Theta^{(x \rightarrow z)}$, $\Theta^{(z \rightarrow y)}$과 $\boldsymbol{b}$는 기울기 기반의 최적화를 사용해 추정할 수도 있다. 가장 기본적인 알고리듬은 §2.6에서 소개했던 모든 파라미터가 손실의 기울기에 따라 갱신되는 확률적 경사 하강법을 사용할 수 있다.

$$\boldsymbol{b} \leftarrow \boldsymbol{b} - \eta^{(t)} \nabla_{\boldsymbol{b}} \ell^{(i)} \qquad [3.24]$$

$$\boldsymbol{\theta}_k^{(z \rightarrow y)} \leftarrow \boldsymbol{\theta}_k^{(z \rightarrow y)} - \eta^{(t)} \nabla_{\boldsymbol{\theta}_k^{(z \rightarrow y)}} \ell^{(i)} \qquad [3.25]$$

$$\boldsymbol{\theta}_n^{(x \rightarrow z)} \leftarrow \boldsymbol{\theta}_n^{(x \rightarrow z)} - \eta^{(t)} \nabla_{\boldsymbol{\theta}_n^{(x \rightarrow z)}} \ell^{(i)} \qquad [3.26]$$

t만큼 반복이 이뤄지는 동안의 학습률을 $\eta^{(t)}$로 적고, 해당 경우(혹은 미니 배치)의 손실을 i로 표기한다. 또한 $\theta_n^{(x \rightarrow z)}$은 행렬 $\Theta^{(x \rightarrow z)}$의 n번째 열을 의미하고, $\Theta^{(z \rightarrow y)}$의 k번째 열은 $\theta_k^{(z \rightarrow y)}$로 적는다. $\boldsymbol{b}$에서의 음의 로그우도 기울기와 $\theta_k^{(z \rightarrow y)}$은 로지스틱 회귀의 기울기와 유사하며, $\theta^{(z \rightarrow y)}$에 대한 기울기는 다음과 같다.

$$\nabla_{\boldsymbol{\theta}_k^{(z \rightarrow y)}} \ell^{(i)} = \left[\frac{\partial \ell^{(i)}}{\partial \theta_{k,1}^{(z \rightarrow y)}}, \frac{\partial \ell^{(i)}}{\partial \theta_{k,2}^{(z \rightarrow y)}}, \cdots, \frac{\partial \ell^{(i)}}{\partial \theta_{k,K_y}^{(z \rightarrow y)}} \right]^{\top} \qquad [3.27]$$

$$\frac{\partial \ell^{(i)}}{\partial \theta_{k,j}^{(z \rightarrow y)}} = -\frac{\partial}{\partial \theta_{k,j}^{(z \rightarrow y)}} \left(\boldsymbol{\theta}_{y^{(i)}}^{(z \rightarrow y)} \cdot \boldsymbol{z} - \log \sum_{y \in \mathcal{Y}} \exp \boldsymbol{\theta}_y^{(z \rightarrow y)} \cdot \boldsymbol{z} \right) \qquad [3.28]$$

$$= \left(\Pr(y = j \mid \boldsymbol{z}; \Theta^{(z \rightarrow y)}, \boldsymbol{b}) - \delta\left(j = y^{(i)}\right) \right) z_k \qquad [3.29]$$

94

$\delta(j = y^{(i)})$은 $j = y^{(i)}$일 때 1을 반환하고, 아닌 경우에 0을 반환하는 함수이다. 그리고 $\nabla_b \ell^{(i)}$은 수식 3.29와 유사한 식이 된다. 입력층 가중치가 $\Theta^{(x \to z)}$인 기울기는 미분법의 연쇄 법칙chain rule을 사용해서 구할 수 있다.

$$\frac{\partial \ell^{(i)}}{\partial \theta_{n,k}^{(x \to z)}} = \frac{\partial \ell^{(i)}}{\partial z_k} \frac{\partial z_k}{\partial \theta_{n,k}^{(x \to z)}} \qquad [3.30]$$

$$= \frac{\partial \ell^{(i)}}{\partial z_k} \frac{\partial f(\boldsymbol{\theta}_k^{(x \to z)} \cdot \boldsymbol{x})}{\partial \theta_{n,k}^{(x \to z)}} \qquad [3.31]$$

$$= \frac{\partial \ell^{(i)}}{\partial z_k} \times f'(\boldsymbol{\theta}_k^{(x \to z)} \cdot \boldsymbol{x}) \times x_n \qquad [3.32]$$

그래서 활성화함수 f의 미분 $f'(\boldsymbol{\theta}_k^{(x \to z)} \cdot \boldsymbol{x})$을 구하고 나면, 그다음 $\boldsymbol{\theta}_k^{(x \to z)} \cdot \boldsymbol{x}$의 입력값으로 사용할 수 있다. 이를테면 f가 시그모이드함수라면 미분값은 다음과 같다.

$$\frac{\partial \ell^{(i)}}{\partial \theta_{n,k}^{(x \to z)}} = \frac{\partial \ell^{(i)}}{\partial z_k} \times \sigma(\boldsymbol{\theta}_k^{(x \to z)} \cdot \boldsymbol{x}) \times (1 - \sigma(\boldsymbol{\theta}_k^{(x \to z)} \cdot \boldsymbol{x})) \times x_n \qquad [3.33]$$

$$= \frac{\partial \ell^{(i)}}{\partial z_k} \times z_k \times (1 - z_k) \times x_n \qquad [3.34]$$

직관적으로 보면, 벡터곱 내에서는 다음 사항을 고려해야 한다.

- 음의 로그우도 $\ell^{(i)}$이 z_k을 따르지 않으면, $\frac{\partial \ell^{(i)}}{\partial z_k} \approx 0$이 된다. 이 경우에는 z_k이 어떻게 계산되든지 상관없어지므로 $\frac{\partial \ell^{(i)}}{\partial \theta_{n,k}^{(x \to z)}} \approx 0$이 된다.
- z_k이 1이나 0에 가까워지면 시그모이드함수의 형태가 그림 3.2처럼 거의 수평선에 가까워지게 되고, 입력값이 변화하더라도 아주 미세한 영역에서의 차이만 띠게 된다. 그리고 $z_k = \frac{1}{2}$일 때 $z_k \times (1 - z_k)$이 최댓값을 갖게 되고 시그모이드함수의 곡선이 가장 가파른 형태를 띠게 된다.
- $x_n = 0$이면 가중치 $\theta^{(x \to z)}$의 값에 영향을 받지 않게 되므로 결국 가중치가 $\theta_{n,k}^{(x \to z)}$이 되고 그래서 $\frac{\partial \ell^{(i)}}{\partial \theta_{n,k}^{(x \to z)}} = 0$이 된다.

3.3.1 역전파

위의 식은 모델에서의 파라미터를 바탕으로 연쇄 법칙을 사용해 손실값을 계산하는 수식이다. 또 이 수식을 통해 얻은 지역 극값들은 여러 번 재사용된다. 예를 들면 $\frac{\partial \ell^{(i)}}{\partial z_k}$

은 각각의 파라미터 $\theta_{n,k}^{(x \to z)}$을 반영해서 미분할 때도 재사용된다. 이렇게 사용하기 위해서는 계산을 한 번 하고 나면, 그다음에 저장해야 한다. 또 한 번이라도 미분하고 나면 미분할 때 연쇄 법칙에서 사용되는 필요한 "입력값"들은 이미 계산한 것이다. 이렇게 나열하고, 저장하고, 다시 미분하는 과정을 **역전파**backpropagation라고 한다. 그래서 특정 방향으로 진행되는 비순환 **계산 그래프**로 일반화할 수 있다.

계산 그래프는 계산 과정에 대한 선언적인 표현으로 볼 수 있다. 각각의 노드 t에 대해 함수 f_t에 적용해 값 v_t 계산해서, (아마 비어 있을) 부모 노드 π_t의 리스트로 보낸다. 그림 3.3은 하나의 은닉층만을 갖고 있는 피드포워드 네트워크의 계산 그래프를 보여준다. $x^{(i)}$에 대한 노드, 은닉층 z, 예상되는 결괏값 $\hat{y}$, 파라미터 Θ로 구성된 노드들의 모습이다. 훈련하는 동안 실제로 참인 라벨 $y^{(i)}$와 손실 $\ell^{(i)}$이 존재하기도 한다. 예측되는 결괏값 $\hat{y}$는 손실의 부모 중 하나((다른 것은 분류 라벨 $y^{(i)}$)로, 이 부모들은 Θ, z 등을 포함하고 있다.

계산 그래프는 다음 세 가지 타입의 노드를 포함한다.

- 변수: 그림 3.3에서의 피드포워드 네트워크에서의 변수를 살펴보면 입력값 x, 은닉 노드 z, 결괏값 y와 손실함수 총 4개로 구성돼 있고, 입력값은 부모를 가지고 있지 않은 변수이다. 역전파는 입력값을 제외한 모든 변수들을 반영해 기울기를 구하고, 이 기울기를 역전환하며 파라미터로 전파시킨다.

- 파라미터: 피드포워드 네트워크에서는 파라미터는 가중치와 오프셋을 모두 가지고 있다. 그림 3.3에서 살펴보면 노드 Θ 내에서 파라미터들이 모여 있지만, $\Theta^{(x \to z)}$, $\Theta^{(z \to y)}$을 진행하기 위한 또 다른 노드도 있어야 하고, 오프셋 파라미터들도 있어야 한다. 파라미터 노드들은 부모 노드가 없어서, 다른 노드부터 계산할 순 없지만, 대신 기울기 하강gradient descent을 학습한다.

- 손실: 훈련 기간 동안 손실 노드 $\ell^{(i)}$은 손실의 양을 최소화한다. 계산 그래프 내에서의 손실을 의미하는 노드는 다른 노드들의 부모 노드가 될 수 없으며, 이 노드들의 부모는 통상적으로 예측한 라벨 $\hat{y}^{(i)}$이거나 실제로 참인 라벨 $y^{(i)}$이다. 역전파는 손실의 기울기를 계산하는 것에서 시작해 직계 부모로 이 경사를 역으로 전달한다.

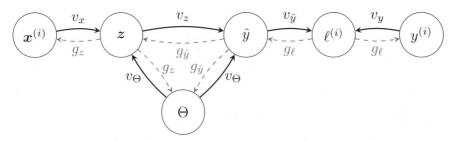

그림 3.3 그림 3.1에서 설명한 피드포워드 뉴럴 네트워크에 대한 계산 그래프

계산 그래프가 한 방향의 비순환 그래프라면 노드를 위상 정렬로 나열할 수 있게 되고, 노드 t'의 부모가 t라면 $t < t'$가 된다. 그러면 $\{v_t\}_{t=1}^{T}$의 값들은 하나의 전달 경로를 통해 계산 가능하다. 기울기를 계산할 때는 이러한 위상 정렬이 뒤바뀐다. 각각의 기울기 g_t는 미분의 연쇄 법칙을 실행해 t의 자식 노드의 기울기를 통해 계산한다. 이런 일반적인 계산 그래프에서의 역전파 알고리듬은 알고리듬 6에서 확인할 수 있다.

각각의 파라미터를 반영한 기울기는 엄청 복잡할 수 있지만, 그래도 단순한 부분으로 구성된 벡터곱이다. 상당수의 네트워크에서 기울기는 모두 **자동 미분**automatic differentiation 을 통해 계산된다. 그래서 순방향 계산을 명확하게 만들어 놓으면, 학습에서 필요한 기울기는 자동으로 얻게 된다. 계산 그래프에서 자동으로 미분 계산을 지원해주는 TORCH(Collobert et al., 2011a), TENSORFLOW(Abadi et al., 2016), DYNET(Neubig et al., 2017b) 등의 많은 라이브러리들이 있다. 이 라이브러리 간에 주요한 차이점은 각 라이브러리가 여러 경우들을 반영하는 다양한 계산 그래프 구조를 의미하는 **동적 계산 그래프**들을 얼마나 지원하는지에 따라 달라진다. 정적 계산 그래프는 단어 가방 벡터와 같은 고정된 차원의 데이터에 적용해 사용할 수 있다. 많은 자연어 처리 문제에서는 서로 다른 입력값은 분리된 구조와 특수한 계산 그래프가 필요하다. 간단한 예시로 (6장에서 다룰) 한 문장 내에서 단어 하나당 하나의 노드를 갖는 순환 네트워크 언어 모델이 있다. 14장에서는 조금 더 복잡한 재귀 순환 뉴럴 네트워크가 포함돼 입력값의 구문적 구성을 트리 구조와 매칭시킨다.

3.3.2 정규화와 드롭아웃

선형 분류에서 정규화 수식 $\lambda\|\theta\|_2^2$을 사용해서 목적함수를 보강하는 식으로 과적합을

해결했다. 이러한 가중치에 따른 각 행렬을 교정하는 방법과 동일한 방식을 전방 뉴럴 네트워크에도 적용할 수 있다.

$$L = \sum_{i=1}^{N} \ell^{(i)} + \lambda_{z \to y}||\Theta^{(z \to y)}||_F^2 + \lambda_{x \to z}||\Theta^{(x \to z)}||_F^2 \qquad [3.35]$$

위의 식에서 $||\Theta||_F^2 = \sum_{i,j} \theta_{i,j}^2$은 L_2 놈을 행렬로 일반화해주는 제곱 **프로베니우스 놈** Frobenius norm이다. 바이어스 파라미터 **b**는 정규화되지 않으므로, 입력값에 대한 분류기의 민감도에 기여하기 어렵다. 경사 기반의 최적화 기법에서 프로베니우스 놈 정규화의 실질적인 효과는 가중치를 갱신할 때마다 0으로 "감쇠"시켜주고 이를 **가중치 감쇠**weight decay라고 부른다.

알고리듬 6 일반적인 역전파 알고리듬, 계산 그래프 G 안의 모든 노드는 함수 f_t과 부모 노드 π_t를 가지고 있고, 그래프의 입력값은 $\boldsymbol{x}^{(i)}$로 표현한다.

1: **procedure** BACKPROP($G = \{f_t, \ \pi_t\}_{t=1}^{T}\}$, $\boldsymbol{x}^{(i)}$)
2:     모든 n에 대해서 $v_{t(n)} \leftarrow x_n^{(i)}$ 그리고 연관된 계산 노드 $t(n)$에 대해 수행한다.
3:     **for** $t \in$ TOPOLOGICALSORT(G) **do** ▷ 순방향으로 진행: 각각의 노드별로 값을 계산한다.
4:       **if** $|\pi_t| > 0$ **then**
5:         $v_t \leftarrow f_t(v_{\pi_{t,1}}, v_{\pi_{t,2}}, ..., v_{\pi_t,N_t})$
6. $g_{목적} \leftarrow 1$ ▷ 역방향으로 진행: 각각의 노드별로 경사를 계산한다.
7.   **for** $t \in$ REVERSE(TOPOLOGICALSORT(G)) **do**
8:       $g_t \leftarrow \sum_{t':t \in \pi_{t'}} g_{t'} \times \nabla_{v_t} v_{t'}$ ▷ t의 자식에 해당하는 t'를 모두 더해, 경사 $g_{t'}$로 전파하고, 지역 경사도 $\nabla_{v_t} v_{t'}$에 따라 크기를 조정한다.
9:     **return** $\{g_1, g_2, ..., g_T\}$

모델의 복잡도를 조정할 수 있는 또 다른 접근법은 **드롭아웃**dropout이다(Srivastava et al., 2014). 훈련 중에 몇 개의 계산 노드들을 무작위로 뽑아 값을 0으로 만들어둔다. 이를테면 피드포워드 네트워크에서 각각의 트레이닝 인스턴스에 확률 ρ를 적용한 피드포워드 네트워크에서 입력값 x_n과 은닉층 노드 z_k를 0으로 만든다. Srivastava et al.(2014)에서는 은닉 유닛에서의 확률을 $\rho = 0.5$로, 입력 유닛에서의 확률을 $\rho = 0.2$로 설정하기를 권장했다. 또한 드롭아웃은 기울기 계산과 엮여 있어서, 노드 z_k가 드롭되면 해당 인스턴스에 대해 가중치 $\theta_k^{(x \to z)}$는 모두 갱신되지 않는다. 드롭아웃은 네트워크가 하나의 특정 기능이나 은닉 노드에 지나치게 의존되지 못하도록 막거나 하나의 은닉 유닛은 서로 다른 은닉 유닛들과 함께 구성돼 있을 때만 유용해지는 일부 **피처들에 동화**되는 것을 방지한다. 드롭아웃은 **피처 노이즈**Feature Noising의 한 예시이기 때문에 입력값과 은닉 유닛에 가우시안 노이즈를 추가할 수도 있다(Holmstrom & Koistinen, 1992). Wager et al.(2013)은 드롭아웃이 각각의 피처들에 대해 서로 다른 정규화 페널티를 적용한 "조정한" L_2 정규화와 근사적으로 일치한다는 것을 보였다.

3.3.3 *학습 이론

2장에서 학습 중의 **볼록성**convexity의 중요성에 대해서 강조했다. 볼록 목적함수에서는 최솟값global optimum을 효율적으로 찾을 수 있다. 음의 로그우도 함수나 힌지 손실hinge loss과 같은 경우는 결과층의 파라미터에 대한 볼록함수이다. 그렇지만 일반적으로 피드포워드 네트워크의 결괏값은 입력층 파라미터 $\Theta^{(x \to z)}$의 볼록함수가 아니므로, 각각의 층을 직전 층의 결괏값에 적용하는 함수를 구성하는 방법으로 피드포워드 뉴럴 네트워크를 살펴봐야 한다. 통상적으로 볼록성은 두 볼록함수들을 합친다해도, 볼록성이 유지되지는 않으며, tanh 혹은 시그모이드와 같은 "짓누르는" 활성화함수도 볼록함수가 아니다.

은닉층이 있는 뉴럴 네트워크 내에서 층 내의 요소가 $z = [z_1, z_2, ..., z_{K_z}]$에서 $z = [z_{\pi(1)}, z_{\pi(2)}, ..., z_\pi(K_z)]$으로 교환하는 동안, 비볼록성도 띠게 된다. $\Theta^{(x \to z)}$의 행과 $\Theta^{(z \to y)}$열에 π를 적용하면 $\Theta_\pi^{(x \to z)}$와 $\Theta_\pi^{(z \to y)}$를 가진 치환하는 파라미터 행렬을 얻을 수 있다. 이 치환 과정을 계속 일관되게 적용하면, $L(\Theta) = L(\Theta_\pi)$으로 손실은 같아지게 되고, 손실이 고정된다. 그렇지만 일반적인 선형 조합의 손실 $L(\alpha\Theta + (1-\alpha)\Theta_\pi)$은 Θ이나 Θ의 치환 과정에 따른 손실과 같지 않다. $L(\Theta)$이 현재 지점 부근의 손실보다는 언제나 더 나은 값을 가지고 $L(\Theta) = L(\Theta_\pi)$이라면 손실함수는 더 이상 볼록성의 정의를 만족시키지 못한다(§2.4). 연습 문제 중 한 문제에서 이에 대해 엄밀히 다루며 증명해볼 것이다.

실제로 최적점이 이전 단락에서 설명한 치환 과정 내에 존재한다면 최적값이 여러 개 존재한다고 해도 그리 문제가 되지 않는다. 하지만 "나쁜" 지역 최적점^{local optima}은 주위의 이웃값보다는 더 나은 값을 갖지만, 전역 최적점^{global optima}보다는 훨씬 좋지 않다. 하지만 다행히도 크기가 큰 피드포워드 뉴럴 네트워크에서는 대부분의 지역 최적값은 최대 최적값만큼 좋은 결과를 보여준다(Choromanska et al., 2015). 더 일반적으로는 기울기가 0일 때 **임계점**^{critical point}을 가진다. 보통 지역 최적값이 임계점이 되지만, 그렇지 않을 수도 있다. 즉 지역 극솟점이 어떤 방향을 가리키고, 그 방향이 지역 극댓값의 방향과 다르다면, **안장점**^{saddle point}이 될 수도 있다. 이를테면 $x_1^2 - x_2^2$은 $x = (0, 0)$에서 안장점을 가진다. 그리고 크기가 큰 네트워크에서는, 대부분의 임계점은 지역 극솟점이나 최대점이 아닌 안장점이다(Dauphin et al., 2014). 안장점은 경사 기반의 최적화 문제에서는 경사가 0이 되면 학습의 속도가 기어가는 수준으로 떨어지기 때문에 문제가 될 수도 있다. 그렇지만 확률적 경사 하강에서 노이즈가 도입되고, 드롭아웃 등의 노이즈 기법들이 소개되면서 최적화 과정 진행 중에 안장점을 피하면서 질 좋은 최적점을 찾기 쉽게 됐다(Ge et al., 2015). 헤시안 행렬^{Hessian matrix}을 사용해서 지역을 재구성하거나(Dauphin et al., 2014) 고차미분 등을 사용해(An & kumar & Ge, 2016) 안장점을 직접 지정할 수도 있다.

또 다른 뉴럴 네트워크의 풀리지 않는 난제 중 하나는 관찰하지 못한 데이터를 어떻게 **일반화**할 수 있을지에 대한 것이다. 파라미터가 충분히 주어지면 두 개의 층이 있는 피드포워드 네트워크는 학습 데이터를 "기억"할 수 있고, 모든 트레이닝 세트에서 완벽한 정확성을 가질 수 있다. 심지어 라벨을 난수로 바꾼다고 하더라도 이미지 트레이닝 세트에서 완벽하게 이미지를 분류할 수 있도록 뉴럴 네트워크를 학습시킬 수 있음을 Zhang et al.(2017)이 보여줬다! 물론 홀드아웃 데이터에 적용했을 때만 네트워크는 높은 확률을 얻는다. 하지만 이 강력한 학습자가 실제 트레이닝 데이터에 적용되면 트레이닝 데이터와의 비연관성마저 관찰해 일반화에 실패하는 잘못된 분류함수를 학습할 수도 있다. 그렇지만 실제로 이런 극도의 **과적합**은 아주 드물게 발생하고 그 전에 정규화, 드롭아웃, 초기 멈춤(§3.3.4) 등의 과정을 통해 방지할 수 있다. 최근 논문을 보면 뉴럴 네트워크의 특정 클래스로 더 나아가 일반화를 보장하려 하지만(예컨대 Kawaguchi et al., 2017; Brutzkus et al., 2018), 아직 이론적인 연구는 진행 중이다.

3.3.4 기법들

뉴럴 네트워크를 잘 동작하도록 만들려면 경험적인 "기법"들도 필요하다(Bottou, 2012; Goodfellow et al., 2016; Goldberg, 2017). 이 단원에서는 특히 염두해둘 만한 중요한 기법 몇 가지에 관해 설명할 것이다.

초기화 선형 분류기에서는 전역 최적해를 쉽게 찾을 수 있도록 볼록성으로 어느 정도 보장하기 때문에 초기화가 그리 중요하지 않다. 하지만 여러 층이 존재하는 뉴럴 네트워크에는 좋은 시작점을 찾는 것은 매우 큰 도움이 된다. 만약 초기 가중치 값이 너무 크다면 시그모이드나 tanh에서의 비선형성은 포화 상태가 돼 기울기가 매우 작아지고, 학습 속도가 떨어진다. 또 기울기가 너무 커지면 훈련 중에 경로를 이탈해, 표현할 수 있는 가장 큰 숫자에 도달할 때까지 급격하게 증가한다.

초기화는 초기 기울기에 대한 분산을 일정하도록 만들어주고, 네트워크 전체에 걸쳐 위에서 언급한 문제를 피할 수 있도록 도와준다. tanh 활성화함수를 사용하는 네트워크에서는 다음의 수식처럼 균일한 분포에서 초기 가중치를 샘플링해 만들 수 있다(Glorot & Bengio, 2010).

$$\theta_{i,j} \sim U \left[-\frac{\sqrt{6}}{\sqrt{d_{\text{in}}(n) + d_{\text{out}}(n)}}, \frac{\sqrt{6}}{\sqrt{d_{\text{in}}(n) + d_{\text{out}}(n)}} \right] \qquad [3.36]$$

ReLU 활성화함수를 사용하는 네트워크에서는 평균이 0인 가우시안 분포를 통해 샘플링해 비슷한 수식으로 사용할 수 있다(He et al., 2015)

$$\theta_{i,j} \sim N(0, \sqrt{2/d_{\text{in}}(n)}) \qquad [3.37]$$

가중치 초기화를 독립적으로 사용하기보다 $\Theta^{T}\Theta = \mathbb{I}$을 보장하는 **직교행렬**Orthonormal Matrix을 사용해 각 층들을 서로 결합해서 초기화하는 것이 좋다(Saxe et al., 2014). 직교행렬은 입력의 놈들을 저장해 $\|\Theta x\| = \|x\|$를 만든다. 이렇게 되면 기울기가 폭발하거나 사라지는 것을 방지할 수 있다. 직교는 은닉 유닛들이 서로 연관성이 없도록 보장하기 때문에, 서로 다른 입력값들의 피처에 해당한다고 할 수 있다. 직교 초기화는 **특이값 분해**Singular-Value Decomposition를 표준 정규 분포를 통해 샘플링된 행렬의 값들에 적용하는 식으로 수행할 수 있다.

$$a_{i,j} \sim N(0, 1) \tag{3.38}$$

$$\mathbf{A} = \{a_{i,j}\}_{i=1,j=1}^{d_{\text{in}}(j),d_{\text{out}}(j)} \tag{3.39}$$

$$\mathbf{U}, \mathbf{S}, \mathbf{V}^\top = \text{SVD}(\mathbf{A}) \tag{3.40}$$

$$\Theta^{(j)} \leftarrow \mathbf{U} \tag{3.41}$$

행렬 **U**는 **A**의 **특이값 벡터**Singular Vector를 포함하고 있어서, 직교임을 보장한다. 특이값 분해에 대해서는 14장에서 조금 더 자세히 다룬다.

위에서 언급한 초기화를 신중하게 진행하더라도 최종 결과에서는 상당한 분산이 나타날 수도 있다. 그래서 여러 번의 훈련을 마친 후 홀드아웃 개발 세트에서 가장 높은 성능을 내는 것을 선택해서 사용하는 것이 좋다.

클리핑과 정규화   학습은 기울기의 크기에 굉장히 민감하다. 기울기의 크기가 너무 크면 학습은 경로를 이탈하게 되고, 극단적인 가중치 값을 가지고 계속 갱신된다. 기울기가 너무 작으면 학습이 거의 이뤄지지 않을 수도 있다. 이런 문제를 해결하기 위한 몇 가지 경험에 기반한 방법들을 소개한다.

- **경사 클리핑**gradient clipping(Pascanu et al., 2013)에서는 기울기의 상한이 특정 값에 위치하게 되고, 이 상한을 넘어가면 기울기를 조정한다.

$$\text{CLIP}(\tilde{\boldsymbol{g}}) = \begin{cases} \boldsymbol{g} & \|\hat{\boldsymbol{g}}\| < \tau \\ \frac{\tau}{\|\boldsymbol{g}\|}\boldsymbol{g} & \text{otherwise} \end{cases} \tag{3.42}$$

- **배치 정규화**Batch normalization(Ioffe & Szegedy, 2015)에서는 계산 노드의 입력값들은 미니 배치 $\mathcal{B}$(§2.6.2 참조)의 모든 인스턴스를 통해 나온 평균과 분산에 따라 다시 중심을 조정한다. 이를테면 은닉층을 하나만 갖고 있는 피드포워드 네트워크인 경우, 다음의 과정과 배치 정규화를 통해 입력값을 변환해 은닉층으로 통과시킨다.

$$\boldsymbol{\mu}^{(\mathcal{B})} = \frac{1}{|\mathcal{B}|} \sum_{i \in \mathcal{B}} \boldsymbol{x}^{(i)} \tag{3.43}$$

$$s^{(\mathcal{B})} = \frac{1}{|\mathcal{B}|} \sum_{i \in \mathcal{B}} (\boldsymbol{x}^{(i)} - \boldsymbol{\mu}^{(\mathcal{B})})^2 \tag{3.44}$$

$$\bar{x}^{(i)} = (x^{(i)} - \mu^{(\mathcal{B})})/\sqrt{s^{(\mathcal{B})}} \qquad [3.45]$$

경험에 비춰보면 배치 정규화를 사용하면 딥 아키텍처가 더 빨리 수렴할 수 있도록 만들어준다. 그 이유 중 하나는 훈련 도중의 활성화 분포 내의 변화를 계속 조정할 수 있도록 해준다는 점이다.

- **층 정규화**^{layer normalization}(Ba et al., 2016)는 각 비선형 활성화함수의 입력은 전체 층에 걸쳐 재조정된다.

$$a = \Theta^{(x \to z)} x \qquad [3.46]$$

$$\mu = \frac{1}{K_z} \sum_{k=1}^{K_z} a_k \qquad [3.47]$$

$$s = \frac{1}{K_z} \sum_{k=1}^{K_z} (a_k - \mu)^2 \qquad [3.48]$$

$$z = (a - \mu)/\sqrt{s} \qquad [3.49]$$

층 정규화는 배치 정규화와 비슷한 비유로 만들어졌지만, 아키텍처나 훈련 조건에 적용할 수 있는 등 훨씬 더 넓은 범위에 걸쳐 적용할 수 있다.

온라인 최적화 곳곳에서 온라인 최적화^{Online Optimization} 알고리듬을 사용해 확률적인 경사 하강을 향상시키려는 시도가 있다. 이미 §2.6.2에서 **아다그래드**^{AdaGrad}를 살펴봤다. 아다그래드는 제곱의 합을 저장해서 각각의 파라미터에 대한 적응 학습률을 설정한다. 훈련 중의 기록들의 총합을 저장하는 대신, 학습률만 계속 가지고 있으면 된다.

$$v_j^{(t)} = \beta v_j^{(t-1)} + (1 - \beta) g_{t,j}^2 \qquad [3.50]$$

여기서 $g_{t,j}$는 시간 t에서 파라미터 j를 반영한 기울기이며, $\beta \in [0, 1]$이다. 이 수식은 가장 최근의 기울기에 중점을 맞추는 것을 의미하며, 아다델타^{AdaDelta}(Zeiler, 2012) 알고리듬과 아담^{Adam}(Kingma & Ba, 2014) 옵티마이저에서 사용되도록 만든다. 온라인 최적화와 이 알고리듬들에 대한 배경 설명은 Bottou et al.(2018)이 잘 설명했다. §2.3.2에서 다뤘던 **초기 멈춤** 기법을 사용하면, 주어진 유효성 데이터 세트에서의 진행 도중 정점에 도달하고 나면 훈련을 종료해 과적합을 피할 수 있도록 도와준다.

실용적인 조언   뉴럴 네트워크를 훈련시키기 위한 여러 기법이 끊임없이 생겨나고 있고, 이 책을 읽을 시점에는 새로운 기술이 여럿 나왔을 것이다. 기울기 클리핑, 초기 멈춤, 무작위로 뽑은 매우 작은 값으로 파라미터들을 잘 초기화하는 방법들은 오늘날 훈련을 수행할 때 표준처럼 사용한다. 특정 문제에 특화된 갖가지 방법들도 함께 사용할 수 있다. 예를 들면 확률적 경사 하강법에서는 좋은 학습률을 찾기 정말 어렵기 때문에 적응 학습률Adaptive Learning Rate과 함께 괜찮은 옵티마이저를 사용하면 도움이 된다. 연구 논문 내의 연관된 모델을 사용하는 경우, 특히나 결괏값을 일치시키는 것에 어려움을 겪는 경우에는 층 정규화 같은 방법들도 고려해야 한다. 선형 분류기에서와 비슷하게 모델의 성능을 최종으로 측정하는 테스트 세트가 아닌 홀드아웃 개발 세트를 사용할 때는 이런 방법들을 고려해 평가하는 게 매우 중요하다.

3.4 컨볼루셔널(합성곱) 뉴럴 네트워크

단어 가방 모델에서 기본적으로 나타나는 약점은 새로운 의미를 만드는 단어 조합 형태를 설명하기 힘들다. 예를 들면 *not pleasant, hardly a generous offer, and I wouldn't mind missing the flight*[즐겁지도 않고, 후한 제안도 없고, 비행기를 놓치는 것도 별로 개의치 않아요]와 같은 단순 반전형 문장도 설명이 어렵다. 컴퓨터 비전 분야에서도 비슷한 문제를 가지고 있다. 분리된 환경에서 무의미한 정보를 제공하는 픽셀들의 피처들을 활용해 이미지의 의미를 파악하긴 쉽지 않다. 컴퓨터 비전 연구의 초창기에는 지역에 위치한 픽셀 단위의 피처들을 모서리와 구석 등의 좀 더 의미 있는 표현으로 합칠 수 있도록 필터를 만드는 것에 집중했다(예컨대 Canny, 1986). 이와 비슷하게 초기 NLP 연구에서도 직접 수동으로 디자인한 어휘적 패턴을 바탕으로 다중 단어의 언어학적인 현상들을 포착하기 위해 시도했다(Hobbs et al., 1997). 그다음 비전과 NLP 분야에서 공통으로 필터와 패턴의 결과물은 선형 분류기의 기본 피처로 사용됐다. 그러다가 이러한 피처 추출기들을 직접 손으로 만드는 대신, 역전파의 마법을 사용해서 그 자체로부터 학습하는 접근법이 더 좋다는 것을 알게 됐으며, 이 아이디어 기저에 깔린 핵심에는 바로 **컨볼루셔널 뉴럴 네트워크**가 있다.

§3.2.4에 따라, 뉴럴 네트워크의 기본층을 다음과 같이 정의한다.

$$\mathbf{X}^{(0)} = \Theta^{(x \to z)}[e_{w_1}, e_{w_2}, \ldots, e_{w_M}] \qquad [3.51]$$

위 식에서 e_{w_m}은 w_m에서 1을 가지고, 나머지는 0으로 구성된 열 벡터다. 기본층은 단어 임베딩의 크기가 K_e이고, $\mathbf{X}^{(0)} \in \mathbb{R}^{K_e \times M}$을 차원으로 가진다. 그리고 인접한 단어들의 정보를 합하기 위해서는 필터 행렬을 $\mathbf{C}^{(k)} \in \mathbb{R}^{K_e \times h}$을 $\mathbf{X}^{(0)}$으로 감싸줘야 한다. 또한 컨볼루션은 기호 $*$로 표기하며, 다음과 같이 정의한다.

$$\mathbf{X}^{(1)} = f(\boldsymbol{b} + \mathbf{C} * \mathbf{X}^{(0)}) \implies x_{k,m}^{(1)} = f\left(b_k + \sum_{k'=1}^{K_e} \sum_{n=1}^{h} c_{k',n}^{(k)} \times x_{k',m+n-1}^{(0)}\right) \quad [3.52]$$

위 식에서 f는 ReLU와 tanh 등의 활성화함수이고, $\boldsymbol{b}$는 오프셋 벡터이다. 컨볼루션 연산은 행렬 $\mathbf{X}^{(0)}$의 열을 따라 행렬 $\mathbf{C}^{(k)}$를 계산한다. 각 지점 m에서 요소별 연산 $\mathbf{C}^{(k)} \odot \mathbf{X}_{m:m+h-1}^{(0)}$을 한 다음 모두 더한다.

간단한 필터는 근접 단어들에 대한 가중치 평균을 계산한다.

$$\mathbf{C}^{(k)} = \begin{bmatrix} 0.5 & 1 & 0.5 \\ 0.5 & 1 & 0.5 \\ \ldots & \ldots & \ldots \\ 0.5 & 1 & 0.5 \end{bmatrix} \qquad [3.53]$$

그래서 not so unpleasant[그다지 즐겁지 않은]와 같은 트라이그램 유닛들도 표현할 수 있다. **1차원 컨볼루션**에서는, 각각의 필터 행렬 $\mathbf{C}^{(k)}$는 k번째 행에서는 0이 아닌 값만을 갖도록 제한을 둔다(Kalchbrenner et al., 2014). 즉, 단어 임베딩의 각 차원에서는 서로 다른 필터를 사용해 처리하고, 이 과정은 $K_f = K_e$을 의미한다.

입력의 시작과 끝을 처리하기 위해서 기본 행렬 $\mathbf{X}^{(0)}$은 시작과 끝은 0으로 구성된 h개의 열 벡터로 채워질 수도 있다. 이를 **넓은 컨볼루션**wide convolution이라 한다. 만약 채워지지 않은 경우에는, 각 층들의 결괏값은 입력보다 작은 $h-1$개의 유닛이 된다. 이를 **좁은 컨볼루션**narrow convolution이라 한다. 필터 행렬은 서로 다른 필터 길이를 가지고 있어야 하고, 더 일반적으로 보면, 필터 $\mathbf{C}^{(k)}$의 길이는 h_k으로 적을 수 있다. 또한 컨볼루션을 여러 층에도 적용할 수 있으며, $\mathbf{X}^{(0)}$의 표기법에 따라 $\mathbf{X}^{(d)}$는 $\mathbf{X}^{(d+1)}$의 입력이 된다.

D개의 컨볼루셔널 층이 지나고 나면, 문서 $\mathbf{X}^{(D)} \in \mathbb{R}^{K_z \times M}$에 대한 행렬 표현을 얻는

다. 인스턴스들의 길이가 모두 제각각이라면, 반드시 고정된 길이를 얻을 수 있도록
M 단어 지점들을 집계해야 한다. 이 방법을 수행하기 위해서는 맥스 풀링^{max pooling}
(Collobert et al., 2011b) 혹은 평균 풀링과 같은 **풀링**^{pooling} 연산을 사용해야 한다.

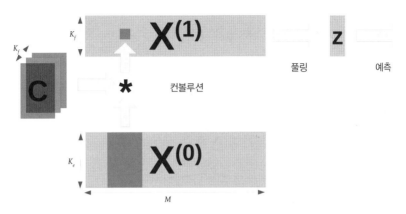

그림 3.4 텍스트 분류를 위한 컨볼루셔널 뉴럴 네트워크

$$z = \text{MaxPool}(\mathbf{X}^{(D)}) \quad \Longrightarrow \quad z_k = \max\left(x_{k,1}^{(D)}, x_{k,2}^{(D)}, \ldots x_{k,M}^{(D)}\right) \qquad [3.54]$$

$$z = \text{AvgPool}(\mathbf{X}^{(D)}) \quad \Longrightarrow \quad z_k = \frac{1}{M}\sum_{m=1}^{M} x_{k,m}^{(D)} \qquad [3.55]$$

이제 벡터 z는 피드포워드 네트워크에서 층처럼 사용할 수 있으며, 예측값 $\hat{y}$와 손실
$\ell^{(i)}$를 얻을 수 있다. 이 과정은 그림 3.4에서 확인할 수 있다.

피드포워드 네트워크에서처럼 파라미터 $(\mathbf{C}^{(k)}, \boldsymbol{b}, \Theta)$은 분류 손실으로부터 역전파
를 통해 학습할 수 있다. 이 과정에서는 입력값의 비연속 함수인 맥스풀링을 통한 역
전파 과정이 필요하다. 그렇지만 여기서 우리는 지역 기울기만 필요하므로 argmax m
만을 통과하는 역전파 과정이 필요하다.

$$\frac{\partial z_k}{\partial x_{k,m}^{(D)}} = \begin{cases} 1, & x_{k,m}^{(D)} = \max\left(x_{k,1}^{(D)}, x_{k,2}^{(D)}, \ldots x_{k,M}^{(D)}\right) \\ 0, & \text{otherwise} \end{cases} \qquad [3.56]$$

컴퓨터 비전 연구 분야에서 정말 엄청나게 다양한 컨볼루셔널 아키텍처들이 만들
어졌고, 여기의 혁신적인 방법들이 텍스트 데이터에도 적용된다. 각각의 필터마다 가

장 큰 값 k로 이뤄진 행렬을 반환하는 k-max 풀링(Kalchbrenner et al., 2014)과 같은 더 복잡한 풀링 연산을 사용하는 것도 한 가지 방법이다. 또 다른 혁신적인 방법 중 하나는 여러 크기를 표현하기 위해 **팽창된 컨볼루션**^{dilated convolution}을 사용하는 것이다(Yu & Koltun, 2016). 이 방법은 각각의 층마다 각각의 피처 이후에 s 단계를 건너뛰는 보폭 ^{strides} 내에 컨볼루셔널 연산자를 적용한다. 층위를 위로 올리면, 각 층은 바로 아래의 층보다 s배만큼 작아져서 효율적으로 입력값을 요약할 수 있다(Kalchbrenner et al., 2016; Strubell et al., 2017). 이 아이디어는 그림 3.5에서 잘 설명돼 있다. §3.2.2에서 다뤘던 잔차 네트워크를 "단축" 연결로 사용해, 여러 층을 갖고 있는 컨볼루셔널 층으로 확장할 수도 있다.

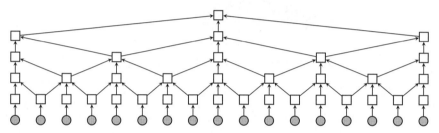

그림 3.5 팽창된 컨볼루셔널 네트워크는 컨볼루셔널 연산자의 재귀 연산을 통해서 더 넓은 범위의 컨텍스트를 포착할 수 있다.

추가 자료

Goodfellow et al.의 『심층 학습』에서는 3장에서 다뤘던 내용을 더 자세하고 다양하게 다룬다. 자연어 처리 분야에 대한 뉴럴 네트워크에 대해 종합적인 설명은 Goldberg (2017)를 보면 좋겠다. 그 이전의 연구도 있긴 하지만(예컨대 Henderson, 2004), 〈(거의) 밑바닥에서 시작하는 자연어 처리^{Natural Language Processing (Almost) from Scratch}〉라는 자극적인 제목으로 지어진 자연어 처리의 세미나 자료에서는 자연어 처리 작업의 여러 범위에서 컨볼루셔널 층을 사용한다(Collobert et al., 2011b). 3장에서는 피드포워드 네트워크와 컨볼루션 네트워크만을 다뤘지만, 자연어 처리에서 가장 중요한 딥러닝 아키텍처인 순환 뉴럴 네트워크는 6장과 7장에서 좀 더 자세하게 다룰 것이다.

자연어 처리 분야에서 딥러닝의 역할은 자연어 처리 연구 커뮤니티 내 일부에서는 일부 반감이 있기도 했다(예컨대 Goldberg, 2017(2019년 2월 6일 기준)). 특히 열의가 넘치는 딥러닝 옹호자들은 "로우" 텍스트로부터의 엔드 투 엔드 학습은 문장, 구, 심지어 단어와 같은 언어의 기본 구조들의 필요성을 없앨 수도 있다고 이야기했다(Zhang et al., 2015, 밑바닥에서 시작하는 텍스트 이해, "Text Understanding from Scratch"). Manning (2015)은 이런 개발 방법에 대해 조사하기도 했다. 여전히 자연어 처리에서의 언어학의 소멸은 여전히 논쟁의 여지가 존재하지만 딥러닝과 역전파는 연구와 응용 분야 모두에서 광범위하게 사용하게 되었다.

연습 문제

1. 그림 3.3은 1개 층을 가진 피드포워드 뉴럴 네트워크에 대한 계산 그래프를 나타낸다.

   a) x와 z 사이의 잔차 연결을 포함해 계산 그래프를 갱신하라.

   b) x와 z 사이의 하이웨이 연결을 포함해 계산 그래프를 갱신하라.

2. 가능한 라벨의 수가 2개라면 소프트맥스와 시그모이드함수가 동일하다는 것을 증명하라. 특히 모든 $\Theta^{(x \to z)}$에 대해(단순하게 만들기 위해 오프셋 b를 제거한다) 다음의 소프트맥스를 만족하는 가중치 θ에 대한 벡터를 어떻게 만들 수 있는지 보여라.

$$\text{softmax}(\Theta^{(z \to y)}z)[0] = \sigma(\theta \cdot z) \qquad [3.57]$$

3. 컨볼루셔널 뉴럴 네트워크는 맥스 풀링(§3.4의 수식 3.54)을 사용해 단어 전체를 집계하기도 한다. 이때 우려되는 부분은 최댓값에 포함되지 않는 입력의 일부를 반영한 기울기가 0인 부분이 있다는 것이다. 다음의 질문들은 입력 요소 $x^{(0)}_{m,k}$를 반영한 기울기를 고려한 것이다. 또한 모든 파라미터들은 독립적으로 분포돼 있다.

   a) 먼저 $z = \text{MaxPool}(\mathbf{X}^{(0)})$인 최소한의 네트워크를 생각해보자. 경사 $\frac{\partial \ell}{\partial x^{(0)}_{m,k}}$이 0이 아닌 값을 가질 확률을 구하라.

   b) $\mathbf{X}^{(1)} = f(\boldsymbol{b} + \mathbf{C} * \mathbf{X}^{(0)})$으로 표현되는 2번째 층의 네트워크를 생각해보자. 입력 길이 M과 필터 크기 n, 필터의 개수 K_f하에 $\frac{\partial \ell}{\partial x^{(0)}_{m,k}}$이 0이 아닌 값을 가질 확률을 구하라.

   c) 계산기를 사용해, $M = 128$, $n = 4$, $K_f = 32$인 경우의 확률을 계산하라.

d) $\mathbf{X}^{(2)} = f(\boldsymbol{b} + \mathbf{C} * \mathbf{X}^{(1)})$으로 표현되는 3번째 층의 네트워크를 생각해보자. 경사 $\frac{\partial \ell}{\partial x_{m,k}^{(0)}}$이 0이 아닌 값을 가질 확률에 대한 일반식을 구하고, 이전 부분 문제 c의 조건 $n = 4$, $K_f = 32$하에 두 개 층 모두에 대해 수리적 확률을 계산하라.

4. 다음의 XOR 함수를 계산하는 피드포워드 네트워크를 디자인하라.

$$f(x_1, x_2) = \begin{cases} -1, & x_1 = 1, x_2 = 1 \\ 1, & x_1 = 1, x_2 = 0 \\ 1, & x_1 = 0, x_2 = 1 \\ -1, & x_1 = 0, x_2 = 0 \end{cases} \qquad [3.58]$$

여러분이 만든 네트워크에는 반드시 "사인" 활성화함수 $f(x) = \begin{cases} 1, & x > 0 \\ -1, & x \leq 0 \end{cases}$을 사용하는 단 하나의 결과 노드 하나만을 가져야 한다. 활성화함수가 ReLU인 한 개의 은닉층을 사용해보라. 모든 가중치와 오프셋에 대해 설명하라.

5. 위에서 만든 것과 동일한 네트워크가 있다고 생각해보자(이 네트워크는 활성화함수가 ReLU이고 은닉층을 하나 가지고 있다). 이 네트워크에 임의의 미분 가능한 손실함수 $\ell(y^{(i)}, \tilde{y})$이 있다고 생각해보자. 여기서 $\tilde{y}$는 결과 노드의 활성화값이다. 그리고 모든 가중치와 오프셋이 0으로 초기화돼 있다고 해보자. 이러한 초기화 과정 하에서 경사 하강법을 통해 원하는 함수를 학습할 수 없음을 보여라.

6. 직전의 문제에 대한 가장 간단한 해결 방법은 은닉층에서 ReLU 활성화함수의 사용에 따라 바뀐다. 그렇다면 은닉층에서 임의의 활성화함수를 가지는 네트워크를 생각해보라. 초기 가중치가 단일값으로 일정하다면, 이러한 초기화 과정하에서 경사 하강법을 통해 원하는 함수를 학습할 수 없음을 보여라.

7. 네트워크 안의 모든 기본 피처들이 이진 $\boldsymbol{x} \in \{0, 1\}^M$이라고 생각해보자. 그리고 은닉층 활성화함수가 시그모이드 $z_k = \sigma(\boldsymbol{\theta}_k \cdot \boldsymbol{x})$이라 하고 초기화 가중치는 표준 정규 분포 $\theta_{j,k} \sim N(0, 1)$에서 독립적으로 추출했다고 하자.

- $\frac{\partial z_k}{\partial \theta_{j,k}} < \alpha$을 만족하는 가중치에 대해 입력 M의 크기에 따라 작은 초기 경사 확률이 얼만큼인지 보여라. 힌트: 다음의 하한을 사용하라.

$$\Pr(\sigma(\boldsymbol{\theta}_k \cdot \boldsymbol{x}) \times (1 - \sigma(\boldsymbol{\theta}_k \cdot \boldsymbol{x})) < \alpha) \quad \geq \quad 2\Pr(\sigma(\boldsymbol{\theta}_k \cdot \boldsymbol{x}) < \alpha) \qquad [3.59]$$

또한 분산 $V[\theta_k \cdot x]$와 해당 확률을 연관시켜 생각해보라.

- 이런 의존성을 모두 제거하는 다른 초기화를 설계해보라.

8. ReLU 활성화함수는 그 어떤 입력값도 활성화되지 못한다면, "뉴런의 죽음"으로 귀결되게 만들 수도 있다. 스칼라 결과 y를 가지는 다음과 같은 두 개의 층을 가진 피드포워드 네트워크를 생각해보자.

$$z_i = \mathrm{ReLU}(\boldsymbol{\theta}_i^{(x \to z)} \cdot \boldsymbol{x} + b_i) \qquad [3.60]$$

$$y = \boldsymbol{\theta}^{(z \to y)} \cdot \boldsymbol{z} \qquad [3.61]$$

그리고 입력값은 관찰에 대한 이진벡터라고 하자. $x \in \{0, 1\}^D$

a) 어떤 조건상에서 노드 z_i는 죽음에 이르게 될까? 풀이 시에는 반드시 $\theta_i^{(x \to z)}$와 b_i로 수식을 표현해야 한다.

b) 주어진 인스턴스상의 손실의 하강이 $\frac{\partial \ell}{\partial y} = 1$이라고 가정해보자. 해당 인스턴스에 대해 경사 $\frac{\partial \ell}{\partial b_i}$과 $\frac{\partial \ell}{\partial \theta_{j,i}^{(x \to z)}}$를 유도해보라.

c) 바로 위의 두 부분 문제에 대한 답을 활용해, 왜 죽은 뉴런이 경사 기반의 학습 동안 다시 살아날 수 없는지 설명하라.

9. 파라미터 $\Theta = \{\Theta^{(x \to z)}, \Theta^{(z \to y)}, \boldsymbol{b}\}$는 다음의 조건하에 피드포워드 뉴럴 네트워크의 지역 최적점이다. 다음의 수식을 만족하는 $\epsilon > 0$이 존재한다.

$$\left(||\tilde{\Theta}^{(x \to z)} - \Theta^{(x \to z)}||_F^2 + ||\tilde{\Theta}^{(z \to y)} - \Theta^{(z \to y)}||_F^2 + ||\tilde{\boldsymbol{b}} - \boldsymbol{b}||_2^2 < \epsilon \right)$$

$$\Rightarrow \left(L(\tilde{\Theta}) > L(\Theta) \right) \qquad [3.62]$$

§3.3.3에서 설명한 것처럼, 은닉 유닛에 대한 순열로 함수 π를 정의해보자. 그러므로 모든 Θ에 대해 $L(\Theta) = L(\Theta_\pi)$를 만족한다. 수식 3.62의 의미에 비춰 피드포워드 뉴럴 네트워크가 지역 최적점을 가지고 있다면 해당 네트워크의 손실이 파라미터 Θ에 대한 볼록함수가 아님을 증명하라. 여기서 §2.4에서 다뤘던 볼록성의 정의를 활용하시오.

10. 한 개의 은닉층과 한 개의 결괏값만을 갖는 네트워크를 생각해보자.

$$y = \boldsymbol{\theta}^{(z \to y)} \cdot g(\Theta^{(x \to z)} \boldsymbol{x}) \qquad [3.63]$$

그리고 g는 ReLU 함수라고 하자. 모든 가중치 행렬 $\Theta^{(x \to z)}$에 대해, 놈을 1로 가지도록 각 행을 재조정하는 것이 허용됨을 보여라. 그 이유는 $\theta^{(z \to y)}$를 찾는 과정에서 얻은 동일한 결괏값 때문이다.

04 언어 기반의 분류 응용

여태까지 분류에 대한 몇 가지 방법에 대해서 살펴봤다면 4장에서는 수학에서 벗어나 언어학에 기반한 응용에 초점을 맞춰 다뤄본다. 4장 후반부에는 평가를 위한 모범 사례를 포함해 텍스트 분류와 관련된 의사 결정 디자인까지 다룰 것이다.

4.1 감성 및 의견 분석

텍스트 분류의 응용 중 인기있는 사례는 제품 리뷰 혹은 소셜 미디어상의 글 등의 문서에 대한 **감성**sentiment이나 **의견의 양극성**opinion polarity을 자동으로 결정하는 일이다. 예를 들면 마케터들은 사람들이 서비스, 광고, 제품 등에 어떻게 반응하는지 관심이 많다(Hu & Liu, 2004) 또 사회 과학자들은 날씨와 같은 현상에 어떻게 감정이 변화하는지(Hannak et al., 2012)나 의견이나 감정들이 어떻게 소셜 네트워크를 통해서 퍼지는지(Coviello et al., 2014; Miller et al., 2011)에 대해 관심이 많다. 디지털 인문학 분야에서 문학 연구자들은 소설의 감정 흐름을 통해 줄거리 구조를 추적한다(Jockers, 2015).[1]

감성 분석이 적절한 라벨을 얻을 수만 있다면 문서 분류에 대한 직접적인 응용 사례로 볼 수 있다. 감성 분석은 단순하게는 POSITIVE[긍정], NEGATIVE[부정], 여기에 더 추가한다면 NEUTRAL(중립) 이렇게 두세 가지 군으로 분류하는 문제다. 이 라벨들은 수동으로 직접 각주를 달 수도 있고, 다음과 같은 여러 방법을 통해 자동으로 얻을 수도 있다.

---

1   Pang & Lee(2008)와 Liu(2015)는 감성 분석 및 연관 문제에 대한 총체적인 연구를 수행했다.

- 행복 이모티콘을 포함하고 있는 트윗은 긍정으로 분류하고, 슬픔 이모티콘은 부정으로 분류한다(Read, 2005; Park & Paroubek, 2010).

- 별 4개 혹은 그 이상을 획득한 리뷰는 긍정으로, 3개 혹은 그 이하는 부정으로 분류한다(Pang et al., 2002).

- 주어진 법안에 대해 투표한 정치인의 진술은 (해당 법안에 대해) 긍정으로, 해당 법안에 반대하는 정치인의 진술은 부정으로 표기한다(Thomas et al., 2006).

단어 가방 모델은 문서 단위의 감성 분석에 잘 들어맞는다. 만약 문서가 충분히 길면 문서가 갖고 있는 감성과 연관된 단어가 다른 단어들을 압도할 것이다. 사실 **어휘 기반 감성 분석**lexicon-based sentiment analysis에서는 머신러닝과 관련된 것들을 무시하고, 문서에서 긍정과 부정 감성 단어 리스트에 올라가 있는 단어들의 빈도수만 헤아린다(Taboada et al., 2011).

어휘 기반 감성 분석은 한 문장의 리뷰나 소셜 미디어 글과 같이 문서의 길이가 짧다면 효율성이 더 떨어진다. 이런 문서들에서는 사건이 가정적인 **부정**negation이나 비사실적인 **비현실**irrealis 등의 언어적인 문제가 발생한다(Polanyi & Zaenen, 2006). 이러한 문제들은 단어 가방 분류기를 비효율적으로 만든다. 다음과 같은 예시를 생각해보자.

(4.1) a. 첫 번째 날에는 나쁘지 않았어.

b. 일어날 수 있는 것들 중 최악은 아니었어.

c. 네가 만약 이해한 것처럼 행동한다면, 친절해 보일 거야.

d. 오염자들이 갑자기 합리적이 되리라고 믿을 만한 근거는 하나도 없어(Wilson et al., 2005).

e. 이 영화는 정말 뛰어나. 배우들은 최고이고, 스탤론은 행복하고 멋진 역할로 연기해. 그의 아내는 아름답고 그를 아주 좋아해. 그는 삶을 충만하게 살 수 있는 멋진 재능도 가지고 있어. **그렇지만** 여기까지만 보면 좋은 줄거리이지만 이 영화는 실패작이야(Pang et al., 2002).

최소한으로 해결하는 방법은 단어 가방 모델에서 인접한 단어들을 쌍을 기본 피처로 사용하는 바이그램 가방 모델로 바꾸는 것이다. 예를 들면 다음과 같다.

$$(\textit{that's, not}), (\textit{not, bad}), (\textit{bad, for})$$ [4.1]

바이그램은 형용사가 갑자기 부정이 되는 등의 직접적인 문제에 대해 상대적으로 잘 해결할 수 있다. 트라이그램은 더 긴 문맥으로(예컨대 not the worst[최악은 아닌]) 확장이 필요하다.

그렇지만 이런 방식도 (4.1d)나 (4.1e)와 같은 더 복잡한 예시 등으로 확장할 수는 없다. 조금 더 정교한 해결 방법은 문장의 구문 구조에 대한 방식으로 접근하거나 (Wilson et al., 2005 ; Socher et al., 2013b), 3장에서 다뤘던 컨볼루셔널 뉴럴 네트워크 등을 사용한 더 복잡한 분류기를 적용하는 것이다(Kim, 2014).

4.1.1 관련된 문제들

주관성   감성 문제와 밀접하게 연관된 문제는 텍스트의 일부가 추측과 가설 등의 비사실적 내용 등에서 어떤 주관적 의견을 갖는지 알려주는 **주관성 탐지**subjectivity detection(Riloff & Wiebe, 2003)가 있다. 이 문제를 해결하려면 각 문장들을 별도 문서로 취급한 다음 단어 가방 분류기를 적용하면 된다. 사실 Pang & Lee(2004)는 정확히 이 방법을 수행했다. 영화 리뷰에서 수집한 (대부분이) 주관적인 문장들과 줄거리 설명에서 수집한 (대부분이) 객관적인 문장들로 구성된 트레이닝 세트를 사용했다. 그리고 추가로 가까운 문장일수록 동일한 주관성 라벨을 가지도록 돕는 그래프 기반의 알고리듬을 단어 가방 모델에 보강해 사용했다.

입장 분류   토론에서 각 참가자들은 어느 한쪽 입장을 선택해야 한다. 예를 들면 채식주의자 라이프스타일을 선택하거나 무료 대학 교육을 의무화하는 등의 의견에 대해 찬성 혹은 반대하도록 선택해야 한다. 입장 분류에 대한 문제는 텍스트를 읽고 텍스트의 저자가 어떤 입장을 가지는지 분류하는 것이다. 어떤 경우에는 각 입장별로 트레이닝 데이터를 구비하고 있어서, 일반적인 문서 분류 방법을 사용할 수 있다. 또 다른 경우에는 각 문서들이 이전의 문서들을 찬성하는지 반대하는지 분류할 수 있을 만큼 충분한지 판단할 때도 사용할 수 있다(Anand et al., 2011). 가장 어려운 경우는 바로 어떤 입장에도 라벨이 매겨진 데이터가 없어서, 문서 그룹이 동일한 입장을 보강하는지만 확인하는 것이다(Somasundaran & Wiebe, 2009). 해당 경우는 5장에서 다뤘던 **비지도학습** 사례에 해당한다.

대상이 있는 감성 분석   정서적인 표현은 단순한 바이너리 라벨보다 뉘앙스를 훨씬 더 많이 풍긴다.

(4.2)   a. The vodka was good, but the meat was rotten. [보드카는 좋았지만, 고기 는 썩었다.]

　　　b. Go to Heaven for the climate, Hell for the company. – Mark Twain [분 위기를 원한다면 천국으로 가고, 친구를 원한다면 지옥으로 가라. – 마크 트웨인]

이런 문장은 총체적인 정서가 복합적으로 담겨 있다. 어떤 개체는 긍정적 정서를 가 지고(예컨대 the vodka), 어떤 것들은 부정적인 느낌을 가진다(예컨대 the meat). **대상이 있 는 감성 분석**targeted sentiment analysis은 특정 개체에 대해 작가의 정서가 어떤지 식별하는 과정이다(Jiang et al., 2011). 이 과정은 텍스트 내의 단어와 어떤 특정 정서 단어가 연 결되는지 먼저 확인이 필요하다. 이러한 분류 기반의 접근 방법보다 더 나은 방법에 대해서는 나중에 다룰 것이다. 예를 들면 Kim & Hovy(2006)는 각각의 감성 표현에 대한 주제를 결정하기 위해서 문장 내부 구조를 사용했다.

　　요인 기반 의견 마이닝aspect-based opinion mining은 PRICE나 SERVICE, 혹은 CLIMATE 와 COMPANY(4.2b)와 같은 사전에 정의된 요인을 통해 리뷰 작성자들의 감성을 식 별했다(Hu & Liu, 2004). 만약 이런 요인들이 사전에 정의되지 않았다면, 해당 요인들 을 식별하기 위해 비지도학습 방법들을 사용해야 할 수도 있다(예컨대 Branavan et al., 2009b).

감정 분류   감성 분석이 긍정과 부정이라는 이분법적인 분류에 국한되는 반면, 심리학 자들은 감정이 여러 방면에 걸쳐 연관된 것으로 본다. 예를 들면 Ekman(1992)은 행 복, 놀람, 두려움, 슬픔, 분노, 경멸 등 6가시 기본 감정이 존재하며, 인류 문화에 걸 쳐 일반적으로 작용한다고 주장했다. Alm et al.(2005)은 동화에서 표현된 감정들을 인식하기 위한 선형 분류기를 만들었다. 이 작업의 본질적인 목표는 텍스트와 음성 간의 합성을 개선하기 위함이었기 때문에, 감정적 콘텐츠를 반영한 억양으로 동화를 읽었다. 그들은 동화 타입 (예컨대 농담, 민담) 등을 포착하는 피처와 동화 내의 각 문장 들의 위치를 반영하는 구조적 피처까지 단어 가방 피처에 함께 추가해 사용했다. 이러한 노력에도 감정 분류 작업에는 상당한 어려움이 따른다. 사람이 직접 주석을 달 때도 그들끼리 의견이 분분하며, 가장 좋은 성능을 내는 분류기조차도 60~70% 정도의 정확도만을 가진다.

4.1.2 감성 분석의 또 다른 방법들

회귀 감성 분석의 좀 더 복잡한 형태는 문서를 단순히 분류하는 것이 아니라 정수형 범위에 해당하도록 점수를 매기는 것이다(Pang & Lee, 2005). 만약 해당 범위가 연속이라면 가장 기본적으로 재귀를 적용할 수 있다. 재귀를 적용해 b가 오프셋이고, 예측자가 $\hat{y} = \theta \cdot x + b$인 제곱 오차를 최소한으로 줄이는 가중치 θ들의 집합을 찾으면 된다. 이런 접근 방법을 바로 **선형 회귀**Linear Regression라고 한다. 또 제곱 오차 $(y - \hat{y})^2$을 최소화하도록 회귀계수 θ를 정의하기 때문에 **최소 제곱**이라고도 부른다. 만약 가중치가 불이익 $\lambda\|\theta\|_2^2$을 사용해서 정규화됐다면 **능형 회귀**Ridge Regression가 된다. 로지스틱 회귀와는 달리 선형 회귀와 능형 회귀는 선형 방정식의 닫힌 형태를 통해 해결될 수 있다.

순위 랭킹 많은 문제에서 라벨은 순서가 있지만 이산적으로 구별돼 있다. 이를테면 상품 리뷰들은 1~5 사이의 범위 내의 정수로, 점수는 A~F 사이로 나타난다. 이러한 문제들은 $\theta \cdot x$를 '순위' 안으로 이산화시키는 방식을 통해 해결할 수 있다.

$$\hat{y} = \underset{r:\ \theta \cdot x \geq b_r}{\operatorname{argmax}} r \tag{4.2}$$

위 수식에서 $b = [b_1 = -\infty,\ b_2,\ b_3,\ ...,\ b_K]$는 벡터의 경계에 해당한다. 이 경계를 퍼셉트론 류의 알고리듬을 사용해, 가중치와 경계boundaries들을 동시에 학습할 수 있다.

어휘 기반 분류 감성 분석은 아직까지도 직접 수동으로 피처 가중치를 매기는 NLP (Crammer & Singer, 2001) 작업들 중 하나다. **어휘 기반 분류**(Taboada et al., 2011)에서는, 각각의 라벨에 대한 단어 리스트를 사용자가 직접 만든 다음, 해당 리스트에 존재하는 단어의 수를 바탕으로 각각의 문서를 분류한다. 우리 책의 선형 분류 체계에서는 라벨 y의 어휘를 $\mathcal{L}_y$라 할 때, 다음에 올 가중치들을 다음과 같은 방식으로 결정한다.

$$\theta_{y,j} = \begin{cases} 1, & j \in \mathcal{L}_y \\ 0, & \text{otherwise} \end{cases} \tag{4.3}$$

3장에서 다뤘던 머신러닝 분류기와 비교하면 어휘 기반의 분류기는 꽤나 원시적으로 보인다. 그렇지만 지도학습 머신러닝은 아주 많은 시간과 비용을 들여 만들어야 할 엄청난 양의 주석이 있는 데이터 세트에 따라 좌우된다. 만약 새로운 영역 내에서 두 개 혹은 그 이상의 범주로 구분하고자 한다면, 각 범주별로 단어 리스트를 작성하는 것부터 시작해야 할 것이다.

초창기에 사용된 어휘 세트는 General Inquirer(Stone, 1966)였고, 현재의 유명한 감성 어휘는 SENTIWORDNET(Esuli & Sebastiani, 2006)과 Liu(2015)의 발달된 어휘 세트 등을 포함한다. 감성의 더 세밀한 분석과 감정 분석 등을 위해, Linguistic Inquiry and Word Count^{LIWC}는 어휘 세트를 제공한다(Tausczik & Pennebaker, 2010). MPQA은 8,211개의 표현에 대해 얼마나 긍정적인지에 대한 것과 함께 양극성(긍정 혹은 부정)을 표시했다(Wiebe et al., 2005). Ribeiro et al.(2016)은 감성 어휘에 대해 총체적으로 비교했다. 초기 어휘가 주어지면 어휘 세트 내에서 자주 함께 등장하는 단어를 찾는 식으로 자동으로 확장 가능하다(Hatzivassiloglou & McKeown, 1997; Qiu et al., 2011)

4.2 단어 의미의 모호성

다음의 헤드라인들을 살펴보자.

(4.3)   a. Iraqi head seeks arms [이라크인 머리가 팔을 찾다][2]
        b. Prostitutes appeal to Pope [매춘부들은 교황에게 매력을 어필했다]
        c. Drunk gets nine years in violin case [취객 9개월 바이올린 케이스 감금을 선고받았다][3]

위의 헤드라인들은 여러 의미들을 갖는 단어들을 포함하고 있기 때문에 모호성을 띤다. 단어 의미 모호싱은 문서 내의 각 단어 토큰들의 실 의미를 식별하는 문제다. 단어 의미 모호성은 단어의 의미를 다루는 **어휘적 의미론**$^{lexical\ semantics}$이라고 부르는 더

---

2   글을 조금 더 참고하면 알겠지만, a는 사실 '이라크 수뇌부들의 무기 촉구', '매춘부들은 교황에게 탄원하다', '취객 폭력으로 9개월 형을 받았다' 등의 뜻을 가졌다. 의도는 이렇지만 해당 헤드라인을 해석하면서 오해가 여러모로 발생할 수 있으며, 글에서는 오해의 소지가 있는 부분을 옮겼다. – 옮긴이

3   이러한 예시는 훨씬 더 많으며, 해당 예시들은 https://www.ling.upenn.edu/~beatrice/humor/headlines.html을 참고하면 된다.

광범위한 연구 분야의 일부이다.

기본적으로는 단어 의미 모호성은 문서 내의 각 단어 토큰에 대한 정확한 의미를 식별하는 과정에 해당한다. 품사 태깅 모호성(예컨대 명사 대 동사)는 초기 단계에서 풀어야 할 또 다른 문제로 다뤄진다. 언어적 관점으로 보면, 의미는 단어의 속성이 아니라 변형된 단어 집합의 규범적인 형태에 해당하는 **표제어**^{lemma}에 해당한다. 이를테면 *arm*/N에 해당하는 변형된 형태를 포함하고 있는 표제어를 *arms*/N이라고 한다. 여기서 /N은 *arm*/V에 해당하는 **동음이의어**가 아닌 명사인 *arms*를 의미하는 것이다. *arm*/V는 동사 변형(*arm*/V, *arms*/V, *armed*/V, *arming*/V)를 포함하는 또 다른 표제어에 해당한다. 그렇기 때문에 단어 의미 모호성은 각 토큰에 대한 정확한 품사 태깅과 표제어를 식별하는 과정이 먼저 필요하다. 그다음 표제어에 따르는 연관성 목록에서 정확한 의미를 선택하면 된다(품사 정리는 8장에서 다룬다).[4]

4.2.1 얼마나 많은 단어 의미가 있을까?

때에 따라 단어는 두 개 이상의 의미를 갖기도 한다. 예를 들면, server는 다음과 같은 여러 의미를 가진다.

- FUNCTION[기능하다]: The tree stump served as a table. [그 나무 그루터기는 식탁 역할을 했다.]
- CONTRIBUTE TO[기여하다]: His evasive replies only served to heighten suspicion. [그의 얼버무리는 대답은 의심을 증폭시키는 데 기여했다.]
- PROVIDE[제공하다]: We serve only the rawest fish. [우리는 날생선만 제공한다.]
- ENLIST[복무하다]: She served in an elite combat unit. [그녀는 최정예 전투 부대에서 복무했다.]
- JAIL[복역하다]: He served six years for a crime he didn't commit. [그는 그가 하지 않은 범죄로 6년 동안 복역했다.]
- LEGAL[법적인(것을 받다)]: They were served with subpoenas. [그들은 소

---

4   Navigli(2009)는 단어 의미 모호성에 대한 접근 방법에 대해 조사했다.

환장을 받았다.][5]

이러한 의미 구분은 영어에 적용되는 어휘적 의미론 데이터베이스인 **WORDNET**에 주석이 달려 있다(http://wordnet.princeton.edu). **WORDNET**은 대략 100,000개 이상으 **신셋**synset이라는 유의어 표제어(혹은 군)로 구성돼 있다. 신셋의 예시를 살펴보면 {*chump*[1], *fool*[2], *sucker*[1], *mark*[9]}처럼, 신셋에 포함된 표제어들의 의미를 색인화한 것이다. 예를 들면 *mark*에는 서로 다른 의미를 가지고, 해당 신셋에 속하지 않는 것이 최소한 8개는 존재한다. 표제어 하나가 여러 신셋에 다 포함돼 있다면, **다의체**Polysemous에 해당한다.

WORDNET은 단어 의미 명확화 문제의 범위를 정의한다. 더 일반적으로는 영어의 어휘 의미론 지식들을 수식화한다(**WORDNET**은 수십 개의 다른 언어에 대해 다양한 세부 수준으로 작성됐다). 어떤 연구자들은 **WORDNET**이 너무 세밀하다고 주장하는 사람도 있지만(Ide & Wilks, 2006), 더 근본적인 측면에서 보면 단어 의미가 중립적인 방법으로 구분된다는 전제는 언어학적으로 순진하다는 비판을 받아왔다(Kilgarriff, 1997). 이런 의문을 확인하는 한 가지 방법은 예문이 적절한 의미를 띠는 것에 동의하는지 사람들에게 물어보는 것이다. Mihalcea et al.(2004)에 따르면 사람들은 **WORDNET**을 사용한 예시의 대략 70%에 동의한다고 한다. 우연에 비하면 훨씬 낮지만, 감성 각주와 같은 다른 작업들에 비하면 동의하는 비율이 떨어진다(Wilson et al., 2005).

*또 다른 어휘적 의미론 관계   동의어 이외에도 WordNet은 다음과 같은 여러 어휘적 의미론 관계를 설명한다.

- **반대 관계**antonymy: x의 의미는 y와 상반된다. 예컨대 FRIEND-ENEMY(친구-적)가 해당한다.
- **하위 관계**hyponymy: x는 y의 특정 성우에 해낭한다. 예컨대 RED-COLOR(빨강-색깔)이며, **상위 관계**hypernymy와 상반된다.
- **부분 관계**meronymy: x는 y의 부분으로, 예컨대 WHEEL-BICYCLE(바퀴-자전거)에 해당한다. **전체 관계**holonymy와 상반된다.

---

5   해당 예시는 WORDNET을 통해 추출하였다(Fellbaum, 2017).

이 관계에 대한 분류는 단어 쌍들 간의 특정 패턴을 찾는 과정에서 수행될 수도 있다. 이를테면 X *such as* Y[Y와 같은 X]는 하위 관계임을 알려준다(Hearst, 1992). X *but* Y[X 그렇지만 Y]의 경우에는 반대 관계를 뜻한다(Hatzivassiloglou & McKeown, 1997). 또 다른 접근 방법은 14장에서 더 자세하게 다루게 될 각 용어들의 **분포 통계** 즉, 이웃하는 단어들의 빈도를 분석해서 수행할 수도 있다.

4.2.2 분류에서의 단어 의미 모호성

plants 공장과 살아 있는 식물 *plants*를 어떻게 구별할 수 있을까? 이런 문맥은 특정 경우에는 매우 중요해진다.[6]

(4.4)   a. Town officials are hoping to attract new manufacturing plants through weakened environmental regulations. [마을 관계자들은 약화된 환경 규제를 통해 새로운 제조 공장을 유치하기를 바라고 있다.]

   b. The endangered plants play an important role in the local ecosystem. [멸종 위기에 처한 식물은 지역 생태계에 중요한 역할을 한다.]

각각의 문맥들을 수도 문서$^{pseudo-document}$로 다루면서 단어 가방 표현법을 사용하면 피처 벡터를 만드는 게 가능해진다.

$$f((plant, The\ endangered\ plants\ play\ an\ \dots\ ), y) = $$
$$\{(the, y) : 1, (endangered, y) : 1, (play, y) : 1, (an, y) : 1, \dots \}$$

문서 분류에서는 많은 경우에 이러한 피처들 간의 연관성이 거의 없다. 그렇지만 일부는 매우 강력한 예측자 역할을 한다. 위의 예시에서는 문맥 단어 endangered[멸종 위기에 처한]이라는 단어가 manufacturing[공정]보다는 biology[생물학]에 해당한다고 매우 강한 신호를 제공한다.

그래서 학습 알고리듬은 (*endangered*, BIOLOGY)에 더 높은 가중치를 할당할 것이고, (*endangered*, MANUFACTURING)에 낮은 가중치를 할당할 것이다.[7]

---

6   해당 모호성 또한 영어 단어 plants가 가지는 뜻인 1. 공장 2. 식물에 해당하는 동음이의어에서 온 것이다. – 옮긴이

7   단어 가방의 문맥은 머신러닝 없이 단어 의미 모호성 문제를 다뤄야 할 때 사용할 수 있다. Lest(1986) 알고리듬은 지역 문맥과 가장 겹쳐지는 단어 정의를 가지는 단어 의미를 선택한다.

단어 가방을 넘어서 작업하는 것도 유용할 수도 있다. 이를테면 대상을 반영해 각각의 문맥 단어에 대한 위치를 다음과 같이 인코딩할 수도 있다.

$$f((bank, I\ went\ to\ the\ bank\ to\ deposit\ my\ paycheck), y) =$$
$$\{(i-3, went, y):1, (i+2, deposit, y):1, (i+4, paycheck, y):1\}$$

이러한 피처를 **연어 피처**collocation features이라고 부르며, 각각의 문맥 단어에 대한 특정 역할 수행에 대한 정보를 더 많이 제공한다. 이런 아이디어는 **의존 경로**dependency path 같은 각 문맥 피처를 통해 문법적 역할 수행에 대한 추가적인 구문 정보를 조합할 수 있도록 제공한다(11장 참조).

이런 피처들을 사용해서 분류기는 라벨링된 데이터를 통해 학습된다. **의미적 대응** semantic concordance은 오픈 클래스open class인 단어(명사, 동사, 형용사, 부사)가 대상 사전이나 유의어 사전을 통해 단어 의미가 태깅된 말뭉치다. SemCor는 브라운 말뭉치의 23만 4천 개의 토큰으로 만들어진 의미적 대응 말뭉치도 있으며(Francis & Kucera, 1982), WORDNET 프로젝트의 일부로 구축된 것도 있다(Fellbaum, 2017). SemCor 주석은 다음과 같이 각각의 다의어의 주석을 알려주는 첨자와 품사 태깅을 알려주는 첨자가 함께 포함돼 있다.

(4.5) As of Sunday$_N^1$ night$_N^1$ there was$_V^4$ no word$_N^2$ ⋯

언제나처럼 라벨링된 예시가 충분히 쌓일 수 있는 경우에만 지도 분류가 가능하다. 하지만 동음이의어 표제어의 경우는 그 자체의 트레이닝 세트를 가지고 있어야 하기 때문에, 단어 모호성 문제에서는 적용하기가 어렵다. 이를테면 *serve*의 의미에 대한 분류기가 성능이 좋더라도, *plant*의 모호성을 다루는 것은 전혀 도움되지 않는다. 그래서 비지도학습이나 **준지도**학습 방법들이 단어 모호성 문제에서 특히나 더 중요해진다(Yarowsky, 1995). 이 방법들에 대해서는 5장에서 자세히 다룰 것이다. 비지도학습은 발견법을 통해 비춰보면, "담화당 하나의 의미"에 해당한다. 즉, 표제어는 일반적으로 하나가 되고, 주어진 문서 내에서 일관된 의미를 갖게 된다는 것이다(Gale et al., 1992). 이런 발견법에 따르면 동일 문서 내에서 높은 신뢰도를 가지는 인스턴스에서 낮은 신뢰도를 가지는 인스턴스로 정보를 전파할 수 있다(Yarowsky, 1995). 준지도학습 방법은 라벨링된 데이터와 되지 않은 데이터를 결합한 것으로 5장에서 더 자세히 다룰 것이다.

4.3 텍스트 분류를 위한 의사 결정 디자인

텍스트 분류는 여러 가지 의사 결정 디자인 방법들을 가지고 있다. 어떤 경우에는, 수학을 통해 의사 결정 디자인이 명확해지기도 한다. 이를테면 정규화를 사용하려면, 그다음에는 정규화 가중치 λ가 반드시 선택돼 있어야 한다. 그 외의 다른 의사들은 조금 더 부차적이다. 로우 데이터를 수집 및 처리하는 과정에 해당하는 하위 단계의 "통로" 코드에서만 발생한다. 그리고 이러한 의사들은 분류 정확도에 대한 결과에 상당한 영향을 미친다.

4.3.1 단어란 무엇인가?

단어 가방 표현은 모호한 단어에 대한 단어 빈도에 해당하는 벡터들을 추출하는 과정을 전제로 한 것이지만, 일반적으로 텍스트 문서들은 (ASCII나 유니코드^{Unicode} 등과 같은 인코딩으로 만들어진) 철자 시퀀스로 표현된다. 그리고 헤아릴 수 있는 "단어"들의 정의 하에 이 시퀀스들을 단어 가방으로 변환한다.

토크나이제이션 단어 가방 벡터를 구축하기 위한 첫 번째 하위 작업은 바로 토크나이제이션^{tokenization}이다. 즉, 철자들의 시퀀스에서 **단어 토큰**들의 시퀀스로 변환하는 과정이다. 가장 간단하게 할 수 있는 방법은 철자들의 부분집합을 공백^{whitespace} 정의하고, 그다음 텍스트들을 이러한 토큰으로 분리하는 것이다. 그렇지만 공백 기반의 토크나이제이션은 이상적인 방법일 수 없다. 그 이유는 *isn't*와 같은 접속사와 *prize-winning*이나 *half-asleep*과 같은 하이픈이 있는 구 등으로 쪼개고 싶어 하고, 쉼표 혹은 마침표 바로 뒤에 오는 단어와도 분리하고 싶어 하기 때문이다. 또 동시에 U.S와 Ph.D와 같은 약어들은 분리하고 싶지 않아 한다. 라틴 계열의 문자에서는 이런 사례를 다룰 수 있도록 모듈화된 정규 표현식을 사용해 토크나이제이션을 수행했다. 이를테면 NLTK 패키지는 몇 가지 토크나이저를 포함하고 있다(Loper & Bird, 2002). 그중에서도 잘 알려진 토크나이저들의 4가지 결괏값을 그림 4.1에서 확인할 수 있다. 소셜 미디어 연구자들은 이모티콘과 맞춤법에서 변형된 형태들이 토크나이제이션의 또 다른 연구 과제라는 것을 알아냈고, 이런 현상들을 다루기 위한 특수 목적의 토크나이저 개발로 이어졌다.

공백(Whitespace)		Isn't	Ahab,	Ahab?	;)			
트리뱅크(Treebank)		Is	n't	Ahab	,	Ahab	?	;	)
트윗(Tweet)		Isn't	Ahab	,	Ahab	?	;)	
톡톡(TokTok)(Dehdari, 2014)		Isn	'	t	Ahab	,	Ahab	?	;	)

그림 4.1 Isn't Ahab, Ahab? ;)에 적용한 NLTK 내의 4가지 토크나이저의 결과

토크나이제이션은 언어별 문제가 해당하기 때문에, 언어별로 갖는 독자적인 문제에 부딪히게 된다. 이를테면 중국어 같은 경우는 단어 사이에 공백이 존재하지 않고, 다른 언어에서 일관되게 사용하는 단어 경계마다 적는 맞춤법 표시를 하지 않는다. "탐욕^{greedy}" 접근 방법은 사전에 정의한 어휘에 대한 철자의 문자열 일부에 대한 입력값을 스캔한다. 하지만 Xue(2003)는 이런 스캐닝 방법이 여러 철자 시퀀스들이 다양한 방법으로 분절될 수 있기 때문에 모호함을 낳을 수 있다고 주장했다. 대신 중국 글자 혹은 **한자**^{hanzi}가 단어 경계인지 결정할 수 있도록 분류기를 훈련시켰다. 더 자세한 단어 분절에 대한 더 많은 시퀀스 라벨의 응용 방법들은 §8.4에서 다룰 것이다. 알파벳 계열의 문자를 사용하는 독일어 등에서도 비슷한 문제가 나타난다. *Freundschaftsbezeigungen*(우정의 과시)이나 *Dilettantenaufdringlichkeiten*(딜레탕트들의 집요함)과 같이 복합명사 안에서 공백을 포함하지 않는 경우가 존재한다. Twain(1997)은 "이러한 것들은 단어가 아니라, 알파벳들의 행진이다"라고 주장했다. 또 소셜 미디어는 영어와 여러 언어에서 이와 같은 비슷한 문제를 야기시켰고, 이를테면 *#TrueLoveInFourWords* 등과 같은 해시태그 등을 분석하기 위해서는 사전에 분석 과정을 수행하는 것이 필요해졌다(Brun & Roux, 2014).

텍스트 정규화 텍스트들을 토큰으로 쪼개고 나면, 그다음 드는 의문은 토큰이 정말 구별될 수 있는지에 관한 것이다. *great, Great, GREAT* 등을 꼭 구별해야 할까? 문장 시작 부분에서 대문자로 시작하는 것은 분류 작업과는 무관하다. 더 나아가 이러한 사례 구별$^{case distinction}$의 최종 소거 단계까지 완료하고나면, 더 작은 어휘집 내의 어휘가 되므로 더 작은 피처 벡터에 도달하게 된다. 그렇지만 사례 구별은 어떤 상황에는 연관성을 지닐 때도 있다. *apple*은 맛있는 파이를 채워 넣은 것이라면, *Apple*은

동글이나 파워 어댑터에 특화된 회사이기도 하다.

라틴 계열 문자에서는 보통 유니코드 스트링 라이브러리를 사용해서 사례 전환이 이뤄진다. 많은 계열 언어에서는 사례 구별을 갖지 않기도 한다(예컨대 남아프리카 언어에서 사용되는 데바나가리^{Devanagari} 계열이나, 태국에서 사용하는 알파벳, 일본어 카나^{kana} 계열이 여기에 해당한다). 또 모든 프로그래밍 작업 환경에서도 모든 문자에 대한 사례 전환을 지원하지 않는 경우도 많다(유니코드는 파이썬 버전 2와 3을 구별하는 중요한 요소이다. 그래서 파이썬 버전 3으로 아직 옮기지 않았다면 유니코드 지원은 매우 좋은 혜택이다. 파이썬의 두 버전에서 "\à l\'hôtel".upper()의 결과물을 비교해보라).

사례 구별은 하향 응용과 연관되지 않은 구별을 제거하는 스트링 전환을 따르는 **텍스트 정규화**의 한 가지 형태 중 하나다(Sproat et al., 2001). 정규화의 또 다른 형태는 숫자(예컨대 1,000을 1000으로)나 날짜(예컨대 August 11, 2015를 2015/11/08로)를 정규화하는 것이다. 어디에 응용하는지에 따라 모든 숫자와 날짜들을 특수한 토큰(예컨대 !NUM 이나 !DATE)으로 바꾸는 것도 의미가 있을 수 있다. 소셜 미디어 등에서는 cooooool 등과 같이 길이 표현 등의 정규화가 필요한 추가적인 맞춤법 현상들이 존재한다(Aw et al., 2006; Yang & Eisenstein, 2013). 마찬가지로 철자들을 표기하는 방식이 다양한 역사에 기록된 텍스트도 현재에 사용하는 표준형으로 정규화시켜줘야 한다.

Original	The	Williams	sisters	are	leaving	this	tennis	centre
Porter stemmer	the	william	sister	are	leav	thi	tenni	centr
Lancaster stemmer	the	william	sist	ar	leav	thi	ten	cent
WordNet lemmatizer	The	Williams	sister	are	leaving	this	tennis	centre

그림 4.2 Porter(Porter, 1980), Lancaster(Paice, 1990) 어간 추출기와 WORDNET 표제어 추출기의 결과 예시

정규화의 좀 더 극단적인 형태는 바로 **굴절 접사**^{inflectional affixes}(예컨대 영어에서 -ed, -s 와 같은 접미사)들을 제거하는 것이다. 이런 관점에서 보면 *whale, whales, whaling*은 모두 동일한 개념을 언급하기 때문에 하나의 피처로 묶여져야 한다. **어간 추출기** ^{stemmer}는 통상적으로 일련의 정규 표현식 대체식을 적용해 접사들을 제거하는 프로그램이다. 철자 기반의 어간 추출 알고리듬은 필연적으로 근사적인 답만을 제시한다. 여러 추출기에 대한 결과물이 4.2에 제시돼 있다. Lancaster 어간 추출기는 (*fix/fixers*

의 유추 방법에 의해) *sisters*의 *-ers*를 굴절 접사로 잘못 구별했고, 어간 추출기 두 개는 *this*와 *Williams*의 접사 *-s*를 잘못 구별했다. 하지만 어간 추출을 정확하게 하지 못하더라도 연관된 스트링을 병합해, 어휘집 크기를 줄이는 식으로 단어 가방 분류를 개선시킬 수 있다.

맞춤법에 맞지 않은 것들을 정확하게 다루면 단어별로 만들어진 규칙이 필요하다. **표제어 추출기**^{Lemmatizer}는 주어진 단어상의 표제어들을 구별할 수 있도록 만들어주는 시스템이다. 이런 추출기들은 그림 4.2 내에서 나타나는 어간 추출기의 과도한 일반화에 따라 만들어지는 오류나 *geese → goose* 등의 더 복잡한 변환도 처리할 수 있어야 한다. WordNet 표제어 추출기의 결과물은 그림 4.2의 마지막에 위치하고 있다. 어간 추출과 표제어 추출 모두 언어별로 달라진다. 영어 표제어 추출기나 어간 추출기는 다른 언어로 쓰여진 것에서는 거의 사용되지 않는다. 이와 연관된 **형태학** 분야는 단어 내부 구조에 연관된 연구로 §9.1.2에서 더 자세히 설명한다.

정규화의 효과는 데이터와 작업에 따라 달라진다. 정규화는 피처 공간의 크기를 줄여서, 일반화를 할 수 있도록 도와준다. 그렇지만 언어학적으로 의미하는 차이점들을 합쳐버리는 위험을 동시에 가지게 된다. 지도 머신러닝에서는 레귤라이제이션^{regularization}과 평활화^{smoothing}는 정규화와 비슷한 역할을 수행한다.[8] 즉, 정확한 정규화가 필요한 언어별로 가지는 공학들을 피하면서 세 가지 모두 일부 피처들이 학습자에 과적합되는 것을 방지한다. 콘텐츠 기반 정보 검색(Manning et al., 2009)나 주제 모델링(Blei et al., 2003)과 같은 비지도 방법에서 정규화는 더욱 중요해진다.

4.3.2 얼마나 많은 단어들이 있을까?

피처 벡터의 크기의 범위를 제한하면 결과 모델의 메모리 사용량을 줄이고, 예측의 속도를 증가시킨다. 정규화가 이렇게 될 수 있도록 도와주기는 하지만 더 직접적인 접근 방법은 단순하게 단어의 숫자를 데이터 베이스에 가장 많이 나타나는 빈도수 N

---

8 regularization 또한 통상적으로 정규화로 번역되지만, 4장에서는 normalization을 중심으로 다루고 있으므로 '레귤라이제이션'으로 음차해 적었다. 그래서 4장에서의 정규화는 대부분의 상황에서 normalization으로 이해하면 좋겠다. 두 가지 차이 중 핵심은 regularization은 L1, L2 등으로 가중치 조정에 제약을 가해서 과적합을 막기 위해서 사용되고, normalization은 값의 범위 등을 조정해 피처 몇 개의 영향이 특히 커지는 것을 방지한다. 역할 자체는 책에서 언급한 것과 같이 비슷한 역할을 수행한다. − 옮긴이

만큼 제한을 두는 것이다. 예를 들면 NLTK에서 제공하는 MOVIE-REVIEWS 데이터 세트(원천은 Pang et al., 2002)에는 39,768개의 단어 타입과 1.58백만 개의 토큰이 있다. 4.3a에서 보이는 것처럼, 최상위 빈도를 가지는 4,000개의 단어들로 90%의 단어 타입을 다룰 수 있으며, 모델 크기 내에서 크기순으로 감소하도록 제공한다. 또한 이러한 비율은 언어별로 모두 다르다.

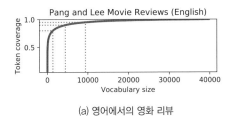 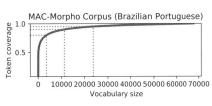

(a) 영어에서의 영화 리뷰　　(a) 영어에서의 영화 리뷰 르투갈어의 뉴스 기사

그림 4.3 NLTK 영화 리뷰 데이터 세트에서 적은 빈도순으로 정렬하고 난 후의 토큰 적용 범위(y 좌표)와 어휘집 크기 사이의 트레이드 오프를 보여주는 그림. 점선은 80%, 90%, 95%만큼의 적용 범위를 가진다.

브라질식 포르투갈어의 Mac-Morpho 말뭉치(Aluísio et al., 2013)에서는 90% 만큼의 적용 범위를 가지려면 10,000개 이상의 단어 타입이 필요하다(그림 4.3b). 이는 포르투갈어가 영어보다 굴절 접사를 더 많이 가지는 등의 형태학적 복잡성 때문에 나타난다.

적게 나타나는 단어들을 지운다고 항상 분류기 성능이 올라가진 않는다. 이를테면 이름과 같은 것들은 통상적으로 매우 적은 빈도로 나타나지만, 뉴스 기사의 주제를 분별할 때 정말 중요한 역할을 한다. 피처 공간들을 줄이는 또 다른 방법은 **불용어**stopwords들을 제거하는 것이다. the, to, and가 같은 단어들은 주제나 감성, 문장을 표현할 때 주요한 역할을 갖지 않을 가능성이 높다. **불용 목록**stoplist(예컨대 NLTK.CORPUS.STOPWORDS) 등을 만들어서 사용하면서 리스트의 요소와 매칭되는 것들을 무시하는 것이다. 하지만 말뭉치 언어학자들과 사회 심리학자들은 겉보기에 중요하지 않아보이는 단어들이 텍스트의 성격이나 작가에 대해 놀라운 통찰을 제공한다는 사실을 발견했다(Biber, 1991; Chung & Pennebaker, 2007). 게다가 높은 빈도의 단어들이 식별 분류기에서 과적합을 일으키지 않는다. 마지막으로 정규화는 용어 기반의 문서 검색과 같은 비지도 문제에서 불용어 필터링은 더욱 중요해진다.

모델 크기를 조정하는 또 다른 방법에는 **피처 해싱**^feature hashing(Weinberger et al., 2009)이 있다. 개별 피처들은 해싱함수를 통해 인덱스를 할당받는다. 그리고 충돌을 허용하는 해싱함수를 선택하면(이런 함수는 일반적으로 해시 결괏값으로 어떤 정수 모듈을 가진다) 여러 피처들이 가중치 하나를 공유하기 때문에, 모델 크기를 임의적으로 작게 만들수 있다. 그 이유는 모든 피처들이 적어지기 때문에, 특정 충돌에서의 정확도는 높은 강건성을 갖는다(Ganchev & Dredze, 2008).

4.3.3 빈도나 바이너리, 둘 중 선택해야 한다면?

마지막에 이르면 각 단어들의 빈도나 존재 여부 등을 피처 벡터에 포함해야 할지 고려해야 할 수도 있다. 이는 선형 분류의 미묘한 한계점에 도달한다. 즉, 오류 한 개를 가지는 것보다 두 개를 가지는 것이 좋지 않다면, 정말로 두 개를 가지는 것은 안 좋을까? 이러한 발상에 영향을 받아 **Pang et al.**(2002)은 피처 벡터 $f_j(x, y) \in \{0, 1\}$ 내의 존재 유무에 대한 바이너리 표시기를 사용했다. 그들은 이러한 바이너리 벡터들을 훈련시키면 단어 빈도를 기반으로 피처 벡터에 상당한 성능을 보이게 된다는 것을 발견했다. 그 이유에 대한 한 가지 해석은 단어들이 덩어리로 나타난다는 것이다. 이를테면 단어가 문서 내에서 한 번 나오면 그 단어가 다시 나올 가능성이 높다(Church, 2000). 이러한 여러 번 나타나는 것은 반복에 대한 경향을 나타낼 수 있어지고, 때문에 문서의 분류 라벨에 대한 작지만 추가적인 정보를 제공할 수도 있다.

4.4 분류기 평가하기

모든 지도 머신러닝의 응용 사례에서처럼, 홀드-아웃 테스트를 저장하는 것은 매우 중요한 일이다. 여기서의 데이터는 '하나의 분류기의 총체적인 정확도 측정'이라는 단하나의 목적을 위해서만 사용해야 한다. 데이터를 한 번 이상 사용하게 되면 측정 정확도가 지나치게 낙관적으로 바뀌게 된다. 그 이유는 데이터에 맞춰서 커스터마이징이 이뤄지게 되고, 미래에 나타나지 않은 데이터 등에 제대로 수행하지 못하게 된다. 일반적으로 하이퍼파라미터를 설정하거나 피처 선택을 수행해야 하므로, §2.2.5에서 다뤘던 데이터에 대한 조정 과정이 필요하거나, **개발 세트**^development set 등을 이러한 목적하에 만들어야 할 수도 있다.

분류기 성능을 측정하기 위한 방법은 여러 가지 존재한다. 그중 가장 단순한 것은 정확도다. 다음과 같이 정확하게 예측한 개수를 전체 인스턴스 개수로 나누면 된다.

$$\mathrm{acc}(\boldsymbol{y}, \hat{\boldsymbol{y}}) = \frac{1}{N} \sum_i^N \delta(y^{(i)} = \hat{y}) \qquad [4.4]$$

일반적으로 정확도로 점수를 매김으로서 평가한다. 그렇다면 다른 지표는 왜 필요할까? 가장 주요한 이유는 **클래스 불균형** 때문이다. 만들려고 하는 분류기가 데이터 세트의 모든 문서에서 1%만 나타나는 등의 드물게 발생하는 질병이나 증상을 알려주는 전자 건강 기록[EHR]을 찾는 것이라고 해보자. 분류기가 모든 문서에 대해 $\hat{y} = \mathrm{NEGATIVE}$로 알려준다면, 정확도는 99%가 된다. 그렇지만 이 결과는 쓸모가 없다. 우리는 분포가 매우 벗어나 있더라도 클래스들 간을 구별할 수 있는 분류기의 능력을 측정할 수 있는 지표가 필요하다.

이를 해결하기 위한 한 가지 방법은 가능한 라벨들이 동등하게 나타나는 **균형 잡힌 테스트 세트**를 만드는 것이다. 하지만 이렇게 된다면 HER 예시에서는 원 데이터 세트의 98%를 버려야 한다는 의미가 된다! 그래서 탐지 한계치 자체가 다음의 사항들을 고려하도록 만들어야 한다. 건강과 관련된 응용 사례에서는 $y^{(i)} = \mathrm{POSITIVE}$가 매우 작은 확률을 가지더라도 예측 결과가 긍정이 되는 매우 민감한 분류기를 선호한다. 또 다른 응용 사례에서는 결과가 긍정이 되면 비용이 매우 많이 들게 되는 상황이 나타나므로 절대적으로 확실한 경우에만 긍정이라는 결괏값을 가지도록 만들어야 한다. 이러한 피처를 포착해내기 위해 또 다른 지표들이 필요해진다.

4.4.1 정밀도, 재현율, *F*-MEASURE

모든 라벨(질량의 증상 유무에 대해 양성인지)에서는 다음과 같은 2가지 오류를 가질 수 있다.

- **거짓 양성**[False Positive]: 실제로 틀렸지만 시스템이 판정한 라벨이 맞다고 할 때
- **거짓 음성**[False Negative]: 실제로 맞지만 시스템이 판정한 라벨이 틀렸다고 할 때

이와 비슷한 방식으로, 어떤 라벨에 관계없이 올바르게 판정하는 방법이 있다.

- **참 양성**^{True Positive} : 시스템이 라벨을 올바르게 예측했을 때
- **참 음성**^{True Negative} : 라벨이 해당 인스턴스에 적용되면 안 된다고 시스템이 올바르게 예측했을 때[9]

분류기가 거짓 양성을 많이 만들어내면 해당 **정밀도**가 낮다고 한다. 이때 분류기는 해당 라벨이 해당 인스턴스에 없더라도 있다고 예측한다. 또 분류기가 거짓 음성을 많이 만들어내면 **재현율**이 낮다고 한다. 이때 분류기는 해당 라벨이 존재함에도(실제 양성자임에도) 라벨 예측을(양성자임을) 실패한다. 이러한 지표들은 오류의 두 가지 원인들을 구분짓고 다음과 같이 수식으로 표현할 수 있다.

$$\text{RECALL}(\boldsymbol{y}, \hat{\boldsymbol{y}}, k) = \frac{\text{TP}}{\text{TP} + \text{FN}} \qquad [4.5]$$

$$\text{PRECISION}(\boldsymbol{y}, \hat{\boldsymbol{y}}, k) = \frac{\text{TP}}{\text{TP} + \text{FP}} \qquad [4.6]$$

재현율과 정밀도는 분자가 동일한 것에서 알 수 있듯이 정확한 예측에 대한 조건부 우도이다. 재현율은 k가 올바른 라벨 $y^{(i)} = k$이라는 조건이므로, 분모는 참 양성과 거짓 음성을 합한 것이 된다. 정밀도는 k가 예측이라는 조건에서 보이므로, 분모의 합은 참 양성과 거짓 양성을 합한 것이 된다. 여기서 짚고 넘어가야 할 것은 참 음성은 재현율과 정밀도 모두에 대한 통계량에서 고려되지 않는다는 것이다. 라벨이 모든 문서에 대해 "음성"이 되면 재현율이 0이 되고, 정밀도는 $\frac{0}{0}$ 꼴이 될 것이다.

재현율과 정밀도는 상호 보완적으로 작동한다. 거짓 양성이 거짓 음성보다 비용이 많이 들 때는 높은 재현율을 가지는 분류기가 좋다. 어떤 질병의 증상에 대해 예비 검사를 한다고 생각해보자. 거짓 음성에서는 해당 결과가 질병이 없다고 다뤄지는 반면, 거짓 양성은 추가적인 텍스트가 필요하므로 비용이 더 비싸진다. 이와 반대로, 거

---

9 covid19 검사로 설명하면 좀 더 쉬울 것이다.
거짓 양성: 실제로 비감염자이지만, 양성으로 진단된 경우
거짓 음성: 실제로 감염자이지만, 음성으로 진단된 경우
참 양성: 감염자를 올바르게 양성자로 진단한 것
참 음성: 비감염자를 올바르게 음성자로 진단한 것 – 옮긴이

짓 양성이 비용이 많이 들 때는 높은 정밀도를 가진 분류기가 더 좋다. 예를 들면 스팸 분류기에서는 거짓 양성은 중요한 메시지를 읽지 못해 놓치도록 만들 수 있는 반면, 거짓 음성은 된다고 하더라도 아주 미미한 불편함만 낳는다.

  F-MEASURE는 재현율과 정밀도를 조화 평균을 사용해 하나의 척도로 합친 것이다.

$$F\text{-MEASURE}(\boldsymbol{y}, \hat{\boldsymbol{y}}, k) = \frac{2rp}{r+p} \tag{4.7}$$

앞의 식에서 r은 재현율이고, p는 정밀도다.[10]

다중 클래스 분류기 평가하기　재현율, 정밀도, F-MEASURE는 모두 특정 라벨 k를 반영해 정의된다. 만약 어떤 정보를 알려주는 여러 라벨들이 존재한다면(예컨대 단어 모호성 혹은 감정 분류), 각각의 클래스에 걸쳐 F-MEASURE를 통합하는 작업이 꼭 필요하다. **매크로 F-MEASURE**^{macro F-MEASURE}는 여러 클래스에 따른 F-MEASURE에 대한 평균을 구한 것이다.

$$\text{Macro-}F(\boldsymbol{y}, \hat{\boldsymbol{y}}) = \frac{1}{|\mathcal{K}|} \sum_{k \in \mathcal{K}} F\text{-MEASURE}(\boldsymbol{y}, \hat{\boldsymbol{y}}, k) \tag{4.8}$$

클래스의 분포가 불균형적으로 이뤄진 다중 클래스 문제에서 매크로 F-MEASURE는 분류가 각 클래스를 얼마나 잘 인식할 수 있는지 알려주는 균형 척도가 된다. 마이크로 F-MEASURE^{micro F-MEASURE}에서는 각 클래스에 대한 참 양성, 거짓 양성, 거짓 음성을 모두 계산하고 하나의 재현율, 정밀도, F-MEASURE로 모두 합친다. 이 지표는 클래스보다는 인스턴스에 걸쳐진 균형 척도가 되고, 클래스별로 동등하게 가중치를 매겼던 매크로 F-MEASURE와 달리, 해당 타입에 나타나는 빈도의 비율에 따라 각각의 클래스 가중치를 매긴다.

4.4.2 임계값에서 자유로운 지표

이진 분류 문제에서는 평가함수의 결과에 상수인 "임계값"을 추가해서 재현율과 정밀

10　F-MEASURE는 어떤 상황에서는 F_1이라고 하며, $F_\beta = \frac{(1+\beta^2)rp}{\beta^2 p+r}$을 일반화한다. 여기서 파라미터 β는 재현율이나 정밀도를 더 강화하도록 조정한다.

도를 맞교환 할 수 있다. 이를 통해 각 점이 단일 임계값에서 어떤 성능을 나타내는 곡선을 만들 수 있다. **수신자 조작 특성 곡선**ROC, Receiver Operating Characteristic[11]에서는 x 좌표는 **거짓 양성율** 즉, $\frac{FP}{FP+TN}$ 을 나타내고, y 좌표는 재현율 혹은 **참 양성률**을 나타낸다. 완벽한 분류기는 거짓 양성이 하나도 없는 완벽한 재현율에 이르게 된다. 원점 (0, 0)에서 시작해 "곡선"을 따라가면 좌측 상단의 구석인 (0, 1) 쪽으로 가다가, 그다음 (1, 1)에 도달한다. 예상대로 비판별non-discriminative 분류기는 원점 (0, 1)에서 시작해 대각선을 따라 우측 상단 구석인 (1, 1)로 간다. 실제 분류기는 이 극단의 어딘가에 위치한다. 해당 예시들은 그림 4.4에서 확인할 수 있다.

ROC 곡선은 **곡선 아래 면적**AUC이라는 적분을 취해서 단일 숫자로 취합시킬 수 있다. AUC는 무작위로 선택된 양성 사례가 동일한 방식으로 선택된 음성 사례보다 더 높은 점수를 가지도록 분류기가 할당하는 확률로 설명될 수 있다. 완벽한 분류기에서는 AUC가 1이다(양성 사례 점수는 모든 부정 사례의 점수보다 높다). 비결정 분류기에서는 AUC = 0.5가 되고(무작위로 선택된 양성과 음성 사례에 대해, 동등한 확률보다 늘 높은 점수를 얻는다), 완전히 잘못된 분류기는 AUC = 0(모든 부정 사례들은 모든 긍정 사례보다 점수가 높다)이 된다. *F*-MEASURE와 비교했을 때 AUC가 가지는 장점 중 하나는 0.5라는 기준률이 라벨 분포에 따라 영향받지 않는다는 것이다.

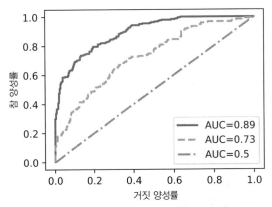

그림 4.4 여러 결정력의 세 개의 분류기에 대한 ROC 곡선. AUC(곡선 아래 면적)로 측정한 것이다.

---

11 "수신자 조작 특성"이라는 이름은 신호 처리 내의 지표의 어원에서 가져온 것이다(Peterson et al., 1954). 또 다른 임계값에서 자유로운 지표(threshod-Free)에는 정밀도–재현율 곡선, k에서의 정밀도, 균형 잡힌 *F*-MEASURE 등이 있다. 더 자세한 내용은 Manning et al.(2009)을 참고하면 된다.

4.4.3 분류기 비교 및 통계적 유의성

자연어 처리의 연구와 엔지니어링에서는 종종 분류 방법에 대한 비교를 하기도 한다. 예를 들면 로지스틱 회귀와 평균 퍼셉트론을 비교한다거나, L2 정규화와 L1 정규화를 비교하는 등의 알고리듬 간을 비교한다. 또 다른 경우에는 단어 가방과 위치를 사용하는 단어 가방(§4.2.2 참조) 등의 피처 세트 간에도 비교한다. **제거 테스팅**Ablation Testing 방법은 체계적으로 분류기의 피처 그룹과 여러 측면들을 삭제하는 과정을 포함하며, 제거된 분류기가 전체 모델만큼 좋은 성능을 보여주는지 **귀무가설**Null Hypothesis을 검증한다.

가설 검정 방법을 다루는 총체적인 내용은 이 책의 범주를 넘어가지만, 이 단원에서는 분류기를 비교하기 위해 꼭 필요한 방법에 관해 간단히 요약해 소개한다. 가설 검정의 핵심 목표는 서로 다른 두 가지 통계 지표에 대한 차이를 결정하는 것이다. 이를테면 두 가지 분류기에 대한 정확도는 우연히 발생할 확률로 결정된다. 테스트 세트의 제한된 크기로 인해 나타나는 우연의 변동성에 대해 고려해야 할 것이다.[12]

테스트 세트상에서 10개의 인스턴스를 사용해 10% 향상을 이룬다면, 테스트 세트가 c_2 분류기보다 c_1 분류기를 더 선호하도록 만드는 무작위적인 변동을 반영한 것일 수도 있다. 또 다른 10개의 인스턴스를 갖고 있는 테스트 세트에서는 c_1 분류기보다 c_2 분류기가 더 성능이 좋을지도 모른다. 그렇지만 만약 1,000개의 테스트 세트상에서 동일한 10% 성능 효과가 나타날 경우, 우연에 따라 설명될 가능성이 매우 낮다. 이러한 근거를 p단계에서의 통계적 유의성이라고 한다. 즉, 귀무가설이 참일 때 크기가 크거나 같은 효과를 얻어낼 확률이다. 귀무가설이 참이라면 우도가 5% 이하로 동등하거나 더 좋은 효과를 보인다면 $p < .05$로 적는다.[13]

이항 검정 정확도 차이에 따른 통계적 유의성은 **이항 검정**Binomial Test과 같은 전통적 검정 방법을 통해 평가될 수 있다.[14] c_1 분류기와 c_2 분류기가 테스트 세트 내의 N개

---

12 또 다른 분산 원인에는 뉴럴 네트워크와 같은 비곡선 분류기의 초기화나 경사 하강이나 퍼셉트론과 같은 온라인 학습의 인스턴스 정렬이 포함된다.

13 통계적 검정은 기존 테스트가 미래에 마주칠 인스턴스들을 표현할 때만 어느 정도 유용하다. 만약 뉴스 문서를 통해서 테스트 세트가 만들어졌고, 어떤 가설 검정 방법도 전자 건강 기록 등의 다른 분야에서 어떤 분류기가 가장 좋은 성능을 가질지 예측하기 어려울 때 사용한다.

14 이항 검정의 또 다른 방법 중 잘 알려진 방법은 **맥네마르 검정**(McNemar's test)이다. 이 방법에서는 한 시스템에서 올바르게 분류되고, 또 다른 분류기에서는 잘못 분류된 사례의 개수에 기반한 검정 통계량(test statistic)을 계산한다. 이 검정 통계량에 대한 귀무가설 분포는 자유도의 각 단계별로 카이 제곱 분포(chi-squared distribution)에서 도출된 것으로 알려져 있으며, 이 분포의 누적 밀도 함수를 통해 p-값을 계산할 수 있다(Dietterich, 1998). 두 검정 방법 모두 대부분의 상황에서 비슷한 결과를 얻을 수 있지만, 이항 검정 첫 번째 원칙을 통해 좀 더 이해하기 쉽다.

의 인스턴스에 대해 같지 않고, c_1이 해당 인스턴스 중 k개에 대해 올바르다고 판단했다고 생각해보자. 귀무가설상에서는 두 분류기가 모두 동일한 정확도를 가진다고 하고, k/N은 대략 1/2에 가깝다. 또 N이 커지면 k/N이 기댓값에 가까워진다. 이러한 속성들은 이항 확률변수들의 숫자에 대한 확률인 **이항분포**^Binomial Distribution에서 포착해낼 수 있다. k가 이항분포에서 도출됐음을 나타내기 위해서 $k \sim \text{Binom}(\theta, N)$이라고 쓰고, 여기서 N은 무작위 "추첨"의 개수를 나타내고, θ는 각 추첨이 나타날 확률을 나타낸다. 각 추첨은 두 분류기가 같지 않은 예시를 의미하고, "성공"이라는 경우는 c_1은 맞고, c_2가 틀렸음을 의미한다(라벨 공간이 이항이라는 가정하에 분류기의 결과가 서로 다르다면 그중 하나는 맞았음을 의미한다. 검정은 분류기 하나가 정확하게 맞다는 사례에만 초점을 맞추는 방법으로 다중 클래스 분류에 대해 일반화시킬 수 있다).

이항분포에서의 **확률질량함수**^PMF는 다음과 같다.

$$p_{\text{Binom}}(k; N, \theta) = \binom{N}{k} \theta^k (1-\theta)^{N-k} \qquad [4.9]$$

위 식에서 θ^k는 k가 성공할 확률을 의미하고, $(1-\theta)^{N-K}$는 $N-k$개의 추첨 실패 확률을 의미한다. $\binom{N}{k} = \frac{N!}{k!(N+k)!}$은 사건의 가능한 순서 개수를 의미하는 이항계수이고, 이를 통해 $k \in \{0, 1, 2, \ldots, N\}$에 대해 분포값을 모두 더하면 1이 됨을 보장한다.

귀무가설에 따르면 분류기의 결과가 일치하지 않을 경우 각각의 분류기가 맞을 확률은 $\theta = \frac{1}{2}$로 동일하다. 그렇다면 분류기의 결과가 불일치하는 N개에 대해, c_1이 $k < \frac{N}{2}$만 올바르다고 생각해보자. k개 혹은 그 이하의 개수만 맞게 되는 c_1의 확률을 **단측 p-값**^one-tailed p-value이라고 한다. 그 이유는 그림 4.5의 왼쪽 그림에서 보이는 것처럼 0과 k 사이의 확률질량 함수상에서만 계산된다. 이 **누적 확률**은 $i \leq k$에 해당하는 모든 값에 대한 합으로 계산된다.

$$\Pr_{\text{Binom}}\left(\text{count}(\hat{y}_2^{(i)} = y^{(i)} \neq \hat{y}_1^{(i)}) \leq k; N, \theta = \frac{1}{2}\right) = \sum_{i=0}^{k} p_{\text{Binom}}\left(i; N, \theta = \frac{1}{2}\right) \quad [4.10]$$

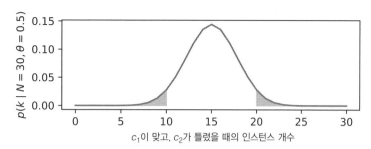

그림 4.5 이진 분포에 대한 확률질량 함수. 색이 칠해진 영역은 $k = 10$ 및 $N = 30$에서의 유의적 검정에 대한 누적 함수를 의미한다.

단측one-tailed**검정**은 p값은 비대칭 귀무가설인 c_1이 최소한 c_2만큼 정확할 때만 사용할 수 있다. **양측**two-tailed**검정**은 귀무가설에 따라 c_1과 c_2가 완전히 동일함을 검증하려면, 단측검정에서의 p-값을 모두 합과 그림 4.5에서 오른쪽에서 계산된 두 번째 값을 비교하면 된다. 이진 분포는 대칭 형태이므로, 단순하게 한쪽의 p-값을 두 배하면 될 것이다.

양측검정에 대한 검정은 c_1과 c_2 중 사전에 직관적으로 어떤 것이 나은지 판단할 수 없다면 엄격하지만 양측검정을 사용해야 한다. 이를테면 로지스틱 회귀와 퍼셉트론 평균을 비교해야 한다면, 양측검정이 적합하다. 제거 테스트 내에서는 c_2는 c_1을 가능하도록 만드는 상위집합을 가지고 있을 것이다. 성능을 향상시키기 위해 또 다른 피처를 추가해야 하며, 미리 선택해야 한다면 단측검정이 적합하다. 그렇지만 이 제거 테스트에서는 c_2가 c_1보다 더 정확한 것만을 보여줄 수 있고, 역은 성립하지 않는다.

*임의검정 이진검정은 정확도만을 보자면 적합한 방법이지만, F-MEASURE와 같은 좀 더 복잡한 지표에서는 성립되지 않는다. 임의적인 지표에 대한 통계적 유의성을 계산하려면, 무작위화randomization를 사용해야 한다. 더 정확하게는 원본 테스트 세트를 교체하면서 다시 인스턴스를 무작위로 추출하는 M개의 **부트스트랩 샘플**bootstrap example 세트를 만드는 것이다(Efron & Tibshirani, 1993). 각각의 부트스트랩 샘플은 그 자체로 크기가 N인 테스트 세트가 된다. 원본 테스트 세트의 일부 인스턴스들은 전체의 부트스트랩 샘플에 한 번도 나타나지 않을 수도 있고, 여러 번 나타날 수도 있다. 하지만 총체적으로 종합하면 원본 테스트 세트와 동일한 분포를 가지게 된다. 알고리듬은 7은

해당 계산 과정이 어떻게 이뤄지는지 보여준다.

두 분류기 c_1과 c_2에 대한 F-MEASURE를 비교하려면 부트스트랩 샘플 내에서 F-MEASURE의 차이를 계산하는 함수 $\delta(\cdot)$를 만들어둬야 한다. 만약 샘플의 최소 5%에 대해서 그 차이가 0보다 작거나 같으면, c_2가 최소한 c_1보다는 단측 귀무가설을 기각할 수 없다(Berg-Kirkpatrick et al., 2012). 분류기 하나에 대한 F-MEASURE와 같은 흥미 지수 주변의 95% **신뢰 구간**에 관심이 생길 수도 있다. 이 신뢰 구간은 알고리듬 7을 통해 계산할 수 있으며, 양 옆으로 95% 신뢰 구간이 설정되며, 정렬된 결괏값에 대해 2.5%와 97.5%를 갖게 된다. 또 다른 방법으로 부트스트랩 샘플 간의 차이를 통해 정규분포를 조장할 수도 있으며, 평균과 분산을 사용해 가우시안 신뢰 구간을 계산할 수도 있다.

알고리듬 7 분류기 평가를 위한 부트스트랩 샘플링. 원본 테스트는 $\{x^{(1:N)}, y^{(1:N)}\}$이고, 샘플의 총 개수는 M이며, 검정 지표는 $\delta(\cdot)$이다.

---

procedure BOOTSTRAP-SAMPLE$(x^{(1:N)}, y^{(1:N)}, \delta(\cdot), M)$

    for $t \in \{1, 2, ..., M\}$ **do**

        for $t \in \{1, 2, ..., N\}$ **do**

            $j \sim \text{UniformInteger}(1, N)$ ▷ 균등정수분포

            $\tilde{x}^{(i)} \leftarrow x^{(j)}$

            $\tilde{y}^{(i)} \leftarrow y^{(j)}$

        $d^{(t)} \leftarrow \delta(\tilde{x}^{(1:N)}, \tilde{y}^{(1:N)})$

    return $\{d^{(t)}\}_{t=1}^{M}$

부트스트랩 샘플의 개수가 무한대가 되면($M \to \infty$) 부트스트랩 추정치는 더욱 더 증가한다. 그래서 통상적으로 M을 10^4이나 10^5으로 정하고 p-값이 작다면 더 많은 양의 샘플 수가 필요해진다. 그리고 선택한 M값이 유효한지 알아보려면, 여러 번 테스트를 수행하면서 p-값이 서로 비슷한지 확인하면 된다. 비슷하지 않으면, M의 크기를 훨씬 더 키워야 한다. 이 방법은 제곱근 $\sqrt{M}$으로 감소되는 테스트에 대한 분산의 휴리스틱 측정 방법이다(Robert & Casella, 2013).

4.4.4 *다중 비교

여러 데이터 세트에 대해 몇 개의 분류기에 대한 성능을 비교하는 등의 가설 검정을 여러 번 수행해야 할 때도 있다. 만약 5개의 데이터 세트를 가지고 있다고 생각해보자. 네 가지 버전의 분류기를 베이스라인 시스템과 비교한다면 총 20번을 비교해야 한다. 만약 갖고 있는 분류기가 모두 베이스라인 시스템보다 안 좋다고 하더라도 결과 내에서 일부라도 우연적 변이가 일어날 것이고, $p = 0.05 = \frac{1}{20}$라는 지점에서 통계적 유의미한 한 가지 향상을 얻게 될 것이다. 그렇기 때문에 여러 비교에 대한 결과를 구할 때는 p-값을 조정하는 과정이 꼭 필요하다.

m번의 테스트를 수행할 때 p-값이 $p < \alpha$로 결과를 구하려면 $\frac{\alpha}{m}$로 한계점을 설정해두는 방법이 있다. 이 방법을 **본페로니 보정**Bonferroni Correction이라 하고, a에서 귀무가설을 잘못 무시하는 총체적인 확률을 제한한다. 또 다른 방법은 유의미하지 않은 귀무가설의 부분에 대한 **거짓 발견 비율**FDR, False Discovery Rate의 범위를 제한하는 방법도 있다. Benjamini & Hochberg(1995) α에서 잘못 발견되는 비율에 제한을 두는 p-값을 제안했다. 각 검정에 대한 p-값을 오름차순으로 정렬하고, $p_k \leq \frac{k}{m}\alpha$에 대해 가장 큰 k를 유의 한계로 설정한다. 그래서 $k > 1$이면 FDR 조정은 본페로니 보정보다 좀 더 많은 범위를 허용할 수 있다.

4.5 데이터 세트 만들기

분류기를 만들려고 한다면 그 자체만의 데이터 세트를 먼저 반드시 만들어야 하는 경우가 가끔 존재한다. 여기에는 주석[15] 처리할 문서나 인스턴스를 선택한 다음 주석을 실행하는 작업도 포함된다. 또 데이터 세트의 범위에 따라 결정되기도 한다. 가령, 건강에 관한 전자 기록을 분류하는 시스템을 구축하려면 분류기가 배포되고 나서 마주하는 유형에 대한 기록 말뭉치로 작업을 진행해야만 한다. 그 외에 시스템의 목표는 광범위한 문서에 대해 적용할 수 있도록 시스템을 구축하는 것이다. 이때 최선의 방법은 다양한 형식과 장르를 아우르는 균형 잡힌 말뭉치를 구비하는 것이다. Brown

---

15 이 책에서 주석을 처리했다고 하는 것은 일반적 표현과 달리 데이터에 벨을 달았다는 표현이다. 즉, 데이터에 대해 어떠한 정보를 사전에 입력해놓음으로서 충분한 정보를 훈련용 데이터에 구비해놓는 것에 해당한다.

말뭉치는 정부 문서에서부터 로맨스 소설에 이르는 다양한 텍스트에서 추출됐으며 (Francis, 1964), 구글 웹 트리뱅크는 질의문답, 이메일, 뉴스 그룹, 리뷰, 블로그, 총 5개의 웹 문서 영역에 대한 주석을 포함하고 있다(Petrov & McDonald, 2012).

4.5.1 라벨로 사용되는 메타데이터

주석 처리는 까다롭고 많은 시간이 필요하기 때문에 대부분의 사람들은 해당 작업을 기피하는 편이다. 가끔은 분류기를 훈련하기 위한 라벨을 기존의 메타데이터로부터 추출하는 것도 가능하다. 가령 리뷰에는 수치적인 평가가 등장하는 경우가 많은데 이는 분류 라벨로 변환될 수 있다(§4.1 참조). 비슷한 문맥에서 소셜 미디어 사용자들의 국적을 프로필이나(Dredze et al., 2013), 심지어는 게시물의 시간대를 통해 추산하는 것도 가능하다(Gouws et al., 2011). 더 나아가서는 특정 정치인이나 유력 정당을 소셜 미디어상에서 팔로우하는지의 여부를 통해서 해당 소셜 미디어 프로필의 정치적인 경향성을 분류해볼 수도 있다(Rao et al., 2010).

일일이 주석을 달지 않고도 대규모의 라벨링된 데이터 세트를 신속하게 구축할 수 있다는 점은 매력적으로 보여질 수도 있다. 하지만 이러한 접근 방식은 라벨링되지 않았으며, 메타데이터가 존재하지 않는 인스턴스가 라벨링된 인스턴스와 유사할 것이라는 가정에 따른다. 예를 들면 소셜 미디어상에서 특정 정치인을 팔로우하는지의 여부에 기반해, 사용자의 정치적 경향성에 대해 라벨링하는 경우를 살펴보자. 만약 이와 같은 테스트 세트에서 분류기가 높은 정확도를 획득했다고 해서, 모든 소셜 미디어 사용자들의 정치적 경향성을 정확하게 예측할 수 있다고 가정해도 괜찮을까? 아마도 아닐 것이다. 정치인을 팔로우하는 소셜 미디어 사용자는 정치적인 메타데이터가 없는 일반 사용자와 비교했을 때 메시지의 본문에서 정치에 관해 언급할 가능성이 더욱 높다. 그렇게 되면 소셜 네트워크 메타데이터로부터 구축된 테스트 세트의 정확도는 라벨링되지 않은 데이터에 대한 처리 방식의 실제 성능에 대해 훨씬 낙관적인 경향을 가질 수도 있다.

4.5.2 데이터 라벨링

기저 사실(정확한 답)을 얻기 위해서는 직접 주석을 다는 것 외에는 뾰족한 방법이 없는 경우가 많다. 주석을 다는 방법은 몇 가지 기준을 충족해야 한다. 우선 주석은 관심 있는 현상을 충분히 포착할 수 있을 만큼의 표현력expressive을 가지고 있어야 한다. 그리고 주석은 재현 가능replicable해야 한다. 이에 따라 동일한 데이터가 주어지면, 다른 주석자 혹은 주석자 그룹이 매우 유사한 주석을 작성할 수 있어야 한다. 또한 주석은 비교적 신속하게 생성될 수 있도록 위랑 맞춰서 확장 가능scalable해야 한다. Hovy & Lavid(2010)는 이 기준들을 충족할 수 있는 주석을 획득하기 위한 구조화된 절차를 제안했으며, 다음과 같이 요약할 수 있다.

1. **무엇을 주석 처리할지 결정하자**. 통상적으로 이 과정은 기저 현상에 대한 이론에 기반해 이뤄진다. 예를 들면 문서 작성자의 감정 상태에 대한 주석을 작성하는 것이 목표라면, 감정의 유형이나 관점에 대한 이론적 설명부터 살펴봐야 한다(예컨대 Mohammad & Turney, 2013). 이 단계에서는 표현성과 확장 가능성 사이의 균형을 고려해야 한다. 기저 이론을 모두 인스턴스화해버리면, 주석 작업 비용이 지나치게 상승할 수 있기 때문에 적정 수준의 근사치를 고려해야 한다.

2. **주석 처리 작업에 드는 수고를 덜기 위해서, 소프트웨어 도구를 설계하거나 선택**하는 것을 고려해보자. 현존하는 범용 주석 도구에는 BRAT(Stenetorp et al., 2012), MMAX2(Müller & Strube, 2006) 등이 있다.

3. **주석 작업에 대한 지침을 체계화하자**. 지침이 충분히 명확하지 않다면, 주석 결과물은 주석자의 직관에 의존하게 된다. 이렇게 직관에 따라 작업하게 되면 다른 주석자, 혹은 주석 처리된 데이터의 사용자와 공유되지 않을 가능성이 있다. 따라서 다른 연구자가 주석을 반복 구현하고 사용할 수 있음을 보장하려면 반드시 지침을 명확히 해야 한다.

4. 각각의 인스턴스에 대해 여러 주석자를 활용해 데이터의 부분적인 세트에 대해 **파일럿 주석**pilot annotation을 수행해야 한다. 이 과정을 통해서 현재 주석 지침의 재현 가능성 및 확장 가능성에 대한 예비 평가를 진행할 수 있다. 일치율을 계산하기 위한 척도는 다음에 설명돼 있다. 특정 불일치에 관해 직접 분석

하는 과정은 명확한 지침을 만들 수 있도록 도움을 주며, 주석 작업의 수정으로 이어지기도 한다. 만약 주석자가 두 라벨을 자주 함께 사용했다면, 이 라벨들을 병합하는 것이 최선의 선택일 수도 있다.

5. **데이터를 주석 처리하자.** 주석 프로토콜과 지침을 마무리했다면 본격적으로 주석 처리 과정을 시작할 수 있다. 모든 인스턴스까지는 아니더라도 일부 인스턴스에는 여러 개의 주석이 달리게 돼 주석자 사이의 일치율을 계산할 수 있다. 몇몇 주석 프로젝트에서는 인스턴스들이 다수의 주석을 가지고, 그런 다음 "합의^{consensus}"된 라벨로 합쳐지기도 한다(예컨대 Danescu-Niculescu-Mizil et al., 2013). 하지만 주석이 시간을 많이 소모하거나 상당한 전문성을 필요로 한다면, 예시의 일부분에 대해서만 여러 주석을 가질 수 있도록 해 확장 가능성을 극대화하는 것이 바람직할 수도 있다.

6. **주석자 사이의 일치율을 계산하고 기록한 다음 데이터를 공개한다.** 저작권이나 프라이버시와 관련된 모종의 이유로 인해 가공되지 않은 텍스트 데이터를 공개할 수 없는 경우가 일부 존재한다. 이런 경우라면 문서 식별자에 대한 링크를 포함하고 있는 스탠드오프$^{stand-off}$ 주석을 공개하는 것이 해법이 될 수도 있다. 문서는 데이터 사용 방법에 대한 조건을 부과할 수 있는 라이선스 계약 조건에 따라 공개될 수 있다. 데이터 공개에 따른 잠재적 결과에 대해서 고려해보는 것이 중요하다. 사람들이 자신의 의사와는 전혀 다른 방향으로 자신의 데이터가 데이터 세트 안에서 재배포되고, 공개될 수도 있다는 사실을 자각하지 않은 상황에서 개인 데이터를 공적으로 이용할 수 있도록 동의했을 가능성도 있기 때문이다(Boyd & Crawford, 2012).

주석자의 일치율 측정하기 주석의 반복 가능성을 측정하기 위한 표준적인 방법은 주석자들이 서로들 간에 얼마나 일치하는지 정도를 계산하는 것이다. 주석자 사이에 불일치가 빈번하게 발생한다면 주석자의 신뢰성 혹은 주석 시스템의 신뢰성에 의문을 가질 수 있다. 분류를 하기 위해 주석자 간의 일치하는 빈도를 계산해볼 수 있으며, 평점 척도의 경우에는 평점 사이의 평균 거리를 계산하면 된다. 이러한 일치에 대한 로우 통계치는 반드시 우연에 따른 일치율과 비교하는 과정을 거쳐야 한다. 우연에 따른 일치율은 데이터를 간과한 두 명의 주석자 사이에 존재하는 일치에 대한 기댓값의 정도를 의미한다.

코헨의 카파 Cohen's Kappa 상관계수는 이산 라벨링 작업에서의 일치를 수치화할 때 사용된다(Cohen, 1960; Carletta, 1996).[16]

$$\kappa = \frac{\text{agreement} - E[\text{agreement}]}{1 - E[\text{agreement}]} \qquad [4.11]$$

위 수식에서 분자는 관측된 일치와 우연적인 일치 간의 차이이며, 분모는 완전 일치와 우연적인 일치 간의 차이이다. 따라서 모든 경우에 대해 주석자가 서로 일치할 때 $\kappa = 1$이며, 우연에 따라서만 주석자가 서로 일치한다면 $\kappa = 0$이다. κ가 어떤 경우에 '중간', '충분한', 혹은 '상당한' 수준의 일치를 가리키는지를 결정하기 위한 다양한 휴리스틱 척도가 고안됐다. 이를테면 Lee & Narayanan(2005)은 구어 대화 속 감정의 주석에 대해 $\kappa \approx 0.45 - 0.47$이라는 수치 범위를 발표했으며, 이를 "중간 일치율 Moderate Agreement"이라고 설명했다. Stolcke et al.(2000)은 대화 속 각 발화 차례에 대한 라벨이라 할 수 있는 **대화 행위** 주석에 대해 $\kappa = 0.8$이라는 수치를 발표한 바 있다.

주석자가 둘인 경우 우연에 따른 일치의 기댓값은 다음과 같이 계산할 수 있다.

$$E[\text{agreement}] = \sum_k \hat{\text{Pr}}(Y = k)^2 \qquad [4.12]$$

여기서 k는 라벨의 총합이며, $\hat{\text{Pr}}(Y = k)$는 모든 주석에 대한 라벨 k의 경험적 확률을 의미한다. 위 수식은 주석이 무작위로 섞였을 때 기대되는 일치의 횟수를 통해 도출됐다. 그러므로 이진 라벨링 작업에서 만약 라벨 하나가 90%의 인스턴스들에 대해 적용됐다면, 해당 경우의 일치율은 $.9^2 + .1^2 = .82$가 된다.

크라우드소싱 크라우드소싱은 분류 문제에 대한 주석을 신속하게 얻기 위해 주로 사용된다. 일례로 **아마존 메케니컬 터크**Amazon Mechanical Turk는 데이터 라벨링과 같은 "인지 작업"을 정의할 수 있도록 만들어준다. 연구자는 각각의 주석 집합에 대한 가격과 주석자에게 요구되는 최소한의 자격 요건(이를테면 모국어, 또는 이전에 진행한 작업에 대한 만족도 등)을 설정한다. 상대적으로 전문성이 부족한 "크라우드워커crowdworker"를 활용

---

16 기타 유형의 주석에는 크리펜도르프 알파계수(Krippendorf's alpha)가 주로 사용된다(Hayes & Krippendorf, 2007; Artstein & Poesio, 2008)

한다는 점에서 전문적인 언어학자에 의존했던 과거의 주석 처리 작업과는 대조적이다(Marcus et al., 1993). 그럼에도 크라우드소싱이 다수의 언어 관련 작업에서 신뢰할 만한 주석을 생산할 수 있다는 사실이 입증됐다(Snow et al., 2008). 크라우드소싱은 **인간 기반의 연산**Human Computation이라는 광범위한 분야에 속한다(Law & Ahn, 2011). 크라우드소싱과 관련된 윤리적인 이슈에 대한 비판적인 견해는 Fort et al.(2011)을 참조하면 된다.

추가 자료

3장에서 다룬 사전 처리 문제들의 상당수는 정보 검색에서도 다룰 것이다. 토큰화 및 그와 관련된 알고리듬에 대한 추가적인 설명을 보고 싶다면 Manning et al.(2009)을 참고하면 좋다. 가설 검증에 관한 자세한 정보와 반복 가능성에 대한 대략적인 설명은 Dror et al.(2017, 2018)을 살펴볼 것을 추천한다.

연습 문제

1. §4.3.3에서 언급한 바와 같이 단어는 덩어리로 나타나는 경향이 있으며, 후속 단어가 나타날수록 발생 가능성이 더 높아진다. 더 명확히 말하자면 만약 문서에서 단어 j가 라벨 y를 갖고 나타날 확률이 $\phi_{y,j}$이라면 단어가 2회 나타날 확률은 $(x_j^{(i)} = 2)$으로, $\phi_{y,j}^2$보다 크다.

   나이브 베이즈 분류를 이진 분류에 적용한다고 생각해보자. 즉, 라벨 $y = 1$이라는 문서 내에서 단어 j가 더 나타날 가능성이 높다고 하면, 다음의 부등식이 성립한다.

   $$\Pr(w=j|y=1) > \Pr(w-j|y=0) \qquad [4.13]$$

   그리고 $x_j^{(i)} > 1$이라고 가정하자. 나머지 모든 조건이 동일하다면, 분류기는 사후 확률 $\Pr(y = 1|x)$를 과대평가할 것인가, 아니면 과소평가할 것인가?

2. F-MEASURE가 재현율과 정밀도의 산술 평균인 $\frac{r+p}{2}$보다 크지 않음을 증명하라. 또한 이 증명을 통해 F-MEASURE가 $\frac{r+p}{2}$와 동일한 것과 $r = p$는 필요충분

관계에 있음을 보일 수 있어야 한다.

3. "양성^{positive}" 라벨이 α인 이진 분류 문제에서, 데이터를 무시하고 $\frac{1}{2}$의 확률로 $\hat{y} = +1$을 선택하는 무작위 분류기의 F-MEASURE 기댓값은 무엇인가? $(\mathrm{p}(\hat{y}) \perp \mathrm{p}(y)$이라고 가정하자) $\alpha(y^{(i)}$와는 마찬가지로 독립이다)의 확률로 $\hat{y} = +1$를 선택 하는 분류기의 F-MEASURE 기댓값은 무엇인가? α를 고려하면, 어떤 분류기에 서 더 높은 점수를 얻을 수 있는가?

4. 이진 분류기 c_1과 c_2가 $N = 30$인 사례에 대해 불일치하며, c_1은 이중 $k = 10$의 경우에 대해서 올바르게 분류한다고 가정하자.

    *   **양측검정** p-값을 계산하기 위해 원시함수(예컨대 exp, 팩토리얼 등)를 사용하는 프로그램을 작성하라. 가능하다면 "choose" 함수의 구현체를 사용해도 무방 하다. 이항 검정 혹은 이항 분포$^{binomial\ CDF}$를 계산하기 위한 라이브러리(파이 썬 라이브러리인 scipy.stats.binom 등)의 결과물과 대조해 작성한 코드를 검증 해보자.

    *   그다음 무작위로 테스트를 사용해 동일한 p-값을 얻어보자. 각각의 표본은 $N = 30$이고 $\theta = \frac{1}{2}$인 이항분포상에서 추출하게 된다. $k \leq 10$인 표본의 개수 를 계산하라. 이렇게 얻은 값은 단측검정 p-값이며, 여기에 2를 곱하면 양측 검정 p-값을 계산할 수 있다.

    *   다양한 수의 부트스트랩 표본 $M \in \{100, 1000, 5000, 10000\}$으로, 위의 방 법을 시도해보자. $M = 100$과 $M = 1000$인 조건에서 테스트를 10회 실행하 고, p-값의 결괏값으로 그래프를 작성하라.

    *   마지막으로 $N = 70$과 $k = 25$인 조건에서 동일한 테스트를 실행하라.

5. SemCor 3.0은 단어 의미가 명확하게 라벨링된 데이터 세트다. nltk.corpora. semcor에서 SemCor 3.0[17]을 다운로드하거나 액세스할 수 있다.

    SemCor에서 최소한 10회 이상 나타나는 단어를 하나 선택한다(예컨대 *find*). 그리 고 답인 자료를 참고하지 않고, 10개의 무작위로 선택된 예시에 대한 해당 단어 의 WordNet 의미^{sense}에 주석을 달아보라. 온라인 WordNet을 사용해 각각의 의

---

17 예컨대 https://github.com/google-research-datasets/word_sense_disambigation_corpora 혹은 http:// globalwordnet.org/wordnet-annotated-corpora

미[18]의 정의를 파악하라. 그리고 여러분의 파트너도 동일한 주석을 작성하게 하고, 가공되지 않은 일치율 및 일치율 기댓값과 코헨의 카파 상관계수를 계산하도록 하라.

6. Pang, Lee의 영화 리뷰 데이터를 다운로드하라. 현재 데이터는 www.cs.cornell.edu/people/pabo/movie-review-data/에서 확인할 수 있다. 무작위로 선택된 400건의 리뷰를 테스트 세트로 따로 빼놓도록 하자. Bing Liu의 자료와 비슷한 감성 어휘 자료를 다운로드하라. Bing Liu의 감정 어휘 자료는 현재 www.cs.uic.edu/~liub/FBS/sentiment-analysis.html에서 이용 가능하다. 데이터를 토큰화하고 난 후, 긍정적인 감정 어휘가 부정적인 감정 어휘보다 많을 때만 각 문서를 '긍정'으로 분류하자. 어휘 기반 분류기를 사용해 테스트 세트에서 긍정적인 리뷰를 탐지할 때의 정확도 및 F-MEASURE를 계산하라.

그런 다음 결정 분류기(평균 퍼셉트론이나 로지스틱 회귀 분석)를 트레이닝 세트에 대해 훈련시키고 정확도 및 F-MEASURE를 계산하라. 양측을 검정하는 가설 검정 방법을 활용해 수치적으로 유의미한 차이가 있는지 판단하라. 정확도 차이에 대해서는 이항식을, 매크로 F-MEASURE의 차이에 대해서는 부트스트랩을 사용한다.

이제 남은 문제를 분류기를 빌드하고 해당 속성들을 검증하는 작업이다. 아직 토큰화되지 않은 다중 클래스 텍스트 분류 데이터 세트를 선택하라. 이를테면 뉴욕 타임즈 신문 기사의 헤드라인과 주제로 구성된 데이터 세트를 선택할 수 있다 (Boydstun, 2013).[19]

데이터상에 별도 구분이 없다면, 데이터 세트를 트레이닝 세트(60%), 개발 세트(20%), 테스트 세트(20%)로 나눠라. 만약 데이터 세트의 양이 아주 많을 경우, 수천 개 수준의 인스턴스로 좁혀서 시작하는 것이 좋다.

7. 각 사례별로 가장 빈번하게 사용하는 단어들을 사용해 10^2, 10^3, 10^4, 10^5 크기를

---

18 http://wordnetweb.princeton.edu/perl/webwn

19 www.amber-boydstun.com/supplementary-information-for-making-the-news.html에서 CSV 파일 형태로 이용 가능하다. 이 문제에서는 Topic_2digit 필드를 사용한다.

가진 다양한 어휘집을 비교하라(적절한 토크나이저를 사용해도 무방하다). 각각의 어휘 크기에 대해서 로지스틱 회귀 분류기를 훈련시키고, 이를 개발 세트에 적용한다. 어휘 크기가 증가하는 정확도와 매크로 F-MEASURE를 그래프로 나타내시오. 각 어휘 크기에 대해 정규자^{regularizer}를 조정해 트레이닝 세트에서 유지되는 데이터의 부분 세트의 정확도를 최대화시켜라.

8. 다음의 토큰화 알고리듬을 비교하시오.
   - 정규 표현식을 활용한 화이트스페이스^{Whitespace}
   - NLTK의 펜 트리뱅크^{Penn Treebank} 토크나이저
   - 공백이나 구두점과는 관계없이, 중첩되지 않는 다섯 글자 단위로 입력을 분할함

   트레이닝 데이터의 토크나이저에 대한 토큰/유형 비율을 계산하고 여러분이 찾아낸 내용에 대해 설명하시오. 토큰화된 데이터 세트에서 분류기를 훈련시켜서 학습 데이터에서 제공되는 데이터의 부분 세트에 대해 정규자를 조정한다. 개발 세트를 토큰화하고 정확도와 매크로 F-MEASURE를 구하시오.

9. 적절한 토크나이저를 사용해 훈련 세트에 Porter & Lancaster 어간 추출기를 적용하고 토큰/유형의 비율을 계산하라. 트레이닝 데이터의 홀드아웃 부분을 다시 활용해 정규자를 다시 조정하라. 그런 다음 추출된 데이터상에서 분류기를 훈련시키고 추출된 개발 데이터에 대한 정확도 및 매크로 F-MEASURE를 계산하라.

10. 직전의 세 문제에서 어휘 필터링, 토큰화, 어간 추출의 최적의 조합을 먼저 찾는다. 그리고 이러한 전처리 과정을 테스트 세트에 적용하고, 테스트 세트 정확도 및 매크로 F-MEASURE를 계산한다. 화이트 스페이스 토큰화는 적용하지만 어휘 필터링 및 어간 추출은 적용하지 않는 베이스라인 시스템과 비교해보자.

   이항 검증을 사용해 여러분이 가진 가장 성능이 좋은 시스템이 베이스라인보다 확실히 더 높은 정확도를 갖는지 확인하라.

   $M = 10^4$인 부트스트랩 검증을 활용해 여러분이 가진 가장 성능이 좋은 시스템이 상당히 높은 매크로 F-MEASURE를 얻었는지 확인하라.

05 비지도학습

지금까지 우리는 다음의 조건하에서만 다뤘다.

- 관측값 x와 라벨 y가 있는 **트레이닝 세트**
- 관측값 x만 있는 **테스트 세트**

라벨링된 데이터가 없더라도 학습을 하는 것이 가능할까? 이렇게 학습하는 경우를 **비지도학습**^{unsupervised learning}이라고 하며, 실제로 이 학습 과정을 통해 우리는 라벨링되지 않은 관측값의 이면에 있는 구조에 대해 학습하는 것이 가능해진다. 또한 5장에서는 비지도학습과 연관된 학습 과정을 함께 살펴본다. 오직 몇 개의 인스턴스 라벨을 갖고 있는 **준지도학습**^{semi-Supervised Learning}과 배포될 트레이닝 시스템에서의 데이터와 훈련 데이터가 서로 다른 **도메인 적응**^{domain adaptation}과 같은 방법에 대해 살펴볼 것이다.

5.1 비지도학습

비지도학습을 하는 이유에 대해 알기 위해서는 (§4.2에서 다뤘던) 단어 의미 명료화 문제를 고려해야 한다. 이 명료화 문제의 목표는 각각의 경우에 사용된 *bank*와 같은 단어를 하나의 의미로 분류하는 것이다.

- bank#1: 금융기관
- bank#2: 강에 인접한 땅

많은 양의 구성된 단어 말뭉치를 가지고 있더라도, 일반적인 단어를 빼 버리면 단지 몇 개의 인스턴스만 포함돼 있기 때문에 단어의 의미를 명료화할 수 있는 충분한 트레이닝 데이터를 얻는 것은 어렵다. 이미 데이터가 라벨링되지 않아도 위의 *bank*처럼 서로 다른 의미를 학습하는 것이 가능할까?

단어 의미의 명료화는 일반적으로 명확해 구분돼야 할 단어의 지역적 문맥^{local} ^{context}을 바탕으로 구성된 피처 벡터를 사용해 수행된다. 이를테면 *bank*라는 단어의 직접적 문맥은 통상 다음의 서로 다른 단어군^{group} 중 하나에 속할 것이다.

1. 제1군 group: *Financial*[금융], *deposits*[예금], *credit*[신용], *lending*[대출], *capital*[자본], *markets*[시장], *regulated*[규제되는], *reserve*[준비금], *liquid* [유동성의], *asset*[자산]

2. 제2군 group: *Land*[땅], *water*[물], *geography*[지리], *stream*[개천], *river*[강], *flow*[흐름], *deposits*[저질][1], *discharge*[배출], *channel*[수로], *ecology*[생태]

이제 *bank*라는 단어가 포함된 문서 하나가 각각의 점으로 그려지는 산점도를 생각해보자. 문서의 *x* 좌표는 제1군에 속한 단어의 빈도수를, *y* 좌표는 제2군에 속한 단어의 빈도수를 나타낸다.

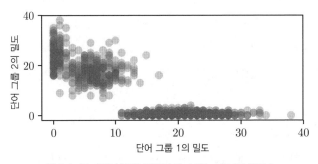

그림 5.1 두 개의 상이한 문맥군에 속하는 단어의 빈도수

그림 5.1의 산점도에서는 두 "덩어리^{blob}"가 보일 것이다. 이 덩어리들은 *bank*가 갖는 서로 다른 의미를 보여주는 다른 문제를 통해 만들어진 이와 연관된 또 다른 시나리오도 존재한다. 수천 개의 뉴스 기사를 내려받아 하나의 산점도를 그린다고 가정해보자. 이 산점도에서 각 점은 하나의 문서를 의미하며 *x*축은 단어군^{group}(*hurricane*[허

---

1 底質. 여기서는 호수나 바닥에 퇴적된 물질을 뜻한다. – 옮긴이

리케인], *winds*[바람], *storm*[폭풍])의 빈도를, *y*축은 단어군^{group}(*election*[선거], *voters*[투표자], *vote*[투표])의 빈도를 나타낸다. 그렇다면 이번에는 세 개의 덩어리가 보일 것이다. 첫 번째 덩어리 내에는 주로 허리케인에 관한 문서가, 두 번째에서는 주로 선거에 관한 문서들이, 세 번째에서는 두 토픽과 무관한 문서들을 보게 될 것이다.

이러한 덩어리들은 데이터의 기저 구조를 알려준다. 하지만 이차원 산점도는 문맥 단어의 군 분류에 기반하며, 실제 학습 과정에서는 이 분류를 위한 단어 목록은 알려져 있지 않다. 비지도학습에서는 이와 동일한 기본 개념이 적용되지만, 훨씬 더 큰 차원으로 구성된 고차원 공간 내에서 이뤄지며, 문맥 단어^{context word} 하나당 하나의 차원이 만들어지는 공간에서 학습한다. 이 고차원 공간은 직접적으로 시각화될 수 없지만 학습 목표는 결국 동일하다. 관측 데이터의 기저 구조를 확인하기 위해 시도하는 것이다. 이 과정을 통해 점으로 이뤄진 몇 개의 클러스터^{clusters}가 나타나며, 각각의 클러스터 내에서는 데이터의 일관성을 띤다. 클러스터링^{clustering} 알고리듬은 이러한 일관성에 대한 구조를 자동으로 발견할 수 있다.

5.1.1 *K*-평균 클러스터링

클러스터링 알고리듬은 각각의 데이터 점들을 이산 클러스터 $z_i \in 1, 2, \ldots K$ 중 하나로 할당한다. 가장 잘 알려진 클러스터링 알고리듬 중 하나는 **K-평균**^{K-Means}으로 이것은 인스턴스당 클러스터 하나를 할당하는 한편 동시에 각각의 클러스터의 중심("평균") 위치를 계산하는 반복 알고리듬이다. *K*-평균 알고리듬은 클러스터에 끊임없이 데이터를 할당하고 중심을 갱신하는 과정을 반복한다.

1. 인스턴스는 중심과의 거리가 가장 가까운 클러스터에 소속된다.
2. 중심들은 클러스터 내 점들의 평균으로 다시 계산된다.

이 절차는 아래의 알고리듬 8처럼 규격화한 형태로 표현할 수 있다. $\|x^{(i)} - v\|^2$항은 유클리드 놈^{Euclidean norm}인, $\sum_{j=1}^{V}(x_j^{(i)} - v_j)^2$을 의미한다. *K*-평균의 중요한 피처는 수렴되는 해가 초기 설정에 달려 있다는 점과 임의의 서로 다른 출발점에서 알고리듬을 재실행하는 것만으로도 좀 더 나은 클러스터링을 찾게 될 수 있다는 점이다.

알고리듬 8 *K*-평균 클러스터링 알고리듬

1: **procedure** K-MEANS$(x_{1:N}, K)$
2:    **for** $i \in 1 \dots N$ **do**   ▷ 데이터의 클러스터에 대한 소속을 초기화
3:       $z^{(i)} \leftarrow$ RANDOMINT$(1, K)$
4:    **repeat**
5:       **for** $k \in 1 \dots K$ **do**   ▷ 클러스터 중심을 다시 계산
6:         $v_k \leftarrow \frac{1}{\delta(z^{(i)}=k)} \sum_{i=1}^{N} \delta(z^{(i)}=k)x^{(i)}$
7:       **for** $i \in 1 \dots N$ **do**   ▷ 가장 인접한 클러스터에 인스턴스 재할당
8:         $z^{(i)} \leftarrow \text{argmin}_k \|x^{(i)} - v_k\|^2$
9:    **until** converged
10:    **return** $\{z^{(i)}\}$ ▷ 클러스터 할당 반환

완화된 K-평균$^{\text{Soft K-Means}}$은 특별히 유의미하게 변형된 알고리듬이다. 각 점에 특정 클러스터를 직접 할당하는 대신 완화된 K-평균 알고리듬에서는 각 점에 $\sum_{k=1}^{K} q^{(i)}(k)$ $=1$과 $\forall_k$, $q^{(i)}(k) \geq 0$을 만족하는 클러스터 분포 $q^{(i)}$를 할당한다. 완화된 가중치 $q^{(i)}(k)$는 $x^{(i)}$와 클러스터의 중심 v_k까지의 거리를 통해 계산한다. 그다음 각 클러스터의 중심은 클러스터에 속한 점들의 가중 평균(식 5.1)으로 계산한다.

$$v_k = \frac{1}{\sum_{i=1}^{N} q^{(i)}(k)} \sum_{i=1}^{N} q^{(i)}(k)x^{(i)} \tag{5.1}$$

이제 완화된 K-평균 클러스터링 알고리듬의 확률적 버전에 대해 살펴볼 것이다. 이 버전은 **기댓값-최대화**^{EM}에 기반해 만들어진다. 최대 가능도 추정$^{\text{maximum likelihood estimation}}$에 근사된 값으로 도출될 수 있어서 EM 클러스터링$^{\text{EM clustering}}$은 여러 유용한 방식으로 확장할 수 있다.

5.1.2 기댓값-최대화

기댓값-최대화^{EM}는 완화된 K-평균의 아이디어와 나이브 베이즈 분류 아이디어와 합친 것이다. 다시 돌이켜보면 나이브 베이즈는 데이터의 확률분포를 다음과 같이 정의한다.

$$\log \mathrm{p}(\boldsymbol{x}, \boldsymbol{y}; \boldsymbol{\phi}, \boldsymbol{\mu}) = \sum_{i=1}^{N} \log \left(\mathrm{p}(\boldsymbol{x}^{(i)} \mid y^{(i)}; \boldsymbol{\phi}) \times \mathrm{p}(y^{(i)}; \boldsymbol{\mu}) \right) \qquad [5.2]$$

이제 인스턴스에 대해 라벨을 찾지 못한다고 생각해보자. 이를 위해 각 인스턴스의 라벨을 통상적으로 관측되는 변수에서 사용하는 $y^{(i)}$대신 $z^{(i)}$로 표시한다. **잠재변수 z를** 주변화^{marginalizing}함으로써 우리는 인스턴스 $\boldsymbol{x}$에 대해 주변 확률을 얻게 된다.

$$\log \mathrm{p}(\boldsymbol{x}; \boldsymbol{\phi}, \boldsymbol{\mu}) = \sum_{i=1}^{N} \log \mathrm{p}(\boldsymbol{x}^{(i)}; \boldsymbol{\phi}, \boldsymbol{\mu}) \qquad [5.3]$$

$$= \sum_{i=1}^{N} \log \sum_{z=1}^{K} \mathrm{p}(\boldsymbol{x}^{(i)}, z; \boldsymbol{\phi}, \boldsymbol{\mu}) \qquad [5.4]$$

$$= \sum_{i=1}^{N} \log \sum_{z=1}^{K} \mathrm{p}(\boldsymbol{x}^{(i)} \mid z; \boldsymbol{\phi}) \times \mathrm{p}(z; \boldsymbol{\mu}) \qquad [5.5]$$

파라미터 $\boldsymbol{\phi}$와 $\boldsymbol{\mu}$는 식 5.5의 주변 가능도$^{\text{marginal likelihood}}$를 최대화해 얻을 수 있다. 왜 이 방법이 최대화를 하기 위한 올바른 방법일까? 해당 데이터에 대한 라벨링되지 않은 경우 판별적^{discriminative} 학습은 이미 불가능하다. 결정할 것이 없기 때문에, 최대 가능도는 우리가 가진 전부다.

라벨이 관측되면 우리는 각각의 라벨에 대한 나이브 베이즈 확률모델의 파라미터를 추정할 수 있다. 하지만 라벨의 주변화에 따라 이 파라미터들끼리 결합하면 $\log \mathrm{p}(\boldsymbol{x})$를 직접 최적화하기는 어렵게 된다. 그래서 우리는 보조변수$^{\text{auxiliary variable}}$인 $q^{(i)}$를 도입해서 로그 가능도의 근삿값을 구할 것이다. $q^{(i)}$은 라벨 집합 $\mathcal{Z} = \{1, 2, ..., K\}$의 분포를 나타낸다. 최적화는 q의 갱신값과 파라미터 $(\boldsymbol{\phi}, \boldsymbol{\mu})$의 갱신값 사이에서 번갈아 가며 순서대로 진행한다. 따라서 $q^{(i)}$는 여기서 완화된 K-평균에서와 같은 역할을 수행한다.

여기서 최적화 과정을 갱신하기 위해서 식 5.5의 우항에 다음의 비율 $\frac{q^{(i)}(z)}{q^{(i)}(z)} = 1$을 곱한다.

$$\log \mathrm{p}(\boldsymbol{x}; \boldsymbol{\phi}, \boldsymbol{\mu}) = \sum_{i=1}^{N} \log \sum_{z=1}^{K} \mathrm{p}(\boldsymbol{x}^{(i)} \mid z; \boldsymbol{\phi}) \times \mathrm{p}(z; \boldsymbol{\mu}) \times \frac{q^{(i)}(z)}{q^{(i)}(z)} \qquad [5.6]$$

$$= \sum_{i=1}^{N} \log \sum_{z=1}^{K} q^{(i)}(z) \times \mathrm{p}(\boldsymbol{x}^{(i)} \mid z; \boldsymbol{\phi}) \times \mathrm{p}(z; \boldsymbol{\mu}) \times \frac{1}{q^{(i)}(z)} \qquad [5.7]$$

$$= \sum_{i=1}^{N} \log E_{\boldsymbol{q}^{(i)}} \left[\frac{\mathrm{p}(\boldsymbol{x}^{(i)} \mid z; \boldsymbol{\phi}) \mathrm{p}(z; \boldsymbol{\mu})}{q^{(i)}(z)} \right] \qquad [5.8]$$

여기서 $E_{\boldsymbol{q}^{(i)}}[f(z)] = \sum_{z=1}^{K} q^{(i)}(z) \times f(z)$ 은 분포 $z \sim q^{(i)}$ 하의 함수 f 에 대한 기댓값을 의미한다.

옌센 부등식^{Jensen's inequality}에 따르면 로그는 볼록함수^{concave function}이기 때문에 로그를 기댓값 내에 적용해 하한^{lower bound}을 얻을 수 있다.

$$\log \mathrm{p}(\boldsymbol{x}; \boldsymbol{\phi}, \boldsymbol{\mu}) \geq \sum_{i=1}^{N} E_{\boldsymbol{q}^{(i)}} \left[\log \frac{\mathrm{p}(\boldsymbol{x}^{(i)} \mid z; \boldsymbol{\phi}) \mathrm{p}(z; \boldsymbol{\mu})}{q^{(i)}(z)} \right] \qquad [5.9]$$

$$J \triangleq \sum_{i=1}^{N} E_{\boldsymbol{q}^{(i)}} \left[\log \mathrm{p}(\boldsymbol{x}^{(i)} \mid z; \boldsymbol{\phi}) + \log \mathrm{p}(z; \boldsymbol{\mu}) - \log q^{(i)}(z) \right] \qquad [5.10]$$

$$= \sum_{i=1}^{N} E_{\boldsymbol{q}^{(i)}} \left[\log \mathrm{p}(\boldsymbol{x}^{(i)}, z; \boldsymbol{\phi}, \boldsymbol{\mu}) \right] + H(\boldsymbol{q}^{(i)}) \qquad [5.11]$$

여기서 우리는 식 5.10에 초점을 맞춰서 살펴볼 것이다. 이 수식은 관측하는 데이터 $\log \mathrm{p}(\boldsymbol{x})$ 에 대한 주변 로그 가능도^{marginal log-likelihood}의 하한을 의미한다. 식 5.11은 정보 이론에서 다루는 **엔트로피** 개념과 이어지며, 분포 $q^{(i)}$ 에서 한 번 데이터를 추출할 때 산출되는 평균적인 정보량을 측정한다. 수식으로는 $H(\boldsymbol{q}^{(i)}) = -\sum_{z=1}^{K} q^{(i)}(z) \log q^{(i)}(z)$ 으로 표현한다. 또 하한 J 는 두 개의 인자들의 군^{group} 2개로 이뤄진 함수다.

- 각 인스턴스에 대한 분포 $\boldsymbol{q}^{(i)}$
- 파라미터 $\boldsymbol{\mu}$ 와 $\boldsymbol{\phi}$

기댓값-최대화^{EM} 알고리듬은 다른 변수들은 고정된 상태에서 위의 두 인자에 대한 영역을 최대화할 수 있도록 만든다.

E 단계^{E-step} $q^{(i)}$ 가 갱신되는 단계를 **E 단계**라 한다. 이 단계에서는 기댓값을 계산하는 분포를 갱신한다. 이 갱신 과정을 도출하기 위해 먼저 하한에서의 기댓값을 다음과

같이 시그마를 써서 수식을 만든다.

$$J = \sum_{i=1}^{N} \sum_{z=1}^{K} q^{(i)}(z) \left[\log \mathrm{p}(\boldsymbol{x}^{(i)} \mid z; \boldsymbol{\phi}) + \log \mathrm{p}(z; \boldsymbol{\mu}) - \log q^{(i)}(z) \right] \qquad [5.12]$$

각 경계를 최적화할 때는 또한 "합이 1이 돼야 한다"는 일련의 제약 조건, 즉 모든 i에 대해 $\sum_{z=1}^{K} q^{(i)}(z) = 1$이 성립돼야 한다. 나이브 베이즈에서와 마찬가지로 이 제약 조건은 라그랑주함수로 합쳐서 다음과 같이 적을 수 있다.

$$J_q = \sum_{i=1}^{N} \sum_{z=1}^{K} q^{(i)}(z) \left(\log \mathrm{p}(\boldsymbol{x}^{(i)} \mid z; \boldsymbol{\phi}) + \log \mathrm{p}(z; \mu) - \log q^{(i)}(z) \right) + \lambda^{(i)} (1 - \sum_{z=1}^{K} q^{(i)}(z))$$

$$[5.13]$$

여기서 $\lambda^{(i)}$는 인스턴스 i에 대한 라그랑주 승수다.

라그랑주함수는 미분값을 가지고 $q^{(i)}$의 해를 구해 최대화시킬 수 있다.

$$\frac{\partial J_q}{\partial q^{(i)}(z)} = \log \mathrm{p}(\boldsymbol{x}^{(i)} \mid z; \boldsymbol{\phi}) + \log \mathrm{p}(z; \boldsymbol{\theta}) - \log q^{(i)}(z) - 1 - \lambda^{(i)} \qquad [5.14]$$

$$\log q^{(i)}(z) = \log \mathrm{p}(\boldsymbol{x}^{(i)} \mid z; \boldsymbol{\phi}) + \log \mathrm{p}(z; \mu) - 1 - \lambda^{(i)} \qquad [5.15]$$

$$q^{(i)}(z) \propto \mathrm{p}(\boldsymbol{x}^{(i)} \mid z; \boldsymbol{\phi}) \times \mathrm{p}(z; \mu) \qquad [5.16]$$

총합이 1이라는 제약 조건을 적용하면 정확한 해를 구할 수 있다.

$$q^{(i)}(z) = \frac{\mathrm{p}(\boldsymbol{x}^{(i)} \mid z; \boldsymbol{\phi}) \times \mathrm{p}(z; \boldsymbol{\mu})}{\sum_{z'=1}^{K} \mathrm{p}(\boldsymbol{x}^{(i)} \mid z'; \boldsymbol{\phi}) \times \mathrm{p}(z'; \boldsymbol{\mu})} \qquad [5.17]$$

$$= \mathrm{p}(z \mid \boldsymbol{x}^{(i)}; \boldsymbol{\phi}, \boldsymbol{\mu}) \qquad [5.18]$$

정규화를 통해 데이터 $\boldsymbol{x}^{(i)}$에 대한 완화된 클러스터 분포를 의미하는 각 $\boldsymbol{q}^{(i)}$를 사용해 현재의 파라미터하에 사후확률 $\mathrm{p}(z|\boldsymbol{x}^{(i)}; \boldsymbol{\phi}, \boldsymbol{\mu})$을 정할 수 있다. 라그랑주 승수 $\lambda^{(i)}$가 파라미터로 추가되더라도 정규화 과정에서 떨어져나간다.

M 단계^M-step 그다음 완화된 $\boldsymbol{q}^{(i)}$를 고정시키고 파라미터 $\boldsymbol{\phi}$와 $\boldsymbol{\mu}$에 대해 최대화를 진행한다. 여기서는 가능도 $\mathrm{p}(\boldsymbol{x}|z; \boldsymbol{\phi})$의 파라미터가 되는 $\boldsymbol{\phi}$에 초점을 맞춰서 다루고, $\boldsymbol{\mu}$는 연습 문제를 위해 남겨둔다. 파라미터 $\boldsymbol{\phi}$는 각 클러스터별 단어들의 분포를 나타내고, $\sum_{j=1}^{V} \phi_{z,j} = 1$의 제약 조건에서 최적화가 진행된다. 이 제약 조건들을 합치기 위해

라그랑주 승수 $\{\lambda_z\}_{z=1}^{K}$를 도입해 라그랑주함수를 만든다.

$$J_\phi = \sum_{i=1}^{N} \sum_{z=1}^{K} q^{(i)}(z) \left(\log \mathrm{p}(\boldsymbol{x}^{(i)} \mid z; \boldsymbol{\phi}) + \log \mathrm{p}(z; \mu) - \log q^{(i)}(z) \right) + \sum_{z=1}^{K} \lambda_z (1 - \sum_{j=1}^{V} \phi_{z,j})$$

[5.19]

항 $\log \mathrm{p}(\boldsymbol{x}^{(i)} \mid z; \boldsymbol{\phi})$은 다항식에 대한 조건부 로그 가능도를 나타내며 다음과 같이 전개된다.

$$\log \mathrm{p}(\boldsymbol{x}^{(i)} \mid z, \boldsymbol{\phi}) = C + \sum_{j=1}^{V} x_j \log \phi_{z,j}$$

[5.20]

위 식에서 C는 $\boldsymbol{\phi}$에 관한 상수이다. 이 확률함수에 대한 자세한 논의는 §2.2의 식 2.12를 참조하면 된다.

J_ϕ의 도함수를 0으로 두면 다음이 성립된다.

$$\frac{\partial J_\phi}{\partial \phi_{z,j}} = \sum_{i=1}^{N} q^{(i)}(z) \times \frac{x_j^{(i)}}{\phi_{z,j}} - \lambda_z$$

[5.21]

$$\phi_{z,j} \propto \sum_{i=1}^{N} q^{(i)}(z) \times x_j^{(i)}$$

[5.22]

$\boldsymbol{\phi}_z$는 확률분포로서 제한되므로 정확한 해는 다음과 같이 계산할 수 있다.

$$\phi_{z,j} = \frac{\sum_{i=1}^{N} q^{(i)}(z) \times x_j^{(i)}}{\sum_{j'=1}^{V} \sum_{i=1}^{N} q^{(i)}(z) \times x_{j'}^{(i)}} = \frac{E_q\left[\mathrm{count}(z,j)\right]}{\sum_{j'=1}^{V} E_q\left[\mathrm{count}(z,j')\right]}$$

[5.23]

여기서 $j \in \{1, 2, ..., V\}$은 단어와 같은 기본적인 피처를 나타낸다.

위의 갱신 과정을 통해 $\boldsymbol{\phi}_z$ 분포 $\boldsymbol{q}$의 기대 빈도수의 상대적 빈도 추정과 같도록 정해진다. 지도학습의 나이브 베이즈 분류에서와 같이 상수 α를 더함으로써 이들 빈도수를 평활화smoothing시킬 수 있다. $\boldsymbol{\mu}$의 갱신도 마찬가지이며, 수식으로는 $\mu_z \propto \sum_{i=1}^{N} q^{(i)}(z) = E_q\left[\mathrm{count}(z)\right]$ 다음과 같다. 이 $\boldsymbol{\mu}$에 대한 갱신 과정은 클러스터 z의 기대 빈도를 알려준다. 이 확률들도 평활화가 가능하다. 요약하자면 M 단계는 나이브 베이즈와 똑같지만 관측 빈도수 대신 기대 빈도수가 사용된다.

다항분포 가능도$^{multinomial\ likelihood}$ p($x|z$)는 다른 확률분포로 대체할 수 있다. 예를 들면 연속적인 관측에 대해서는 가우스 분포를 사용할 수 있으며, 몇몇 경우에는 가능도의 파라미터에 대해 닫힌 형태$^{closed-form2}$인 갱신 과정은 존재하지 않을 수도 있다. 이때 해결하기 위한 접근법 중 하나는 각 M 단계에서 경사 기반 최적화를 실행하는 것이다. 또 다른 접근법은 한 번의 경사 단계만을 실행한 다음 E 단계로 돌아가는 것이다(Berg-Kirkpatrick et al., 2010).

5.1.3 최적화 알고리듬으로서의 EM

파라미터의 하위 세트를 번갈아 가며 갱신하면서 전역 객체를 갱신하는 알고리듬을 **좌표 상승**$^{coordinate\ ascent}$ 알고리듬이라고 한다. J(데이터의 주변 가능도에서의 하한)는 q와 (μ, ϕ) 각각에 대해서는 아래로 볼록 모양을 띠지만, 동시에 모든 항에서 볼록^{convex}하지는 않다. 이 조건을 **이중 볼록성**^{biconvexity}라고 한다. 기댓값-최대화^{EM} 알고리듬의 각 단계는 하한 J가 더 이상 감소하지 않음을 보장한다. 즉, EM이 인접한 어떤 점에서도 더 나은 결과가 산출되지 않는 해로 수렴함을 의미한다. 이 해가 바로 **극솟값**^{local} ^{optimum}이다. 이 값은 바로 이웃한 값들보다는 더 나은 값을 갖지만, 이 값이 (q, μ, ϕ)에 대한 가능한 모든 구성값에 최적값이라고 보장할 수 없다.

해당 값이 전역에서 최적값(최솟값)임을 보장할 수 없는 사실은 사실은 초기 설정이 중요함을 의미한다. 어떤 출발점에서 시작하는지가 어떤 값에서 끝날 수 있는지 결정한다. 이 부분에 대해 더 설명하려면 그림 5.2는 상이한 임의의 10가지 초기 설정을 갖는 EM 목적함수를 설명한 그림이다.

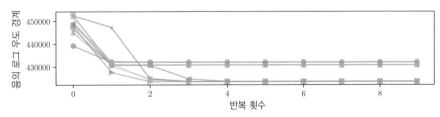

그림 5.2 기댓값-최대화에 대한 초기 설정 민감도. 각각의 선은 서로 다른 임의의 초기 설정에서 최적화가 점진적으로 진행됨을 보여준다.

---

2   상한과 하한을 정해두고 해당 경계 내에서만 수식을 계산한다.

반복이 진행될 때마다 목적함수는 단조롭게 향상되면서 몇 개의 서로 다른 값으로 수렴한다.[3] 2장에서 다뤘던 볼록 목적함수convex objective function의 경우에는 경사 기반 최적화 과정이 전역 최솟값에 도달하도록 보장해줬으므로 초기 설정에 대해 크게 고려할 필요가 없었다. 그렇지만 기댓값-최대화에서는 3장의 딥 뉴럴 네트워크에서처럼 초기 설정이 문제가 된다.

강건한hard **EM**에서는 각각의 $q^{(i)}$ 분포는 하나의 라벨 $\hat{z}^{(i)}$에 확률값으로 1을 할당하고, 나머지 모든 라벨에는 확률값 0을 할당한다(Neal & Hinton, 1998). 이 방법은 K-평균 클러스터링과 유사하며, 경우에 따라 표준 EM보다 더 나은 결과를 얻을 수도 있다(Spitkovsky et al., 2010). 기댓값-최대화의 또다른 변형 버전은 확률적 경사 하강SGD과 합치는 것이다. 각 인스턴스 $x^{(i)}$에 지역 E 단계를 실행한 후 즉각적으로 파라미터 (μ, ϕ)에 대한 기울기를 갱신하는 것이다. 이 알고리듬은 **점진적 기댓값-최대화**(Neal & Hinton, 1998)와 **온라인 기댓값-최대화**(Sato & Ishii, 2000; Cappe & Moulines, 2009)로 알려져 있으며 가능도 p($x|z$)에 대해 닫힌 형태에서 최적값이 없는 상황이거나 새로운 데이터가 흘러들어오는 온라인 환경에서 특히 유용하다.

5.1.4 얼마나 많은 클러스터가 필요할까?

지금까지 우리는 클러스터의 개수 K는 주어져 있다고 가정해왔다. 어떤 경우에는 이 과정이 유효하다. 예를 들면 어휘의 의미를 정리한 WORDNET 등의 자료는 한 단어가 갖는 의미의 숫자를 미리 정해놓을 수도 있다. 또 다른 경우에 클러스터의 수는 유저가 직접 조정하는 파라미터가 될 수도 있다. 일부 독자들은 거칠게 분류된coarse-grained 뉴스 기사를 선호하는 경우도 있고, 20개 이상의 클러스터로 나눠져 정교하게 분류된 것을 원하는 독자들도 있다. 그렇지만 대부분의 경우에는 K값을 정하는 어떤 지침이 있지는 않다.

클러스터의 수를 정하는 한 가지 방법은 클러스터링의 질quality을 측정하는 지표가 최대화될 수 있는 값을 선택하는 것이다. 서로 다른 파라미터 μ와 ϕ는 로그 가능도 경계 J를 최대화하는 방식으로 구해지며, 따라서 이 파라미터들이 K를 정하는 잠재

---

3   그림은 음의 로그 가능도 상한을 보여준다. 통상적으로 최적화 과정이 최대화보다는 최소화의 모습을 띠기 때문이다.

적인 값으로 보일 수도 있다. 하지만 J는 K와 함께 감소하지 않는다. K개의 클러스터에 대해 J_K의 경계를 얻는 것이 가능하다면 최소한 $K+1$개의 클러스터에 대해서도 단순하게 추가되는 클러스터를 무시하고 q와 μ의 확률을 0으로만 만들어주면, 해당 경계를 얻을 수 있을 것이다. 이렇게 모델이 복잡해질수록 불리한 것이 늘어나기 때문에 클러스터의 수를 적게 유지하는 것이 좋다. 예를 들면 아카이케 정보 척도(AIC; Akaike, 1974)는 파라미터 개수와 로그 가능도에 대한 선형 조합이다.

$$\text{AIC} = 2M - 2J \qquad\qquad [5.24]$$

여기서 M은 파라미터의 개수이고, 기댓값-최대화^{EM} 클러스터링 알고리듬에 따라 $M = K \times V + K$가 성립한다. 클러스터수 K가 증가함에 따라 파라미터의 개수가 증가하기 때문에 AIC는 데이터가 아주 잘 들어맞지 않는다 하더라도, AIC는 좀 더 간명한 모델을 선호한다.

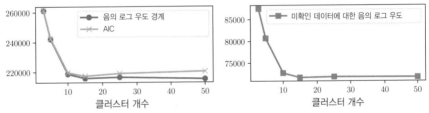

그림 5.3 합성 데이터에 대한 기댓값-최대화 알고리듬을 실행한 후 산출된 음의 가능도 및 AIC. 데이터가 $K = 10$인 모델에서 생성됐다 하더라도 AIC 및 테스트 로그 가능도에 따르면 클러스터의 최적값은 $\hat{K} = 15$이다. 훈련 집합 로그 가능도는 K가 증가하면서 계속 향상된다.

클러스터의 수를 정하는 또 다른 방법은 테스트 데이터의 **예측 가능도**$^{\text{Predictive Likelihood}}$를 최대화하는 것이다. 이 테스트 데이터는 모델의 파라미터 ϕ와 μ를 추정할 때는 사용되지 않으며 이 데이터의 가능도가 K와 함께 증가하지는 않는다. 그림 5.3은 훈련 데이터 및 테스트 데이터에 대한 음의 로그 가능도와 AIC를 보여준다.

*베이즈 비모수$^{\text{Bayesian Nonparametrics}}$ 또 다른 방법은 클러스터의 개수를 또 다른 잠재변수로 다루는 것이다. 이렇게 다루기 위해서는 클러스터 개수를 갖는 모델 세트에 대한 통계적 추론이 필요하다. 이 방법은 기댓값-최대화의 틀 내에서는 불가능하지만 **마르코프 연쇄 몬테카를로 방법**$^{\text{MCMC, Markov Chain Monte Carlo}}$을 비롯해 적용할 수 있는 몇 가

지 다른 추론 절차들이 존재한다. MCMC는 §5.5에서 간략하게 다룰 것이다(좀 더 자세한 내용에 대해서는 Murphy, 2012의 25장을 참조하면 된다). 베이즈 비모수는 단어 의미 외에도 단어당 의미 개수를 학습하는 비지도 단어 의미 추론의 문제에도 적용된다 (Reisinger & Mooney, 2010).

5.2 기댓값-최대화의 적용

실제로 EM은 퀵소트 정렬과 같은 "알고리듬"이 아니다. 오히려 결측 데이터 학습을 위한 하나의 프레임워크라고 볼 수 있다. 관심 있는 흥미로운 문제에 EM을 사용하는 방법은 다음과 같다.

- 확률 $P(x, z)$를 쉽게 구할 수 있도록 잠재변수 z를 도입한다. z에 대한 정보가 알려져 있을 때 이와 연관된 파라미터의 추정 또한 수월해야 한다.
- $q(z)$에 대한 E 단계 갱신값을 도출한다. $q(z)$는 통상 $\prod_{i=1}^{N} q_{z^{(i)}}(z^{(i)})$과 같이 인수분해된다. 여기서 i는 인스턴스를 나타내는 지수다.
- M 단계는 나이브 베이즈와 같은 확률적 지도학습 알고리듬의 완화된 버전으로 볼 수 있다.

이 절에서는 이런 일반화된 프레임워크에서 적용되는 여러 응용 인스턴스 중 두세 가지를 논의한다.

5.2.1 단어 의미 추론

5장에서는 단어의 의미가 사전에 알려지지 않은 경우의 의미 명료화 문제를 다루는 것으로 시작했다. 각 클러스터를 하나의 단어 의미로 다루면서 기댓값-최대화를 의미 명료화 문제에 적용할 수 있다. 각 인스턴스는 모호한 단어들의 사용을 나타내며 $x^{(i)}$는 인접한 서로 다른 단어들의 빈도수를 나타내는 벡터다. Schütze(1998)는 50단어 윈도우window 내에 있는 모든 단어를 사용했다. 또한 나이브 베이즈에서처럼 확률 $P(x^{(i)}|z)$는 다항분포로 만들 수 있다. EM 알고리듬을 해당 데이터에 대해 직접 적용해 (원하건대) 단어 의미에 상응하는 클러스터를 산출할 수 있다.

먼저 **특이값 분해**SVD, Singular-Value Decomposition를 문맥 빈도수 행렬 $C_{ij} = \text{count}(i, j)$에

적용함으로써 더 나은 결괏값을 얻을 수 있다. 여기서 count(i, j)는 인스턴스 i의 문맥 속에 있는 단어 j의 빈도수를 나타낸다. U와 V가 직교행렬이고 S가 대각행렬이라는 조건하에서 **잘라낸**^{Truncated} 특이값 분해는 세 행렬 U와 S 그리고 V의 곱으로 이뤄진 행렬 C에 근사한다.

$$\min_{U,S,V} ||C - USV^\top||_F \qquad\qquad [5.25]$$
$$s.t.\, U \in \mathbb{R}^{V \times K}, UU^\top = \mathbb{I}$$
$$S = \mathrm{Diag}(s_1, s_2, \dots, s_K)$$
$$V^\top \in \mathbb{R}^{N_p \times K}, VV^\top = \mathbb{I}$$

여기서 $||\cdot||_F$은 **프로베니우스 놈**$^{Frobenius\ norm}$인 $||X||_F = \sqrt{\sum_{i,j} X_{i,j}^2}$을 나타낸다. 행렬 U는 C의 왼쪽에 있는 특이벡터를 포함하며 이 행렬의 행은 빈도벡터 c_i에 대한 저차원 표현으로 사용될 수 있다. EM 클러스터링은 실제 빈도를 사용하기보다는 인스턴스로 표기된 $x^{(i)}$를 해당 행렬의 행과 동일한 것으로 설정해 좀 더 강건하게 만들 수 있다 (Schütze, 1998). 하지만 인스턴스들은 이제 연속된 수들의 밀집벡터이기 때문에 확률 $p(x^{(i)}|z)$는 다변량 가우스 분포$^{multivariate\ Gaussian\ Distribution}$로 정의돼야 한다.

잘라낸 특이값 분해에서의 하이퍼파라미터인 K는 절단 한계$^{truncation\ limit}$를 나타낸다. K가 C의 계수와 동일할 때 원래의 행렬 C와 재구성된 행렬 $USV^\top$와의 차이에 따른 놈은 0이 될 것이다. K의 값이 적을수록 재구성 오차는 커지지만, 학습하기 더 쉽고 적은 벡터 표현을 얻게 된다. 특이값 분해에 대해서는 14장에서 자세하게 논의할 것이다.

5.2.2 준지도학습

기댓값-최대화는 **준지도학습**$^{semi-supervised\ learning}$ 문제에도 적용할 수 있다. 준지도학습 문제에서는 하나의 모델 속에서 라벨링된 데이터와 라벨링되지 않은 데이터 모두를 통해 학습한다. 준지도학습은 주석이 달린 인스턴스들을 사용해 원하는 결괏값에 라벨 y가 상응하도록 만든다. 여기에 라벨링되지 않은 인스턴스들을 추가함으로써 라벨링된 데이터만 있을 때 나타나는 것보다 더 큰 부분에 대한 피처를 학습할 수 있도록 만든다. 준지도학습의 또 다른 방법은 §5.3에서 더 논의할 것이지만, 여기서는 기댓값-최대화 프레임워크 내에서 해당 문제를 접근해 살펴보도록 하자(Nigam et al., 2000).

라벨링된 데이터 $\{(x^{(i)}, y^{(i)})\}_{i=1}^{N_\ell}$와 라벨링되지 않은 데이터 $\{x^{(i)}\}_{i=N_\ell+1}^{N_\ell+N_u}$가 있다고 가정해보자. 여기서 N_ℓ는 라벨링된 인스턴스의 수이고 N_u는 라벨링되지 않은 인스턴스의 수를 의미한다. 결합 로그 가능도의 하한을 최대화시킴으로써 라벨링된 데이터와 없는 데이터를 합친 데이터에서 학습이 이뤄질 수 있도록 만든다.

$$\mathcal{L} = \sum_{i=1}^{N_\ell} \log \mathrm{p}(x^{(i)}, y^{(i)}; \mu, \phi) + \sum_{j=N_\ell+1}^{N_\ell+N_u} \log \mathrm{p}(x^{(j)}; \mu, \phi) \qquad [5.26]$$

$$= \sum_{i=1}^{N_\ell} \Big(\log \mathrm{p}(x^{(i)} \mid y^{(i)}; \phi) + \log \mathrm{p}(y^{(i)}; \mu) \Big) + \sum_{j=N_\ell+1}^{N_\ell+N_u} \log \sum_{y=1}^{K} \mathrm{p}(x^{(j)}, y; \mu, \phi) \; [5.27]$$

좌항의 합은 나이브 베이즈의 목적함수와 동일하며 우항의 합은 기댓값-최대화에 대한 주변 로그 가능도로 식 5.5와 동일하다. $j \in \{N_\ell+1, \ldots, N_\ell+N_u\}$에 대한 분포 $q^{(i)}$를 도입해 이 로그 가능도에 대한 하한을 만들 수 있다. E 단계는 이러한 분포들을 갱신하며 M 단계에서는 라벨 없는 데이터의 기대 빈도와 라벨링된 데이터의 관측 빈도를 이용해 파라미터 ϕ와 μ를 갱신한다.

준지도학습의 결정적인 쟁점은 특히 라벨링되지 않은 데이터가 라벨링된 데이터 세트보다 훨씬 더 클 때 두 데이터의 분류기 가중치에 미치는 영향력에 대한 균형을 잡으려면 어떻게 해야 하는가에 대한 문제이다. 라벨링되지 않은 데이터가 대부분이면, 파라미터들이 인스턴스의 "자연적 클러스터링natural clustering"이 되는 방향으로 이탈하는 위험이 발생할 수 있다. 이렇게 되면 이미 라벨링된 데이터에서는 좋은 분류기가 아닐 가능성이 높다. 이를 해결할 수 있는 한 가지 방법은 식 5.26의 두 구성 요소에 가중치를 다시 부여하고, 개발용 테스트 세트에서 두 구성 요소에 대한 가중치를 재조정하는 것이다(Nigam et al., 2000).

5.2.3 다중 성분 모델링

마지막 마지막 애플리케이션에서는 완전한 지도 분류supervised classification로 되돌아 가보자. 우리가 다룰 데이터 세트는 텍스트 분류의 고전적 데이터 집합이자 뉴스 그룹이라 부르는 온라인 포럼의 글로 구성된 20 newsgroup이라는 세트다. `comp.sys.mac.hardware`는 애플 하드웨어에 대해 논의하는 뉴스 그룹 중 하나의 그룹이다. 이 뉴스 그룹 내에 두 종류의 게시물, 즉 새로운 하드웨어 리뷰와 하드웨어 문제점에 대한 질의응답 게시물이 있다고 가정해보자. `mac.hardware` 범주를 구성하는 이러한 모듈에서의 언어는 거의 공통점이 없을 수도 있다. 만약 그렇다면 이들을 묶어서 단일 부류로 취급하기보다는 이 모듈들을 별도의 모델로 만드는 것이 더 나을 것이다. 하지만 각 인스턴스들이 어느 모듈에 속해 있는지는 직접적으로 알려주지 않는다.

나이브 베이즈가 생성 과정에 기반하고 있음을 상기하면, 관측되는 데이터에 대해 확률적 설명을 제공한다. 나이브 베이즈에서 각각의 라벨은 파라미터 $\boldsymbol{\mu}$를 갖는 범주 분포에서 도출되며 각각의 단어 빈도수 벡터는 파라미터 $\boldsymbol{\phi}_y$를 갖는 다항분포에서 도출된다. 다중 성분 모델링에서 우리는 관측 라벨 $y^{(i)}$와 잠재 성분 $z^{(i)}$를 모두 포함하는 다소 상이한 생성 과정을 만들어낸다. 이 생성 과정은 알고리듬 9에 설명돼 있다. 새로운 파라미터 $\boldsymbol{\beta}_{y^{(i)}}$는 라벨 $y^{(i)}$를 조건으로 하는 구성 요소들의 분포를 정의한다. 그러고 나서 범주를 나누는 라벨이 아닌 다른 구성 요소가 단어의 분포를 파라미터화한다.

알고리듬 9 숨겨진 성분을 갖는 나이브 베이즈 분류기의 생성 과정

---

for instance $i \in \{1, 2, \ldots, N\}$ **do**:

    Draw the label $y^{(i)} \sim \text{Categorical}(\boldsymbol{\mu})$;

    Draw the component $z^{(i)} \sim \text{Categorical}(\boldsymbol{\beta}_{y^{(i)}})$;

    Draw the word counts $\boldsymbol{x}^{(i)} | y^{(i)}, z^{(i)} \sim \text{Multinomial}(\boldsymbol{\phi}_{z^{(i)}})$.

라벨링된 데이터에 $(\boldsymbol{x}^{(i)}, y^{(i)})$는 포함되지만 $z^{(i)}$는 포함되지 않는다. 데이터가 결측되는 또 다른 경우가 발생하는 것이다. 그러면 다시 결측 데이터를 포함해 합산하고, 옌센 부등식을 적용해 로그 가능도의 하한을 얻을 수 있다.

$$\log p(\boldsymbol{x}^{(i)}, y^{(i)}) = \log \sum_{z=1}^{K_z} p(\boldsymbol{x}^{(i)}, y^{(i)}, z; \boldsymbol{\mu}, \boldsymbol{\phi}, \boldsymbol{\beta}) \qquad [5.28]$$

$$\geq \log p(y^{(i)}; \boldsymbol{\mu}) + E_{q_{Z|Y}^{(i)}} [\log p(\boldsymbol{x}^{(i)} \,|\, z; \boldsymbol{\phi}) + \log p(z \,|\, y^{(i)}; \boldsymbol{\beta}) - \log q^{(i)}(z)]$$

$$[5.29]$$

이제 우리는 기댓값-최대화를 적용할 준비가 됐다. 통상적인 상황과 동일하게 E 단계에서는 결측 데이터의 분포 $q_{Z|Y}^{(i)}$가 갱신된다. 그리고 M 단계는 파라미터를 갱신한다.

$$\beta_{y,z} = \frac{E_q\,[\mathrm{count}(y,z)]}{\sum_{z'=1}^{K_z} E_q\,[\mathrm{count}(y,z')]} \qquad [5.30]$$

$$\phi_{z,j} = \frac{E_q\,[\mathrm{count}(z,j)]}{\sum_{j'=1}^{V} E_q\,[\mathrm{count}(z,j')]} \qquad [5.31]$$

5.3 준지도학습

준지도학습에서는 학습자는 라벨링된 데이터와 라벨링되지 않은 데이터를 모두 이용해 학습한다. 프랑스어에서의 감정 분석을 통해서 이 방법이 얼마나 도움이 되는지 알아보자. 표 5.1에는 라벨이 매겨진 두 가지 예시를 보여준다. 하나는 긍정적인 것이고 다른 하나는 부정적인 것이다. 이 데이터를 통해 학습자는 *réussi*[성공한]는 긍정적인 표현이며 *long*[긴]은 부정적이라고 결론을 내릴 수 있을 것이다. 하지만 이는 그리 대단한 건 아니다! 그러나 우리는 이 정보들을 라벨링되지 않은 데이터로 확장(전파)해 더 많은 잠재적인 정보를 학습할 수 있을 것이다.

- *réussi*가 긍정적이라고 자신한다면, (5.3) 역시 긍정적이라고 추측할 것이다.
- 위 문장을 통해 *parfaitement*[완벽하게] 역시 긍정적이라는 점을 암시한다.
- 이 정보들을 (5.5)로 전파시켜 이 예시에 있는 단어들을 통해 학습할 수 있다.

표 5.1 영화 〈블레이드 러너 2049〉와 〈트랜스포머: 최후의 기사〉의 라벨링된 리뷰와 라벨 없는 리뷰[4]

(5.1)	☺ Villeneuve a bel et bien **réussi** son pari de changer de perspectives tout en assurant une coherence à la franchise. [빌뇌브는 전작과의 일관성을 온전히 유지하면서도 관점을 바꾸는 내기에 실로 **성공했다.**][5]
(5.2)	☹ Il est egalement trop **long** et bancal dans sa narration, tiède dans ses intentions, et tiraillé entre deux personnages et directions qui ne parviennent pas à coexister en harmonie. [내레이션은 너무 **길고** 엉성하며 의도는 빈약하다. 두 인물과 연출 사이에서 갈팡질팡해 조화로운 공존에 이르지 못하고 있다.][6]
(5.3)	Denis Villeneuve a **réussi** une suite **parfaitement** maitrisée. [드니 빌뇌브는 **완벽하게** 통제된 결과를 만드는 데 **성공했다.**][7]
(5.4)	**Long, bavard**, hyper design, à peine agité(le comble de l'action: une bagarre dans la flotte), metaphysique et, surtout, ennuyeux jusqu'à la catalepsie. [**길고 장황하며** 매우 작위적이며 거의 흥분이 없다(최고의 액션: 빗속에서의 결투). 무엇보다 몸이 마비될 정도로 지루하다.][8]
(5.5)	Une suite d'une ecrasante puissance, mêlant **parfaitement** le contemplatif au narratif. [압도적인 힘을 가진 속편. 사색적인 면을 내러티브에 **완벽하게** 결합시켰다.][9]
(5.6)	Le film impitoyablement **bavard** finit quand même par se taire quand se leve l'espèce de bouquet final où semble se dechaîner, comme en libre parcours de poulets décapités, l'armée des graphistes numeriques griffant nerveusement la palette graphique entre agonie et orgasme. [무자비하게 **장황한** 영화는 그럼에도 일종의 마지막 부케를 들어올릴 때는 침묵하는 것으로 끝이 난다. 이때는 수많은 그래픽 디자이너 군단이 쏟아져 나와 마치 목이 잘린 닭이 미친듯이 돌아다니는 것처럼 죽음과 오르가슴 사이에서 그림판에 신경질적으로 생채기를 낸다.][10]

- 마찬가지로 라벨링된 데이터 내에서 단어 *long*을 공유하고 있어서, 부정적이라고 생각되는 (5.4)로 전파할 수 있다. *bavard* 또한 부정적이라는 것을 알려주며, 이 정보를 (5.6)으로 전파한다.

인스턴스 (5.3)과 (5.4)는 긍정과 부정에 상응하는 라벨링된 인스턴스들과 "유사"했다. 이 인스턴스들을 사용해 모델을 확장했다. 그 과정에 따라 최초 라벨링된 데이터와 어떠한 중요한 피처 정보를 공유하지 않았던 인스턴스들인 (5.5)와 (5.6)에 정확한 라벨을 붙이는 것이 가능해졌다. 즉, 이는 피처정보가 유사하다면, 인스턴스에서는 유사한 라벨을 가질 것이라는 핵심 가정에 따른다.

§5.2.2에서 어떻게 기댓값-최대화가 준지도학습에 적용될 수 있는지 논의했다. 라

---

4   이는 프랑스어로 남겨진 리뷰이므로, 구글 번역기를 통해 번역한 내용을 정리한 것이다. 프랑스어임을 감안하고 의미와 문맥 위주로 보면 좋겠다. – 옮긴이

5   http://www.premiere.fr/Cinema/News-Cmema/Cntique-Blade-Runner-2049-est-Le-Parrain-2-de-la-science-fiction

6   https://www.ecranlarge.com/films/critique/1000531-blade-runner-2049-critique-sans-spoilers

7   http://www.gqmagazine.fr/pop-culture/cinema/articles/faut-il-aller-voir-blade-runner-2049/56600

8   http://www.vsd.fr/loisirs/cinema-faut-il-vraiment-aller-voir-blade-runner-2049-22967

9   http://www.cinemateaser.com/2017/10/71704-blade-runner-2049-chronique

10 http://next.liberation.fr/cinema/2017/06/27/transformers-the-last-knight-voie-de-garage_1579963

벨링된 데이터를 사용해 최초 파라미터 ϕ는 긍정적인 범주에서는 *réussi*에 높은 가중치를, 부정적 범주에서는 *long*에 높은 가중치를 할당할 것이다. 이러한 가중치는 E 단계에서 인스턴스 (5.3)과 (5.4)에 대한 분포 q를 형성할 수 있도록 도움을 준다. M 단계의 다음 반복에서는 파라미터 ϕ는 이 인스턴스들의 빈도를 통해 갱신해, 인스턴스 (5.5)와 (5.6)에 정확한 라벨을 붙일 수 있도록 만들어 준다.

하지만 기댓값-최대화에는 치명적인 단점이 있다. 분류에 사용될 수 있는 피처를 제한하는 생성 분류 모델을 사용해야 한다는 점이다. 이 절에서 우리는 분류 모델에 더 적은 제한 조건을 요구하는 비확률적^{nonprobabilistic} 접근법에 대해 알아볼 것이다.

표 5.2 개체명 분류를 위한 멀티뷰 학습에 대한 예시

	$x^{(1)}$	$x^{(2)}$	y
1	Peachtree Street	located on	LOC
2	Dr. Walker	said	PER
3	Zanzibar	located in	$? \to$ LOC
4	Zanzibar	flew to	$? \to$ LOC
5	Dr. Robert	recommended	$? \to$ PER
6	Oprah	recommended	$? \to$ PER

5.3.1 멀티뷰 학습

EM 준지도학습은 **자가 훈련**^{self-training}으로 볼 수 있다. 라벨링된 데이터는 분류 파라미터에 대해 초기 추정^{initial estimate}시에 값을 설정할 수 있도록 도와준다. 이 분류 파라미터들은 라벨링되지 않은 인스턴스들에 대해 라벨의 분포 $q^{(i)}$를 계산한다. 라벨의 분포는 이 이 파라미터를 갱신할 때 사용된다. 여기서 문제는 자가 훈련이 초기 라벨링된 데이터에서 벗어나 이탈할 위험이 있다는 점이다. 이 문제는 **멀티뷰 학습**^{multi-view learning} 과정을 거치면서 더 악화될 수 있다. 이 학습 과정에서는 피처들이 다양한 "관점들(뷰)^{views}"로 분해될 수 있다고 가정한다. 주어진 라벨하에서 각각의 관점들은 조건부 독립이다. 어떤 이름을 사람 혹은 장소로 분류하는 문제를 생각해보자. 여기서 하나의 뷰는 이름 그 자체이다. 또 다른 뷰는 이름이 등장하는 문맥이다. 표 5.2에서는 이 상황에 대한 예시를 좀 더 설명한다.

상호 훈련^{Co-training}은 반복 과정을 거치는 멀티뷰 학습 알고리듬이고, 각각의 관점에
대해 별도의 분류기가 존재한다(Blum & Mitchell, 1998). 이 알고리듬의 반복을 거칠 때
마다 각 분류기는 분류기 그 자신의 관점에서 가용할 수 있는 피처만을 사용해 라벨
링되지 않은 인스턴스들의 부분 세트에 대한 라벨을 예측한다. 그리고 나서 이 예측
값은 다른 관점과 연계된 분류기를 훈련시키는 기준값^{ground truth}으로 사용된다. 표 5.2
에 제시된 예시에서는 $x^{(1)}$의 분류기는 Dr이라는 피처를 통해 인스턴스 #5에는 정확
하게 '사람'이라는 라벨을 붙일 수 있을 것이다. 이 인스턴스는 $x^{(2)}$의 분류기를 위한
훈련 데이터로도 사용할 수 있다. $x^{(2)}$에서의 피처인 *recommended*[추천되는]라는 단
어를 통해서 인스턴스 #6에 "사람"이라는 올바른 라벨을 붙일 수 있을 것이다. 관점
들이 완전히 독립적이라면 이 과정에서 이탈하기가 쉽지 않고, 각각의 관점으로 사용
되는 분류기에 제약을 가할 수 없도록 만든다.

단어 의미 명료화^{Word Sense Disambiguation}는 "하나의 텍스트에 하나의 의미"라는 학습법
덕분에 특히 멀티뷰 학습에 적합하다. 단어가 주어진 텍스트나 대화에서 여러 번 사
용되는 경우 사용되는 모든 곳에서 동일한 의미를 나타낸다(Gale et al., 1992). 이 과정은
멀티뷰 학습 접근법을 사용하도록 만들어서, 하나의 관점은 국부적 문맥^{local context}
(주변 단어들)을 살피고, 다른 관점은 문서 수준의 전체적 문맥에 상응한다(Yarowsky,
1995). 국부적 문맥에서의 관점은 양이 적은 시드 데이터 집합으로 먼저 훈련한다. 그
러고 나서 라벨링되지 않은 인스턴스들에 대해 가장 확실한 예측값을 확인한다. 이어
서 전체적 문맥의 관점은 인스턴스에 대한 확실한 예측값을 동일 문서 내에 있는 다
른 인스턴스들에 확장해 사용한다. 이 새로운 인스턴스들을 훈련 데이터에 추가해 지
역적 문맥 분류기를 재훈련하고, 나머지 라벨링되지 않은 데이터에 적용한다.

5.3.2 그래프 기반 알고리듬

준지도학습에 대한 또 다른 접근법들은 그래프를 구성하는 것으로 시작한다. 여기서
인스턴스 쌍은 대칭적 가중치^{symmetric weights} $\omega_{i,j}$에 연계된다. 예를 들면,

$$\omega_{i,j} = \exp(-\alpha \times ||x^{(i)} - x^{(j)}||^2) \qquad [5.32]$$

이 알고리듬에서의 목표는 이 그래프들을 사용해 라벨링된 인스턴스들의 작은 규모의 세트에서 라벨링되지 않은 인스턴스들의 더 큰 세트로 라벨을 전파하는 것이다.

라벨 전파label propagation는 일련의 행렬 연산을 통해 이뤄진다(Zhu et al., 2003). $\mathbf{Q}$를 $N \times K$ 행렬이라 하자. 여기서 각 행 $q^{(i)}$은 인스턴스 i에 대한 라벨링에 대해 적은 것이다. 기준값 라벨이 사용 가능하면, $q^{(i)}$는 지표 벡터indicator vector를 나타낸다. 여기서 $q_{y^{(i)}}^{(i)} = 1$, $q_{y' \neq y^{(i)}}^{(i)} = 0$이 성립한다. 라벨링된 인스턴스들을 포함하는 행들의 부분 행렬을 $\mathbf{Q}_L$로, 나머지 행들을 $\mathbf{Q}_U$으로 적자. $\mathbf{Q}_U$ 행들은 초기화돼 모든 라벨에 동일한 확률을 할당한다. $q_{i,k} = \frac{1}{K}$

이제 $T_{i,j}$는 노드 j에서 노드 i로 이동하는 "전이transition" 확률을 나타낸다.

$$T_{i,j} \triangleq \Pr(j \rightarrow i) = \frac{\omega_{i,j}}{\sum_{k=1}^{N} \omega_{k,j}} \qquad [5.33]$$

모든 인스턴스 j 및 라벨링되지 않은 모든 인스턴스 i에 대해 $T_{i,j}$의 값을 계산해 $N_U \times N$ 크기의 행렬을 만든다. 데이터 세트가 크다면 이 행렬을 저장하고 다루기에 큰 수요가 들 수 있다. 그래서 이를 해결할 수 있는 한 가지 방법은 각 행에서 k번째로 큰 값만을 보존하고 나머지 모든 값은 0으로 정함으로써 데이터 세트를 희소화시키는 것이다. 그런 다음 우리는 라벨 분포를 라벨링되지 않은 인스턴스로 "전파"할 수 있다.

$$\tilde{\mathbf{Q}}_U \leftarrow \mathbf{TQ} \qquad [5.34]$$

$$s \leftarrow \tilde{\mathbf{Q}}_U \mathbf{1} \qquad [5.35]$$

$$\mathbf{Q}_U \leftarrow \mathrm{Diag}(s)^{-1} \tilde{\mathbf{Q}}_U \qquad [5.36]$$

$\tilde{\mathbf{Q}}_U \mathbf{1}$라는 표현은 $\tilde{\mathbf{Q}}_U$와 $\mathbf{1}$을 원소로 갖는 열 벡터의 곱을 나타내고, 각 행의 합을 계산하는 것과 동일하다. 행렬 $\mathrm{Diag}(s)$는 대각선에 s라는 요소를 갖는 대각 행렬이다. 벡터곱 $\mathrm{Diag}(s)^{-1} \tilde{\mathbf{Q}}_U$는 $\tilde{\mathbf{Q}}_U$의 행들을 정규화할 수 있도록 만든다. 그래서 $\mathbf{Q}_U$의 각 행은 라벨에 대한 확률분포가 된다.

5.4 도메인 적응

생활에서 사용되는 많은 사례를 살펴보면, 라벨링된 데이터는 훈련받은 모델이 적용되는 데이터와 몇 가지 핵심적인 측면에서 차이가 있다. 고전적인 예시를 소개하자면 소비자 리뷰를 들 수 있다. 우리는 갖고 있는 것은 영화 리뷰(원본 도메인)이지만 이 데이터로 전자제품에 대한 리뷰(대상 도메인)를 예측하길 원한다. 비슷한 문제가 장르의 차이에 따라서도 발생한다. 데이터는 뉴스 텍스트이지만 도메인은 소셜 미디어에서 전자 의료 기록에 이르기까지 다양하다. 일반적으로 자체 피처를 지닌 여러 원본 도메인과 대상 도메인이 존재할 수 있다. 하지만 단순한 설명을 위해 이 절에서는 원본 도메인과 대상 도메인이 하나인 경우로 초점을 맞춰 설명할 것이다.

가장 단순한 접근 방법은 "직접 이전$^{direct\ transfer}$"하는 방식, 즉 원본 도메인에서 분류기를 훈련시키고 그 분류기를 직접 대상 도메인에 적용하는 것이다. 이런 접근법의 정확성은 어떤 피처가 도메인 전체에 공유되는 정도에 달려 있다. 리뷰 텍스트 내의 *outstanding*(뛰어난)이나 *disappointing*(실망스러운)과 같은 단어들은 영화와 전자기기 모두에 적용할 수 있다. 하지만 *terrifying* 등의 다른 단어들은 도메인에 따라 특수한 의미를 가질 것이다. 결과적으로 직접 이전하는 방식의 수행 능력은 빈약하다. 예컨대 (책 리뷰로 훈련된) 도메인 외부의 분류기는 주방 기기 리뷰에 대해 도메인 내 분류기의 2배에 해당하는 오류율을 보인다(Blitzer et al., 2007). **도메인 적응** 알고리듬은 양 도메인의 데이터를 모두 사용해 학습함으로써 직접 이전 학습보다 나은 결과를 얻을 수 있도록 시도한다. 라벨링된 임의의 데이터가 대상 도메인에서 가용할 수 있는지에 따라 도메인 적응 알고리듬을 크게 두 부류로 나눌 수 있다.

5.4.1 지도 도메인 적응

지도 도메인 적응$^{Supervised\ Domain\ Adaptation}$에서는 대상 도메인에 소량의 라벨링된 데이터가 존재하고, 원본 도메인에 대해서는 대량의 데이터가 존재한다. 가장 단순하게 접근하는 방법은 도메인 차이를 무시하고 원본 도메인과 대상 도메인에 속하는 훈련 데이터를 단순히 합치는 것이다. 이런 시나리오를 다루는 몇 가지 다른 접근법이 존재한다(Daume III, 2007).

보간 각 도메인에 대해 분류기를 훈련시키고 그들의 예측값을 결합한다. 예를 들면,

$$\hat{y} = \operatorname*{argmax}_{y} \lambda_s \Psi_s(\boldsymbol{x}, y) + (1 - \lambda_s) \Psi_t(\boldsymbol{x}, y) \qquad [5.37]$$

여기서 Ψ_s와 Ψ_t는 각각 원본 도메인 분류기와 대상 도메인 분류기에 대한 적절성 평가함수$^{\text{scoring function}}$를 나타내며, λ_s는 보간 가중치를 나타낸다.

예측 원본 도메인 데이터로 분류기를 훈련시키고 이 분류기의 예측을 대상 도메인 데이터로 훈련되는 다른 분류기의 추가 피처로 사용한다.

$$\hat{y}_s = \operatorname*{argmax}_{y} \Psi_s(\boldsymbol{x}, y) \qquad [5.38]$$

$$\hat{y}_t = \operatorname*{argmax}_{y} \Psi_t([\boldsymbol{x}; \hat{y}_S], y) \qquad [5.39]$$

선행 분포 사전 분포 원본 도메인 데이터로 분류기를 먼저 훈련시킨다. 그리고 여기서 훈련된 가중치를 대상 도메인 데이터 분류기 가중치의 선행으로 사용한다. 이 방법은 원본 도메인 분류기의 가중치에 대해 대상 도메인의 가중치를 정규화하는 것과 동일한 방법에 해당된다(Chelba & Acero, 2006).

$$\ell(\boldsymbol{\theta}_t) = \sum_{i=1}^{N} \ell^{(i)}(\boldsymbol{x}^{(i)}, y^{(i)}; \boldsymbol{\theta}_t) + \lambda ||\boldsymbol{\theta}_t - \boldsymbol{\theta}_s||_2^2 \qquad [5.40]$$

여기서 $\ell^{(i)}$는 인스턴스 i에 대한 기대 손실을, λ는 정규화 가중치$^{\text{regularization weight}}$를 나타낸다.

효과적이면서도 "무서울 정도로 단순한" 또 다른 방법은 EASYADAPT이다(Daume III, 2007). 하나는 각각의 도메인별로, 다른 하나는 도메인 간$^{\text{cross-domain}}$ 설정에 맞춰 EASYADAPT는 피처별로 사본을 만든다. 예를 들어 영화 〈원더 우먼〉에 대한 한 부정적 리뷰는 "*As boring and flavorless as a three-day-old grilled cheese sandwich*(만든지 3일된 치즈 샌드위치처럼 지루하고 건조한...)"으로 시작한다.[11] 이 문장으로 만들 수 있는 단어 가방 피처 벡터는 다음과 같을 것이다.

$$\boldsymbol{f}(\boldsymbol{x}, y, d) = \{(boring, \odot, \text{MOVIE}) : 1, (boring, \odot, *) : 1,$$
$$(flavorless, \odot, \text{MOVIE}) : 1, (flavorless, \odot, *) : 1,$$

---

11 www.colesmithey.com/capsules/2017/06/wonder-woman.HTML(2017년 10월 9일 접속)

$$(\textit{three-day-old}, \odot, \text{MOVIE}) : 1, (\textit{three-day-old}, \odot, *) : 1,$$

$$\dots \}$$

여기서 (*boring*, ⊗, MOVIE)는 *boring*이라는 단어가 MOVIE 도메인 내에서 부정적 라벨로 매겨진 문서에 속한 것임을 알려주며, (*boring*, ⊗, *)는 이 단어가 임의의 도메인 내의 부정적 라벨로 매겨진 문서에 속해 있음을 알려준다. 도메인에 특수한 피처와 도메인 전체의 피처 사이에서 가중치를 할당하는 것은 학습기에 달려 있다. 양 도메인 모두에서 예측을 용이하게 하는 문서에 대해 학습기는 도메인 전체의 피처를 사용할 것이다. 그리고 단 하나의 도메인에서만 예측을 용이하도록 만드는 단어에 대해서는 도메인에 특수한 피처가 사용될 것이다. 임의의 결정 분류기는 이런 보강된 피처Augmented Features와 함께 사용할 수 있다.[12]

5.4.2 준지도 도메인 적응

준지도 도메인 적응에서는 대상 도메인에 라벨링된 데이터가 존재하지 않는다. 준지도 알고리듬은 원본 도메인의 데이터와 대상 도메인의 데이터를 최대한 유사하게 만들도록 함으로써 이 문제를 해결하려고 한다. 그래서 일반적으로 원본 데이터와 대상 데이터를 하나의 공유된 공간에 두는 **투영함수**Projection Function를 학습함으로써 이뤄진다. 이 과정에서 학습기는 도메인에 걸쳐 일반화된다. 이 투영함수는 양 도메인의 데이터로부터 학습되며 기본 피처, 즉 텍스트 분류 시의 단어 가방에 적용된다. 그리고 나면 투영된 피처는 훈련과 예측 모두 사용 가능해진다.

선형 투영 선형 투영에서의 도메인 간 투영Cross-Domain Projection은 행렬-벡터 곱을 통해 구성한다.

$$g(x^{(i)}) = \mathbf{U}x^{(i)} \qquad\qquad [5.41]$$

투영 벡터 $g(x^{(i)})$는 (원본 도메인으로부터의) 훈련과 (대상 도메인에 대한) 예측 과정, 둘 모두에서 기본 피처로 사용될 수 있다.

---

12 EASYADAPT는 위계적 베이즈 모델(hierarchical Bayesian model)로 설명할 수 있다. 여기서 각 도메인의 가중치는 함께 공유된 것 중에서 이미 선행된 것에서 추출한다(Finkel and Manning, 2009).

투영 행렬 U는 서로 다른 여러 방식으로 학습할 수 있다. 그렇지만 많은 접근법은 기본 피처를 압축하고 이를 재구성하는 것에 초점을 맞춘다(Ando & Zhang, 2005).

예를 들면 통상적으로 우리는 양 도메인 모두에서 나타나면 선정하는 **피벗 피처**Pivot Features 세트들을 정의할 수 있다. 즉, 리뷰 문서에서의 피벗 피처는 *outstanding*[뛰어난]과 *disappointing*[실망스러운] 등의 평가에 사용되는 형용사 등이 해당된다. (Blitzer et al., 2007). 각 피벗 피처 j에 대해 남은 기본 피처를 이용해 해당 피처가 각 인스턴스에 존재하는지 예측하는 보조 문제를 정의한다. ϕ_j를 이 분류기의 가중치라 하고 N_p개의 피벗 피처들에 대해 각 가중치를 수평 연결해 행렬 $\Phi = \{\phi_1, \phi_2, \ldots, \phi_{N_p}\}$를 만들도록 하자.

그런 다음 우리는 §5.2.1에서 설명한 것처럼 Φ에 잘라낸 특이값 분해를 수행하면 $\Phi \approx USV^{\top}$를 얻는다. 행렬 U의 행은 각각의 기본 피처에 있는 정보를 요약한다. 사실 잘라낸 특이값 분해는 가중치 행렬 Φ에 대한 저차원 기반low-dimension basis을 확인하고, 이를 이어서 기본 피처를 피벗 피처로 연결해준다. 기본 피처 *reliable*[믿을 만한]이 전자기기 리뷰 대상 도메인에서만 나타난다고 가정해보자. 그럼에도 여기서는 몇몇 피벗 피처(가령 *outstanding*[뛰어난], *recommended*[추천되는])에 대해서는 양의 가중치를, 다른 피벗 피처(가령, *worthless*[가치 없는], *unpleasant*[불쾌한])에 대해서는 음의 가중치를 가질 것이다. *watchable*[볼 만한] 등의 기본 피처는 피벗 피처와 동일한 연관성을 갖게 될 것이다. 그러므로 $u_{\text{reliable}} \approx u_{\text{watchable}}$이 성립한다. 그래서 행렬 U는 기본 피처를 이런 정보들이 공유되는 공간으로 투영할 수 있다.

비선형 투영 기본 피처의 비선형 변환은 변환함수를 보조 목적함수를 통해 훈련하는 딥 뉴럴 네트워크를 실행해 이뤄진다.

노이즈 제거 목적함수 한 가지 가능성은 투영함수를 훈련시켜 손상된 초기 입력 자료를 재구성하는 것이다. 초기 입력 자료는 무작위적인 노이즈가 더해지거나(Glorot et al., 2011; Chen et al., 2012) 피처가 삭제되는(Chen et al., 2012; Yang & Eisenstein, 2015) 등의 여러 방식으로 손상될 수 있다. 노이즈 제거 목적함수는 위에서 설명한 선형 투영법의 여러 속성을 공유한다. 그래서 투영함수는 대상 도메인에 속하는 대량의 라벨링되지 않은 데이터를 통해 훈련될 수 있고, 피처 공간 전체에 정보를 공유해서 매우 드물게 존재하는 도메인 특수성을 갖는 피처에 대한 민감도를 줄일 수 있다.

적대적 목적함수　변환된 표현 $g(x^{(i)})$에 대한 궁극적 목표는 일반적인 도메인에 적용할 수 있도록 만드는 것이다. 즉 도메인 내에서나 도메인 사이에서 변환된 인스턴스들의 유사성을 계산하거나(Tzeng et al., 2015) 도메인 자체를 하나의 라벨로 취급하는 보조 분류 작업을 공식화해(Ganin et al., 2016) 명시적인 최적화 기준을 만들 수 있다. 이 설정들은 분류기가 제대로 동작하지 못하는 표현에 대해 학습하기를 원하기 때문에 **적대적**adversarial이다. 그렇지만 동시에 우리는 $g(x^{(i)})$가 라벨 $y^{(i)}$에 대해 정확히 예측할 수 있길 원한다.

이 아이디어를 수식화하기 위해, 인스턴스 i의 도메인을 $d^{(i)}$라 하고, $\ell_d(g(x^{(i)}),\ d^{(i)};\ \theta_d)$는 파라미터 θ_d를 사용해 변환된 표현인 $g(x^{(i)})$의 $d^{(i)}$를 예측하기 위해 훈련된 (통상적으로 딥 뉴럴 네트워크인) 분류기의 손실을 나타낸다고 하자.

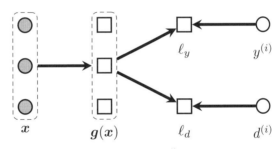

그림 5.4　적대적 도메인 적응에 대한 도식. 손실 ℓ_y는 라벨 $y^{(i)}$에서 가용할 수 있는 원본 도메인의 인스턴스에 대해서만 계산된다.

이와 비슷한 방식으로 $\ell_y(g(x^{(i)}),\ y^{(i)};\ \theta_y)$는 파라미터 θ_y를 사용해 변환된 표현 $g(x^{(i)})$의 $y^{(i)}$를 예측하기 위해 훈련된 분류기(전형적으로는 딥 뉴럴 네트워크)의 손실을 나타낸다고 하자. 여기서 변환 함수 g는 두 개의 기준에 따라 훈련될 수 있다. 이 훈련된 분류기는 라벨 $y^{(i)}$에 대해서는 정확한 예측을 하지만 도메인 $d^{(i)}$에 대한 예측은 부정확하다. 이것은 공동 최적화 문제로 공식화할 수 있다.

$$\min_{\theta_g, \theta_y, \theta_d} \sum_{i=1}^{N_\ell + N_u} \ell_d(g(x^{(i)}; \theta_g), d^{(i)}; \theta_d) - \sum_{i=1}^{N_\ell} \ell_y(g(x^{(i)}; \theta_g), y^{(i)}; \theta_y) \qquad [5.42]$$

여기서 N_ℓ은 라벨링된 인스턴스의 수를, N_u는 라벨링되지 않은 인스턴스의 수이고, 라벨링된 인스턴스는 데이터 세트의 초반에 나타난다. 이러한 설정을 반영한 자세한 모습은 그림 5.4에서 확인할 수 있다. 그리고 확률적 경사 감소를 통해 비선형 변환의 파라미터 θ_g와 예측 모델의 파라미터 θ_d와 θ_y를 훈련시킴으로써 손실을 최적화할 수 있다.

5.5 *잠재변수가 있는 학습에 대한 여러 접근법

기댓값-최대화는 잠재변수를 갖는 학습에 대한 일반적인 접근법을 제공하지만, 여러 한계점 또한 가지고 있다. 하나는 초기화에 대한 민감도이다. 실제 적용할 때는 좋은 초기값을 찾을 수 있도록 상당히 주의를 기울일 필요가 있다. 두 번째는 EM은 잠재 변수가 분명히 분해되는 경우에 가장 적용하기가 쉬운 경향이 있다는 것이다(우리가 생각해본 인스턴스에서는 잠재변수는 인스턴스들 사이에서 분해된다). 그렇기 때문에 EM에 대한 몇 가지 대안을 간략하게 살펴볼 필요가 있다.

5.5.1 표본 추출

EM 클러스터링에서는 각 인스턴스와 관련된 결측 데이터에 대한 분포 $q^{(i)}$가 존재 한다. M 단계는 이 분포에서의 파라미터를 갱신하도록 구성돼 있다. 이 구성에 대한 또 다른 방법은 잠재변수의 표본을 추출하는 것이다. 표본 추출 분포가 올바르게 설계되면, 이 과정은 결국 결측 데이터에 대해 참인 사후 분포 $p(z^{(1:N_z)}|x^{(1:N_x)})$에서 표 본을 추출하도록 수렴할 것이다. 이를테면 클러스터링의 경우에는 결측 데이터 $z^{(1:N_z)}$는 클러스터 소속 세트이며, 이에 따라 데이터 클러스터링의 사후 표본으로부 터 표본을 추출한다. 만약 클러스터 중 하나만 필요하다면, 조건 가능도 $z = \text{argmax}_z$ $p(z^{(1:N_z)}|x^{(1:N_x)})$가 가장 높은 것을 선정할 수 있다.

이러한 일반적 알고리듬류를 **마르코프 연쇄 몬테 카를로**^{MCMC, Markov Chain Monte Carlo}라 한 다. "몬테 카를로"라는 명칭은 일련의 임의적 추출에 기반하기 때문에 붙은 것이며 "마르코프 연쇄"는 각각의 표본이 전체 표본 추출의 히스토리에 의존하지 않고 오직 선행 표본에만 의존하도록 표본 추출 과정이 설계돼야 한다. **깁스 표본 추출**^{Gibbs sampling}

은 각각의 잠재변수가 다음의 사후 분포(식 5.43)로부터 표본 추출되는 MCMC 알고리듬이다.

$$z^{(n)} \mid x, z^{(-n)} \sim \mathrm{p}(z^{(n)} \mid x, z^{(-n)}) \tag{5.43}$$

위 수식에서 $z^{(-n)}$는 $z^{(n)}$을 제외한 모든 잠재변수 세트인 $\{z \setminus z^{(n)}\}$을 의미한다. 모든 잠재변수에 대해 반복적으로 표본을 추출해 $\mathrm{p}(z^{(1:N_z)} \mid x^{(1:N_x)})$에서 추출된 표본들의 시퀀스로 반드시 수렴하는 마르코프 연쇄가 구성된다. 확률적 클러스터링에서 표본 추출 분포는 다음과 같은 형태를 가진다.

$$\mathrm{p}(z^{(i)} \mid x, z^{(-i)}) = \frac{\mathrm{p}(x^{(i)} \mid z^{(i)}; \boldsymbol{\phi}) \times \mathrm{p}(z^{(i)}; \boldsymbol{\mu})}{\sum_{z=1}^{K} \mathrm{p}(x^{(i)} \mid z; \boldsymbol{\phi}) \times \mathrm{p}(z; \boldsymbol{\mu})} \tag{5.44}$$

$$\propto \mathrm{Multinomial}(x^{(i)}; \boldsymbol{\phi}_{z^{(i)}}) \times \boldsymbol{\mu}_{z^{(i)}} \tag{5.45}$$

이 경우에 표본 추출 분포는 다른 인스턴스에 의존하지 않는다. 각 $z^{(i)}$에 대한 사후 분포는 파라미터 $\boldsymbol{\phi}$와 $\boldsymbol{\mu}$가 주어질 때 $x^{(i)}$와 함께 계산할 수 있다.

표본 추출 알고리듬에는 파라미터를 다룰 수 있는 몇 가지 방법들이 존재한다. 한 가지 방법은 파라미터 또한 표본 추출하는 것이다. 이렇게 하기 위해서는 사전 분포를 도입해 생성 스토리에 이 파라미터들을 사전에 추가해둬야 한다. EM 클러스터링 모델의 다항분포 다항 파라미터와 범주 파라미터에 대해서는 **디리클레 분포**^{Dirichlet} ^{Distribution}가 가장 일반적인 방법이다. 디리클레 분포를 통해 정확히 파라미터가 될 수 있는 벡터들, 즉 합이 1이며 음이 아닌 숫자만을 포함하는 벡터들의 집합에 대해 확률이 정의되기 때문이다.[13]

위의 사전 분포를 합치기 위해, 생성 모델이 $\boldsymbol{\phi}_z \sim \mathrm{Dirichlet}(\boldsymbol{\alpha}_\phi)$, $\boldsymbol{\mu} \sim \mathrm{Dirichlet}(\boldsymbol{\alpha}_\mu)$

---

13 모든 i에 대해 $\sum_i^K \theta_i = 1$이고 $\theta_i \geq 0$이면, θ는 $K-1$ 심플렉스에 있다고 한다. 파라미터 $\boldsymbol{\alpha} \in \mathbb{R}_+^K$를 갖는 디리클레 분포는 $K-1$ **simplex**(심플렉스)하에서 설명된다.

$$\mathrm{p}_{\mathrm{Dirichlet}}(\boldsymbol{\theta} \mid \boldsymbol{\alpha}) = \frac{1}{B(\boldsymbol{\alpha})} \prod_{i=1}^{K} \theta_i^{\alpha_i - 1} \tag{5.46}$$

$$B(\boldsymbol{\alpha}) = \frac{\prod_{i=1}^{K} \Gamma(\alpha_i)}{\Gamma(\sum_{i=1}^{K} \alpha_i)}, \tag{5.47}$$

여기서 $\Gamma(\cdot)$는 팩토리얼(계승)함수를 음이 아닌 실수로 일반화한 감마함수를 의미한다.

를 의미하도록 반드시 보강과정이 필요하다. 여기서 하이퍼파라미터 α는 통상 상수 벡터 $\alpha = [\alpha, \alpha, ..., \alpha]$로 정한다. α가 크면 디리클레 분포는 거의 균일한 벡터를 생성하는 경향이 있다. 그리고 α가 작으면 디리클레 분포는 확률의 대부분을 몇 개의 항목에 할당하는 벡터를 생성하도록 만든다. 그리고 주어진 파라미터 ϕ와 μ에 대한 사전 분포를 깁스 표본추출에 포함시키고, 모델의 다른 변수에의 조건하의 사후 분포로부터 이 두 파라미터의 값을 추출할 수 있다.

아쉽게도 ϕ와 μ의 표본 추출은 통상 느린 "혼합^{mixing}"으로 이어진다. 즉 인접한 표본들이 유사해지는 경향이 있으며, 이렇게 되면 확률변수의 공간을 탐색하려면 많은 수의 표본이 필요해진다. 그 이유는 파라미터에 대한 표본 추출 분포가 클러스터 소속의 강한 제약을 받으면서 클러스터 소속 또한 파라미터의 강한 제약을 받기 때문이다. 여기서는 자주 사용하는 두 가지 방법을 소개한다.

- **경험적 베이즈**$^{Empirical\ Bayesian}$는 ϕ와 μ를 잠재변수가 아닌 파라미터로 계속 유지시킨다. 이 방법은 EM 알고리듬의 E 단계에서는 여전히 표본 추출을 이용하지만 파라미터의 분포가 아니라 표본에서 계산된 기대 빈도수를 사용해 파라미터를 갱신한다. 이런 EM-MCMC 조합은 또한 몬테 카를로 기댓값-최대화(MCEM; Wei & Tanner, 1990)로도 알려져 있으며 $q^{(i)}$를 직접 계산하기 어려운 경우에 적합하다.
- **붕괴된 깁스 표본 추출**$^{Collapsed\ Gibbs\ Sampling}$에서는 ϕ와 μ를 분석적으로 통합시켜서 모델에서 생략한다. 클러스터 소속 $y^{(i)}$는 남아 있는 유일한 잠재변수이고, 다음의 복합 분포식을 통해 추출할 수 있다.

$$p(y^{(i)} \mid x^{(1:N)}, y^{(-i)}; \alpha_\phi, \alpha_\mu)$$
$$= \int_{\phi, \mu} p(\phi, \mu \mid y^{(-i)}, x^{(1:N)}; \alpha_\phi, \alpha_\mu) p(y^{(i)} \mid x^{(1:N)}, y^{(-i)}, \phi, \mu) d\phi d\mu \quad [5.48]$$

다항 및 디리클레 분포에서는 이 적분을 닫힌 형태$^{closed\ form}$로도 계산할 수 있다.

MCMC 알고리듬은 반드시 잠재변수에 대한 사후 분포로 수렴하지만 얼마나 오래 걸릴지 알 수 있는 방법은 없다. 실제로 수렴율은 초기 설정에 달려 있다. 지역적 최적점$^{\text{local optima}}$을 피하기 위해 기댓값-최대화가 초기 설정에 의존하는 것과 마찬가지다. 그래서 깁스 표본 추출 및 여타 MCMC 알고리듬은 잠재변수 모델 속에서 강력하면 서도 유연한 일단의 통계적 추론 방법을 제공하지만 EM에서 겪는 문제들을 해결할 수 있는 만병통치약은 아니다.

5.5.2 스펙트럼 학습

잠재변수와 함께 학습하는 방법 중 또 다른 방법은 적률법$^{\text{method of moments}}$에 바탕을 둔 방법이다. 이 방법을 통해 비볼록 로그 가능도 문제를 피할 수 있다. 문서 i에 있는 단 어 빈도수의 정규화된 벡터를 $\bar{x}^{(i)}$이라 하면 $\bar{x}^{(i)} = x^{(i)} / \sum_{j=1}^{V} x_j^{(i)}$이 성립한다. 뒤이어 단어 간 동시 발생 확률에 대한 다음의 행렬식을 구할 수 있다.

$$\mathbf{C} = \sum_{i=1}^{N} \bar{x}^{(i)} (\bar{x}^{(i)})^{\top} \qquad [5.49]$$

$\mathrm{p}(x|\phi, \mu)$하에서 이 행렬의 기댓값은 다음과 같다.

$$E[\mathbf{C}] = \sum_{i=1}^{N} \sum_{k=1}^{K} \Pr(Z^{(i)} = k; \mu) \phi_k \phi_k^{\top} \qquad [5.50]$$

$$= \sum_{k}^{K} N \mu_k \phi_k \phi_k^{\top} \qquad [5.51]$$

$$= \Phi \mathrm{Diag}(N\mu) \Phi^{\top} \qquad [5.52]$$

여기서 Φ는 $\phi_1 \cdots \phi_K$을 수평으로 연결한 형태이고, $\mathrm{Diag}(N\mu)$는 위치 (k, k)의 값이 $N\mu_k$인 대각행렬을 가리킨다. $\mathbf{C}$를 이 수식 (5.52)에 대한 기댓값으로 정의하면 다음 과 같다.

$$\mathbf{C} = \Phi \mathrm{Diag}(N\mu) \Phi^{\top} \qquad [5.53]$$

이 수식은 고윳값 분해^{eigendecomposition} $\mathbf{C} = \mathbf{Q}\Lambda\mathbf{Q}^{\top}$와 흡사하다. 이 의미는 $\mathbf{C}$의 고유벡 터^{eigenvectors}와 고윳값^{eigenvalues}을 발견하는 것만으로 파라미터 ϕ와 μ를 얻을 수 있고, **스펙트럼 학습**이라는 이름 또한 이에 따라 붙여진 것이다.

적률 일치$^{\text{moment-matching}}$와 고윳값 분해가 비슷한 형태를 띤다고 하더라도, 솔루션에 대한 서로 다른 조건들이 필요하다. 고윳값 분해는 직교성^{orthonormality}을 필요로 하며, 이에 따라 $QQ^\top = \mathbb{I}$이 성립한다. 반면 텍스트 클러스터링 모델의 파라미터를 추정하는 경우 μ와 Φ의 열은 확률 벡터여야 한다. 그렇기 때문에 스펙트럼 학습 알고리듬의 해는 음이 아니며, 합이 1인 벡터로 전환하는 절차가 포함돼야 한다. 이렇게 하기 위한 한 가지 접근 방법은 고윳값 분해(또는 관련된 특이값 분해)를 음이 아닌 행렬의 인수분해^{matrix factorization}로 바꾸는 것이다(Xu et al., 2003). 이렇게 바꾸면 확실하게 음이 아닌 해를 갖도록 만들 수 있다(Arora et al., 2013).

파라미터 ϕ와 μ를 얻고 나면, 다음과 같이 베이즈 규칙을 이용해 클러스터에 대한 분포를 계산할 수 있다.

$$p(z^{(i)} \mid x^{(i)}; \phi, \mu) \propto p(x^{(i)} \mid z^{(i)}; \phi) \times p(z^{(i)}; \mu) \tag{5.54}$$

스펙트럼 학습은 초기 설정과 관계가 없고, 좋은 결괏값을 얻을 수 있는 데다 실행 속도가 빠른 이점이 있다. 하지만 광범위한 생성 모델에 적용되기에는 EM이나 깁스 표본 추출보다 더 어렵다. 광범위한 잠재변수 모델에 스펙트럼 학습을 적용하는 방법에 관한 좀 더 자세한 내용은 Anandkumar et al.(2014)을 참조하면 된다.

추가 자료

지도학습에서 벗어난 다음과 같은 여러 학습 패러다임이 존재한다.

- **능동적 학습**^{Active Learning}: 학습기는 라벨 없는 인스턴스를 선택해 해당 인스턴스에 대한 주석을 요청한다(Settles, 2012).
- **다중 인스턴스 학습**^{Multiple Instance Learning}: 라벨은 인스턴스 가방에 적용된다. 여기서 가방 속에 있는 최소한 하나의 인스턴스가 기준에 맞춰지면 양의 라벨이 적용된다(Dietterich et al., 1997; Maron & Lozano-Perez, 1998).
- **제약 기반 학습**^{Constraint-Driven Learning}: 지도는 학습자에 대한 명시적인 제한 형태를 제공한다(Chang et al., 2007; Ganchev et al., 2010).
- **원격 지도**^{Distant Supervision}: 외부 자료를 사용해 노이즈 있는 라벨을 생성한다(Mintz et al., 2009, §17.2.3도 참고하길 바란다.).
- **여러 작업에 대한 학습**^{Multitask Learning}: 학습자는 복수의 분류 작업을 해결할 수

있도록 해당 표현을 추론할 수 있다(Collobert et al., 2011b).

- **전이 학습**Transfer Learning : 학습자는 라벨링된 데이터와는 상이한 분류 작업을 해결해야 한다(Pan & Yang, 2010).

기댓값-최대화는 Dempster et al.(1977)에서 도입됐으며 Murphy(2012)에서 자세히 논의됐다. 기계 학습에 관한 대부분의 논의와 마찬가지로 Murphy는 자연 언어 처리에서 통상적으로 많이 만나게 되는 이산적 관측보다는 연속적 관측과 가우스 가능도에 초점을 맞춰서 설명한다. 또한 Murphy(2012)는 MCMC에 관해 한 장을 할애하며 훌륭히 설명했다. 길이의 문제를 다룬 교과서적 논의로는 Robert & Casella(2013)를 참조하면 된다. 베이즈 잠재변수 모델에 관한 자세한 설명은 Barber(2012)를, 베이즈 모델을 자연 언어 처리에 적용하는 것에 대해서는 Cohen(2016)을 참조하자. 딥러닝에 대한 현재의 추세보다 시기적으로 앞서지만 준지도학습 및 도메인 적응에 관한 전반적인 설명은 Zhu & Goldberg(2009) 그리고 Sogaard(2013)를 통해서도 살펴볼 수 있다.

연습 문제

1. EM 클러스터링 모델의 파라미터 μ에 대한 기댓값-최대화 갱신값을 도출하라.

2. 다음 발생 모델에 대해 E 단계와 M 단계의 갱신값을 도출하라. 라벨 $y^{(i)}$는 관측되지만 $z_m^{(i)}$는 그렇지 않을 수도 있다.
   - 각 인스턴스 i에 대해,
     ◦ 라벨 $y^{(i)} \sim \text{Categorical}(\mu)$를 추출하라.
     ◦ 각 토큰 $m \in \{1, 2, ..., M^{(i)}\}$에 대해
       − $z_m^{(i)} \sim \text{Categorical}(\mu)$를 추출하라.
       − $z_m^{(i)} = 0$인 경우 라벨을 위한 분포 $w_m^{(i)} \sim \phi_{y^{(i)}}$로부터 현재의 토큰을 추출하라.
       − $z_m^{(i)} = 0$인 경우 문서를 위한 분포 $w_m^{(i)} \sim \nu^{(i)}$으로부터 현재의 토큰을 추출하라.

3. 식 5.34~5.36에서 제시한 반복되는 갱신 과정 사용해 다음 인스턴스들에 대해 라벨 전파 알고리듬의 결과를 계산하라.

176

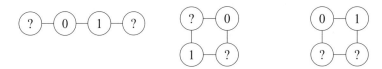

노드 내의 값은 라벨 $y^{(i)} \in \{0, 1\}$를 나타내며 $y^{(i)} = ?$는 라벨이 없는 노드를 표시한다. 두 노드 사이의 경로가 존재하면, $w_{i,j} = 1$로 적으며, 경로가 없으면 $w_{i,j} = 0$으로 적는다. 그림의 세 번째 예시에서는 처음 세 번만 반복해 계산하면 된다. 이후에는 극한으로 해를 추측할 수 있다.

4. 단어 *say*에 적용되는 단어 의미 추론 시스템을 훈련시키기 위해 기댓값-최대화 클러스터링을 사용해보라.

- nltk를 임포트한 후, nltk.download()를 실행하고 semcor를 선택하라. 그리고 nltk.corpus에서 semcor를 임포트하자.

- 명령 semcor.tagged_sentences(tag='sense')는 의미 태그가 달린 말뭉치 내의 문장에 대해 반복자를 반환한다. 각 문장은 tree 객체에 대한 반복자로 볼 수 있다. 의미 주석이 달린 단어가 tree 대상이 되는 경우 해당 주석은 tree.label()로, 단어 자체는 tree.leaves()로 접근할 수 있다. 그러면, semcor.tagged_sentences(tag='sense') [0][2].label()는 첫 번째 문장 세 번째 단어의 의미 주석을 반환할 것이다.

- 의미 say.v.01와 say.v.02를 포함하는 모든 문장을 추출하라.

- 적어도 두 개의 문장에서 나타나는 모든 단어를 비롯해 해당 문장에 있는 여타 단어의 빈도수를 포함하는 단어 가방 벡터 $x^{(i)}$를 만들어라.

- 병합된 데이터에 대해 기댓값-최대화 클러스터링을 실행하라.

- 각 클러스터의 say.v.01와 say.v.02의 인스턴스를 포함하는 빈도를 계산하라.

- 남은 연습 문제에서는 준지도학습 및 도메인 적응에 대한 몇 가지 접근법을 연습할 것이다. 이를 위해 다양한 도메인에 속하는 데이터 세트가 필요하다. www.cs.jhu.edu/~mdredze/datasets/sentiment/processed_acl.tar.gz에서 여러 도메인에서의 제품 리뷰 데이터를 얻을 수 있다. DVD와 책 등으로 원본 도메인과 대상 도메인을 선정하고, 대상 도메인의 데이터를 동일한 크기의 트레이닝 세트와 테스트 세트로 나눠라.

5. 먼저 도메인 사이의 이전 비용을 구해보라.

   - 원본 도메인 트레이닝 세트로 로지스틱 회귀 분류기를 훈련시키고 대상 도메인 테스트 세트에서 평가하라.
   - 대상 도메인 트레이닝 세트로 로지스틱 회귀 분류기를 훈련시키고 대상 도메인 테스트 세트에서 분류기를 직접 전이 기반으로 평가하라.

   정확도의 차이를 계산하라. 이것은 도메인 사이의 이전 손실을 측정한다.

6. 그다음으로 §5.3.2에서 논의한 **라벨 전파** 알고리듬을 적용하자.

   하나의 기준으로 대상 도메인 훈련 집합의 5%만을 사용해 분류기를 훈련시키고 대상 도메인 테스트 세트에서 그것의 정확도를 계산해보라.

   다음으로 라벨 전파를 적용하라.

   - 라벨링된 데이터(대상 도메인 훈련 집합의 5%)에 대해 라벨 행렬 $\mathbf{Q}_L$을 계산하라. 행렬의 각 행은 라벨의 지표 벡터(음 또는 양)와 동일하다.
   - 테스트 데이터와 트레이닝 데이터 모두를 포함해 대상 도메인 인스턴스들에 대해 이를 반복하라. 각 인스턴스 i에 대해 식 5.32를 사용해 모든 w_{ij}를 계산하라. $\alpha = 0.01$로 한다. 이 값들을 사용해 전이 행렬 $\mathbf{T}$의 열 i를 채운다. 각 열에 대해 값이 가장 큰 10개를 제외한 나머지의 값은 0으로 정한다. 나머지 값들의 합이 1이 되도록 열을 반드시 정규화해야 한다. 또 메모리에 맞게 실행되게 하기 위해 희소 행렬을 사용해야 할 수도 있다.
   - 식 5.34~5.36에 제시된 반복적 갱신을 적용해 라벨 없는 인스턴스에 대한 라벨 확산 알고리듬의 결과를 계산하라.

   테스트 세트 인스턴스들을 $\mathbf{Q}_U$에서 선정하고 이 방법의 정확도를 계산하라. 대상 트레이닝 세트 집합의 5% 표본만으로 훈련시킨 지도 분류기와 해보자.

7. (원본 도메인 훈련 데이터 전부와) 대상 도메인 훈련 데이터의 5%만을 사용해 §5.4.1에서 제시된 지도 도메인 적응 기반의 접근법 중 하나를 실행한다. 앞 문제에 나오는 "직접 전이" 기반에 비해 개선이 있었는지 확인해보자.

8. 다시 대상 도메인 훈련 데이터의 5%와 원본 도메인 데이터 전부를 사용해 EASYADAPT(§5.4.1)를 실행하라.

9. 이제 §5.4.2에 기술된 "선형 투영"법을 사용해 준지도 도메인 적응을 실행시켜보라. 특히

   - 원본 도메인과 대상 도메인의 (완전한) 훈련 데이터에서 가장 빈도가 높은 단어들로 500개의 피벗 피처들을 찾아내라. 특히 도메인 d에 속한 단어 i의 빈도수를 x_i^d라 할 때 $\min(x_i^{\text{source}}, x_i^{\text{target}})$이 높은 값을 가지는 순서로 500개의 단어를 선정하라.

   - 분류기를 훈련시키고 문서의 잔여 단어를 사용해 각 피벗 피처를 예측하라.

   - 이들 분류기의 피처를 행렬 Φ로 배열하고 절단 특이값 분해를 수행하라. $k = 20$으로 한다.

   - 조합된 피처 $x^{(i)} \oplus \mathbf{U}^\top x^{(i)}$을 이용해 원본 도메인 데이터에 대해 분류기를 훈련시켜라. 이들 피처에는 최초의 단어 가방 피처와 투영된 피처가 포함된다.

   - 이 분류기를 대상 도메인 테스트 집합에 적용하고 정확도를 계산하라.

▌▌ 시퀀스와 트리

06 언어 모델

확률적 기반의 분류 문제는 텍스트의 조건하에서 라벨의 확률을 계산하는 것이다. 그렇다면 역으로 문제를 생각해보자. 즉, 텍스트 그 자체 확률을 계산하는 작업에 대해 생각해보자. 단어 토큰으로 구성된 시퀀스 $p(w_1, w_2, ..., w_M)$, $w_m \in \mathcal{V}$에 확률을 할당하는 모델에 대해 알아볼 것이며, 이 식에서 집합 $\mathcal{V}$는 각 단어들을 의미한다.

$$\mathcal{V} = \{aardvark, abacus, ..., zither\} \tag{6.1}$$

그렇다면 우리는 단어 시퀀스의 확률을 왜 계산하려고 할까? 여러 응용 사례를 살펴보면 단어 시퀀스들을 생성해 결괏값을 얻기 때문이다.

- **기계 번역**(18장에서 다룬다)에서는 원본 언어^{source language}로 작성된 텍스트를 대상 언어^{target language}로 변환한다.
- **음성 인식**에서는 오디오 신호를 텍스트로 변환한다.
- **축약**^{Summarization}(§16.3.4, §19.2)에서는 장문을 단문으로 변환한다.
- **대화 시스템**(§19.3)에서는 사용자의 입력값(혹은 외부의 지식 기반)을 텍스트 답변으로 변환한다.

이 작업을 수행하는 다수의 시스템에는 결과 텍스트의 확률을 계산하는 하위 컴포넌트^{subcomponent}가 존재한다. 이 컴포넌트의 목표는 텍스트를 더 '**유려하게**' 생성하는 것이다. 스페인어 문장을 영어로 번역해야 한다고 생각해보자.

(6.1) El cafe negro me gusta mucho

이 문장을 단어 간 번역으로 말 그대로 번역한다고 생각해보자(말 그대로 **초벌 번역**이다).

(6.2)   The coffee black me pleases much[커피는 검은 나를 기쁘게 한다 아주].

영어에 대한 더 나은 언어 모델은 이 번역문을 문법에 기반한 또 다른 번역안과 비교해, 위 문장(6.2)처럼 번역이 될 가능성은 낮다고 알려줄 것이다.

$$p(\textit{The coffee black me pleases much})[\text{이 블랙 커피는 나에게 기쁨을 더 가져다준다}]$$
$$< p(\textit{I love dark coffee})[\text{나는 다크 커피를 좋아한다}] \qquad [6.2]$$

그러면 이 사실들을 어디에 활용할 수 있을까? 기계 번역 분야에서 초창기 선구자 중 한 명인 워렌 위버$^{\text{Warren Weaver}}$는 암호를 해독하는 작업과 일맥상통한다고 다음의 관점으로 해석했다(Weaver, 1955).

> 러시아어로 쓰여진 기사를 읽었을 때 나는 생각했다. '이 기사는 틀림없이 영어로 작성됐지만, 이상한 부호로 암호화가 돼 있네. 이제 해독 작업을 진행해야겠어.'

위의 관점은 나이브 베이즈와 같은 생성 모델에 영감을 줬다.

- 영어 문장 $w^{(e)}$는 **언어 모델** $p_e(w^{(e)})$을 통해 생성됐다.
- 그다음 스페인어 문장 $w^{(s)}$는 **번역 모델** $p_{s|e}(w^{(s)}|w^{(e)})$을 통해 생성됐다.

이렇게 두 분포가 주어졌다고 생각하면, 베이즈 규칙$^{\text{Bayes' rule}}$에 따라 번역 작업을 수행할 수 있다.

$$p_{e|s}(w^{(e)} \mid w^{(s)}) \propto p_{e,s}(w^{(e)}, w^{(s)}) \qquad [6.3]$$

$$= p_{s|e}(w^{(s)} \mid w^{(e)}) \times p_e(w^{(e)}) \qquad [6.4]$$

이 작업을 **노이즈 채널 모델**$^{\text{noisy channel model}}$이라고도 한다. 그 이유는 영어 텍스트가 노이즈 채널 $P_{s|e}$을 통과하면서 스페인어로 변환되는 과정을 보여주기 때문이다. 이 방법으로 번역 과정을 모델링한다면, 직접 $P_{e|s}$으로 모델링을 하는 것에 비해 어떤 장점이 있을까? 여기서의 핵심 지점은 이들 분포 $P_{s|e}$(번역 모델)와 P_e(언어 모델)가 분리된 데이터로 추정할 수 있다는 것이다. 번역 모델을 올바른 번역 예시가 필요하지만 언어 모델은 한 가지 언어, 즉 영어만으로 구성된 텍스트만 필요하다. 이런 단일 언어로 만들어진 데이터는 훨씬 더 광범위하고 많으며, 추정이 되고 나면 언어 모델 P_e은 다른 언어를 영어로 번역하는 과정도 포함해서 영어 텍스트의 생성과 관련된 모든 류의

응용 사례에서 재사용이 가능하다.

6.1 그램 언어 모델

토큰 시퀀스의 확률을 계산하는 단순한 방법 중 하나는 **상대적 빈도 추정**relative frequency estimate을 활용하는 것이다. 피카소의 어록 하나를 살펴보자. "*Computers are useless, they can only give you answers*. [컴퓨터는 쓸모가 없다. 정해진 답만 오직 알려줄 뿐이다.]" 이 문장의 확률을 추정하는 방법 중 하나는 다음과 같다.

$$\begin{aligned} &\mathrm{p}(\textit{Computers are useless, they can only give you answers}) \\ &= \frac{\mathrm{count}(\textit{Computers are useless, they can only give you answers})}{\mathrm{count(all\ sentences\ ever\ spoken)}} \end{aligned} \qquad [6.5]$$

여기서 추정자estimator는 편향되지 않았다. 그래서 이론적으로 데이터의 한계가 없다면 이 추정은 올바르다. 하지만 실제로는 무한히 많은 사건에 대해 정확한 빈도가 필요하다. 단어의 시퀀스가 제멋대로 길어질 수도 있기 때문이다. 심지어 시퀀스 안의 토큰이 $M = 20$으로 두는 등의 공격적으로 상한을 가진다 하더라도, $V = |\mathcal{V}|$에서 가능한 시퀀스의 수는 V^{20}개에 달한다. 영어에서는 작은 어휘집에서도, $V = 10^5$ 정도의 값을 가지기 때문에 여기서도 가능한 시퀀스의 수는 10^{100}에 달한다. 그렇기 때문에 이러한 추정 과정은 아주 많은 데이터가 필요하고, 데이터의 특성이 매우 다양하기 때문에 계산이 힘든 편이다. 게다가 문법적으로 올바른 문장이라 할지라도 학습 데이터에 나타난 적이 없다면 확률값이 0이 될 수도 있다.[1]

그래서 편향bias을 도입해 유한한 학습 데이터로부터 신뢰할 만한 추정량을 얻을 수 있도록 만들어야 한다. 이 절에서 다루게 되는 언어 모델에서는 여러 방면에 걸쳐 편향을 활용한다.

우리는 하위 시퀀스들 간의 곱으로 구성된 확률 시퀀스를 계산하는 n-그램 모델부터 살펴볼 것이다. 시퀀스 $\mathrm{p}(\boldsymbol{w}) = \mathrm{p}(w_1, w_2, ..., w_M)$의 확률은 연쇄 법칙chain rule(§A.2

---

1 Chomsky(1957)는 이러한 예시가 확률적 언어 모델 개념에 반한다는 유명한 주장을 했다. 즉 문법적으로 올바른 문장 Colorless green ideas sleep furiously.[무색한 녹색 사상은 맹렬히 잠을 잔다.]와 문법적으로 올바르지 않으며 순서만 나열한 문장 furiously sleep ideas green colorless[맹렬히 잠 사상이다 녹색 무색한]과 구분지을 언어 모델이 없다는 것이다.

참조)을 활용해 재조정할 수 있다.

$$p(\boldsymbol{w}) = p(w_1, w_2, \ldots, w_M) \tag{6.6}$$

$$= p(w_1) \times p(w_2 \mid w_1) \times p(w_3 \mid w_2, w_1) \times \cdots \times p(w_M \mid w_{M-1}, \ldots, w_1) \tag{6.7}$$

벡터곱의 각 요소들은 한 주어진 모든 선행자들에 따른 해당 단어의 확률이다. 이 과정을 단어 예측 작업으로 생각할 수도 있다. 이를테면 *"Computers are"*라는 문맥이 주어지면, 다음 토큰에 대한 확률을 계산하려고 한다. 이 문맥에서는 단어 *useless*의 확률에 대한 상대적 빈도 추정은 다음과 같다.

$$p(useless \mid computers\ are) = \frac{\text{count}(computers\ are\ useless)}{\sum_{x \in \mathcal{V}} \text{count}(computers\ are\ x)}$$
$$= \frac{\text{count}(computers\ are\ useless)}{\text{count}(computers\ are)}$$

하지만 우리는 어떠한 근사 과정도 아직 만들지 못한 상황이고, 단순히 연쇄 규칙을 역순으로 적용하면 다음의 수식만 얻을 수 있을 뿐이다.

$$p(\boldsymbol{w}) = p(w_M) \times p(w_{M-1} \mid w_M) \times \cdots \times p(w_1 \mid w_2, \ldots, w_M) \tag{6.8}$$

혹은 그 외의 여러 순서로도 적용해볼 수 있지만, 결국 수행해야 할 작업에는 진척이 없었다는 의미이기도 하다. 조건확률 $p(w_M \mid w_{M-1}, w_{M-2}, \ldots, w_1)$을 계산하기 위해서는 모델에 V^{M-1} 문맥이 필요하지만 이러한 분포들은 실제 텍스트 예시로부터 추정할 수 없다.

이 문제를 해결하기 위해 n-그램 모델은 단순화 근사^{simplifying approximation}라는 방법을 만들었다. 이 방법은 이미 지나간 $n-1$번째 단어하에서만 계산한다.

$$p(w_m \mid w_{m-1} \ldots w_1) \approx p(w_m \mid w_{m-1}, \ldots, w_{m-n+1}) \tag{6.9}$$

즉 위 수식은 문장 $\boldsymbol{w}$의 확률이 다음의 수식으로 근사함을 의미한다.

$$p(w_1, \ldots, w_M) \approx \prod_{m=1}^{M} p(w_m \mid w_{m-1}, \ldots, w_{m-n+1}) \tag{6.10}$$

전체 문장에 대한 확률을 계산하려면, 처음과 끝에 특수 기호인 ■과 □를 추가해주면 편리해진다. 그리고 *I like black coffee*의 확률에 대한 바이그램($n=2$) 근사 과정은 다음과 같다.

$$p(I\ like\ black\ coffee) = p(I \mid \square) \times p(like \mid I) \times p(black \mid like) \times p(coffee \mid black)$$
$$\times\ p(\blacksquare \mid coffee)$$

$$[6.11]$$

위 모델은 사건 V^n에 대한 확률을 추정하고 저장하면 된다. 여기서 사건은 문장 길이에 대한 지수 형태^{exponential}인 V^M이 아니라 n-그램의 순서에 대한 지수를 의미한다.

$$p(w_m \mid w_{m-1}, w_{m-2}) = \frac{\text{count}(w_{m-2}, w_{m-1}, w_m)}{\sum_{w'} \text{count}(w_{m-2}, w_{m-1}, w')}$$

$$[6.12]$$

하이퍼파라미터^{hyperparameter} n은 각각의 조건부확률에서 사용된 문맥의 크기를 조정한다. 이 값이 잘못 설정돼 있다면 언어 모델의 성능이 떨어지게 된다. 그렇다면 발생할 수 있는 문제점에 대해 자세히 알아보자.

n이 너무 작을 경우$^{When\ n\ is\ too\ small}$ 다음의 문장들을 살펴보자.

(6.3)   **Gorillas** always like to groom **their** friends. [**고릴라들은** 언제나 **그들의** 친구를 다듬어주기를 좋아한다.]

(6.4)   **The computer** that's on the 3rd floor of our office building **crashed**. [우리 사무실 건물 3층에 있는 **컴퓨터**는 **고장 났다**.]

위 예시에서 진하게 표시된 단어들은 서로 의존적인 관계를 지닌다. 대명사 *their*가 나타날 가능성은 단어 *gorillas*가 복수형인 것을 알기에 발생하며, 동사 *crashed*가 나타날 가능성은 주어가 *computer*임을 알기에 나타난다. n-그램이 이런 정보들을 포착해내기 어려울 정도로 충분히 크지 않다면, 언어 모델이 위와 같은 문장을 제시할 가능성은 떨어지고, 수 일치$^{number\ agreement}$와 같은 기본적인 언어 테스트도 통과할 수 없는 문장을 제시할 가능성이 높아진다.

n이 너무 클 경우   이 경우에는 갖고 있는 데이터 세트에서 n-그램 파라미터에 대해 적합한 추정치를 계산하기 어렵다. 그 이유는 바로 데이터 희소성$^{data\ sparsity}$ 때문이다. *gorilla* 예시를 다루려면 반드시 6-그램을 모델링해야 하고, V^6만큼의 사건들을 처리해야 함을 의미한다. 즉 $V = 10^4$의 어휘를 갖고 있는 아주 작은 크기의 어휘집이라 하더라도 10^{24}에 달하는 개별 사건에 대한 확률을 추정해야 한다는 것이다.

위의 두 가지 문제점은 또 다른 문제인 **편향-분산 트레이드 오프**Bias-Variance Tradeoff (§2.2.4 참조)로 이어진다. n-그램의 크기가 작다면 편향이 커지게 되고, n-그램의 크기가 크면 분산이 커진다. 게다가 동시에 두 가지 문제점이 함께 발생할 수도 있다. 언어에는 n이 지나치게 작아서 특성을 포착해내기 어려운 장기 의존성Long-Range Dependency 문제가 수없이 존재한다. 동시에 언어 데이터 세트는 n이 지나치게 커서 확률을 정확하게 추정할 수 없는 희소 현상Rare Phenomenon 또한 수없이 많다. 이 문제를 해결할 수 있는 한 가지 방법은 일단 n을 크게 유지하도록 만드는 것이다. 그리고 이와 동시에 내부 파라미터에 대해서는 낮은 분산 추정량Low-Variance Estimates을 생성하는 것이다. 이 과정을 수행하기 위해 바이어스의 또 다른 부류인 **평활화**Smoothing에 대해 알아본다.

6.2 평활화와 할인하기

언어 모델을 추정할 때 데이터가 제한적인 것은 꾸준한 문제점으로 손꼽힌다. §6.1에서는 부분적인 해결책으로 n-그램을 제시했다. 하지만 데이터 희소성은 낮은 차수의 n-그램에서도 문제가 될 수 있다. 다른 한편으로는 주어-동사의 수 일치를 비롯해 많은 언어학적 현상은 높은 차수의 n-그램 없이는 언어 모델에 통합시킬 수 없다. 그래서 반드시 귀납적 편향을 n-그램 언어 모델에 더해줘야 한다. 여기서는 가장 직관적이면서도 흔히 사용하는 접근법을 다루지만 이외에도 많은 방법이 존재한다(Chen & Goodman, 1999).

6.2.1 평활화

언어 모델링에서의 주요한 관심사는 발견하지 못한 하나의 n-그램으로 발생할 수 있는 $p(\boldsymbol{w}) = 0$인 상황을 피하도록 만드는 것이다. 비슷한 유형의 문제가 발생하는 나이브 베이즈에서는 해가 평활화될 수 있도록 가상의 "유사pseudo" 빈도를 추가한다. 이 동일한 원리를 n-그램 언어 모델에도 적용할 수 있다. 다음의 바이그램2-gram 예시에서 확인할 수 있다.

$$p_{\text{smooth}}(w_m \mid w_{m-1}) = \frac{\text{count}(w_{m-1}, w_m) + \alpha}{\sum_{w' \in \mathcal{V}} \text{count}(w_{m-1}, w') + V\alpha} \qquad [6.13]$$

이 기본 프레임워크는 **리드스톤 평활화**^{Lidstone smoothing}라고 하고, 몇몇 특수한 경우에는 다른 이름으로 부르기도 한다.

- **라플라스 평활화**^{Laplace smoothing}는 $\alpha = 1$에 해당한다.
- **제프리-퍽스 법칙**^{Jeffreys-Perks law}은 $\alpha = 0.5$에 해당한다. 실제로 잘 작동하며 특정 이론적 기반에 따라 구한 것이다(Manning & Schütze, 1999).

확률이 적절하게 정규화됐음을 확실히 하기 위해, 분자 (α)에 어떤 값을 더하더라도, 분모 (V_α)에 표시돼야 한다. 이 아이디어는 **유효 빈도**^{effective count}의 개념에 잘 반영된다.

$$c_i^* = (c_i + \alpha)\frac{M}{M + V\alpha} \qquad [6.14]$$

여기서 사건 i의 빈도는 c_i이며 c_i^*는 유효 빈도이고, $M = \sum_{i=1}^{V} c_i$은 데이터 세트 (w_1, w_2, ..., w_M)에 포함된 토큰의 총 개수이다. 이 관점은 $\sum_{i=1}^{V} c_i^* = \sum_{i=1}^{V} c_i = M$임을 보장한다. 따라서 각 n-그램에 있어서의 **할인**^{discount}은 다음과 같이 계산할 수 있다.

$$d_i = \frac{c_i^*}{c_i} = \frac{(c_i + \alpha)}{c_i}\frac{M}{(M + V\alpha)}$$

6.2.2 할인과 백오프

할인은 관찰된 n-그램들로부터 확률질량을 "빌려온" 다음 재분배한다. 리드스톤 평활화에서는 상대빈도 추정량의 분모를 증가시키면서 이 "빌려오는" 과정이 수행된다. 그다음 빌려온 확률질량은 모든 n-그램의 분자를 증가시키면서 재분배된다. 또 다른 방법은 관찰되는 모든 n-그램들로부터 동일한 만큼의 확률 질량을 빌려온 다음 관찰하지 않은 n-그램에만 다시 재분배하는 것이다. 이 과정을 **절대 할인**^{absolute discounting}이라 한다. 예를 들면 바이그램 모델에서 절대 할인 $d = 0.1$을 설정하고 그다음 이 확률질량을 관측되지 않은 단어에 동일하게 재분배했다고 가정해보자. 그 결과에 대한 확률은 표 6.1에서 확인할 수 있다.

표 6.1 표시된 7개 단어에 대한 20개의 장난감 말뭉치의 문맥(alleged[예] ,_)에 대한 바이그램 모델의 리드스톤 평활과 할인에 대한 예시. 할인은 관찰하지 않은 단어를 제외한 전체 확률을 낮춘다. 이와 동시에 리드스톤 평활화는 유효 빈도와 deficiencies[결여]와 outbreak[결핍]에 대한 확률값을 증가시키는 것을 기억하자.

	counts	unsmoothed probability	Lidstone smoothing, $\alpha = 0.1$		Discounting, $d = 0.1$	
			effective counts	smoothed probability	effective counts	smoothed probability
impropriety[부조화]	8	0.4	7.826	0.391	7.9	0.395
offense[방어]	5	0.25	4.928	0.246	4.9	0.245
damage[손상]	4	0.2	3.961	0.198	3.9	0.195
deficiencies[결여]	2	0.1	2.029	0.101	1.9	0.095
outbreak[결핍]	1	0.05	1.063	0.053	0.9	0.045
infirmity[병약]	0	0	0.097	0.005	0.25	0.013
cephalopods[두족류]	0	0	0.097	0.005	0.25	0.013

할인은 관측된 데이터로부터 일부 확률질량을 저장해두기 때문에, 이 확률질량을 동일하게 재분배할 필요는 없다. 대신 낮은 차원의 언어 모델로 백오프^{backoff}하면 된다. 만약 트라이그램^{trigrams}이 있다면 트라이그램을 사용하고, 없다면 바이그램을 사용하면 된다. 만약 바이그램조차 없으면 유니그램을 활용한다. 이러한 방법을 바로 **카츠 백오프**^{Katz backoff}라고 한다. 뒤이어 나오는 내용은 바이그램에서 유니그램으로 백오프하는 간단한 예시이고, 여기서 바이그램 확률들은 다음과 같다.

$$c^*(i,j) = c(i,j) - d \qquad [6.15]$$

$$\mathrm{p}_{\mathrm{Katz}}(i \mid j) = \begin{cases} \frac{c^*(i,j)}{c(j)} & \text{if } c(i,j) > 0 \\ \alpha(j) \times \frac{\mathrm{p}_{\mathrm{unigram}}(i)}{\sum_{i':c(i',j)=0} \mathrm{p}_{\mathrm{unigram}}(i')} & \text{if } c(i,j) = 0 \end{cases} \qquad [6.16]$$

$\alpha(j)$는 문맥 j에서 할인된 확률질량의 양을 의미한다. 그다음 확률질량은 관측되지 않은 모든 사건 $\{i' : c(i', j) = 0\}$을 대상으로, 각각의 단어 i'의 유니그램 확률에 비례해 분할된다. 할인 파라미터 d는 개발 세트상에서의 성능을 극대화하기 위한(통상적으로 헬드아웃 로그 가능도^{held-out log-likelihood}를 사용한다) 최적화 과정을 거친다.

6.2.3 *보간법

백오프는 서로 다른 차원의 n-그램 모델들을 결합하는 방법 중 하나다. 또 다른 방법으로는 **보간법**^{interpolation}을 사용한다. 이 방법은 문맥 내의 단어에 대한 확률을 차차 짧아지는 문맥상에서 그 단어의 확률의 가중치 합으로 설정한다.

n-그램의 크기를 특정한 값 n으로 설정하는 것보다는 몇몇 n-그램 확률을 대상으로 계산한 가중 평균으로 설정할 수도 있다. 보간법을 적용한 트라이그램 모델을 살펴보자.

$$p_{\text{Interpolation}}(w_m \mid w_{m-1}, w_{m-2}) = \lambda_3 p_3^*(w_m \mid w_{m-1}, w_{m-2})$$
$$+ \lambda_2 p_2^*(w_m \mid w_{m-1})$$
$$+ \lambda_1 p_1^*(w_m)$$

이 방정식에서 p_n^* n-그램 언어 모델에 의해 주어진 평활화되지 않은 경험적 확률을 의미하며, λ_n은 이 모델에 할당된 가중치다. 보간된 $p(w)$가 여전히 유효한 확률분포임을 보장하기 위해, λ는 $\sum_{n=1}^{n_{\max}} \lambda_n = 1$이라는 제한 조건을 따라야 한다. 그래서 제한 조건에 맞는 가중치 값을 어떻게 찾을 수 있을 지에 대한 의문점이 남는다.

좀 더 세련된 해결 방법은 **기댓값-최대화**expectation-maximization를 사용하는 것이다. 이미 5장에서 EM을 결측 데이터로부터 학습하는 과정으로 볼 수 있다고 설명했다. 만약 데이터가 결측되지 않았다면 학습이 훨씬 더 수월할 것 같단 생각이 드는 데이터를 선택하기만 하면 된다. 이 경우 결측 데이터는 무엇일까? 각각의 단어 w_m을 알려지지 않은 크기 $z_m \in \{1 \ldots n_{\max}\}$을 갖고 있는 n-그램에서 가져왔다고 생각해보자. 바로 이 z_m이 우리가 찾고 있는 결측 데이터다. 그래서 이 문제에 EM을 적용하려면 다음과 같은 **생성 모델**generative model이 필요하다.

---

for 각 토큰 w_m, $m = 1, 2, \ldots, M$ **do**:
  n-gram 크기를 $z_m \sim \text{Categorical}(\lambda)$이 되도록 만든다.
  $w_m \sim p_{z_m}^*(w_m \mid w_{m-1}, \ldots, w_{m-z_m})$가 되도록 만든다.

만약 결측 데이터 $\{Z_m\}$을 알고 있다면, λ는 다음의 상대 빈도로 추정할 수 있다.

$$\lambda_z = \frac{\text{count}(Z_m = z)}{M} \tag{6.17}$$

$$\propto \sum_{m=1}^{M} \delta(Z_m = z) \tag{6.18}$$

하지만 우리는 잠재변수$^{\text{latent variable}}$값을 모른다. 그래서 분포 q_m을 E 단계 안으로 포함해서 단어 토큰 w_m이 크기 z_m번째의 n-그램에서 생성됐는지 알려주는 정보인 신뢰도를 알려준다.

$$q_m(z) \triangleq \Pr(Z_m = z \mid \boldsymbol{w}_{1:m}; \lambda) \qquad [6.19]$$

$$= \frac{\mathrm{p}(w_m \mid \boldsymbol{w}_{1:m-1}, Z_m = z) \times \mathrm{p}(z)}{\sum_{z'} \mathrm{p}(w_m \mid \boldsymbol{w}_{1:m-1}, Z_m = z') \times \mathrm{p}(z')} \qquad [6.20]$$

$$\propto \mathrm{p}_z^*(w_m \mid \boldsymbol{w}_{1:m-1}) \times \lambda_z \qquad [6.21]$$

M 단계에서 λ는 다음과 같은 q하의 기대 빈도를 더해 계산한다.

$$\lambda_z \propto \sum_{m=1}^{M} q_m(z) \qquad [6.22]$$

알고리듬 10 보간된 언어 모델링에 대한 기댓값-최대화 알고리듬

1: **procedure** 보간된 n-그램 추정 $(\boldsymbol{w}_{1:M}, \{\mathrm{p}_n^*\}_{n \in 1:n_{\max}})$

2:     **for** $z \in \{1, 2, \ldots, n_{\max}\}$ **do**   ▷ 초기화

3:         $z \leftarrow \frac{1}{n_{\max}}$

4:     **repeat**

5:         **for** $m \in \{1, 2, \ldots, M\}$ **do**   ▷ E-단계

6:             **for** $z \in \{1, 2, \ldots, n_{\max}\}$ **do**

7:                 $q_m(z) \leftarrow \mathrm{p}_z^*(w_m \mid \boldsymbol{w}_{1:m-}) \times \lambda_z$

8:             $q_m \leftarrow \mathrm{Normalize}(q_m)$

9:         **for** $z \in \{1, 2, \ldots, n_{\max}\}$ **do**   ▷ M-단계

10:             $\lambda_z \leftarrow \frac{1}{M} \sum_{m=1}^{M} q_m(z)$

11:     **until** tired

12:     **return** λ

6.2.4 *Kneser-Ney 평활화

Kneser-Ney 평활화$^{\text{Kneser-Ney Smoothing}}$는 절대 할인$^{\text{absolute discounting}}$하에서 이뤄지지만, 카츠 백오프$^{\text{Katz backoff}}$와는 다른 방법으로 확률질량을 재분배한다. 최근 연구를 보면

n-그램 모델링에서 Kneser-Ney 평활화가 많이 쓰이고 있다(Goodman, 2001). Kneser-Ney 평활화가 필요한 이유에 대해 알아보기 위해 다음 예시를 살펴보자. *I recently visited _*라는 문장에서 _에 들어갈 단어로 *Francisco*와 *Duluth* 둘 중 무엇이 더 자연스러울까?

바이그램 *visited Duluth*와 *visited Francisco*, 둘 모두 학습 데이터에서 관측되지 않았고, 추가로 유니그램 확률 $p_1^*(Francisco)$가 $p_1^*(Duluth)$보다 크다고 생각해보자. 그렇다고 할지라도 우리는 p(*visited Duluth*) > p(*visited Francisco*)라고 생각한다. 그 이유는 *Francisco*는 보통 *San*이라는 단어 뒤에 오는 식의 단일한 문맥에서 나타나는 반면, *Duluth*는 더 많은 문맥에서 사용되고, "다목적적인" 단어이기 때문이다. 이 '다목적성'이 바로 Kneser-Ney 평활화의 핵심이라고 할 수 있다.

u를 길이가 정해지지 않은 문맥으로 정의하고, count(w, u)는 문맥 u 내의 단어 w의 빈도라고 하면, Kneser-Ney 바이그램 확률은 다음과 같이 정의한다.

$$p_{KN}(w \mid u) = \begin{cases} \frac{\max(\text{count}(w,u)-d,0)}{\text{count}(u)}, & \text{count}(w, u) > 0 \\ \alpha(u) \times p_{\text{continuation}}(w), & \text{otherwise} \end{cases} \quad [6.23]$$

$$p_{\text{continuation}}(w) = \frac{|u : \text{count}(w, u) > 0|}{\sum_{w' \in \mathcal{V}} |u' : \text{count}(w', u') > 0|} \quad [6.24]$$

확률질량은 결측된 n-그램을 통해 얻은 절대 할인 d를 이용해 보존된다. 문맥 u에 대한 할인의 총합은 $d \times |w : \text{count}(w, u) > 0|$이며, 결측된 n-그램들 간에 이 확률질량을 나눈다. 다목적성을 설명하기 위해서 연속 확률 $p_{\text{continuation}}(w)$을 w가 나타나는 관측된 문맥의 수와 비례한다고 설정한다. 연속 확률의 분자는 w가 나타나는 문맥의 수이고, 분모는 모든 단어 w'에 대해 같은 양을 더해 확률을 정규화한다. 상관계수 $\alpha(u)$는 해당 확률분포 $p_{KN}(w \mid u)$가 전체 단어 w에 대한 총합이 1임을 보장하도록 설정된다.

문맥을 헤아려 다목적성을 모델링한다는 생각은 휴리스틱 방법heuristic으로 보일 수 있지만, 베이즈 비모수Bayesian nonparametrics(Teh, 2006)에서는 좀 더 세련된 이론적 정의를 다룬다. 뉴럴 네트워크 기반의 언어 모델이 나오기 전까지는 Kneser-Ney 평활화 방법이 n-그램에서 사용되는 대표적인 방법이었다.

6.3 순환 뉴럴 네트워크 언어 모델

요즘의 N-그램 언어 모델은 대부분 뉴럴 네트워크를 사용한다. 이 모델은 정해진 문맥에 대해서 n-그램 추정을 하지는 않지만, 임의적으로 관계가 없는 문맥적인 정보들을 통합할 수 있는 동시에 계산적으로나 통계적으로도 다루기 쉽다.

뉴럴 네트워크 모델에 대한 이해는 단어 예측을 판별적^{discriminative} 학습 작업으로 다루는 것으로 시작한다.[2] 이 작업의 목표는 단어 w가 $w \in \mathcal{V}$이고, 앞서 나온 단어에 의존하는 문맥을 u라고 했을 때, 확률 p$(w|u)$를 계산하는 것이다. (평활화된) 상대 빈도로 직접 단어 확률을 추정하기보다는, 언어 모델링을 기계 학습 문제로 다루면서 말뭉치^{corpus}의 로그 조건 확률을 최대화하는 파라미터를 추정할 수 있다.

두 번째로 뉴럴 네트워크 모델에 관해 이해해야 하는 것은 바로 확률 분산 p$(w|u)$를 밀집 K-차원에 대한 수치 벡터$^{Dense\ K\text{-}Dimensional\ Numerical\ Vector}$인 $\boldsymbol{\beta}_w \in \mathbb{R}^K$와 $\boldsymbol{v}_u \in \mathbb{R}^K$에 대한 함수로 다시 파라미터화^{reparameterize}해야 한다.

$$p(w\,|\,u) = \frac{\exp(\boldsymbol{\beta}_w \cdot \boldsymbol{v}_u)}{\sum_{w' \in \mathcal{V}} \exp(\boldsymbol{\beta}_{w'} \cdot \boldsymbol{v}_u)} \qquad [6.25]$$

위 식의 $\boldsymbol{\beta}_w \cdot \boldsymbol{v}_u$는 벡터곱을 의미한다. 대부분의 경우와 같이 분모는 확률 분산이 적절히 정규화됐는지에 대해 보장한다. 이 확률 벡터는 벡터 곱에 대한 **소프트맥스**^{softmax} 변환을(§3.1 참조) 적용하는 것과 동일하다.

$$p(\cdot\,|\,u) = \text{softmax}([\boldsymbol{\beta}_1 \cdot \boldsymbol{v}_u, \boldsymbol{\beta}_2 \cdot \boldsymbol{v}_u, \ldots, \boldsymbol{\beta}_V \cdot \boldsymbol{v}_u]) \qquad [6.26]$$

단어 벡터 $\boldsymbol{\beta}_w$는 해당 모델의 파라미터이며 직접 추정할 수 있고 문맥 벡터 $\boldsymbol{v}_u$는 모델에 따라서 다양한 방법으로 계산할 수 있다. 단순하면서도 성능이 좋은 뉴럴 네트워크 모델은 **순환 뉴럴 네트워크**^{RNN}(Mikolov et al., 2010)를 사용해 만들 수 있다. 이 네트워크의 주요 아이디어는 시퀀스를 이동하는 동안 문맥 벡터를 반복적으로 업데이트하는 것이다. $\boldsymbol{h}_m$이 시퀀스 내의 위치 m에서의 문맥 정보를 나타낸다고 하자. 그러면 RNN 언어 모델을 다음과 같이 정의할 수 있다.

$$\boldsymbol{x}_m \triangleq \boldsymbol{\phi}_{w_m} \qquad [6.27]$$

---

2 이 개념은 뉴럴 언어 모델보다 앞서 나타났다(예를 들면 Rosenfeld, 1996; Roark et al., 2007).

$$\boldsymbol{h}_m = \mathrm{RNN}(\boldsymbol{x}_m, \boldsymbol{h}_{m-1}) \qquad [6.28]$$

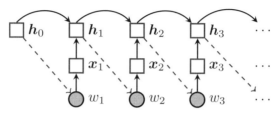

그림 6.1 순환 뉴럴 네트워크 언어 모델은 이렇게 "펼쳐진" 계산 그래프로 나타낼 수 있다. 위 그림에서 실선은 직접 계산을, 점선은 확률적 의존 관계를 의미한다. 또 원은 확률변수를, 사각형은 계산 노드를 의미한다.

$$\mathrm{p}(w_{m+1} \mid w_1, w_2, \ldots, w_m) = \frac{\exp(\boldsymbol{\beta}_{w_{m+1}} \cdot \boldsymbol{h}_m)}{\sum_{w' \in \mathcal{V}} \exp(\boldsymbol{\beta}_{w'} \cdot \boldsymbol{h}_m)} \qquad [6.29]$$

여기서 ϕ는 **단어 임베딩**embedding의 행렬을, $\boldsymbol{x}_m$은 단어 w_m의 임베딩을 의미한다. w_m에서 $\boldsymbol{x}_m$으로의 변환은 종종 **룩업층**lookup layer으로 부르기도 한다. 단순히 표 안에 있는 각 단어들의 임베딩을 찾아주기 때문이다(§3.2.4 참조).

엘만 유닛 Elman unit은 단순 순환 연산을 다음과 같이 정의한다(Elman, 1990).

$$\mathrm{RNN}(\boldsymbol{x}_m, \boldsymbol{h}_{m-1}) \triangleq g(\Theta \boldsymbol{h}_{m-1} + \boldsymbol{x}_m) \qquad [6.30]$$

여기서 $\Theta \in \mathbb{R}^{K \times K}$는 순환 매트릭스이며, 함수 g는 비선형 변환함수이고, 통상적으로 원소별 쌍곡탄젠트 tanh으로 정의한다(§3.1 참조).[3] tanh은 **S-형태함수**squashing function[4]처럼 작동하며 $\boldsymbol{h}_m$의 원소들이 범위 $[-1, 1]$ 안에만 있도록 보장한다.

각각의 w_m은 문맥 벡터 $\boldsymbol{h}_{m-1}$에만 의존하지만 이 문맥 벡터 또한 순환 작업 도중에 이전에 나온 모든 토큰 $w_1, w_2, \ldots, w_{m-1}$의 영향을 받게 된다. w_1이 $\boldsymbol{h}_1$에 영향을 주고, $\boldsymbol{h}_1$이 $\boldsymbol{h}_2$에 다시 영향을 주는 방식으로, 정보가 $\boldsymbol{h}_{m-1}$와 그다음으로 w_m까지 전파될 때까지 순환 작업은 계속된다(그림 6.1 참조). 바로 이 부분이 n-단어 윈도우word window 외의 모든 정보가 무시되는 n-그램 언어 모델과 주된 차이라 할 수 있다. RNN

---

3 엘만 네트워크의 원본에서는 시그모이드함수가 tanh의 위치에 사용됐다. 순환 뉴럴 네트워크에서의 다양한 종류의 비선형성들의 장단점에 대해 쉽게 설명한 수학적 논의는 Cho(2015)의 강의 노트를 참고하면 된다.

4 squashing function은 시그모이드함수처럼 s-형태를 그리는 함수를 의미한다. 이 함수는 주로 활성화함수(activation function)로 사용되므로 여기서도 동일하게 이해해도 좋다. - 옮긴이

모델에서는 어떤 정보가 정확히 벡터 h_m에 있는지 알기는 어렵지만, 텍스트의 긴 구간에서 발생하는 수 일치 문제 등의 장기 의존성 문제를 처리할 수 있다. RNN의 주된 한계점은 활성화함수 g의 반복되는 응용 과정을 거치면서 정보가 희석될 수 있다는 점이다. 하단에 설명하는 **장단기 메모리**LSTMs, Long Short-Term Memories는 이 문제를 다루기 위해서 RNN을 변형한 것이다. 이 방법에서는 메모리 셀을 활용해 비선형성을 적용하지 않고도 시퀀스 사이에서 정보를 전파할 수 있다(Hochreiter & Schmidhuber, 1997).

수식 6.29에서 분모는 계산 병목현상Computational Bottleneck을 의미한다. 모든 어휘의 총합을 포함하기 때문이다. 이 병목현상을 해결할 수 있는 한 가지 해결책은 어휘를 트리tree로 조직해 총합 계산을 더욱 효율적으로 수행하는 **계층 소프트맥스 함수**hierarchical Softmax Function를 사용하는 것이다(Mikolov et al .,2011). 또 다른 방법으로는 **대체 지표**Alternative Metric를 최적화하는 방법이 있는데, 예를 들면 **잡음 대비 추정**Noise-Contrastive Estimation(Gutmann & Hyvärinen, 2012)은 잡음 분산으로부터 생성된 인공적인 예시들과 관찰된 예시를 구별해 학습한다(Mnih & Teh, 2012). 두 가지 방법 모두 §14.5.3에서 추가로 설명한다.

6.3.1 시간의 경과에 따른 역전파

순환 뉴럴 네트워크 언어 모델은 다음과 같은 파라미터를 가진다.

- $\phi_i \in \mathbb{R}^K$, "입력" 단어 벡터(경우에 따라 **단어 임베딩**이라 부르기도 한다. 각각의 단어들이 K-차원 공간에 임베딩돼 있기 때문이다. 14장 참조)
- $\beta_i \in \mathbb{R}^K$, "출력" 단어 벡터
- $\Theta \in \mathbb{R}^{K \times K}$ 순환 연산자
- h_0 초기 상태

위에서 언급한 각각의 파라미터는 학습 말뭉치 $L(w)$에 대해서 목적함수를 생성한 다음, 학습 예시(§3.3.1)의 미니 배치의 파라미터상에서 경사gradient를 획득하기 위해 역전파를 적용함으로써 추정할 수 있다. 경사-기반의 갱신은 확률적 경사 하강법Stochastic Gradient Descent(§2.6.2 참조)과 같은 온라인 학습 알고리듬을 통해 계산할 수 있다.

순환 뉴럴 네트워크에 대한 역전파의 적용은 **시간의 경과에 따른 역전파**라고 부른다. 그 이유는 시간 m에서의 유닛의 경사는 결과적으로 앞선 시간인 $n < m$에서의 유닛의 경사에 의존하기 때문이다. ℓ_{m+1}을 단어 $m + 1$에 대한 음의 로그우도를 나타낸다고 해보자.

$$\ell_{m+1} = -\log \mathrm{p}(w_{m+1} \mid w_1, w_2, \ldots, w_m) \qquad [6.31]$$

우리는 순환 행렬 Θ 안의 개별 원소인 $\theta_{k,k'}$와 같은 파라미터를 반영해 손실의 경사를 알아내야 한다. 이 손실은 h_m를 통과한 파라미터에만 의존하기 때문에 다음의 미분 연쇄 법칙을 적용할 수 있다.

$$\frac{\partial \ell_{m+1}}{\partial \theta_{k,k'}} = \frac{\partial \ell_{m+1}}{\partial h_m} \frac{\partial h_m}{\partial \theta_{k,k'}} \qquad [6.32]$$

벡터 h_m은 다양한 방식으로 Θ에 의존한다. 첫 번째로 h_m은 Θ를 이전의 상태인 h_{m-1}와 곱해 계산할 수 있다. 하지만 이전의 상태인 h_{m-1}도 마찬가지로 Θ에 의존한다.

$$h_m = g(x_m, h_{m-1}) \qquad [6.33]$$

$$\frac{\partial h_{m,k}}{\partial \theta_{k,k'}} = g'(x_{m,k} + \theta_k \cdot h_{m-1})(h_{m-1,k'} + \theta_k \cdot \frac{\partial h_{m-1}}{\partial \theta_{k,k'}}) \qquad [6.34]$$

여기서 g'는 비선형함수 g의 지역 도함수이다. 이 방정식에서의 핵심은 도함수 $\frac{\partial h_m}{\partial \theta_{k,k'}}$ 가 $\frac{\partial h_{m-1}}{\partial \theta_{k,k'}}$에 의존하고, 이는 다시 $\frac{\partial h_{m-2}}{\partial \theta_{k,k'}}$에 의존한다. 결과적으로 초기 단계인 h_0에 도달할 때까지 이런 방식으로 계속된다.

각 도함수 $\frac{\partial h_m}{\partial \theta_{k,k'}}$는 여러 번 재사용된다. 손실 ℓ_m에서의 역전파뿐만 아니라 모든 후속하는 손실인 $\ell_{n>m}$에서의 역전파 과정에서도 사용된다. Torch(Collober et al., 2011a)나 DyNet(Neubig et al., 2017b)과 같은 뉴럴 네트워크 툴킷에서는 필요로 하는 도함수를 자동적으로 계산한 다음, 이후에 사용하기 위해 이 도함수 값을 캐싱해둔다. 3장에서 다뤘던 피드포워드 뉴럴 네트워크와의 주요 차이점은 계산 그래프의 크기가 고정돼 있지 않고 입력값의 길이에 따라 변할 수 있다는 점이다.

6.3.2 하이퍼파라미터

RNN 언어 모델에는 좋은 성능을 발휘하기 위해 조율이 꼭 필요한 파라미터들이 있다. 모델의 크기는 단어와 문맥 벡터 K의 크기에 의해 조정된다. 이러한 조정 방법은 n-그램 문맥의 크기로 조정하는 것과 비슷한 역할을 한다. 어휘집의 양을 반영해서 보면 크게 보이는 데이터 세트(즉, 토큰과 타입 간 비율이 큰 데이터 세트를 의미한다)에 대해, 충분히 큰 K를 통해 단어와 문맥 사이의 세밀하게 구분할 수 있는 모델을 추정할 수 있다. 데이터 세트가 상대적으로 작을 때는 K도 마찬가지로 작아야 한다. 그렇지 않으면 모델이 학습 데이터를 "기억하게" 되므로 일반화를 할 수 없다. 그렇지만 아직까지 K를 선택하는 과정이 명확한 수식으로 만들어진 경우는 없다. 그래서 항상 시도하고 에러를 얻는 과정은 당연히 있을 수 밖에 없는 과정이다. 그리고 과적합은 **드롭 아웃**을 사용해 막을 수 있다. 드롭아웃은 계산 요소 중 몇 개를 무작위로 0으로 설정해(Srivastava et al., 2014) 학습자가 특정 차원의 단어나 문맥 벡터에 지나치게 의존하지 않도록 한다. 또한 드롭아웃은 개발 데이터상에서 반드시 조율돼야 한다.

6.3.3 게이트가 있는 순환 뉴럴 네트워크

원칙적으로 순환 뉴럴 네트워크는 무한히 긴 시퀀스를 따라서 정보를 전파할 수 있다. 하지만 실제로 비선형 순환함수를 반복해서 적용하면 전파되는 정보가 빠르게 희석될 수 있다. 이런 문제점은 학습에도 영향을 미치게 된다. 역전파 과정에서 0으로 만들어버리는 **경사 소실**vanishing gradient이나 무한으로 발산되는 **경사 폭발**exploding gradient과 같은 결과를 얻을 수 있다. 경사 폭발 문제는 경사를 특정 최댓값 지점에서 고정clip해 해결할 수 있다(Pascanu et al., 2013). 이외의 문제는 모델을 수정하는 방법을 통해서만 해결할 수 있다.

장단기 메모리LSTM(Hochreiter & Schmidhuber, 1997)는 RNN의 변형으로 널리 사용되고 있으며 RNN이 가진 여러 문제점에 크게 영향을 받지 않는다. 이 모델은 은닉 상태의 h_m에 **메모리 셀**memory cell c_m을 더해준다. 각각의 시간 m에서 메모리 셀의 값은 그 이전의 값인 c_{m-1}과 "갱신된" 값인 $\tilde{c}_m$(현재 입력값인 x_m과 이전의 은닉 상태인 h_{m-1}을 통해 계산할 수 있다)들을 게이트화된 합이다. 그리고 다음 상태인 h_m을 메모리 셀을 통해 계산할 수 있다. 갱신 과정 도중에 메모리 셀이 비선형 평활화함수를 통과하지 않기 때문에 해당 정보는 네트워크를 통해 먼 거리까지 전파될 수 있다.

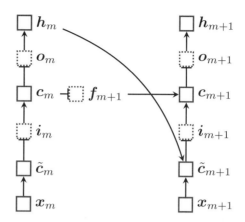

그림 6.2 위의 그림은 장단기 메모리(LSTM) 구조를 나타낸다. 여기서 게이트는 점선 테두리로 표시된 사각형이다. LSTM 언어 모델에서는 각각의 h_m을 다음 단어인 w_{m+1}을 예측하기 위해 활용할 수 있다.

게이트는 입력값과 이전의 은닉 상태로 이뤄진 함수이다. 이 두 개의 입력값들은 요소별 시그모이드 활성화함수 $\sigma(x) = (1+\exp(-x))^{-1}$을 통해 계산하고, 이 함수를 통과하면서 해당 x의 범위들은 [0, 1] 내의 구간에 확실히 존재하게 된다. 따라서 이 함수를 유연하고 미분 가능한 논리 게이트라고 할 수 있다. 그림 6.2에서는 LSTM의 구조를 설명하고, 완전한 갱신 방정식은 다음과 같이 표현한다.

$$f_{m+1} = \sigma\left(\Theta^{(h \to f)} h_m + \Theta^{(x \to f)} x_{m+1} + b_f\right) \qquad \text{forget gate} \qquad [6.35]$$

$$i_{m+1} = \sigma\left(\Theta^{(h \to i)} h_m + \Theta^{(x \to i)} x_{m+1} + b_i\right) \qquad \text{input gate} \qquad [6.36]$$

$$\tilde{c}_{m+1} = \tanh\left(\Theta^{(h \to c)} h_m + \Theta^{(w \to c)} x_{m+1}\right) \qquad \text{update candidate} \qquad [6.37]$$

$$c_{m+1} = f_{m+1} \odot c_m + i_{m+1} \odot \tilde{c}_{m+1} \qquad \text{memory cell update} [6.38]$$

$$o_{m+1} = \sigma\left(\Theta^{(h \to o)} h_m + \Theta^{(x \to o)} x_{m+1} + b_o\right) \qquad \text{output gate} \qquad [6.39]$$

$$h_{m+1} = o_{m+1} \odot \tanh(c_{m+1}) \qquad \text{output} \qquad [6.40]$$

연산자 $\odot$는 요소별 곱(아다마르^{Hadamard})을 의미한다. 각 게이트는 이전의 은닉 상태(예컨대 $\Theta^{(h \to f)}$)와 현재 입력값(예컨대 $\Theta^{(x \to f)}$), 벡터 오프셋(예컨대 b_f)을 파라미터화 가중치 벡터를 통해 제어한다. 전반적인 연산 작업을 간단하게 요약하면 $(h_m, c_m) =$ LSTM$(x_m, (h_{m-1}, c_{m-1}))$이며, (h_m, c_m)은 토큰 m을 읽어온 다음의 LSTM 상태를 의미한다.

LSTM은 넓은 범위(구간)를 가진 문제에서 일반적인 순환 뉴럴 네트워크보다 나은 성능을 보여준다. LSTM은 언어 모델링을 위해 Sundermeyer가 처음 사용했으나 (Sundermeyer et al., 2012), 더 다양한 상황에 적용할 수도 있다. 벡터 h_m은 위치 m까지의 입력 시퀀스의 완전한 표현식으로 다룰 수 있으며, 7장에서 설명할 토큰 시퀀스에 대해 라벨링하는 모든 작업에서 사용할 수 있다.

LSTM에는 여러 가지 변형 버전이 존재하지만 게이트된 순환 유닛Gated Recurrent Unit(Cho et al., 2014)이 가장 잘 알려진 모델일 것이다. RNN의 여러 변형 버전이 많은 소프트웨어 패키지로 구현돼 있고, 원하는 목적에 따라 가장 단순한 것을 선택해서 사용하면 된다. Jozefowicz et al.(2015)은 LSTM의 여러 모델에 대해 경험적 비교를 통한 선택에 관한 논문을 2015년에 썼다.

6.4 언어 모델 평가하기

언어 모델링은 통상적으로 그 자체만으로 활용되지는 않으며, 더 큰 시스템의 구성 요소로 사용된다. 그래서 원칙적으로 **외적으로**extrinsically 평가받는다. 즉, 기계 번역이나 음성 인식 등의 애플리케이션 성능을 언어 모델이 향상시키는지 확인하는 것이다. 하지만 많은 경우 까다로운 일이며, 언어 모델링과는 무관할 수도 있는 전반적인 시스템 세부 사항에 의존하게 된다. 이와는 대조적으로 **내적**intrinsic **평가**는 '작업-중립적' 이다. 내적 척도에서 성능이 향상된다면 다양한 작업에 있어서 외적 척도의 개선을 기대해봄직하지만 내적 척도를 과최적화over-optimizing하게 되는 위험성 또한 같이 증가하게 된다. 이 단원에서는 몇 가지 내적 척도에 대해 다루지만, 내적 성능 향상이 실제 애플리케이션 성능에 이어질 수 있도록 외적 평가 역시 간과해서는 안 된다.

6.4.1 헬드아웃 우도

확률적 언어 모델의 목표는 단어 토큰 시퀀스의 확률을 정확하게 측정하는 것이다. 따라서 내적 평가 척도는 언어 모델이 **이미 나누어진 데이터**(학습 과정에서는 사용되지 않는다)에 할당될 수 있는지에 대한 우도likelihood이다. 좀 더 자세하게 설명하면, 다음의 수식과 같이 전체 헬드아웃(트레이닝/테스트로 나누어진) 말뭉치를 하나의 토큰 흐름으로 다뤄 계산할 수 있다.

$$\ell(\boldsymbol{w}) = \sum_{m=1}^{M} \log \mathrm{p}(w_m \mid w_{m-1}, \dots, w_1) \qquad [6.41]$$

보통 알 수 없는 단어는 ⟨UNK⟩ 토큰에 배정된다. 즉, 학습 데이터상의 ⟨UNK⟩를 위한 어떤 확률을 추정해야 한다는 의미다. 이 단어를 추정하기 위한 한 가지 방법은 어휘집 $\mathcal{V}$를 학습 데이터 내에서 가장 높은 빈도를 가진 $V-1$개의 단어로 채우고, 나머지 토큰을 ⟨UNK⟩로 바꾸는 것이다. 이외의 '어휘집에 없는 단어'를 다루기 위한 다른 여러 방법은 §6.5에서 다룬다.

6.4.2 퍼플렉시티

헬드아웃 우도는 일반적으로 **퍼플렉시티**perplexity로 표현한다. 퍼플렉시티는 로그우도에서 정보 이론의information-theoretic 양으로 바꾸는 결정적인deterministic 변환이다.

$$\mathrm{Perplex}(\boldsymbol{w}) = 2^{-\frac{\ell(\boldsymbol{w})}{M}} \qquad [6.42]$$

위 식에서 M은 헬드 아웃 말뭉치 안의 전체 토큰들의 수를 의미한다.

퍼플렉시티가 낮으면 우도가 높다는 것과 같은 의미이기 때문에, 이러한 지표에서는 더 낮은 점수score와 (즉, 점수가 낮으면 퍼플렉시티도 낮으므로) 퍼플렉시티가 낮은 게 더 좋다. 다음은 몇몇 특수한 경우를 소개한 것이다.

- 완전한 언어 모델의 극한에서는 $\mathrm{Perplex}(\boldsymbol{w}) = 2^{-\frac{1}{M}\log_2 1} = 2^0 = 1$에 따라 헬드아웃 말뭉치의 확률은 1이 된다.
- 반대의 경우에는 $\mathrm{Perplex}(\boldsymbol{w}) = 2^{-\frac{1}{M}\log_2 0} = 2^{\infty} = \infty$에서는 헬드아웃 말뭉치에 확률의 0이 되고, 퍼플렉스가 무한임을 의미한다.
- 어휘 안의 모든 단어에 대해서 $\mathrm{p}(w_i) = \frac{1}{V}$인 단일 유니그램 모델을 생각해보자. 그렇다면

$$\log_2(\boldsymbol{w}) = \sum_{m=1}^{M} \log_2 \frac{1}{V} = -\sum_{m=1}^{M} \log_2 V = -M\log_2 V$$

$$\mathrm{Perplex}(\boldsymbol{w}) = 2^{\frac{1}{M}M\log_2 V}$$

$$= 2^{\log_2 V}$$

$$= V$$

이는 "가장 나쁘지만 일어날 수 있는 (논리적인) 사례"에 해당하는 시나리오다. 데이터를 살펴보지도 않고 이러한 언어 모델을 설계할 수도 있기 때문이다.

실제로는 언어 모델은 1과 V 사이의 범위에서 퍼플렉시티를 제공하려는 경향이 있다. **펜 트리뱅크**^{Penn Treebank}라는 소규모 벤치마크 데이터 세트는 대략 1백만 개의 토큰을 포함하고 있으며, 해당 어휘집에서의 단어는 1만 개로 제한되며, 서로 다른 토큰들은 〈UNK〉라는 특수한 기호로 매핑된다. 펜 트리뱅크 데이터 세트에 제대로 평활화된^{well-smoothed} 5-그램 모델은 141이라는 퍼플렉시티를 얻었고(Mikolov & Zweig, 2012), LSTM 언어 모델에서는 대략 80 정도를 얻었다(Zaremba et al., 2014). LSTM 구조에 다양한 수정을 통해 퍼플렉시티를 60 아래로 낮출 수도 있다(Merity et al., 2018). 위키피디아의 텍스트 자료를 포함한 1B 단어 벤치마크^{1B Word Benchmark}는 더 큰 규모의 데이터 세트도 존재한다(Chelba et al., 2013). 이 데이터 세트에 복수의 LSTM 언어 모델을 함께 평균을 낸다면 약 25 정도로 퍼플렉시티 값을 얻게 된다(Jozefowicz et al., 2016).

6.5 어휘집에 없는 단어

여태까지는 어휘집 V이 유한한 데이터 세트인 환경인 '**닫힌 어휘집**^{closed-Vocabulary}'상에서 살펴봤다. 하지만 실제 적용 시에는 이런 가정이 유효하지 않을 수도 있다. 뉴스 기사를 번역한다고 생각해보자. 다음 문장은 2017년 1월 6일자 〈로이터〉의 한 기사에서 발췌한 것이다.

> The report said U.S. intelligence agencies believe Russian military intelligence, the **GRU**, used intermediaries such as **WikiLeaks**, **DCLeaks.com** and the **Guccifer** 2.0 "persona" to release emails…[5]

---

5   트럼프를 돕도록 사이버 캠페인을 지시하다. 미 정보국 보고 '푸틴, 트럼프 돕도록 사이버 캠페인을 지시하다.'
https://www.reuters.com/article/us-usa-russia-cyber-report-idUSKBN14Q2DF(2017. 1. 6.) 2022년 4월 접근 가능
(Bayoumy, Y & Strobel)

[보고서는 미 정보기관이 러시아군 정보기관인 총정찰국(GRU)이 이메일을 살포하기 위해 WikiLeaks, DCLeaks.com 그리고 Guccifer 2.0 "persona"와 같은 중개지를 이용했음을 확신하고 있다고 언급했다.]

만약 2003년에 출시된 기가워드^{Gigaword} 말뭉치[6]상에서 언어 모델을 학습시켰다고 가정해보자. 진한 글씨로 처리된 용어는 당시에는 아예 존재하지 않았거나 널리 알려진 표현이 아니었으며, 해당 어휘집에 없을 가능성이 높다. 이와 같은 문제점은 다른 다양한 용어들, 이를테면 신기술이나 이전에는 유명하지 않았던 인물들, 신조어(예컨대 해시태그), 숫자 등에서도 발생할 수 있다.

한 가지 해결 방법은 단순히 이런 모든 용어들을 특수 토큰인 ⟨UNK⟩로 표시하는 것이다. 언어 모델을 학습하는 동안 먼저 어휘집을 결정한다(주로 가장 자주 나오는 용어 *K*를 지정한다). 그리고 학습 데이터의 다른 모든 용어를 ⟨UNK⟩로 표시한다. 만약 어휘의 크기를 미리 설정하기를 원하지 않는다면 그 대안으로는 각 유형의 단어가 첫 번째로 출현할 때 ⟨UNK⟩로 표시하는 것이다.

그렇지만 많은 경우에 알지 못하는 다양한 단어들의 우도에 차이를 두는 것이 바람직하다. 특히 각 단어에서 어미나 어형의 변화가 많이 일어나는 언어, 즉 풍부한 형태학적 체계를 갖춘 언어를 다룰 때 중요하다. 예를 들면 포르투갈어는 형태론적 관점에서 보자면 적당하게 복잡한 편이지만, 각각의 동사는 수십 가지의 변형된 형태를 가지고 있다(그림 4.3b 참조). 이런 언어에는 말뭉치에서는 찾을 수 없지만 해당 언어의 형태학적 규칙에 따라 예측 가능한 유형의 단어가 다수 존재한다. 다소 인위적인 영어 단어인 *transfenestrate*를 예로 들 경우, 만약 이 단어가 어휘집에 포함돼 있다면 언어 모델은 과거시제인 *transfenestrated*가 실제 학습 데이터상에 출현하지 않는다 하더라도 여기에 0이 아닌 어떤 확률값을 지정할 것이다.

실현하기 위한 또 한 가지 방법은 단어 단위의 언어 모델을 **문자 단위의**$^{character-level}$ **언어 모델**로 보강하는 것이다. 이 모델은 *n*-그램이나 RNN을 사용하지만 어휘집은 ASCII 또는 유니코드 문자 세트와 동일하게 고정된다. 예를 들면 Ling et al.(2015b)에서는 문자를 대상으로 하는 LSTM 모델을 제안했고, Kim(2014)은 합성곱 뉴럴 네

---

6 https://catalog.ldc.upenn.edu/LDC2003T05

트워크를 사용했다.

좀 더 언어학적으로 접근한 방법은 단어를 유의미한 하위 단어인 **형태소**^{morpheme} 단위로 분할하는 것이다(9장 참조). 예를 들면 Botha & Blunsom(2014)은 형태소에 대한 벡터 표현을 유도해, 로그-쌍선형^{log-bilinear} 언어 모델에 통과시키는 식으로 만들었다. Bhatia et al.(2016)은 형태소 벡터를 LSTM 안으로 포함시켰다.

추가 자료

언어 모델링에는 다양한 종류의 뉴럴 네트워크 구조가 적용됐다. 초창기의 비순환 구조를 사용한 것 중 주목할 만한 것으로는 뉴럴 확률 언어 모델^{neural probabilistic language model}(Benigio et al., 2003)과 로그-쌍선형 언어 모델(Mnih & Hinton, 2007)이 있다. 해당 모델에 대한 좀 더 상세한 설명은 Goodfellow et al.(2016)에서 찾아볼 수 있다.

연습 문제

1. 만약 n-그램 확률이 유효할 경우, n-그램 언어 모델이 유효한 확률을 산출해냄을 증명하시오. 구체적으로는 모든 문맥 $(w_{m-1}, w_{m-2}, \ldots, w_{m-x+1})$에 대해

$$\sum_{w_m}^{V} p(w_m \mid w_{m-1}, w_{m-2}, \ldots, w_{m-n+1}) = 1 \qquad [6.43]$$

이라는 사실을 가정하자. P_n이 n-그램 언어 모델하에서의 확률일 때, 모든 $w \in V^*$에 대해 $\sum_w p_n(w) = 1$임을 증명하라. 귀납법을 사용해 증명하시오. 스트링의 시작 토큰인 $p(w_1 \mid \underbrace{\square, \ldots, \square}_{n-1})$은 다루되, 스트링의 마지막 토큰에 대해서는 다룰 필요가 없다.

2. 먼저 RNN 모델이 유효함을 이전 문제의 증명에서 사용했던 것과 비슷한 방법을 사용해 증명하라. 그다음 $p_r(w)$가 RNN r상의 w에서의 확률을 의미한다고 하자. RNN 언어 모델의 앙상블^{ensemble}은 다음의 확률을 계산한다.

$$p(w) = \frac{1}{R} \sum_{r=1}^{R} p_r(w) \qquad [6.44]$$

RNN 언어 모델의 앙상블은 유효한 확률을 계산하고 있는가?

3. 크기가 V인 어휘에 대한 유니그램 언어 모델이 있다고 하자. 전체 M개의 토큰이 있는 말뭉치 안에서 어떤 단어가 m번 나타났다고 가정하자. α에 대한 리드스톤 스무딩에서, 스무딩된 확률이 그렇지 않은 확률보다 큰 경우에 m값은 어떻게 되는가?

4. 어휘 V에서 추출됐고 확률이 $\frac{1}{V}$이며 상호 독립적인 각각의 토큰이 존재하는 언어 모델을 가정해보자. 크기가 M인 말뭉치가 주어졌다고 하면 빈도가 0인 가능한 모든 바이그램의 부분에 대한 기댓값은 얼마인가? 여기서 V는 충분히 커서 $\frac{1}{V} \approx \frac{1}{V-1}$이라고 가정한다.

5. 앞 문항의 연장선상에서 빈도가 0인 바이그램의 부분이 최대 $\epsilon \in (0, 1)$일 때 M의 값을 구하라. 힌트를 주면 $\alpha \approx 0$에 대해 $\ln(1+\alpha) \approx \alpha$ 근사를 사용해도 된다.

6. 실제 언어에서는 단어 확률은 단일하지도, 독립적이지도 않다. 단어 확률이 독립적이지만 단일하지 않으므로 일반적으로 $\mathrm{p}(w) \neq \frac{1}{V}$라고 가정하자. 확인되지 않은 바이그램의 기대 부분fraction이 IID 경우보다 높음을 증명하라.[7]

7. 하나의 은닉 유닛과 시그모이드 활성화함수 $h_m = \sigma(\theta h_{m-1}+x_m)$을 가진 순환 뉴럴 네트워크를 생각해보자. 만약 $|\theta| < 1$일 때, $k \to \infty$으로 발산하면 경사 $\frac{\partial h_m}{\partial h_{m-k}}$가 0으로 수렴함을 증명하시오.

8. **지프**Zipf**의 법칙**은 말뭉치 안의 단어 유형이 빈도에 의해 분류된다면 순위 r에서의 단어 빈도는 s가 1 근처의 값을 가지는 자유 파라미터인 r^{-s}에 비례한다고 언급하고 있다(지프의 법칙을 파악하는 다른 관점은 바로 로그 순위에 대한 로그 빈도 그래프가 선형이라고 보는 것이다). 가장 빈도가 높은 단어 c_1과 그다음으로 빈도가 높은 c_2의 빈도를 사용해 s를 구하라.

9 wikitext-2 데이터 세트를 다운로드하시오.[8] 학습 데이터를 읽고 나서 단어 빈도

---

7 이 증명은 행렬 Θ의 최대 고유벡터(eigenvector)로 다루는 방법으로 벡터를 은닉 유닛으로 일반화한다.

8 2022년 1월 기준 https://github.com/pytorch/examples/tree/master/word_language_model/data/wikitext-2에서 다운로드할 수 있다. 데이터 세트는 이미 토큰화돼 있고, 드물게 나타나는 단어는 이미 〈UNK〉로 바뀌어 있다. 그래서 추가 전처리는 필요 없을 것이다.

를 계산하시오. 지프의 법칙의 계수를 다음의 수식을 이용해 추정하라.

$$\hat{s} = \exp\left(\frac{(\log \boldsymbol{r}) \cdot (\log \boldsymbol{c})}{\|\log \boldsymbol{r}\|_2^2}\right) \qquad [6.45]$$

여기서 $\boldsymbol{r} = [1, 2, 3, \ldots]$은 말뭉치 안의 모든 단어의 순위에 대한 벡터이며, $\boldsymbol{c} = [c_1, c_2, c_3, \ldots]$은 말뭉치 내의 모든 단어에 대한 빈도 벡터이며, 내림차순으로 정렬돼 있다.

관찰된 빈도와 기대 빈도에 대한 로그-로그 그래프를 지프의 법칙에 따라 그려보라. 총합 $\sum_{r=1}^{\infty} r^s = \zeta(s)$은 리만 제타 함수이며 파이썬의 scipy 라이브러리에서 `scipy.special.zeta`로 찾을 수 있다.

10. Pytorch 라이브러리를 사용해 Wikitext 학습 말뭉치에 기반한 LSTM 언어 모델을 학습시키시오. 각 학습 에포크^{epoch} 이후 Wikitext validation 말뭉치에서 언어 모델의 퍼플렉시티를 구하시오. 퍼플렉시티가 더 이상 향상되지 않을 때 학습을 중단하라.

07 시퀀스 라벨링

시퀀스 라벨링의 목표는 단어에 태그를 지정하거나, 더 일반화해서 말하자면 시퀀스 내의 요소들을 분리하기 위해 분리 라벨을 지정하는 것이다. 자연어 처리를 위해서 시퀀스 라벨링을 다양한 방식으로 적용할 수 있지만, 이 방법은 8장에서 종합적으로 다룰 것이다. 7장에서는 주로 **품사 태깅**part-of-speech tagging 문제에 초점을 맞춰서 시퀀스 라벨링을 다룬다. 즉, 각 단어를 문법에 맞는 분류에 따라 태깅하는 작업이다. 조립 coarse-grained 문법 분류군에는 사물, 속성, 발상 등을 묘사하는 명사(NOUN), 행동이나 사건 등을 묘사하는 동사(VERB) 등을 가지고 있다. 다음의 간단한 입력 예시를 살펴 보자.

(7.1)   They can fish[그들은 낚시를 할 수 있다]

조립 품사 태그 사전에서는 'they'에 대해서는 명사만 유효 태그로 포함시키겠지만, 'can'과 'fish'에는 명사와 동사 모두를 잠재적인 태그로 포함시킬 수 있다. 또 정확한 시퀀스 라벨링 알고리듬은 (7.1)에서 'can과 'fish' 모두를 상대로 동사 태그를 선택하 겠지만, 이 두 단어가 모두 들어 있는 단어구인 'can of fish'에 대해서는 명사 태그를 선택할 것이다.

7.1 분류에서의 시퀀스 라벨링

태깅 문제에 대한 해결 방법 중 하나는 이를 분류 문제로 다루는 것이다. $f((w, m), y)$ 가 시퀀스 $w = (w_1, w_2, ..., w_M)$ 내에서 위치 m에서의 태그 y에 대한 피처함수feature

206

function라고 하자. 단순 태깅 모델은 하나의 기본 특성인 단어 자기 자신만을 가지게 된다.

$$f((\boldsymbol{w} = \textit{they can fish}, m = 1), \text{N}) = (\textit{they}, \text{N}) \qquad [7.1]$$

$$f((\boldsymbol{w} = \textit{they can fish}, m = 2), \text{V}) = (\textit{can}, \text{V}) \qquad [7.2]$$

$$f((\boldsymbol{w} = \textit{they can fish}, m = 3), \text{V}) = (\textit{fish}, \text{V}) \qquad [7.3]$$

여기서 피처함수는 인자 3개를 입력값으로 받는다. 이 인자들은 태그될 문장(예컨대 'they can fish'), 제시된 태그(예컨대 N 또는 V)와 이 태그들이 적용된 토큰의 인덱스에 해당한다. 이런 단순한 피처함수는 단일 피처만을 반환한다. 태그를 지정할 단어와 해당 단어에 대해 제시된 태그가 포함된 하나의 튜플tuple이다. 어휘의 크기를 V, 태그의 수를 K라고 하면, 피처의 수는 $V \times K$가 된다. 그리고 각 피처에는 가중치가 할당돼 있어야 한다. 가중치는 라벨링된 데이터 세트를 통해 퍼셉트론perceptron 등과 같은 분류 알고리듬을 사용해 학습되지만, 여기서는 그럴 필요가 없다. 그 이유는 단어 w와 가장 자주 연관되는 태그 y에 대해서만 $\theta_{w,y} = 1$이고, 나머지 모든 태그에 대해서는 $\theta_{w,y} = 0$로 분류 가중치를 직접 정의하는 것과 동일하기 때문이다.

그러나 위와 같은 단순한 분류 방법이 'they can fish'와 'can of fish' 두 문장에 대해 정확히 태그할 수는 없다는 사실을 쉽게 알 수 있다. 'can'과 'fish'는 문법적으로 중의적이기 때문이다. 이 두 가지 경우를 모두 다루기 위해서는 주변 단어 등의 문맥에 의존해야만 한다. 주변 단어를 추가적인 피처로 포함시켜서 문맥을 피처 집합의 일부로 만들 수도 있다.

$$\begin{aligned}
f((\boldsymbol{w} = \textit{they can fish}, 1), \text{N}) = \{&(w_m = \textit{they}, y_m = \text{N}), \\
&(w_{m-1} = \square, y_m = \text{N}), \\
&(w_{m+1} = \textit{can}, y_m = \text{N})\}
\end{aligned} \qquad [7.4]$$

$$\begin{aligned}
f((\boldsymbol{w} = \textit{they can fish}, 2), \text{V}) = \{&(w_m = \textit{can}, y_m = \text{V}), \\
&(w_{m-1} = \textit{they}, y_m = \text{V}), \\
&(w_{m+1} = \textit{fish}, y_m = \text{V})\}
\end{aligned} \qquad [7.5]$$

$$\begin{aligned}
f((\boldsymbol{w} = \textit{they can fish}, 3), \text{V}) = \{&(w_m = \textit{fish}, y_m = \text{V}), \\
&(w_{m-1} = \textit{can}, y_m = \text{V}), \\
&(w_{m+1} = \blacksquare, y_m = \text{V})\}
\end{aligned} \qquad [7.6]$$

이런 피처들은 단어 '*fish*'에 대해 올바른 태그를 선택할 수 있을 만큼의 충분한 정보를 포함하고 있다. *can* 뒤에 오는 단어는 동사일 확률이 높기 때문에 따라서 피처 ($w_{m-1} = can$, $y_m = V$)는 높은 양의 가중치 값을 가진다.

그러나 이와 같이 향상된 피처 세트를 갖고 있더라도 일부 시퀀스에는 제대로 태그하기란 무척 어렵다. 그 원인 중 하나는 주로 태그 그 자체의 관계에서 비롯된다. 예를 들면 영어에서는 동사가 다른 동사 뒤에 나올 때가 상대적으로 드물다. 특히 '*can*[~할 수 있다]', '*should*[~해야 한다]'와 같은 조동사(MODAL verbs)를 '*give*[주다]', '*transcend*[초월하다]', '*befuddle*[정신을 잃도록 만든다]' 등과 같은 전형적인 동사와 구별하기는 더욱 어렵다. 그래서 동사-동사 태그 시퀀스를 피하고, 명사-동사와 같은 태그의 결합 시퀀스를 선호하도록 만든다. 이런 선호도에 대한 필요성은 **정원 산책로 문장**Garden-Path Sentence을 다룰 때 가장 잘 드러난다.

(7.2)   *The old man the boat*[보트를 모는 노인들][1]

문법에서는 단어 *the*는 한정사(DETERMINER)이다. 위 문장을 읽을 때 어느 부분에 처음으로 *old*라는 단어를 무엇으로 할당하는가? 보통 이런 단어는 형용사(ADJECTIVE, 줄여서 J)로서 명사를 수식한다. 그래서 비슷하게 '*man*'은 명사로 태깅된다. 이에 따르면 결과적으로 태그 시퀀스는 D J N D N이 된다. 그렇지만 곧 "정원 산책로"에서 길을 잃어버린 것과 같이 잘못된 해석으로 막다른 길에 부딪히게 된다. 한정사가 직접적으로 명사를 따라가는 경우는 드물며[2] 전체 문장에서 동사가 빠진 경우는 더더욱 드물다. (7.2)에서 동사가 될 수 있는 유일한 단어는 '*man*'이며 이는 주로 배boat와 같은 탈 것에 유지 보수하거나 조정하는 행위 등을 의미한다. 그러나 만약 '*man*'이 동사로 태그된다면 '*old*'는 한정사와 동사 사이에 위치하게 되며 필연적으로 명사가 된다. 게다가 사실 형용사는 '*the young*(젊은이들)', '*the restless*(불안한 사람들)' 등과 같이 명사로 해석되는 경우도 많다. 라벨링 결정이 뒤섞여 있는 이와 같은 추론 과정은 각 태

---

1   정원 산책로에 해당하는 대표적인 문장이다. 보통 영미권의 사람들조차 old를 형용사로 해석하는 경향이 있다. 하지만 책에서 설명하는 것처럼 the 다음에는 반드시 명사가 와야 하므로 old는 명사, man을 동사로 해석하는 것이 올바르다. 실제로는 The old are those who man the boat[보트를 조종하는 노인들]로 다시 쓸 수 있다. - 옮긴이

2   예외적인 경우로는 주로, 목적어가 두 개인 (ditransitive) 동사를 들 수 있다. 예를 들면 They gave the winner a trophy [그들은 **우승자에게 트로피를** 주었다]

그가 독립적인 분류 결정에 따라 생성되는 경우에는 적용할 수 없다.

7.2 구조 예측을 위한 시퀀스 라벨링

또 다른 방법으로 태그 시퀀스를 라벨로 다루는 방법이 있다. 주어진 단어 시퀀스 $w = (w_1, w_2, ..., w_M)$에 대해 가능한 태깅^{tagging} 집합 $\mathcal{Y}(w) = \mathcal{Y}^M$이 존재한다. 여기서 $\mathcal{Y} = \{N, V, D, ...\}$는 개별 태그 집합을, $\mathcal{Y}^M$은 길이가 M인 태그 시퀀스 집합을 의미한다. 이제 비로소 라벨 공간 $\mathcal{Y}(w)$ 내에서 시퀀스 라벨링 문제를 분류 문제로 다룰 수 있게 됐다.

$$\hat{y} = \underset{y \in \mathcal{Y}(w)}{\text{argmax}} \ \Psi(w, y) \qquad [7.7]$$

여기서 $y = (y_1, y_2, ..., y^M)$은 태그 M개에 대한 시퀀스이며, Ψ은 시퀀스 쌍, $V^M \times \mathcal{Y}^M \to \mathbb{R}$의 평가함수$^{\text{scoring function}}$이다. 이 함수들은 '한정사는 명사에 뒤따라 나오지 않는다', '모든 문장은 동사를 가진다'와 같은 사실 등의 태깅 결정들 사이의 관계를 포착하는 기능을 가지고 있다.

길이가 M인 시퀀스 내에서 라벨 공간이 기하급수적으로 커진다는 사실을 고려하면 이런 방법으로 태깅하는 것이 과연 실용적이라 할 수 있을까? 일련의 상호 연결된 라벨링에 대해 결정을 만들어내는 문제를 추론^{inference}이라 한다. 자연어는 상호 연관된 문법 구조들로 가득하기 때문에 추론은 자연어 처리에서 중요한 측면을 담당한다. 영어에서 길이 $M = 20$인 문장을 찾기란 어렵지 않으며, 품사 태그 세트의 크기는 10에서 수백에 이르기까지 다양하다. 이러한 범위의 가장 낮은 값을 가져올 경우, $|\mathcal{Y}(w_{1:M})| \approx 10^{20}$으로 100억의 100억 배의 가능한 태그 시퀀스가 존재하게 된다. 이러한 시퀀스를 모두 열거하고 점수를 매기는 작업의 양은 시퀀스의 길이에 따라 기하급수적으로 증가하므로, 추론이 대단히 어려워진다.

하지만 평가함수를 제한할 경우 상황은 달라진다. 지역적^{local} 부분의 합으로 분해하는 함수 하나가 있다고 생각해보자.

$$\Psi(w, y) = \sum_{m=1}^{M+1} \psi(w, y_m, y_{m-1}, m) \qquad [7.8]$$

여기서 각각의 $\psi(\cdot)$는 태그 시퀀스의 지역 부분에 점수를 매긴다. 총합은 특수한 시퀀스의 마지막 태그인 $\psi(\boldsymbol{w}_{1:M}, \blacklozenge, y_M, M+1)$을 포함할 수 있기 때문에 $M+1$까지 점수를 매겨야한다. 또한 시퀀스 y_0 즉 $\lozenge$인 위치에서 문장이 시작할 수 있도록 특수태그 $\lozenge$를 정의한다.

선형모델에서 지역 평가함수^{local scoring function}는 가중치와 피처의 벡터곱으로 정의할 수 있다.

$$\psi(\boldsymbol{w}_{1:M}, y_m, y_{m-1}, m) = \boldsymbol{\theta} \cdot \boldsymbol{f}(\boldsymbol{w}, y_m, y_{m-1}, m) \qquad [7.9]$$

피처 벡터 $\boldsymbol{f}$는 전체 입력 $\boldsymbol{w}$를 모두 고려할 수 있으며, 게다가 인접한 태그 쌍도 살펴볼 수 있다. 이는 토큰별^{per-token} 분류에 비해 진일보한 것으로, 명사-한정사와 같은 부적절한 태그 쌍에는 가중치가 낮은 점수를 할당하고 한정사-명사 내지 명사-동사와 같은 자주 발생하는 태그 쌍에는 높은 점수를 부여한다.

예문 *They can fish*에서 최소 피처함수는 단어-태그 쌍(**방출 피처**^{emission feature}라고 부르기도 한다)과 태그-태그 쌍(**전이 피처**^{transition feature}으로 부르기도 한다)을 위한 피처를 가지고 있다.

$$\boldsymbol{f}(\boldsymbol{w} = they\ can\ fish, \boldsymbol{y} = \text{N V V}) = \sum_{m=1}^{M+1} \boldsymbol{f}(\boldsymbol{w}, y_m, y_{m-1}, m) \qquad [7.10]$$

$$= \boldsymbol{f}(\boldsymbol{w}, \text{N}, \lozenge, 1)$$
$$+ \boldsymbol{f}(\boldsymbol{w}, \text{V}, \text{N}, 2)$$
$$+ \boldsymbol{f}(\boldsymbol{w}, \text{V}, \text{V}, 3)$$
$$+ \boldsymbol{f}(\boldsymbol{w}, \blacklozenge, \text{V}, 4) \qquad [7.11]$$

$$= (w_m = they, y_m = \text{N}) + (y_m = \text{N}, y_{m-1} = \lozenge)$$
$$+ (w_m = can, y_m = \text{V}) + (y_m = \text{V}, y_{m-1} = \text{N})$$
$$+ (w_m = fish, y_m = \text{V}) + (y_m = \text{V}, y_{m-1} = \text{V})$$
$$+ (y_m = \blacklozenge, y_{m-1} = \text{V}) \qquad [7.12]$$

위의 식에는 7개의 활성 피처들이 존재한다. 하나는 각각의 단어-태그 쌍을 위한 것이고 하나는 (마지막 태그인 $y_{M+1} = \blacklozenge$를 포함해서) 태그-태그 쌍을 위한 것이다. 이런 피처들은 영어에서 품사 태깅을 위한 두 가지 주요한 피처들을 포착한다. 첫 번째는 각 단어에 적합한 태그는 어떤 것인지에 대한 것이며, 나머지 하나는 시퀀스 내에서 서로를 따르는 태그는 어떤 것인지 등에 대한 정보를 얻는다. 이 피처에 대해 적절한 가중치가 주어지면, 'the old man the boat'와 같이 까다로운 문장에 태깅을 해도 높은 정확도를 얻을 수 있다. 앞으로는 이렇게 제한된 평가함수가 "**비터비 알고리듬**(Viterbi, 1967)"을 통해 어떻게 효율적인 추론을 가능하도록 만드는지 알아본다.

7.3 비터비 알고리듬

평가함수를 지역 부분의 총합으로 분해함으로써, 태깅 문제를 다음과 같이 다시 작성할 수 있다.

$$\hat{y} = \operatorname*{argmax}_{y \in \mathcal{Y}(w)} \Psi(w, y) \tag{7.13}$$

$$= \operatorname*{argmax}_{y_{1:M}} \sum_{m=1}^{M+1} \psi(w, y_m, y_{m-1}, m) \tag{7.14}$$

$$= \operatorname*{argmax}_{y_{1:M}} \sum_{m=1}^{M+1} s_m(y_m, y_{m-1}) \tag{7.15}$$

다음 수식은 위의 마지막 식을 약칭으로 단순화한 것이다.

$$s_m(y_m, y_{m-1}) \triangleq \psi(w_{1:M}, y_m, y_{m-1}, m) \tag{7.16}$$

이러한 추론 문제는 순환 연산에서 작업을 재사용하는 알고리듬 기법인 **동적 프로그래밍**Dynamic Programming을 통해 효율적으로 해결할 수 있다. 우리는 부차적인 문제부터 먼저 해결해야 한다. 즉, 가장 적합한 태그 시퀀스를 먼저 찾기보다는 가장 적합한 태그 시퀀스의 점수를 먼저 계산한다.

$$\max_{y_{1:M}} \Psi(w, y_{1:M}) = \max_{y_{1:M}} \sum_{m=1}^{M+1} s_m(y_m, y_{m-1}) \tag{7.17}$$

이 점수는 길이가 M인 모든 태그 시퀀스를 대상으로 최대화하는 과정이 필요하다. 이 작업을 $\max_{y_{1:M}}$으로 표기하며, 해당 최대화 과정을 두 부분으로 나눌 수 있다.

$$\max_{\mathbf{y}_{1:M}} \Psi(\mathbf{w}, \mathbf{y}_{1:M}) = \max_{y_M} \max_{\mathbf{y}_{1:M-1}} \sum_{m=1}^{M+1} s_m(y_m, y_{m-1}) \qquad [7.18]$$

총합에서의 마지막 항인 $s_{M+1}(\blacklozenge, y_M)$만 y_M에 의존하며, 이 항을 두 번째 최대화 과정에서 따로 추출할 수 있다.

$$\max_{\mathbf{y}_{1:M}} \Psi(\mathbf{w}, \mathbf{y}_{1:M}) = \left(\max_{y_M} s_{M+1}(\blacklozenge, y_M)\right) + \left(\max_{\mathbf{y}_{1:M-1}} \sum_{m=1}^{M} s_m(y_m, y_{m-1})\right) \qquad [7.19]$$

수식 7.19에서 두 번째 항은 원본 문제와 같은 형태를 갖추고 있고, 단순하게 M이 $M-1$으로 바뀌었을 뿐이다. 이런 사실은 해당 문제를 순환 문제로 다시 바꿀 수 있도록 만들어준다. 이 작업은 **비터비변수** $v_m(k)$라고 부르는 보조변수를 정의해 바꿀 수 있다. 이 비터비 변수는 다음과 같이 태그 k 안에서 종료되는 최적의 시퀀스에 대한 점수를 표현한 것이다. 순환의 초기 조건은 단순히 첫 태그의 점수다.

$$v_m(y_m) \triangleq \max_{\mathbf{y}_{1:m-1}} \sum_{n=1}^{m} s_n(y_n, y_{n-1}) \qquad [7.20]$$

$$= \max_{y_{m-1}} s_m(y_m, y_{m-1}) + \max_{\mathbf{y}_{1:m-2}} \sum_{n=1}^{m-1} s_n(y_n, y_{n-1}) \qquad [7.21]$$

$$= \max_{y_{m-1}} s_m(y_m, y_{m-1}) + v_{m-1}(y_{m-1}) \qquad [7.22]$$

비터비 변수에 대한 각 집합은 지역점수 $s_m(y_m, y_{m-1})$과 이전의 비터비변수 집합을 통해 계산할 수 있다.

알고리듬 11 비터비 알고리듬. 각각의 $s_m(k, k')$는 태그 $y_m = k$와 $y_{m-1} = k'$의 지역 점수를 의미한다.

> **for** $k \in \{0, \dots K\}$ **do**
>> $v_1(k) \leftarrow s_1(k, \diamondsuit)$
>
> **for** $m \in \{2, \dots, M\}$ **do**
>> **for** $k \in \{0, \dots, K\}$ **do**
>>> $v_m(k) \leftarrow \max_{k'} s_m(k, k') + v_{m-1}(k')$
>>>
>>> $b_m(k) \leftarrow \operatorname{argmax}_{k'} s_m(k, k') + v_{m-1}(k')/$
>
> $y_M \leftarrow \operatorname{argmax}_k s_{M+1}(\blacklozenge, k) + v_M(k)$

for $m \in \{M-1, \dots 1\}$ **do**

$\quad y_m \leftarrow b_m(y_{m+1})$

return $y_{1:M}$

$$v_1(y_1) \triangleq s_1(y_1, \Diamond) \qquad\qquad [7.23]$$

그래서 시퀀스의 최대 종합 점수는 최종 비터비변수가 된다.

$$\max_{\boldsymbol{y}_{1:M}} \Psi(\boldsymbol{w}_{1:M}, \boldsymbol{y}_{1:M}) = v_{M+1}(\blacklozenge) \qquad\qquad [7.24]$$

그러므로 시퀀스에 대한 가장 적합한 라벨링 점수는 단일 포워드 스윕^{single forward sweep}내에서 계산할 수 있다. 먼저 수식 7.23의 모든 변수 $v_1(\cdot)$을 계산하고 그다음 수식 7.22에 나타난 순환의 모든 변수인 $v_2(\cdot)$를 계산하고, 이러한 방식을 반복해 마지막 변수 $v_{M+1}(\blacklozenge)$까지 계속한다.

비터비변수는 **격자**^{trellis}로 알려진 구조로 편성될 수 있으며, 해당 구조는 그림 7.1에서 확인할 수 있다. 각 열들은 시퀀스 안의 토큰 m을, 각 행들은 $\mathcal{Y}$ 안의 태그를 색인^{indexing}하고, 모든 $v_{m-1}(k)$는 모든 $v_m(k')$에 연결된다. 이 연결 고리는 $v_m(k')$가 $v_{m-1}(k)$에서 계산된 것임을 의미한다. 특수 노드는 시작과 종료 상태를 위해서 별도로 남겨둔다.

한편 원래의 목표는 가장 높은 점수를 가지는 시퀀스를 찾아내는 것이지, 각각의 점수만을 계산하는 것이 아니었다. 그렇지만 이 부차적인 문제를 해결함으로써 점차 원래의 목표에 가까워지고 있다. 각각의 $v_m(k)$가 위치 m에서의 태그 k에서 종료되는 최적의 태그 점수를 알려준다는 사실을 떠올려보자. 이를 계산하기 위해서 우리는 y_{m-1}의 잠재적인 값들을 최대화했다. 각각의 단계에서 이러한 선택을 최대화하는 "argmax" 태그를 따라가, 마지막 태그에서 역방향으로 되돌아오는 방법을 사용해 최적의 태그 시퀀스를 복구할 수 있다. 이 과정은 그림 7.1에서 짙은 실선으로 표시돼 있으며, 마지막 위치에서부터 역추적한 것이다. 역방향 포인터는 $b_m(k)$로 적고, $Y_m = k$까지 도달하기 위한 경로상에 있는 최적의 태그인 y_{m-1}을 나타낸다.

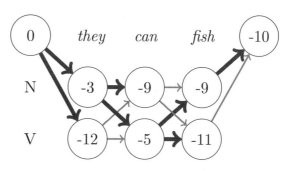

그림 7.1 예문 'they can fish'를 대상으로 비터비변수를 격자 구조로 표현한 것으로, 표 7.1에 표시된 가중치를 사용한 것이다.

완성된 전체 비터비 알고리듬은 알고리듬 11에서 확인할 수 있다. 초기 비터비변수 $v_1(\cdot)$를 계산할 때 특수 태그 ◇는 시퀀스의 시작을 의미한다. 그리고 마지막 태그 Y_M을 계산할 때, 또 다른 특수 태그인 ◆는 시퀀스의 종료를 의미한다. 이러한 특수 태그는 시퀀스를 시작하고 종료하는 태그를 위한 전이 피처를 사용할 수 있도록 해 준다. 예를 들면 영어에서는 문장을 끝맺을 때 접속사를 사용하지 않기 때문에 s_{M+1}(◆, CC)에 우리는 낮은 점수를 줄 것이다. 또 명사는 문장의 시작 지점에 나타날 확률이 크기 때문에, 명사 태그가 첫 번째 단어 토큰인 w_1과 호환된다는 가정하에 s_1(N, ◇)에는 높은 점수를 주려고 할 것이다.

복잡도^{complexity} 만약 시퀀스 안에 K개의 태그와 M개의 위치가 존재한다면, 계산해야 할 비터비변수의 개수는 $M \times K$이다. 각각의 변수를 계산하기 위해서는 가능한 선행자 태그 K개를 대상으로 먼저 최댓값을 탐색해야 한다. 따라서 격자를 채우기 위해 걸리는 총 시간 복잡도는 $O(MK^2)$이며, 각 위치에서 활성화된 피처를 위한 추가 요소도 존재한다. 격자를 완성한 다음에는 단순히 역방향 포인터를 시퀀스 시작 지점까지 추적하면 된다. 이 과정에서는 $O(M)$ 작업을 필요로 한다.

7.3.1 예시

각각 명사와 동사에 대응하는 최소한의 태그 세트인 {N, V}를 생각해보자. 이 정도 최소한의 태그에서조차 모호함이 상당 부분 존재한다. 이를테면 단어 'can'과 'fish'는 각각 두 개의 태그를 가질 수 있다. 문장 'they can fish'에서 $2 \times 2 \times 2 = 8$개의 가능

한 총 8가지의 태깅 중에서 가능한 태그는 총 4개이며, 여기서 2개는 문법적으로 올바르다.[3]

그림 7.1에서 격자^{trellis} 안의 값들은 표 7.1에서 정의한 피처 가중치를 사용해 계산한 것이다. 우리는 이 계산 과정을 유일하게 가능한 선행 태그(즉, 시작 태그인 ◊)만을 가진 $v_1(N)$에서 시작한다. 따라서 이 점수는 $s_1(N, ◊) = -2 - 1 = -3$으로, 이는 방출 피처와 전이 피처의 점수를 각각 더한 총합이며, 역포인터$^{back\ pointer}$는 $b_1(N) = ◊$이다. $v_1(V)$의 점수도 동일한 방식으로 구할 수 있으며, $s_1(V, ◊) = -10 - 2 = -12$이며 역시 $b_1(V) = ◊$이다. 역포인터는 그림에서 짙은 실선으로 표시한 것이다.

표 7.1 그림 7.1에 나타난 격자 예시에서의 피처 가중치. ◊과 ♦에서 만들어진 방출 가중치는 암묵적으로 $-\infty$으로 설정된다.

	they	can	fish
N	−2	−3	−3
V	−10	−1	−3

(a) 방출 피처에 대한 가중치

	N	V	♦
◊	−1	−2	−1
N	−3	−1	−1
V	−1	−3	−1

(b) 전이 피처에 대한 가중치 "from" 태그는 행 위에, "to" 태그는 열 위에 있다.

$m = 2$이 되면 더욱 흥미로워진다. 점수 $v_2(N)$은 가능한 선행자의 점수를 최대화해 계산할 수 있다.

$$v_2(N) = \max(v_1(N) + s_2(N, N), v_1(V) + s_2(N, V)) \qquad [7.25]$$
$$= \max(-3 - 3 - 3, \quad -12 - 3 - 1) = -9 \qquad [7.26]$$
$$b_2(N) = N \qquad [7.27]$$

위의 과정을 $v_4(♦)$에 도달할 때까지 계속 반복한다. 해당 과정은 다음과 같이 계산한다.

$$v_4(♦) = \max(v_3(N) + s_4(♦, N), v_3(V) + s_4(♦, V)) \qquad [7.28]$$
$$= \max(-9 + 0 - 1, \quad -11 + 0 - 1) \qquad [7.29]$$
$$= -10 \qquad [7.30]$$

---

3 they/N can/V fish/N은 생선을 깡통에 넣거나 태워버리는 시나리오에 상응한다.

따라서 $b_4(\blacklozenge) = $ N이다. 방출되는 w_4가 없기 때문에, 방출 점수는 0이 된다. 최적의 태그 시퀀스를 계산하기 위해, 우리는 여기서부터 다음 확인 지점인 $b_3($N$) = $ V, 그다음으로 $b_2($V$) = $ N, 마지막으로 $b_1($N$) = \lozenge$까지 거슬러간다. 이러한 과정은 $\boldsymbol{y} = ($N, V, N$)$이라는 결과를 얻게 되고, 이 결과는 '생선이 캔 안에 놓여진다'에 해당하는 언어학적 해석이 만들어진다.

7.3.2 고차원 피처

비터비 알고리듬은 평가함수의 범위가 인접한 태그 쌍만을 살펴보는 지역적 부분에 한정된 작업이기에 가능했다. 우리는 이 방법을 태그에 대한 바이그램 언어 모델로 다루는 것으로 생각할 수도 있다. 그렇게 되면, 다음와 같은 분해과정을 동반해 비터비 알고리듬을 태그 트라이그램으로 일반화할 수 있는지의 문제로 자연스럽게 연결된다.

$$\Psi(\boldsymbol{w}, \boldsymbol{y}) = \sum_{m=1}^{M+2} \Psi(\boldsymbol{w}, y_m, y_{m-1}, y_{m-2}, m), \qquad [7.31]$$

여기서 $y_{-1} = \lozenge$이고, $y_{M+2} = \blacklozenge$이다.

한 가지 해결 방법은 원본 태그 집합 그 자체를 데카르트 곱^{Cartesian product}으로 나타낸 $\mathcal{Y}^{(2)} = \mathcal{Y} \times \mathcal{Y}$로부터 새로운 태그 세트인 $\mathcal{Y}^{(2)}$을 만드는 것이다. 이 벡터곱의 공간^{product space}에서 태그는 순서쌍이며, 토큰 수준에서의 인접 태그를 표현한다. 예를 들면 태그 (N, V)는 명사와 그에 뒤따르는 동사를 표현한 것이다. 이러한 태그 사이의 전이 과정은 일관성이 있어야 한다. 즉 (N, V)에서 (V, N)으로의 전이시키는 것은(태그 시퀀스 N V N에 해당한다) 가능하지만 (N, V)에서 (N, N)으로의 전이처럼 어떠한 일관적인 태그 시퀀스에도 해당되지 않는 전이는 불가능하다. 이런 제약 조건은 피처 가중치에서 한층 더 강해져서, 만약 $b \neq c$이라면 $\theta_{((a,b),(c,d))} = -\infty$가 된다. 남아 있는 피처 가중치는 다양한 태그 트리그램이나 이에 반하는 선호도를 표현할 수 있다.

데카르트 곱의 공간에는 K^2개의 태그가 존재하고, 이는 시간 복잡도가 $\mathcal{O}(MK^4)$으로 증가할 수 있음을 알려준다. 그렇지만 현재 태그 바이그램과 호환되지 않는 선행자의 태그 바이그램이 더 클 필요는 없다. 이런 제약 조건을 활용하면, 시간 복잡도를 $\mathcal{O}(MK^3)$까지로 만들 수 있다. 여기서 공간 복잡도는 $\mathcal{O}(MK^2)$까지 증가한다. 그 이유는 격자 구조에서는 각 태그의 가능한 모든 선행자들을 반드시 저장해야 하기 때문이다. 일반적으로 고차원 비터비의 시간과 공간 복잡도는 피처 분해에 고려되는 태그 n-gram의 차원에 따라 기하급수적으로 증가하게 된다.

7.4 은닉 마르코프 모델

비터비 시퀀스 라벨링 알고리듬은 점수 $s_m(y, y')$상에서 설계됐다. 이제 이 점수를 확률적으로 추정할 수 있는 방법에 대해 살펴볼 것이다. §2.2에서 확률적 나이브 베이즈 분류기가 확률 $p(y|x) \propto p(y, x)$을 최대화하기 위한 라벨 y를 선택했음을 생각해보자. 확률적 시퀀스 라벨링의 목표도 이와 비슷하다. 바로 $p(y|w) \propto p(y, w)$를 최대화할 수 있는 태그 시퀀스를 선택하는 것이다. 수식 7.8에서의 지역^{locality} 제한은 확률변수 y에 대한 조건부 독립 가정으로 볼 수 있다.

관측된 데이터는 물론이고 은닉 라벨까지 설명할 수 있는 확률적으로 설명하는 **생성 모델**$^{Generative Model}$로 나이브 베이즈를 사용할 수 있다. 확률적 시퀀스 라벨링에 대해서도 비슷한 방식으로 설명할 수 있다. 먼저 사전 분포$^{Prior Distribution}$에서 태그를 추출한다. 그다음 조건 우도$^{Conditional Likelihood}$에서 토큰을 추출한다. 그 과정에서 원활한 추론을 위해서는 추가적인 독립 추측이 필요하다.

먼저, 각 토큰의 확률은 오로지 자신의 태그에만 의존하며 시퀀스 내의 어떤 다른 요소에도 의존하지 않는다.

$$p(\boldsymbol{w} \mid \boldsymbol{y}) = \prod_{m=1}^{M} p(w_m \mid y_m) \qquad [7.32]$$

두 번째로 각 태그 y_m은 자신의 선행자에만 의존한다.

$$p(\boldsymbol{y}) = \prod_{m=1}^{M} p(y_m \mid y_{m-1}) \qquad [7.33]$$

모든 경우 $y_0 = \Diamond$이다. 이런 **마르코프 추측**$^{Markov assumption}$을 따르는 확률적 시퀀스 라벨링 모델은 **은닉 마르코프 모델**$^{HMM, Hidden Markov Model}$로 알려져 있다.

은닉 마르코프 모델을 위한 생성 과정은 다음의 알고리듬 12에 나타나 있다. 파라미터 λ과 ϕ가 주어지면 모든 토큰 시퀀스 w와 태그 시퀀스 y를 대상으로 p(w, y)를 계산할 수 있다.

알고리듬 12 은닉 마르코프 모델에 대한 생성 과정

$y_0 \leftarrow \Diamond, \; m \leftarrow 1$

repeat

    $y_m \sim \text{Categorical}(\lambda_{y_{m-1}})$ ▷ 현재 태그를 샘플링한다.

    $w_m \sim \text{Categorical}(\phi_{y_m})$ ▷ 현재 단어를 샘플링한다.

until $y_m = \blacklozenge$ ▷ 정지 태그가 생성되면 종료한다.

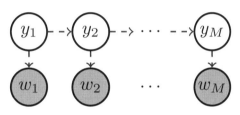

그림 7.2 은닉 마르코프 모델을 도식화한 것이다. 화살표는 확률적 의존성을 나타낸다.

은닉 마르코프 모델은 그림 7.2에서도 볼 수 있듯이 **그래피컬 모델**^{graphical model}로도[4] 표현된다(Wainrigh & Jordan, 2008). 이러한 표현을 사용함으로써 독립적 추측을 분명하게 보여준다. 만약 변수 v_1이 다른 변수 v_2에 확률적으로 조건화됐다면, 도표에서는 화살표 $v_2 \rightarrow v_1$이 존재한다. 만약 v_1과 v_2 사이에 화살표가 없고, 주어진 변수에 **마르코프 담요**^{Markov blanket}가 주어지면 두 변수는 조건부 독립이다. 은닉 마르코프 모델에서 각각의 태그 y_m에 따른 마르코프 담요는 "부모" 태그인 y_{m-1}과 "자식" 태그인 y_{m+1}, w_m을 포함한다.[5]

   은닉 마르코프 모델의 독립 가정에 담겨 있는 의미에 대해서는 한 번 더 살펴보는 것이 중요하다. 인접하지 않는 태그 쌍인 y_m과 y_n은 조건부 독립이어서, 만약 $m < n$

---

4   그래피컬 모델은 도식 모델로도 표현하긴 하지만 일반적으로 그래피컬 모델이 확률 모델을 다루는 사람에게 익숙하기 때문에 그래피컬 모델로 옮긴다. – 옮긴이

5   일반적인 그래피컬 모델에서, 변수의 마르코프 담요는 부모와 자식 태그 그리고 해당 자식 태그의 다른 부모 태그를 포함한다(Murphy, 2012).

이고 y_{n-1}이 주어진다면, y_m은 y_n에 대해 추가적인 정보를 제공하지 않는다. 하지만 시퀀스 내의 태그에 대해 어떤 정보도 주어지지 않았다면, 모든 태그는 확률적으로 연결돼 있다는 뜻이다.

7.4.1 추정

은닉 마르코프 모델은 두 종류의 파라미터를 가진다.

방출 확률   확률 $p_e(w_m|y_m;\phi)$은 방출 확률emission probabilities이다. 그 이유는 단어가 해당 태그하에 확률적으로 "방출된다emitted"고 다루기 때문이다.

전이 확률   확률 $p_t(y_m|y_{m-1};\lambda)$은 전이 확률transition probabilities이다. 그 이유는 가능한 태그 간tag-to-tag 전이에 대한 확률을 지정하기 때문이다.

두 종류의 파라미터는 모두 통상적으로 라벨링된 말뭉치상에서의 평활화된 상대빈도 추정을 통해 계산할 수 있다(평활화smoothing에 대해서는 §6.2 참조). 평활화되지 않은 확률은 다음과 같이 나타낼 수 있다.

$$\phi_{k,i} \triangleq \Pr(W_m = i \mid Y_m = k) = \frac{\text{count}(W_m = i, Y_m = k)}{\text{count}(Y_m = k)}$$

$$\lambda_{k,k'} \triangleq \Pr(Y_m = k' \mid Y_{m-1} = k) = \frac{\text{count}(Y_m = k', Y_{m-1} = k)}{\text{count}(Y_{m-1} = k)}$$

평활화는 방출 확률에 비해 전이 확률에서 더욱 중요하다. 그 이유는 바로 어휘집의 크기가 태그의 수보다 훨씬 크기 때문이다.

7.4.2 추론

은닉 마르코프 모델을 활용한 추론inference에서의 목표는 가장 높은 확률을 가진 태그 시퀀스를 찾는 것이다.

$$\hat{y} = \underset{y}{\text{argmax}}\, p(y \mid w) \tag{7.34}$$

나이브 베이즈에서와 같이 로그함수는 단조롭게 증가하는 함수이기 때문에, 가장 높은 로그log 확률을 가지는 태그 시퀀스를 찾는 것은 중요한 작업이다. 조건 확률에 비

례하는 결합^{joint} 확률 $p(\boldsymbol{y}, \boldsymbol{w}) = p(\boldsymbol{y}|\boldsymbol{w}) \times p(\boldsymbol{w}) \propto p(\boldsymbol{y}|\boldsymbol{w})$을 최대화하는 작업은 동등하게 증가시키는 작업이므로 더욱 중요하다. 이런 관찰들을 바탕으로 추론 문제는 다음과 같이 수식화할 수 있다.

$$\hat{\boldsymbol{y}} = \underset{\boldsymbol{y}}{\text{argmax}} \log p(\boldsymbol{y}, \boldsymbol{w}) \tag{7.35}$$

그러면 이제 HMM 독립 가정을 적용할 수 있다.

$$\log p(\boldsymbol{y}, \boldsymbol{w}) = \log p(\boldsymbol{y}) + \log p(\boldsymbol{w} \mid \boldsymbol{y}) \tag{7.36}$$

$$= \sum_{m=1}^{M+1} \log p_Y(y_m \mid y_{m-1}) + \log p_{W|Y}(w_m \mid y_m) \tag{7.37}$$

$$= \sum_{m=1}^{M+1} \log \lambda_{y_m, y_{m-1}} + \log \phi_{y_m, w_m} \tag{7.38}$$

$$= \sum_{m=1}^{M+1} s_m(y_m, y_{m-1}) \tag{7.39}$$

이 식은 다음과 같다.

$$s_m(y_m, y_{m-1}) \triangleq \log \lambda_{y_m, y_{m-1}} + \log \phi_{y_m, w_m} \tag{7.40}$$

$$\phi_{\blacklozenge, w} = \begin{cases} 1, & w = \blacksquare \\ 0, & \text{otherwise} \end{cases} \tag{7.41}$$

정지 태그인 ♦는 최종 토큰인 ■에만 적용할 수 있다.

이렇게 파생되는 과정은 정의된 평가함수가 적절하게 주어진다면, 은닉 마르코프 모델 추론이 비터비 디코딩 알고리듬의 응용된 버전이라고 볼 수 있다. 지역 점수 $s_m(y_m, y_{m-1})$은 다음과 같이 확률적으로 해석할 수 있다.

$$s_m(y_m, y_{m-1}) = \log p_y(y_m \mid y_{m-1}) + \log p_{w|y}(w_m \mid y_m) \tag{7.42}$$

$$= \log p(y_m, w_m \mid y_{m-1}) \tag{7.43}$$

비터비 변수의 정의를 다시 한 번 돌이켜보면,

$$v_m(y_m) = \max_{y_{m-1}} s_m(y_m, y_{m-1}) + v_{m-1}(y_{m-1}) \tag{7.44}$$

$$= \max_{y_{m-1}} \log p(y_m, w_m \mid y_{m-1}) + v_{m-1}(y_{m-1}) \qquad [7.45]$$

$v_{m-1}(y_{m-1}) = \max_{\boldsymbol{y}_{1:m-2}} \log p(\boldsymbol{y}_{1:m-1}, \boldsymbol{w}_{1:m-1})$으로 설정함으로써, 다음의 순환식을 얻을 수 있다.

$$v_m(y_m) = \max_{y_{m-1}} \log p(y_m, w_m \mid y_{m-1}) + \max_{\boldsymbol{y}_{1:m-2}} \log p(\boldsymbol{y}_{1:m-1}, \boldsymbol{w}_{1:m-1}) \qquad [7.46]$$

$$= \max_{\boldsymbol{y}_{1:m-1}} \log p(y_m, w_m \mid y_{m-1}) + \log p(\boldsymbol{y}_{1:m-1}, \boldsymbol{w}_{1:m-1}) \qquad [7.47]$$

$$= \max_{\boldsymbol{y}_{1:m-1}} \log p(\boldsymbol{y}_{1:m}, \boldsymbol{w}_{1:m}) \qquad [7.48]$$

즉 다시 말하면, 비터비변수 $v_m(y_m)$은 단어 시퀀스 $\boldsymbol{w}_{1:m}$과 결합된 y_m 내의 최적의 태그 시퀀스 엔딩 지점의 로그-확률이다. 따라서 최적의 완전한 태그 시퀀스의 로그-확률은 다음과 같다.

$$\max_{\boldsymbol{y}_{1:M}} \log p(\boldsymbol{y}_{1:M+1}, \boldsymbol{w}_{1:M+1}) = v_{M+1}(\blacklozenge) \qquad [7.49]$$

*비터비는 최대곱max-product **알고리듬의 예시 중 하나다.**   비터비 알고리듬은 로그-확률이 아닌 확률을 활용해서도 실행할 수 있다. 이 경우에는 각각의 $v_m(y_m)$은 다음과 같다.

$$v_m(y_m) = \max_{\boldsymbol{y}_{1:m-1}} p(\boldsymbol{y}_{1:m-1}, y_m, \boldsymbol{w}_{1:m}) \qquad [7.50]$$

$$= \max_{y_{m-1}} p(y_m, w_m \mid y_{m-1}) \times \max_{\boldsymbol{y}_{1:m-2}} p(y_{1:m-2}, y_{m-1}, \boldsymbol{w}_{1:m-1}) \qquad [7.51]$$

$$= \max_{y_{m-1}} p(y_m, w_m \mid y_{m-1}) \times v_{m-1}(y_{m-1}) \qquad [7.52]$$

$$= p_{w\mid y}(w_m \mid y_m) \times \max_{y_{m-1}} p_y(y_m \mid y_{m-1}) \times v_{m-1}(y_{m-1}) \qquad [7.53]$$

따라서 각각의 비터비변수는 벡터곱의 집합을 대상으로 최대화해 계산할 수 있다. 따라서 비터비 알고리듬은 그래피컬 모델에서 추론을 위한 **최대곱 알고리듬**max-product algorithm의 특수한 사례라고 할 수 있다(Wainwright & Jordan, 2008). 하지만 길이가 긴 시퀀스에서는 확률의 곱은 0으로 향하는 경향이 있으므로, 실제 사용 시에는 비터비 로그-확률 버전을 사용하는 것을 추천한다.

7.5 피처를 사용한 결정하는 시퀀스 라벨링

오늘날 은닉 마르코프 모델은 지도^{supervised} 시퀀스 라벨링에는 거의 사용되지 않는다. 그 이유는 마르코프 모델이 오로지 다음의 두 종류의 현상에만 국한되기 때문이다.

- 방출 확률 $p_{W|Y}(w_m|y_m)$을 통한 단어-태그 호환성
- 전이 확률 $p_Y(y_m|y_{m-1})$을 통한 지역 문맥

비터비 알고리듬은 지역 평가함수 $\psi(w_{1:M}, y_m, y_{m-1}, m)$ 내에 더 풍부한 정보를 포함할 수 있도록 도와주고, 임의적인 지역 피처의 가중치 합으로 정의할 수 있다.

$$\psi(\boldsymbol{w}, y_m, y_{m-1}, m) = \boldsymbol{\theta} \cdot \boldsymbol{f}(\boldsymbol{w}, y_m, y_{m-1}, m) \qquad [7.54]$$

여기서 $\boldsymbol{f}$는 각 지역에 따라 정의된 피처함수이며, $\boldsymbol{\theta}$는 가중치 벡터이다.

평가함수 Ψ의 지역 분해$^{local\ decomposition}$는 해당하는 피처함수의 분해 과정에서 드러난다.

$$\Psi(\boldsymbol{w}, \boldsymbol{y}) = \sum_{m=1}^{M+1} \psi(\boldsymbol{w}, y_m, y_{m-1}, m) \qquad [7.55]$$

$$= \sum_{m=1}^{M+1} \boldsymbol{\theta} \cdot \boldsymbol{f}(\boldsymbol{w}, y_m, y_{m-1}, m) \qquad [7.56]$$

$$= \boldsymbol{\theta} \cdot \sum_{m=1}^{M+1} \boldsymbol{f}(\boldsymbol{w}, y_m, y_{m-1}, m) \qquad [7.57]$$

$$= \boldsymbol{\theta} \cdot \boldsymbol{f}^{(\text{global})}(\boldsymbol{w}, \boldsymbol{y}_{1:M}) \qquad [7.58]$$

위 식에서 $\boldsymbol{f}^{(\text{global})}(\boldsymbol{w}, \boldsymbol{y})$는 전역 피처 벡터이며, 다음과 같이 지역 피처 벡터의 총합이고, 해당 구조에서 $y_{M+1} = \blacklozenge$이며, $y_0 = \lozenge$이다.

$$\boldsymbol{f}^{(\text{global})}(\boldsymbol{w}, \boldsymbol{y}) = \sum_{m=1}^{M+1} \boldsymbol{f}(\boldsymbol{w}_{1:M}, y_m, y_{m-1}, m) \qquad [7.59]$$

이제 이런 피처들을 사용해 인코딩할 수 있는 또 다른 추가 정보에는 무엇이 있는지 살펴보자.

단어 접사 피처^{word affix feature} 다음은 시 재버워키^{Jabberwocky}(Carroll, 1917)의 1연이다. 이 예시를 사용해 품사 태깅 문제에 대해 살펴보자.

(7.3)   'Twas brillig, and the slithy toves [불일킬쯤 나끈한 도코리는]
        Did gyre and gimble in the wabe: [외밭에서 귀롤고 기뚫었네.]
        All mimsy were the borogoves, [볼겂새들은 하나같이 가냘련하고]
        And the mome raths outgrabe. [집딴 나저(羅猪)들만 휘퉁치누나.]⁶

등장하는 상당수의 단어는 시를 쓴 작가에 의해 창작됐기 때문에, 말뭉치는 이런 단어들이 품사 태깅에 관한 정보를 일절 제공하지 못한다. 그러나 이런 단어가 이 연에서 담당할 법한 문법적 역할을 유추하기란 크게 어렵지 않다. 먼저 문맥의 도움을 도움받을 수 있다. 이를테면 '*slithy*(나끈한)'라는 단어는 한정사 '*the*'의 뒤에 위치하기 때문에 아마도 명사 또는 형용사일 것이다. 둘 중 어떤 것이 더 개연성이 높을까? 접미사 '*-thy*'는 '*frothy*(허황된)', '*healthy*(건강한)', '*pithy*(간결한)', '*worthy*(자격이 있는)' 등 여러 형용사에서 발견할 수 있다. 또 한편으로는 '*apathy*(무관심)', '*sympathy*(동정심)' 등을 비롯한 명사에서도 발견할 수 있지만, '*slithy*'의 경우와는 달리 대부분 종결부가 '*-pathy*'로 더 길다. 따라서 접미사는 *slithy*가 형용사라는 증거를 일정 부분 제시하고 있으며 실제로도 형용사다. 이 책의 뒷부분에서 해당 단어가 형용사 '*lithe*'와 '*slimy*'가 결합해서 형성된 것임을 확인할 수 있을 것이다.⁷

세밀한 문맥^{fine-grained context} 은닉 마르코프 모델은 품사 태깅의 바이그램의 형태를 지닌 문맥적인 정보를 포착할 수 있다. 그렇지만 어떤 경우에는 필요한 문맥 정보가 더 구체적이어야 할 때도 있다. 명사구 *the fish*와 *these fish*를 살펴보자. 많은 품사 태그 세트에서는 단수명사와 복수명사를 구별하지만 한정사의 경우는 단수, 복수형을 구분하지 않는다. 예를 들면 이미 잘 알려진 **펜 트리뱅크**^{Penn Treebank} 태그세트는 이런 관례를 답습해서 만들어졌다. 두 명사구 모두 은닉 마르코프 모델은 '*fish*'라는 단어가

---

6   시의 원문 번역은 다음의 링크 https://ko.wikipedia.org/wiki/재버워키를 참조했다. 해당 시는 루이스 캐럴(《이상한 나라의 앨리스》 저자)이 창안한 여러 단어가 포함된 재버워키라는 괴물을 무찌른다는 서사시 구조의 시다. - 옮긴이

7   **형태학**(morphology)은 단어가 어떻게 좀 더 작은 언어학적 단위들로부터 형성되는지 연구하는 학문이다. 9장에서는 형태학적 분석을 계산적으로 접근하는 방법을 다룬다. 근본적인 언어학적 원칙들에 대한 전체적인 설명은 Bender(2013), 완전한 처리 방법을 살펴보려면 Sims(2013), Lieber(2015)를 참조하면 된다.

단수형인지 복수형인지 정확하게 표기할 수 없다. 그 이유는 바로 모델이 두 개의 피처, 즉 선행 태그(두 경우 모두, 한정사)와 단어(두 경우 모두, 'fish')에만 접근할 수 있기 때문이다. §7.1에서 다룬 분류 기반 태거^{tagger}는 선행하는 단어와 후행하는 단어에 대해 피처로 사용할 수 있고, 또한 비터비 기반의 시퀀스 라벨을 매기는 프로그램에 따라 지역 피처로 통합시킬 수 있다.

예시 시퀀스 '*the slithy toves*'[나끈한 도코리]에 대해 D J N(한정사, 형용사, 명사)을 태그하여 다음과 같다고 하자.

$$\boldsymbol{w} = the\ slithy\ toves$$
$$\boldsymbol{y} = \text{D J N}$$

단어-태그 피처(W로 표기), 태그-태그 피처(T로 표기), 접미사 피처(M으로 표기)가 주어졌다고 가정했을 때, 위 예시에 대한 피처 벡터를 생성해보자.

단어 *slithy*, *toves*, *the*로부터 각각 접미사 *-thy*, *-es*, $\varnothing$(*the*는 접미사가 없음을 의미)를 추출할 수 있는 방법을 안다고 가정해보자.[8] 그래서 피처 벡터는 결과적으로 다음과 같다.

$$
\begin{aligned}
\boldsymbol{f}(\text{the slithy toves, D J N}) &= \boldsymbol{f}(\text{the slithy toves}, \text{D}, \Diamond, 1) \\
&+ \boldsymbol{f}(\text{the slithy toves}, \text{J}, \text{D}, 2) \\
&+ \boldsymbol{f}(\text{the slithy toves}, \text{N}, \text{J}, 3) \\
&+ \boldsymbol{f}(\text{the slithy toves}, \blacklozenge, \text{N}, 4) \\
&= \{(T:\Diamond, \text{D}), (W:\text{the}, \text{D}), (M:\varnothing, \text{D}), \\
&\quad (T:\text{D}, \text{J}), (W:\text{slithy}, \text{J}), (M:\text{-thy}, \text{J}), \\
&\quad (T:\text{J}, \text{N}), (W:\text{toves}, \text{N}), (M:\text{-es}, \text{N}) \\
&\quad (T:\text{N}, \blacklozenge)\}
\end{aligned}
$$

---

8 이런 시스템을 "**형태학적 분할**(morphological segmenter)"이라고 한다. 형태학적 분할이 담당하는 작업은 §9.1.4에서 자세히 다루며 널리 알려진 분할기로는 모페서(MORFESSOR)가 있다(Cruetz & Lagus, 2007). 실제 응용 시에 통상적인 접근 방식은 모든 맞춤법 접미사에 대한 피처를 최대 문자수만큼 포함시키는 것이다. 예를 들어 'slithy'의 경우, '-y', '-hy', '-thy'에 대해서 접사 피처를 가진다.

이런 예시는 지역 피처들이 은닉 마르코프 모델의 관측 범위 밖에 있는 정보를 통합할 수 있음을 보여준다. 피처는 지역^{local}적이므로, 태그의 최적 시퀀스를 식별하기 위해 비터비 알고리듬에 적용할 수 있다. 그러면 남은 문제는 이러한 피처들의 가중치를 어떻게 추정할 수 있는지다. §2.3에서는 세 가지 주요 판별적 분류기^{discriminative} ^{classifiers}인 퍼셉트론, 서포트 벡터 머신, 로지스틱 회귀를 소개한 바 있다. 각각의 분류기는 동등하게 해당하는 구조물을 갖추고 있어서 개별 토큰이 아닌 라벨링된 시퀀스로부터 학습하는 것이 가능했다.

7.5.1 구조화된 퍼셉트론

퍼셉트론^{perceptron} 분류기는 올바른 라벨과 연관된 피처의 가중치를 증가시키고, 잘못 예측한 라벨과 연관된 피처의 가중치를 낮추는 과정을 통해 학습할 수 있다.

$$\hat{y} = \underset{y \in \mathcal{Y}}{\mathrm{argmax}} \; \theta \cdot f(x, y) \qquad [7.60]$$

$$\theta^{(t+1)} \leftarrow \theta^{(t)} + f(x, y) - f(x, \hat{y}) \qquad [7.61]$$

구조 예측의 사례에서도 완전히 동일한 방식의 갱신 과정을 적용할 수 있다.

$$\hat{y} = \underset{y \in \mathcal{Y}(w)}{\mathrm{argmax}} \; \theta \cdot f(w, y) \qquad [7.62]$$

$$\theta^{(t+1)} \leftarrow \theta^{(t)} + f(w, y) - f(w, \hat{y}) \qquad [7.63]$$

이런 학습 알고리듬을 **구조화된 퍼셉트론**$^{structured\ perceptron}$이라고 한다. 그 이유는 이 알고리듬에서는 구조화된 출력 y를 예측하도록 학습하기 때문이다. 일반 퍼셉트론 분류기와 유일하게 다른 점은 전체 집합 $\mathcal{Y}$를 나열해서 $\hat{y}$를 계산하지 않고, 비터비 알고리듬을 사용해 효율적으로 가능한 태그세트 $\mathcal{Y}^M$을 탐색하는 것이다. 구조화된 퍼셉트론은 효율적인 추론 작업이 가능다면, 다른 구조화된 출력에도 적용할 수 있다. 퍼셉트론 분류에서처럼 뛰어난 성능을 얻으려면 가중치를 평균내는 작업이 중요하다 (§2.3.2 참조).

예시 위에서 예문 '*they can fish*'에서 기준으로 삼은 태그 시퀀스가 $y^{(i)} = $ N V V이라고 가정했다. 하지만 태거는 $\hat{y} = $ N V V으로 태그 시퀀스를 잘못 반환했다. 방출 피처 (w_m, y_m)과 전이 피처 (y_{m-1}, y_m)가 있는 모델을 생각했을 때, 이에 해당하는 구조화된 퍼셉트론 갱신 과정은 다음과 같다.

$$\theta_{(fish,\text{V})} \leftarrow \theta_{(fish,\text{V})} + 1, \qquad \theta_{(fish,\text{N})} \leftarrow \theta_{(fish,\text{N})} - 1 \qquad [7.64]$$

$$\theta_{(\text{V},\text{V})} \leftarrow \theta_{(\text{V},\text{V})} + 1, \qquad \theta_{(\text{V},\text{N})} \leftarrow \theta_{(\text{V},\text{N})} - 1 \qquad [7.65]$$

$$\theta_{(\text{V},\blacklozenge)} \leftarrow \theta_{(\text{V},\blacklozenge)} + 1, \qquad \theta_{(\text{N},\blacklozenge)} \leftarrow \theta_{(\text{N},\blacklozenge)} - 1 \qquad [7.66]$$

7.5.2 구조화된 서포트 벡터 머신

서포트 벡터 머신 등의 큰 마진large-margin 분류기는[9] 분류 범위가 학습 인스턴스에서 최대한 멀어지도록 퍼셉트론을 개선한다. 시퀀스 라벨링에도 동일한 원리를 적용할 수 있다. 서포트 벡터 머신의 결괏값이 시퀀스 등과 같은 구조화된 객체이면, 이를 **구조화된 서포트 벡터 머신**structured support vector machine이라고 한다(Tsochantaridis et al., 2004).[10] 분류 과정에는 커다란 마진 제약 조건을 다음과 같이 수식화할 수 있다.

$$\forall y \neq y^{(i)}, \boldsymbol{\theta} \cdot \boldsymbol{f}(\boldsymbol{x}, y^{(i)}) - \boldsymbol{\theta} \cdot \boldsymbol{f}(\boldsymbol{x}, y) \geq 1 \qquad [7.67]$$

위 식은 최소한 1에서 시작해, 올바른 라벨 $y^{(i)}$와 다른 모든 라벨 y의 점수 간의 범위를 가진 마진 범위가 필요하다. 그다음 가중치 $\boldsymbol{\theta}$가 제한된 최적화constrained optimization 과정을 통해 학습될 수 있다(§2.4.2 참조).

이런 아이디어는 입력 $\boldsymbol{w}$에 대한 모든 가능한 라벨링 $\mathcal{Y}(\boldsymbol{w})$에 대해서 비슷하게 동일한 제약 조건을 만들어 시퀀스 라벨링에도 적용할 수 있다. 하지만 여기에는 두 가지 문제가 있다. 첫 번째로 시퀀스 라벨링에서의 몇몇 예측은 다른 예측보다 더 틀릴 수도 있다. 50개 가운데 단 하나의 태그만 실수할 수도 있지만, 50개 모두 잘못 예측할 수도 있다. 학습 알고리듬은 이런 차이점에 대해 민감하게 대응할 수 있어야 한다. 두 번째로 제약 조건의 수는 가능한 라벨링의 수와 같지만, 이 수는 시퀀스의 길이에 비례해 기하급수적으로 증가한다.

---

9 "marginal"하다는 건 보통 주변(마진)의 범위를 함께 활용하는 것으로 사용된다. 하지만 번역상 가독성을 위해서 마진으로 원문 그대로 옮겨서 사용한다. – 옮긴이

10 이 모델은 최대 마진 마르코프 네트워크(max-margin Markov network)로도 알려져 있다(Taskar et al., 2003). 마르코프와 독립적인 요소들의 총합을 통해 평가함수가 구성됨을 강조한 것이다(§2.4 참조).

226

첫 번째 문제는 더 심각한 오차가 있는 경우, 더 큰 마진을 가지도록 제약 조건을 조정하여 해결할 수 있다. 올바른 답을 갖고 있는 라벨이 $y^{(i)}$이라고 하면, 라벨 $\hat{y}$를 예측하는 비용^{cost}을 $c(y^{(i)}, \hat{y}) \geq 0$이라고 하자. 다음으로 마진 제약을 일반화하면 다음과 같다.

$$\forall y, \theta \cdot f(w^{(i)}, y^{(i)}) - \theta \cdot f(w^{(i)}, y) \geq c(y^{(i)}, y) \qquad [7.68]$$

위와 같이 비용이 추가된^{cost-augmented} 마진 제약은, 델타 함수 $c(y^{(i)}, y) = \delta(y^{(i)} \neq y)$를 선택한다면 수식 7.67에서 나왔던 제약에 특화하게 된다. 더 명확하게 드러나는 비용 함수는 **해밍 비용**^{Hamming cost}으로, 다음과 같다.

$$c(y^{(i)}, y) = \sum_{m=1}^{M} \delta(y_m^{(i)} \neq y_m) \qquad [7.69]$$

위 식을 통해 y에서의 에러의 개수를 계산한다. 마진 제약으로 비용함수를 통합해 각각의 대체 라벨링 안에 있는 잘못된 태그의 수에 비례하는 마진을 통해 진짜 라벨링을 대체 라벨링으로부터 분리되도록 만든다. 두 번째 문제는 제약의 수가 시퀀스의 길이에 기하급수적으로 비례한다는 사실이다. 이 문제는 마진 제약을 최대로 위반하는 예측값인 $\hat{y}$에 초점을 맞춰서 해결할 수 있다. 이런 예측은 아래의 **비용이 추가된 디코딩**^{cost-augmented decoding} 문제를 해결해 확인할 수 있다.

$$\hat{y} = \underset{y \neq y^{(i)}}{\operatorname{argmax}} \theta \cdot f(w^{(i)}, y) - \theta \cdot f(w^{(i)}, y^{(i)}) + c(y^{(i)}, y) \qquad [7.70]$$

$$= \underset{y \neq y^{(i)}}{\operatorname{argmax}} \theta \cdot f(w^{(i)}, y) + c(y^{(i)}, y) \qquad [7.71]$$

위의 두 번째 식에서 y 내의 제약인 $\theta \cdot f(w^{(i)}, y^{(i)})$를 떨어뜨렸다.

이제 시퀀스 라벨링을 위한 마진 제약을 다음과 같이 다시 공식화할 수 있다.

$$\theta \cdot f(w^{(i)}, y^{(i)}) - \max_{y \in \mathcal{Y}(w)} \left(\theta \cdot f(w^{(i)}, y) + c(y^{(i)}, y) \right) \geq 0 \qquad [7.72]$$

만약 $\theta \cdot f(w^{(i)}, y^{(i)})$의 점수가 모든 대체 라벨링의 비용이 추가된 점수보다 크다면, 해당 제약 조건을 만족한다. "비용이 추가된 디코딩"이라는 이름은 해당 대상이 표준 디코딩 문제인 $\max_{\hat{y} \in \mathcal{Y}(w)}$을 포함하고 있는 것 외에도, 비용을 위한 추가적인 항을 포함하고 있기 때문에 붙여진 이름이다. 본질적으로 우리가 원하는 바는 바로 강하면서도 잘못된strong and wrong 예측에 반해 학습하는 것이다. 하지만 이런 과정은 모델에 따라 점수를 높게 주면서도, 기저 진실을 반영하면 큰 손실을 얻을 수도 있다. 학습 과정은 가중치를 조정해 예측에 대한 점수를 감소시킨다.

비용이 추가된 디코딩을 쉽게 다루려면 비용함수가 피처함수 $f(\cdot)$와 마찬가지로 반드시 지역 단위로로 분해될 수 있어야 한다. 위에서 정의된 해밍 비용은 이러한 속성에 부합한다. 해밍 비용을 사용해 비용이 추가된 디코딩을 실행하려면 피처 $f_m(y_m) = \delta(y_m \neq y_m^{(i)})$을 더하고 정수 가중치인 1을 이 피처에 더해주기만 하면 된다. 그런 다음 디코딩 과정은 비터비 알고리듬을 사용해 실행할 수 있다.[11]

마진이 큰 분류기에서처럼, 가중치에 대한 규칙화된 항과 제약을 위한 라그랑주함수를 결합함으로써 학습 문제를 제약되지 않은 형태로 수식화할 수 있다.

$$\min_{\boldsymbol{\theta}} \quad \frac{1}{2}||\boldsymbol{\theta}||_2^2 - C\left(\sum_i \boldsymbol{\theta} \cdot \boldsymbol{f}(\boldsymbol{w}^{(i)}, \boldsymbol{y}^{(i)}) - \max_{\boldsymbol{y} \in \mathcal{Y}(\boldsymbol{w}^{(i)})}\left[\boldsymbol{\theta} \cdot \boldsymbol{f}(\boldsymbol{w}^{(i)}, \boldsymbol{y}) + c(\boldsymbol{y}^{(i)}, \boldsymbol{y})\right]\right)$$

[7.73]

위의 공식화 과정에서 C는 규칙화 항과 마진 제약 사이의 교환을 제어하는 파라미터이다.

구조화된 서포트 벡터 머신을 위한 최적화 알고리듬이 존재한다. 그중 일부는 §2.4.2에서 설명했다. Kummerfeld et al.(2015)의 경험적인 비교는 본질적으로는 비용이 추가된 구조화된 퍼셉트론에 해당하는 확률적 하위 경사subgradient 하강법이 상대적으로 매우 경쟁력 있는 방법임을 알려준다.

7.5.3 조건부 무작위장

조건부 무작위장CRF, Conditional Random Field(Lafferty et al., 2001)은 시퀀스 라벨링을 위한 조건부 확률적 모델이다. 구조화된 퍼셉트론이 퍼셉트론 분류기를 바탕으로 설계된 것

---

11 지역 부분으로 분해되지 않는 비용 함수가 존재하는가? 잘못 예측된 태그가 k개 혹은 그 이상이고 손실이 0인 모든 예측 $\hat{y}$에 대해 정수인 손실 c를 지정했다고 가정한다. 이러한 손실함수는 예측과 결합적이며 따라서 지역 부분으로 분해할 수 없다.

과 마찬가지로 조건부 무작위장은 로지스틱 회귀 분류기를 토대로 설계된다.[12] 기본 확률 모델은 다음과 같다.

$$p(\boldsymbol{y} \mid \boldsymbol{w}) = \frac{\exp(\Psi(\boldsymbol{w}, \boldsymbol{y}))}{\sum_{\boldsymbol{y}' \in \mathcal{Y}(\boldsymbol{w})} \exp(\Psi(\boldsymbol{w}, \boldsymbol{y}'))} \qquad [7.74]$$

이 식은 로지스틱 회귀(§2.5 참조)와 거의 동일하지만 여기서는 라벨 공간이 태그 시퀀스이기 때문에 **디코딩 작업**(단어 시퀀스 $\boldsymbol{w}$와 모델 θ가 주어졌을 때 최적의 태그 시퀀스를 탐색하는 작업)과 **정규화**(모든 태그 시퀀스에 대한 총합)를 위한 효율적인 알고리듬이 필요하다. 이 알고리듬은 평가함수 $\Psi(\boldsymbol{w}, \boldsymbol{y}) = \sum_{m=1}^{M+1} \psi(\boldsymbol{w}, y_m, y_{m-1}, m)$을 대상으로 하는 통상적인 지역성^{locality} 추측에 따른다.

CRF에서의 디코딩 디코딩은 $p(\boldsymbol{y} \mid \boldsymbol{w})$를 최대화하는 태그 시퀀스 $\hat{\boldsymbol{y}}$를 탐색하는 작업으로, 비터비 알고리듬을 바로 응용한 것이다. 여기서 핵심적으로 봐야 하는 부분은 $p(\boldsymbol{y} \mid \boldsymbol{w})$의 분모에 디코딩 문제는 의존하지 않는다는 점이다.

$$\begin{aligned}
\hat{\boldsymbol{y}} &= \underset{\boldsymbol{y}}{\operatorname{argmax}} \log p(\boldsymbol{y} \mid \boldsymbol{w}) \\
&= \underset{\boldsymbol{y}}{\operatorname{argmax}} \Psi(\boldsymbol{y}, \boldsymbol{w}) - \log \sum_{\boldsymbol{y}' \in \mathcal{Y}(\boldsymbol{w})} \exp \Psi(\boldsymbol{y}', \boldsymbol{w}) \\
&= \underset{\boldsymbol{y}}{\operatorname{argmax}} \Psi(\boldsymbol{y}, \boldsymbol{w}) = \underset{\boldsymbol{y}}{\operatorname{argmax}} \sum_{m=1}^{M+1} s_m(y_m, y_{m-1})
\end{aligned}$$

위 식은 구조화된 퍼셉트론에서의 디코딩 문제와 동일하며, 따라서 수식 7.22에서 정의한 비터비 순환을 그대로 사용할 수 있다.

조건부 무작위 필드에서 학습학기 로지스틱 회귀에서와 마찬가지로 가중치 θ는 정규화된 음의 로그 확률을 최소화하는 방향으로 학습한다.

---

12 "조건부 무작위장"이라는 명칭은 **마르코프 무작위장**(Markov Random Fields)에서 파생된 명칭이다. 변수들의 구성 확률은 **인자 그래프**(factor graph) 내에 있는 변수 쌍(더 일반적으로는 클리크(clique))들의 점수 간의 벡터곱에 비례해 만들어진다. 시퀀스 라벨링에서는 변수 쌍들은 모든 인접태그(y_m, y_{m-1})들을 포함하고 있다. 항상 관찰되는 단어에 대해 이름에서도 "조건부(conditional)"라는 말에 포함돼 있듯이, 해당 확률은 조건적(conditioned)이다.

$$\ell = \frac{\lambda}{2} ||\boldsymbol{\theta}||^2 - \sum_{i=1}^{N} \log \mathrm{p}(\boldsymbol{y}^{(i)} \mid \boldsymbol{w}^{(i)}; \boldsymbol{\theta}) \tag{7.75}$$

$$= \frac{\lambda}{2} ||\boldsymbol{\theta}||^2 - \sum_{i=1}^{N} \boldsymbol{\theta} \cdot \boldsymbol{f}(\boldsymbol{w}^{(i)}, \boldsymbol{y}^{(i)}) + \log \sum_{\boldsymbol{y}' \in \mathcal{Y}(\boldsymbol{w}^{(i)})} \exp\left(\boldsymbol{\theta} \cdot \boldsymbol{f}(\boldsymbol{w}^{(i)}, \boldsymbol{y}')\right) \tag{7.76}$$

여기서 λ는 정규화^{regularization} 정도를 제어한다. 수식 7.76에서의 마지막 항은 가능한 모든 라벨링을 더한 것이다. 해당 항은 수식 7.74에의 분모에 로그를 취한 것이며, **파티션 함수**$^{partition\ function}$라고도 알려져 있다.[13] 크기가 M인 입력은 $|\mathcal{Y}|^M$개의 라벨링을 갖기 때문에, 총합을 효율적으로 계산하기 위해서는 평가함수의 분해를 다시 활용해야 한다.

총합 $\sum_{\boldsymbol{y} \in \mathcal{Y}\boldsymbol{w}^{(i)}} \exp \Psi(\boldsymbol{y}, \boldsymbol{w})$는 비터비 순환과 밀접하게 관련이 있는 **순방향 순환**$^{forward\ recurrence}$을 활용해 효율적으로 계산할 수 있다. 우리는 먼저 m에서 태그 y_m으로 이어지는 모든 경로의 점수의 총합에 해당하는 **순방향 변수** 집합인 $\alpha_m(y_m)$을 먼저 정의한다.

$$\alpha_m(y_m) \triangleq \sum_{\boldsymbol{y}_{1:m-1}} \exp \sum_{n=1}^{m} s_n(y_n, y_{n-1}) \tag{7.77}$$

$$= \sum_{\boldsymbol{y}_{1:m-1}} \prod_{n=1}^{m} \exp s_n(y_n, y_{n-1}) \tag{7.78}$$

비터비 변수 $v_m(y_m) = \max_{\boldsymbol{y}_{1:m-1}} \sum_{n=1}^{m} s_n$와의 유사성에 주목하자. 은닉 마르코프 모델에서 비터비 순환에는 최대곱 알고리듬(수식 7.53 참조)이라는 또 다른 해석 방법이 있고, 이 알고리듬과 비슷하게 수식 7.78의 형태를 가지는 순방향 순환도 비터비에서와 마찬가지로 **합곱 알고리듬**$^{sum-product\ algorithm}$으로 알려져 있으며, 순방향 변수 또한 순환을 사용해 계산할 수 있다.

$$\alpha_m(y_m) = \sum_{\boldsymbol{y}_{1:m-1}} \prod_{n=1}^{m} \exp s_n(y_n, y_{n-1}) \tag{7.79}$$

---

13 "포텐셜(potentials)"과 "파티션 함수(partition functions)"라는 용어는 공업 통계에서 따온 것이다(Bishop, 2006).

$$= \sum_{y_{m-1}} (\exp s_m(y_m, y_{m-1})) \sum_{y_{1:m-2}} \prod_{n=1}^{m-1} \exp s_n(y_n, y_{n-1}) \qquad [7.80]$$

$$= \sum_{y_{m-1}} (\exp s_m(y_m, y_{m-1})) \times \alpha_{m-1}(y_{m-1}) \qquad [7.81]$$

순방향 순환을 사용해 다음과 같이 조건부 확률의 분모를 계산할 수 있다.

$$\sum_{y \in \mathcal{Y}(w)} \Psi(w, y) = \sum_{y_{1:M}} (\exp s_{M+1}(\blacklozenge, y_M)) \prod_{m=1}^{M} \exp s_m(y_m, y_{m-1}) \qquad [7.82]$$

$$= \alpha_{M+1}(\blacklozenge) \qquad [7.83]$$

조건부 로그우도는 다음과 같이 새롭게 표현할 수 있다.

$$\ell = \frac{\lambda}{2} \|\theta\|^2 - \sum_{i=1}^{N} \theta \cdot f(w^{(i)}, y^{(i)}) + \log \alpha_{M+1}(\blacklozenge) \qquad [7.84]$$

TORCH(Collobert et al., 2011a)와 DYNET(Neubig et al., 2017b)와 같은 확률적 프로그래밍 환경에서는 자동 미분automatic differentiation을 사용해 목표에 도달하기 위한 경사를 계산할 수 있다. 프로그래머는 계산 그래프로서 순방향 알고리듬을 실행하기만 하면 된다.

로지스틱 회귀에서와 마찬가지로 파라미터를 반영한 우도의 경사는 관측된 피처의 수와 기대되는 피처 간의 차이를 의미한다.

$$\frac{d\ell}{d\theta_j} = \lambda \theta_j + \sum_{i=1}^{N} E[f_j(w^{(i)}, y)] - f_j(w^{(i)}, y^{(i)}) \qquad [7.85]$$

여기서 $f_j(w^{(i)}, y^{(i)})$은 토큰 시퀀스 $w^{(i)}$와 태그 시퀀스 $y^{(i)}$에 대한 j의 개수를 의미한다. 기대되는 피처 개수는 자동 미분이 수식 7.84에 적용되면 "내부에서" 계산된다(Eisner, 2016).

통상적으로 자동 미분이 보편화되기 이전에 피처 기댓값은 마진 태그 확률인 $p(y_m|w)$을 통해 계산됐다. 이러한 마진 확률은 그 자체로도 유용하며 **순방향-역방향 알고리듬**Forward-Backward Algorithm을 사용해 계산할 수도 있다. 이 알고리듬은 순방향 순환과 방향만 반대이고, 동일한 방법으로 입력 w_M에서 w_1까지 거슬러 올라가는 **역방**

향 순환^{Backward Recurrence}과 결합한 것이다.

*순방향-역방향 알고리듬   태그 바이그램을 대상으로 하는 마진 확률은 다음과 같이 나타낼 수 있다.[14]

$$\Pr(Y_{m-1} = k', Y_m = k \mid \boldsymbol{w}) = \frac{\sum_{y:Y_m=k,Y_{m-1}=k'} \prod_{n=1}^{M} \exp s_n(y_n, y_{n-1})}{\sum_{y'} \prod_{n=1}^{M} \exp s_n(y'_n, y'_{n-1})} \qquad [7.86]$$

분자에서는 변환 $(Y_{m-1} = k') \rightarrow (Y_m = k)$를 포함하는 모든 태그 시퀀스를 합한다. 그 이유는 우리가 유일하게 관심을 두는 것은 태그 바이그램을 포함하는 시퀀스이고, 분자에서의 합은 세 부분으로 분해될 수 있다. $Y_{m-1} = k'$에서 종료되는 '접두사^{prefix}'인 $\boldsymbol{y}_{1:m-1}$, 전이 과정 $(Y_{m-1} = k') \rightarrow (Y_m = k)$, 태그 $Y_m = k$에서 시작하는 접미사 $\boldsymbol{y}_{m:M}$이다.

$$\sum_{\boldsymbol{y}:Y_m=k,Y_{m-1}=k'} \prod_{n=1}^{M} \exp s_n(y_n, y_{n-1}) = \sum_{\boldsymbol{y}_{1:m-1}:Y_{m-1}=k'} \prod_{n=1}^{m-1} \exp s_n(y_n, y_{n-1})$$

$$\times \exp s_m(k, k')$$

$$\times \sum_{\boldsymbol{y}_{m:M}:Y_m=k} \prod_{n=m+1}^{M+1} \exp s_n(y_n, y_{n-1}) \qquad [7.87]$$

결국 결괏값은 세 항의 곱이다. 이 세 항은 각각 위치 $Y_{m-1} = k'$까지의 모든 경로를 합한 점수, k'에서 k로의 전이 점수 그리고 $Y_m = k$부터 시퀀스를 종료하는 모든 경로를 합한 점수이다. 수식 7.87의 첫 번째 항은 **순방향 변수** $\alpha_{m-1}(k')$와 동일하다. 시퀀스를 모든 경로의 총합을 의미하는 세 번째 항은 마찬가지로 재귀적으로 정의될 수 있으며 이번에는 오른쪽에서 왼쪽으로 격자 위를 이동하며, 이 과정은 **역방향 순환**^{backward recurrence}으로 알려져 있다.

$$\beta_m(k) \triangleq \sum_{\boldsymbol{y}_{m:M}:Y_m=k} \prod_{n=m}^{M+1} \exp s_n(y_n, y_{n-1}) \qquad [7.88]$$

---

14 표기법에서는 관습적으로 확률변수는 대문자를(예컨대 Y_m), 구체적인 값에는 소문자를(예컨대 y_m) 사용한다는 사실을 기억하면 $Y_m = k$를 확률변수 Y_m이 k라는 값을 받는 사건으로 해석할 수 있다.

$$= \sum_{k' \in \mathcal{Y}} \exp s_{m+1}(k', k) \sum_{\mathbf{y}_{m+1:M}:Y_m=k'} \prod_{n=m+1}^{M+1} \exp s_n(y_n, y_{n-1}) \qquad [7.89]$$

$$= \sum_{k' \in \mathcal{Y}} \exp s_{m+1}(k', k) \times \beta_{m+1}(k') \qquad [7.90]$$

위의 계산 과정을 이해하기 위해서 수식 7.81에서의 순방향 순환과 비교할 수도 있다.

실제 적용 시에는 수치상의 안정성$^{numerical\ stability}$ 때문에 다음과 같은 로그 영역 내에서 작업해야 한다.

$$\log \alpha_m(k) = \log \sum_{k' \in \mathcal{Y}} \exp \left(\log s_m(k, k') + \log \alpha_{m-1}(k') \right) \qquad [7.91]$$

$$\log \beta_{m-1}(k) = \log \sum_{k' \in \mathcal{Y}} \exp \left(\log s_m(k', k) + \log \beta_m(k') \right) \qquad [7.92]$$

순방향 및 역방향 확률의 적용은 그림 7.3에서 확인할 수 있다. 순방향과 역방향 순환 모두 격자 위에서 동작하기 때문에, 공간 복잡도는 $\mathcal{O}(MK)$가 된다. 두 순환 모두 격자 내의 각 노드에서 K항에 대해 합하는 계산 과정이 필요하기 때문에 이 과정에서의 시간 복잡도는 $\mathcal{O}(MK^2)$이다.

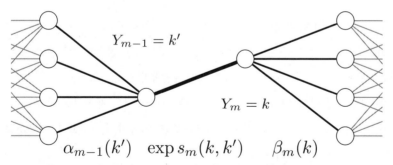

그림 7.3 순방향 점수 $\alpha_{m-1}(k')$와 역방향 점수 $\beta_m(k)$를 사용해 마진 확률 $\Pr(Y_{m-1}=k', Y_m=k)$를 계산하는 과정을 그린 것이다.

7.6 뉴럴 시퀀스 라벨링

시퀀스 라벨링에 대한 뉴럴 네트워크를 사용한 접근법을 다룰 때, 해당 단어와 그 단어가 들어 있는 문맥에 기반해 각각의 태깅 결정을 위한 벡터 표현을 구성한 적이 있다. 뉴럴 네트워크는 토큰별 분류^{per-token classification} 결정과 같은 태깅 작업을 수행할 수도 있고, 비터비 알고리듬과 결합해 전체 시퀀스에 대해 전역으로 태깅할 수도 있다.

7.6.1 순환 뉴럴 네트워크

순환 뉴럴 네트워크^{RNN, Recurrent Neural Network}는 6장에서 언어 모델링을 위한 방법으로 소개한 적 있다. 한마디로 뉴럴 토큰 m에서의 문맥은 순환하며 갱신되는 백터를 사용해 요약할 수 있다.

$$\boldsymbol{h}_m = g(\boldsymbol{x}_m, \boldsymbol{h}_{m-1}), \quad m = 1, 2, \dots M$$

이때 $\boldsymbol{x}_m$은 토큰 w_m에 대한 벡터로 **임베딩**^{embedding}한 것이며, 함수 g는 순환을 정의한다. 또한 초기 조건 $\boldsymbol{h}_0$는 해당 모델에 추가한 파라미터다. 장단기 메모리^{LSTM}는 더 복잡한 유형의 순환 네트워크로, 메모리 셀이 비선형성에 따른 반복적인 적용을 피하도록 일련의 게이트를 통과하게 된다. 이런 부가적인 기능을 갖고 있지만, 순환 네트워크와 LSTM 모두 시퀀스 전반에 걸쳐 순환하면서 갱신한다는 기본적인 아키텍처를 공유한다. 그래서 이들을 통틀어 순환 뉴럴 네트워크라고 한다.

RNN을 시퀀스 라벨링에 직접 적용하는 것은 각 태그 y_m을 $\boldsymbol{h}_m$의 선형함수로서 평가하는 것이다.

$$\psi_m(y) = \boldsymbol{\beta}_y \cdot \boldsymbol{h}_m \tag{7.93}$$

$$\hat{y}_m = \underset{y}{\operatorname{argmax}}\ \psi_m(y) \tag{7.94}$$

이와 마찬가지로 점수 $\psi_m(y)$도 일반적인 소프트맥스 작업을 통해 확률로 변환할 수 있다.

$$p(y \mid \boldsymbol{w}_{1:m}) = \frac{\exp \psi_m(y)}{\sum_{y' \in \mathcal{Y}} \exp \psi_m(y')} \tag{7.95}$$

이러한 변환을 활용해 조건부 무작위장^{CRF}에서처럼 태그에 대한 음의 로그우도를 사용해 태거^{tagger}를 학습시킬 수도 있다. 또 다른 방법에는 힌지 손실^{hinge loss}이나 마진 손실^{margin loss} 목적함수를 가공하지 않은 점수인 $\psi_m(y)$을 통해 만들 수도 있다.

은닉 상태의 $\boldsymbol{h}_m$은 위치 m까지의 입력을 다루지만, 태그 y_m과도 연관성을 가질 수 있는 이어지는 토큰들을 무시한다. 이 문제는 RNN을 추가해 해결할 수도 있다. 이때 역순으로 w_M에서 w_1까지 입력을 받아 해당 순환 과정을 실행한다. 이러한 아키텍처는 **양방향 순환 뉴럴 네트워크**^{bidirectional recurrent neural network}라고 알려져 있으며(Graves & Schmidhuber, 2005), 다음과 같이 나타낼 수 있다.

$$\overleftarrow{\boldsymbol{h}}_m = g(\boldsymbol{x}_m, \overleftarrow{\boldsymbol{h}}_{m+1}), \quad m = 1, 2, \dots, M \qquad [7.96]$$

왼쪽에서 오른쪽으로 움직이는 RNN의 은닉 상태는 $\overrightarrow{\boldsymbol{h}}_m$으로 표기한다. 왼쪽에서 오른쪽으로 그리고 오른쪽에서 왼쪽으로 움직이는 벡터가 연결돼 있으면 $\boldsymbol{h}_m = [\overleftarrow{\boldsymbol{h}}_m ; \overrightarrow{\boldsymbol{h}}_m]$으로 적는다. 여기서는 수식 7.93의 평가함수가 적용된다.

양방향 순환 뉴럴 네트워크는 몇 가지 흥미로운 속성을 가지고 있다. 이상적으로는 표현 $\boldsymbol{h}_m$은 주변 문맥으로부터 유용한 정보를 요약해, 이런 정보를 포착하기 위한 명시적인 기능을 만들 필요가 없도록 해준다. 만약 벡터 $\boldsymbol{h}_m$이 해당 문맥을 적절하게 요약하고 있다면, 애당초 태깅을 함께 수행할 필요도 없을 것이다. 일반적으로 개별 태깅 모델이 더욱 강력해지면 전체 시퀀스의 공동 태깅을 통해 얻은 이점은 줄어든다. 또 역전파를 이용하면 단어 벡터 $\boldsymbol{x}$는 태깅 작업 과정에서 유용한 단어 속성을 포착하기 위해서 "엔드 투 엔드^{end-to-end}"로 학습될 수도 있다. 혹은 만약 라벨이 있는 데이터가 제한적이라면 (§6.3에서처럼) 언어 모델링 목적함수와 문맥화된 단어 임베딩 기술(14장 참조)을 활용해, 라벨이 없는 데이터를 활용해 미리 학습된 단어 임베딩을 사용할 수도 있다. 심지어는 단일 모델 내에서 미세 조정된 임베딩과 미리 학습된 임베딩을 결합하는 것도 가능해진다.

뉴럴 구조 예측 양방향 순환 뉴럴 네트워크는 전체 입력에 대한 정보를 통합하지만 각각의 입력에 대한 태깅 결정은 독립적으로 이뤄진다. 어떤 시퀀스 라벨링 애플리케이션에서는 태그 사이에 강력한 의존성이 존재하기도 하고, 심지어는 어떠한 태그 하나가 다른 태그를 뒤따르는 것이 불가능할 수도 있다. 이런 시나리오에서는 태깅 결정이 전체 시퀀스를 대상으로 함께 이뤄져야 한다.

뉴럴 시퀀스 라벨링은 지역 점수를 다음과 같이 정의해 비터비 알고리듬과 결합할 수 있다.

$$s_m(y_m, y_{m-1}) = \boldsymbol{\beta}_{y_m} \cdot \boldsymbol{h}_m + \eta_{y_{m-1}, y_m} \qquad [7.97]$$

$\boldsymbol{h}_m$은 RNN의 은닉 상태이며, $\boldsymbol{\beta}_{y_m}$은 태그 y_m과 결합된 벡터이고, $\eta_{y_{m-1}}, y_m$은 태그 변환 (y_{m-1}, y_m)의 스칼라 파라미터이다. 그다음 이런 지역 점수는 추론하기 위해 비터비 알고리듬과 학습을 위해 순방향 알고리듬에 합쳐질 수 있다. 이 모델은 그림 7.4에서 더 설명했다. 수식 7.76에서 정의된 조건부 로그우도 목적함수를 통해서 학습하며, 태깅 파라미터인 $\boldsymbol{\beta}$와 $\boldsymbol{\eta}$은 물론이고, RNN의 파라미터까지 역전파한다. 이러한 모델을 장단기 메모리와 조건부 무작위장의 모델의 모습을 결합한 방식에서 영향을 받았으므로 장단기 **메모리-조건부 무작위장**LSTM-CRF이라고 한다(Huang et al., 2015).

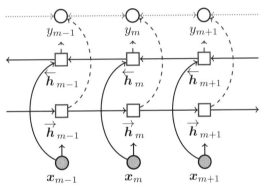

그림 7.4 시퀀스 라벨링을 위한 양방향 장단기 메모리. 실선은 계산을, 파선(–로 구성된 선)은 확률적 의존성을 나타내며, 점선은 양방향 장단기 메모리-조건부 무작위 필드 안의 라벨 사이의 옵션이자 추가적인 확률적 의존성을 나타낸다.

장단기 메모리-조건부 무작위장은 **개체명 인식**Named Entity Recognition 작업을 처리할 때 특히 효과적이다(Lample et al., 2016). 이 작업은 시퀀스 라벨링 작업으로 자세한 내용은 §8.3에서 설명한다. 이 작업에서는 인접한 태그 사이에 강한 의존성이 존재하므로 구조 예측이 특히 중요하다.

7.6.2 문자 차원의 모델

언어 모델링에서 희소하고 발견되지 않은 단어를 다루기란 어려운 과제다. 학습 데이터 안에 존재하지 않은 단어를 맞닥뜨린다면, 단어 임베딩 x_m을 위한 명확한 선택지가 없다. 이를 위한 한 가지 해결 방법은 희소하고 발견되지 않은 모든 단어에 일반적

236

인 **미발견 단어**^{unseen word} 임베딩을 적용하는 것이다. 그렇지만 많은 경우 단어의 철자를 통해 발견되지 않은 단어의 속성을 짐작할 수 있다. 이를테면 *whimsical*이라는 단어는 영어 보편 의존 구문^{UD, Universal Dependencies} 트리뱅크에는 수록되지 않았지만 접미사인 *-al*로 인해 형용사일 가능성이 높다고 할 수 있다. 같은 논리로 *unflinchingly*라는 단어는 부사일 확률이 높으며, *barnacle*은 명사일 가능성이 높다.

피처 기반의 모델에서 이런 형태학적 속성은 접미사 피처를 통해 다뤘지만, 뉴럴 네트워크에서는 발견되지 않은 단어의 임베딩을 그 단어의 철자나 형태로부터 구축해 나가는 식으로 이런 속성을 통합해 나갈 수 있다. 이를 위한 한 가지 방법은 양방향 RNN에 층(레이어)을 더 추가해 어휘집 내의 단어들을 하나씩 결합해주는 것이다 (Ling et al., 2015b). 각각의 문자 RNN에 대해 입력값은 문자이고, 출력은 좌향^{left-facing} 및 우향^{right-facing} 경로를 따르는 최종 단계의 결합인 $\phi_w = [\vec{h}^{(w)}_{N_w}; \overleftarrow{h}^{(w)}_0]$이다. $\vec{h}^{(w)}_{N_w}$는 단어 w의 우향 경로의 최종 상태이고, N_w는 해당 단어의 문자 개수를 의미한다. 문자 차원에서의 RNN 모델은 태깅 목적함수를 통해 역전파를 거쳐서 학습된다. 테스트 데이터에서는 학습된 RNN은 어휘에 없는 단어(혹은 모든 단어)에 적용되며, 단어 수준 태깅 순환 RNN에 대한 입력값을 얻는다. 구성적 단어 임베딩에 대한 또 다른 접근법은 §14.7.1에서 설명할 것이다.

7.6.3 시퀀스 라벨링을 위한 컨볼루셔널 네트워크

순환 네트워크의 단점 중 하나는 아키텍처가 입력과 예측 시퀀스를 통해 반복되도록 만든다는 점이다. 태그 y_m을 예측하기에 앞서, 각 은닉 벡터 h_m은 직전의 은닉 벡터인 h_{m-1}를 통해 꼭 계산돼 있어야 한다. 이런 반복적인 계산은 병렬화하기가 까다롭고, 행렬 곱셈 등과 같은 작업에서 **그래픽 처리 유닛**^{GPU, Graphics Processing Units}이 가져다주는 속도 향상의 이점을 잘 활용하지 못한다. **컨볼루셔널 뉴럴 네트워크**^{Convolutional Neural Network}는 이웃하는 단어 임베딩인 $x_{m-k:m+k}$상에서 일련의 행렬 연산을 통해 각각의 라벨 y_m을 예측하도록 만드는 방식으로 더 나은 계산 성능을 보여준다(Collobert et al., 2011b). 갱신할 은닉 상태가 없기 때문에 병렬 조건상에서 각 y_m에 대한 예측을 계산할 수 있다. 컨볼루셔널 네트워크에 대한 자세한 정보는 §3.4를 참조하면 된다. 문자 기반의 단어 임베딩도 마찬가지로 컨볼루셔널 네트워크를 사용해 계산할 수 있다(dos Santos & Zadrozny, 2014).

7.7 *비지도 시퀀스 라벨링

비지도 시퀀스 라벨링의 목표는 '주석을 달지 않은unannotated' 텍스트의 말뭉치인 ($\boldsymbol{w}^{(1)}$, $\boldsymbol{w}^{(2)}$, ..., $\boldsymbol{w}^{(N)}$)을 사용해 은닉 마르코프 모델을 유도하는 것이다. 각 $\boldsymbol{w}^{(i)}$는 길이 $M^{(i)}$을 가진 시퀀스다. 이 사례는 구조 예측에 대한 비지도 버전인 **구조 유도**structure induction의 일반적인 문제 중 하나다. 비지도 시퀀스 라벨링을 통해 얻은 태그는 일부 하위 단계downstream 작업에 유용하다. 또 언어의 내부적 구조에 대해 더 깊게 이해할 수 있도록 도움을 주기도 한다. 품사 태깅에서는 단어 각각에 허용된 태그를 나열한 태그 딕셔너리를 사용하는 것이 일반적이고, 이 과정을 통해 문제를 단순화시킬 수 있다 (Christodoulopoulos et al., 2010).

은닉 마르코프 모델에서의 비지도학습은 **바움 웰치 알고리듬**Baum-Welch algorithm을 활용해 실행한다. 이 알고리듬은 순방향-역방향 알고리듬(§7.5.3)을 기댓값-최대화EM, Expectation-Maximization(§5.1.2)와 결합한 것이다. M-단계에서 기댓값 빈도를 통해 은닉 마르코프 모델의 파라미터를 다음과 같이 추정할 수 있다.

$$\Pr(W = i \mid Y = k) = \phi_{k,i} = \frac{E[\text{count}(W = i, Y = k)]}{E[\text{count}(Y = k)]}$$

$$\Pr(Y_m = k \mid Y_{m-1} = k') = \lambda_{k',k} = \frac{E[\text{count}(Y_m = k, Y_{m-1} = k')]}{E[\text{count}(Y_{m-1} = k')]}$$

기댓값은 E-단계에서 순방향과 역방향 순환을 사용해 계산한다. 지역 점수Local Score는 다음과 같이 은닉 마르코프 모델의 일반적인 정의를 따른다.

$$s_m(k, k') = \log p_E(w_m \mid Y_m = k; \boldsymbol{\phi}) + \log p_T(Y_m = k \mid Y_{m-1} = k'; \lambda) \qquad [7.98]$$

단일 인스턴스에 대한 변환 기댓값은 다음과 같다.

$$E[\text{count}(Y_m = k, Y_{m-1} = k') \mid \boldsymbol{w}] = \sum_{m=1}^{M} \Pr(Y_{m-1} = k', Y_m = k \mid \boldsymbol{w}) \qquad [7.99]$$

$$= \frac{\sum_{\boldsymbol{y}:Y_m=k,Y_{m-1}=k'} \prod_{n=1}^{M} \exp s_n(y_n, y_{n-1})}{\sum_{\boldsymbol{y}'} \prod_{n=1}^{M} \exp s_n(y'_n, y'_{n-1})} \qquad [7.100]$$

§7.5.3에서 설명한 바와 같이, 마진 확률은 순방향-역방향 순환을 통해 계산한다.

$$\Pr(Y_{m-1}=k', Y_m=k \mid \boldsymbol{w}) = \frac{\alpha_{m-1}(k') \times \exp s_m(k, k') \times \beta_m(k)}{\alpha_{M+1}(\blacklozenge)} \qquad [7.101]$$

은닉 마르코프 모델에서 각각의 순방향-역방향 계산 요소에는 특수한 해석이 존재한다.

$$\alpha_{m-1}(k') = p(Y_{m-1}=k', \boldsymbol{w}_{1:m-1}) \qquad [7.102]$$

$$\exp s_m(k, k') = p(Y_m=k, w_m \mid Y_{m-1}=k') \qquad [7.103]$$

$$\beta_m(k) = p(\boldsymbol{w}_{m+1:M} \mid Y_m=k) \qquad [7.104]$$

(알고리듬 12에서 정의한) 은닉 마르코프 모델의 조건부 독립 추정을 적용하면 곱은 태그 바이그램과 전체 입력값과의 결합 확률이다.

$$\begin{aligned}
\alpha_{m-1}(k') \times \exp s_m(k, k') \times \beta_m(k) &= p(Y_{m-1}=k', \boldsymbol{w}_{1:m-1}) \\
&\times p(Y_m=k, w_m \mid Y_{m-1}=k') \\
&\times p(\boldsymbol{w}_{m+1:M} \mid Y_m=k) \\
&= p(Y_{m-1}=k', Y_m=k, \boldsymbol{w}_{1:M}) \qquad [7.105]
\end{aligned}$$

$\alpha_{M+1}(\blacklozenge) = p(\boldsymbol{w}_{1:M})$으로 나눠서 다음과 같이 원하는 확률을 얻을 수 있다.

$$\frac{\alpha_{m-1}(k') \times s_m(k, k') \times \beta_m(k)}{\alpha_{M+1}(\blacklozenge)} = \frac{p(Y_{m-1}=k', Y_m=k, \boldsymbol{w}_{1:M})}{p(\boldsymbol{w}_{1:M})} \qquad [7.106]$$

$$= \Pr(Y_{m-1}=k', Y_m=k \mid \boldsymbol{w}_{1:M}) \qquad [7.107]$$

방출 기댓값 또한 비슷한 방식으로 곱 $\alpha_m(k) \times \beta_m(k)$를 통해 계산한다.

7.7.1 선형 동적 시스템

순방향-역방향 알고리듬은 이산 상태 공간에서의 베이지안 상태 추정이라고 볼 수 있다. 연속된 상태 공간인 $y_m \in \mathbb{R}^K$에서 이 역할을 하는 알고리듬은 **칼만 스무더**^{Kalman} ^{Smoother}이다. 칼만 스무더 또한 비슷한 2단계 알고리듬인 순방향과 역방향 경로를 사

용해 마진 $p(y_m|x_{1:M})$을 계산한다. 각 단계에서 값의 격자들을 계산하는 대신 칼만 스무더는 확률밀도함수인 $q_m(y_m;\boldsymbol{\mu}_m, \Sigma_m)$을 계산하며, 잠재 상태 근처에 있는 평균 $\boldsymbol{\mu}_m$과 공분산 Σ_m이라는 피처를 가진다. 칼만 스무더와 순방향-역방향 알고리듬 사이의 관계에 관한 설명은 Minka(1999)와 Murphy(2012)의 연구를 참고하면 된다.

7.7.2 비지도학습 방법에서의 또 다른 방법

§5.5에서 언급한 바 있듯이, 기댓값-최대화는 구조를 유도하는 많은 방법 중 하나일 뿐이다. 또 다른 방법 중 하나는 **마르코프 체인 몬테 카를로**MCMC, Markov Chain Monte Carlo 샘플링 알고리듬을 사용하는 것이다. 이 알고리듬은 §5.5.1에서 간략하게 소개했다. 시퀀스 라벨링에 대한 구체적인 사례를 위해서는 조건화된 각각의 태그 y_m을 제외한 다른 모든 태그들에서 샘플링을 반복해 깁스Gibbs 샘플링을 적용할 수도 있다(Finkel et al., 2005).

$$p(y_m \mid \boldsymbol{y}_{-m}, \boldsymbol{w}_{1:M}) \propto p(w_m \mid y_m)p(y_m \mid \boldsymbol{y}_{-m}) \qquad [7.108]$$

골드워터와 그리피스는 깁스 샘플링을 비지도 품사 태깅에 적용하기도 했다(Goldwater & Griffiths, 2007). **빔 샘플링**Beam Sampling은 더 섬세한 샘플링 알고리듬으로서, 개별 태그 y_m을 생성하는 게 아닌, 전체 시퀀스인 $y_{1:M}$을 무작위로 도출한다. 이 알고리듬은 반 가엘이 품사 태깅에 적용한 적이 있다(Van Gael et al., 2009). 스펙트럴 학습Spectral Learning(§5.5.2 참조)도 시퀀스 라벨링에 적용할 수 있다. 단어 바이그램과 트리그램의 동시 발생co-occurrence 빈도의 행렬들을 해당 지표로 만들어서(Song et al., 2010; Hsu et al., 2012), 몇몇 자잘한 가정하에 전이와 방출 파라미터에 대해 전역에서 최적인globally optimal 추정을 얻을 수 있다.

7.7.3 반환 기호와 일반화된 비터비 알고리듬

비터비와 순방향 순환은 각각 확률과 로그우도를 대상으로 실행될 수 있고, 그 결과로 밀접하게 연관된 4개의 순환을 얻어낼 수 있다. 이 4개의 순환 스캔은 사실, 더 일반적인 기호를 사용해 단일한 순환으로 표현할 수도 있으며, 이 순환은 **반환 대수학**semiring algebra으로 알려져 있다. 기호 $\oplus$와 $\otimes$는 각기 일반화된 덧셈과 곱셈을 나타낸

本番！

다.[15] 이러한 연산자가 주어졌을 때, 일반화된 비터비 순환은 다음과 같이 나타낼 수 있다.

$$v_m(k) = \bigoplus_{k' \in \mathcal{Y}} s_m(k, k') \otimes v_{m-1}(k') \qquad [7.109]$$

지금까지 다룬 순환들은 일반화된 비터비 순환의 다음과 같은 특수한 경우에 해당한다.

- 확률을 대상으로 한 최대곱 비터비 순환에서 ⊕ 연산은 최대화에 해당하며, ⊗ 연산은 곱셈에 해당한다.
- 확률을 대상으로 한 순방향 순환에서 ⊕ 연산은 덧셈에 해당하며, ⊗ 연산은 곱셈에 해당한다.
- 로그 확률을 대상으로 한 최대곱 비터비에서는 ⊕ 연산은 최대화에 해당하며, ⊗ 연산은 덧셈에 해당한다.[16]
- 로그 확률을 대상으로 한 순방향 순환에서, ⊕ 연산은 로그 덧셈에 해당하며, 해당 덧셈식은 $a \oplus b = \log(e^a + e^b)$이다. ⊗ 연산은 덧셈에 해당한다.

반환 기호를 통해 얻은 수학적인 추상화는 이 알고리듬을 소프트웨어에서 실행할 때 적용할 수 있으며, 간결하면서도 모듈식의 실행을 가능케 한다. 이를테면 OPENFST 라이브러리에서의 제네릭generic 연산은 반환을 선택함으로 파라미터화된다(Allauzen et al., 2007).

연습 문제

1. §7.3.1의 예시를 "그들은 생선을 깡통에 넣을 수 있다"라는 뜻을 갖는 다음의 문상 *they can can fish*로 확장 및 적용해보자. 표 7.1에 나타난 가중치를 사용해 이 예문에 대한 격자를 작성하고, 가장 점수가 높은 태그 시퀀스를 확인하라. 만약 명사와 동사의 점수의 점수가 동일하다면, 역포인터가 항상 명사로 간다고 가정

---

15 반환에서는 덧셈과 곱셈 연산자는 둘 모두 반드시 결합 법칙을 따라야 하며, 곱셈은 분배 법칙을 따라야 한다. 또한 덧셈 연산자는 가환성을 지니고 있어야 한다. 즉, 덧셈 및 곱셈 항등원 $\bar{0}$과 $\bar{1}$이 있어야 하고, 이 항등원을 사용하면 $a \oplus \bar{0} = a$과 $a \otimes \bar{1} = a$이 된다. 그리고 곱셈의 소멸자인 $\bar{0}$도 반드시 있어야 하고, 이 소멸자를 통해 계산하면 $a \otimes \bar{0} = \bar{0}$이 된다.

16 열대 반환(tropical semiring)으로 부르기도 한다. 브라질 출신 수학자 임레 사이먼(Imre Simon)의 업적을 기리기 위함이다.

해도 좋다.

2. 태그 집합 $\mathcal{Y} = \{N, V\}$와 피처 집합 $f(\boldsymbol{w}, y_m, y_{m-1}, m) = \{(w_m, y_m), (y_m, y_{m-1})\}$ 을 사용해, 다음의 두 문장 *they can fish*(N V V)와 *they can can fish*(N V V N) 모두에 제공하는 적합한 가중치의 집합이 존재하지 않음을 증명하라.

3. 만약 구조화된 퍼셉트론을 직전 문제 2의 두 예문에 변환 및 방출 피처에 해당하는 (y_m, y_{m-1})과 (y_m, w_m)을 적용해 학습시키면, 어떤 결과가 나올지 생각해보자. 0에서 모든 가중치를 초기화하며, 비터비 알고리듬은 두 개의 태그가 동점일 때 항상 N을 선택하며, *they can fish*에 대한 초기 예측값은 N N N이라고 가정한다.

4. 정원 산책로garden path에 해당하는 다음의 문장 *The old man the boat*[보트를 모는 노인들]를 살펴보자. 단어-태그와 태그-태그 피처가 주어졌을 때, 이 예시에서 정원 산책로 태그 시퀀스보다 올바른 태그 시퀀스의 점수가 더 높으려면, 가중치에 얼마만큼의 불평등(비동등함)이 존재해야 하는가?

5. 표 7.1의 가중치를 사용해, 다음의 입력 '*fish can*'에 대한 가능한 모든 태깅에 대한 로그 확률을 명시적으로 계산하라. 순방향 알고리듬이 로그 확률 총합을 회복시킬 수 있음을 보여라.

6. 상위 n 라벨 시퀀스를 반환하는 변이형 비터비의 알고리듬을 작성하라. 이 알고리듬의 시간 및 공간 복잡도는 어떻게 되는가?

7. 순방향과 역방향 변수 그리고 포텐셜 $s_n(y_m, y_{m-1})$에 대하여 마진 확률 $\Pr(y_{m-2} = k, y_m = k'|\boldsymbol{w}_{1:M})$을 어떻게 계산할 수 있는지 증명하라.

8. 여러분이 어떤 한 텍스트를 수신했는데, 일부 토큰이 무작위로 잡음(NOISE)으로 바뀌었다고 생각해보자. 예를 들면 다음과 같다.

- 원본: *I try all things, I achieve what I can*
- 수신한 메시지: *I try NOISE NOISE, I NOISE what I NOISE*

다음의 확률 $p(w_m|w_{m-1})$을 얻을 수 있는 미리 학습된 바이그램 언어 모델에 접근할 수 있다고 가정하자. 이러한 확률은 모든 바이그램에 대해 0이 아니라고 가정할 수 있다. 바이그램 언어 모델의 로그 확률을 최대화하는 방법을 통해 원본

242

텍스트를 복구하기 위해서 어떻게 비터비 알고리듬을 사용할 수 있을지 보여라. 더 자세하게 설명하면, 점수 $s_m(y_m, y_{m-1})$을 설정해 비터비 알고리듬이 바이그램 언어 모델 로그 확률을 최대화하는 단어 시퀀스를 선택하는 동시에 노이즈가 아닌 토큰은 그대로 두자. 여러분의 해결책은 비터비 알고리듬 논리에서 벗어나서는 안 되며, 점수 $s_m(y_m, y_{m-1})$만 설정할 수 있다.

9. $\alpha(\cdot)$와 $\beta(\cdot)$가 §7.5.3에서 정의된 바와 같이 순방향과 역방향 변수를 나타낸다고 하자. $\alpha_{M+1}(\blacklozenge) = \beta_0(\lozenge) = \sum_y \alpha_m(y)\beta_m(y)$, $\forall m \in \{1, 2, ..., M\}$을 증명하라.

10. 은닉층에는 tahn 활성화함수가 있고, 결괏값은 힌지 손실$^{\text{hinge loss}}$인 순환 네트워크 태깅을 살펴보자(이 문제는 마진 손실과 음의 로그우도에서도 적용된다). 모든 파라미터를 0으로 초기화했다고 가정하자. 여기서는 x를 구성하는 단어 임베딩과 행렬 Θ, 출력 가중치 β와 은닉 상태 h_0를 포함한다.

   a) 모든 데이터와 모든 경사 기반의 학습 알고리듬에 대해 모든 파라미터는 0에 갇히게 됨을 증명하라.

   b) 시그모이드 활성화함수를 사용한다면 이러한 문제를 피할 수 있을까?

08 시퀀스 라벨링 응용

시퀀스 라벨링은 자연어 처리 전반에 걸쳐 사용된다. 8장에서는 품사 식별part-of-speech tagging, 개체명 인식entity recognition, 형태소 구문 속성 식별morpho-syntactic attribute tagging, 토큰화에 대해 다룬다. 또한 대화 행위 인식과 언어 간의 전환점 탐지 등의 상호작용 설정에 관한 두 가지 응용 사례에 대해서도 짧게 다룬다.

8.1 품사 식별

언어에서 **구문**syntax은 유창하게 언어를 구사하는 사람들이 문법적으로 받아들일 수 있는 일련의 단어 시퀀스를 만드는 원리에 관한 집합이다. 구문이라는 개념상의 가장 기본적인 원리는 바로 문장 내 단어들의 구문적 역할을 알려주는 **품사**POS, Part-Of-Speech이다. 이 개념은 이전에서 스치듯 언급한 적이 있으며, 영어 공부를 여태까지 해오면서도 자연스럽게 알게 됐을 것이다. 예를 들어 *we like vegetarian sandwiches*[우리는 야채 샌드위치를 좋아한다]라는 문장에서 *we*[우리]와 *sandwiches*[샌드위치]는 명사이고, *like*[좋아한다]는 동사, *vegetarian*[채식주의]은 형용사라는 것을 이미 알고 있을 것이다.[1] 이런 라벨링은 해당 단어가 어떤 위치에서 나오는지에 따라 달라진다. *she eats like a vegetarian*[그녀는 채식주의자처럼 먹는다]라는 문장에서는 *like*[–처럼]는 전치사이고, *vegetarian*[채식주의자]은 명사다.

품사 식별은 다양한 언어 문제에 대해 쉽게 풀 수 있도록 만들어주거나 해석할 수 있게 도와준다. 6장에서 다뤘던 촘스키가 제안한 식별 문제로 다시 돌아가보자.

1 자주 헷갈리는 것이지만, 우리나라에서는 명사를 수식하는 품사는 형용사가 아니라 관형어다. – 옮긴이

(8.1) a. Colorless green ideas sleep furiously. [무색한 녹색 사상은 맹렬히 잠을
          잔다.]

       b. *Ideas colorless furiously green sleep. [사상은 맹렬히 무색하게 녹색잠을
          잔다.]

위의 예시에서 첫 번째 문장은 영어에서 전형적으로 보여지는 품사 전환이다. 형용사
에서 형용사로, 형용사에서 명사로, 명사에서 동사로, 동사에서 부사로 이어지는 형
태다. 그렇지만 두 번째 문장은 자주 사용되지 않는 전환법이다. 명사에서 형용사로,
형용사에서 동사로 이어진다.

(8.2) Teacher Strikes Idle Children [선생님은 게으른 아이들을 때렸다. // 선생님
       의 스트라이크는 아이들과 놀았다.]

위와 같은 헤드라인 문장에서는 모호함이 존재한다. 이 문장 또한 품사 식별을 해보
면 *strikes*[스트라이크]를 명사로, *idle*(놀다)을 동사로 인식할 수도 있고, *strikes*[때리
다]를 동사로, *idle*[게으른]을 형용사로 설명할 수도 있다.

　　보통 자연어 처리 과정을 수행하기 이전에 사전 단계에서 통상적으로 품사 식별을
수행한다. 그리고 이후에 우리가 학습할 파싱(10장), 상호 참조 해결(15장), 관계 추출(17장)
등을 포함한 여러 자연어 처리 과정에서 품사 식별은 유용한 피처들을 제공한다.

8.1.1 품사 식별

보편 의존^{UD, Universal Dependencies} 프로젝트는 단일 표준 주석(Nivre et al., 2016)을 사용해
여러 언어의 텍스트 말뭉치에 구문 정보에 해당하는 주석을 작성하고 있는 프로젝트
다. 이 과정에서 프로젝트를 진행하는 사람들은 품사 태깅 **태그세트**^{tagset}를 구상해, 가
능한 한 많은 언어의 단어들의 분류 기준을 찾아내려고 한다.[2] 이 설에서는 여러 예시
를 통해 각 품사에 대한 개략적인 정의를 설명한다.

　　품사 식별은 의미론에 기반하기보다는 **형태구문론적**^{morphosyntactic} 작업으로 분류된
다. 즉, 일련의 단어들이 어떻게 패턴을 만들고, 어떤 접두사와 접미사들을 포함하는

2　UD 태그세트는 Petrov et al.의 초기 작업이며, 각각의 언어들에 태그세트를 매핑시켜 만든 12개의 보편 태그세트로 식별
　하도록 만들어졌다.

지 등 내부 구성에 대해 다룬다는 것이다. 이를테면 명사는 개념이나 객체를 보통 설명하고, 동사는 행동이나 사건들을 설명한다고 생각할 수도 있지만, 명사가 사건을 설명할 때도 있다.

(8.3) ...the howling of the shrieking storm [비명을 지르는 천둥의 울부짖음]

위에서 *howling*[울부짖음]과 *shrieking*[비명을 지르는]은 사건이지만, 문법적으로는 명사와 형용사 역할을 한다.

보편 의존 품사 식별 태그세트

UD 태그세트는 열린 클래스 태그, 닫힌 클래스 태그, "기타"라는 3개의 군으로 쪼개진다.

열린 클래스 태그 대부분의 언어에서는 명사, 동사, 형용사, 부사를 가지고 있다.[3] 새로운 단어가 오더라도 쉽게 추가할 수 있으므로 **열린 클래스 태그**open class tags라고 한다. UD 태그세트에서는 열린 클래스에 추가로 고유명사와 감탄사에 해당하는 2개의 태그를 가지고 있다.

- **명사**(UD 태그: NOUN) 개체와 개념을 설명한다.

(8.4) **Toes** are scarce among veteran **blubber men**. [**노련한 허풍쟁이**는 **발가락 수가** 적다.]

영어에서 명사는 문장 내에서 주요한 역할을 할 수 있고, 일반적으로 형용사나 한정사가 따라온다. 그리고 접미사 -*s*를 붙여서 복수형으로 만든다.

- **고유명사**(PROPN) 해당 개체가 고유함을 의미하는 이름에 대한 토큰이다.

(8.5) **"Moby Dick?"** shouted **Ahab**. [**"모비딕?"** **에이허브**가 소리쳤다.]

- **동사**(VERB) UD의 설명에 따르면 "통상적으로 하나의 사건이나 행동"이라고 돼 있지만, 문법적으로는 "절 내에서 최소한의 술부를 구성할 수 있도록 만들어주고, 절에서의 구성 요소들에 대한 종류와 빈도를 조정해준다"고 설

---

3 가장 두드러지는 예외는 바로 한국어다. 몇몇 언어학자들은 한국어에서는 형용사가 없다고 주장한다(Kim, 2002).

246

명한다.[4]

(8.6) a. "Moby Dick?" **shouted** Ahab. ["모비딕?" 에이허브가 **소리쳤다.**]

b. "Shall we **keep chasing** this murderous fish?" shouted Ahab. ["우리는 계속 무자비한 고래를 **쫓아야 해?**"]

영어의 동사는 동사에 따라 좌우되는 주어와 복수개의 목적어 사이에 존재한다. 시제와 상^aspect에 따라 -*ed*나 -*ing* 등의 접미사와 함께 사용될 수 있다(이 접미사들은 **굴절 형태론**^inflectional morphology의 예시이기도 하며, §9.1.4에서 자세히 다룰 것이다).

- **형용사**(ADJ) 개체의 속성에 대해 설명한다.

(8.7) a. "Shall we keep chasing this **murderous** fish?" shouted Ahab. ["우리는 계속 **무자비한** 고래를 쫓아야 해?]

b. Toes are **scarce** among **veteran** blubber men. [**노련한 허풍쟁이**는 발가락 수가 적다.]

두 번째 예시의 *scarce*[부족한]는 주어를 연결동사인 *are*와 연결되는 서술형 형용사다. 이와 반대로 *murderous*[무자비한]와 *veteran*[노련한]은 명사구 내에 포함돼 해당 명사구를 수식해주는 한정 형용사다.

- **부사**(ADV) 사건의 속성들을 설명해주거나 형용사나 다른 부사들을 수식한다.

(8.8) a. It is not down on any map; true places **never** are. [어떤 지도에서도 찾아볼 수가 없어. 진짜 장소는 어디에도 없어.]

b. ···**treacherously** hidden beneath the loveliest tints of azure [**배반할 정도로** 아름다운 아지랑이 밑에 숨겨져 있는]

c. Not drowned **entirely**, though. [하지만 **완전히** 익사하지는 않았어.]

- **감탄사**(INTJ) 감탄을 표현할 때 사용한다.

(8.9) **Aye aye!** It was that accursed white whale that razed me. [**아! 아!** 나를 파괴

---

4 https://universaldependencies.org/u/pos/VERB.html

한 건 저주받은 흰 고래였다.]

닫힌 클래스 태그   닫힌 클래스 태그^{closed class tags}들은 드물지만 새로운 것들을 받아들이고, 의미 단어와 대비되도록 **기능 단어**^{function words}라고 하기도 한다. 그 자체로는 아주 적은 어휘적 의미를 갖지만, 문장의 구성 요소들을 조직할 때 도움을 준다.

- **부가사**(ADP)[5]   (보통 명사구인) 보어^{complement}와 문장 내의 다른 요소(보통은 명사나 동사구)의 관계를 설명한다.

(8.10) a. Toes are scarce **among** veteran blubber men. [노련한 허풍쟁이**들**은 발가락 수가 적다.]

b. It is not **down on** any map. [어떤 지도**에서도** 찾아볼 수가 없어.]

c. Give not thyself **up** then. [**그때** 너 자신을 포기하지 말라.]

예시에서 살펴봤듯이 영어에서는 설명이 필요한 요소 직전에 위치하는 부가사인 전치사로 보통 사용된다(we met three days *ago*[우리는 3일 전에 만났다]에서의 *ago*는 예외적인 형태이다). 전치사는 일본어나 터키어 같은 다른 언어에서도 사용된다.

- **보조동사**(AUX)   시제, 상^{aspect}, 사람, 수 등의 정보를 설명해주는 동사의 닫힌 클래스다.

(8.11) a. **Shall** we keep chasing this murderous fish? ["우리는 계속 무자비한 고래를 **쫓아야** 해?"]

b. What the white whale was to Ahab, **has been** hinted. [흰 고래가 에이허브에게 어떤 의미였는지, 실마리를 **얻었다.**]

c. Ahab **must** use tools. [에이허브는 도구를 **사용해야만** 해.]

d. Meditation & water **are** wedded forever. [명상과 물은 영원히 결혼한 사이**이다.**]

e. Toes **are** scarce among veteran blubber men. [노련한 허풍쟁이들은 발가락 수가 적**다.**]

---

5   일반 언어론에 해당하는 것이므로, 부가사(Adposition)라고 표현하지만 실제로 거의 대부분은 전치사의 형태에 가깝다. – 옮긴이

마지막 예시는 결합동사지만, UD 말뭉치에서는 보조 역할로 태깅된다.

- **등위접속사**(CCONJ) 동일한 평행선상의 역할을 수행하는 두 단어 혹은 구 사이의 관계를 표현한다.

(8.12) Meditation **and** water are wedded forever. [명상**과** 물은 영원히 결혼한 사이이다.]

- **종속접속사**(SCONJ) 두 개의 절을 연결하며, 하나의 절은 구문론에 따라 다른 하나에 종속시킨다.

(8.13) It is the easiest thing in the world for a man to look as **if** he had a great secret in him. [남성이 대단한 비밀을 갖고 있는 것**처럼** 보이게 하는 것은 세상에서 가장 쉬운 일이다.]

- **대명사**(PRON) 명사 혹은 명사구를 대체하는 단어이다.

(8.14) a. Be **it what it** will, **I'll** go to **it** laughing. [**그것이 어떻게** 되든지 간에, **나는** 계속 **그것에** 대해 웃을 것이다.]

   b. **I** try all things, I achieve **what I** can. [**난** 모든 걸 다 해봤고, **내가** 할 수 있는 **건** 얻었다.]

위의 예시에서 인칭대명사인 I나 it의 경우와 관계대명사 *what*도 포함한다. *myself*(나 자신), *somebody*(어느 누구), *nothing*(아무것도 아님) 등도 포함한다.

- **한정사**(DET) 수식하는 명사와 명사구에 대해 추가 정보를 제공한다.

(8.15) a. What **the** white whale was to Ahab, has been hinted. [(**그**) 흰 고래가 에이허브에게 어떤 의미였는지, 실마리를 얻었다.]

   b. It is not down on **any** map. [**어떤** 지도에서도 찾아볼 수가 없어.]

   c. I try **all** things. [난 **모든** 걸 다 해봤어.]

   d. Shall we keep chasing **this** murderous fish? [여전히 무자비한 **이** 고래를 쫓아야 해?]

한정사는 정관사 *the*, 소유의 의미를 갖고 있는 *their*, 설명하는 *this*, 양사를 의미하는 *any* 등을 포함한다.

- ○ **수사**(NUM) 무한히 많이 존재할 수 있지만, 닫힌 클래스다. 숫자, 부분, 소수점 등을 문자나 숫자 형태에 상관없이 적는다.

(8.16) a. How then can this **one** small heart beat. [어떻게 이 **하나의** 생명체는 숨을 가쁘게 쉬고 있지.]

　　 b. I am going to put him down for the **three hundredth**. [나는 그를 **300번째**에 내려놓을 것이다.]

- ● **불변화사**(PART) 다른 단어와 구와 결합하는 기능 단어들과 결합해 사용할 수 있지만, 또 다른 태그상에서는 사용할 수는 없다. 영어에서는 부정사 to 나, 소유나 부정을 의미할 때 쓰인다.

(8.17) a. Better **to** sleep with a sober cannibal than a drunk Christian. [술 취한 기독교인과 사는 것보다 술 취한 식인종과 자는 **쪽이** 낫다.]

　　 b. So man**'s** insanity is heaven**'s** sense. [남자의 광기는 천국**의** 감각이다.]

　　 c. It is **not** down on any map. [어떤 지도에서도 찾아볼 수가 **없어**.]

두 번째 예시에서 살펴봤듯이 소유를 의미하는 's는 그 자체가 수식하는 단어의 동일한 토큰의 일부로 다뤄지지 않는다. 그래서 *man's*는 두 개의 토큰으로 나뉘게 된다(토크나이제이션은 §8.4에서 더 자세히 다룬다). 비영어권에서의 불변화사 예시를 찾아보면, 일본어 의문사 형태인 *ka:*가 있으며, 예시는 다음과 같다.[6]

(8.18) *Sensei desu ka*

　　 Teacher is? [선생님입니까?]

　　 Is she a teacher? [그녀는 선생님입니까?]

기타 이제 남아 있는 UD 태그는 구두점(PUN)과 기호(SYM)가 있다. 구두점은 순수하게 구조적인 형태를 띤다. 콤마, 점. 콜론 등이 구두점에 해당한다. 이에 비해 기호는 내용을 그 자체로 끌고 갈 수 있다. $나 %, 수학적 기호, 이모티콘, 이모지, 인터넷 주소 등이 모두 기호에 해당한다. 그리고 모든 걸 의미하는 태그 X가 있다. X는 언어의 요소에 할당할 수 없는 단어들에 사용된다. X 태그는 §8.5에서 다루게 될 (언어 간

6　이 이 표기법상에서 이 책에서는 첫 번째 줄은 일본어를 음차해 영어로 그대로 적었고, 두 번째 줄은 토큰에서 토큰으로 주석을 단 것이며, 마지막인 세 번째 문장은 번역본이다.

의) **코드 스위칭**에 사용된다.

또 다른 태그세트 일반 의존 트리 모음의 우선순위에 따르면 언어의 요소 태깅은 특정 단어 태그세트에서 사용한다. 영어에서는 UD 태그세트보다 3배 많은 45개의 태그로 이뤄진 **펜 트리뱅크**[PTB, Penn Treebank]를 주로 사용한다. 이 트리뱅크는 단수와 복수명사, 동사의 시제와 관점, 소유와 비소유 대명사, (*faster, fastest* 등의) 비교와 최상급 형용사와 부사 등까지도 세밀하게 표현돼 있다. 또 브라운 말뭉치[Brown Corpus]는 이를 더 세밀하게 나눠 87개의 태그가 존재하는 데다(Francis, 1964), 개별 보조동사인 *be, do, have* 까지 다룬다.

언어가 다르면 구별 방법도 달라진다. PTB와 브라운 태그세트는 동사의 시제를 표시할 수 없는 중국어 등의 언어에서는 적합하지 않다(Xia, 2000). 또 동사의 끝에서 사람과 숫자의 모든 조합에 표식을 추가하는 스페인어나, 각각의 명사구에 표식을 붙이는 독일어에도 적합하진 않다. 이 언어들은 어떤 태그세트에서는 영어보다 더 세밀하게나, 더 적게 필요하다. UD는 원칙에 따라 모든 언어를 아우를 수 있도록 큼직하고 거칠게 나눠졌으며, 숫자, 시제, 상황 등의 특정 언어에 따르는 **형태론적 속성**에 대해 주석을 추가했다. 또 태깅 작업에 대한 속성은 §8.2에서 더 자세히 다룰 것이다.

트위터 등의 소셜 미디어의 글에 태깅하기 위해서는 그 자체로 태그세트가 필요한 경우가 있다(Gimpel, 2011). 이런 말뭉치들의 경우에는 일반적으로 작성된 말뭉치에서 존재하지 않고, 소셜 미디어에서 주로 사용하는 이모티콘, url, 해시태그 등에 해당하는 토큰들을 갖고 있다. 또한 소셜 미디어에서는 *gonna* 등의 구어체들도 주로 포함돼 있어 토크나이제이션을 불가능하도록 만들기 때문에, 일반적인 방법이 아닌 다른 방법을 통해 분석하거나 그 자체의 어휘로 인식해 사용해야 한다. *Ima*와 같은 경우에는 NOUN과 VERB 등의 기존의 태그로 명확하게 태그할 수 없기 때문에, 명사와 동사의 상들을 결합해야 한다(Gimpel et al., 2011). 그래서 이런 사례들을 다루기 위한 새로운 세트가 필요해진다.

8.1.2 품사 태깅의 정확도 높이기

품사 태깅은 문장 내의 단어에 올바른 태그를 선택하는 문제를 다룬다. 이미 올바르게 태깅된 토큰의 일부분을 단순하게 떼어낸, 이미 주석이 달린 테스트 세트에서 통상적으로 정확도를 측정한다.

베이스라인   품사태그를 선택하는 가장 기본적인 방법은 각 단어에 대해 가장 공통적으로 발생하는 태그를 선택하는 것이다. 예를 들면 UD 태그에서 단어 *talk*는 총 96번 나타났고, 이중 85번은 VERB였다. 그래서 이 기준으로 보면 단어 *talk*는 항상 VERB로 예측할 것이다. 만약 트레이닝 말뭉치에서 해당 단어가 나타나지 않는다면 베이스라인에서는 총체적으로 가장 자주 나오는 태그인 NOUN으로 단순히 예측한다. 펜 트리뱅크에서 이런 단순한 방법을 적용하면 92% 이상의 정확도를 얻을 수 있다. 정확도를 좀 더 엄밀히 측정하려면 트레이닝 데이터에서 나타나지 않은 어휘 **사전 외의 단어**out-of-vocabulary words에서도 정확도를 확인해야 한다. 이런 단어들까지 정확하게 태깅하려면 문맥과 단어 내부의 구조까지 확인이 필요하다.

현대적인 접근 방식   영어에서의 품사 태깅을 위한 최근 동향은 **조건부 무작위장**CRF, Conditional Random Field 분야와 **구조 퍼셉트론**Structured Perceptron을 사용해 수행한다. Collins 는 Ratnaparkhi(1996)가 소개한 기본 피처들을 활용한 구조 퍼셉트론을 사용해 펜 트리뱅크에서 97.2%의 정확도를 얻었으며(2002), 다음의 구조를 사용했다.

- 현재 단어, w_m
- 이전 단어, w_{m-1}, w_{m-2}
- 다음 단어, w_{m+1}, w_{m+2}
- 이전 태그, y_{m-1}
- 이전의 태그 2개, (y_{m-1}, y_{m-2})
- 드물게 나타나는 단어인 경우:
  - 최대 $k = 4$, 첫 번째 k 글자
  - 최대 $k = 4$, 마지막 k 글자
  - w_m에 숫자, 대문자, 하이픈을 포함할지 결정한다.

또 펜 트리뱅크 데이터에서 조건부 무작위장CRFs을 사용했을 때도 비슷한 결과를 얻었다(CRFs; Toutanova et al., 2003).

더 최근에는 **장단기 메모리**LSTM 등의 뉴럴 시퀀스 모델의 힘을 빌려 설명한다(§7.6).

Plank et al.(2016)은 조건부 무작위장[CRF]과 양방향 LSTM[bi-LSTM]을 UD 말뭉치 내의 22개 언어에 적용했고, CRF에서는 평균 94.3%, 양방향 LSTM을 사용했을 때는 평균 96.5%의 정확도를 얻었다. 여기서 해당 뉴럴 모델은 3개의 임베딩 타입을 사용해 결과를 얻었다. 트레이닝 과정 중에 계속 갱신하는 세밀하게 조정된 단어 임베딩[fine-tuned word embeddings], 절대 갱신되지는 않지만 어휘 사전 외의 단어들을 태깅하도록 도와주는 사전 트레이닝된 단어 임베딩[pre-trained word embeddings], 문자 기반 임베딩[character-based embeddings]을 사용했다. 문자 기반 임베딩은 단어 내의 문자들이 LSTM을 통해 계산되므로 접두사, 접미사, 대소문자와 같은 공통적인 맞춤법 패턴들을 잡아낼 수 있다. 여러 평가를 종합해보면 이러한 여러 임베딩들이 모델의 성공과 직결되는 중요한 요소가 된다.

8.2 형태구문론적 속성

어떤 단어가 명사인지 혹은 동사인지에 대해 논의하는 것보다 해당 단어에 대해 이야기할 수 있는 게 훨씬 많다. 영어에서 동사는 시제, 상[aspect]에 따라 구별되고, 급[degree]에 따라 형용사가 구분되는 식이다.[7] 이런 피처들은 언어별로 모두 다르다. 언어가 다르면 다른 피처들이 나타난다는 이야기다. 문장에서 행위에 따라 명사의 역할이 나뉘는 격[case]과 같은 피처는 라틴어나 독일어에서 나타나는 피처가다.[8] 또 발화자의 전달하는 사건 등을 위한 정보의 근거로 사용되는 **증거성**[evidentiality]과 같은 피처는 터키어 등에서 나타난다. 이런 언어에 따른 피처들은 UD 말뭉치에서 각각의 토큰마다 피처-값 형태로 한 쌍으로 주석 처리돼 있다.[9]

word(단어)	PTB 태그	UD 태그	UD 속성
The(그)	DT	DET	DEFINITE=DEF PRONTYPE=ART
German(독일인)	JJ	ADJ	DEGREE=POS
Expressionist(표현주의)	NN	NOUN	NUMBER=SING

---

7   동사에서의 상은 사건이나 상태의 흐름을 나타내는 것이며, 한국어에서는 명시적으로 사용되지는 않지만 한국어의 '-어 있다', '-고 있다', 영어의 'be-ing', 'have p.p' 등을 통해 나타낸다. 또한 급은 최상급 등의 급을 의미한다. – 옮긴이

8   영어에서의 격은 어떤 개개인을 지칭하는 대명사로 쓰인다. 예를 들면 She saw her, They saw them(그녀는 어떤 **그녀를** 봤고, **그들은** 그 **사람들을** 봤다).

9   주석 태깅과 형태론적 속성은 터키어(Oflazer & Kuruöz, 1994)와 체코어(Hajič & Hladká, 1998)의 초기 작업을 따라 처리됐다. 또 MULTEXT-East 는 형태 구문론 속성을 가지는 여러 언어로 구성된 초기 말뭉치다(Dimitrova et al., 1998).

movement(운동)	NN	NOUN	NUMBER=SING
was(은)	VBD	AUX	MOOD=IND NUMBER=SING PERSON=3
			TENSE=PAST VERBFORM=FIN
destroyed(파괴됐다)	VBN	VERB	TENSE=PAST VERBFORM=PART
			VOICE=PASS
as	IN	ADP	
a	DT	DET	DEFINITE=IND PRONTYPE=ART
result[10]	NN	NOUN	NUMBER=SING
.	.		PUNCT

그림 8.1 UD와 PTB에서의 품사 식별과 UD 내의 형태론적 속성. 해당 예시는 UD 1.4 영어 말뭉치에서 가져온 것이다.

그림 8.1에서 볼 수 있듯이 한정사 *the*는 두 가지 속성을 가진다. 하나는 (다른 유형의 관사나 전치 한정사[11]와 반대되는) **관사**article를 의미하는 PRONTYPE=ART가 되고, 나머지는 (이미 알려져 있는 특정 개체를 의미하는) 정관사를 알려주는 DEFINITE=DEF로 이뤄져 있다. 또한 동사들도 여러 속성들로 표시된다. 조동사 *was*는 3인칭, 단수형, 과거시제, 한정(활용), 지시(어떤 사건이 이미 일어났거나, 나고 있음을 설명) 등으로 표시할 수 있다. 주동사 *destroyed*는 분사이고(그래서 추가로 뒤에 숫자나 사람에 관한 정보가 없어도 된다), 과거시제이며, 수동으로 표시한다. 펜 트리뱅크PTB에서 전부는 아니지만, 일부나마 이런 차이를 반영해 VBD(과거시제 동사)나 VBN(과거분사)으로 태깅한다.

품사 태깅에 관한 수천 개의 논문이 있지만, 형태구문론적 속성에 맞춰 자동으로 라벨링하는 작업에 대해서는 여태까지 크게 다루지 않았다. Faruqui et al.(2016)은 단어 그 자체들과 함께 단어들에서 나타나는 접두사와 접미사, 각 단어들과 이웃에 대해 가능한 모든 형태론 속성들의 유형 등의 최소한의 피처 세트만을 사용해 서포트 벡터 머신을 사용한 분류 모델을 훈련시켰다. Mueller et al.(2013)은 형태론적 속성으로 관찰 가능한 모든 조합에 대한 태그 공간 내에서 CRF를 사용했다(예컨대 그림 8.1에서의 단어 the에 대한 태그는 DEF+ART가 된다). 이 조합으로 구성된 거대한 태그 공간은 각 속성들과 격자trellis의 가지치기 과정을 통해 피처 공간으로 분해된다. 더 최근의

---

10 as a result는 '결과적으로'라는 하나로 묶여 표현된 구다. – 옮긴이

11 전치수식어(pronominal modifier)는 맨 앞에서 그다음에 이어지는 단어 혹은 구들을 수식하는 한정사이고, all, both와 같은 수량한정사, double, twice, fourh times 등의 배수사, one-half와 같은 분수 등이 여기에 해당된다. – 옮긴이

연구에서는 양방향 LTSM 시퀀스 모델을 사용한다. 예를 들면 Pinter et al.(2017)은 양방향 LSTM 시퀀스 모델을 사용해 LSTM 내의 입력층과 히든 벡터 사이의 속성들을 공유하지만 각 속성별로 총체적인 속성값을 반영한 소프트맥스로 결과를 반환하는 결과 층을 가지고 있다. 예를 들면 $y_t^{NUMBER} \in \{$SING, PLURAL, …$\}$과 같다. 이 문자 단위의 정보는 라벨링된 데이터의 양이 제한적일 때 더욱 유용하다.

평가 과정은 먼저 각 속성에 대한 재현율과 정밀도를 계산하는 것으로 시작한다. 이 점수는 타입이나 토큰 단위에서 평균을 매겨서 마이크로 F-MEASURE나 매크로 F-MEASURE를 얻는 방법으로 계산한다. Pinter et al.(2017)은 UD 트리뱅크에 있는 23개의 언어를 평가해 마이크로 F-MEASURE의 중간값이 0.95라는 것을 얻어 냈다. 이 성능은 아웃라이어가 몇 개 없는 각 언어들의 라벨링된 데이터 세트의 크기에 따라 매우 달라진다. 중국어의 경우 데이터 세트가 상대적으로 많음에도(UD 1.4 말뭉치에서 10^5), 6%의 토큰만이 속성을 가지고 있었으며, 라벨링된 유용한 인스턴스가 너무 적었다.

8.3 개체명 인식

텍스트 안에서 **개체명**에 대한 내용을 인식하고 추출하는 것은 정보 추출에서의 고전적인 문제다. 최근 문서의 주요 개체명 타입에는 사람, 지역, 조직 등이 있고, 더 최근에는 달러 등의 돈, 퍼센트, 날짜, 시간까지 확장된다. 다음 쪽의 예시를 보면(8.20a)(그림 8.2) 조직이라는 타입에는 *The U.S Army*[미 육군], 지역에는 *Atlanta*[애틀랜타], 날짜로는 May 14, 1864(1864년 5월 14일)이라는 개체명을 갖고 있는 것을 볼 수 있다. 또 **의생명과학 자연어 처리** 분야에서도 개체명 인식은 핵심 작업으로 사용된다. 단백질, DNA, RNA, 세포 등의 개체 타입을 사용해서 개체명 인식을 한다(예컨대 Collier et al., 2000; Ohta et al., 2002). 그림 8.2는 의생명 연구 분야에서 GENIA 말뭉치에 대한 예시를 설명한 것이다.

개체명에 태깅하기 위한 일반적인 방법은 조건부 무작위장과 같은 시퀀스를 구별하는 라벨링 메서드를 사용한다. 그렇지만 개체명 인식[NER] 작업은 품사 태깅과 같은 시퀀스 라벨링과 근본적으로 다르다. 각 토큰에 태깅을 하는 방식인 품사 태깅과 달

리 개체명 인식 작업은 *The United States Army*[미 육군]과 같이 어떠한 스팬을 복구
하는 것에 집중한다.

이런 복구 작업은 그림 8.2에서 설명하는 것처럼 **BIO 표기법**을 통해 수행한다. 각
토큰들은 B-접두사[B-prefix]로 라벨링된 이름 스팬[name span]에서 시작한다. 그리고 이름
스팬이 포함된 각 토큰들은 I-접두사[I-prefix]으로 라벨링된다. 이런 접두사들 뒤에 개체
타입들이 이어진다. 예를 들면 B-LOC은 해당 지점의 시작을 의미하고, I-PROTEIN
은 단백질 이름의 내부를 의미한다. 그리고 만약 이름 구간에 포함되지 않은 토큰들
은 O로 라벨링된다. 이런 표현법은 개체 이름 구간을 모호하게 복구시킨다. 그리고
이렇게 태깅하는 방법은 학습할 때도 유용하다. 이름 구간에서의 시작에 위치한 토큰
은 이름 내에 있는 토큰과는 다른 속성을 가질 수 있어서 학습자는 이런 부분을 이용
할 수 있다. 더 나아가 이런 발상은 이름 구간에서의 8.2에서의 예시에서 나오는
Atlanta[애틀랜타]와 같이 이름 구간 내의 고유한 토큰이나 이름 구간 내의 마지막 토
큰에 특수한 라벨을 붙일 수 있다. 이런 방법을 통해 지도 개체명 인식법을 향상시킬
수 있으며, 이를 BILOU 표현법이라고 한다(Ratinov & Roth, 2009).

피처 기반 시퀀스 라벨링 개체명 인식은 조건부 무작위장을 응용해 만든 첫 번째 중 하
나다(McCallum & Li, 2003). 비터비[Viterbi] 디코딩을 사용하면 피처함수 $f(w, y)$를 지역
피처들의 총합 $\sum_m f(w, y_m, y_{m-1}, m)$으로 제한한다. 그래서 각각의 피처들은 지역
에서 인접한 태그들만 고려할 수 있다. 여기의 대표적인 피처로 태그 전환, w_m과 그
이웃들의 단어 피처, 접두사와 접미사의 문자 단위의 피처, 대문자와 기타 맞춤법 속
성들을 고려하는 "단어 모양" 피처들이 있다. 예를 들면 (8.20a) 예시에서 나온 단어
Army[육군]의 기본 피처에는 다음과 같은 것들이 있다.

(8.20) a. *The   U.S.   Army   captured Atlanta on May   14   ,*
        B-ORG I-ORG I-ORG O   B-LOC O B-DATE I-DATE I-DATE
        1864
        I-DATE

    b. *Number of glucocorticoid receptors   in lymphocytes   and* …
        O   O B-PROTEIN   I-PROTEIN O B-CELLTYPE O   …

그림 8.2 개체명 인식에 대한 BIO 표기법 예시. 여기서의 예시(8.20b)는 의생명과학 문서의 GENIA 코퍼
스에서 가져왔다(Ohta et al, 2002).

(CURR-WORD:*Army*, PREV-WORD:*U.S.*, NEXT-WORD:*captured*, PREFIX-1:*A-*,

PREFIX-2:*Ar-*, SUFFIX-1:*-y*, SUFFIX-2:*-my*, SHAPE:*Xxxx*)

또 이미 알려진 개체명들의 리스트인 **지명사전**^{gazetter12}에서도 얻을 수 있다. 미국의 사회보장국은 수만 개의 개체명이 포함된 리스트들을 제공한다(아마 이 리스트는 이미 주석 처리된 어떤 말뭉치들보다도 더 많은 정보들을 제공할 것이다). 그래서 지명사전 내의 어떤 개체와 매칭되는 토큰이나 구간은 특별한 피처를 가질 수 있어서, 이름 리스트 등의 수작업으로 만들어진 자료들을 학습 기반의 프레임워크와 통합할 수 있도록 만들어준다.

개체명인식^{NER}을 위한 뉴럴 시퀀스 라벨링 최근의 연구에서는 품사 태깅에서 사용한 것처럼 LSTM 모델을 사용한 뉴럴 시퀀스 라벨링이 두드러지고 있다(Hammerton, 2003; Huang et al., 2015; Lample et al., 2016). (§7.6의 그림 7.4에서 나왔던) 양방향 LSTM-CRF는 태그 간의 관계를 모델링할 수 있기 때문에 특히 품사 태깅에서 좋은 성과가 나온다. 거기에 **컨볼루셔널 네트워크**를 사용한 연구에서도 Sturbell et al.(2017)이 GPU에서 ConvNet의 구현의 효율성을 개선해 속도를 엄청나게 빠르게 만드는 동시에 동등한 정확도를 얻어냈다. 이 연구에서 핵심적으로 개선한 부분은 §3.4에서 더 자세히 다룬 **확장된 컨볼루션**^{Dilated Convolution}을 사용한 것이다.

8.4 토크나이제이션

텍스트 분석에서의 가장 기본적인 문제는 §4.3.1에서 다룬 텍스트를 쪼개서 여러 토큰의 시퀀스로 만드는 것이다. 영어 등의 알파벳 문자 기반의 언어에서는 결정 문자^{deterministic scripts}들이 정확한 토크나이제이션을 만들 수 있도록 도와준다. 그렇지만 중국어와 같은 표어 문자에서는 띄어쓰기도 없이 고작 문자 몇 개들로 단어들이 만들어진다. 그렇기 때문에 읽는 사람들에 따라 토크나이제이션이 결정되며, 그렇기 때문에 그림 8.3에서처럼 문장에서의 모호함이 드러나기도 한다. 단어 시퀀스와 매칭하기 위한 접근 방법 중 하나는 단어 빈도에 관한 추가적인 통계 정보를 활용해 이미 있는 사

---

12 지명사전(gazetter)은 지도에서 사용되는 지역명들의 사전이다. 인접한 지역들에 대해 알려주고, 해당 지역의 지리적 구성, 사회 통계 등 다양한 정보를 제공한다.

전(예컨대 Sproat et al., 1996)과 일치시키는 것이다. 그렇지만 모든 단어 시퀀스를 망라하는 단어 사전은 존재하지도 않고, 이런 사전 기반의 접근법은 사전에 없는 단어를 다룰 때 어려움을 겪을 수도 있다.

그래서 중국어 단어 분할의 경우 지도 시퀀스 라벨링 문제로 접근한다. Xue(2003)는 문서 전체에 걸쳐 윈도우를 이동시키면서[13] 독립 분할 결정이 이뤄질 수 있도록 로지스틱 회귀 분류를 훈련시켰다. 그런 다음 이 훈련에 사용된 규칙 세트를 사용해 개별 분류 결정을 입력에 대한 총체적인 토크나이제이션으로 변환했다. 그렇지만 이런 개별 결정들은 구조 예측 방법에 대한 필요성을 일으키지만, 전체적으로 보면 차선책일 수도 있다. Peng et al.(2004)은 각 문자들에 대한 라벨이 START 혹은 NONSTART인지 예측하도록 조건부 무작위장을 훈련시켰다.

(1) 日文　　章魚　　怎麼 説?
Japanese octopus how say
How to say octopus in Japanese?
[일본어로 문어를 뭐라고 하나요?]

(2) 日　　文章 魚　怎麼 説?
Japan essay fish how say
[일본의 글에서는 물고기를 어떻게 말하나요?]

그림 8.3 중국어에서의 토크나이제이션 모호성을 보여주는 예시(Sproat et al., 1996)

더 최근의 연구를 살펴보면 대다수에서 뉴럴 네트워크 아키텍처를 적용한다. 예를 들면 Chen et al.(2015)은 §7.6에서 설명했던 LSTM-CRF 아키텍처를 사용해 격자를 만들었다. 이 격자 내에서는 LSTM의 숨겨진 상태에 따라 각 태그에 점수가 매겨지고, 학습된 전이 가중치에 따라 태그에서 태그로의 전이가 이뤄진다.

8.5 코드 스위칭

다국어를 말하고 쓰는 사람들은 그 자신들이 하나의 언어만 사용할 수 있다고 제한을 두지 않는다. **코드 스위칭**code switching은 언어와 언어 간에서 음성과 텍스트로 전환되는

---

13 윈도우를 이동시키면서 훈련하는 방법을 슬라이딩 윈도우(sliding window)라고 한다. 다양한 사각형을 전체 문서에 걸쳐서 이동하면서 훈련시키는 방법이다. 주로 CNN을 활용한 이미지 훈련에서 많이 사용하지만 이 책에서는 자연어 처리에서 사용한 사례를 들어 설명했다. – 옮긴이

현상을 말한다(Poplack, 1980; Auer, 2013). 온라인 소셜 미디어 등에서의 게시물 등에서 코드 스위칭은 더욱 흔해졌다. 다음의 문장은 캐나다 대통령 저스틴 트뤼도Justin Trudeau의 웹사이트에서 가져온 것이다.[14]

(8.21) Although everything written on this site est disponible en anglais

is available in English

and in French, my personal videos seront bilingues

will be bilingual

[이 사이트의 모든 게시물은 영어와 프랑스로 쓰여졌지만, 내 개인적인 영상들은 다국어로 만들어졌다.]

위와 같은 텍스트를 정확하게 분석하려면 어떤 언어가 사용됐는지 먼저 결정돼야 한다. 그리고 코드 스위칭을 활용한 정량적 분석은 언어 그 자체와 상대적인 사회적 지위에 대한 인사이트를 추가로 얻을 수 있을 것이다.

코드 스위칭은 시퀀스 라벨링 문제로도 다룰 수 있다. 이 관점으로 보면 문제의 목표는 각각의 토큰이 언어끼리 전환되는 후보 지점인지 아닌지 정확히 라벨링하는 것이다. 위의 예시에서는 단어 *est, and, seront*가 전환 지점으로 라벨링되는 지점이다. Solorio와 Liu(2008)는 영어-스페인어 간의 전환 지점을 이미 학습시킨 지도 분류기를 사용해서 알아냈다. 이 지도 분류기는 이미 단어들과 지도 품사 태거supervised part of speech tagger에 따른 단어들에 대한 품사 태깅 및 단어가 나올 확률과 함께 각 언어에 대한 품사 태깅에 대한 정보가 이미 라벨링돼 있었다. 또 Nguyen & Dogruöz(2013)는 터키어와 네덜란드 사이의 코드 스위칭 문제에 조건부 무작위장을 적용했다.

코드 스위칭은 조금 더 일반적인 수준에서 단어 단위에 대한 언어 인식 문제 중 특이한 경우로 볼 수 있다. Barman et al.(2014)은 벵골어, 영어, 힌디어 사이의 세 가지 언어의 문맥을 코드 스위칭으로 설명했고, 이에 더해 좀 더 어려운 연구도 수행했다. 이를테면 뱅골어의 기원을 사용해 영어를 접미사의 사용을 설명하는 등의 단어 내부 스위칭의 문제 등의 사례까지 연구했다. 그들은 이 연구에서 각 토큰들을 (1) 세 개의 언

---

14 http://blogues.lapresse.ca/lagace/2008/09/08/justin-trudeau-really-parfait-bilingue/. 2017년 8월 21일에 접속 가능했지만 아쉽게도 해당 링크는 사라졌다. – 옮긴이

어 중 어떤 언어인지 (2) 여러 언어가 혼합돼 있음 (3) (기호, 숫자, 이모티콘과 같은) 보편적인 것들 세 개 중 하나로 분류했고, 그렇지 않을 경우 (4) undefined로 표시했다.

8.6 대화 행위

대화	행위	라벨링에 관한 예시
A	YES-NO-QUESTION [예/아니오 질문]	So do you go college right now? [너 그럼 지금 대학교로 갈 거야?]
A	ABANDONED [버림]	Are yo- [너, 그럼..]
B	YES-ANSWER [대답이 예]	yeah [예]
B	STATEMENT [설명]	It's my last year [laughter] [맞아 마지막 학년이야, [웃음]]
A	DECLARATIVE-QUESTION [확인 의문문]	You're a, so You're a senior now. [너, 그럼 4학년이겠네]
B	YES-ANSWER [대답이 예]	Yeah [맞아]
B	STATEMENT [설명]	I'm working on my projects trying to graduate [laughter]
A	APPRECIATION [이해]	Oh, good for you [응 잘됐네]
B	BACKCHANNEL [맞장구]	Yeah [맞아]

그림 8.4 대화 행위 라벨링 예시(Stolcke et al., 2000)

여태까지 다룬 시퀀스 라벨링 문제들은 모두 단어 토큰의 시퀀스를 다루거나 토크나이제이션의 경우처럼 문자 단위의 시퀀스를 다뤘다. 그렇지만 이런 시퀀스 라벨링은 좀 더 고차원적인 행위인 **발화** 등에 대해서도 잘 동작한다. **대화 행위**^{dialogue acts}는 해당 대화에서의 발언에 대해 발화자의 의도에 따라 대략적으로 라벨링한 것이다. 이렇게 발화자의 의도에서 알려주는 행위를 발화 **수반 행위**^{illocutionary force}라고 한다(Austin, 1962). 즉, 어떤 발언은 어떤 일에 대해 설명할 수도 있고(*it is not down on any map.* [어떤 지도에서도 찾아볼 수가 없어.]), 질문이거나(*shall we keep chasing this murderous fish?* [우리는 계속 무자비한 고래를 쫓아야 해?]) 어떤 반응(*aye aye!* [아! 아!])일 수도 있다. Stolecke et al.(2000)은 스위치보드 말뭉치(Godfrey et al., 1992) 내의 1,155개의 대화에 대해 42개의 대화 행위로 주석을 작성한 방법에 대해 설명했다.¹⁵

그림 8.4의 예시에서 다뤘듯이 UTTERANCES[발화]에 대해 총체적인 주석을 추

---

15 대화 행위는 단순히 음성에만 국한되는 게 아니라 인터렉티브한 모든 대화에 적용된다. 예를 들면 이메일과 온라인 포럼 코퍼스 내의 음성 행위로 제한한 데이터 세트에도 주석을 달 수 있다(Jeong et al. 2009).

가한다. 그래서 이 경우에는 (대화 순서가 바뀌는 발언마다 중단되는 식으로) **대화 순서**가 바뀔 때마다 여러 발언들의 확률을 조합해 주석을 추가한다. 또 어떤 발언들은 *so you go to college right now?* [너 그럼 지금 대학교로 갈 거야?]처럼 절만 나오거나 *yeah*(맞아)처럼 단어 하나만 나올 수도 있다

Stolcke et al.(2000)은 히든 마르코프 모델^{HMMs}을 사용해 지도 발언 분할하에서 96%의 정확도를 달성했다. 여기서의 라벨은 그 자체로 발화자의 대화 의도를 반영한다. 즉 *You're a senior now* [너, 그럼 4학년이겠네]라는 질문에 *yeah*(응)라고 대답하는 식이다. 그렇지만 그림 8.4에서의 마지막 줄에서처럼 이해했다는 것을 알려주는 방식으로도 사용할 수 있다. 이를 **맞장구**^{backchannel}라 한다.

Stolcke et al.(2000)은 이 대화 행위에 라벨링하는 작업에 히든 마르코프 모델을 적용했다. 확률 $p(w_m|y_m)$만 사용해 발언에 대한 전체 시퀀스를 생성했고, 이 시퀀스를 §6.1에서 다뤘던 트라이그램 모델로 모델링했다. 또 각각의 발언에 대해 운율을 포착해 소리 피처도 설명했다. 대화 내에서 질문과 대답을 구별할 때 사용하는 톤과 리듬과 관련한 속성도 이 모델에 적용시켰다. 이런 소리 피처와 같은 피처들은 추가적으로 내놓는 분포를 의미하는 확률 $p(a_m|y_m)$(이 확률은 확률적 의사 결정 트리로 모델링됐다 (Murphy, 2012)을 통해 다뤄진다. 소리 피처는 전체적으로 보면 아주 미미하게만 성능 향상에 영향을 끼치지만, 맞장구에 해당하는 질문과 설명, 동의 등을 구별할 때는 중요한 역할을 수행한다.

Kalch-brenner & Blunsom(2013)과 Ji et al.(2016)이 제안한 순환 뉴럴 아키텍처를 사용해 대화 행위를 라벨링하는 방법도 굉장히 좋은 결과를 보여줬다. 이 연구자들이 제안한 모델 모두 발언 단위로 계속 순환시켜서 각각의 완전한 발언들은 히든 상태들을 갱신한다. 또 Kalch-brenner & Blunsom(2013)의 순환-컨볼루셔널 네트워크는 개별적인 발언에 대한 표현을 얻기 위해서 컨볼루션을 사용했다. 그에 반해 Ji et al.(2016)은 개별 발언에 대해 2단계 순환을 적용해, 문서 내 단어 순서에 대한 확률을 계산하는 언어 모델처럼 수행되는 방법으로 결과를 내놓았다.

연습 문제

1. UD 품사 태깅 태그들을 활용해, 다음의 문장에 대해 주석을 달아보라. 아마 UD 태그 가이드라인을 살펴봐야 할 수도 있을 것이다. 토크나이제이션은 공백으로 표기하고, 문장 부호도 잊지 말자.[16]

   (8.22) a. I try all things, I achieve what I can.

   b. It was that accursed white whale that razed me.

   c. Better to sleep with a sober cannibal, than a drunk Christian.

   d. Be it what it will, I'll go to it laughing

2. 최신 뉴스 기사에서 3개의 짧은 문장을 선택해, UD 품사 태깅 태그들을 활용해 주석을 달아보라. 당신의 주석을 보지 않고 친구에게도 동일한 세 문장에 주석을 달아보라고 하라. 그리고 §4.5.2에서 다뤘던 Kappa 지표를 사용해 얼마나 일치하는지 계산해보라. 불일치하는 부분에 대해서 함께 해결해보라.

3. 형태의미론 속성 MOOD, TENSE, VOICE 중 하나를 선택하자. UD 홈페이지(universaldependencies.org)에서 해당 속성에 대해 찾아보라. 다시 첫 번째 문제의 예시로 돌아가서, 당신이 선택한 속성의 모든 동사에 대해 주석을 달아보자. 영어 UD 말뭉치의 예시들을 살펴보면 도움이 될 것이다(https://github.com/UniversalDependencies/UD_English-EWT/).

4. 영어 트리뱅크(https://github.com/UniversalDependencies/UD_English-EWT/) 등의 주석이 달린 UD 데이터 세트를 다운받자. 이 말뭉치는 이미 트레이닝, 개발, 테스트 데이터 세트로 나뉘어져 있다.

   a) 먼저 문자 접미사를 사용해서 로지스틱 회귀 혹은 SVM 분류기를 훈련시켜 보자. 문자 길이가 4인 n-그램까지 적용해보자. 개발 데이터 세트에서 재현율, 정밀도, F-MEASURE를 계산해보자.

   b) 그다음, 이전과 이후의 토큰의 동일한 문자 접미사들을 사용해, 분류기를 보

---

16 영어 문장에 대한 품사 태깅 문제를 한국어로 번역하면 품사 태깅이라는 의도에 맞춰 문제를 제대로 풀기 어려울 것 같아 그대로 옮긴다. – 옮긴이

강해보자. 그리고 다시 홀드아웃 교차 검증을 통해 성능을 평가해보자.

c) (선택) CRFSuite(http://www.chokkan.org/software/crfsuite/)와 같은 툴킷을 사용하거나 당신만의 비터비 구현을 통해, 비터비 기반의 시퀀스 라벨링 모델을 훈련시켜보자. 이 과정은 인접 단어들 간의 일치가 필요한 속성에 대해 도움이 될 가능성이 높다. 예를 들면 많은 로망스 계열 언어들은 한정사, 명사, 형용사에 대해 명사와 숫자에 대해 일치가 필요하다.

5. 다음에 제시된 표현에 대해 **BIO** 표기법으로 개체명(이름, 장소, 조직, 날짜, 장소)에 대해 주석을 달아보라.

(8.23)   a. The third mate was Flask, a native of Tisbury, in Martha's Vineyard.

b. Its official Nintendo announced today that they Will release the Nintendo 3DS in north America march 27 (Ritter et al., 2011b).

c. Jessica Reif, a media analyst at Merrill Lynch & Co., said, "If they can get up and running with exclusive programming within six months, it doesn't set the venture back that far"[17]

6. 위의 예시들을 온라인 버전의 개체명 인식 태거에 한 번 실행시켜보라. **Allen NLP** 시스템(https://demo.allennlp.org/named-entity-recognition/named-entity-recognition) 등을 사용하면 된다. 예측된 태그들이 당신이 직접 작성한 표기와 일치하는가?

7. 영어에 대한 공백 토크나이저를 만들어보자.

a) NTLK 라이브러리를 활용해 소설 〈*Alice in Wonderland*〉[이상한 나라의 앨리스](Carroll, 1865)를 다운로드하자. 마지막 1,000개의 단어는 테스트 세트로 빼놓자.

b) 각각의 영숫자 문자들을 분할 지점으로 라벨링해놓자. 이렇게 되면 $y_m = 1$은 m이 토큰의 마지막 문자가 된다. 그리고 트레이닝 세트와 테스트 내의 모든 토큰을 연결짓자. 이렇게 연결된 데이터 세트 내에서는 라벨의 수 $\{y_m\}_{m=1}^{M}$과

문자의 수 $\{c_m\}_{m=1}^M$가 일치해야 함을 염두에 두자.

c) 주위의 문자 $c_{m-5:m+5}$을 피처로 사용해, y_m에 대한 로지스틱 회귀 분류기를 훈련시켜보자. 분류기 훈련을 마치고 나면 텍스트를 다시 토큰화하기 위한 예측된 분할 지점들을 사용해 테스트 세트에서 실행시켜보자.

d) 테스트 세트에서의 문자당 분할 정확도를 구해보자. 최소한 88% 이상의 정확도를 얻어야 한다.

e) 테스트 세트 내의 분할된 텍스트 예시를 출력해보자. 예를 들면 다음과 같다.

```
Thereareno mice in the air , I ' m afraid , but y oumight cat
    chabat , and that ' svery like a mouse , youknow . But
    docatseat bats , I wonder ?'
```

8. 이전 문제에서 만든 토크나이저에 다음과 같은 확장 버전을 실행해보자.

a) 태그 바이그램 (y_{m-1}, y_m)을 추가 피처로 통합하는 방식으로 조건부 무작위장 시퀀스 라벨러를 훈련시켜보자. 이때 CRFSuite와 같은 구조화된 예측 라이브러리나 당신만의 비터비 구현 버전 등을 사용할 수 있을 것이다. 당신의 분류 기반 처리 방식과 정확도를 한 번 비교해보자.

b) 토큰 단위 성능을 계산해보자. 진짜 사실로 원본 토큰화를 다뤄보자. 참 양성(진짜 사실과 예측한 토큰화에 모두 토큰이 들어 있는 경우), 거짓 양성(예측한 토큰화에는 들어가 있지만, 진짜 사실에는 없는 경우), 거짓 음성(진짜 사실에는 들어가 있지만, 예측한 토큰화에는 토큰이 들어가 있지 않은 경우)에 해당하는 토큰의 개수를 찾아보자. 또 *F*-MEASURE를 계산해보라.

c) 공백 없이 작성되는 중국어의 토큰화를 비롯한 더 실용적인 설정에 동일한 방법론을 한번 적용해보자. alias-i.com/lingpipe/demos/tutorial/chinese Tokens/read-me.html에서 주석이 달린 데이터 세트를 찾을 수 있을 것이다.

09 형식 언어론

지금까지 각 단어에 라벨링하는 것부터 단어 빈도수 벡터, 단어들의 시퀀스 등을 학습했다. 이제는 더 자세하고 복잡한 구조 변환에 대해 다룬다. 이 구조적 변환 방법은 구분된 단어들의 빈도를 헤아리거나, 시퀀스에 적용될 수 있다. 이전에 다뤘던 히든 마르코프 모델은 언어학적 뿌리는 전혀 가지고 있지 않다. 이러한 내용은 책에서 다루지 않은 근본적인 질문을 던지게 해준다. 그래서 언어란 무엇인가?

9장에서는 **형식 언어론**formal language theory의 관점에서 내용을 다룬다. 언어는 **문자열**들의 집합으로 구성돼 있고, 이 문자열은 유한한 철자들로 구성된 시퀀스로 돼 있다. 언어의 흥미로운 점은 해당 언어의 문자열이 무한히 많기도 하고, 언어에 없는 문자열도 무한하게 많다. 예를 들면 다음과 같다.

- 알파벳 {a, b}로 구성된 모든 짝수 길이 시퀀스들의 집합, 예컨대 {∅, aa, ab, ba, bb, $aaaa$, $aaab$, ...}
- aaa가 포함하는 알파벳 {a, b}로 구성된 모든 시퀀스들의 집합, 예컨대 {aaa, $aaaa$, $baaa$, $aaab$, ...}
- 최소한 하나의 동사(단어 사전 내 유한한 부분집합)를 포함하는 영어 단어(유한한 수의 어휘집)에 대한 모든 모든 시퀀스들의 집합
- 파이썬 프로그래밍 언어

형식 언어론은 언어의 클래스를 정의하고, 그 클래스들 간의 계산 속성을 다룬다.[1] 특히 **멤버십 문제**를 풀기 위한 계산 복잡성을 다뤄본다. 9장에서는 형식 언어의 세 가

---

1   촘스키가 형식 언어를 구성하는 형식 문법들을 분류한 구조를 그대로 가져와 이를 언어의 클래스로 지칭한다.

지 클래스, 즉 정규^{regular} 언어, 문맥에서 자유로운^{context-free}, 문맥에서 "약간" 민감한 언어^{mildly context-sensitive}로 분류한다.

20세기에 연구된 언어학을 통해 얻어낸 핵심적인 성과는 형식 언어가 영어 등의 자연어에 효율적으로 사용할 수 있다는 것이다. 자연어의 속성들을 최대한 적용해 형식 언어를 만들어냈다. 여러 가지 유용한 언어 분석 방법들이 형식주의에 대해 적용되면서, 멤버십 문제 등도 함께 풀렸다. 멤버십 문제는 (언어 모델링에서의) 인식을 위한 문자열들의 점수를 매기는 문제나 (번역 등의) 하나의 언어에서 다른 언어로 변환^{tranducing}하는 문제로 일반화시킬 수 있다.

9.1 정규 언어

여러분이 **정규 표현식**을 써 본 적이 있다면, **정규 언어**도 이미 다뤄본 것이다. 정규 표현식으로 정의할 수 있는 모든 언어를 정규 언어라고 한다. 형식 관점에서 보면 정규 표현식은 다음의 요소들을 포함할 수 있다.

- **리터럴 문자**는 어떤 유한한 알파벳 Σ으로 표현한다.
- **빈 문자열** ϵ
- 두 정규 표현식 RS가 연속으로 이어져 있다면, R과 S 모두 정규 표현식이다. y가 R을 통해 허용될 수 있고, z가 S를 통해 허용될 수 있다면, 결과 표현식은 $x = yz$로 나뉠 수 있는 모든 문자열을 허용한다.
- R과 S 모두 정규 표현식인 경우, $R|S$는 선택을 의미한다. 그러므로 결과 표현식은 문자열 x는 R을 통해서나, S를 통해서도 허용될 수 있다.
- **클레이니 스타**^{Kleene star} R^*은 R로 인식될 수 있는 문자열의 시퀀스로 분해될 수 있는 모든 x를 허용한다.
- 괄호 (R)과 같은 형태는 연쇄, 선택, 클레이니 스타 연산자들의 범위를 제한한다.

정규 표현식의 몇 가지 예시를 살펴보자.

- 알파벳 $\{a, b\}$로 구성된 모든 짝수 길이 문자열들의 집합 $[a, b]$: $((aa)|(ab)|(ba)|(bb))^*$

- 알파벳 $\{a, b\}$로 구성된 모든 시퀀스의 세트 중 aaa를 문자열 일부^{substring}로 포함하고 있는 경우: $(a|b)^*aaa(a|b)^*$
- 영어 단어로 구성된 모든 시퀀스의 세트 중 최소한 동사 하나를 포함하고 있는 경우: $W^*\ VW^*$는 사전 내 모든 단어들과 바꿀 수 있고, V는 모든 동사들과 바꿀 수 있다. $(V \subseteq W)$

여기서는 파이썬 프로그래밍 언어에 대한 정규 표현식을 다루지 않는다. 여기서의 언어는 구문론들을 포착해낼 수 있는 정규 표현식이 없으므로, 정규 언어가 될 수 없다. 해당 이유에 대해서는 이 단원의 말미에서 다룬다.

정규 언어는 합집합, 교집합, 연쇄하에 **닫혀 있다**. 즉, 다시 말하면 두 가지 종류의 언어 L_1과 L_2 정규라면, $L_1 \cup L_2$, $L_1 \cap L_2$가 적용되고, $s \in L_1$, $t \in L_2$인 경우, 문자열의 언어들은 $s = tu$로 분해할 수 있다. 또한 정규 언어는 부정 명제하에 닫혀 있기도 한다. 언어 L이 규칙적이라면, 언어 $\overline{L} = \{s \notin L\}$이 성립한다.

9.1.1 유한 상태 인식기

정규 표현식은 정규 언어를 정의할 수는 있지만, 이 알고리듬은 이 언어 내의 문자열까지도 정규 언어라고 정의할 수는 없다. 정규 언어에서의 계산 이론 모델인 **유한 상태 오토마타**^{Finite state automata}는 유한한 상태끼리의 전이를 가지고 있다. 그리고 유한한 상태 오토마타의 가장 기본적인 것은 문자열이 언어 내에 있는지 확인하는 계산을 의미하는 **유한 상태 인식기**^{FSA, Finite State Acceptor}이며, 수식으로는 다음 조건을 포함하는 튜플 $M = (Q, \Sigma, q_0, F, \delta)$ 형태를 가진다.

- 입력 부호들의 유한한 알파벳 철자 Σ
- 상태 $Q = \{q_0, q_1, ..., q_n\}$들의 유한 집합
- 시작 상태 $q_0 \in Q$
- $F \subseteq Q$를 의미하는 최종 상태 집합
- 전이함수 $\delta : Q \times (\Sigma \cup \{\epsilon\}) \to 2^Q$

위 리스트에서 마지막에 언급된 전이함수는 상태와 입력 기호(혹은 빈 문자열 ϵ)를 가능한 결과 상태로 묶어준다.

M의 **경로**는 전이함수 δ 안을 선회하는 각각의 t_i가 포함된 전이 시퀀스 $\pi = t_1$, t_2, ..., t_N을 의미한다. 유한 상태 인식기 M은 인식 경로인 경우 문자열 ω를 인식한다. 이 인식 경로에서는 시작 상태 q_0와 시작 전이함수 t_1에서 시작해 최종 전이함수 t_N은 모든 입력값 ω를 받아들이고 난 후, 최종 상태 Q에서 종료한다.

예시 유한 상태 인식기 M_1이 다음을 따른다고 해보자.

$$\Sigma = \{a, b\} \tag{9.1}$$

$$Q = \{q_0, q_1\} \tag{9.2}$$

$$F = \{q_1\} \tag{9.3}$$

$$\delta = \{(q_0, a) \rightarrow q_0, (q_0, b) \rightarrow q_1, (q_1, b) \rightarrow q_1\} \tag{9.4}$$

이 FSA는 a, b라는 두 가지 알파벳 기호를 사용해 정의한다. 전이함수 δ는 아크^{arc}들의 세트로 쓸 수 있다.[2] 그렇다면 arc: $(q_0, a) \rightarrow q_0$는 상태 q_0를 가지고 있고, 기호 a를 읽는 기계이다. 그렇다면 그림 9.1은 유한 상태 인식자 M_1을 그림으로 설명한 것이다. 시작 상태와 기호들로 구성된 한 쌍이 하나의 결과 상태만을 반환하기 때문에 M_1을 **결정적**^{deterministic3} 유한 기계라고 볼 수 있다. 각각의 문자열 ω은 대부분 하나의 인식 경로에 들어간다. 여기서 유의해서 볼 것은 상태 q_1 내에서는 기호 a에 대한 전이가 일어나지 않는다. 그래서 a가 q_1에 도달하면 이 인식기는 멈춰버리고, 입력 문자열을 받아들이지 않는다.

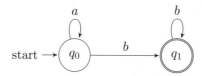

그림 9.1 유한 상태 인식기 M_1을 설명하는 상태 다이어그램

그렇다면 M_1이 받아들이는 문자열은 어떤 것일까? 인식기의 시작 상태는 q_0이고, 유일한 최종 상태인 q_1에 도달한다. a 기호에 해당하는 임의의 수는 상태 q_0에서 사용되지만, 상태 q_1으로 전이되기 위해서는 b 기호가 필요하다. q_1에서는 b 기호에 해당

---

2   arcs는 그래프의 경로(Edge)라고 이해하면 된다. (그림 9.1 참고) – 옮긴이

3   오토마타에서 '결정적(deterministic)'의 뜻은 정확히 하나의 변화된 상태(state)만을 갖는 것을 의미한다. 이에 반해 '비결정적(non-deterministic)'의 경우 여러 변환된 상태를 가질 수 있다. – 옮긴이

하는 임의의 숫자를 사용할 수 있지만, a 기호는 사용할 수 없다. 그래서 M_1을 통해 정의된 언어의 정규 표현식은 a^*bb^*가 된다.

유한 상태 인식기의 계산 속성 그래서 유한 상태 인식자의 가장 중요한 계산 문제는 바로 해당 문자열의 인식 여부를 얼마나 빨리 결정할 수 있는지에 달려 있다. 결정적 유한 상태 인식기^{determistic FSAs}에서는 계산 복잡도 $O(V \log V + E)$에 따른 디익스트라^{Dijkstra's} 알고리듬으로 계산할 수 있다. 이 계산 복잡도 식에서 V는 FSA 내의 꼭짓점이고 E는 경로들의 개수이다(Cormen et al., 2009). 비결정적 인식기^{NFSA}에서는 주어진 기호와 상태에 따라 여러 전이함수를 포함할 수 있다. 모든 NSFA는 결정적 인식기로 바꿀 수 있지만, 결과 오토마타는 원래의 NSFA가 가지고 있던 지수함수에 해당하는 크기의 수를 가질 수도 있다(Mohri et al., 2002).

9.1.2 정규 언어에서의 형태론

많은 단어들은 접두어나 접미어와 같은 의미를 갖고 있는 형태를 갖고 있는 등의 내부 구조를 가지고 있다. 단어 내부 구조의 연구는 형태론에 해당하며, 다음의 두 가지 주요 타입이 있다.

- **파생 형태소** 파생 형태소^{Derivational Morphology}는 접사들을 사용해 한 단어를 문법적 분류 카테고리에서 다른 카테고리로 바꾸거나(예컨대 명사 *grace*[우아함]를 형용사 *graceful*[우아한]로 바꿈), 의미를 바꾸어버린다(예컨대 *grace*[우아함]를 *disgrace*[불명예]로 바꾼다).
- **굴절 형태소** 굴절 형태소^{Inflectional Morphology}는 성^{gender}, 수^{number}, 사람과 시제 등의 세부 사항을 설명한다(예를 들면 영어에서 *-ed*는 과거시제를 의미한다).

형태론은 언어학에서도 광범위한 주제이며, 그 자체만으로도 한 학기 수업 과정을 만들 수 있다.[4] 그렇지만 이 책에서는 형태론 분석을 위한 유한 상태 오토마타에 집중해

---

4 언어학 교과서의 관련 부분을 찾아보는 것도 좋은 방법이다(예컨대 Akmajian et al., 2010; Bender, 2013). 이 부분을 핵심적으로 요약하면 파생과 굴절 형태소의 접사에만 집중해 다룬다. 영어는 접사들을 사용해서 언어를 만들어내긴 하지만 foot를 복수형으로 바꿔서 feet로 굴절시키는 모음 변화(apophony)로 구성되기도 한다. 이에 반해 아랍어나 히브리어 같은 셈어(Semitic language)에서는 삼중 자음에 뿌리를 두고(예컨대 ktb), 동사를 추가하면서 단어를 만드는(예컨대 ataba(아랍어로 "그가 쓴다"), kutub(아랍어로 "책들"), maktab(아랍어로 "책상") 형태론 템플릿 기반의 시스템을 가진다. 형태론에 대해 자세히 알고 싶다면 Haspelmath & Sims(2013), Lieber(2015)의 글을 읽어보자.

서 형태론을 다룰 것이다. 이 단원에서는 파생 형태소 위주로 다루고, 굴절 형태소는 §9.1.4에서 더 자세히 다룰 것이다.

영어의 파생 형태소 규칙을 따르는 구조를 통해 생성된 단어들을 인식하는 프로그램을 만들고 싶다고 해보자.

(9.1)   a. grace, graceful, gracefully, *gracelyful

b. disgrace, *ungrace, disgraceful, disgracefully

c. allure, *allureful, alluring, alluringly

d. fairness, unfair, *disfair, fairly

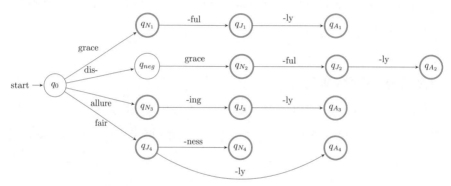

그림 9.2 영어에서 파생 형태소 부분들을 위한 유한 상태 인식기. 각각의 경로들은 하나의 루트에서 시작해서 파생될 수 있는 사례를 보여준다.

(위 사례에서 나오는 별표*, asterisk는 언어를 유창하게 하는 사람에게는 받아들일 수 없는 사례임을 알려준다는 것을 기억하자.) 위의 사례는 영어의 파생 형태소의 극히 일부만을 다루는 것이지만, 핵심적인 내용을 다수 포함한다. 접미사 -ful의 경우 명사 grace(우아)와 disgrace(불명예)를 형용사로 바꿔주고, 접미사 -ly는 형용사를 부사로 바꿔준다. 이 접미사들은 올바른 순서대로 적용돼야 하지만 *gracelyful과 같이 수용할 수 없는 경우도 있다. 접미사 -ful은 위에 언급했던 alluring(allure의 형용사형) 등과 같은 특정 단어에서만 사용할 수 있다.

또 접미사 외에도 접두사를 사용해도 변화를 만들 수 있다. dis를 사용하면 대부분 부정을 의미하며, 위의 사례에서도 disgrace[불명예]는 grace[우아]에서 dis-를 사용해 파생된 형태다. 하지만 fair[공정한]의 경우 접두사 -un을 사용해서 만든다.

끝으로 위의 3가지 사례에서 명사→형용사→부사로 이어지는 파생 순서를 보여
준 것에 반해, *fair*의 경우 형용사가 기본형이고 접미사 *-ness*를 붙임으로써 명사가
된다.

그렇다면 올바르게 형성된 영어 단어들만 수용하고, 나머지는 인식하지 않는 컴퓨
터 프로그램을 만들 수 있을까? 언뜻 보면 막무가내로 단순하게 사전 내의 유효한 영
어 단어만을 사용해 시도한다면 가능해 보인다. 그렇지만 형태론적 **생산성**morphological
productivity을 설명할 수는 없다. 이미 존재하는 형태론 규칙을 바탕으로 새로운 단어 혹
은 이름을 만든다고 할 때, Trump에서 trumpy, trumpkin이나 Clinton에서 Clintonian
이나 Clintonite인 경우에는 제대로 동작하지 않는다. 그래서 형태론 규칙을 꼭 사용
해서 접근할 필요가 있기 때문에, 이 규칙에 유한 상태 인식기를 사용해볼 것이다.

사전적 접근법은 영어 사전 내의 모든 단어 Σ이며, 시작 상태에서 시작해 각각의
단어들을 받아들일 수 있는 판별하는 유한 상태 인식기로 실행할 수 있다. 그렇지만
원래의 단어들로부터 일반화하는 데 실패하고, 새로운 단어에서 파생되는 형태론적
규칙을 잡아내기 힘들 것이다. 일반화하기 위한 첫 번째 시작은 그림 9.2에서 봤던 것
처럼 **어근**(예컨대 *grace*, *allure*)과 **접사**(예컨대 *dis-*, *-ing*, *-ly*)를 포함해 단어를 **형태소**로 구
성하는 유한 상태 인식기 다이어그램이다.

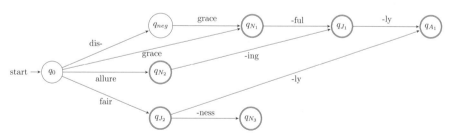

그림 9.3 그림 9.2의 유한 상태 인식기를 최소화한

그림 9.2의 유한 상태 인식기는 시작 상태에서 시작해 파생 접사들을 추가하는
여러 경로들로 이뤄져 있다. 그렇지만 q_{neg}에서 시작한 경로들에 놓여 있는 상태들은
최종이기 때문에 접사를 추가할 수 없다. 그래서 FSA는 *disgrace*, *disgraceful*,
*disgracefully*를 인식할 수 있지만, *dis-*는 인식할 수 없다.

이 FSA를 그림 9.3에서 보이는 형태처럼 최소화한 형태로 만들 수 있다. 이렇게 하면 인식기가 좀 더 확실해진다. 예를 들면 q_0에서 q_{J_2}로의 전이를 살펴보면 인식이 된다는 걸 보여줄뿐더러, 단일 형태소(단음^{monomorphemic})가 -ness와 -ly를 접사로 받아들일 수 있음을 의미한다. 이 방법을 사용하면 FSA를 쉽게 확장시킬 수 있다. 새로운 단어 어근이 단어 사전에 등록된다면 이의 파생 형태도 자동으로 받아들일 수 있도록 만들어준다. 그렇지만 영어 형태소의 매우 작은 부분까지도 다룰 수 있으려면 상당히 확장시킬 필요가 있다. *music*[음악] → *musical*[뮤지컬], *athlete*[운동선수] → *athletic*[운동, 체육]과 같은 경우와 같이, 영어에서는 서로 다른 파생 규칙을 가지는 다양한 명사들이 있다.

그림 9.2와 9.3에서 봤던 FSA는 *allureing*[5]은 인식하는 반면, *alluring*(매력적인)은 인식할 수 없다. 이런 모순이 발생하는 이유는 어떤 형태소를 사용하고, 어떤 순서로 배치하는지의 답을 찾는 **형태론**과 글을 쓸 때 어떻게 형태소를 적을지의 답을 찾는 **맞춤법**과의 간극에서 발생한다. 맞춤법에서는 *e*를 떼어내고, -ing 접사를 붙이고, **음운론**에서는 발화할 때 어떻게 단어가 표현되는지에 대한 몇 가지 제약을 둔다. 이 문제는 §9.1.4에서 살펴보겠지만, 입력값을 받아서 결괏값을 만들어내는 오토마타인 **유한 상태 변환기**^{Finite State Transducers}를 사용해서 처리할 수 있다.

9.1.3 가중 유한 상태 인식기

FSA에서 형태학을 다루다 보면 모든 단어는 언어의 입력 혹은 결과 둘 중 하나이고, 그 중간은 존재하지 않는다. *musicky*나 *fishful*과 같은 단어들은 언뜻 보면 맞아 보이지만, 영어에서 유효하지 않은 단어다. 게다가 이를 강제로 유효하다고 결정해버린다면 망신스런 행동^{behaving disgracelyful}과 같은 비린 스튜^{fishful stew}나 음악적 헌사^{musicky tribute}로 만들 수도 있다.[6] 그렇기 때문에 단어를 인식할 수 있는지 따지기보다 단어를 어떻게 인식할 수 있는지에 대해 물어야 한다. Aronoff(1976, 36쪽)는 이를 위해 다른 방법으로 시도했다. 그는 "형태학에선 많은 것들이 가능하지만 어떤 것들은 그 이상

---

5 allure(외양)에 -ing를 붙인 형태이지만 해당 단어는 영어에 없다. 모음 e에 -ing 형태를 붙이면 맞춤법에 따라 e가 사라지게 된다. 계속 책을 읽어보길 바란다. – 옮긴이

6 해당 번역은 문맥에 맞게 적은 것이지만, 사실 영어에는 유효하지 않은 구절에 해당한다.

으로 가능하다"라고 했다. 그렇지만 유한 상태 인식기에서는 기술적으로 유효한 선택지들에서 선호도를 표현할 수 있는 방법이 없다.

가중 유한 상태 인식기WFSAs, Weighted Finite State Acceptors는 FSA를 일반화한 것이다. FSA의 인식 경로들에 점수들을 부여하고, 초기 상태와 최종 상태, 전이 등을 계산한다. 수식으로 표현하면 가중 유한 상태 인식기 $M = (Q, \Sigma, \lambda, \rho, \delta)$은 다음의 조건들을 포함한다.

- 상태들의 유한 집합 $Q = \{q_0, q_1, ..., q_n\}$
- 입력 기호들의 유한 개의 알파벳 Σ
- 초기 가중치 함수 $\lambda : Q \rightarrow \mathbb{R}$
- 최종 가중치 함수 $\rho : Q \rightarrow \mathbb{R}$
- 전이함수 $\delta : Q \times \Sigma \times Q \rightarrow \mathbb{R}$

WFSA는 FSA 공식의 다음 3가지 아이디어에서부터 출발한다. 첫 번째로 모든 상태는 $\lambda(q)$에 적용되는 초기 상태가 될 수 있으며, 또 점수 $\rho(q)$에 따라 모든 상태는 인식 상태가 될 수도 있다. 마지막으로 $\delta(q_i, \omega, q_j)$에서 모든 입력값에서 한 쌍의 상태들끼리는 전이될 수 있다. 그럼에도 FSA는 특이한 경우로 볼 수도 있다.

$q \notin F$의 $q \neq q_0$, $\rho(q) = \infty$에 대해 람다 $\lambda(q) = \infty$으로 만들어주거나, M의 전이함수를 통해 허용되지 않는 모든 전이 과정 $\{(q_1, \omega) \rightarrow q_2\}$에 대해 $\delta(q_i, \omega, q_j) = \infty$으로 만들어줌으로써 FSA와 동등하게 사용될 수 있는 WFSA를 만들 수 있다.

모든 경로 $\pi = t_1, t_2, ..., t_N$의 총 점수는 이 점수를 모두 더한 것과 동일하다.

$$d(\pi) = \lambda(\text{from-state}(t_1)) + \sum_n^N \delta(t_n) + \rho(\text{to-state}(t_N)) \qquad [9.5]$$

최단 경로 알고리듬은 문자열 ω를 WSFA를 통해 최소 비용으로 찾는 데 사용된다. E가 경로들의 개수이고, V가 꼭짓점의 개수라면 이 알고리듬의 시간 복잡도는 $\mathcal{O}(E + V \log V)$이다(Cormen et al., 2009).[7]

WPSA로의 N-그램 언어 모델 n-gram 언어 모델에서(§6.1을 살펴보자) 토큰 $w_1, w_2, ...,$

---

7 최단 경로 알고리듬은 비용을 최소로 사용하는 해당 경로를 찾는다. 경로의 가중치가 로그 확률이므로, 최대 점수를 가지는 경로를 찾아야 한다. 그러려면 각 지역(local) 범위들의 점수들이 음의 로그 확률을 가져야 한다.

w_M들의 시퀀스 확률 모델은 다음과 같다.

$$p(w_1, \ldots, w_M) \approx \prod_{m=1}^{M} p_n(w_m \mid w_{m-1}, \ldots, w_{m-n+1}) \qquad [9.6]$$

n-그램 모델에서의 로그 확률은 WFSA를 사용해 모델링할 수 있다. 먼저, 유니그램 언어 모델을 생각해보자. 이 경우 하나의 상태 q_0와 전이함수 $\delta(q_0, \omega, q_0) = \log p_1(\omega)$만 있으면 되고, 초기 점수와 최종 점수를 0으로 설정할 수 있다. 그런 다음 각각의 w_1, w_2, ..., w_M에 대한 경로 점수는 다음과 같다.

$$0 + \sum_{m}^{M} \delta(q_0, w_m, q_0) + 0 = \sum_{m}^{M} \log p_1(w_m) \qquad [9.7]$$

$n > 1$인 n-그램 모델에서는 지나간 히스토리상의 조건 확률이 필요하다. 이를테면 바이그램 모델에서 전이 가중치는 반드시 $\log p_2(w_m \mid w_{m-1})$가 돼야 한다. 전이 과정에서의 점수를 매기는 함수는 어떤 식으로든 반드시 지나친 단어나 단어들을 "기억"해야 한다. 이 과정은 더 많은 상태를 추가하는 방식으로 해당 작업을 수행할 수 있다. 즉, 바이그램 확률 $\log p_2(w_m \mid w_{m-1})$을 모델에 추가하거나, 가능한 모든 확률 w_{m-1}을 위한 상태가 필요하다. 후자의 상태를 총합한 것을 상태 V라 하자. 또한 이 구성 단계에서 각각의 상태 q_i을 문맥의 사건인 w_{m-1}를 활용하여 번호를 매긴다. 그런 다음 가중치는 다음의 과정에 따라 할당된다.

$$\delta(q_i, \omega, q_j) = \begin{cases} \log \Pr(w_m = j \mid w_{m-1} = i), & \omega = j \\ -\infty, & \omega \neq j \end{cases}$$

$$\lambda(q_i) = \log \Pr(w_1 = i \mid w_0 = \square)$$

$$\rho(q_i) = \log \Pr(w_{M+1} = \blacksquare \mid w_M = i)$$

전이함수는 문맥을 정확하게 기록하도록 만들어졌다. 이에 따라 입력값 ω는 오직 $\omega = j$인 경우에만 상태 j로 이동시킬 수 있다. 그렇지 않다면, 상태 j로의 이동은 $-\infty$인 가중치 때문에 막히게 된다. 초기 가중치 함수 $\lambda(q_i)$는 첫 번째 토큰이 i일 로그 확률이고, 최종 가중치 함수 $\rho(q_i)$는 $w_M = i$에 따른 "마지막 철자" 토큰을 받을 로그 확률이다.

*반환 가중치 유한 상태 인식기^{Semiring weighted finite state acceptors} WSFA n-그램 언어 모델은
각각의 입력값들이 WSFA가 점수를 매기기 위한 단 하나의 인식 경로만 가진다는 점
에서 비결정적이라 할 수 있다. 이와 반대로 비결정적 WSFA의 경우 여러 인식 경로
를 가질 수 있다. 몇몇 애플리케이션에서는 이 입력값들의 점수가 모든 경로에 걸쳐
집계되기도 한다. 이 총계는 §7.7.3에서 처음으로 소개했던 **반환 표기법**을 사용하는
WSFA로 일반화해서 계산할 수 있다.

$d(\pi)$를 모든 경로 $d(\pi) = t_1$, t_2, t_3의 점수 총계라고 하며, 다음과 같이 계산한다.

$$d(\pi) = \lambda(\text{from-state}(t_1)) \otimes \delta(t_1) \otimes \delta(t_2) \otimes \ldots \otimes \delta(t_N) \otimes \rho(\text{to-state}(t_N)) \qquad [9.8]$$

이 식은 반환곱 연산자 $\otimes$를 덧셈의 자리에 배치시키고, 반환 표기법에 따라 일반화한
식이다.

그럼 이제 입력값 ω를 받는 모든 경로 $\Pi(\omega)$의 총합을 $s(\omega)$라고 하자.

$$s(\omega) = \bigoplus_{\pi \in \Pi(\omega)} d(\pi) \qquad [9.9]$$

위 식에서 반환 덧셈 연산자 $\oplus$은 여러 경로의 점수들을 합치기 위해 사용된다.

반환에 대한 일반화는 유용한 여러 경우를 만들어낸다. 로그 확률의 반환에서, 곱
셈은 $\log p(x) \otimes \log p(y) = \log p(x) + \log p(y)$으로 표현할 수 있고, 덧셈은 $\log p(x) \oplus$
$\log p(y) = \log(p(x) + p(y))$로도 표현할 수 있다. 그래서 $s(\omega)$는 인식되는 입력값 ω의
로그 확률로 표현할 수 있으며, 모든 경로 $\pi \in \Pi(\omega)$를 주변화 할 수 있다.

불 반환^{Boolean Semiring}에서 $\otimes$는 논리곱(and)을 의미하고, $\oplus$는 논리합을 의미한다. 점
수 총합 함수 $s(\omega)$는 불 반환의 경우 ω의 인식 경로 존재 여부만을 알려주는 비가중
유한 상태 인식기의 특별한 경우로 제한된다. 또 **열대 반환**^{Tropical semiring}에서는 $\oplus$ 연산
자는 최댓값을 의미해서 최종 점수는 WSFA를 통해 나올 수 있는 가장 높은 점수를
의미한다. OPENFST 툴킷은 이 반환^{semiring}과 다형성^{polymorphism}을 사용해 가중 유한
상태 오토마타의 일반화된 알고리듬을 구현한다(Allauzen et al., 2007).

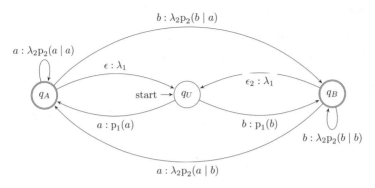

그림 9.4 WSFA로 보간된 알파벳 $\Sigma = \{a, b\}$상에서 바이그램/유니그램 언어 모델을 구현할 수 있다. 단순성을 위해 WSFA는 첫 번째 토큰이 유니그램 모델에서만 생성되도록 제한하고, 모델이 시퀀스 끝에서의 토큰을 내보내지 않도록 만든다.

*보간된 n-그램 언어 모델 지난 §6.2.3에서 보간된 n-그램 모델은 여러 n-그램 모델의 확률을 합친다는 걸 살펴봤다. 이를테면 보간 바이그램 언어 모델은 다음의 확률을 계산한다.

$$\hat{p}(w_m \mid w_{m-1}) = \lambda_1 p_1(w_m) + \lambda_2 p_2(w_m \mid w_{m-1}) \qquad [9.10]$$

위의 수식에서 $\hat{p}$은 보간 확률을 의미하고, p_2는 바이그램 확률을, p_1은 유니그램 확률을 의미한다. 그리고 $\lambda_2 = (1 - \lambda_1)$은 확률의 총합이 1이라는 것을 보장한다.

보간 바이그램 언어 모델은 비결정적 WSFA를 사용해서 실행할 수 있으며(Knight and May, 2009) 그림 9.4는 이에 대한 아이디어를 그림으로 표현한 것이다. 보간 바이그램 언어 모델에서는 단어 사전 내의 어휘별로 상태가 존재한다. 위 그림의 경우 q_A와 q_B가 된다 이 상태들은 바이그램 확률에서의 문맥 조건을 찾아낸다. 그리고 유니그램 모델에서는 문맥 조건을 "지워버리는" 상태 q_U가 추가로 존재한다. q_U에서의 전이 결과에는 모두 유니그램의 확률 $p_1(a)$와 $p_2(b)$를 가지고 있다. q_U로 전이시키면 빈 기호 ϵ를 반환하고, 유니그램 모델의 보간 가중치를 반영하는 확률 λ_1을 가지게 된다. 그리고 바이그램 모델의 보간 가중치는 $q_A \rightarrow q_B$으로의 전이 과정에서의 가중치를 가지고 있다.

q_U로의 엡실론 전이 과정의 WFSA을 비결정적 인식기로 만든다. 시퀀스 (a, b, b)

를 위한 점수를 생각해보자. 초기 상태는 q_U이고, 기호 a는 점수 $p_1(a)^8$를 생성한다. 전이과정 $q_A \rightarrow q_B$을 실행해 유니그램 모델에서 b와 점수 $\lambda_2 p_2(b|a)$을 생성한다. 또는 점수 λ_1를 이용해 q_U로 다시 전이한 다음, 점수 $p_1(b)$를 사용해 유니그램 모델로부터 b를 뽑아낼 수 있다. 최종 b 토큰을 생성하기 위해서도 이 두 가지 방법 중 한 가지 방법을 선택하면 된다. q_B로의 자체 전이$^{self\text{-}transition}$를 통해 직접 뽑아내거나, q_U로 먼저 전이시킨 다음 뽑아낼 수도 있다.

그래서 시퀀스(a, b, b)의 총 점수는 모든 인식 경로에 대한 반환 합계가 된다.

$$
\begin{aligned}
s(a,b,b) = &\left(p_1(a) \otimes \lambda_2 p_2(b|a) \otimes \lambda_2 p(b|b) \right) \\
&\oplus \left(p_1(a) \otimes \lambda_1 \otimes p_1(b) \otimes \lambda_2 p(b|b) \right) \\
&\oplus \left(p_1(a) \otimes \lambda_2 p_2(b|a) \otimes p_1(b) \otimes p_1(b) \right) \\
&\oplus \left(p_1(a) \otimes \lambda_1 \otimes p_1(b) \otimes p_1(b) \otimes p_1(b) \right)
\end{aligned}
\quad [9.11]
$$

수식 9.11의 각 줄들은 WSFA에 따른 특정 경로의 확률을 의미한다. 반환 확률에서 $\otimes$는 곱셈을 의미하므로, 각 경로는 경로 그 자체에서의 확률인 전이 가중치를 곱한것이다. $\oplus$는 덧셈을 의미하므로, 총 점수는 각 경로에서의 (확률) 점수를 모두 더한 것이다. 이 과정은 보간 바이그램 언어 모델의 확률에 해당된다.

9.1.4 유한 상태 변환기

유한 상태 인식기는 해당 문자열이 해당 규칙 언어 안에 있는지 결정할 수 있고, 가중 유한 상태 인식기는 주어진 철자(알파벳)로 모든 문자열의 점수를 계산한다. **유한 상태 변환기**$^{FSTs, Finite State Transducers}$는 이들을 좀 더 확장해 모든 전이 과정에 결과 기호를 추가한다. 수식으로 표현하면 유한 상태 변환기는 결과 단어를 의미하는 Ω이 포함된 $T = (Q, \Sigma, \Omega, \lambda, \rho, \delta)$이고, 전이함수는 상태, 입력 기호, 상태의 결과 기호를 포함하는 $\delta : Q \times (\Sigma \cup \epsilon) \times (\Omega \cup \epsilon) \times Q \rightarrow \mathbb{R}$이다. 그리고 나머지 요소 $(Q, \Sigma, \lambda, \rho)$은 §9.1.3의 가중 상태 인식기에서 다뤘던 개념과 완전히 동일하다.

문자열 편집 거리 문자열 s와 t 사이의 **편집 거리**는 하나의 문자열에서 다른 문자열로

---

8   시퀀스 초기화된 바이그램의 확률을 $P_2(a|\square)$으로 모델링할 수 있지만, 단순성을 위한 WFSA에서는 또 다른 상태가 더 필요한 이 확률을 허용하지 않는다.

전이되기까지 몇 번의 연산이 필요한지를 의미한다. 이 편집 거리를 계산하는 다양한 방법이 존재한다. 그중 가장 널리 사용되는 방법은 삽입, 삭제, 대체하는 최소한의 개수만을 헤아리는 레벤슈타인 편집 거리^{Levenshtein Edit Distance}이다. 이 방법에서는 입력과 결과의 알파벳 철자들이 동일한 상태 하나의 가중 유한 상태 전환기를 통해 계산한다. 즉, $\Sigma = \Omega = \{a, b\}$를 계산한다. 이 식에서 편집 거리는 하나의 상태 변환기를 통해 다음의 전이 과정을 사용해 계산할 수 있다.

$$\delta(q, a, a, q) = \delta(q, b, b, q) = 0 \qquad [9.12]$$

$$\delta(q, a, b, q) = \delta(q, b, a, q) = 1 \qquad [9.13]$$

$$\delta(q, a, \epsilon, q) = \delta(q, b, \epsilon, q) = 1 \qquad [9.14]$$

$$\delta(q, \epsilon, a, q) = \delta(q, \epsilon, b, q) = 1 \qquad [9.15]$$

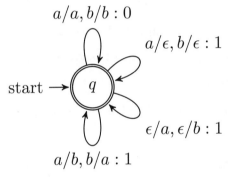

그림 9.5 레벤슈타인 편집 거리 유한 상태 인식기의 상태 다이어그램. 라벨 $x/y : c$에서 c는 입력값 x와 결괏값 y의 비용이다.

그림 9.5는 해당 상태 다이어그램을 보여준다.

주어진 문자열 쌍들을 살펴보면, 전환기를 통한 다양한 경로가 존재한다. *dessert*에서 *desert*로의 가장 높은 점수를 내는 경로는 총 점수가 1인 단일 탐지^{single detection}만을 가지는 경로이고, 가장 낮은 점수를 내는 경로는 7번의 삭제와 6번의 추가가 이뤄져서 총 점수는 13인 경로이다.

포터 추출기 포터(1980) 추출 알고리듬은 철자 단위의 규칙 시퀀스를 사용해 영어 단어에서 접미사를 빼기 위한 "어휘에 영향받지 않는^{lexicon-free}" 알고리듬이다. 이 알고리듬에서의 규칙은 비가중 유한 상태 전환기를 사용해서 설명할 수 있다. 첫 번째 규

칙은 다음과 같다.[9]

$$-sses \rightarrow -ss \text{ 예컨대, } dresses \rightarrow dress \qquad [9.16]$$

$$-ies \rightarrow -i \text{ 예컨대, } parties \rightarrow parti \qquad [9.17]$$

$$-ss \rightarrow -ss \text{ 예컨대, } dress \rightarrow dress \qquad [9.18]$$

$$-s \rightarrow \epsilon \text{ 예컨대, } cats \rightarrow cat \qquad [9.19]$$

마지막 두 줄 9.18과 9.19는 상충되는 부분이 존재한다. -s가 접미사 -ss의 일부로 끝나지 않는 경우, 삭제하라는 의미로 해석된다. 여기 마지막 두 줄을 다루기 위한 상태 다이어그램은 다음의 그림 9.6에서 살펴본다. 이 상태 전환기에서는 *cats*, *steps*, *bass*, *basses*를 다룰 수 있다는 것만 확실히 이해하자.

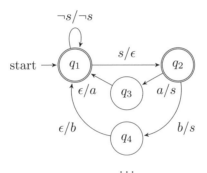

그림 9.6 포터 다이어그램의 step 1a의 마지막 두 줄을 설명하는 상태 다이어그램. 상태 q_3와 q_4는 각각 a와 b를 다룬 내용을 "기억"한다. 하단의 …은 입력 알파벳 내의 각각의 기호들에 대한 추가 상태를 의미한다. 또 ㄱs/ㄱs로 표현한 부분은 FST 형식에서 가져온 것이 아니라, 이 기호는 s를 제외한 모든 입력/결과 기호들에 대해 자체 전이를 의미하는 단순한 기호다.

---

9   영어 문법에서 복수형을 의미하는 -s를 빼기 위한 여러 규칙들을 설명한 것이라 자세히 번역하지는 않았다. 포터 알고리듬은 어간(단어의 굴절에 따라 변화하지 않는 부분-굴절의 의미는 뒤이어 추가로 설명한다)을 추출하는 알고리듬이고, 위 규칙에서는 -s를 제거함으로 어간을 찾는 과정을 설명한 것이다. – 옮긴이

표 9.1 현재 시제에 대한 스페인어에서의 동사 굴절을 나타낸 표. 각 행은 사람, 수 등을 의미하며, 각 열은 부정형의 끝에 따라 나오는 동사의 종류에 따른 규격화된 예시다.[10]

infinitive	cantar(to sing)	comer(to eat)	vivir(to live)
yo(1st singular)	canto	como	vivo
tu(2nd singular)	cantas	comes	vives
él, ella, usted(3rd singular)	canta	come	vive
nosotros(1st plural)	cantamos	comemos	vivimos
vosotros(2nd plural, informal)	cantáis	coméis	vivís
ellos, ellas(3rd plural); ustedes(2nd plural)	cantan	comen	viven

굴절 형태소   굴절 형태소[Inflectional morphology]에서 단어의 **표제어**[lemma]는 시제, 수, 분류와 같은 문법적 정보가 추가되면서 바뀌게 된다. 이를테면 많은 영어 명사에서는 접미사 *-s*를 붙여서 복수로 만들고, 영어 동사에서는 접미사 *-ed*를 붙여서 과거시제를 만든다. 또 영어의 굴절 형태소는 전 세계의 많은 언어들에 비해 상당히 단순한 편이다. 예를 들면 (라틴어에서 파생된) 로망스 어군[11]에서는 표 9.1에서처럼 동사의 수와 사람을 일치시켜야 하는 복잡한 동사 접미사들을 갖고 있다.

형태소를 분석하는 일은 가곡(*canto*)의 형태와 비슷하게 읽을 수 있고, 해당 분석 결과는 CANTAR+VERB+PRESIND+1P+SING과 같이 표현된다. +PRESIND는 시제를 의미하고, +1P는 첫 번째 사람을, +SING은 단일 숫자를 의미한다고 할 수 있다. 그럼 형태소를 생성하는 일은 형태소 분석을 역으로 CANTAR+VERB+PRESIND+1P+SING을 *canto*로 바꾼다. 유한 상태 전환기는 이에 대한 문제를 하나의 모델을 사용해서 풀 수 있기 때문에 굉장히 좋은 해결책이다(Beesley & Karttunen, 2003). 그림 9.7의 예시는 스페인어의 형태소를 위한 유한 상태 전환기의 일부를 보여준다. 입력값 Σ은 스페인어에서 사용되는 철자들의 집합이고, 결과 단어 Ω는 동일한 철자들에 형태소 피처(예컨대 +SING, +VERB)들을 추가한 것이다. 그림 9.7에서는 입력값으로 동사와 명사 의미를 가지는 *canto*를 받는 두 가지 경로가 있다. 여기서 어떤 경로를 택할지는 품사 태거[part-of-speech tagger]를 통해 선택한다. 반대 방향으로 가면 각각의 전이에 대한

---

10 해당 표는 스페인어에 대한 설명이다. 아래의 설명에도 포함되지만, 여태까지 다뤘던 동사에 접사를 붙임으로써 해당 동사들이 서로 다른 의미를 가질 수 있도록 보여주는 표다. 옮긴이 또한 스페인어에 대한 지식이 없고, 많은 독자 여러분이 그러하리라 생각된다. 형태소 분석 시 어떻게 다른 단어가 사용되는지만 살펴보고 넘어가면 좋겠다. - 옮긴이

11 전 세계에서 가장 많이 쓰는 어군 가운데 하나로 프랑스어, 스페인어, 이탈리아어 등이 이 어군에 해당된다. - 옮긴이

입력과 결과가 바뀌고, 모든 형태소 분석에 적용할 수 있는 **올바른 표층 형태**^{surface form} 를 생성하는 유한 상태 생성기가 가 만들어진다.

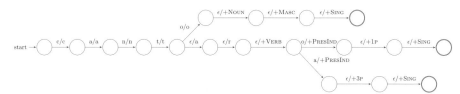

그림 9.7 스페인어 형태소를 위한 유한 상태 전환기의 일부. *canto*를 받는 두 가지 입력 경로, *canto*+ NOUN+MASC+SING(노래를 뜻하는 남성 단수 명사, *cantar*+VERB+PRESIND+1P+SING(내가 노래한다)가 존 재한다. 그리고 *antar*+VERB+PRESIND+3P+SING(그/그녀가 노래한다)의 결괏값을 갖는 *canta*의 인식 경로 또한 존재한다.

유한 상태 형태소 분석기와 여러 비가중 전환기는 수동으로 디자인할 수 있다. 여 기서 (이 둘을) 디자인할 때의 목표는 해당 언어에서 유효하지 않은 전이를 만들거나, 적합하지 않은 문자열을 인식하는 **과잉 생성**^{overgeneration}을 피해야 한다는 것이다. 마찬 가지로 유효한 전이나 문자열들을 인식하지 않는 **과소 생성**^{undergeneration}도 피해야 한 다. 일례로 복수화 전환기가 과소 생성되면 *foot/feet*과 같은 단어들을 인식할 수 없 다. 그래서 이 단어 예시를 인식할 수 있도록 이 전환기를 수정한다고 생각해보자. 그 렇지만 이제 *boot/beet*와 같은 단어도 인식하는 사이드 이펙트가 발생한다. 이 경우 전환기가 과잉 생성됐다고 볼 수 있다. 또 전환기에 *foot/foots*를 인식하고, *foot/feet* 를 받아들이지 못한다면, 과잉 생성된 동시에 과소 생성됐다고 볼 수 있다.

유한 상태 합성 모든 언어에서 형태학적 현상의 모든 범위를 포착해내는 유한 상태 전환기를 설계하는 일은 상당히 (큰) 작업이다. 이러한 문제를 해결하기 위한 모듈화 작업은 전통적인 컴퓨터 과학 문제의 접근법에 해당한다. 거대하고 난해한 문제들을 간단한 답을 가질 수 있는 작은 문제들의 집합으로 쪼개서 해결하는 것이다. 유한 상 태 오토마타는 합성을 통해 모듈화를 진행한다. 자세히 살펴보면 전환기 하나 T_1에서 의 결괏값을 다른 전환기 T_2에 입력값으로 보내는 과정을 합성이라고 하며, 이를 $T_2 \circ T_1$으로 적는다. 또 어떤 y가 존재하면, $(x, y) \in T_1$(T_1은 입력값 x를 받아서 y를 결괏 값으로 내놓는다)이고, $(y, z) \in T_2$ 모두 성립하면, $(x, z) \in (T_2 \circ T_2)$이 성립한다. 유한 상 태 전환기는 닫힌 합성 과정이므로, $T_3 = T_2 \circ T_1$을 만족하는 단 하나의 전환기만이 존재한다. 이 하나의 전환기는 T_1과 T_2의 상태 쌍들에 대해 하나의 상태만을 가지는 상태로 구성할 수 있다(Mohri et al., 2002).

예시: 형태론과 맞춤법   영어 형태론에서 접미사 *-ed*는 *cook*[요리하다] → *cooked*[요리했다], *want*[원하다] → *wanted*[원했다]에서처럼 많은 동사에서 과거시제를 알려주는 신호로 사용된다. 그렇지만 영어 맞춤법에서는 *bakeed*가 아닌 *bake*(굽다) → *baked*(구웠다)로 접미사를 추가하는 과정에서 *e*를 연속으로 사용할 수는 없다. 모듈화를 사용한 해결책에서는 형태론과 맞춤법에 맞는 각각의 전환기를 생성하도록 한다. 형태론에서의 전환기 T_M은 *bake*+PAST를 *bake*+*ed*로 전이시킨다. 여기서 + 기호는 요소들 간의 경계를 의미한다. 또 T_M에서의 T_M에 입력되는 알파벳은 단어 사전과 형태학적인 피처들을 모두 가지고 있다. T_M의 결과로 나오는 알파벳에서는 문자 *a-z*와 경계를 의미하는 기호 +를 가진다. 그다음 맞춤법 전환기 T_O는 *cook*+*ed* → *cooked*, *bake*+*ed* → *baked*에 해당하는 전이 과정을 반환할 수 있다. T_O에서의 입력되는 알파벳은 반드시 T_M의 결괏값으로 나온 알파벳이어야 하며, T_O의 결괏값은 문자 *a-z*만 반환한다. 그래서 합성 전환기 $(T_O \circ T_M)$은 *bake*+PAST를 입력값으로 받아서 전이 과정을 거치고 난 후 *baked*로 반환한다. 여기서 T_O를 설계하는 방법은 뒤의 문제로 남겨둘 것이다.

예시: 히든 마르코프 모델   7장에서 다뤘던 히든 마르코프 모델 또한 가중 유한 상태 전환기로 설명할 수 있다. 히든 마르코프 모델을 돌이켜보면, 단어와 태그들의 조건부 확률 $p(w, y)$를 정의하고, 해당 확률은 격자 구조를 통과하는 경로를 통해 계산한다. 이 구조 내의 격자 그 자체들을 입력값 $Y_m = j$인 이웃해 있는 모든 노드들 사이의 간선^{edge} $q_{m-1,i} \rightarrow q_{m,j}$를 경로로 갖는 가중 유한 상태 인식기로 볼 수 있다. 간선의 가중치는 다음의 로그 확률을 통해 계산된다.

$$\delta(q_{m-1,i}, Y_m = j, q_{m,j}) = \log p(w_m, Y_m = j \mid Y_{m-i} = j) \qquad [9.20]$$

$$= \log p(w_m \mid Y_m = j) + \log \Pr(Y_m = j \mid Y_{m-1} = i) \qquad [9.21]$$

각각의 태그 Y_m에 대해 한 번의 전이 과정만 가능하기 때문에, 이 가중 유한 상태 인식기는 결정적이라고 할 수 있다. 어떠한 태그 시퀀스의 점수 $\{y_m\}_{m=1}^{M}$는 해당 로그 확률들의 총합이며, 총체적인 로그 확률 $\log \mathrm{p}(\boldsymbol{w}, \boldsymbol{y})$에 해당된다. 그리고 격자는 간단한 FST들을 합성하는 과정을 통해 다음과 같이 만들 수 있다.

- 첫 번째로, 태그 시퀀스 T_T를 다루는 바이그램 확률 모델을 나타내는 "전이하는" 전환기를 구성한다. 이 전환기는 §9.1.3에서 다뤘던 n-그램 언어 모델 인식기와 거의 동일하다. 하나의 태그당 하나의 상태를 의미하며, 간선들의 가중치는 합성 로그 확률과 동일하다. $\delta(q_i, j, j, q_j) = \log \Pr(Y_m = j \mid Y_{m-1} = i)$ T_T는 각각의 아크^{arc}에서 동일한 입력과 결과를 가지는 전환기라는 것을 유념하자. 그렇기 때문에 다른 전환기들과 T_T들을 함께 구성할 수 있게 된다.

- 그다음, 주어진 태그 T_E 따른 단어의 확률을 나타내는 "방출하는" 전환기를 구성한다. 이 전환기는 $\delta(q_0, i, j, q_0) = \log \Pr(w_m = j \mid Y_m = i)$ 단어/태그 쌍에 대한 아크와 오직 단 하나의 상태만을 가진다.

- 합성 $T_E \circ T_T$은 그림 9.8에서 볼 수 있는 하나의 태그당 하나의 상태를 가지는 유한 상태 전환기다. 각 상태는 사전 내의 각각의 단어들 V와 함께 서로 다른 상태들 K로의 전이를 의미하는 $V \times K$개의 발송(송신)만 하는 간선을 가진다.

$$\delta(q_i, Y_m = j, w_m, q_j) = \log \mathrm{p}(w_m, Y_m = j \mid Y_{m-1} = i) \qquad [9.22]$$

- 격자는 M개의 단어들이 태그세트의 K태그에 태깅돼 있는 $M \times K$ 노드들로 구성돼 있다. 그림 9.9에서처럼 주어진 입력값 w_1, w_2, ..., w_M들만 인식해 특수한 구조를 만든 비가중 **연쇄 FSA** $M_A(\boldsymbol{w})$로 만들어진 합성 $(T_E \circ T_T)$을 사용해 만들 수 있다. 합성된 $M_A(\boldsymbol{w}) \circ (T_E \circ T_T)$으로 입력 $\boldsymbol{w}$에 대한 격자들이 만들어진다. 비가중 $M_A(\boldsymbol{w})$로 구성하더라도 $(T_E \circ T_T)$에서의 간선 가중치들에 영향을 주지 않지만, 단어 시퀀스 $\boldsymbol{w}$를 생성하는 경로들의 부분 집합들을 선택한다.

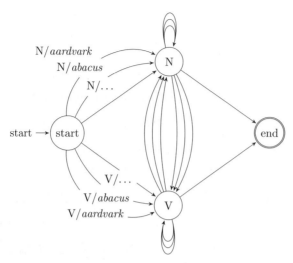

그림 9.8 히든 마르코프 모델에 적용하기 위한 명사와 동사로 구성된 적은 태그세트를 사용해서 만든 유한 상태 전환기. (자기 루프들을 포함한) 각 태그들의 쌍에 대해 어휘의 모든 단어에는 간선(edges)이 존재한다. 간단하게 입력과 결과는 시작 상태에서 출발한 간선에서만 나타난다. 또한 가중치도 다이어그램에서 빠진다. 즉, $\log \Pr(Y_m = \blacklozenge \mid Y_{m-1} = i)$와 같은 결과 상태를 향한 간선을 제외하고, q_i에서 q_j까지의 모든 경로에서 가중치는 모두 $\log p(w_m, Y_m = j \mid Y_{m-1} = i)$이다.

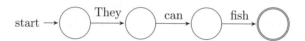

그림 9.9 *They can fish.* [그들은 낚시를 할 수 있다.]에 대한 연쇄 유한 상태 인식기

9.1.5 *가중 유한 상태 오토마타 학습하기

n-그램 언어 모델이나 히든 마르코프 모델 등의 생성 모델에서 간선 가중치는 상대 효율 추정$^{Relative\ Frequency\ Estimation}$을 얻을 수 있는 로그 확률에 따른다. 하지만 입력/결과 쌍들로부터 간선 가중치를 학습시키고 싶은 경우도 있다. 그렇지만 입력값들을 받아들이거나 입력에서 결과로 전이되는 특정 아크들을 관찰하지는 않기 때문에, 비결정적 유한 상태 오토마타에서 학습시키는 것은 어렵다.

또한 오토마타 기계를 통과하는 경로는 **잠재변수**다. 5장에서 잠재변수를 활용해서 학습하는 방법인 기댓값-최대화$^{EM,\ Expectation-Maximization}$ 알고리듬에 대해 소개했다. EM은 잠재변수들에 대한 분포 $q(\cdot)$를 포함해 계산하고, 분포와 파라미터 간의 갱신 과정을 계속 반복하며 오토마타에서 아크 가중치를 갱신한다. §7.5.3에서 다뤘던 **순방향-역방향**forward-backward 알고리듬은 히든 마르코프 모델에서의 격자 구조 안의 아크를 통한 분포를 계산하는 동적 프로그램이지만, 이 경우에는 유한 상태 오토마타를 위한 일반 문제의 특수한 경우에 해당한다.

Eisner(2002)는 반환 최소 경로 알고리듬을 통해 계산된 각각의 아크들을 따라가는 전이들의 기대 개수를 알려주는 **기대 반환**Expectation Semiring에 대해 설명했다. 또 다른 방법으로는 마르코프 체인 몬테카를로(Chiang et al., 2010)와 반환 학습Spectral Tearning(Balle et al., 2011)을 포함한 생성 모델을 사용하는 접근법이 있다.

더 나아가면 각 아크들이 피처에 해당되도록 만들어 퍼셉트론식 접근법을 사용할 수도 있다. 고전적인 퍼셉트론은 예상되는 경로에 따른 피처 벡터와 실제 경로에 따른 피처 벡터의 차이를 가중치에서 뺌으로써 가중치를 갱신한다. 경로를 관찰할 수 없기 때문에 **잠재변수 퍼셉트론**에 의존하게 된다. 이 모델은 추후에 §12.4에서 수식으로 좀 더 다루게 되지만, 기본 아이디어는 예측 경로의 피처와 올바른 결과를 생성하는 최적 경로의 피처 간의 차이를 갱신하는 방법으로 계산하는 것이다.

9.2 문맥 자유 언어

정규 언어의 분류 단계를 넘어서는 언어에는 문맥 자유 언어가 있다. 문맥 자유 언어는 문맥으로부터는 자유롭지만, 유한 상태는 아닌 언어로서 균형이 갖춰진 산술식들의 집합으로 구성된다. 직관적으로 보면 특정 언어에서 문자열만 받아들이려면 FSA는 왼쪽 괄호 내의 숫자들은 "헤아릴" 수 있어야 하고, 오른쪽 괄호 내의 숫자와 균형을 이룰 수 있어야 한다. 그렇지만 산술식은 임의적으로 길어질 수 있는 반면 정의에 따라 FSA는 유한 개의 상태로 이뤄져 있어야 한다. 그래서 모든 FSA에 대해 살펴보면 헤아려야 할 괄호가 수없이 많은 문자열이 있을 수 있다. 좀 더 수학적으로 보면, 해당 언어가 정규 언어일 수 없음을 **펌핑 보조 정리**Pumping Lemma를 통해 증명할 수 있다. 이 증명은 일반적으로 a의 시퀀스를 포함하는 문자열들의 언어와 a의 시퀀스와 동일한 길이의 b의 시퀀스를 사용해 간단하게 $a^n b^n$을 사용해 설명한다.[12]

---

12 해당 증명은 컴퓨터 과학 이론의 기초와 같은 책에서 찾을 수 있다(예컨대 Sipser, 2012).

비정규 형식 언어와 언어학과의 연관성에 대해 설명하는 2개의 논쟁이 있다. 첫 번째로, 자연어 현상을 $a^n b^n$과 동형^{Isomorphic}[13]으로 보는 것이다. 영어에서는 그림 9.10에서 봤던 전형적인 예시인 **중앙 임베딩**$^{\text{Center Embedding}}$이 있다. *the dog*라는 시작 표현은 개 한 마리 그 자체를 특정한 것이다. 그리고 이 표현 *the dog*를 특정 고양이를 의미하는 문장을 포함한 *the cat ____ chased*에 임베딩한다고 하자. 그러면 그 고양이는 개에게 쫓기고 있다는 의미가 된다. 그리고 이 고양이는 다시 염소 한 마리를 특정하기 위해 임베딩될 수 있다. 예를 들면 개가 고양이를 키스하고, 고양이가 다시 염소에게 키스한다는 의미인 *the goat the cat the dog chased kissed*라는 문장은 표현이 잘 된 문장은 아니지만, 문법적으로는 맞는 표현이다. 촘스키는 이 문장이 문법적으로 맞아떨어지려면, 중앙 임베딩된 구조가 균형을 이뤄야 한다고 주장했다(1957). 문장에 n개의 명사가 있다면(예를 들면 고양이 등), 반드시 $n - 1$개의 동사가 정확히 뒤따라야 한다. FSA가 이런 표현을 인식할 수 있다면, 언어 $a^n b^n$를 인식하기에도 충분할 것이다. 그렇지만 $a^n b^n$을 인식할 수 있는 FSA가 존재하지 않음을 증명할 수 있기 때문에, 중앙 임베딩을 위한 FSA 또한 존재하지 않는다. 영어는 중앙 임베딩을 포함하고 있고, 앞의 문장과 연결지어 결국 영어 문법은 정규성을 띨 수 없다.[14]

---

		the dog		
	the cat	the dog	chased	
the goat	the cat	the dog	chased	kissed
		…		

그림 9.10 중앙 임베딩의 3단계(3개의 깊이)

정규 언어 이외에 나타나며 자주 보이는 또 다른 속성은 모듈성이다. 특히 구문 등의 언어 현상은 문장이 길어지면 제약이 생길 수도 있다. 영어에서의 명사의 수 일치 문제에 대해서 생각해보자. *the coffee*와 *these coffees*는 가능하지만 **these coffee*는 불가능하다. 그 자체로 FSA 안에서 충분히 모델링이 가능하다고 생각되지만, 명사

---

13 동형이란, 서로 구조가 동일한 두 그룹 사이의 모든 구조를 보존하는 것을 의미한다. – 옮긴이
14 이 주장은 임의로 중앙에 깊게 임베딩된 표현이 문법적이라는 주장이 제기돼 회의적이라는 시각이 있다. 그렇지만 코퍼스에서 3개층 이상의 깊이가 만들어지는 건 거의 없고(Karlsson, 2007) 3층 이상의 깊이의 임베딩은 확인되지 않았다. 중앙 임베딩이 특정 깊이까지 제한된다면, 정규(regular)라고 할 수 있다.

와 수 일치 한정사(-s 등)의 사이에 꽤 복잡하고 수정된 표현들이 추가될 수 있다.

(9.2)   the burnt coffee

the badly-ground coffee

the burnt and badly-ground Italian coffee

these burnt and badly-ground Italian coffees

*these burnt and badly-ground Italian coffee

다시 이야기하면 FSA는 *burnt and badly-ground Italian*[타고 심하게 분쇄된 이탈리안 커피]과 같은 식으로 수정된 문장은 인식할 수 있도록 설계할 수 있다. 이 FSA를 F_M이라 하자. 마지막 예시를 받아들이지 않도록 하려면 FSA는 어떤 식으로는 문장의 마지막에 있는 명사 *coffee*에 도달할 때까지, 한정사가 복수라는 것을 "기억"하고 있어야 한다. 이렇게 기억하게 만들 수 있는 유일한 방법은 F_M과 동일한 두 개의 복사본을 만드는 것이다. 하나의 복사본은 단수 한정사를 위한 것이고, 나머지 하나는 복수 한정사를 위한 것이다. 이렇게 만드는 것은 유한 상태 구조에서 가능한 방법이긴 하지만 불편하다. 게다가 한정사가 확인하는 명사의 속성이 하나 이상인 언어에서는 더욱 불편하다. 그렇지만 **문맥 자유 언어**Context-Free Languages는 이런 범위가 길면서 서로에게 영향을 미치는 경우에 모듈화를 용이하도록 만들어준다.

9.2.1 문맥 자유 문법

문맥 자유 문법은 (N, Σ, R, S)으로 이뤄진 **문맥 자유 문법**CFGs, Context-Free Grammars을 통해 규정된다.

- **비단말 기호**nonterminals인 유한 집합 N
- **단말 기호**인 유한 개의 알파벳 Σ
- **생성 규칙** R, $A \in N$, $\beta \in (\Sigma \cup 6)^*$인 경우, $A \rightarrow \beta$
- 지정 시작 기호 S

생성 규칙 $A \rightarrow \beta$에서 좌변LHS의 A는 반드시 비단말 기호여야 하고, 우변RHS의 β는 $\{n, \sigma\}$, $n \in N$, $\sigma \in \Sigma$을 만족하는 단말 기호나 비단말 기호로 이뤄진 시퀀스가 될 수 있다. 좌변과 우변 모두에서 비단말 기호에서 여러 생성 규칙이 나올 수도 있으며, 유한 상태 오토마타의 자기 루프와 비슷하게 동작한다. 이를 **재귀적 생산**^{Recursive Production} 이라 한다. "문맥 자유"라는 말은 생성 규칙이 이웃이나 조상에 의해 영향받는 것이 아닌, 오직 LHS에 따라서만 좌우되는 속성이다. 이 속성은 유한 상태 오토마타에서 각 단계의 행동은 현재 상태가 도달하는 경로 등에 영향받는 것이 아닌 오직 현재 상태에 따라서만 반영되는 마르코프 속성과 유사하다.

파생 τ는 시작 기호 S에서 시작해, 표층 문자열^{Surface String} $w \in \Sigma^*$에 도달하기까지의 단계에 이르기까지의 파생이 **쌓인** 시퀀스다. S에서 w를 만들어내는 파생 과정이 있다면, 문자열 w는 문맥 자유 언어 내에 존재한다. **파싱**^{parsing15}은 문법에서 문자열의 파생을 찾아내는 문제이며, 해당 작업을 위한 파싱 알고리듬은 10장에서 다룰 것이다.

문맥 자유 문법은 정규 표현식과 비슷한 방법으로 언어를 정의할 수 있지만, 언어를 인식하기 위한 계산을 정의하지는 않는다. 문맥 자유란 의미는 입력 신호를 받아, 잠재적으로 무한대까지 가능한 계층들이 스택에 쌓는 유한 상태 인식기에서의 계산 이론 모델인 **푸시다운 오토마타**^{Pushdown Automata}와 유사하다. 더 자세한 설명은 Sipser(2012)를 참고하면 된다.

$$S \rightarrow S \text{ OP } S \mid \text{NUM}$$
$$\text{OP} \rightarrow + \mid - \mid \times \mid \div$$
$$\text{NUM} \rightarrow \text{NUM DIGIT} \mid \text{DIGIT}$$
$$\text{DIGIT} \rightarrow 0 \mid 1 \mid 2 \mid \ldots \mid 9$$

그림 9.11 산술식을 위한 문맥 자유 문법¹⁶

예시 그림 9.11은 $1 + 2 \div 3 - 4$와 같은 산술식에 대한 문맥 자유 문법을 설명한다. 이 문법에서 단말 기호는 숫자 {1, 2, …, 9}와 연산자 {+, −, ×, ÷} 등을 가진다. | 기호는 | 기호가 있는 해당 줄에서 기호 오른쪽에 놓여진 여러 항들 중 하나 이상이

---

15 파싱(parsing)은 여기에서 언급한 것처럼 의미 있는 성분(토큰)으로 분해하고, 해당 위계 관계를 분석하는 행위를 의미하며 어디서 왔는지 파악하는 과정에서 이를 파생이라고도 한다. 파싱은 책에서 구문 분석이라는 단어로도 자주 번역되지만, 파싱이라는 단어가 더 정확하게 구성 성분을 분해하고 분석한다는 의미를 가진다고 생각된다. 이 책의 독자들은 프로그래밍 언어론 등을 통해 충분히 익숙할 것 같아 그대로 음차하여 번역한다. – 옮긴이

16 첫 줄의 S는 시작 기호이고, OP는 연산자들이다. – 옮긴이

면 모두 가능하다는 편의상의 기호이다. 즉, $A \rightarrow x \mid y$는 $A \rightarrow x$와 $A \rightarrow y$ 두 생산 과정을 나타낸다.[17] 그리고 이 문법은 비단말 기호인 S와 Num이 그 자체를 생성할 수 있으므로 재귀적이기도 하다.

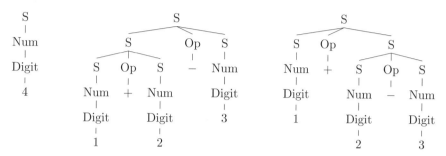

그림 9.12 그림 9.11에서의 산술 문법에 따른 몇 가지 파생 과정 예시

통상적으로 파생 과정은 위에서 아래로 적용하는 생성 규칙에 대해 트리를 사용해 설명한다. 그림 9.12의 가장 왼쪽에 있는 트리는 S → Num → Digit → 4(이 과정은 우변이 하나의 요소만 가지고 있기 때문에 이 파생 과정 내의 과정 모두 **단항 생성**Unary Production이다)로 이어지는 생성 과정을 통해 숫자 하나의 파생 과정에 대해 설명한 것이다. 그림 9.12의 나머지 두 개의 트리는 문자열 1 + 2 − 3에 대한 서로 다른 파생 과정을 보여준다. 이런 하나의 문자열에 대해 여러 파생 과정이 존재한다는 것은 해당 문법이 **모호**한 것이다. 문맥 자유 파생 과정은 사전 트리 순회Preorder Tree Traversal[18]에 따라 적을 수도 있다. 그림 9.12의 1 + 2 − 3에 대한 두 파생 과정에 대해 사전 트리 순회 알고리듬에 따라 다음과 같이 적을 수 있다.

(S (S (S (Num (Digit 1))) (Op +) (S (Num (Digit 2)))) (Op −) (S (Num (Digit 3))))

[9.23]

(S (S (Num (Digit 1))) (Op +) (S (Num (Digit 2)) (Op −) (S (Num (Digit 3)))))

[9.24]

---

17 OR문과 거의 동일하므로, 가능한 항 중 어떤 항을 넣어도 무방함을 의미한다. − 옮긴이

18 이 알고리듬은 각 노드에서 맨 처음 마주치는 것을 프린트하는 깊이-우선, 좌-우 방향으로의 탐색 알고리듬이다(Cormen et al., 2009, 12장).

290

문법 동등성^{Grammar Equivalence}**과 촘스키 표준형**^{Chomsky Normal Form} 하나의 문맥 자유 언어는 하나 이상의 문맥 자유 문법으로 표현할 수 있다. 예를 들면 다음의 두 가지 문법을 따르는 $n > 0$ 이상인 $a^n b^n$인 언어를 정의한다고 해보자.

$$S \to aSb \mid ab$$
$$S \to aSb \mid aabb \mid ab$$

두 문법을 통해 동일한 문자열을 생성한다면, **약하게** 동등하다고 볼 수 있다. 만약 두 문법이 **강하게** 동등하다면 동일한 파생 과정을 통해 동일한 문자열을 생성해야 한다. 그러므로 위의 두 문법은 약하게만 동등하고 강하게 동등하진 않다.

촘스키 표준형^{CNF, Chomsky Normal Form}에서는 모든 생성 과정의 우변에서 두 개의 비단말 기호를 가지거나, 하나의 단말 기호만을 가진다.

$$A \to BC$$
$$A \to a$$

모든 문맥 자유 문법은 약하게 동등한 경우, 촘스키 표준형으로 전이시킬 수 있다. 촘스키 표준형^{CNF}으로 전이시키려면 새로운 "더미" 비단말 기호를 만들어서 우변^{RHS}에 두 개 이상의 비단말 기호를 가질 수 있도록 생성 과정을 만든다. 다음의 생성 과정이 있다면,

$$W \to X\ Y\ Z \qquad\qquad [9.25]$$

다음의 두 생성 과정으로 바꿔준다.

$$W \to X\ W\backslash X \qquad\qquad [9.26]$$
$$W\backslash X \to Y\ Z \qquad\qquad [9.27]$$

이 생성 과정에서 W\X는 새로 만든 "더미" 비단말 기호이다. 이 변환이 아래에서 위로의 효율적인 파싱 과정에 매우 중요한 과정인 문법을 이진화^{binarize}해준다. 이 과정에 대해서는 10장에서 자세히 다루게 된다. 우측에 단말과 비단말 기호가 혼합돼 있는 경우에도 비슷한 방식으로 바꿀 수 있다.

단항 비단말 기호 생성 과정인 $A \to B$는 문법 내 각각의 생성 과정 $B \to \alpha$에 새로운 생성 과정 $A \to \alpha$를 추가하는 식으로 바꿀 수 있다. 예를 들어 그림 9.11에서 설명

했던 문법에서 NUM → DIGIT를 NUM → 1 | 2 | ... | 9 식으로 바꿀 수 있다. 하지만 적합한 이진 생성을 위해서는 NUM → NUM DIGIT가 생산 과정을 유지해야 한다.

9.2.2 문맥 자유 언어로서의 자연어 구문

문맥 자유 문법은 어떤 구문이 문법적인지 결정하는 데 필요한 규칙들의 집합을 의미하는 구문을 표현할 때도 사용할 수 있다. 이렇게 구문을 완벽하게 문맥 자유 언어로 표현할 수 있다면, 영어와 같은 자연어는 형식 언어가 될 수 있다. 이를 만족하려면 형식 언어는 영어를 유창하게 구사하는 사람이 문법적이라 판단하는 (무한한) 문자열 집합으로 구성돼 있어야 한다. 그런 다음 주어진 구문이 문법적인지 자동으로 결정하는 파싱 소프트웨어를 만들 수 있다.[19]

현대 이론에서는 일반적으로 자연어가 문맥 자유하다고 보지 않는다(§9.3을 살펴보자). 그렇지만 문맥 자유 문법은 균형을 잘 맞출 수 있다는 점에서 정말 광범위하게 자연어 파싱에 사용된다. 즉, 광범위하게 구문 현상을 다룰 수 있으며, 파싱을 효율적으로 할 수 있다. 그래서 이 절에서는 영어 구문에서의 주요 부분을 문맥 자유 형태로 어떻게 다루는지 **펜 트리뱅크**Penn Treebank(PTB; Marcus et al., 1993, 대규모 주석이 달린 영어에서의 구문 데이터)의 관례에 따라 설명한다. 이와 별개로 문맥 의존 언어Context-Sensitive Language를 "가볍게" 다루는 일반화에 대해서는 §9.3에서 다룰 것이다.

펜 트리뱅크는 영어의 **구-구조 문법**phrase-structure grammar에 따라 표기돼 있다. 즉, 문장은 언어 분석을 하기 위한 일관된 단위 기능을 하는 연속된 단어들로 구성 요소에 따라 나눠져 있다. 해당 구성 요소는 다음과 같은 몇 가지 주요한 속성들을 갖고 있다.

움직임   구성 요소는 문장 내에서 서로 이동할 수 있다.

(9.3)   a. Abigail gave (her brother) (a fish).

b. Abigail gave (a fish) to (her brother)[20]

---

19   구문을 피상적으로 처리하는 방법을 넘어서는 그 외의 방법에 대해 알고 싶다면 Bender의 짧은 소개글을 참고하거나 (2013), Akmajian의 긴 글을 참고하면 된다(2010).

20   둘 모두 '애비게일'이 '그녀의 남동생에게 생선을 줬다'라는 표현이지만, 문장 내 명사들을 바꾸는 방법에 대해서 설명하므로 따로 번역하지 않는다. 목적어 + 목적보어의 형태가 목적어 to 명사의 형태로 바뀌는 구조에 대해서 설명한다(9.3, 9.4, 9.5 모두 동일한 영어의 구조에 대해 설명하는 것이므로 번역을 생략한다. 아마 이 책을 보시는 분들은 모두 다 이해하실 것이라 생각한다). – 옮긴이

그렇지만 이 문법성을 유지하면서 *gave her*와 *brother*를 바꾸는 건 불가능하다.

대체 구성 요소는 동일한 형태를 가진 구와 쉽게 바꿀 수 있다.

(9.4) a. Max thanked (his older sister).

b. Max thanked (her).

그렇지만 *Max thanked*와 *Thanked his*와 같이 다른 구성 유닛들과 바꾸는 것은 불가능하다.

동등 and나 or 같은 동등자들은 구성 요소들 사이에 함께 들어갈 수 있다.

(9.5) a. (Abigail) and (her younger brother) bought a fish.

b. Abigail (bought a fish) and (gave it to Max).

c. Abigail (bought) and (greedily ate) a fish

여기서도 *brother bought*(남동생이 구매한)와 *bought a*(-하나를 샀다)는 동등하게 들어가기 어렵다.

위의 예들은 *her brother*(그녀의 남동생)와 *bought a fish*(물고기를 구매했다)를 구성 요소로 다루면서 설명한 것이다. 위 예시에서 *Abigail gave*와 *brother a fish*와 같이 다른 단어들의 시퀀스로 구성 요소를 만들면, 이동, 대체, 동등 모두 위와 같은 방법으로는 불가능하다. 이런 구문 구조 문법에서는 구성 요소들이 중첩돼 있다. 그래서 *the senator from New Jersey*(뉴저지주의 상원의원)라 하면, *from New Jersey*(뉴저지주의)라는 구성 요소를 가지고 있고, 이를 또 바꾸면 *New Jersey*(뉴저지주)라는 요소를 갖고 있는 형태이다. 그래서 문장은 그 자체로 최대 구성 요소가 되고, 각 단어들은 품사 태깅을 통해 만들어진 단항 생성으로 파생된 최소 구성 요소가 된다. 이 품사 태깅된 태그와 문장 사이에 있는 것이 바로 **구**^{Phrase}다. 구-구조 문법에서는 **중심어**^{Head Word}라고 정의된 어떤 형태를 가진다. 예를 들면 *her younger brother*(그녀의 남동생)와 같이 명사구에서는 명사와 해당 명사를 수정하는 단어 묶음으로 이뤄져 있다. 또 동일하게 *bought a fish*(생선을 샀다)와 *greedily ate it*(그것을 게걸스럽게 먹었다)과 같은 동사구에서는 동사와 동사를 수정하는 단어 묶음으로 이뤄져 있다.

문맥 자유 문법에서 각 구의 타입은 비단말 기호이다. 그리고 구를 구성하는 각각의 구성 요소들은 비단말 기호를 만들어내는 문자열 일부^{substring}에 해당한다. 그래서 문법은 비단말 기호를 적합하게 선택할 수 있도록 설계한다. 세세하게 잘 정리된 비단말 기호는 아주 섬세한 언어 현상까지도 표현할 수 있게 된다. 일반적으로 문법을 설계하는 사람들은 비문법적인 문장까지 인식하는 문법을 만드는 **과잉 생성**^{Overgeneration}과 문법적인 문장마저도 생성할 수 없는 문법을 만드는 **과소 생성**^{Undergeneration} 사이에서 고민한다. 또 문법이 구문 구조에서의 수동으로 주석까지 달 수 있도록 지원하려면, 효율적으로 주석을 만들 수 있도록 충분히 간단해야 한다.

9.2.3 영어에서의 구-구조 문법

구-구조 문법이 어떻게 동작하는지 조금 더 쉽게 이해하기 위해, 펜 트리뱅크의 영어 문법을 살펴보자. 펜 트리뱅크 내에서의 구 분류의 주요 방법은 품사 태깅 클래스를 주로 사용하는 것이다. 명사구(NP), 동사구(VP) 전치사구(PP), 형용사구(ADJP), 부사구(ADVP) 등을 사용해 분류한다. 그리고 가장 상위에 있는 카테고리는 바로 S이다. S는 "시작" 기호와 "문장" 기호 모두 편리하게 나타낸다. **보어절**^{Complement Clauses}(예컨대 *I take the good old fashioned ground that the whale is a fish*)[21] 등은 모두 비단말 기호인 SBAR를 통해 표현한다. 구-구조 문법에서는 품사 태깅을 통해 만들어진 단항들을 사용해서 생성한 각 단어들에 대해서만 단말 기호를 사용한다(PTB(품사 태깅) 태그세트는 §8.1에서 설명했다).

이 단원에서는 각각의 연속된 태그들이 구 단위의 카테고리를 사용해 생성되는 가장 일반적인 생성 방법에 대해 설명한다. 이 생성 규칙은 "이론-기반" 방법에 따라 접근한다. 먼저 각각의 구 형태의 구문적 속성에 관해 설명한 후, 꼭 필요한 생성 규칙을 나열해본다.

그렇지만 펜 트리뱅크의 경우 "데이터-기반" 방법에 따라 생성됐다는 것을 염두에 둬야 한다. 비단말 기호들의 집합이 정해지고 나면 주석자는 어떤 높은 수준의 지침에 따라 해당 언어가 얼마나 정확하게 언어적인지 관계없이 문장들을 자유롭게 분석할 수 있다. 펜 트리뱅크의 문법은 단순히 코퍼스의 수백만 단어들을 분석해 만들어

---

21 영어에서 that, to 등을 사용해 주 절을 보충 설명하는 문장이다. 한국어로 일대일로 옮길 수 없지만, 안긴 문장의 형태가 비슷하다고 생각하면 좋을 것 같다. - 옮긴이

진 생성 집합들이다. 이 문법을 설계할 때는 비문법적인 문장을 배제하도록 만들어 과잉생성시켰다. 게다가 이 단원에서 보여주는 여러 생성 사례들은 가장 일반적인 경우를 다루기는 하지만 펜 트리뱅크 내의 수천 가지 종류의 아주 일부분일 뿐이다.

문장을 생성하기 위한 가장 공통적인 규칙은 다음과 같다.

$$S \to NP\ VP \qquad [9.28]$$

*Abigail ate the kimchi*와 같은 아주 간단한 문장을 설명해보자. 이미 문장에서 볼 수 있듯이 *the kimchi*(김치)는 동사구의 일부이다. 하지만 다음과 같은 더 복잡한 문장 형태도 있다.

$S \to ADVP\ NP\ VP$ *Unfortunately Abigail ate the kimchi*
[불행히도, 애비게일은 김치를 먹었다]   [9.29]

$S \to S\ Cc\ S$ *Abigail ate the kimchi and Max had a burger*
[애비게일은 김치를 먹었고 맥스는 햄버거를 먹었다]   [9.30]

$S \to VP$ *Eat the kimchi*, [김치를 먹고]   [9.31]

위에서 ADVP는 부사구(e.g *unfortunately*(불행히도), *very unfortunately*(매우 불행히도))이고, Cc는 등위접속사(e.g *and*(그리고), *but*(그러나))를 의미한다.[22]

명사구 명사구는 허구 혹은 실재하거나 물리적 혹은 추상적인 개체를 의미한다. *Asha*(아샤[23]), *the steamed dumpling*(찐만두), *parts and labor*(부품 및 노동), *nobody*(보잘것없는 무엇), *the whiteness of the whale*(고래의 증인), *the rise of revolutionary syndicalism*(혁신적인 생디칼리슴[24]의 부상) 등을 예로 들 수 있다. 명사구 생성 단계에서는 명사와 함께 따라오는 대명사 등의 한정사가 있을 수 있지만, "있는 그대로의" 명사를 포함한다.

$$NP \to NN\ |\ NNS\ |\ NNP\ |\ PRP \qquad [9.32]$$

$$NP \to DET\ NN\ |\ DET\ NNS\ |\ DET\ NNP \qquad [9.33]$$

---

22 문법은 생성 과정이 문법을 과잉 생성되도록 만드는 이유에 대한 재귀적 생성 S를 포함하고 있지 않음을 염두에 두어야 한다.

23 고유명사 – 옮긴이

24 **생디칼리슴**(프랑스어: Syndicalisme) 또는 노동조합주의(독일어: Syndikalismus)는 자본주의의 대안으로 제시된 경제 체제 중 하나이다. 생디칼리슴에서는 노동자, 산업, 조직들이 신디케이트의 형태로 뭉쳐야 한다고 한다. 신디케이트는 "노동자들이 산업을 소유하고 경영하는 경제기구체제"라고 정의된다. 출처: 위키피디아 – 옮긴이

태그 Nɴ, Nɴs, Nɴp는 각각 단수, 복수, 고유명사를 의미한다. 또 Pʀᴘ는 인칭대명사를, Dᴇᴛ는 한정사를 의미한다. 또 여기에서의 문법은 Pʀᴘ → *I*|*you*|*we*|...와 같이 각 태그별로 단말 기호를 생성하는 규칙을 포함하고 있다.

명사구는 한정사와 함께 선택적으로 나올 수 있는 형용사구(ADJP, 예컨대 *the small Russian dog*)와 숫자(Cd, 예컨대 *the five pastries*)를 사용해서 수정할 수 있다.

$$\text{NP} \rightarrow \text{ADJP N\scriptsize N} \mid \text{ADJP N\scriptsize NS} \mid \text{D\scriptsize ET ADJP N\scriptsize N} \mid \text{D\scriptsize ET ADJP N\scriptsize NS} \qquad [9.34]$$

$$\text{NP} \rightarrow \text{C\scriptsize D N\scriptsize NS} \mid \text{D\scriptsize ET C\scriptsize D N\scriptsize NS} \mid ... \qquad [9.35]$$

liberation movement(해방 운동)이나 *antelope horn*(영양 뿔) 등의 여러 명사들을 포함하고 있는 명사구도 있다. 이러한 경우 추가적인 생성 과정이 필요하다.

$$\text{NP} \rightarrow \text{N\scriptsize N N\scriptsize N} \mid \text{N\scriptsize N N\scriptsize NS} \mid \text{D\scriptsize ET N\scriptsize N N\scriptsize N} \mid ... \qquad [9.36]$$

이런 여러 명사들이 포함된 구조에서는 형용사 구나 기수들과 함께 사용해 여러 추가 생산으로 이어질 수도 있다.

동등, 부가 전치사구, 종속절, 동사구 부속물 등의 생산을 포함해 재귀명사구를 생성할 수도 있다.

NP → NP CCNP   *the red and the black* [빨강과 검정] [9.37]

NP → NP PP   *the President of the Georgia Institute of Technology*
                                                               [조지아텍의 학장] [9.38]

NP → NP SBAR   *a whale which he had wounded* [그가 상처 입힌 고래] [9.39]

NP → NP VP *a whale taken near Shetland* [셰틀랜드 근교에서 포획된 고래] [9.40]

이 재귀 생성은 모호성에 대한 대표적인 사례 중 하나다. VP(동사구)와 PP(전치사구) 비단말 기호는 NP(명사구) 자식들도 생성할 수 있다. 그러므로 *the President of the Georgia Institute of Technology*(조지아텍의 학장)는 *a whale taken near Shetland in October*(10월에 셰틀랜드 근교에서 포획된 고래) 두 가지 경우로 유도될 수 있다.[25]

---

25 고유명사인 조지아텍(미국의 최고 공과대학 중 하나인 조지아 공과대학교)를 의미한다. 이 문장이 의미하는 것은 전치사구가 두 개 나옴으로, 한 명사구에서 1. the President of the Georgia Institute(조지아 인스티튜트의 학장) 2. the President of Technology(공과대학장)라는 2개의 자식들이 생성돼 의미가 모호하게 될 수도 있음을 의미한다. 사람이 보기에는 분명한 문장이지만, 기계가 인식하기에는 모호한 문장이라고 생각할 수도 있다. 그리고 a whale taken near Shetland in October 또한 '10월의 셰틀랜드에서 생성된 고래'를 의미할 수도 있고, '10월에 셰틀랜드에서 포획된 고래'를 의미할 수도 있다. — 옮긴이

그렇지만 이러한 몇 가지의 재귀 생성에서 비롯되는 문제들을 제외하고, 펜 트리뱅크 문법의 명사구 부분들은 대체로 무난하게 동작한다. NP(명사구)를 직접 생성하는 것부터, 품사들의 시퀀스 생성까지 많은 범위의 생성에 적용된다. 명사구의 내부 구조가 좀 더 많다면, 문법에서는 규칙이 더 적게 필요해진다. 즉, 이미 살펴봤듯이 규칙 수가 줄어들면 파싱을 더 빠르게 할 수 있고 머신러닝 과정을 쉽게 할 수 있다. Vadas & Curran(2011)은 **명사화 수정자**NML, Nominal Modifier라 부르는 새로운 비단말 형태 내에 또 다른 구조를 추가하는 방법을 제안했다. 예를 들면 다음과 같다.

(9.6) a. (NP (NN crude) (NN oil) (NNS prices)) (PTB 분석(펜 트리뱅크 스타일 분석))

b. (NP (NML (NN crude) (NN oil)) (NNS prices))(NML-스타일 분석(명사화 수정자 스타일 분석))

또 **한정사구**DP, Determiner Phrase(Abney, 1987)를 맨 먼저 한정사로 다루는 방식도 있다. 하지만 한정사구에 대해서는 언어학적인 논쟁도 존재한다(Van Eynde, 2006). 문맥 자유 문법의 관점에서는, DP는 어떤 요소에서는 더 구조화된 분석도 가능케 한다. 예를 들면 다음과 같다.

(9.7) a. (NP (DT the) (JJ white) (NN whale)) (PTB 분석(펜 트리뱅크 스타일 분석))
b. (DP (DT the) (NP (JJ white) (NN whale))) (DP-스타일 분석(한정사 문구 스타일 분석))

동사구 동사구는 동작, 사건, 존재 상태를 설명한다. 펜 트리뱅크 태그세트는 동사 어미 변화를 여러 범주로 분류한다. 즉 기본형(VB; *she likes to snack*), 현재시제, 3인칭 단수형(VBZ; *she snacks*), 3인칭 단수가 아닌 현재시제(VBP; *they snack*), 과거시제(VBD; *they snacked*), 현재분사(VBG; *they are snacking*), 과거분사(VBN; *they had snacked*)[26,27] 등이 해당된다. 이 범주들은 동사구 그 자체로 구성될 수 있는 형태다.

---

26 이 태그세트는 영어에만 적용되는 세트다. VBP는 영어 형태론에서만 모든 사람-수 동등 관계에서 3인칭 단수를 구별하기 때문에 유의미하게 구별할 수 있다.

27 이 문장에 대한 번역은 [9.42] – [9.47]에 달아뒀다. 다른 곳과 동일하게 일부러 직역체로 번역해 의미만 받아들이도록 했고, 영어 문법으로만 이해하면 좋겠다. 특히 분사나 3인칭 단수의 경우 한국어에서 사용되지 않기 때문에 조금 더 복잡하게 받아들일 수도 있을 것 같다. – 옮긴이

$$VP \rightarrow V_B \mid V_{BZ} \mid V_{BD} \mid V_{BN} \mid V_{BG} \mid V_{BP} \qquad [9.41]$$

동등 관계^{Coordination}이나 조동사(M_D, she should snack), to 부정사(T_O)를 사용하는 여러 재귀 생성을 활용해 더 복잡한 동사구를 만들 수 있다.

$VP \rightarrow M_D\ VP$	*She **will** snack* [그녀는 간식을 먹을 것이다.]	[9.42]
$VP \rightarrow V_{BD}\ VP$	*She **had** Snacked* [그녀는 간식을 먹었다.]	[9.43]
$VP \rightarrow V_{BZ}\ VP$	*She **has been** snacking* [그녀는 간식을 먹어왔다.]	[9.44]
$VP \rightarrow V_{BN}\ VP$	*She has **been** snacking* [그녀는 간식을 먹어왔다.]	[9.45]
$VP \rightarrow T_O\ VP$	*She wants **to** snack* [그녀는 간식을 먹길 원한다.]	[9.46]
$VP \rightarrow VP\ C_C\ VP$	*She **buys and eats** many snack*	
	[그녀는 많은 간식을 사고 먹는다.]	[9.47]

위의 생성 과정들은 VP 비단말 기호가 좌변(LHS)과 우변(RHS)에 모두 나타나고, 재귀를 사용해 만들어진다. 이러한 과정을 통해서 만들어지므로 *She will have wanted to have been snacking*(그녀는 간식을 먹고 싶었을 것이다)과 같은 좀 더 복잡한 동사구 또한 생성할 수 있다.

또 타동사^{Transitive Verbs}는 개체를 직접적으로 지칭함으로써 명사구를 동반하고[28], 이중 타동사는 두 개체를 동반한다.

$VP \rightarrow V_{BZ}\ NP$	*She **teaches** algebra* [그녀는 대수학을 가르친다.]	[9.48]
$VP \rightarrow V_{BG}\ NP$	*She has been **teaching** algebra*	
	[그녀는 대수학을 가르치고 있다.]	[9.49]
$VP \rightarrow V_{BD}\ NP\ NP$	*She **taught** her brother algebra*	
	[그녀는 남동생에게 대수학을 가르쳤다.]	[9.50]

이 생성 과정들은 재귀 생산이 아니어서 각각의 생성 과정에서 각각의 품사 태깅이 필요하다. 또 자동사^{Intransitive Verb}와 타동사^{Transitive Verb}를 구별하지 않아서 이 생성 과정에 따르는 문법들은 *she sleeps sushi 혹은 *she learns Boyang algebra와 같은 사례들마저 과도하게 생성한다. 다음과 같이 문장을 직접 목적어로 받을 수도 있다.

---

28 한국에서 배운 영어식으로 표현하면 목적어 하나를 동반하는 것이고, 이중 타동사는 간접목적어, 직접목적어의 형식으로 동반하는 것이다. – 옮긴이

VP → VBZ S   *Hunter **wants to eat the kimchi***

[헌터는 김치를 먹고 싶어 한다.]   [9.51]

VP → VBZ SBAR   *Hunter **knows that Trisian ate the kimchi***

[헌터는 트리스탄이 김치를 먹는다는 것을 알고 있다.]   [9.52]

먼저 첫 번째 생성 과정은 **Hunter sees Tristan eats the kimchi*와 같은 문장을 허용함으로써 과잉 생성한다. 이 과잉 생성 문제는 주동사를 결합할 수 있는지 알려주는 더 구체적인 비단말 문장을 만들어서 해결할 수 있다.

동사는 다음과 같이 전치사구와 부사구에 따라 수정될 수 있다.

VP → VBZ PP   *She **studies at night*** [그녀는 밤에 공부한다.]   [9.53]

VP → VBZ ADVP   *She **studies intensively*** [그녀는 집중해서 공부한다.]   [9.54]

VP → ADVP VBG   *She is **not studying*** [그녀는 공부하지 않는다.]   [9.55]

다시 말하지만 위의 생성 과정들은 재귀 생산이 아니기 때문에, 이 문법에서는 동사에 반드시 품사 태깅을 해서 생성해야 한다.

다음과 같이 **연어**^{Copula}라 부르는 **술어형용사**^{Predicative Adjectives}를 직접 목적어로 받는 동사들의 특별한 세트도 존재한다.

VP → VBZ ADJP   *She **is hungry*** [그녀는 배고프다.]   [9.56]

VP → VBD ADJP   *Success **seemed increasingly unlikely***

[성공은 점점 더 어려워 보였다.]   [9.57]

펜 트리뱅크는 연어 동사에 대한 특정 비단말 기호를 가지고 있진 않아서, 이 생성 과정은 **She eats tall*과 같은 비문법적인 사례도 만들어낸다.

불변화사(Particles, 구에서는 PRT로 쓰이고, 품사 태깅에서는 Rp로 쓰인다)[29]는 구 동사^{Phrasal Verb}를 만들 수 있도록 돕는다.

VP → VB PR   *She told them to **fuck off***

[그녀는 그들에게 XX하라고 말했다.]   [9.58]

VP → VBD PRT NP   *They **gave up their ill-gotten gains***

[그들은 부당이득을 포기했다.]   [9.59]

---

29 불변화사(不變化詞)는 '소사'라고 부르며 인칭·수·성·격 따위에 따라 어형 변화하는 품사인 동사·명사·대명사·형용사 따위를 제외한 품사를 총칭하며 말한다. 참조: 위키피디아 – 옮긴이

두 번째 생성 과정에서 봤듯이 불변화사를 통한 생성은 동사와 직접 목적어에 대한 품사 태깅이 이뤄져야 한다.

다른 구성 요소들은 생산 과정의 수가 훨씬 더 적다. **전치사구**는 대부분 전치사와 명사구로만 구성된다.

PP → IN NP   *The whiteness **of the whale*** [그 고래의 증인]   [9.60]

VP → VB PR   *What the white whale was **to Ahab**, has been hinted*
                [흰 고래가 에이허브에게 어떤 의미였는데, 실마리를 줬다.]   [9.61]

이와 비슷하게 보어절^{Complement Clauses}은 보충자^{Complementizer}(보통은 전치사이고, 없을 때도 있다)와 문장으로 구성된다.

SBAR → IN S   *She said **that it was spicy*** [그녀는 그것이 매웠다고 했다.]   [9.62]

PP → IN NP   *She said **it was spicy*** [그녀는 그것이 매웠다고 했다.]   [9.63]

부사구는 몇 가지 예외를 제외하고 그 자체의 부사들(ADVP → RB)로만 구성된다.

ADVP → RB RBR   *They went **considerably further***
                                [그들은 상당히 멀리 갔다.] [9.64]

ADVP → ADVP PP   *They went **considerably further than before***
                                [그들은 이전보다 훨씬 더 멀리 갔다.] [9.65]

RBR 태그는 비교급을 나타내는 부사다.

형용사구는 다음과 같이 여러 방법으로 그 자체 형용사(ADJP → JJ) 외로 확장될 수 있다.

ADJP → RB JJ   *very hungry* [매우 배고픈]   [9.66]

ADJP → RBR JJ   *more hungry* [더 배고픈]   [9.67]

ADJP → JJS JJ   *best possible* [가장 좋은]   [9.68]

ADJP → RB JJR   *even bigger* [훨씬 더 큰]   [9.69]

ADJP → JJ CC JJ   *high and mighty* [높고 힘찬]   [9.70]

ADJP → JJ JJ   *West German* [독일 서부]   [9.71]

ADJP → RB VBN   *previously reported* [사전에 보고된]   [9.72]

JJR과 JJS 태그들은 비교급과 최상급 부사들을 의미한다.

다음의 모든 구 타입은 서로 동등한 관계를 가질 수 있다.

PP → PP Cc PP *on time and under budget* [시간과 예산 부족으로] [9.73]

ADVP → ADVP Cc ADVP *now and two years ago* [지금과 2년 전의] [9.74]

ADJP → ADJP Cc ADJP *quaint and rather deceptive*
[기묘하고 꽤 기만적인] [9.75]

SBAR → SBAR Cc SBAR *whether they want control*
[그들이 다루기 원하는] [9.76]
or whether they want exports
[그들이 수출을 원하든]

9.2.4 문법적 모호성

문맥 자유 파싱은 문장이 문법적인지 아닌지 결정할뿐더러, 정보 추출(17장 참고)과 문장 압축하기(Jing, 2000; Clarke & Lapata, 2008)와 같은 작업에서 파싱을 통해 확인된 구성 요소와 관계들을 적용하기 때문에 매우 유용하다. 그렇지만 자연어 문법 전반에 걸쳐 있는 모호성은 응용을 위한 과정에서 심각한 문제들을 야기한다. 예를 들면 그림 9.13은 *we eat sushi with chopsticks*라는 간단한 문장 내에서도 두 가지 분석이 가능하다. *chopsticks*(젓가락)가 *eat*(먹다) 혹은 *sushi*(스시)를 받는지에 따라 다르게 해석된다. 실제 문법에서는 수천 혹은 수십만 개의 구문을 개별 문장으로 용인할 수 있다. **가중 문맥 자유 문법**은 가중치를 각각의 생성 과정에 포함시키고 가장 높은 점수를 파생 과정만을 선택함으로써 이 문제를 해결한다. 이 문법에 대해서는 10장에서 더 자세히 다룰 것이다.

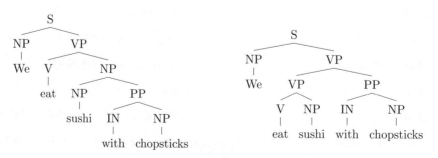

그림 9.13 같은 문장에 대한 두 가지 파생 과정

9.3 *가벼운 문맥 의존 언어

문맥 자유 언어의 한계를 넘어서는 것은 비단말 기호의 이웃에 의존해 확장하는 **문맥 의존 언어**Context-Sensitive Language이다. 문맥 의존 언어의 일반 클래스와 계산은 더욱 어려워진다. 이 문맥 의존 언어에서의 멤버십 문제는 PSPACE-완전PSPACE-complete 문제로 이어진다. 이 PSPACE는 비결정적 튜링 기계에서 다항 시간Polynomial Time에 풀 수 있는 문제) NP 분류의 복잡성을 가진다. 만약 P ≠ NP이라면 효율적으로 PSPACE-완전 문제를 풀 수 없다. 그래서 문맥 의존 언어의 전체 범주를 파싱할 수 있는 효율적인 알고리듬은 아마 없을 것이다.[30]

하지만 Joshi(1985)는 문맥 의존 언어의 엄격한 하위 집합을 확인하는 **가벼운 문맥 의존 언어**Mildly Context-Sensitive Languages를 정의해, 해당 문맥 의존 언어들의 속성에 대한 집합들을 확인하도록 했다. 문맥 자유 언어와 비슷하게 가벼운 문맥 의존 언어도 다항식 시간 내에 파싱이 가능하다. 그렇지만 이 가벼운 문맥 의존 언어는 비문맥 자유 언어를 포함하고 있다. "복사 언어copy language" $\{ww\,|\,w \in \Sigma^*\}$이나 언어 $a^m b^n c^m d^n$와 같은 비문맥 자유 언어에는 문자열 전체 걸쳐 먼 거리에 있는 기호들마저도 연결하는 **교차 직렬 의존성**cross-serial dependencies과 같은 피처를 지니고 있다. 예를 들면 $a^m b^n c^m d^n$의 언어 내에서 a 기호는 c 기호에 중간의 방해받는 b 기호의 개수에 관계없이 정확하게 하나로 연결된다.[31]

9.3.1 자연어에서의 문맥 의존 현상

어떤 특정 현상은 자연어와 관련 있는 경우가 있다. Swiss-German(Shieber, 1985)에서 전형적인 사례를 찾을 수 있다. *we let the children help Hans paint the house*라는 문장을 모든 동사 앞에 모든 명사들이 나열되도록 바꿔서 다듬으면 *we the children Hans the house let help paint*가 된다.[32] 게다가 각 명사의 한정사는 (동사에 맞춰서 해

---

30 만약 PSPACE ≠ NP라면, 비결정적 튜링 머신에서 특정 시간 내에 풀지 못하는 문제가 있을 수 있다. 추가로, 이러한 문제에 대한 해결 방법 또한 특정 시간 내에 찾을 수 없을 수 있다(Arora & Barak, 2009).

31 가벼운 문맥 언어 세트의 또 다른 조건은 일관성 있는 성장이 있다. 언어 내의 문자열이 길이로 묶어진다면, 인접한 문자열 쌍 간의 길이는 특정 언어에 기반한 일관성에 따라 경계가 만들어진다.이 조건에 따라 $\{a^{2^n}|n \geq 0\}$ 등에 해당하는 언어를 제외한다.

32 스위스어-독일어의 관계라는 것을 기억하자. – 옮긴이

당 명사가 수행하는 역할을 알려주는) **명사의 격**[Case Marking33]의 표시에 따라 좌우된다. Shiber는 이렇게 격을 표시해 교차 직렬 의존 현상이나 $a^m b^n c^m d^n$과 같은 현상을 제한해 문맥 자유가 되지 않도록 만들 수 있다고 설명한다.

정규 언어가 문맥 자유 언어로 바뀌는 것처럼, 가벼운 문맥 의존 언어도 편의에 따라 바뀔 수 있다. 교차 직렬 의존성을 지닌 유한 시퀀스는 원론상으로 문맥 자유 문법을 다룰 수 있지만, 가벼운 문맥 의존 형식을 사용하는 것이 훨씬 편리하다. 이렇게 문법을 다룰 수 있는 방법에는 **트리 인접 문법**[TAG, Tree-Adjoining Grammar]과 **조합 범주 문법**[CCG, Combinatory Categorial Grammar]이 있다. TAG에서 영감을 받은 파서는 특히나 펜 트리뱅크를 파싱할 때 효율적이고(Collins, 1997; Carreras et al., 2008), CCG는 의미 기반의 파싱[semantic parsing] 연구에서 선구적인 역할을 한다(Zettlemoyer & Collins, 2005). 이 두 형식은 약한 동등 관계를 가지기 때문에, TAG를 사용해 지정한 모든 언어는 CCG와 이외의 방법을 사용해 지정할 수 있다(Joshi et al., 1991). 9장의 나머지 부분에서는 CCG에 대해 짧게 할애하지만 TAG와 CCG의 더 자세한 내용은 Joshi & Schabes(1997)와 Steedman & Baldridge(2011)를 참고하면 좋겠다.

9.3.2 조합 범주 문법

조합 범주 문법은 바로 이웃하는 하위 구조에만 적용되는 소규모의 포괄적인 조합 연산을 통해 수행된다. 이 연산은 새로운 범주를 사용해 새로운 구조를 생성하는 하위 구조의 범주에 따라 연산이 수행된다. 새로운 범주가 아닌 기본 범주에는 S(문장), NP(명사구), VP(동사구)와 N(명사) 등을 가지고 있다. 이 조합 범주 문법의 목표는 모든 텍스트를 문장 S로 라벨링하는 것이다.

기본 범주, 괄호, 전방 후방 슬래시를 사용해 더 복잡한 범주와 타입들을 구성할 수 있다. 예를 들면 S/NP는 오른쪽에 명사구가 없는 문장을 설명한다. S\NP같이 표시하면 왼쪽에 명사구가 없다는 의미이다. 복잡한 타입은 어떤 함수처럼 동작하며 가장 기본적인 조합 연산은 오른쪽이나 왼쪽의 이웃에게 함수를 적용하는 것이다. *talks*와

---

33 격(格)은 명사가 해당 문장에서 어떤 구문적 의미를 갖는지 알려준다. 성, 소유, 수 등을 표현할 수 있다. 출처: 위키피디아 – 옮긴이

같은 동사구를 살펴보자. 이 경우 S\NP이다. *Abigail talks*라는 문장을 분석하면 동사구 왼쪽에 주어명사구를 사용해 함수를 적용하면 범주 S(문장)으로 분류하기 때문에 성공적으로 파싱이 된 것이다.

타동사는 반드시 직접 목적어에 적용돼야 한다. 즉, 영어에서는 동사 오른쪽에 목적어가 나타나며, 주어는 동사 바로 직전인 왼쪽에 나타난다. 그래서 타동사는 더 복잡한 타입인 (S\NP)/NP 를 가질 수 있다. 이와 비슷하게, 명사에 한정사를 적용할 때도 명사구 오른쪽에 위치하게 된다. 그래서 한정사는 NP/N과 같은 타입을 가질 수 있다. 그림 9.14는 타동사와 한정사가 포함된 사례를 보여준다. 이 사례에서의 가장 핵심은 나눠진 범주들을 함수를 사용해 구성 요소들의 구문으로 처리해 쉽게 구-구조 트리로 전이시킬 수 있다는 것이다. 사실 CCG의 유일한 조합 연산이 전방과 후방 함수의 적용이라면 문맥 자유 문법과 동일하다. 그렇지만 각자 "집중"하는 범위가 다르다. 좋은 생성 과정을 설계하는 것과 달리 문법 설계자들은 각 단어들을 적합한 범주로 선택하는 **어휘 사전**[lexicon]에 집중해야 한다. 이렇게 되면 적은 수의 일반 조합 연산자만으로도 광범위한 문장을 파싱할 수 있다.

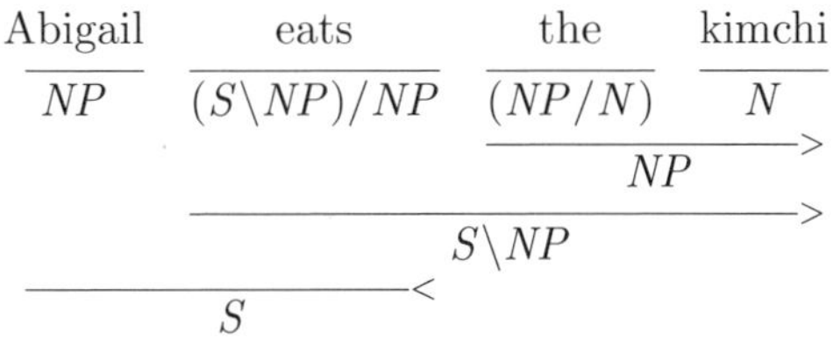

$$\frac{\displaystyle \frac{\text{Abigail}}{NP} \quad \frac{\text{eats}}{(S\backslash NP)/NP} \quad \frac{\dfrac{\text{the}}{(NP/N)} \quad \dfrac{\text{kimchi}}{N}}{NP}{\large >}}{\underline{\qquad\qquad\qquad S\backslash NP \qquad\qquad}{\large >}}$$

그림 9.14 전방/후방 함수 응용을 포함한 CCG를 사용한 구문 분석

$$\frac{\text{Abigail}}{NP} \quad \frac{\dfrac{\text{might}}{(S\backslash NP)/VP} \quad \dfrac{\text{learn}}{VP/NP}}{(S\backslash NP)/NP}{\large >\mathbf{B}} \quad \frac{\text{Swahili}}{NP}$$

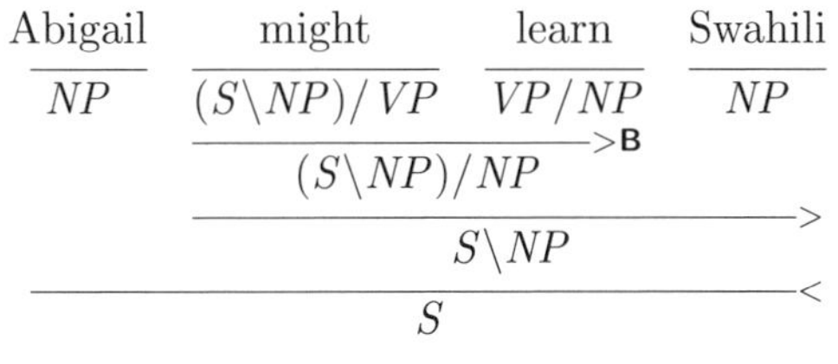

그림 9.15 함수 합성을 포함한 CCG를 사용한 구문 분석(이 사례는 Steedman & Baldridge, 2011을 수정했다)

그래서 이 방법을 좀 더 유용하게 사용하기 위해 **합성**^{Composition}과 **타입 레이징**^{Type-Raising}이라는 두 연산자를 추가로 소개한다. 함수를 합성하면 좀 더 복잡한 타입들을 조합할 수 있다. 기호는 $X/Y \circ Y/Z \Rightarrow_B X/Z$(전방합성)와 $Y \backslash Z \circ X \backslash Y \Rightarrow_B X \backslash Z$(역방합성)와 같이 표기한다. 조합은 복잡한 타입들의 "내부를 들여다"볼 수 있도록 해준다. 또 하나의 입력값이 다른 곳에서의 출력값인 경우 해당 이웃 유닛들을 서로 결합시켜 준다. 그림 9.15는 어떻게 법조동사^{Modal Verbs34}를 함수의 합성을 사용해 다루는지 보여준다. 이 문장은 함수 응용만 사용해서 파싱할 수 있지만, *might learn*과 같은 유닛이 타동사와 비슷하게 사용(*Abigail studies Swahili*(애비게일은 스와힐리어를 공부한다))되기 때문에 합성 기반의 분석이 더 낫다. 이 합성 기반의 분석은 *Abigail studies and might learn Swahili*(애비게일은 스와힐리어를 공부하며 아마 배울 것이다)와 같은 접속사가 있는 것도 가능하게 만들어준다. 직접 목적어인 *Swahili*를 *studies and might learn*이라는 연결된 동사구 전체에 붙이는 식이다. 이전의 §9.2.3의 펜 트리뱅크 문법은 이 문장을 직접 목적어 *Swahili*를 두 번째 동사인 *learn*에만 붙일 수 있기 때문에 올바르게 처리할 수 없다.

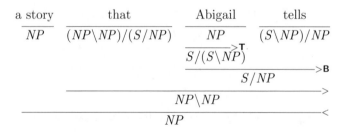

그림 9.16 목적어 관계절을 포함하는 CCG 내의 구문 분석

타입 레이징은 타입 X의 요소를 좀 더 복잡한 타입으로 변환하고, 기호로 $X \Rightarrow_T T/(T \backslash X)$(타입 T로의 전방 타입 레이징), $X \Rightarrow_T T \backslash (T/X)$(타입 T로의 약방 타입 레이징)와 같이 표기한다. 또한 타입 레이징은 함수와 함수의 인자 관계를 역으로 뒤집을 수도 있다. 그러면 함수로 들어가는 인자를 함수에서 인자로 바꿀 수도 있다.

예시가 있으면 좀 더 이해하기 쉬울 것이다. 그림 9.16은 목적어 관계대명사절인

---

³⁴ 법조동사는 능력, 의무, 조언 등의 심리적 태도를 나타내며 조동사에 속한다. 일반적으로 조동사로 알고 있는 can, will, must, shall, ought 등의 단어로 생각하면 된다. – 옮긴이

*a story that Abigail tells*라는 문장을 분석하는 과정을 설명한 것이다. 여기서 문제는 *tells*가 타동사라는 것이다. 그러면 직접 목적어가 *tells* 오른쪽에 위치하고 있어야 한 다. 결론적으로 *Abigail tells*는 유효한 구성 요소가 아니다. *Abigail*을 NP에서 더 복 잡한 타입 S/(S\NP)으로 바꾸면 문제는 해결된다. 그러면 이 함수는 타동사 *tells*와 순방향 함수를 통해 결합할 수 있으며, 그 결과 오른쪽에 직접목적어가 없어도 되는 문장인 (S/NP)라는 타입이 발생한다.[35] 그러면 여기서 보완자 that에 맞춰 오른쪽 이 웃에 타입 (S/NP)로 어휘가 시작되도록 만들어주면 된다. 그리고 남아 있는 파생된 부분은 함수 응용에 따라 처리되도록 하면 된다.

합성과 타입 레이징은 CCG를 상당히 강력하고 유연하게 처리할 수 있도록 해주지 만, 단점도 존재한다. *Abigail tells Max*(애비게일은 맥스에게 말한다)와 같은 간단한 문 장도 두 가지로 다르게 파싱한다. 함수 응용에서는 먼저 동사구 tells Max를 만드는 식으로, 타입 레이징이나 합성에서는 먼저 비구성 요소인 Abigail tells를 만드는 식 이다. **파생적 모호성**derivational ambiguity은 언어 분석의 결과에는 영향을 미치지는 않지만, **거짓 모호성**spurious ambiguity과 같은 문제를 낳을 수 있다. Hockenmaier & Steedman (2007)은 펜 트리뱅크를 CCG 파생 과정으로 바꾸는 알고리듬을 설명하면서, 합성과 타입 레이징은 꼭 필요한 경우에만 사용해야 한다고 했다.

연습 문제

1. 알파벳 {*a, b*}에서 다음의 언어를 따르는 유한 상태 인식기에 대한 상태 다이어 그램을 그려보라.

    a) 짝수 길이 문자열(0도 짝수에 포함된다는 것을 잊지 말자)

    b) *aaa*를 문자열 일부substring로 포함하는 문자열

    c) *a*의 짝수와 *b* 기호의 홀수를 포함하는 문자열

    d) *bbb*가 나타나면 반드시 해당 부분 문자열로 끝나는 문자열, 즉 문자열은 *bbb* 를 포함할 필요는 없지만 해당 문자열이 존재하면 그 이후에 아무것도 와서는 안 된다.

---

35 누락된 직접 목적어는 펜 트리뱅크를 포함하고 있는 구문에 CFC류의 접근법을 따라가면서 분석된다.

2. 레벤슈타인 편집 거리는 문자열 하나가 다른 문자열로 전이하기 위해 필요한 삽입, 대체, 삭제의 개수를 의미한다.

   a) 대상 문자열 *target*에서 시작해 편집 거리가 1인 모든 문자열을 인식하는 유한 상태 인식기를 정의하라.

   b) 그리고 대상 문자열에서로부터의 편집 거리가 *d*인 모든 문자열을 인식하도록 이미 작성한 방법을 어떻게 일반화할 수 있을지 생각해보자. 만약 대상 문자열의 길이가 *ℓ*이라면, 필요한 상태의 최소한의 개수는 얼마인가?

3. 그림 9.3에 나온 버전을 활용해, 다음의 예시들을 다룰 수 있는 FSA를 만들어보라.

   • *nation*/N, *national*/ADJ, *nationalize*/V, *nationalizer*/N

   • *America*/N, *American*/ADJ, *Americanize*/V, *Americanizer*/N

   FSA는 **nationalizeral*이나 **Americanizern*과 같은 파생된 것들은 인식할 수 없다는 것을 주의하자.

4. 가중 유한 상태 인식기 내의 트라이그램 모델을 만드는 방법을 보여라. 입력의 시작과 끝에 대한 경로의 경우도 다룰 수 있어야 함을 주의하자.

5. 포터 추출기의 규칙 1의 두 가지 부분(*-sses* → *ss*와 *-ies* → *-i*)을 다룰 수 있도록 그림 9.6의 FST를 확장시켜 보시오.

6. §9.1.4에서 영어 맞춤법 표현 *cook+ed* → cooked나 *bake+ed* → baked를 포착해 내는 전환기인 T_O에 대해 설명했다. 영어 맞춤법에서의 이러한 속성을 포착해내는 가중치가 없는 유한 상태 전환기를 디자인하라.

   그다음 *s*로 끝나는 단어에 적용할 때 접미사 *-s*를 모델이 적절하게 반영할 수 있도록 전환기를 개선해보자. 예를 들면 *kiss+s* → *kisses*가 있다.

7. 그림 9.1의 문법에 괄호를 추가해 더 이상 모호하지 않도록 만들어보시오.

8. 명사구, 동사구, 문장이라는 세 가지 예시를 구성해보자. 이 예시를 만들 때 §9.2.3의 펜 트리뱅크 일부에서 파생되도록 만들고 문법적으로는 잘못된 문장을 만들자. 또 텍스트에서 이미 사용된 예시는 피하자. 필수적인 것은 아니지만 이러한 경우가 생성되지 않도록 만드는 문법상의 수정도 제안해보자.

9. §9.2.3의 펜 트리뱅크 일부를 사용해, 다음의 문장에 대한 문법적인 파싱을 만들어보시오.

(9.8)   This aggression will not stand.

(9.9)   I can get you a toe.

(9.10) Sometimes you eat the bar and sometimes the bar eats you

그리고 나서 이번주에 발행된 뉴스 기사들에서 3개의 짧은 문장을 뽑아 문법적인 분석을 추가로 해보라.

10. *CCG의 한 가지 장점은 유연하게 접속문을 다룰 수 있다는 것이다.

(9.11) a. Hunter and Tristan speak Hawaiian

       b. Hunter speaks and Tristan understands Hawaiian

and에 대한 어휘적 출입을 다음과 같이 정의하자.

$$and := (X/X) \backslash X \qquad\qquad [9.77]$$

위 식에서 X는 타입을 의미한다. 어휘적 출입을 사용해 위의 두 가지 예시 문장에 대해 파싱을 어떻게 할 수 있을지 보여라. 두 번째 예시에서 *Hawaiian*은 반드시 동사 *understands*뿐만 아니라, *Hunter speaks and Tristan understands*라는 접속문과 함께 결합돼야 한다.

10 문맥 자유 파싱

파싱[1]은 주어진 문맥 자유 문법으로부터 문자열^{string}이 파생될 수 있는지에 대한 유무를 결정하고, 파생되는 방법에 대해 다룬다. 만약 파서의 결과물이 트리라면, 그림 9.13에서와 같은 모습을 가질 것이다. 이러한 트리 구조는 '누가 누구에게 무엇을 했는가'와 같은 기초적인 질문에 답할 수 있으며, 의미 분석(12, 13장)과 정보 추출(17장)과 같은 하위 단계 내의 응용에서도 이러한 물음에 답할 수 있다.

주어진 입력과 문법에 대해서 얼마나 많은 파스 트리$^{parse\ tree}$가 있을까? 비단말^{nonterminal} 기호를 하나만 가진 최소한의 문맥 자유 문법 X와 X에서 이어지는 생성 규칙들을 살펴보자.

$$X \rightarrow X\ X$$
$$X \rightarrow aardvark \mid abacus \mid \ldots \mid zyther$$

두 번째 줄은 Σ 내의 모든 비단말 대한 단항 생성$^{unary\ productions}$을 의미한다. 이 문법에서는 문자열 w에 대한 가능한 파생 수는 이항 괄호 묶기$^{binary\ bracketing}$의 수와 동일하다. 예를 들면 다음과 같다.

$$((((w_1\ w_2)\ w_3)\ w_4)\ w_5),\ (((w_1\ (w_2\ w_3))\ w_4)\ w_5),\ ((w_1\ (w_2(w_3\ w_4)))\ w_5),\ \ldots$$

이렇게 괄호를 묶은 숫자들을 **카탈란 수**$^{Catalan\ number}$라고 하며 문장의 길이 $C_n = \frac{(2n)!}{(n+1)!n!}$

---

1   파싱(parsing)은 많은 책에서 구문 분석이라는 단어로도 자주 번역되지만, 파싱이라는 단어가 더 정확하게 구성 성분을 분해하고 분석한다는 의미를 가진다고 생각되며, 이 책에서는 의미 파싱(12장)과 구문 파싱(10장)을 모두 다루므로 구문 분석기로 번역하기란 적합하지 않다고 판단했다. 또한 이 책의 독자들은 프로그래밍 언어론 등을 통해 충분히 '파싱'이라는 단어가 더 익숙할 것 같으므로 그대로 음차하여 번역한다. 파싱(구문 분석), 파스트리(구문 분석 트리), 파서(구문 분석기) 모두 음차하여 그대로 번역할 것이다(§9.2.1 참조). – 옮긴이

에 따라 초지수적으로 증가한다. 시퀀스 라벨링과 마찬가지로, 파스의 공간을 빠짐없이 탐색하기 위해서는 지역적 추측을 통해서만 가능하다. 이 과정에서 동적 프로그래밍과 공유된 하위 구조를 재사용해 효율적으로 탐색할 수 있도록 해준다. 10장에서는 가능한 파스의 공간을 완전 탐색할 수 있도록 해주는 동시에, 평가함수의 형식에 엄격한 제약을 부여하는 상향식 동적 프로그래밍 알고리듬을 집중적으로 살펴볼 것이다. 여기서 완전 탐색하는 것을 포기한다면, 해당 제약 조건을 완화할 수 있다. 그리고 10장의 마지막에서 정확하지 않은 탐색Nonexact search 방식을 간단하게 살펴볼 것이며, 그중 **전이 기반 파싱**transition-based parsing은 11장에서 집중적으로 다룰 것이다.

표 10.1 문맥 자유 문법의 토이 예시

S	→ NP VP
NP	→ NP PP | *we* | *sushi* | *chopsticks*
PP	→ IN NP
IN	→ *with*
VP	→ V NP | VP PP
V	→ *eat*

10.1 결정형 상향식 파싱

CKY 알고리듬[2]은 문맥 자유 문법상의 파싱에 대한 상향식 접근 방법이다. 그래서 가능한 파서를 모두 나열하지 않고도 해당 문자열이 언어 내에 있는지 여부를 효율적으로 테스트할 수 있다. 이 알고리듬은 먼저 작은 구성 요소들을 만든 다음, 요소들을 더 큰 구성 요소로 병합하고자 한다.

이 알고리듬을 이해하기 위해서 *We eat sushi with chopsticks*. [우리는 젓가락으로 초밥을 먹는다.]라는 입력이 있다고 생각해보자. 표 10.1의 토이 문법에 따르면, 각각의 단말 기호는 정확히 단 한 번의 단항 생성 과정을 통해 생성될 수 있으며, 결과적으로 NP V NP IN NP라는 시퀀스가 된다. 실제로는 각 토큰별로 많은 단항 생성들이 존재할 것이다. 하지만 어떤 경우에서든 다음 단계에서는 바로 이항 괄호 묶기 과

2　이 명칭은 발명자인 코크(Cocke), 카사미(Kasami), 영거(Younger)의 첫 글자에서 따왔다. CKY 알고리듬은 차트를 닮은 데이터 구조 내에 재사용한 계산을 저장하는 경우이므로 **차트 파싱**(chart parsing)의 특수한 경우에 해당한다.

정을 적용해 인전합 기호들을 더 큰 구성 요소로 병합하려고 시도한다. 이를테면 V NP는 동사구(VP)로 병합할 수 있으며, In NP는 전치사구(PP)로 병합할 수 있다. 결과 적으로는 상향식 파싱에서는 시작 기호 S가 전체 입력을 다루도록 만드는 합병 과정 을 찾는 것이다.

CKY 알고리듬은 각각의 셀 $t[i, j]$가 스팬^{span} $w_{i+1:j}$을 유도해낼 수 있는 비단말 세 트를 포함하고 있는 표 t를 점차 구체화해 나가는 식으로 탐색 과정을 체계화한다. 이 알고리듬은 표 우측 상단의 삼각형을 채우며, 길이가 1인 문자열 일부^{substring}에 해당 하는 대각선에서 시작한다. 그런 다음 전체 입력인 $w_{1:M}$에 해당하는 가장 우측 상단 의 셀인 $t[0, M]$에 도달할 때까지 점진적으로 커지는 부분 문자열의 미분값을 계산한 다. 만약 시작 기호 S가 $t[0, M]$ 내에 있다면 문자열 w는 문법에 따라 정의된 언어 내 에 존재하게 된다. 이 과정은 알고리듬 13에 자세히 표현돼 있으며, 그 결과를 통해 나타나는 데이터 구조는 그림 10.1에 나타나 있다. 작동 원리는 다음과 같이 간략하 게 나타낼 수 있다.

알고리듬 13 비단말 기호 N, 생성 규칙 R, 시작 기호 S가 있는 문맥 자유 문법인 $G = (N, \Sigma, R, S)$ 안의 시퀀스 $w \in \Sigma^*$를 파싱하기 위한 CKY 알고리듬. 문법은 촘스키 정규형(§9.2.1 참조)을 따른다고 가정하자. 함수 PICKFROM($b[i, j, X]$)은 집합 $b[i, j, X]$의 원소 중 하나를 무작위로 선택한다. t와 b의 모든 값은 $\varnothing$으로 초기화된다.

1: **procedure** CKY(w, $G = (N, \Sigma, R, S)$

2:     **for** $m \in \{1 \dots M\}$ **do**

3:         $t[m - 1, m] \leftarrow \{X : (X \rightarrow w_m) \in R\}$

4:     **for** $\ell \in \{2, 3, \dots, M\}$ **do**   ▷ 구성 요소 길이만큼 반복한다.

5:         **for** $m \in \{0, 1, \dots M - \ell\}$ **do**   ▷ 왼쪽 끝에 도착할 때까지 반복한다.

6:             **for** $k \in \{m + 1, m + 2, \dots, m + \ell - 1\}$ **do** ▷ 분할된 점에 걸쳐서 반복한다.

7:                 **for** $(X \rightarrow Y \, Z) \in R$ **do**   ▷ 규칙들을 반복한다.

8:                     **if** $Y \in t[m, k] \wedge Z \in t[k, m + \ell]$ **then**

9:                         $t[m, m + \ell] \leftarrow t[m, m + \ell] \cup X$ ▷ 비단말 기호를 표에 추가한다.

10:                        $b[m, m + \ell, X] \leftarrow b[m, m + \ell, X] \cup [Y, Z, k]$ ▷ 백포인터를 추가한다.

11:     **if** $S \in t[0, M]$ **then**

```
12:        return TRACEBACK(S, 0, M, b)
13:    else
14:        return ∅
15: procedure TRACEBACK(X, i, j, b)
16:    if j = i + 1 then
17:        return X
18:    else
19:        (Y, Z, k) ← PICKFROM(b[i, j, X])
20:        return X → (TRACEBACK(Y, i, k, b), TRACEBACK(Z, k, j, b))
```

- 모든 $m \in \{1, 2, ..., M\}$에 대해 셀 $t[m - 1, m]$인 대각선을 채워 나가면서 시작한다. 이 셀에는 개별 토큰을 산출하는 단말 기호를 생성하는 식으로 채워져 있으며, 단어 $w_2 = sushi$에 대해서는 $t[1, 2] = \{NP\}$이며, 나머지 역시 마찬가지 방식이다.

- 그다음은 이후 대각선을 채워 나간다. 여기서 각각의 셀은 길이가 2인 하위 시퀀스subsequence이고, $t[0, 2]$, $t[1, 3]$, ..., $t[M - 2, M]$과 같다. 이 셀들을 채우기 위해서는 좌측과 우측의 자식children에 해당하는 셀에서 최소 1개 이상의 출입구entry를 생성할 수 있도록 이항 생성이 필요하다. 예를 들면 VP는 셀 $t[1, 3]$에 위치할 수 있다. 그 이유는 문법이 VP → V NP라는 생성 규칙을 포함하고, 또 차트가 V ∈ $t[1, 2]$와 NP ∈ $t[2, 3]$을 포함하기 때문이다.

- 그다음 대각선에서 들어오는 출입구는 길이가 3인 스팬span에 해당한다. 이 시점에서는 각각의 셀에 대한 추가적인 결정이 필요해진다. 바로 어디서 좌우측의 자식을 나누는가 하는 문제다. 셀 $t[i, j]$는 하위 시퀀스 $w_{i+1:j}$에 해당하며, 우리는 어떠한 분할 지점split point을 $i < k < j$ 사이에서만 선택해, 스팬 $w_{i+1:k}$는 좌측 자식, 스팬 $w_{k+1:j}$가 우측 자식이 될 수 있도록 만들어야 한다. $t[i, k]$와 $t[k, j]$ 내의 원소를 생성할 수 있는 가능한 모든 k를 살펴본다. 그리고 생성된 식의 모든 좌항을 $t[i, j]$에 더할 수 있어야 한다. 그래서 $t[i, j]$를 계산할 때, $t[i, k]$와 $t[k, j]$가 입력보다 짧은 부분 문자열을 의미하는 셀이므로, 확실히 완성된 상태여야 한다.

• 이러한 과정은 $t[0, M]$에 도달할 때까지 계속된다.

그림 10.1은 문장 *We eat sushi with chopsticks*. [우리는 젓가락으로 초밥을 먹는다.] 라는 예문을 위에서 정의한 문법을 사용해 파싱하며 파생하는 과정을 차트로 그린 것이다.

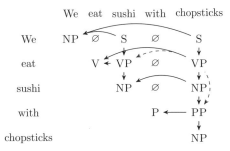

그림 10.1 완성된 CKY 차트 예시. 실선과 점선은 위치 $t[1,5]$ 내의 VP에서 서로 다른 두 가지 파생에 따라 만들어진 백포인터를 나타낸다.

10.1.1 파스 트리 복구하기

비터비 알고리듬과 마찬가지로 백포인터에 대한 표를 추가해 저장과 순회를 통해 성공적인 파싱을 식별해낼 수 있다. 생성 규칙 $X \rightarrow YZ$와 분할 지점 k를 사용해 셀 $t[i, j]$에 시작 지점 X를 추가하고 나면, 표에 백포인터 $b[i, j, X] = (Y, Z, k)$를 저장하게 된다. 표를 완성하고 나면 이 포인터를 따라가면서 파스를 복구할 수 있다. $b[0, M, S]$에서 시작해 단말 생성에 도착하면 정지한다.

모호한 문장에서는 $S \in t[0, M]$에 도달하기 위한 다양한 경로가 존재한다. 이를테면 그림 10.1에서 목표 도착 상태인 $S \in t[0, M]$에는 $VP \in t[0, M]$라는 상태를 통해서 도달할 수 있다. 이렇게 구성 요소를 생성하기 위한 두 가지 방법이 존재한다. 하나는 (*eat sushi*)와 (*with chopsticks*)를 자식으로, 나머지 하나는 (*eat*)와 (*sushi with chopsticks*)를 자식으로 다루는 것이다. 다양한 경로가 존재한다는 사실은 입력이 문법을 통해 여러 방법으로 생성될 수 있음을 의미한다. 알고리듬 13에서는 이 파생들 중 하나가 무작위로 선택됐다. §10.3에서 살펴본 바와 같이 **가중치가 있는 문맥 자유 문법**weighted context-free grammars은 가능한 모든 파생어에 대한 점수를 계산하며 CKY 알고리듬을 조금만 수정하면 최대 점수를 가지는 단일 파생어를 식별할 수도 있다.

10.1.2 비이진 생성

위에 표현된 바와 같이 CKY 알고리듬은 비단말 기호가 우항에 있는 모든 생성 규칙을 이진이라고 추정한다. 그렇지만 실제 문법에서는 (예컨대 9장에서 살펴본 것처럼) 다른 유형의 생성 규칙도 존재한다. 어떤 경우에는 우항에 세 개 이상의 요소를 가지고 있기도 하고, 어떤 것은 비단말 기호를 하나만 생성하기도 한다.

- 우항에 세 개 이상의 요소를 가진 생성은 §9.2.1에 표현된 것처럼 비단말 기호를 더 추가하는 식으로 **이진화**binarized될 수 있다. 예를 들어 이중타동사를 위한 생성 규칙 VP → V NP NP는 비단말 $VP_{ditrans}$/NP와 생성 규칙 $VP_{ditrans}$/NP → V NP를 추가해 VP → $VP_{ditrans}$/NP NP으로 변환할 수 있다.

- 그렇다면 VP → V와 같은 단항 생성의 경우는 어떠할까? 이런 생성은 촘스키 정규형의 일부가 아니기 때문에 문법을 전처리하는 과정에서 제거할 수도 있지만, 더 일반적인 해결 방법은 CKY 알고리듬을 수정하는 것이다. 알고리듬은 표의 각 대각선상에 두 번째 경로를 만들어서 셀 안에 이미 존재하는 항목들을 만들어낼 수 있는 가능한 모든 단항 생성을 만드는 방법으로 각각의 셀 $t[i, j]$을 보강시킨다. 형식상으로 보면 $t[i, j]$는 그 자신의 **단항 클로저**unary closure까지 확장된다. 표 10.1의 예시 문법이 생성 규칙 내 각각의 셀 VP → V를 포함하도록 확장돼서, *we eat*와 같은 자동사구를 가진 문장이 가능해졌다고 가정해보자. 그렇다면 단어 각각의 셀 *eat*에 대응하는 셀 $t[1, 2]$는 {V}를 먼저 포함하고, 그다음 두 번째 통과 시에 {V, VP}로 보강된다.

10.1.3 복잡도

길이가 M인 입력과 R개의 생성 규칙과 N개의 비단말을 가진 문법에 대해, CKY 알고리듬의 공간 복잡도는 $O(M^2N)$이다. 차트 안의 셀의 개수는 $O(M^2)$이고 각 셀은 반드시 $O(N)$개의 원소를 지녀야 한다. 시간 복잡도는 $O(M^3R)$이며, 각각의 셀은 R개의 가능한 생성 규칙을 가진 분할 지점 $O(M)$개를 탐색해 계산할 수 있다. 입력의 길이에 비례하는 비터비 알고리듬과 비교하면, 시간 및 공간 복잡도는 모두 현저히 떨어진다.

10.2 모호성

자연어에서는 주어진 문장에 단일한 파스만 존재하는 경우는 거의 없다. 해당 문제의
주요 원인은 바로 모호성이며, 이 주제는 자연어 구문이 가지는 고질적인 문제에 해
당한다. 다음은 모호성을 개략적으로 나눈 것이다.

- **접속 모호성** *We eat sushi with chopsticks, I shot an elephant in my pajamas.*
  [우리는 젓가락으로 초밥을 먹는다. 나는 잠옷에 있는 코끼리를 쐈다.]라는
  문장을 살펴보자. 이 경우, 전치사 (*with, in*)은 동사 또는 직접목적어 어느
  쪽에도 결합할 수 있다.

- **한정사 범위** *southern food store, plastic cup holder* [남부 식품점, 플라스틱
  컵 홀더]라는 구를 살펴보자. 두 예문 모두 첫 번째 단어는 바로 뒤에 나오는
  형용사를 한정할 수도, 맨 뒤의 명사를 한정할 수도 있다.

- **불변화사 대 전치사** *The puppy tore up the staircase.* [강아지가 계단을 찢었
  다.]라는 문장을 살펴보자. *tore up*과 같은 구동사는 종종 전치사처럼 역할을
  수행하는 불변화사를 포함한다. 이는 구조적인 함의를 가지는데, 만약 *up*이
  전치사라면 *up the staircase*는 전치사구이며 *up*이 불변화사라면 *the staircase*
  는 동사의 직접 목적어다.

- **보어 구조** *The students complained to the professor that they didn't*
  understand. [학생들은 교수에게 불만을 제기했다. 이해할 수 없어서.]라는
  문장을 살펴보자. 이는 접속 모호성의 또 다른 형태로, 보어 *that they did't*
  *understand*는 본동사인 *complained* 혹은 간접목적어인 *the professor*와도 결
  합할 수 있다.

- **등위접속 범위** *"I see," said the blind man, as he picked up the hammer and*
  saw.[3]라는 문장을 살펴보자. 이 예시에서 *saw*의 어휘적 모호성은 이 단어로
  하여금 명사 *hammer* 혹은 동사 *picked up* 어느 쪽과도 등위접속할 수 있게

---

3 이 문장에서 see는 '봤다'로 해석할 수도 있고, '그렇다'로 해석할 수도 있다. 그리고 망치를 들고 봤다고 볼 수도 있고, 망치
   와 톱을 들었다고 볼 수도 있다. 이 모두 앞뒤 문맥에 따라 이해할 수밖에 없다. - 옮긴이

해준다. 위에서 살펴본 모호성은 서로 결합할 수도 있어서, 보기에 단순해 보이는 문장인 *Fed raises interest rates.*[Fed는 이자율(금리)을 인상했다.]와 같은 헤드라인도 최소한의 문법만 적용하더라도 수십 가지의 가능한 분석이 존재한다. 광범위한 문법을 적용한다면 일반적인 문장은 수백만 개의 파스를 가진다. 문법을 신중하게 설계하면 이런 모호성을 줄일 수도 있겠지만 더 좋은 방법은 바로 광범위한 파서를 올바른 분석을 식별하기 위한 데이터에 기반한 처리 방법과 결합하는 것이다.

10.2.1 파서 평가하기

모호성을 다룰 수 있는 파싱 알고리듬을 살펴보기에 앞서 파싱 성능을 어떻게 측정할지 잠시 생각해보자. 레퍼런스 파스^{reference parse} 세트, 즉 실측 자료와 점수를 매기고 싶은 시스템 파스^{system parse} 세트가 주어졌다고 가정해보자. 문장별 정확도를 통해서 문제를 간단히 해결할 수 있다. 즉, 파서는 시스템 파스와 레퍼런스 파스가 정확하게 일치하는 문장의 비율에 따라 점수가 매겨진다.[4] 그러나 대부분의 학생에게 부분 점수^{partial credit}를 받을 수 있다는 것은 언제나 즐거운 일이며, 이를 레퍼런스 파스의 일부분과 올바르게 일치하는 분석에 적용할 수도 있다. 파르스발^{PARSEval} 측정(Grishman et al., 1993)은 각각의 시스템 파스에 대해 다음을 적용해 점수를 매긴다.

- 정밀도^{precision}: 시스템 파스의 구성 요소 부분 가운데 레퍼런스 파스의 구성 요소와 일치하는 것
- 재현율^{recall}: 레퍼런스 파스의 구성 요소 부분 가운데 시스템 파스의 구성 요소와 일치하는 것

라벨링된 정밀도와 재현율에서, 시스템은 각각의 구성 요소의 구 유형과 반드시 일치해야 하지만 **라벨링되지 않은 정밀도와 재현율**에서는 구성 요소의 구조와 일치하기만 하면 된다. 4장에서 설명한 바와 같이 정밀성과 재현율은 조화 평균에 의해 *F*-MEASURE로 합쳐질 수 있다.

4　대부분의 파싱 관련 논문은 이러한 측정의 결과를 알려주지는 않지만 Suzuki et al.(2018)에서는 강력한 파서가 모든 문장의 대략 50%에 대해 정확한 파스를 복구할 수 있음을 발견했다. 짧은 문장의 경우 통상적으로 훨씬 좋은 성능을 보여준다.

그림 10.2의 왼쪽 트리가 시스템 파스이고, 오른쪽 트리가 레퍼런스 파스라고 가정하자. 이에 따르면 다음과 같다.

- $S \rightarrow w_{1:5}$ 양쪽 트리 모두에 출현하기 때문에 참 양성$^{\text{True Positive}}$이다.
- $VP \rightarrow w_{2:5}$도 마찬가지로 참 양성$^{\text{True Positive}}$이다.
- $NP \rightarrow w_{3:5}$는 시스템 출력상에만 나오기 때문에 거짓 양성$^{\text{False Positive}}$이다.
- $PP \rightarrow w_{3:5}$는 양쪽 트리 모두에 출현하기 때문에 참 양성$^{\text{True Positive}}$이다.
- $VP \rightarrow w_{2:3}$은 오직 레퍼런스 트리에만 출현하기 때문에 거짓 부정$^{\text{False Negative}}$이다.

F-MEASURE의 값이 0.75을 가지는 파스에 라벨의 유무에 대한 정밀도는 $\frac{3}{4} = 0.75$이고, 재현율은 $\frac{3}{4} = 0.75$이다. 예를 들어 정밀도와 재현율이 같지 않은 지점에서 생성 규칙 $VP \rightarrow V\ NP\ PP$에 포함된 레퍼런스 파스가 대신 있다고 가정해보자. 이 파스에서는 레퍼런스가 요소인 $w_{2:3}$을 포함하지 않기 때문에 재현율은 1이 된다.[5]

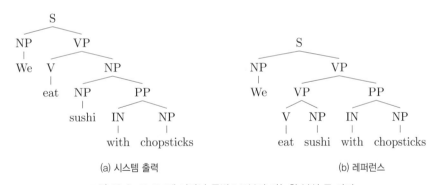

(a) 시스템 출력   (b) 레퍼런스

그림 10.2 표 10.1에 나타난 문법으로부터 가능한 분석 두 가지

10.2.2 지역 차원에서의 해결 방법

모호성에 대한 일부 문제는 지역 차원에서 해결할 수 있다. 다음 예시를 살펴보자.

(10.1) a. We met the President on Monday. [우리는/만났다/대통령을/월요일에]

　　　 b. We met the President of Mexico. [우리는/만났다/대통령을/멕시코의]

5　CKY 알고리듬을 적용하기에 앞서 반드시 문법을 이진화해야 하지만 평가는 원본 파스만을 대상으로 이뤄진다. 따라서 CKY 기반 파서의 출력을 "비(none)이진화"해 원본 문법으로 변화하는 과정이 꼭 필요하다.

각각의 예시는 전치사구로 끝나고, 동사 *met* 혹은 명사구 *the president*와 결합할 수 있다. 라벨링돼 있는 말뭉치가 주어졌을 때, 우리는 전치사를 각각의 후보를 넣은 지점과 함께 관측했을 때의 우도를 비교해볼 수 있다.

$$p(on \mid met) \gtrsim p(on \mid President) \qquad [10.1]$$

$$p(of \mid met) \gtrsim p(of \mid President) \qquad [10.2]$$

이와 같이 확률을 비교해 해당 사례에 대해 성공적으로 해결할 수 있다(Hindle & Rooth, 1993). 다른 경우에 이를테면 *we eat sushi with chopsticks*일 때는 전치사의 목적어를 고려하는 작업이 필요하다. 이 예문에 대한 또 다른 대안으로 *we eat sushi with soy sauce*라는 문장을 살펴보자. 라벨링된 데이터가 충분하다면 일부 부가 모호성 문제는 지도 분류를 통해 해결할 수 있다(Ratnaparkhi et al., 1994).

그렇지만 지역 단위의 해결 방법에서는 본질적으로 제약이 존재한다. 위의 간단한 예시에서는 해결해야 할 모호성이 단순히 몇 개뿐이지만, 실제 상황에서 쓰이는 문장에서는 가능한 파스가 수천 혹은 수백만 가지 존재한다. 게다가 다음의 정원 경로 garden path 예시에서 표현된 바와 같이, 접속 결정은 상호 독립적이다.

(10.2) Cats scratch people with claws with knives.

더 짧은 문장인 *cats scratch people with claws*에서는 *with claws*를 *scratch*와 붙이는 것이 올바른 선택일 수 있다. 하지만 10.2의 경우에는 *with knives*를 추가할 곳이 전혀 없다. 해석을 올바르게 했는지 확인하기 위해서는 접속에 대해 꼭 유기적으로 고려해야 한다. 막대한 양의 가능한 파스들을 보면 완전 탐색이 불가능한 것으로 볼 수도 있지만, 시퀀스 라벨링과 마찬가지로 지역성 추측은 이러한 공간을 효율적으로 탐색할 수 있도록 한다.

10.3 가중치가 있는 문맥 자유 문법

파생 τ를 **앵커드 생성**anchored production 집합이라고 정의한다.

$$\tau = \{X \to \alpha, (i, j, k)\} \qquad [10.3]$$

이때 X는 좌항의 비단말에 해당하며, α는 우항에 해당한다. 촘스키 정규형 문법에서 α는 비단말 쌍이거나 단말 기호이다. 인덱스 i, j, k는 입력 안의 생성 규칙을 고정하며, X는 스팬 $w_{i+1:j}$을 파생시킨다. 이진 생성에서 $w_{i+1:k}$는 좌측 자식의 스팬을 의미하며, $w_{k+1:j}$는 우측 자식의 스팬을 의미한다. 또 단항 생성에서 k는 무시된다. 입력 w에 대한 최적의 파스는 다음과 같다.

$$\hat{\tau} = \operatorname*{argmax}_{\tau \in \mathcal{T}(w)} \Psi(\tau) \qquad [10.4]$$

여기서 $\mathcal{T}(w)$는 입력 w를 산출하는 파생 집합이다. 앵커드 생성에 따라 분해되는 평가함수 Ψ를 정의한다.

$$\Psi(\tau) = \sum_{(X \to \alpha,(i,j,k)) \in \tau} \psi(X \to \alpha, (i,j,k)) \qquad [10.5]$$

이 식이 바로 지역성 추측이며, 해당 식은 비터비 시퀀스 라벨링 추측과 비슷하다. 여기서 추측은 종합적인 점수가 독립적으로 계산되는 생성 규칙에 대한 점수의 총합이다. 가중치가 있는 **문맥 자유 문법**WCFG, Weighted Context-Free Grammar에서는 각각의 앵커드 생성 $X \to (\alpha, (i, j, k))$에 대한 점수를 간단히 표현하자면 $\psi(X \to \alpha)$이며, 앵커 값인 (i, j, k)는 생략한다. 다른 파싱 모델에서 앵커는 입력의 피처에 접근하기 위해 사용되면서도, 동시에 효율적인 상향식 파싱을 가능하도록 만든다.

예시 표 10.2에 나타난 가중치가 있는 문법과 그림 10.2b에 나타난 분석을 살펴보자.

$$\begin{aligned}\Psi(\tau) =\ & \psi(S \to NP\ VP) + \psi(VP \to VP\ PP) + \psi(VP \to V\ NP) + \psi(PP \to \text{IN}\ NP)\\ & + \psi(NP \to We) + \psi(V \to eat) + \psi(NP \to sushi) + \psi(\text{IN} \to with)\\ & + \psi(NP \to chopsticks) \qquad [10.6]\\ =\ & 0 - 2 - 1 + 0 - 2 + 0 - 3 + 0 - 3 = -11 \qquad [10.7]\end{aligned}$$

그림 10.2a의 대체 파스에서, 생성 규칙 $VP \to VP\ PP$(점수는 -2)는 생성 규칙 $NP \to NP\ PP$(점수는 -1)로 대체되며, 다른 나머지 생성 규칙도 동일하다. 결과적으로 이 파스의 점수는 -10이다. 이와 같은 예시는 NP, VP, PP와 같은 비단말에서 WCFG 파싱을 수행할 때의 문제점을 알려준다. WCFG에 무엇이 부가됐는지 상관없이, 항상 VP 혹은 NP 접속만을 선호한다. 이러한 문제에 대한 해결 방법은 §10.5에서 살펴

볼 것이다.

표 10.2 가중치가 있는 문맥 자유 문법(WCFG) 예시. 가중치는 exp $\psi(\cdot)$가 비단말 각각에 대한 우항의 총합이 1이 되도록 선택된다. 이 선택 과정은 확률적 문맥 자유 문법 때문에 필요한 것이며, WCFG에 필요한 것은 아니다.

		$\psi(\cdot)$	exp $\psi(\cdot)$
S	→ NP VP	0	1
NP	→ NP PP	−1	$\frac{1}{2}$
	→ *we*	−2	$\frac{1}{4}$
	→ *sushi*	−3	$\frac{1}{8}$
	→ *chopsticks*	−3	$\frac{1}{8}$
PP	→ IN NP	0	1
IN	→ *with*	0	1
VP	→ V NP	−1	$\frac{1}{2}$
	→ VP PP	−2	$\frac{1}{4}$
	→ MD V	−2	$\frac{1}{4}$
V	→ *eat*	0	1

10.3.1 가중치가 있는 문맥 자유 문법을 사용해 파싱하기

수식 10.4의 최적화 문제는 CKY 알고리듬을 수정해 해결할 수 있다. 결정형 CKY 알고리듬에서는 각 셀 $t[i, j]$는 스팬^{span} $w_{i+1:j}$을 파생시킬 수 있는 비단말 세트에 저장한다. 이제 표를 보강해 셀 $t[i, j, X]$가 비단말 X에서 나온 $w_{i+1:j}$의 가장 적합한 파생 과정에 대한 점수가 되도록 만든다. 앵커드 이진 생성 규칙 $(X \rightarrow Y Z, (i, j, k))$에 대해 다음의 과정을 반복해 계산한다.

- 앵커드 생성 점수 $\psi(X \rightarrow Y Z, (i, j, k))$
- 좌측 자식의 최적 파생 점수, $t[i, k, Y]$
- 우측 자식의 최적 파생 점수, $t[k, j, Z]$

위의 점수는 덧셈을 통해 결합된다. 가중치가 없는 CKY 알고리듬에서처럼 증가하는 길이의 스팬을 고려해 표가 작성되므로, 스팬 $t[i, k, Y]$와 $t[k, j, Z]$의 점수는 $t[i, j, X]$

점수를 계산하는 시점에는 반드시 구할 수 있다. 값 $t[0, M, S]$는 문법을 통해 나온 w의 최적 파생 점수이다. 알고리듬 14는 이러한 과정을 수식으로 나타내고 있다.

가중치가 없는 CKY 알고리듬에서처럼 파스는 백포인터 b의 표를 통해 복구된다. 여기서 각 $b[i, j, X]$는 argmax 분할 지점인 k를 저장한다. 또 X를 통해 얻은 $w_{i+1:j}$의 파생 내에 있는 생성 규칙 $X \rightarrow Y\,Z$도 저장한다. 최고 점수를 가진 파스는 이러한 포인터들을 $b[0, M, S]$에서 시작해 단말 기호에 이르기까지 역으로 추적해 얻을 수 있다. 이 작업은 비터비 알고리듬에서 격자^{trellis}의 끝에서부터 역으로 포인터를 추적해 라벨에 대한 최적 시퀀스를 계산하는 과정과 유사하다고 볼 수 있다. 유의할 점은 지역성 추정을 통해 얻은 $t[i, j, X]$로 가는 최적 경로의 백포인터만 저장하면 된다는 것이다. 이 지역성 추정은 전역 점수가 파스 내의 각 생성 규칙에 대한 지역 점수의 조합에서 도출된다.

알고리듬 14 가중치가 있는 문맥 자유 문법 (N, Σ, R, S) 내의 문자열 $w \in \Sigma^*$를 파싱하기 위한 CKY 알고리듬(N은 비단말의 집합이며, R은 가중치가 있는 생성 규칙의 집합). 여기서의 문법은 촘스키 정규형(§9.2.1)이라고 가정한다. 함수 TRACEBACK은 알고리듬 13에서 정의한 것이다.

---

procedure WCKY$(w, G = (N, \Sigma, R, S))$
  for all i, j, X **do**   ▷ 초기화
    $t[i, j, X] \leftarrow 0$
    $b[i, j, X] \leftarrow \varnothing$
  for $m \in \{1, 2, \ldots, M\}$ **do**
    for all $X \in N$ **do**
      $t[m, m+1, X] \leftarrow \psi(X \rightarrow w_m, (m, m+1, m))$
  for $\ell \in \{2, 3, \ldots, M\}$ **do**
    for $m \in \{0, 1, \ldots, M - \ell\}$ **do**
      for $k \in \{m+1, m+2, \ldots, m+\ell-1\}$ **do**
$$t[m, m+\ell, X] \leftarrow \max_{k,Y,Z} \psi(X \rightarrow Y\,Z, (m, m+\ell, k)) + t[m, k, Y] + t[k, m+\ell, Z]$$
$$b[m, m+\ell, X] \leftarrow \operatorname*{argmax}_{k,Y,Z} \psi(X \rightarrow Y\,Z, (m, m+\ell, k)) + t[m, k, Y] + t[k, m+\ell, Z]$$
return TRACEBACK$(S, 0, M, b)$

예시 그림 10.1의 파싱 표를 다시 한 번 살펴보자. 가중치가 있는 CFG에서 각 셀은 각 비단말의 점수를 포함한다. 그리고 생성할 수 없는 비단말의 점수는 $-\infty$이라고 가정한다. 첫 번째 대각선은 단항성의 점수를 포함하고, $t[0, 1, \text{NP}] = -2$, $t[1, 2, \text{V}] = 0$과 같은 식이다. 다음 대각선은 길이가 2인 스팬에 대한 점수를 포함하고, $t[1, 3, \text{VP}] = -1 + 0 - 3 = -4$, $t[3, 5, \text{PP}] = 0 + 0 - 3 = -3$과 같은 식이다. 비단말 VP에서 파생된 스팬 $w_{2:5}$의 점수를 포함하고 있는 셀 $t[1, 5, \text{VP}]$에 도달하면 흥미로운 현상이 일어난다. 이 점수는 다음의 두 가지 대안에 대한 최댓값으로 계산된다.

$$t[1, 5, \text{VP}] = \max(\psi(\text{VP} \rightarrow \text{VP PP}, (1, 3, 5)) + t[1, 3, \text{VP}] + t[3, 5, \text{PP}],$$
$$\psi(\text{VP} \rightarrow \text{V NP}, (1, 2, 5)) + t[1, 2, \text{V}] + t[2, 5, \text{NP}]) \quad [10.8]$$
$$= \max(-2 - 4 - 3, -1 + 0 - 7) = -8 \quad [10.9]$$

두 번째 경우는 argmax값이기 때문에, 백포인터 $b[1, 5, \text{VP}] = (\text{V}, \text{NP}, 2)$로 설정해 최적의 파생값이 복구될 수 있도록 만든다.

10.3.2 확률적 문맥 자유 문법

확률적 문맥 자유 문법은 가중치가 있는 문맥 자유 문법의 특수한 사례로, 가중치가 확률과 일치할 때 발생하게 된다. 구체적으로 살펴보면 우항 α가 비단말 X라는 조건하의 확률이고, 앵커 (i, j, k)를 무시한 상황에서 가중치가 $\psi(X \rightarrow \alpha, (i, j, k)) = \log p(\alpha|X)$인 과정을 말한다. 이 확률은 가능한 모든 우항에 걸쳐서 정규화돼서, 모든 X에 대해 $\sum_\alpha p(\alpha|X) = 1$이 되도록 만든다.

알고리듬 15 촘스키 정규형(CNF)에서의 확률적 문맥 자유 문법에 따른 파생 생성 모델

procedure DRAWSUBTREE(X)
    sample $(X \rightarrow p(\alpha|X)$
    if $\alpha = (Y Z)$ **then**
        return DRAWSUBTREE(Y) $\cup$ DRAWSUBTREE(Z)
    else
        return $(X \rightarrow \alpha)$ ▷ CNF에서의 모든 단일 생성은 단말 기호 값을 얻는다.

알고리듬 15에서 정의된 **생성 모델** $\tau \sim \text{DRAWSUBTREE}(S)$하에서 주어진 파스 τ에서 생성한 것에 대한 확률의 곱은 p(τ)와 같다.

문자열이 주어졌을 때, 파스의 조건부 확률은 다음과 같다.

$$p(\tau \mid \boldsymbol{w}) = \frac{p(\tau)}{\sum_{\tau' \in \mathcal{T}(\boldsymbol{w})} p(\tau')} = \frac{\exp \Psi(\tau)}{\sum_{\tau' \in \mathcal{T}(\boldsymbol{w})} \exp \Psi(\tau')} \qquad [10.10]$$

여기서 $\Psi(\tau) = \sum_{X \to \alpha, (i,j,k) \in \tau} \psi(X \to \alpha, (i, j, k))$이다. 점수 $\Psi(\tau)$에서 확률은 단조롭기 때문에, 최대 우도 파스는 CKY 알고리듬에 의해 별도의 수정 없이 식별할 수 있다. 만약 정규화된 확률 $p(\tau|\boldsymbol{w})$가 필요하다면 방정식 10.10의 분모는 다음에 표현된 **내부 순환**Inside Recurrence을 통해 계산될 수 있다.

예시 표 10.2의 WCFG는 가중치가 로그 확률이 돼 제약 조건 $\sum_\alpha \exp \psi(X \to \alpha) = 1$ 을 충족할 수 있도록 설계됐다. 앞서 언급했던 것과 같이 $\mathcal{T}(we\ eat\ sushi\ with\ chopsticks)$에는 파스가 두 개 존재하며, 파스에 대한 평가 점수는 $\Psi(\tau_1) = \log p(\tau_1) = -10$ 과 $\Psi(\tau_2) = \log p(\tau_2) = -11$이다. 따라서 $p(\boldsymbol{w})$의 조건부 확률은 다음과 같다.

$$p(\tau_1 \mid \boldsymbol{w}) = \frac{p(\tau_1)}{p(\tau_1) + p(\tau_2)} = \frac{\exp \Psi(\tau_1)}{\exp \Psi(\tau_1) + \exp \Psi(\tau_2)} = \frac{2^{-10}}{2^{-10} + 2^{-11}} = \frac{2}{3} \quad [10.11]$$

내부 순환 방정식 10.10의 분모는 언어 모델로 다룰 수 있으며, 스트링 $\boldsymbol{w}$에 대한 모든 유효한 파생을 합한다.

$$p(\boldsymbol{w}) = \sum_{\tau':\text{yield}(\tau') = \boldsymbol{w}} p(\tau') \qquad [10.12]$$

CKY 알고리듬이 이러한 종류의 모든 분석을 최대화하는 것을 가능케 하듯, 조금 만 수정한다면 분석들의 총합을 계산하는 것도 가능하다. 각각의 셀 $t[i, j, X]$는 비단 말 X에서부터 파생된 $\boldsymbol{w}_{i+1:j}$에 대한 로그 확률을 반드시 저장해야 한다. 이 로그 확률 을 계산하기 위해서 분할 지점 k와 생성 규칙 $X \to Y\ Z$를 대상으로 수행한 최대화를 "log-sum-exp" 작업으로 바꿔줘야 한다. 즉 생성과 자식의 로그 확률을 거듭제곱하 고, 확률 공간에서 이 값들을 모두 더한다. 그런 다음 로그 영역으로 다시 변환하는 작업으로 대체한다.

$$t[i,j,X] = \log \sum_{k,Y,Z} \exp\left(\psi(X \to Y\,Z) + t[i,k,Y] + t[k,j,Z]\right) \qquad [10.13]$$

$$= \log \sum_{k,Y,Z} \exp\left(\log \mathrm{p}(Y\,Z \mid X) + \log \mathrm{p}(Y \to \boldsymbol{w}_{i+1:k}) + \log \mathrm{p}(Z \to \boldsymbol{w}_{k+1:j})\right)$$

$$[10.14]$$

$$= \log \sum_{k,Y,Z} \mathrm{p}(Y\,Z \mid X) \times \mathrm{p}(Y \to \boldsymbol{w}_{i+1:k}) \times \mathrm{p}(Z \to \boldsymbol{w}_{k+1:j}) \qquad [10.15]$$

$$= \log \sum_{k,Y,Z} \mathrm{p}(Y\,Z, \boldsymbol{w}_{i+1:k}, \boldsymbol{w}_{k+1:j} \mid X) \qquad [10.16]$$

$$= \log \mathrm{p}(X \rightsquigarrow \boldsymbol{w}_{i+1:j}) \qquad [10.17]$$

여기서 $X \rightsquigarrow \boldsymbol{w}_{i+1:j}$는 비단말 X가 스팬 w_{i+1}, w_{i+2}, ..., w_j을 얻는 사건을 의미한다. $t[i, j, X]$에 대해 반복되는 계산을 **내부 순환**이라고 한다. 그 이유는 각각의 하위 트리 subtree의 확률을 해당 트리 내의 더 작은 하위 트리들의 확률의 조합으로 다루는 식으로 계산하기 때문이다. 한편 내부 순환이라는 명칭은 반대되는 **외부 순환**Outside Recurrence 이 존재함을 알려준다. 이는 외부 문맥 ($\boldsymbol{w}_{1:i}$, $\boldsymbol{w}_{j+1:M}$)과 결합한 $\boldsymbol{w}_{i+1:j}$에 걸쳐 있는 비단말 X의 확률을 계산한다. 이 순환에 대해서는 §10.4.3에서 설명한다. 내부 및 외부 순환은 확률적 시퀀스 라벨링(§7.5.3 참조)에서의 순방향 및 역방향 순환Forward and Backward Recurrences과 비슷하다. 이 순환들은 개별 앵커드 생성 규칙인 $\mathrm{p}(X \to \alpha, (i, j, k) \mid \boldsymbol{w})$의 마진 확률을 계산할 때 사용되며, $\boldsymbol{w}$의 가능한 모든 파생을 모두 합할 수 있다.

10.3.3 *반환 가중치가 있는 문맥 자유 문법

가중치가 있는 CKY 알고리듬과 없는 알고리듬은 §7.7.3에서 표현된 것과 같은 반환 기호를 사용해 내부 순환과 통합될 수 있다. 일반화된 순환은 다음과 같이 나타낼 수 있다.

$$t[i,j,X] = \bigoplus_{k,Y,Z} \psi(X \to Y\,Z, (i,j,k)) \otimes t[i,k,Y] \otimes t[k,j,Z] \qquad [10.18]$$

해당 순환은 10장에서 지금까지 다뤘던 모든 알고리듬의 기저에 깔려 있다.

- 가중치가 없는 CKY: $\psi(X \to \alpha, (i, j, k))$가 불 참값이 {⊤, ⊥}일 때, $\otimes$는 논리적

곱^{conjunction}이며, ⊕는 논리적 합^{disjunction}이다. 그런 다음 우리는 §10.1과 알고리듬 13에서 다뤘던 가중되지 않은 문맥 자유 문법을 위한 CKY 순환을 도출한다.

- 가중치가 있는 CKY: $\psi(X \to \alpha, (i, j, k))$가 스칼라일 때, ⊗는 덧셈이고 ⊕는 최대화를 의미한다. 그러면 우리는 §10.3과 알고리듬 14에서 다뤘던 가중치가 있는 문맥 자유 문법을 위한 CKY 순환을 도출할 수 있다. $\psi(X \to \alpha, (i, j, k))$ = log log p$(\alpha|X)$으로 동일하게 설정한 설정은 확률적 문맥 자유 문법 안의 최대 우도 파생을 탐색하기 위한 CKY 순환을 도출할 수 있다.

내부 순환 $\psi(X \to \alpha, (i, j, k))$이 로그 확률일 경우, ⊗는 덧셈이며 $\oplus = \log \sum \exp$이다. 그렇다면 우리는 §10.3.2에서 다룬 바 있는 확률적 문맥 자유 문법을 위한 내부 순환을 도출할 수 있다. 또한 $\psi(X \to \alpha, (i, j, k))$로 설정해 확률 p$(\alpha|X)$와 동일하도록 만들 수도 있다. 이 경우 ⊗는 곱셈이고 ⊕는 덧셈이다. 이 방법이 로그 확률을 다루는 것보다 더 직관적이라고 생각할 수도 있지만, 입력값이 길어지면, 언더플로^{underflow}가 발생할 위험성이 존재한다.

점수가 어떤 방법으로 결합됐는지와 무관하게, 여기서 핵심은 바로 지역성 추측^{locality assumption}이다. 파생에 대한 점수는 각 앵커드 생성의 개별 점수의 조합이고, 이 점수는 파생에 다른 어떤 부분에도 의존하지 않는다. 이를테면 만약 비단말 두 개가 형제라면, 이 비단말에서 나온 생성 규칙의 점수는 독립적으로 계산된다. 이러한 지역성 추측은 태그 간 변환의 점수는 이전의 이력이 아니라 오직 이전 태그와 현재 태그에만 의존하는 시퀀스 라벨링에서의 1차원^{first-order} 마르코프 추측과 유사하다. 시퀀스 라벨링과 마찬가지로, 지역성 추측은 효율적으로 최적의 파스를 탐색할 수 있게 해준다. 이러한 추측에 대한 한계점은 §10.5에서 다룰 것이다.

10.4 가중치가 있는 문맥 자유 문법 학습하기

시퀀스 라벨링과 마찬가지로, 문맥 자유 파싱도 구조 예측의 한 형태이다. 그래서 WCFG는 동일한 알고리듬 세트를 사용해 학습될 수 있으며, 생성 확률적 모델, 구조화된 퍼셉트론, 최대 조건부 우도, 최대 마진 학습 등이 있다. 이 모든 알고리듬 내의 학습 과정에서는 문맥 자유 파스로 라벨링된 문장의 데이터 세트를 의미하는 **트리뱅크** treebank가 필요하다. 파싱 연구는 최초의 대규모 데이터셋 트리뱅크(§9.2.2 참조)라고 할 수 있는 **펜 트리뱅크**Penn Treebank에서 비롯됐다(Marcus et al., 1993). 구phrase 구조 트리 뱅크는 대략 20종류가 넘는 다른 언어로도 존재하며, 이중 상당 부분은 유럽, 동아시 아, 아랍, 우르두 언어 등이 차지하고 있다.

10.4.1 확률적 문맥 자유 문법

확률적 문맥 자유 문법은 텍스트의 생성 모델이라는 점에서 은닉 마르코프 모델과 유사 하다. 이러한 경우 관심 있는 파라미터는 좌항에 있는 조건하의 생성 확률에 해당한다. 은닉 마르코프 모델과 마찬가지로 이 파라미터는 상대 빈도를 통해 추정할 수 있다.

$$\psi(X \to \alpha) = \log p(X \to \alpha) \qquad [10.19]$$

$$\hat{p}(X \to \alpha) = \frac{\text{count}(X \to \alpha)}{\text{count}(X)} \qquad [10.20]$$

이를테면 생성 NP → DET NN의 확률이 이러한 생성의 말뭉치 개수를 비단말 NP의 개수로 나눈 것이라고 하자. 이와 같은 추정자estimator는 단말 생성에서도 마찬가지로 적용된다. NN → *whale*의 확률은 *whale*이 NN 태그로부터 생성되면서 말뭉치 내에 서 나타난 횟수를 전체 NN 태그의 개수로 나눈 것이다. 백만 개 정도의 토큰을 가진 가장 큰 트리뱅크에서에서도 NN → *whale*과 같은 극히 발생하지 않는 사건의 확률을 정확히 계산하기란 어렵다. 효과적인 PCFG를 만들기 위해서는 평활화smoothing 과정 이 필요할 수밖에 없어진다.

10.4.2 피처 기반 파싱

각각의 생성 규칙에 대한 점수는 가중치와 피처의 내적을 사용해 계산할 수 있다.

$$\psi(X \to \alpha, (i,j,k)) = \boldsymbol{\theta} \cdot \boldsymbol{f}(X, \alpha, (i,j,k), \boldsymbol{w}) \qquad [10.21]$$

여기서 피처 벡터 $\boldsymbol{f}$는 좌항 X, 우항 α, 앵커 인덱스 (i, j, k), 입력 $\boldsymbol{w}$의 함수이다.

기본 피처 $\boldsymbol{f}(X, \alpha, (i, j, k)) = \{(X, \alpha)\}$는 생성 규칙 그 자체만을 인코딩한다. 앵커 드 생성에서의 피처는 스팬 w_i, w_{j+1} 경계를 접하는 단어와 분할 지점 w_{k+1}에 위치한

단어, 좌측 자식 스팬 $w_{i+1:k}$ 내의 동사 혹은 명사의 존재 유무 등을 포함한다(Durrett & Klein, 2015). 앵커드 생성상의 점수는 수정하지 않아도 CKY 파싱으로 통합된다. 그 이유는 여전히 표 $t[i, j, X]$의 각 요소를 직계 자식에서부터 재귀적으로 계산할 수 있기 때문이다.

또 다른 피처는 좌항 혹은 우항상의 요소를 그룹지어서 얻을 수 있다. 예를 들어 단말 기호를 클러스터링해 추가적인 피처를 계산하는 것은 특히나 이점이 많으며, 이때 피처는 비슷한 구문론적 속성을 가진 단어의 그룹에 해당한다. 그리고 클러스터링은 트리뱅크보다도 훨씬 더 양이 많지만 라벨이 없는 데이터 세트를 통해 얻을 수 있으며, 이를 통해 다루는 영역을 확장할 수 있다. 해당 방식은 14장에서 추가로 설명한다.

일반적인 분류 학습 기법들을 활용해 피처 기반 파싱 모델을 추정할 수 있다. 이를테면 구조 퍼셉트론 갱신 과정은 다음과 같이 계산할 수 있다(Carresras et al., 2008).

$$f(\tau, \boldsymbol{w}^{(i)}) = \sum_{(X \to a, (i,j,k)) \in \tau} f(X, a, (i,j,k), \boldsymbol{w}^{(i)}) \qquad [10.22]$$

$$\hat{\tau} = \underset{\tau \in \mathcal{T}(\boldsymbol{w})}{\operatorname{argmax}} \, \boldsymbol{\theta} \cdot f(\tau, \boldsymbol{w}^{(i)}) \qquad [10.23]$$

$$\boldsymbol{\theta} \leftarrow f(\tau^{(i)}, \boldsymbol{w}^{(i)}) - f(\hat{\tau}, \boldsymbol{w}^{(i)}) \qquad [10.24]$$

마진 기반 목적함수는 비용이 보강된 디코딩(§2.4.2) 과정을 통해 $\hat{\tau}$를 선택하는 과정을 통해 최적화될 수 있으며, 가설과 레퍼런스 파스 사이에서 $\Delta(\hat{\tau}, \tau)$만큼의 마진을 강제로 둔다. 여기서 Δ는 해밍 손실Hamming loss을 비롯한 음이 아닌 비용 함수다(Stern et al., 2017).

피처 기반 파싱 모델을 조건부 로그우도를 이용해 학습하는 것도 가능하다. 이 과정은 다음 단원에서 설명한다.

10.4.3 *조건부 무작위장 파싱

파생 점수 $\Psi(\tau)$는 가능한 한 모든 파생을 정규화해 확률로 변환시킬 수 있다.

$$p(\tau \mid \boldsymbol{w}) = \frac{\exp \Psi(\tau)}{\sum_{\tau' \in \mathcal{T}(\boldsymbol{w})} \exp \Psi(\tau')} \qquad [10.25]$$

이 확률을 활용한다면, 라벨링된 말뭉치의 조건부 로그우도를 최대화해 WCFG를 학습시킬 수 있다.

로지스틱 회귀 및 시퀀스를 대상으로 한 조건부 무작위장에서와 마찬가지로 조건부 로그우도의 경사는 각각의 피처에서 관측된 빈도와 기대되는 빈도의 차이에 해당한다. 기댓값 $E_{\tau|w}[f(\tau, w^{(i)}); \theta]$는 가능한 한 모든 파스를 더하고, 앵커드 생성인 $p(X \rightarrow \alpha, (i, j, k)|w)$의 마진 확률을 계산하는 과정이 필요하다. 조건부 무작위장 시퀀스 라벨링에서 태그 바이그램을 대상으로 하는 마진 확률은 쌍방향 **순방향-역방향 알고리듬**(§7.5.3)을 통해 계산된다. 또 문맥 자유 문법과 유사한 것은 **내부-외부 알고리듬** Inside-Outside Algorithm이 있다. 여기서 마진 확률은 파싱 차트를 걸쳐 상향 및 하향 통과를 통해 생성된 항을 통해 계산된다.

- 상향 통과는 내부 순환을 통해 수행되며 §10.3.2에서 설명했다. 각각의 내부 변수 $\alpha(i, j, X)$은 비단말 X로부터 $w_{i+1:j}$를 파생하는 작업에 대한 점수를 의미한다. PCFG에서 로그 확률인 $\log p(w_{i+1:j}|X)$에 해당하며 다음과 같은 순환을 통해 계산된다.

$$\alpha(i, j, X) \triangleq \log \sum_{(X \rightarrow Y\, Z)} \sum_{k=i+1}^{j} \exp\left(\psi(X \rightarrow Y\, Z, (i, j, k)) + \alpha(i, k, Y) + \alpha(k, j, Z)\right)$$

$$[10.26]$$

  여기서 순환의 초기 조건은 $\alpha(m-1, m, X) = \psi(X \rightarrow w_m)$이다. 그리고 분모 $\sum_{\tau \in \mathcal{T}(w)} \exp \Psi(\tau)$은 $\exp \alpha(0, M, S)$와 동일하다.

- 하향 통과는 트리의 루트노드에서 시작해, 동일한 표 구조를 반복하며 채우는 외부 순환을 통해 수행된다. 각각의 외부 변수 $\beta(i, j, X)$는 외부 문맥 $w_{1:i}$과 $w_{j+1:M}$과 결합한 스팬 $(i+1\ ;j)$을 덮는 X 형태가 가지는 구에 대한 점수이다. PCFG에서는 로그 확률인 $\log p((X, i+1, j), w_{1:i} | w_{j+1:M})$에 해당하며 다음과 같은 순환을 통해 외부 변수를 계산한다.

$$\exp \beta(i, j, X) \triangleq \sum_{(Y \rightarrow X\, Z)} \sum_{k=j+1}^{M} \exp\left[\psi(Y \rightarrow X\, Z, (i, k, j)) + \alpha(j, k, Z) + \beta(i, k, Y)\right]$$

$$+ \sum_{(Y \to Z\,X)} \sum_{k=0}^{i-1} \exp\left[\psi\left(Y \to Z\,X, (k,i,j)\right) + \alpha(k,i,Z) + \beta(k,j,Y)\right]$$

$$[10.27]$$

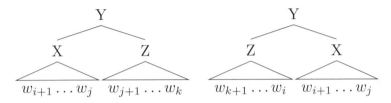

그림 10.3 $\beta(i, j, X)$의 계산 과정에서 외부 순환이 마주하게 되는 두 가지 경우

방정식 10.27의 첫 번째 줄은 X가 그 부모의 좌측 조건하의 점수로, $\boldsymbol{w}_{i+1:k}$에 걸쳐 있으며 $k > j$이다. 두 번째 줄은 X가 그 부모인 Y의 우측 자식이라는 조건하의 점수로, $\boldsymbol{w}_{k+1:j}$에 걸쳐 있으며 $k < i$이다. 두 가지 경우 모두 그림 10.3에서 확인할 수 있다. 두 가지 경우 모두에서 가능한 생성 규칙을 우항의 X와 합할 수 있게 된다. 부모 Y는 X가 좌측 자식인지 우측 자식인지에 따라, i 혹은 j어느 한쪽에 묶여 있으며, 묶여 있는 동안 반드시 나머지 경계선의 모든 가능한 값들을 더해야 한다. 외부 순환의 초기 조건은 $\beta(0, M, S) = 0$과 $\beta(0, M, X \neq S) = -\infty$이다.

스팬 $\boldsymbol{w}_{i+1:j}$를 대상으로 하는 비단말 X의 마진 확률은 $\mathrm{p}(X \rightsquigarrow \boldsymbol{w}_{i+1:j} \mid \boldsymbol{w})$으로 표현하고, 해당 확률은 내부 및 외부 점수를 통해 계산할 수 있다.

$$\mathrm{p}(X \rightsquigarrow \boldsymbol{w}_{i+1:j} \mid \boldsymbol{w}) = \frac{\mathrm{p}(X \rightsquigarrow \boldsymbol{w}_{i+1:j}, \boldsymbol{w})}{\mathrm{p}(\boldsymbol{w})} \qquad [10.28]$$

$$= \frac{\mathrm{p}(\boldsymbol{w}_{i+1:j} \mid X) \times \mathrm{p}(X, \boldsymbol{w}_{1:i}, \boldsymbol{x}_{j+1:M})}{\mathrm{p}(\boldsymbol{w})} \qquad [10.29]$$

$$= \frac{\exp\left(\alpha(i,j,X) + \beta(i,j,X)\right)}{\exp\alpha(0,M,S)} \qquad [10.30]$$

개별 생성 규칙의 마진 확률도 마찬가지 방법으로 계산할 수 있다(연습 문제 2 참조). 마진 확률은 조건부 무작위장 파서 학습은 물론이고, PCFG가 라벨이 없는 텍스트의 데이터 세트를 통해 추정한 비지도 **문법 유도**grammar induction에도 활용할 수 있다(Lari & Young, 1990; Pereira & Schabes, 1992).

10.4.4 뉴럴 문맥 자유 문법

뉴럴 네트워크는 스팬들을 밀집 수치 벡터^{dense numerical vector}로 표현하는 식의 파싱에

도 적용할 수 있다(Socher et al., 2013a; Durrett & Klein, 2015; Cross & Huang, 2016).[6] 예

를 들면 앵커 (i, j, k)와 문장 w는 길이가 고정돼 있는 열 벡터와 결합될 수 있다.

$$v_{(i,j,k)} = [u_{w_{i-1}}; u_{w_i}; u_{w_{j-1}}; u_{w_j}; u_{w_{k-1}}; u_{w_k}] \qquad [10.31]$$

여기서 u_{w_i}는 단어 w_i와 결합된 단어 임베딩을 의미한다. 그다음으로, 벡터 $v_{i,j,k}$는 피

드포워드 뉴럴 네트워크를 거쳐서 앵커드 생성 점수를 계산할 때 사용한다. 예를 들

면 해당 점수는 쌍선형 곱^{bilinear product}으로 계산할 수 있다(Durrett & Klein, 2015).

$$\tilde{v}_{(i,j,k)} = \text{FeedForward}(v_{(i,j,k)}) \qquad [10.32]$$

$$\psi(X \to \alpha, (i, j, k)) = \tilde{v}_{(i,j,k)}^{\top} \Theta f(X \to \alpha) \qquad [10.33]$$

여기서 $f(X \to \alpha)$는 생성 과정에서의 피처 벡터이며, Θ는 파라미터 행렬이다. 행렬 Θ

와 피드포워드 뉴럴 네트워크의 파라미터는 마진 손실 혹은 음의 조건부 로그우도와

같은 목적함수를 사용한 역전파를 사용해 학습시킬 수 있다.

10.5 문법 보정

CFG 파싱의 기저에 있는 지역성 추측은 비단말의 입상도^{granularity}를 따른다. 펜 트리

뱅크 비단말의 경우에는 이런 추측들이 너무 강력해 지나치다고 생각할 만한 몇 가지

이유가 있다(Johnson, 1998).

- 문맥 자유 추측은 과도하게 엄격하다. 예를 들어 생성 규칙 NP → NP PP의
  확률은 (PTB에서) 부모가 문장일 때보다(NP가 문장의 주어임을 의미함) 명사구의
  부모가 동사구일 때(NP가 직접목적어임을 의미함) 훨씬 높다.

- 펜 트리뱅크 비단말은 과도하게 조잡하다. 트리뱅크에는 수많은 종류의 명사
  구와 동사구가 존재하며, 정확한 파싱을 위한 일부 상황에서는 이들 간의 차
  이점을 파악해야 한다. 이미 확인했듯이 전치사구 접속 모호성 문제를 마주

---

6 뉴럴 구성 요소 파싱에 대한 초기 연구에서는 전이 기반 CKY 형식의 차트 파싱보다는 파싱 알고리듬(§10.6.2)을 사용됐
다(Henderson, 2004; Titov & Henderson, 2007).

했을 때, 가중치가 있는 CFG는 항상 NP 접속을 선택하거나(ψ(NP → NP PP) > ψ(VP → VP PP)일 경우) 항상 VP 접속을 선택하게 된다. 더 미묘한 뉘앙스를 가진 행위를 획득하기 위해서는 더 세밀하게 분류된 비단말들이 필요하다.

- 더욱 일반화하면, 정확하게 파싱하기 위해서는 파싱될 텍스트의 의미를 파악하는 과정인 **의미론**semantics이 일정 부분 필요하다. 가령 *cats scratch people with claws* [고양이는 사람들을 발톱으로 긁는다]라는 예문을 살펴보자. *cats*(고양이), *claws*(발톱), *scratching*(긁다) 등의 단어에 관한 지식은 접속 모호성을 올바르게 해결하기 위해 필수적이다.

위의 설명에 대한 극단적인 예시는 그림 10.4에서 확인할 수 있다. 왼쪽 그림처럼 분석하는 과정을 더 선호하는 이유는 바로 비슷한 두 실체인 '*France*(프랑스)'와 '*Italy*(이탈리아)'의 결합이다. 그렇지만 분석에서 나타난 비단말들이 주어지면, 이 두 파스들을 구별할 수 있는 방법은 없다. 완전히 동일한 생성 규칙들을 가지고 있기 때문이다. 그래서 더 정확한 비단말이 필요해진다. 한 가지 가능성 있는 방법은 바로 펜 트리뱅크 이면의 언어학을 제고하고, 주석자로 하여금 다시 시도하도록 하는 것이지만, 원본 주석의 작성에만 5년이라는 시간이 필요했고, 이와 같은 작업을 위해 또 다른 주석을 작성하는 것은 매우 어려운 일이다. 그래서 연구자들은 자동화를 사용하는 방법으로 시선을 돌리기로 했다.

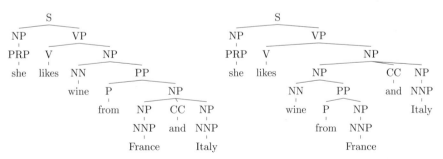

그림 10.4 France와 Italy를 비롯한 구의 결합으로 인해 좌측의 파스가 더 선호되지만, WCFG는 이러한 파스들을 구별할 수 없다.

10.5.1 부모 주석과 기타 트리 변형

문맥 자유 파싱의 기저에 깔린 핵심 가정은 바로 생성 규칙이 오직 좌항의 정체성만 따를 뿐 조상이나 이웃에는 의존하지 않는다는 점이다. 이런 추측이 타당한지 경험론적인 의문들에 비춰보면 비단말에 의존하게 된다. 이상적으로 보면 모든 명사구(그 외에도 동사구 등)는 동일하게 분포돼 있으며, 따라서 해당 가정은 유효하다. 그렇지만 펜 트리뱅크에서는 생성 시 관측되는 확률은 좌항의 부모에 종종 의존하게 된다. 예를 들면 명사구는 주어 위치에 있을 때보다는(예컨대, *the students from Georgia amused them*) 목적어 위치에 있을 때 전치사구 때문에 한정될 가능성이 더 크다(예컨대, *they amused the students from Georgia*). NP → NP PP는 생성 규칙들의 전체 구성 요소들이 S의 자식일 때보다 VP의 자식일 경우 더 개연성이 있음을 의미한다. 관측된 통계 자료는 다음과 같다(Johnson, 1998).

$$Pr(NP \rightarrow NP\ PP) = 11\% \qquad [10.34]$$

$$Pr(NP\ under\ S \rightarrow NP\ PP) = 9\% \qquad [10.35]$$

$$Pr(NP\ under\ VP \rightarrow NP\ PP) = 23\% \qquad [10.36]$$

이러한 현상은 **부모 주석**parent annotation을 통해 포착할 수 있다(Johnson, 1998). 여기서 각각의 비단말은 그림 10.5에서 표현된 것과 마찬가지로, 그 부모의 정체성으로 보강이 이뤄진다. 이 과정은 마르코프 의존성이 각 노드와 그 부모의 사이에 삽입됐기 때문에 **수직 마르코프화**vertical Markovization라고 부르기도 한다(Klein & Manning, 2003). 은닉 마르코프 모델 내에서 바이그램 문맥에서 트라이그램 문맥으로 옮겨가는 것과 비슷하다. 이론상으로는 부모 주석은 비단말 세트의 크기를 제곱하므로 파싱을 현저하게 비효율적으로 만들 수도 있다. 그렇지만 실제로는 실질적으로 데이터에서 출현하는 비단말 수의 증가는 상대적으로 완만한 편이다(Johnson, 1998).

부모 주석은 WCFG 지역성 추측을 약화시킨다. 파서가 더 세밀하게 분류된 식별을 만들어서 실제 언어학적 현상을 더 잘 포착하게끔 해 정확도를 향상시킨다. 그렇지만 각각의 생성 규칙은 더 희소해지고, 따라서 생성 규칙들의 점수의 분산을 제어하기 위해서는 세심한 평활화내지는 정규화가 필요하다.

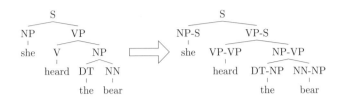

그림 10.5 CFG 파생 과정에서의 부모 주석

10.5.2 어휘화된 문맥 자유 문법

§10.2.2의 예시는 파싱 모호성을 해결하는 과정에서 나타난 개별 단어의 중요성을 보여주고 있다. 전치사 'on'은 'met'과 접속할 확률이 높은 반면 전치사 'of'는 'President'와 접속할 확률이 높다. 그렇지만 모든 단어쌍 중에서 어떤 쌍이 접속 결정^{attachment} ^{decisions}과 관련이 있을까? 원본 예시에서 변형한 사례들을 살펴보자.

(10.3) a. We <u>met</u> the <u>President</u> of Mexico. [우리는 멕시코의 대통령을 만났다.]

     b. We <u>met</u> the first female <u>President</u> of Mexico.[우리는 멕시코의 첫 여성 대통령을 만났다.]

     c. They had supposedly <u>met</u> the <u>President</u> on Monday. [그들은 대통령을 월요일에 만났을 것이다.]

밑줄 친 단어들은 각 구들의 **중심어**^{head word}이다. 가령 'met'은 동사구의 중심어이며 'President'는 직접 목적어 명사구의 중심어다. 이러한 중심어들은 유익한 의미론적 정보를 제공해준다. 그러나 이들은 문맥 자유 추측에 어긋나게 되며 이는 생성 규칙의 점수가 부모와 그 직계 자식에만 의존하게 되며, 각 자식 아래의 서브 구조에는 의존하지 않음을 의미한다.

문맥 자유 파싱으로 중심어를 통합하는 과정은 **어휘화**^{lexicalization}로도 알려져 있으며, 다음의 형식을 따르는 규칙에 따라 실행된다.

$$\text{NP}(President) \rightarrow \text{NP}(President)\ \text{PP}(of) \qquad\qquad [10.37]$$

$$\text{NP}(President) \rightarrow \text{NP}(President)\ \text{PP}(on) \qquad\qquad [10.38]$$

1990년대와 2000년대 초반에 정확한 PCFG 파싱을 위해 어휘화는 꼭 해결해야 할 문제였다. 이 파싱을 위해서는 세 가지 문제점을 해결해야 한다. 바로 트리뱅크 내의 모든 구성 요소의 중심어를 식별하는 것, 중심어를 추적하면서도 효율적으로 파싱하는 것, 어휘화된 생성 규칙의 점수를 추정하는 것이다.

중심어 식별하기　구성 요소의 중심어head word란 해당 구성 요소가 어떻게 나머지 문장에 통합되는지를 결정하는 때, 가장 유용한 단어를 의미한다.[7] 구성 요소의 중심어는 순환적으로 결정되며, 모든 비단말 생성에 대해 좌항의 중심어는 반드시 자식 가운데 하나의 중심어여야 한다. 통상적으로 중심어는 **중심어 여과 규칙**head percolation rule이라고도 부르는 일련의 결정형 규칙에 따라서 선택된다. 많은 경우 이 규칙들은 굉장히 직행적이다. 생성 규칙 NP → DET NN 내에 있는 명사구의 중심어는 명사의 중심어이며, 생성 규칙 S → NP VP 내의 문장의 중심어는 동사구의 중심어다.

표 10.3 영어에서의 중심어 여과 규칙의 일부(Margerman, 1995; Collins, 1997)

Nonterminal	Direction	Priority
S	right	VP SBAR ADJP UCP NP
VP	left	VBD VBN MD VBZ TO VB VP VBG VBP ADJP NP
NP	right	N* EX $ CD QP PRP ¼
PP	left	IN TO FW

표 10.3은 여러 영어 파싱 시스템에서 사용되는 중심어 여과 규칙의 일부를 보여주고 있다. 첫 번째 규칙은 바로 S 구성 요소의 중심어를 찾기 위해서는 먼저 가장 우측의 VP 자식을 찾아야 한다는 것이고, 만약 찾지 못할 경우에는 가장 우측의 SBAR 자식을 찾고 이런 식으로 목록을 따라 내려가야 한다는 것이다. 동사구는 좌측 동사가 이끌게 되며(*can plan on walking*의 중심어는 조동사 *can*은 태그된 MD이기 때문에 *plan*이다) 명사구는 가장 우측의 명사를 닮은 비단말이 이끌게 되고(따라서 '*the red cat*'의 중심어는 '*cat*'이다)[8] 전치사구는 전치사가 이끌게 된다('*at Georgia Tech*'의 중심어는 '*at*'이다). 이

7　이 정의는 실용적인 정의이며, 중심어를 사용해 파싱을 개선한다는 우리의 목표를 달성하는 데 도움을 준다. 이론적인 정의를 알고 싶다면 Bender(2013, 7장)를 참조하는 것이 좋다.

8　명사구 비단말은 종종 특수한 경우로 취급된다. Collins(1997)는 명사를 닮은 품사(예컨대 NN, NNP)이거나, 진행형 표식(progressive marker)이거나, 혹은 최상급 형용사(예컨대 '*the greatest*')에 해당하는 가장 우측의 자식을 탐색하는 휴리스틱(heuristic) 방법을 사용했다. 만약 우측에 해당하는 자식을 발견할 수 없다면 그다음에는 가장 좌측의 NP를 탐색한다. 만약 태그 NP를 가진 자식이 없다면, 이 방법은 또 다른 우선순위 목록을 적용하는데, 이때는 우측에서 좌측으로 이뤄진다.

규칙들 가운데 일부는 무작위이므로, 왜 '*cats and dogs*'의 중심어가 '*dogs*'여야만 하는지에 대한 특별한 이유는 없다. 그렇지만 여기서 핵심은 바로 파싱을 지원할 수 있는 몇몇 어휘론에 대한 정보를 획득하는 것이지, 구문론에 관해서 깊이 탐구하는 것이 아니다. 그림 10.6은 두 개의 실행 예시에 대한 이 규칙들의 적용을 보여준다.

어휘화된 문맥 자유 문법 파싱하기 어휘화에서 나이브 응용을 하기 위해서는 교차곱 cross-product을 단말 부호 세트와 함께 사용해, 비단말 세트를 단순히 늘린다. 그래서 비단말은 NP(*President*)와 VP(*meet*)와 같은 기호를 포함할 수 있게 된다. 이 접근 방법하에 CKY 파싱 알고리듬은 어휘화된 생성 규칙에 직접 적용할 수 있다. 그렇지만 복잡도는 단말 부호의 어휘의 크기의 세제곱이므로 다루기가 매우 까다롭다.

또 다른 접근법은 바로 CKY 표에 인덱스를 추가하는 식으로 보강해 각 구성 요소의 핵head을 추적하는 것이다. 셀 $t[i, j, h, X]$는 $i < h \leq j$일 때, 비단말 X가 h가 중심어인 $w_{i+1:j}$를 포괄하는 최적의 파생 점수를 저장한다. 이 표를 반복적으로 계산하기 위해서는 각 구가 좌측과 우측의 자식으로부터 중심을 얻을 확률을 반드시 고려해야 한다. 좌측과 우측 자식에서 얻은 중심어에 대한 최적의 파생 점수는 각각 t_l과 t_r으로 표기하며, 다음의 순환으로 연결되도록 해준다.

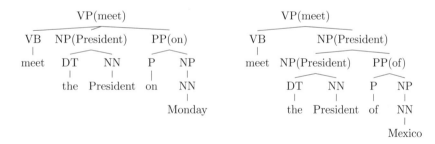

(a) 어휘화와 접속 모호성

(b) 어휘화와 등위 접속 범위 모호성

그림 10.6 어휘화 예시

$$t_\ell[i,j,h,X] = \max_{(X \to YZ)} \max_{k>h} \max_{k<h'\leq j} t[i,k,h,Y] + t[k,j,h',Z] + \psi(X(h) \to Y(h)Z(h'))$$

[10.39]

$$t_r[i,j,h,X] = \max_{(X \to YZ)} \max_{k<h} \max_{i<h'\leq k} t[i,k,h',Y] + t[k,j,h,Z] + (\psi(X(h) \to Y(h')Z(h))$$

[10.40]

$$t[i,j,h,X] = \max\,(t_\ell[i,j,h,X], t_r[i,j,h,X])$$

[10.41]

t_ℓ을 계산하기 위해서는 모든 분할 지점에 대해 $k > h$가 되도록 최대화해야 한다. 그 이유는 중심어는 반드시 좌측 자식 안에 있어야 하기 때문이다. 그다음 우측 자식의 가능한 중심어 h'를 다시 최대화한다. t_r에도 비슷한 계산 작업을 수행한다. 그러면 표의 크기는 $O(M^3 N)$이고, M은 입력의 길이이며 N은 비단말의 수다. 게다가 각 셀은 두 분할 지점인 k와 h'를 모두 최대화하므로 $O(M^2)$번의 작업을 수행해 계산된다. 따라서 알고리듬의 시간 복잡도는 $O(RM^5 N)$이고, 여기서 R은 문법 내의 규칙 개수다. 다행히 더 효율적인 해결책도 존재한다. 통상적으로 파싱의 복잡도는 입력의 길이 내에서 $O(M^4)$까지 감소할 수 있다. 즉, 어휘화된 CFG에 대해 넓은 분류로 보면, 어휘화되지 않은 CFG와 마찬가지로 복잡도는 입력 길이의 세제곱이다(Eisner, 2000).

어휘화된 문맥 자유 문법 추정   어휘화된 파싱에서 남아 있는 마지막 문제는 바로 '어떻게 어휘화된 생성 규칙 $X(i) \to Y(j)\,Z(k)$의 가중치를 추정할 수 있을까?'이다. 이러한 생성 규칙은 단어 쌍의 점수와 관련돼 있어서 쌍어휘적^{bilexical}이라고 알려져 있다. 'meet the President of Mexico'라는 예시에서 우리는 ('meet', 'of')와 ('President', 'of')라는 양어휘적 관련성을 모델링해, 올바른 접속 지점을 선택하고자 한다. 이 단어쌍의 개수는 어휘의 크기에 이차함수^{quadratic}여서, 데이터를 통해 어휘화된 생성 규칙의 가중치를 직접 추정하기는 어렵다. 특히 가중치가 평활화^{smoothing}된 상대빈도를 통해 획득하는 확률적 문맥 자유 문법에서는 더 어려워진다. 백만 개의 토큰이 있는 트리뱅크에서는 일어날 가능성이 극히 작더라도 어휘화 생성이 가능하다면 최소 한 번 이상은 관측될 것이다.[9] 따라서 Charniak(1997)과 Collins(1997) 파서는 다양한 평활화 기법과 독립 추측을 통해서 어휘화된 생성 확률을 근사시킬 수 있도록 초점을 맞추고

---

9   심지어 이런 상황은 더욱 까다로워진다. 비이진(nonbinary) 문맥 자유 문법은 구성 요소의 중심어와 그 자식들 사이에 삼어휘적(trilexical) 혹은 그 이상의 고차원 의존성을 수반할 수도 있기 때문이다(Carreras et al., 2008).

있다.

구별될 수 있도록 학습된 가중치가 있는 문맥 자유 문법에서는 생성 규칙 각각에 대한 점수는 점차 더 세밀하게 만들 수 있는 피처 세트를 통해 계산될 수 있다(Finkel et al., 2008). 예를 들면 어휘화된 생성 규칙 NP(*President*) → NP(*President*) PP(*of*)는 다음의 피처를 통해 계산할 수 있다.

$$f(\text{NP}(President) \rightarrow \text{NP}(President)\ \text{PP}(of)) = \{\text{NP}(*) \rightarrow \text{NP}(*)\ \text{PP}(*),$$
$$\text{NP}(President) \rightarrow \text{NP}(President)\ \text{PP}(*),$$
$$\text{NP}(*) \rightarrow \text{NP}(*)\ \text{PP}(of),$$
$$\text{NP}(President) \rightarrow \text{NP}(President)\ \text{PP}(of)\}$$

첫 번째 피처는 생성 규칙 NP → NP PP의 점수를 매긴다. 그다음에 나온 두 개의 피처는 생성 규칙의 요소 하나만을 어휘화해서 개별 단어인 *President*와 *of*의 NP를 더한 것에 대한 적절성을 평가한다. 마지막 피처는 *President*와 *of*의 구체적인 쌍어휘적 친밀성에 대한 점수를 매긴다. 트리뱅크에서 자주 나타나는 쌍어휘적 쌍에 대해 이러한 피처는 파싱에서 중요한 역할을 수행한다. 나타나지 않거나 아주 드물게 나타나는 쌍에 대해서는 정규화를 통해 그 가중치를 0에 수렴하게 해, 파서가 더 희박하게 분류된 피처에 의존하도록 강제한다.

14장에서는 단어가 출현하는 문맥 속에서의 **분포 속성**^{distributional properties}에 기반해 단어를 클러스터링하는 기법에 대해서 살펴본다. 이런 클러스터링 방법은 희소한 단어와 흔한 단어, 이를테면 'whale', 'shark', 'beluga', 'Leviathan' 등을 클러스터로 묶는다. 단어 클러스터는 분류적 어휘화된 파싱에서 피처로 활용해, 완전한 어휘화와 비단말 사이의 중간 지대를 메울 때 활용된다(Finkel et al., 2008). 이 방법을 사용하면 두 단어가 함께 클러스터링돼 있는 한 'whale'과 같이 상대적으로 흔한 단어를 포함하고 있는 라벨링된 예시를 사용해 'beluga'와 같은 희소한 단어의 파싱을 개선하도록 도움을 줄 수도 있다.

10.5.3 *정제 문법

어휘화는 세부 정보를 어휘의 핵^{head}의 형태로 추가해 문맥 자유 파싱을 개선한다. 그렇지만 어휘화된 생성 규칙의 점수를 추정하기란 어렵다. Klein & Manning(2003)은 올바른 수준의 언어학적 세부 정보가 트리뱅크 카테고리와 개별 단어 사이 어딘가에 있다고 주장한다. 이를테면 일부 품사와 비단말은 *cat*/N과 *dog*/N처럼 완전히 대체될 수 있다. 그러나 다른 경우는 그렇지 않다. 예를 들면 전치사 *of*는 전적으로 명사에만 접속하는 반면, 전치사 as는 동사구를 한정할 가능성이 높다. 즉, Klein & Manning (2003)은 전치사 카테고리를 6개의 세부 유형으로 쪼개는 것으로 하나만 변화시켜서, 주석 처리된 부모가 있는 PCFG 파서의 *F*-MEASURE 점수를 2% 향상시켰다. 그들은 펜 트리뱅크 주석에 언어학적으로 영감을 주는 일련의 정제 방법들을 제안했으며, 이를 통해 도합 40%의 에러 감소를 얻어냈다.

비단말 정제는 정제된 카테고리를 **잠재변수**latent variable로 다뤄 자동화할 수도 있다. 이를테면 우리는 미리 각각의 정제된 비단말이 어떤 것에 대응하는지 정의하지 않고도 명사구 비단말을 NP1, NP2, NP3, ...,와 같이 분할할 수 있다. 이는 §5.2.3에서 다뤘던 다중 성분 문서 분류 모델과 비슷하게 부분 지도학습으로도 다룰 수도 있다. 그리고 잠재변수 PCFG는 기댓값-최대화를 통해 추정할 수도 있다(Matsuzaki et al., 2005).[10]

- E-단계에서는 각각의 파생 내의 비단말 정제 유형을 대상으로 하는 마진 분포 q를 추정한다. 이 마진들은 원본 주석에 의해 제약을 받아서 NP는 NP3가 아니라 NP4로 다시 주석 처리된다. 정제된 생성 규칙을 대상으로 하는 마진 확률은 §10.4.3에서 다룬 것처럼 내부-외부 알고리듬Inside-Outside Algorithm을 사용해 계산할 수 있다. 여기서 E-단계는 원본 주석에서 적용되는 제약 조건을 강제로 적용한다.
- M-단계에서는 E-단계에서 계산한 앵커드 생성 확률을 총합해 문법의 파라미터를 다시 계산한다.

$$E[\text{count}(X \to Y\,Z)] = \sum_{i=0}^{M} \sum_{j=i}^{M} \sum_{k=i}^{j} \mathrm{p}(X \to Y\,Z, (i,j,k) \mid \boldsymbol{w}) \qquad [10.42]$$

---

10 §5.5.2에서 다룬 바 있는 스펙트럼 학습도 마찬가지로 정제 문법에 적용됐다(Cohen et al., 2014).

통상적으로 이 과정은 수렴을 위해 반복 과정이 필요할 수 있다. 각 태그에 대한 정제 유형의 개수를 결정하기 위해서 Petrov et al.(2006)은 분할-병합 발견법^{split-merge heuristic}을 적용했다. 그리고 Liang et al.(2007)과 Finkel et al.(2007)에서는 **베이지안 비모수**^{Bayesian nonparametrics}를 적용했다(Cohen, 2016).

정제된 비단말에 대한 몇 가지 예시는 표 10.4에서 확인할 수 있다. 적정 명사는 달^{month}이나 첫 번째 이름, 가운데 이름, 마지막 이름 혹은 장소의 첫 번째 이름, 장소의 두 번째 이름 등을 구분할 수 있다. 이들 각각 문법적 생성 규칙의 다른 부분에 나타나는 경향이 있다. 인칭대명사는 문법적 역할을 구별하고, PRP-0는 문장의 시작 부분에 있는 주어 위치에 출현하며(대문자화에 주의하자), PRP-1은 문장의 시작 부분이 아닌 주어 위치에 출현하며, PRP-2는 목적어 위치에 출현한다.

표 10.4 자동으로 정제된 비단말과 이에 따라 생성된 단어 예시(Petrov et al., 2006)

Proper nouns			
NNP–14	Oct.	Nov.	Sept.
NNP–12	John	Robert	James
NNP–2	J.	E.	L.
NNP–1	Bush	Noriega	Peters
NNP–15	New	San	Wall
NNP–3	York	Francisco	Street
Personal Pronouns			
PRP–0	It	He	I
PRP–1	it	he	they
PRP–2	it	them	him

10.6 문맥 자유 파싱을 너머

문맥 자유 설정에서 파스의 점수는 개별적 생성 규칙의 점수의 조합이다. 이미 알고 있듯이 이런 유형의 모델은 부모 주석, 어휘화, 자동화된 정제 등을 통해 더 세밀하게 조정된 비단말을 활용해 개선할 수 있다. 하지만 문맥 자유 파싱의 표현력이 갖고 있는 한계점은 다른 탐색 전략을 찾도록 만든다. 이러한 다른 전략들에서는 상향식 파싱이 보장해주는 최적성을 포기하는 대신, 제안된 파스에서 임의적인 속성을 마음껏

340

고려할 수 있는 장점이 있다.

10.6.1 순위 재조정

문맥 자유 파싱의 제약을 완화하는 간단한 방법으로는 문맥 자유 파서가 후보의 최상위 k개 목록을 생성하고 그다음 순위 **재조정자**^{reranker}가 이 목록에서 최적의 파스를 선택하는 2단계 과정을 실행하는 것이다(Charniak & Johnson, 2005; Collins & Koo, 2005). 순위 재조정자는 다계층 분류^{multiclass classification}와 유사한 목적함수를 통해 학습될 수 있으며, 참조 파스나 최상위 k개 목록상에 있는 것 중에서 가장 낮은 에러를 가진 파스에 가장 높은 점수를 부여하는 식으로 가중치 학습이 이뤄지도록 수행한다. 어느 경우에서든 순위 재조정자는 최상위 k개 파스만 평가하면 되므로 문맥 자유 추측은 불필요하게되며, 그래서 더 잘 표현할 수 있는 평가함수를 위한 가능성을 추가로 열어준다.

- 이를테면 구조적 유사성과 파스의 우측 가지치기 성향 등과 같은 임의적인 비지역적 피처를 포함하는 것도 가능하다(Charniak & Johnson, 2005).
- 순위 재조정은 **순환 뉴럴 네트워크**^{recursive neural network}를 사용할 수 있도록 만들어준다. 그래서 다음의 식 10.43과 같이 각각의 구성 요소 스팬인 $w_{i+1:j}$가 생성 규칙에 연결된 합성함수를 사용해, 그 자식의 벡터 표현으로부터 계산된 벡터 $u_{i,j}$을 받아서 사용할 수 있다(Socher et al., 2013a). 이를테면 다음과 같다.

$$u_{i,j} = f\left(\Theta_{X \to Y Z} \begin{bmatrix} u_{i,k} \\ u_{k,j} \end{bmatrix} \right) \qquad [10.43]$$

그런 다음 파스의 전체 스코어가 최종 벡터인 $\Psi(\tau) = \theta u_{0,M}$을 통해 계산된다.

순위 재조정 과정을 통해 정확도를 상당히 향상시킬 수 있지만, 순위 재조정의 한계점은 바로 생성기^{generator}를 통해서 제안된 최상위 k개 내에서만 최적의 파스를 찾는다는 것이다. 그래서 상향식 파서가 가지는 높은 수준의 후보를 찾아내는 능력에 따라 본질적인 제약이 존재할 수밖에 없다.

10.6.2 전이 기반 파싱

구조 예측은 탐색의 한 형태로 볼 수 있다. 상향식 파싱에 대한 또 다른 방법은 바로 입력을 좌측에서 우측으로 읽어나가는 일련의 **전이**transition 과정을 통해 점진적으로 파스 구조를 쌓아가는 것이다. 전이 기반 파싱은 11장에서 의존성 파싱을 다룰 때 좀 더 상세하게 다룰 것이다. 하지만 CFG 파싱에도 마찬가지로 적용할 수 있으며 다음에서 간략하게 설명한다.

모든 문맥 자유 문법에는 여기에 상응하는 **푸시다운 자동 기계**Pushdown Automaton 즉, 문법을 통해 파생될 수 있는 스트링만 수용해서 계산하는 모델이 존재한다. 이 계산 모델은 왼쪽에서 오른쪽으로 처리하며, 스택에 밀어넣고push 꺼낸다pop. 이 아키텍처는 문맥 자유 문법에 대한 자연스러운 전이 기반 파싱 프레임워크를 제공하며, 해당 프레임워크는 **이동 감축 파싱**Shift-Reduce Parsing이라고도 알려져 있다.

이동 감축 파싱은 전이 기반 파싱의 일부로, 파서는 다음의 동작을 수행할 수 있다.

- 다음 단말 기호를 스택으로 이동시킨다.
- 스택에서 가장 위의 아이템을 문법의 단일 생성 규칙을 사용해, 단일 감소시킨다.
- 스택에서 가장 위의 두 아이템을 문법의 이진 생성 규칙을 사용해, 두 아이템에 대해 이진 감소를 수행한다.

위의 가능한 동작들에는 상황에 따라 제약이 존재한다. 예를 들면 파서는 오직 입력 안에서 단말 기호가 남아 있는 경우에만 이동할 수 있으며, 적용 가능한 생성 규칙이 문법 안에 존재할 때만 감소할 수 있다. 만약 입력이 파서에서 완전히 소진되는 상태에 도달하고, 스택이 오직 원소 S만을 포함하도록 하는 단계에 이르면 입력을 수용한다. 만약 파서가 수용되지 않는 단계, 즉 가능한 조작이 없는 단계에 도달한다면 입력은 거부된다. 파스 에러는 입력을 수용하는 동작 시퀀스가 일부 존재하지만, 파서가 해당 시퀀스를 찾지 못할 때 발생한다.

예시 다음의 입력 'we eat sushi'와 표 10.1의 문법을 살펴보자. 다음 일련의 동작 과정을 거쳐서 입력은 파싱된다.

1. 첫 번째 토큰 we를 스택으로 **이동**시킨다.

2. 생성 규칙 NP → *we*를 사용해 스택의 최상단 아이템을 NP로 **감소**시킨다.

3. 다음 토큰인 *eat*를 스택으로 **이동**시키고, 생성 규칙 VP → *eat*를 사용해 해당 토큰을 V로 감소시킨다.

4. 마지막 토큰인 '*sushi*'를 스택으로 **이동**시키고, 이 토큰을 NP로 **감소**시킨다. 입력은 완전히 사용됐으며 해당 스택은 [NP, V, NP]를 포함하고 있다.

5. 최상단의 두 아이템을 생성 규칙 VP → V NP를 사용해 **감소**시킨다. 스택은 이제 [VP, NP]를 포함하고 있다.

6. 가장 위의 두 아이템을 생성 규칙 S → NP를 사용해 **감소**시킨다. 스택은 이제 [S]를 포함하고 있다. 입력값이 이제 더 이상 없으므로 수용 단계에 이르렀음을 알 수 있다.

이 예시에서 주목할 만한 사실은 바로 이동 동작의 수가 입력의 길이와 동일하다는 것이다. 감소 동작의 수는 분석 과정 내에서 비단말 기호의 수와 동일하며, 입력의 길이에 선형으로 비례한다. 그래서 이동 감소 파싱의 전체 시간 복잡도는 입력의 길이에 대해 선형이다(각 분류 결정이 입력의 길이에 대해 일정하다고 가정한다). 이는 CKY 파싱에서의 시간 복잡도가 세제곱인 것에 비해 훨씬 더 낫다고 할 수 있다.

추론으로서의 전이 기반 파싱

일반적으로는 전이 기반 파서, 심지어 일반적인 CFG 독립 추측하에서 최적의 파스인 $\Psi(\tau; w)$를 탐색할 수 있으리라고 보장하리란 불가능하다. 각 문맥 내에 있는 앵커드 파싱 동작에 대해 점수를 부여할 수 있으며, 이때 $\psi(a, c)$는 문맥 c에서 동작 a를 수행할 때의 점수이다. 전이 기반 파싱이 이러한 점수의 총합을 극대화하는 파생을 효율적으로 탐색할 수 있다고 생각할 수도 있지만, 또한 이 역시도 기하급수적으로 많은 수의 가능한 동작 시퀀스를 역추적하고, 탐색하는 과정이 필요하다. 만약 파생에서 시작부터 잘못된 결정을 내렸다면, 초기에 저지른 실수까지 역추적하지 않고서는 최적의 조작 시퀀스를 복구하는 것이 불가능할 수도 있다. 이러한 문제를 **탐색 에러**[search error]라고 한다. 전이 기반 파서는 차트 파싱이 필요한 제약적인 독립 추측 없이도 무작위 피처를 포함할 수 있지만, 탐색 에러는 이러한 유연성을 얻기 위해 반드시 지불해야 하는 대가일 수도 있다.

전이 기반 파싱 학습하기

전이 기반 파싱은 각 상황에서 올바른 조작을 선택하도록 분류기를 훈련시켜서 머신
러닝 분야와 결합시킬 수 있다. 이 분류기는 입력, 파서의 상태, 파스 히스토리 내의
어떤 피처라도 선택할 수 있다. 하지만 여기에 최적성이 보장되진 않는다. 파서는 분
석의 시작 단계에서 범한 실수 때문에 차선의 파스를 선택할 수도 있다. 그럼에도 강
력한 CFG 파서 일부는 CKY보다는 이동 감소^{shift-reduce} 아키텍처에 기반한다. 최근
모델은 이동 감소 파싱을 순환 네트워크와 연결시켜 입력을 소진하는 동시에 은닉 상
태의 벡터를 갱신하기도 한다(예컨대 Cross & Huang, 2016; Dyer et al., 2016). 전이 기반
파싱을 위한 학습 알고리듬은 §11.3에서 더 상세하게 다룰 것이다.

연습 문제

1. 영어의 주어 동사 일치를 다루는 문법을 설계하라. 구체적으로 설계된 해당 문법
    은 다음에 주어진 예시들을 올바르게 다룰 수 있어야 한다.
    (10.4) a. She sings.

            b. We sing.

    (10.5) a. *She sing.

            b. *We sings.

2. 1번 문제에서 다뤘던 문법을 확장해 조동사 '*can*'을 포함시켜서, 다음의 예시들이
    처리될 수 있도록 하라.
    (10.6) a. She can sing.

            b. We can sing.

    (10.7) a. *She can sings.

            b. *We can sings.

3. 프랑스어에서는 주어와 동사가 사람과 숫자에서 일치해야 하며, 한정사와 명사
    가 성과 숫자에서 일치해야 한다. 동사와 그 목적어는 일치하지 않아도 된다. 프

랑스어가 두 종류의 성(여성, 남성)과, 세 종류의 인칭(첫 번째[*me*], 두 번째[*you*], 세 번째[*her*])이, 두 종류의 수(단수, 복수)가 존재한다고 가정할 때, 단순한 문법이 일치 문제를 다룰 수 있도록 확장하려면 얼마나 많은 생성 규칙이 필요한가?

S	→	NP VP
VP	→	V | V NP | V NP NP
NP	→	DET NN

4. 다음의 문법을 살펴보자.

S	→	NP VP
VP	→	V NP
NP	→	JJ NP
NP	→	*fish* (the animal)
V	→	*fish* (the action of fishing)
JJ	→	*fish* (a modifier, as in *fish sauce* or *fish stew*)

해당 문법에 CKY 알고리듬을 적용하고, 다음의 문장 '*fish fish fish fish*'에 대해 가능한 한 모든 파스를 확인하라.

5. 4번 문제에 대해 가능한 파스 중 하나를 선택하고, 해당 파스가 어떻게 일련의 이동 감소 행위를 통해 파생될 수 있는지를 보여라.

6. VP 등위 접속 문제를 다루기 위해서, 문법은 생성 규칙 VP → VP CC VP 포함한다. 또한 형용사를 다루기 위해서 생성 규칙 VP → VP ADV를 포함한다. 모든 동사는 단일 생성들로 이뤄진 시퀀스(VP → V → *eat*)로부터 생성됐다고 가정한다.

   a) 생성 규칙 VP → VP CC VP를 어떻게 이진화할 수 있는지 보여라

   b) 이진화된 문법을 사용해 다음의 문장 '*They eat and drink together*'를 파싱하라. 여기서 *together*는 형용사로 취급하라.

   c) 가중치가 있는 CFG는 이 문장의 두 가지 가능한 파생을 구별할 수 없음을 증명하라. 원본에서 비이진 문법 내의 생성에 초점을 맞춰 설명해야 한다.

   d) 부모 주석된 WCFG가 '*together*'이 등위접속 '*eat and drink*'를 한정하는 파생을 선호하도록 하려면 어떤 조건이 갖춰져야 하는지를 설명하라.

7. 다음의 PCFG를 살펴보자

$$p(X \to X\ X) = \frac{1}{2} \qquad\qquad [10.44]$$

$$p(X \to Y) = \frac{1}{2} \qquad\qquad [10.45]$$

$$p(Y \to \sigma) = \frac{1}{|\Sigma|}, \forall \sigma \in \Sigma \qquad\qquad [10.46]$$

a) 스트링 $w \in \Sigma^M$에 대한 최대 확률 파스의 확률 $p(\hat{\tau})$를 계산하라.

b) 조건 확률 $p(\hat{\tau}|w)$를 계산하라.

8. 문맥 자유 문법은 단어의 내부 구조를 파싱할 때 사용할 수 있다. 가중치가 있는 CKY 알고리듬과 다음의 가중치가 있는 문맥 자유 문법을 사용해 형태론적 분할 시퀀스인 *in+flame+able*에 대한 최적의 파스를 확인해보라.

S	→	V	0
S	→	N	0
S	→	J	0
V	→	VPref N	-1
J	→	N JSuff	1
J	→	V JSuff	0
J	→	NegPref J	1
VPref	→	*in+*	2
NegPref	→	*in+*	1
N	→	*flame*	0
JSuff	→	*+able*	0

9. 내부 및 외부 점수를 사용해 마진 확률 $p(X_{i+1:j} \to Y_{i+1:k}\ Z_{k+1:j}|w)$를 구하라. Y는 $w_{k+1:j}$에 걸쳐 있고, Z는 $w_{k+1:j}$에 걸쳐 있으며, X는 Y와 Z의 부모로 $w_{i+1:j}$에 걸쳐져 있다.

10. 포텐셜 $\Psi(X \to \alpha)$가 로그 확률이므로 모든 X에 대해 $\sum_{\alpha} \exp \Psi(X \to \alpha) = 1$이라고 가정한다. 방정식 10.26의 반환 내부 순환이 로그 확률 $\log p(w) = \log \sum_{\tau:\text{yield}(\tau)=w} p(\tau)$를 생성함을 증명하시오.

11 의존 파싱

10장에서는 명사구 및 동사구 등의 중첩된 구성 요소의 관점에서 문장을 분석하는 알고리듬을 살펴봤다. 하지만 많은 경우 구 구조 분석의 모호성에 대한 주요 원인은 **접속**attachment 문제로 연결돼, 전치사나 보어 절을 어디에 접속시키고, 등위 접속사의 범위를 어떻게 볼 것인가 등의 의문점으로 이어진다. 이러한 접속 결정은 더 경량화된 구조로 표현될 수 있다. 이 구조는 문장 속의 단어를 대상으로 하는 방향 그래프로, **의존 파스**dependency parse라고도 알려져 있다. 구문론 주석은 이와 같은 의존 구조에 초점을 맞추는 식으로 이뤄졌고, 이 책을 쓰는 시점에서 **보편 의존 구문**Universal Dependencies 프로젝트는 60개가 넘는 언어를 대상으로 100여 개 이상의 의존 트리뱅크를 제공하고 있다.[1] 10장에서는 의존 문법의 기저에 깔려 있는 언어학적 아이디어를 설명하고, 그다음으로 정확한 전이 기반 파싱 알고리듬을 다룬다. 또한 전이 기반 구조 예측에 대한 연구에 대해서도 살펴볼 것이다.

11.1 의존 문법

의존 문법 Dependency Grammar는 그 자체로 꽤 긴 역사를 갖고 있지만(Tesnière, 1966; Kübler et al., 2009) 한 걸음 더 나아가면, 10장(§10.5.2)에서 다뤘던 어휘화된 문맥 자유 문법을 확장하는 방법을 통해 영감을 얻을 수 있다. 10장을 돌이켜보면 어휘화 과정은 각각의 비단말을 **중심어**head word를 사용해서 보강했다. 구성 요소의 표제어는 표 10.3에

---

1 universaldependencies.org

서 표현한 것처럼, 일련의 **중심 규칙**^{head rule}을 사용해 구성 요소의 중심을 순환하며 식별한다. 어휘화된 문맥 자유 파스 예시는 그림 11.1a에 나타나 있다. 이 문장에서 S 구성 요소의 중심어는 주동사인 'scratch'이며, 그다음 이러한 비단말은 중심어가 'cats'인 명사구 'the cats'를 생성하고, 우리는 여기서 마지막으로 단어 'the'를 도출한다. 따라서 단어 'scratch'는 문장의 중앙 위치를 차지하며 단어 'cats'는 보조적인 역할을 수행하게 된다. 순환 과정을 거치면서 결국 'cats'는 명사구의 중앙 위치를 차지하며 단어 'the'는 보조적인 역할을 수행하게 된다.

문장 내 단어 사이의 관계는 어휘화된 구 구조 파스에 기반한 방향 그래프의 형태로 수식화할 수 있다. 단어 i가 중심이고, i의 자식이 단어 j가 중심이 되는 구의 중심어인 경우에만 간선 (i, j)로 연결한다. 그러면 아래의 예시에서는 $scratch \rightarrow cats$ 와 $cats \rightarrow the$를 얻게 된다. 이에 반해 간선 $scratch \rightarrow the$는 얻을 수 없다. 그 이유는 비록 구 구조 파스 트리에서 S($scratch$)가 DET(the)를 주도하지만 그 직계 부모는 아니기 때문이다. 이 간선들은 의존 문법에서 핵심이 되는 **중심어**^{head}와 **의존어**^{dependent} 사이의 양어휘적 관계를 설명하는 **구문적 의존**을 의미한다.

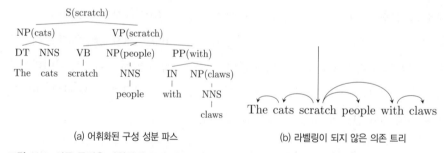

(a) 어휘화된 구성 성분 파스   (b) 라벨링이 되지 않은 의존 트리

그림 11.1 의존 문법은 어휘화된 문맥 자유 문법과 긴밀하게 연결돼 있으며, 각 어휘 중심어는 구성 요소 안의 다른 모든 단어로 이어지는 의존 경로를 가지고 있다(이 예시는 전치사를 전치사구의 중심어로 만드는 §10.5.2의 어휘화 규칙에 기반한다. 더 최신의 보편 의존 주석에서 'with claws'의 중심어는 'claws'이며 따라서 간선 scratch → claws가 존재하게 된다).

의존 그래프^{dependency graph}를 계속 설계해 나가면서, 우리는 결국 그림 11.1b에 나타난 것과 같이 문장의 모든 단어에 도달하게 된다. 이 그래프에서 (그리고 이와 같은 방식으로 만들어진 모든 그래프에서도) 루트의 단어를 제외한 모든 단어는 정확하게 해당 단어로 들어오는 간선이 하나 있으며, 특수한 화살표로 표시된다. 더 나아가 그래프는

약하게 연결돼 있다. 그래서 만약 직접 연결된 간선이 직접 연결되지 않는 간선으로
바뀌게 되면 모든 노드 쌍의 사이에는 경로가 존재하게 된다. 이런 속성들을 통해서
그래프에 주기가 없음을 보일 수 있고, (혹은 최소한 한 개의 노드는 반드시 2개 이상의 들어
오는 간선을 가져야 한다) 그래서 이 그래프는 트리이다. 한편 그래프가 모든 꼭짓점을
포함하고 있기 때문에 **스패닝 트리**^{spanning tree}가 된다.

11.1.1 중심어와 의존어

의존 간선은 종종 **수식어**^{modifier}로 부르는 중심어와 의존어^{Heads and Dependents} 사이의 비
대칭적인 구문론적 관계가 있음을 암시한다. *the cats* 혹은 *cats scratch* 등의 쌍에서
어떤 것이 중심어인지 어떻게 결정할까? 다음과 같은 몇 가지 평가 기준이 있다.

- 중심어는 구조의 구문론적 범주를 설정한다. 이를테면 명사는 명사구의 중심
  이며 동사는 동사구의 중심이다.
- 수식어는 선택적이지만, 중심어는 꼭 필요하다. 이를테면 문장 *cats scratch
  people with claws*에서 하위 트리인 *cats scratch*와 *cats scratch people*은 문
  법적인 문장이지만, *with claws*는 그렇지 않다.
- 중심어는 수식어의 형태학적 형식을 결정한다. 이를테면 성^{gender} 일치를 필
  요로 하는 언어에서 명사의 성별은 형용사와 한정사의 성별을 결정한다.
- 간선은 먼저 내용어를 연결해야 하며, 그다음에 기능어를 연결한다.

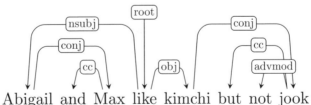

그림 11.2 보편 의존 구문 주석 시스템에서는 해당 조직에서 가장 좌측에 있는 항목이 중심어다.

  이런 원칙들은 모든 곳에서 보편적으로 수용되지는 않으며, 종종 서로 충돌하기도
한다. 보편 의존 구문^{UD, Universal Dependencies} 프로젝트는 수십여 종의 서로 다른 언어에
적용될 수 있는 일련의 원칙들을 식별하기 위한 시도를 해오고 있다(Nivre et al.,

2016).[2] 이 원칙들은 8장에서 소개한 보편 품사 태그에 기반하고 있다. 그렇지만 이 원칙들은 §10.5.2에서 소개한 중심어 규칙과는 다소 차이를 보인다. 가령 의존성은 내용어와 관련 있어야 한다는 원칙에서, 전치사구 'with claws'에서는 'claws'가 중심어가 되며, 여기서는 *scratch* → *claws*라는 간선과 또 다른 간선 *claws* → *with*라는 결과를 낳는다.

의존 문법에 대한 반론 중 하나는 바로 모든 구문론적 관계가 비대칭은 아니라는 사실이다. 그중 하나가 바로 등위 접속이다(Popel et al., 2013). 다음의 문장 *Abigail and Max like kimchi*[애비게일과 맥스는 김치를 좋아한다](그림 11.2)에서 등위 접속된 명사구 *Abigail and Max*의 중심어는 무엇일까? *Abigail* 혹은 *Max*를 선택하는 것은 임의로 결정한 것처럼 보인다. 공평성을 고려한다면 *and*가 중심어가 돼야 하지만 이 단어는 명사구에서 가장 중요하지 않은 단어 같은 데다 선택한다고 하더라도 내용어를 먼저 연결해야 한다는 원칙에 어긋난다. 보편 의존 주석 시스템은 임의적으로 가장 좌측의 항목을 중심어로 선택하며(이 경우 Abigail이다), 이 중심어에서 *Max*와 등위 접속사 *and*를 잇는 간선을 포함한다. 이 간선들은 CONJ(접속되기 시작한 단어에 대해)라는 라벨과 CC(등위 접속사에 대해)라는 라벨로 구별된다. 라벨링 시스템은 12장에서 다룬다.

11.1.2 라벨링된 경우의 의존성

간선들은 두 원소 사이에 존재하는 구문론적 관계의 본질을 나타내기 위해서 **"라벨링될"** 수도 있다. 예를 들면 그림 11.2에서 *like*에서 *Abigail*을 잇는 간선 위의 라벨 NSUBJ는 *Abigail*이 중심이 되는 하부 트리가 동사 *like*의 명사 주어임을 나타낸다. 이와 유사하게 *like*에서 *kimchi*를 잇는 간선 위의 라벨 OBJ는 *kimchi*가 중심이 되는 하부 트리가 목적어임을 의미한다.[3] 부정 *not*은 명사 *jook*상에서 부사형 수식어 (ADVMOD)로 취급된다.

그림 11.3에는 조금 더 복잡한 예시가 나타나 있다. 여러 단어의 표현 *New York*

---

2 가장 구체적이고 최신의 개정된 지침은 universaldependencies.org/guidelines.html에서 확인할 수 있다.

3 이전 연구에서는 직접 목적어와 간접 목적어를 구별했지만(De Marneffe & Manning, 2008), 보편 의존 구문 주석 시스템의 2.0 버전에서는 이를 구별하지 않는다.

*pizza*는 요소들이 합성(COMPOUND) 관계로 연결된 "평탄한^{flat}" 텍스트 단위로 취급된다. 이 문장은 그림 11.2에서의 명사구들과 같은 방식으로 결합된 두 개의 절을 포함하고 있다.

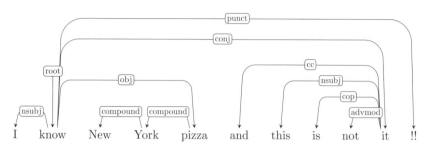

그림 11.3 영어 보편 의존 구문 트리뱅크에서 라벨링된 의존 파스(reviews-361348-0006)

두 번째 절은 **연어**^{copula} 동사를 포함하고 있다(§8.1.1 참조). 이 절에서는 동사의 "목적어"를 루트로 취급하고(이 경우에는 *it*), COP 관계를 적용해 동사를 의존어로 라벨링한다. 또 이 예시에서는 PUNCT라는 라벨을 사용해 구두점을 어떻게 다룰 수 있는지에 대해서도 보여준다.

11.1.3 의존 하부 트리와 구성 요소

의존 트리는 CFG 파스에서 존재할 수도 있는 정보를 숨긴다. 사실 많은 경우에는 숨겨진 정보들은 관련성이 없다. 그림 11.4는 동사 *ate*에 부속된 전치사구를 표현하는 서로 다른 세 가지 방법을 보여준다. 이 분석들 사이에는 확실하게 유의미한 차이가 없어서, 펜 트리뱅크는 관습적으로 2단계 표현을 사용한다(더욱 상세히 살펴보려면 Johnson(2008)을 참조하라). 그림 11.4d에 나타난 것처럼 이 세 가지 경우는 의존 파스 안에서 모두 동일해 보인다.

그러나 의존 문법은 등위 접속의 중심 식별과 같은(§11.1.1) 자체의 주석 결정 세트를 사용하지만 어휘화 과정 없이는 문맥 자유 문법은 등위 접속 내의 요소들에 대해 유리함을 가질 필요가 없다. 의존 파스는 실망스러울 정도로 평탄할 수도 있다. 예를 들면 다음의 문장 *Yesterday, Abigail was eagerly feeding Max kimchi*에서, 루트인 *feeding*은 모든 의존의 관계의 중심이 된다! 구성 요소 파스는 이런 경우에 대해 훨씬

352

유익한 구조적 분석을 제공한다.

투영성

지금까지는 각 단어를 꼭짓점으로 하는 그래프의 스패닝 트리^{spanning tree}로 의존 트리를 정의해왔다. 이미 살펴봤듯이 이런 트리를 구성하는 한 가지 방법은 어휘화된 구성 요소 파스 안의 중심을 연결하는 것이다. 그렇지만 이와 같은 방법으로 구성될 수 없는 스패닝 트리도 존재한다. 구문론적 구성 요소는 인접한^{contiguous} 스팬이다. 어휘화된 요소로 구성된 파스로 만들어진 스패닝 트리에서, 노드 i에서 j를 범위로 하는 모든 구성 요소의 중심 h는, 이 스팬 내의 모든 노드와 연결하는 경로를 가져야 한다. 이 속성을 투영성^{projectivity}이라고 하며, 투영 의존 파스는 스패닝 트리의 제한된 부류^{class}이다. 투영성은 "교차하는 간선"이 없도록 막는 것을 의미하고, 공식적인 정의는 다음과 같다.

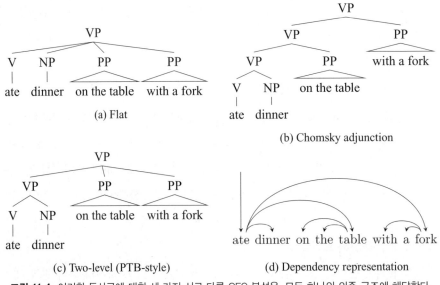

그림 11.4 이러한 동사구에 대한 세 가지 서로 다른 CFG 분석은, 모두 하나의 의존 구조에 해당한다.

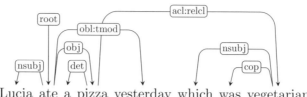

그림 11.5 비투영 의존 파스의 예시. "교차하는 간선"은 관계사절 which was vegetarian과 간접적으로 시간을 수식하는 yesterday를 통해 발생한다.

정의 2 (투영성) i에서 j를 연결하는 간선은 i와 j 사이의 모든 k가 i의 자손일 때만 만족하는 필요충분조건이다. 의존 파스는 모든 간선이 투영적인 경우에만 투영성을 띠는 필요충분조건이다.

그림 11.5는 영어의 비투영적 의존 그래프의 예시를 보여준다. 이 의존 그래프는 어떤 구성 요소 파스에도 해당하지 않는다. 표 11.1에서 표현된 바와 같이, 비투영성은 체코어, 독일어 등과 같은 언어에서 더 흔하다. 비록 이들 언어들에서는 상대적으로 적은 의존 관계를 가지는 곳에서만 비투영성을 띠지만, 대부분의 문장에서 이러한 의존 관계를 가지고 있다. 그래서 (곧 다루게 되겠지만) 투영성은 중요한 알고리듬적 의의를 가진다.

표 11.1 세 언어(체코어, 영어, 독일어)에서 비투영적 의존 관계의 빈도(Kuhlmann & Nivre, 2010)

	% nonprojective edges	% nonprojective sentences
Czech	1.86%	22.42%
English	0.39%	7.63%
German	2.33%	28.19%

11.2 그래프 기반 의존 파싱

$y = \{(i \xrightarrow{r} j)\}$가 중심어 $i \in \{1, 2, ..., M, \text{ROOT}\}$에서 수식어 $j \in \{1, 2, ..., M\}$까지 잇는 관계를 의미하는 r이 간선이 되는 의존 그래프를 나타낸다고 하자. 특수 노드 ROOT는 그래프의 루트를 나타내며, M은 입력 $|\boldsymbol{w}|$의 길이이다. 평가함수 $\Psi(\boldsymbol{y}, \boldsymbol{w}; \boldsymbol{\theta})$가 주어졌을 때, 최적의 파스는 다음과 같다.

354

$$\hat{y} = \underset{y \in \mathcal{Y}(w)}{\mathrm{argmax}} \ \Psi(y, w; \theta) \qquad [11.1]$$

여기서 $\mathcal{Y}(w)$는 입력 w에 대한 유효한 의존 파스 집합이다. 통상적으로 가능한 라벨 $|\mathcal{Y}(w)|$의 수는 입력의 길이에 지수적으로 비례한다(Wu & Chao, 2004). 이와 같은 가능한 그래프 공간을 탐색하는 알고리듬은 **그래프 기반 의존 파서**graph-based dependency parser라고 한다.

시퀀스 라벨링과 구성 요소 파싱을 설명하는 단계에서 봤듯이, 우리는 지역 피처 벡터들의 총합으로 분해되는 피처함수를 선택함으로써 지수 공간을 효율적으로 탐색했다. 의존 파싱에서도 평가함수가 의존 아크arc 전역에 걸쳐서 분해될 수 있도록 만드는 방식과 유사한 접근 방식을 사용할 수도 있다.

$$\Psi(y, w; \theta) = \sum_{i \xrightarrow{r} j \in y} \psi(i \xrightarrow{r} j, w; \theta) \qquad [11.2]$$

이러한 가정하에 작동하는 의존 파서는 파서 내 그래프의 점수가 모든 아크의 점수로 만들어진 것에서 유래하여, **아크 분해**arc factored라고 한다.

고차원 의존 파싱

아크 분해를 완화시켜서 고차원 의존을 사용할 수도 있다. **2차원 의존 파싱**Second-Order Dependency Parsing에서의 평가함수는 그림 11.6의 예시에 표현된 것처럼, 조부모grandparent 와 형제siblings를 포함할 수도 있다.

$$
\begin{aligned}
\Psi(y, w; \theta) = & \sum_{i \xrightarrow{r} j \in y} \psi_{\mathrm{parent}}(i \xrightarrow{r} j, w; \theta) \\
& + \sum_{k \xrightarrow{r'} i \in y} \psi_{\mathrm{grandparent}}(i \xrightarrow{r} j, k, r', w; \theta) \\
& + \sum_{\substack{i \xrightarrow{r'} s \in y \\ s \neq j}} \psi_{\mathrm{sibling}}(i \xrightarrow{r} j, s, r', w; \theta) \qquad [11.3]
\end{aligned}
$$

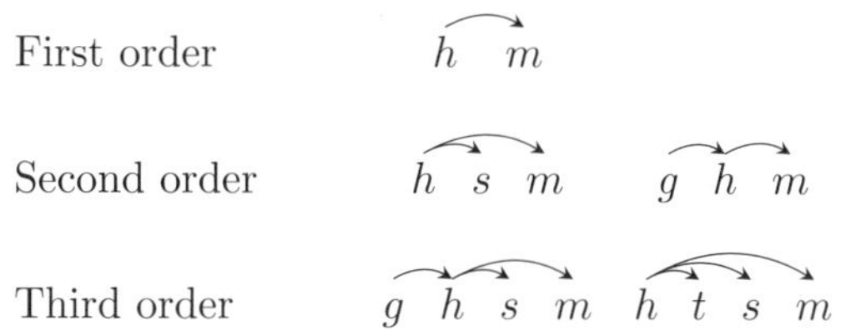

그림 11.6 고차원 의존 파싱을 위한 피처를 설명한 템플릿

두 번째 줄은 조부모 k를 포함해 평가함수를 계산하며, 세 번째 줄은 각각의 형제자매 s에 대한 평가함수를 계산한다. 투영 의존 그래프에서는 2차원 및 3차원 의존 파싱을 위한 효율적인 알고리듬이 존재한다(Eisner, 1996; McDonald & Pereira, 2006; Koo & Collins, 2010). 그리고 비투영 의존 그래프에서 2차원 의존 파싱은 결정형 다항식으로 정의할 수 없는 NP-hard한 속성을 가진다(McDonald & Pereira, 2006). 구체적인 알고리듬은 12장에서 다룬다.

11.2.1 그래프 기반 파싱 알고리듬

투영 의존 트리와 비투영 의존 트리의 차이는(§11.1.3) 알고리듬을 선택할 때 수행하는 주요 역할이 다르다. 투영 의존 트리는 어휘화된 구성 요소 트리와 밀접한 관련이 있어서(또 여기서 파생될 수도 있으므로) 어휘화된 파생 알고리듬을 직접 적용할 수 있다. 임의의 스패닝 트리에서 더 일반적인 파싱 문제를 다루려면 다른 클래스^{class}의 알고리듬이 필요하다. 두 경우 모두 아크 분해된 의존 파싱은 각각의 가능한 간선의 점수 $\psi(i \xrightarrow{r} j, \boldsymbol{w}; \theta)$를 미리 계산해야 한다. 여기서 간선의 점수는 $O(M^2 R)$개 존재한다. M은 입력의 길이이며, R은 의존 관계 유형의 수다. 이는 아크 분해된 의존 파싱의 모든 정확한 알고리듬의 시간과 공간 복잡도의 하한에 해당한다.

투영 의존 파싱 모든 어휘화된 구성 요소 트리에서는 구성 요소의 중심과 그 부모 사이에 아크를 생성해 의존 트리로 변환할 수 있다. 따라서 모든 어휘화된 구성 요소 파싱은 아크 점수를 어휘화된 생성 규칙의 점수로 변환해 투영 의존 파싱 알고리듬으로 변환시킬 수 있다. §10.5.2에서 언급한 것처럼, CKY 알고리듬의 확장이라고 할 수 있는 어휘화된 구성 요소 파싱에는 세제곱의 시간이 필요한 알고리듬이 존재한다. 따

356

라서 아크 분해된 투영 의존 파싱 또한 파싱 길이의 세제곱만큼 수행할 수 있다.

2차원 투영 의존 파싱도 마찬가지로, 어휘화된 파싱 알고리듬에 최소한의 수정만을 가해 세제곱 시간 안에 실행될 수 있다(Eisner, 1996). 더 나아가 **3차원 의존 파싱**third-order dependency parsing도 가능하지만 여기서 평가함수는 그림 11.6과 같이 증조부모, 증손자, 삼형제tri-siblings까지도 확인할 수도 있다. 3차원 의존 파싱은 $O(M^4)$ 시간 동안 실행될 수 있으며, 연관성이 없는 간선을 제거하려면 가지치기pruning하는 식으로 더욱 실용적으로 만들 수 있다.

비투영 의존 파싱 비투영 의존 파싱의 목표는 문장 안의 단어에 대해 가장 높은 점수를 부여하는 스패닝 트리를 식별하는 것이다. 아크 분해된 추측은 각각의 스패닝 트리의 점수가 미리 계산된 간선의 점수를 총합해 계산되도록 보장한다. 이 점수에 기반해 가중된 연결 그래프를 만들 수 있다. 아크 분해된 비투영 의존 파싱은 비로소 최대 총합 점수 $\Psi(y, w) = \sum_{i \xrightarrow{r} j \in y} \psi(i \xrightarrow{r} j, w)$를 얻을 수 있는 스패닝 트리를 탐색하는 작업과 동일해진다. **Chu-Liu-Edmonds 알고리듬**(Chu & Liu, 1965; Edmons, 1967)은 **최대 방향 스패닝 트리**maximum directed spanning tree를 효율적으로 계산한다. 계산을 위해 먼저 각각의 꼭짓점 j로 들어오는 최적의 간선 $i \xrightarrow{r} j$을 확인한다. 결과 그래프가 순환 과정을 포함하지 않는다면, 그것이 바로 최대 스패닝 트리이다. 만약 순환 과정이 존재한다면, 들어오는 간선과 나가는 간선이 순환 과정 내의 꼭짓점을 연결하는 간선에 기반한 초꼭짓점super-vertex으로 분해된다. 그런 다음 이 알고리듬은 최종 그래프에 순환적으로 적용되며 이 과정은 순환 과정이 없는 그래프를 얻을 때까지 반복한다.

각 꼭짓점의 최적의 들어오는 간선을 식별하는 과정의 시간 복잡도는 $O(M^2R)$이며, M은 입력의 길이이고 R은 관계의 수를 나타낸다. 최악의 경우 순환 과정의 개수는 $O(M)$이 될 수도 있다. 따라서 Chu-Liu-Edmonds 알고리듬의 복잡도는 $O(M^3R)$이다. 이 복잡도는 피보나치 힙Fibonacci heap에 간선의 점수를 저장하는 식으로 $O(M^2N)$까지 감소시킬 수 있다(Gabow et al., 1986). 그래프 기반 파싱 알고리듬에 대한 더 자세한 정보를 얻기 위해서는 Eisner(1997)와 Kübler et al.(2009)을 참조하면 된다.

고차원 비투영 의존 파싱 고차원 투영 의존 파싱이 다루기 쉽다는 점을 생각해본다면 비투영 2차원 의존 파싱이 결정형 다항식으로 구성될 수 없다는 (NP-hard) 사실은 의

외라고 여겨질 수 있다. 이는 꼭짓점 커버^{vertex cover} 문제에서의 감소를 통해 증명할 수 있다(Neuhaus & Bröker, 1997). 이에 대한 발견적 방법은 투영 파싱을 진행한 다음, 비투영 간선을 추가하기 위해 투영 의존 파스를 후처리하는 것이다(Nivre & Nilsson, 2005). 더 최근의 연구에서는 그래피컬 모델에서의 근사 추론을 위한 기법을 적용 중에 있으며, 여기에는 신뢰도 확산(Smith & Eisner, 2008), 정수 선형 프로그래밍(Martins et al., 2009), 변형 추론(Martins et al., 2010), 마르코프 체인 몬테 카를로(Zhang et al., 2014) 등이 포함된다.

11.2.2 의존 아크의 점수 계산하기

아크 분해된 평가함수 $\psi(i \xrightarrow{r} j, \boldsymbol{w}; \boldsymbol{\theta})$는 여러 방식으로 정의할 수 있다.

$$\text{선형} \quad \psi(i \xrightarrow{r} j, \boldsymbol{w}; \boldsymbol{\theta}) = \boldsymbol{\theta} \cdot \boldsymbol{f}(i \xrightarrow{r} j, \boldsymbol{w}) \qquad [11.4]$$

$$\text{뉴럴넷} \quad \psi(i \xrightarrow{r} j, \boldsymbol{w}; \boldsymbol{\theta}) = \text{Feedforward}([\boldsymbol{u}_{w_i}; \boldsymbol{u}_{w_j}]; \boldsymbol{\theta}) \qquad [11.5]$$

$$\text{생성} \quad \psi(i \xrightarrow{r} j, \boldsymbol{w}; \boldsymbol{\theta}) = \log p(w_j, r \mid w_i) \qquad [11.6]$$

선형 피처 기반 아크 점수 의존 파싱에서의 선형 모델은 시퀀스 라벨링과 결정적 구성요소 파싱에서 사용한 것과 동일한 피처를 다수 포함한다. 여기에는 다음과 같은 항목들이 포함된다.

- 아크의 길이와 방향
- 의존 관계로 연결된 단어 w_i와 w_j
- 접두사, 접미사와 위 단어들의 품사
- 의존 아크의 이웃들 w_{i-1}, w_{i+1}, w_{j-1}, w_{j+1}
- 접두사, 집미사와 위 이웃 단어들의 품사

이 피처들은 모두 의존 간선 라벨 r과 결합할 수 있다. 아크 분해된 파서에서 피처는 w_i와 w_j 이외의 단어들을 가리킬 수도 있음을 염두에 두자. 제약점은 피처는 오직 단일 아크만 고려한다는 사실이다.

쌍어휘 피처(예컨대 *sushi → chopsticks*)는 강력하지만 희소한 상황에 해당한다. 그래서 정리되지 않은 것에 대한 또 다른 방법으로 품사 혹은 접사 형태로 "백오프^{backing off}"해서 보완할 수 있도록 만들면 유용하다. 예를 들면 다음의 피처는 라벨링 되지 않은 의존 파서의 품사로 백오프해 생성했다.

$$f(3 \rightarrow 5, \textit{we eat sushi with chopsticks}) = \langle \textit{sushi} \rightarrow \textit{chopsticks},$$
$$\textit{sushi} \rightarrow \text{NNS},$$
$$\text{NN} \rightarrow \textit{chopsticks},$$
$$\text{NNS} \rightarrow \text{NN} \rangle$$

그다음 규칙화 분류 학습 알고리듬은 다양한 수준의 세부 사항에서 피처 사이를 교환할 수 있다. McDonalds et al.(2005)은 이러한 접근법을 '4어휘적^{tetralexical}' 피처로 적용한다(예컨대 $(w_i, w_{i+1}, w_{j-1}, w_j)$). 이런 피처들은 중간에 들어온 단어로 인해 가능성이 떨어지는 아크를 선택하는 것을 방지하도록 도움을 준다. 예를 들면 사이에 있는 스팬이 동사를 포함하고 있다면, 두 명사 사이에 간선이 존재할 확률은 굉장히 낮다. Bohnet(2010)은 상당한 1차원 및 2차원 피처 목록을 제공하며, 해싱함수를 사용해 이러한 피처를 효율적으로 저장한다.

뉴럴 아크 점수 입력 안의 각 단어 w_i에 대해 벡터 표현 $\boldsymbol{x}_i$가 주어졌을 때, 아크 점수들은 피드포워드 뉴럴 네트워크를 통해 계산할 수 있다.

$$\psi(i \xrightarrow{r} j, \boldsymbol{w}; \boldsymbol{\theta}) = \text{FeedForward}([\boldsymbol{x}_i; \boldsymbol{x}_j]; \boldsymbol{\theta}_r) \qquad [11.7]$$

이때 특수 가중치 $\boldsymbol{\theta}_r$는 모든 아크 유형에 대해 적용 가능하다(Pei et al., 2015; Kiperwasser & Goldberg, 2016). Kiperwasser & Goldberg(2016)는 은닉층 한 개를 가진 피드포워드 뉴럴 네트워크를 사용한다.

$$z = g(\Theta_r[\boldsymbol{x}_i; \boldsymbol{x}_j] + b_r^{(z)}) \qquad [11.8]$$

$$\psi(i \xrightarrow{r} j) = \boldsymbol{\beta}_r z + b_r^{(y)} \qquad [11.9]$$

여기서 Θ_r은 행렬이고, $\boldsymbol{\beta}_r$은 벡터이며, 각각의 b_r은 스칼라이고 함수 g는 요소별 tanh 활성화함수다.

벡터 $\boldsymbol{x}_i$는 사전 학습되거나 역전파를 통해 학습될 수 있는 단어 임베딩과 동일한 방식으로 설정할 수 있다(Pei et al., 2015). 다른 방법으로는 §7.6에서 설명한 바와 같이, 입력에 대해 양방향 순환 뉴럴 네트워크를 적용해 문맥 정보를 포함할 수도 있다. 각 단어에 대한 RNN의 은닉 상태는 아크 평가함수에 대한 입력으로 사용할 수도 있다 (Kiperwasser & Goldberg, 2016).

피처 기반 아크 점수는 계산적인 측면에서 막대한 가중치 표를 저장하고 탐색하기 때문에 비용이 많이 든다. 뉴럴 아크 점수는 이 문제에 대한 압축적인 해결책으로 다뤄진다. 어휘 피처 튜플의 공간에서 작업하기보다는 피드포워드 뉴럴 네트워크의 은닉층은 내부에서 피처 조합을 계산한다고 보이기 때문에, 이때 뉴럴 네트워크의 각 층에서는 계속 증가하는 단어들을 평가한다. 뉴럴 기반의 의존 파싱에 대한 초기 연구에서는 당시 테스트 시점 기준으로 현저한 속도 개선과 동시에 피처 기반의 모델보다 더 높은 정확도를 보였다(Chen & Manning, 2014).

확률적 아크 점수 만약 아크 점수가 로그 확률 $\log p(w_j, r|w_i)$와 같다면, 해당 점수의 총합은 연쇄법칙에 따라 문장의 로그 확률과 아크 라벨을 제공한다. 예를 들어 라벨링이 돼 있지 않은 파스 *we eat sushi with rice*를 살펴보자.

$$y = \{(\text{ROOT}, 2), (2, 1), (2, 3), (3, 5), (5, 4)\} \tag{11.10}$$

$$\log p(\boldsymbol{w} \mid \boldsymbol{y}) = \sum_{(i \to j) \in y} \log p(w_j \mid w_i) \tag{11.11}$$

$$= \log p(eat \mid \text{ROOT}) + \log p(we \mid eat) + \log p(sushi \mid eat)$$
$$+ \log p(rice \mid sushi) + \log p(with \mid rice) \tag{11.12}$$

확률적 생성 모델은 (5장에서 다뤘던) 기댓값-극대화^{EM}와 함께 조합해 비지도 의존 파싱을 하기 위해 사용했다(Klein & Manning, 2004).

11.2.3 학습

그래프 기반 의존 파싱을 구조 예측 문제로 다뤘기 때문에, 비슷한 학습 알고리듬을 시퀀스 라벨링에서 활용된 알고리듬에 적용할 수 있다. 손실함수 $\ell(\boldsymbol{\theta}; \boldsymbol{w}^{(i)}, \boldsymbol{y}^{(i)})$가 주어지면, 파라미터에 대한 경사 기반의 갱신을 계산할 수 있다. 피처 기반의 아크 점수와 퍼셉트론 손실을 가진 모델에서는 통상적인 구조화된 퍼셉트론 갱신만을 얻을 수 있다.

$$\hat{\boldsymbol{y}} = \underset{\boldsymbol{y}' \in \mathcal{Y}(\boldsymbol{w})}{\operatorname{argmax}} \boldsymbol{\theta} \cdot \boldsymbol{f}(\boldsymbol{w}, \boldsymbol{y}') \tag{11.13}$$

$$\boldsymbol{\theta} = \boldsymbol{\theta} + \boldsymbol{f}(\boldsymbol{w}, \boldsymbol{y}) - \boldsymbol{f}(\boldsymbol{w}, \hat{\boldsymbol{y}}) \qquad\qquad [11.14]$$

이 경우 argmax는 문장의 모든 의존 트리를 대상으로 하는 최대화 작업이 필요하고, 이 작업은 §11.2.1에서 표현된 알고리듬을 사용해 계산할 수 있다. 또 한편으로는 §2.3에서 다뤘던 가중치 평균화, 큰 마진 목적함수^{large-margin objective}, 정규화 등과 같은 모든 일반적인 기법들을 적용할 수도 있다. Mcdonald et al.(2005)은 온라인 마진 기반 학습 알고리듬인 MIRA를 사용해, 의존 파싱을 구조 예측 문제로 다룬 최초의 시도였다. 뉴럴 아크 점수도 동일한 방법으로 학습시킬 수 있다. 이 방법에서는 마진 손실에서 시작해 각 간선의 점수를 계산하는 피드포워드 네트워크에서 점수를 갱신하도록 역전파하는 방법이다.

아크 분해된 의존 파싱의 조건부 무작위장은 다음의 확률 모델을 기반으로 만들어진다.

$$p(\boldsymbol{y} \mid \boldsymbol{w}) = \frac{\exp \sum_{i \xrightarrow{r} j \in \boldsymbol{y}} \psi(i \xrightarrow{r} j, \boldsymbol{w}; \boldsymbol{\theta})}{\sum_{\boldsymbol{y}' \in \mathcal{Y}(\boldsymbol{w})} \exp \sum_{i \xrightarrow{r} j \in \boldsymbol{y}'} \psi(i \xrightarrow{r} j, \boldsymbol{w}; \boldsymbol{\theta})} \qquad [11.15]$$

이 모델은 음의 로그 조건부 우도를 최소화하도록 학습된다. 조건부 무작위장 시퀀스 모델(§7.5.3)과 로지스틱 회귀 분류기(§2.5)와 마찬가지로, 경사는 마진 확률 $p(i \xrightarrow{r} j, \boldsymbol{w}; \boldsymbol{\theta})$를 포함하며, 이 경우에는 각각에 대한 의존 확률이다. 아크 분해된 모델에서 이러한 확률은 다항식 시간 내에 계산할 수 있다. 투영 의존 트리에서 마진 확률은 내부-외부 알고리듬^{inside-outside algorithm}의 변형을 사용해 세제곱 시간 내에 계산할 수 있고(Lari & Young, 1990) 비투영 의존 파싱에서도 "**행렬 트리 이론**^{matrix-tree theorem}"(Koo et al., 2007; McDonalds et al., 2007; Smith & Smith, 2007)을 활용해 마진 확률은 마찬가지로 세제곱 시간 내에 계산될 수 있다. 이러한 방식에 대한 더욱 상세한 정보는 Kübler et al.(2009)을 참조하라.

11.3 전이 기반 의존 파싱

그래프 기반 의존 파싱은 정확한 추론을 제공하며, 이 추론을 통해 주어진 모든 모델에 대해 최고 점수를 내는 파스로 돌아갈 수 있다. 하지만 그만큼의 비용이 필요하다.

평가함수는 지역 부분으로 분해될 수 있어야 하고(비투영 파싱에서는 이 부분은 개별 아크로 제한된다) 이 제약은 의존 파싱보다는 시퀀스 라벨링에서 더 와닿는다. 그 이유는 바로 2차원 의존 피처는 몇몇 접속 유형을 올바르게 식별하기 위한 핵심 피처이기 때문이다. 이를테면 전치사구 접속은 접속 위치, 전치사의 목적어, 전치사 그 자체에 따라 결정되는데, 아크 분해된 점수는 이 세 가지 피처 모두를 동시에 처리할 수 없다. 그래프 기반 의존 파싱도 마찬가지로 인간 언어 처리를 위한 직관에 반하기 때문에 비판의 대상이 될 수 있다. 사람은 문장을 순차적으로 읽고 들으며, 문장의 끝에 도착하기에 앞서 문장 구조와 의미의 정신 모델을 점증적으로 구축한다(Jurafsky, 1996). 이 과정을 전체 문장에 대해 상향식 작업을 수행하며, 메모리 안의 모든 단어를 파서에 저장하도록 요구하는 그래프 기반 알고리듬은 전체 문장에 대해 상향식 작업을 수행하므로 함께 사용하기는 어려워 보인다. 또 마지막으로 실사용 측면에서 보면 그래프 기반 의존 파싱은 상대적으로 느리며 입력의 길이의 세제곱 시간만큼 실행된다.

전이 기반 알고리듬은 이 세 가지 문제점을 모두 해결할 수 있다. 전이 기반 알고리듬은 문장을 순차적으로 이동하는 동시에, 해당 시점까지 읽어오며 저장한 표현을 점증적으로 갱신하는 작업을 수행하는 식으로 동작한다. §10.6.2에서 다뤘던 이동 감소shift-reduce 파서와 마찬가지로 해당 표현은 하부 구조가 푸시되고 튀어나올 수 있는 스택으로 구성된다. 이동 감소에서는 하위 구조로 이뤄져 있다. 즉, 이후에 나오는 전이 시스템에서 이들은 입력의 부분적 스팬에 대한 투영적 의존 트리가 된다.[4] 파싱은 입력이 모두 소진되고 스택상에 구조 하나만 남아 있을 때 끝난다. 파스로 이어지는 일련의 동작들을 **파생**derivation이라고 한다. 전이 기반 시스템의 한 가지 문제는 파스 구조 하나에 다수의 파생이 존재할 수 있다는 것이다. 이러한 현상을 **거짓 모호성**Spurious Ambiguity이라고 한다.

11.3.1 의존 파싱을 위한 전이 시스템

전이 시스템 Transition System은 파서의 구성을 설명하는 표현과, 해당 설정을 다루는 전이 동작들의 세트로 구성돼 있다. 의존 파싱에는 두 가지 주요 전이 시스템이 존재하며,

---

4   비투영 의존 파싱에서도 마찬가지로 전이 기반 파싱이 존재한다(Nivre, 2008).

여기에는 이동 감소와 밀접한 연관이 있는 **아크 표준**arc-standard과 파생을 단순화할 수 있도록 추가 동작을 더해주는 **아크 이거**arc-eager가 있다(Abney & Johnson, 1991). 두 가지 경우 모두 전이는 삼중의 수식 $C = (\sigma, \beta, A)$으로 표현된 **구성**configuration 사이에 존재하고, σ는 스택이고, β는 입력 버퍼며, A는 생성된 아크의 목록이다(Nivre, 2008). 다음의 초기 구성을 살펴보면,

$$C_{\text{initial}} = ([\text{ROOT}], \boldsymbol{w}, \varnothing) \qquad [11.16]$$

스택은 오직 특수 노드인 ROOT만 포함하고 있다. 또 전체 입력은 버퍼상에 있으며, 아크 집합이 공집합임을 의미한다. 그리고 수용하는 구성accepting configuration은 다음과 같다.

$$C_{\text{accept}} = ([\text{ROOT}], \varnothing, A) \qquad [11.17]$$

여기서 스택은 오직 ROOT만을 포함하고, 버퍼는 비어 있으며, 아크 A는 입력의 스패닝 트리를 정의한다. 아크 표준과 아크 이거 시스템은 구성 간의 전이 세트를 정의하고, 이 과정을 통해 초기 구성을 수용하는 입력으로 변환할 수 있다. 이 두 시스템에서 입력을 파싱하기 위한 동작의 개수는 입력의 길이에 따라 선형으로 증가해서, 그래프 기반 방법에 비해 전이 기반 파싱을 만들기에 상당히 효율적으로 만들어준다.

아크 표준 **아크 표준**Arc-Standard 전이 시스템은 이동 감소와 함께 프로그래밍 언어를 파싱할 때 사용하는 LR 알고리듬과 밀접한 관련이 있다(Aho et al., 2006). 이 시스템은 다음의 부류에 해당하는 동작들을 가지고 있다.

표 11.2 입력 They like bagels with lox. [그들은 훈제 연어가 들어간 베이글을 좋아한다.]에 대한 라벨링 되지 않은 의존 파스에 대한 아크 표준 파생

	σ	β	action	arc added to $\mathcal{A}$
1.	[ROOT]	*they like bagels with lox*	SHIFT	
2.	[ROOT, *they*]	*like bagels with lox*	ARC–LEFT	(*they ← like*)
3.	[ROOT]	*like bagels with lox*	SHIFT	
4.	[ROOT, *like*]	*bagels with lox*	SHIFT	
5.	[ROOT, *like, bagels*]	*with lox*	SHIFT	
6.	[ROOT, *like, bagels, with*]	*lox*	ARC–LEFT	(*with ← lox*)
7.	[ROOT, *like, bagels*]	*lox*	ARC–RIGHT	(*bagels → lox*)
8.	[ROOT, *like*]	*bagels*	ARC–RIGHT	(*like → bagels*)

| 9. | [ROOT] | *like* | ARC-RIGHT | (ROOT → *like*) |
| 10. | [ROOT] | ∅ | DONE | |

- SHIFT: 첫 번째 항목을 입력 버퍼에서 스택의 최상위로 이동시킨다.

$$(\sigma, i|\beta, A) \Rightarrow (\sigma|i, \beta, A) \qquad [11.18]$$

여기서 $i|\beta$는 i가 입력 버퍼의 가장 좌측에 위치한 항목임을 나타내기 위해 사용됐고, $\sigma|i$는 i를 스택 σ로 푸시한 결과를 나타내기 위해 사용됐다.

- ARC-LEFT: 스택의 가장 위에 위치한 항목과 입력 버퍼의 첫 번째 항목 사이에 r 유형의 새로운 좌향 아크를 생성한다. 아크의 중심은 j이며 입력 버퍼의 앞부분에 남는다. 아크 $j \overset{r}{\curvearrowleft} i$는 A에 추가한다. 이를 수식화하면 다음과 같다.

$$(\sigma|i, j|\beta, A) \Rightarrow (\sigma, j|\beta, A \oplus j \overset{r}{\curvearrowleft} i) \qquad [11.19]$$

여기서 r은 의존 아크의 라벨이고, $\oplus$는 새로운 아크 $j \overset{r}{\curvearrowleft} i$를 리스트 A에 연결한다.

- ARC-RIGHT: 스택의 가장 위에 위치한 항목과 입력 버퍼의 첫 번째 항목 사이에 r 유형의 새로운 우향 아크를 생성한다. 스택으로부터 튀어나온 입력인 아크의 중심은 i이고, 입력 버퍼의 맨 앞으로 푸시한다. 아크 $i \overset{r}{\curvearrowright} j$는 A에 추가한다. 이를 수식화하면 다음과 같다.

$$(\sigma|i, j|\beta, A) \Rightarrow (\sigma, i|\beta, A \oplus i \overset{r}{\curvearrowright} j) \qquad [11.20]$$

다시 말하지만 r은 의존 아크의 라벨이다.

각각의 동작에는 조건이 있다. SHIFT 동작은 버퍼가 최소 하나의 원소라도 가지고 있을 경우에만 수행될 수 있다. ARC-LEFT 동작은 루트 노드 ROOT가 스택의 가장 위에 있을 때는 수행될 수 없다. 그 이유는 이 ROOT 노드는 반드시 전체 트리의 루트에 있어야 하기 때문이다. ARC-LEFT와 ARC-RIGHT 동작은 한정사 단어를 각각 스택과 버퍼로부터 제거하며, 따라서 어떤 단어도 하나 이상의 부모를 가질 수 없다. 게다가 종료 상태는 모든 단어가 버퍼와 스택으로부터 제거된 후에만 도달할 수 있기 때문에, 아크 세트는 스패닝 트리를 구성할 수 있도록 만든다. 아크 표준 파생에 대한 예시는 표 11.2에서 확인할 수 있다.

아크 이거 의존 파싱 아크 표준 전이 시스템에서 어떤 단어가 의존 아크의 한정사로 되는 순간 파스로부터 완전히 제거된다. 이 시점에서 해당 단어에 의존된 모든 것들은 모두 확인돼 있어야 한다. 우분지 구조$^{\text{Right-Branching}}$는 영어를 비롯한 다수의 기타 언어에서 발견되며, 단어는 오른쪽에 위치하는 전치사구 등과 같은 단위에 따라 수정된다. 아크 표준 시스템에서는 필수적으로 모든 입력의 유닛을 스택상으로 이동시키고 그런 다음 거꾸로 작업하면서 표 11.2에서 발생한 것과 같이 일련의 아크들을 생성해야 한다. *bagels*를 스택상으로 이동시키는 결정이 전치사구 *with lox*가 명사구에 접속됨을 보장하고, 이 결정은 반드시 전치사구 그 자신이 파싱되기 전에 내려져야 한다는 사실을 기억해둬야 한다. 이 결정 과정이 인지적으로 타당하지 않다는 주장이 제기돼왔지만(Abney & Johnson, 1991) 계산적 관점에서 본다면 파서가 올바른 결정을 내리기 위해서 몇 단계 앞을 봐야 할 수도 있게 된다.

아크 이거 의존 파싱은 ARC-RIGHT 동작을 바꿔서, 모든 의존 자손들이 발견되기 전에 우측의 의존 자손들이 접속될 수 있도록 한다. 버퍼와 스택으로부터 한정사를 제거하는 대신, ARC-RIGHT 동작은 한정사를 스택의 가장 위로 푸시한다. 그러면 스택이 부분 의존 그래프 내의 부모인 원소들을 이미 포함하고 있기 때문에 다음의 두 가지 변화가 필요하다.

- 스택상의 최상단에 있는 원소가 이미 A 내의 부모를 갖고 있다면 ARC-LEFT 동작이 적용될 수 없도록 하기 위해서는 전제 조건이 필요하다.
- REDUCE라는 새로운 동작을 도입한다. 이 동작은 해당 원소가 만약 A 내의 부모를 갖고 있다면 스택으로부터 제거한다.

$$(\sigma|i, \beta, A) \Rightarrow (\sigma, \beta, A) \qquad [11.21]$$

위의 변화에 따라 이제 전치사구 *with lox*를 파싱하기에 앞서 *like* → *bagels*와 같은 아크를 생성할 수 있다. 게다가 해당 동작들은 전치사구가 명사에 접속할지, 동사에 접속할지 등에 대한 결정을 내포하지 않는다. 명사 접속은 표 11.3의 파스에서 선택됐지만, 동사 접속은 5단계 혹은 7단계에 REDUCE 동작을 적용함에 따라 완성된다.

표 11.3 입력 they like bagels with lox.[그들은 훈제 연어가 들어간 베이글을 좋아한다.]에 대한 라벨링되지 않은 아크 이거 파생

	σ	β	action	arc added to $\mathcal{A}$
1.	[ROOT]	*they like bagels with lox*	SHIFT	
2.	[ROOT, *they*]	*like bagels with lox*	ARC-LEFT	(*they* ← *like*)
3.	[ROOT]	*like bagels with lox*	ARC-RIGHT	(ROOT → *like*)
4.	[ROOT, *like*]	*bagels with lox*	ARC-RIGHT	(*like* → *bagels*)
5.	[ROOT, *like, bagels*]	*with lox*	SHIFT	
6.	[ROOT, *like, bagels, with*]	*lox*	ARC-LEFT	(*with* ← *lox*)
7.	[ROOT, *like, bagels*]	*lox*	ARC-RIGHT	(*bagels* → *lox*)
8.	[ROOT, *like, bagels, lox*]	∅	REDUCE	
9.	[ROOT, *like, bagels*]	∅	REDUCE	
10.	[ROOT, *like*]	∅	REDUCE	
11.	[ROOT]	∅	DONE	

투영성 아크 표준 및 아크 이거 전이 시스템은 반드시 투영 의존 트리를 생성한다. 그 이유는 스택상의 최상단에 위치한 단어와 버퍼의 가장 좌측 간선 사이에 모든 아크들이 존재하기 때문이다(Nivre, 2008). 비투영 전이 시스템은 스택의 두 번째 혹은 세 번째의 단어로 아크를 생성하는 동작을 추가하거나(Attardi, 2006), 또는 아직 핵[head]을 가지지 못한 모든 단어의 리스트를 보존하는 또 다른 배열 구조를 채택해 또 다른 구성으로 된 구조를 만든다(Covington, 2001). **유사 투영 의존 파싱**[Pseudo-Projective Dependency Parsing]에서는 투영 의존 파스가 먼저 생성되고 그다음 그래프 변환 기법이 적용돼 비투영 간선을 생성한다(Nivre & Nilsson, 2005).

빔 탐색 "탐욕적인[greedy]" 전이 기반 파싱에서 파서는 각각의 구성에 따라 최선의 결정을 내리기 위해 노력한다. 여기서 초기 결정이 좋지 않은 파생에 파서가 갇히도록 만들면 탐색 에러가 발생한다. 예를 들면 만약 표 11.2에서 ARC-RIGHT가 4단계에서 선택됐다고 한다면, 파서는 나중에 전치사구 *with lox*를 동사 *likes*에 접속시킬 수밖에 없다. 아크 *likes* → *bagels*가 비록 올바른 의존 파스의 일부이기는 하지만 아크 표준 전이 시스템에서는 이 아크가 파생의 뒷부분에서 생성되도록 만든다는 사실에 유의해야 한다.

빔 탐색은 점증적 디코딩 내의 탐색 에러를 개선하기 위한 종합적인 기법이다.[5] 탐색 도중 알고리듬은 빔^{beam}이라고 하는 부분적으로 완성된 가설 세트들을 유지한다. 파생의 t단계에서는 k개의 가설 세트가 있으며 이들 각각은 점수 $s_t^{(k)}$와 의존 아크 집합인 $A_t^{(k)}$을 포함한다.

$$h_t^{(k)} = (s_t^{(k)}, A_t^{(k)}) \qquad [11.22]$$

그다음, 각각의 가설은 현재의 구성 $c_t^{(k)}$에서 가능한 모든 동작들의 세트인 $\mathcal{A}(c_t^{(k)})$을 고려하면서 "확장된다". 이 과정에서 수많은 새로운 가설 집합을 만들어낸다. 각각의 동작 $a \in \mathcal{A}(c_t^{(k)})$에 대해, 우리는 새로운 가설 $A_t^{(k)} \oplus a$에 점수를 부여한다. 이런 점수 측정 기준에 따른 최상위 k개 가설만이 보존되며, 파싱은 다음 단계에서 진행된다 (Zhang & Clark, 2008). 빔 탐색이 개별 동작보다는 동작 '시퀀스'들의 평가함수를 요구한다는 사실에 주의하자. 이는 다음 단원에서 다시 다룰 것이다.

그림 11.7은 의존 파싱에 빔의 크기 $K = 2$인 빔 탐색을 실행하는 과정을 보여준다. 첫 번째 전이에서, 유일하게 유효한 동작은 SHIFT이며, 따라서 $t = 2$에서는 오직 하나의 가능한 구성만 존재한다. 이러한 구성에서는 가능한 3개의 동작이 있다. 최적 점수를 보여주는 두 개의 동작은 바로 ARC-RIGHT와 ARC-LEFT이며, 따라서 이러한 동작들의 결과로 나오는 가설들은 $t = 3$에서 빔 위에 위치하게 된다. 이 구성에서는 개별로 가능한 3개의 동작이 존재하지만 최적의 2개는 바로 $t = 3$에서 가장 아래에 있는 가설의 확장판이다. 파싱은 두 가설이 모두 수용 단계에 도달하는 $t = 5$까지 계속된다. 그다음 최적 점수를 매기는 가설이 파스로 선택된다.

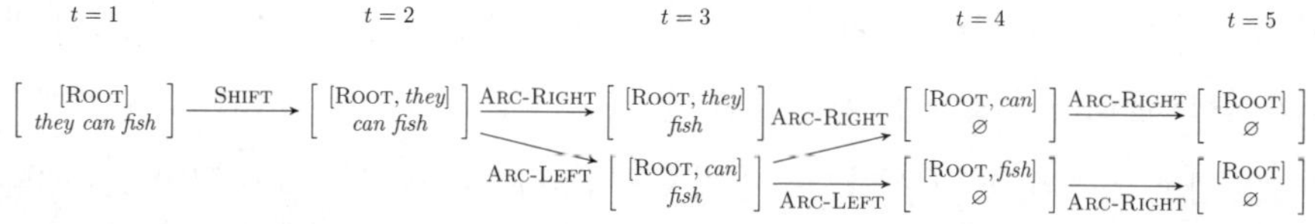

그림 11.7 라벨링되지 않은 의존 파싱에서의 빔 탐색(빔 크기 $K = 2$). 각각의 구성 아크 리스트는 나타나 있지 않지만 전이를 통해 계산할 수 있다.

---

5 빔 탐색은 자연어 처리 및 그 이외의 목적으로도 사용된다. 또 이 책의 상호 참조 해결(§15.2.4)과 기계 번역(§18.4)에서 다시 다루게 될 것이다.

11.3.2 전이 기반 파서에서의 평가함수

전이 기반 파서에서는 일련의 동작들을 선택하는 과정이 필요하다. 그리고 탐욕적 전이 기반 파싱에서는 분류기를 학습시켜서 해당 동작들을 선택할 수 있다.

$$\hat{a} = \underset{a \in \mathcal{A}(c)}{\text{argmax}} \ \Psi(a, c, \boldsymbol{w}; \boldsymbol{\theta}) \qquad [11.23]$$

여기서 $\mathcal{A}(c)$는 현재의 구성 c에서 허용되는 동작들의 집합이고, $\boldsymbol{w}$는 입력, Ψ는 파라미터가 $\boldsymbol{\theta}$인 평가함수이다(Yamada & Matsumoto, 2003).

피처 기반 점수는 현재 구성과 입력 시퀀스의 모든 측면이 고려된 피처들을 사용해, $\Psi(a, c, \boldsymbol{w}) = \boldsymbol{\theta} \cdot f(a, c, \boldsymbol{w})$을 통해 계산할 수 있다. 전이 기반 의존 파싱을 위한 전형적인 피처는 스택상의 최상단 원소의 단어와 품사, 입력 버퍼의 첫 번째, 두 번째, 세 번째 원소와 스택의 최상단 원소와 입력 버퍼 앞부분 단어와 품사의 쌍과 3쌍[triple], 스택의 최상단 원소와 입력 버퍼 앞부분 단어 사이의 (토큰 내에서의) 거리, 이 원소들의 한정사 수, 그래프 기반 의존성 파싱에서 다뤘던 고차원 의존 파싱 등을 포함한다 (Zhang & Nivre, 2011의 예시 참조).

뉴럴 네트워크를 통해 파스 동작에 대한 점수를 매길 수도 있다. 이를테면 Chen & Manning(2014)은 다음의 여러 단어들과 태그들끼리의 임베딩 결합으로 구성된 입력층이 있는 피드포워드 뉴럴 네트워크를 구축했다.

- 스택상의 최상위 3개 단어와 버퍼상의 첫 3개 단어
- 스택상의 최상위 2개 단어의 가장 오른쪽과 왼쪽 손자(의존성을 갖고 있는 것)들의 첫 번째와 두 번째
- 스택상의 최상위 2개 단어의 가장 왼쪽과 가장 오른쪽의 손자들
- 이 단어들의 품사 태깅에 대한 임베딩

뉴럴 네트워크의 기본층을 $\boldsymbol{x}(c, \boldsymbol{w})$로 하고, 다음과 같이 정의하자.

$$c = (\sigma, \beta, A)$$
$$\boldsymbol{x}(c, \boldsymbol{w}) = [\boldsymbol{v}_{w_{\sigma_1}}, \boldsymbol{v}_{t_{\sigma_1}} \boldsymbol{v}_{w_{\sigma_2}}, \boldsymbol{v}_{t_{\sigma_2}}, \boldsymbol{v}_{w_{\sigma_3}}, \boldsymbol{v}_{t_{\sigma_3}}, \boldsymbol{v}_{w_{\beta_1}}, \boldsymbol{v}_{t_{\beta_1}}, \boldsymbol{v}_{w_{\beta_2}}, \boldsymbol{v}_{t_{\beta_2}}, \dots]$$

여기서 $\boldsymbol{v}_{w_{\sigma_1}}$는 스택상의 첫 번째 단어의 임베딩이고, $\boldsymbol{v}_{t_{\beta_2}}$은 버퍼에서 두 번째 단어의 품사 태그의 임베딩이며, 이와 같은 방식으로 계속 진행된다. 이와 같이 파서 상태에

대한 인코딩이 주어졌을 때 가능한 동작 집합의 점수는 피드포워드 뉴럴 네트워크를 통해 계산된다.

$$z = g(\Theta^{(x \to z)} x(c, \boldsymbol{w}))$$ [11.24]

$$\psi(a, c, \boldsymbol{w}; \boldsymbol{\theta}) = \Theta_a^{(z \to y)} z$$ [11.25]

여기서 벡터 z는 피처 $f(a, c, \boldsymbol{w})$와 동일한 역할을 수행하지만 이미 학습된 표현이다. Chen & Manning(2014)은 세제곱 요소별 활성화함수인 $g(x) = x^3$을 사용해 은닉층이 모든 입력 피처의 세제곱에 걸쳐 모델링하도록 만들었다. 이 과정에서 학습 알고리듬은 피드포워드 네트워크의 파라미터뿐만 아니라 임베딩도 같이 갱신한다.

11.3.3 파싱 학습하기

전이 기반 의존 파싱은 의존 트리의 형태와 파싱 동작들의 집합인 분류기의 예측 공간 간의 지도supervision한 것이 불일치해 불편한 부분이 있다. 이를 해결하기 위한 한 가지 방법은 파스 트리를 동작 시퀀스로 변환해서 새로운 학습 데이터를 생성하거나, 파서의 성능으로부터 직접 지도를 얻어내는 것이다.

오라클 기반 학습 전이 시스템은 동작 시퀀스(파생)에서 파스 트리에 이르는 함수로 볼 수 있다. 이 함수의 역은 바로 파스 트리에서 파생까지의 매핑이며, 이를 **오라클**Oracle 이라고 한다. 아크 표준 및 아크 이거 파싱 시스템에서 오라클은 파생의 길이에 따라 선형 시간으로 계산된다(Kübler et al., 2009, 32쪽). 아크 표준과 아크 이거 전이 시스템은 공통적으로 거짓 모호성 문제를 맞닥뜨리게 된다. 여기에는 $1 \leftarrow 2 \to 3$ 등과 같은 여러 파생 과정이 가능한 의존 파스가 존재한다. 이러한 여러 가능한 파생들 사이에서 오라클은 선택해야만 한다. 이를테면 Kübler et al.(2019)에서 설명한 알고리듬은 먼저 왼쪽 아크 $(1 \leftarrow 2)$를 생성하고 그다음 오른쪽 아크 $(1 \leftarrow 2) \to 3$을 생성한다. 또 다른 오라클은 두 번 이동하는 것으로 시작되며, $1 \leftarrow (2 \to 3)$이라는 파생을 결과로 반환한다.

이러한 오라클이 주어지면, 의존 트리뱅크는 오라클 동작 시퀀스 집합인 $\{A^{(i)}\}_{i=1}^N$으로 변환할 수 있다. 파서는 오라클 동작 시퀀스를 통과하면서, 오라클 동작 선택에 보상을 주는 분류 기반 목적함수를 최적화하는 식으로 훈련할 수 있다. 이 과정에서 전이 기반 의존 파싱을 하기 위해서는 일반적으로 최대 조건부 우도를 선택한다(Chen & Manning, 2014; Dyer et al., 2015).

$$p(a \mid c, \boldsymbol{w}) = \frac{\exp \Psi(a, c, \boldsymbol{w}; \boldsymbol{\theta})}{\sum_{a' \in \mathcal{A}(c)} \exp \Psi(a', c, \boldsymbol{w}; \boldsymbol{\theta})} \qquad [11.26]$$

$$\hat{\boldsymbol{\theta}} = \underset{\boldsymbol{\theta}}{\operatorname{argmax}} \sum_{i=1}^{N} \sum_{t=1}^{|A^{(i)}|} \log p(a_t^{(i)} \mid c_t^{(i)}, \boldsymbol{w}) \qquad [11.27]$$

여기서 $|A^{(i)}|$는 동작 시퀀스 $A^{(i)}$의 길이이다.

빔 탐색은 동작 시퀀스의 평가함수가 필요하다는 사실을 돌이켜보면, 해당 평가 점수는 로그우도(혹은 힌지 손실)를 시퀀스 안의 모든 동작에 더해서 얻을 수 있다(Chen & Manning, 2014).

전역 목적함수 방정식 11.27의 목적함수는 **지역 정규화**^{Locally Normalize}된 상태다. 즉, 해당 식은 개별 동작들의 정규화된 확률의 곱이다. 개별 동작들의 총합인 힌지 손실 목적함수에서의 비확률적 알고리듬에서도 유사한 특성화 과정이 나타날 수 있다. 어느 경우에서든 개별 동작에 대한 학습은 **라벨 편향**^{Label Bias} 문제 때문에 전역 성능에 대한 차선책으로 다뤄진다(Lafferty et al., 2001; Anodr et al., 2016).

정리된 예시에서 주어진 구성이 학습 데이터에서 100번 출현한다고 가정하자. 51번 출현하는 오라클 동작을 a_1이고, 남은 49가지 경우에 출현하는 오라클 동작은 a_2이다. a_2가 정답일 경우 a_1을 선택한다면 무수한 에러가 뒤이어 발생하는 결과를 초래하지만 a_1이 정답일 때 a_2를 선택한다면 에러 하나만 발생한다. 지역 목적함수 기반으로 훈련된 분류기는 항상 a_1을 선택하도록 학습되지만, a_2를 선택한다면 발생하는 에러들을 최소화할 수 있을 것이다.

$$p(A^{(i)} \mid \boldsymbol{w}; \boldsymbol{\theta}) = \frac{\exp \sum_{t=1}^{|A^{(i)}|} \Psi(a_t^{(i)}, c_t^{(i)}, \boldsymbol{w})}{\sum_{A' \in \mathbb{A}(\boldsymbol{w})} \exp \sum_{t=1}^{|A'|} \Psi(a_t', c_t', \boldsymbol{w})} \qquad [11.28]$$

이 식에서 분모는 동작 가능한 모든 시퀀스 집합인 $\mathbb{A}(\boldsymbol{w})$를 모두 더한다.[6] 시퀀스 라

---

6   Andor et al.(2016)은 전역으로 정규화된 조건부 분포의 집합이 지역 정규화된 조건부 분포 집합의 엄격한 상위 집합이기 때문에, 전역 정규화된 조건부 모델은 더 엄격한 표현을 띤다는 사실을 증명했다.

벨링의 조건부 무작위장^{CRF} 모델에서는(§7.5.3) 동적 프로그래밍을 사용해 이 총합을 명확하게 계산할 수 있었지만, 전이 기반 파싱에서는 어렵다. 하지만 다음과 같이 빔 탐색을 사용하면 해당 총합에 대한 근사치를 얻을 수 있다.

$$\sum_{A' \in \mathbb{A}(\boldsymbol{w})} \exp \sum_{t=1}^{|A'|} \Psi(a'_t, c'_t, \boldsymbol{w}) \approx \sum_{k=1}^{K} \exp \sum_{t=1}^{|A^{(k)}|} \Psi(a_t^{(k)}, c_t^{(k)}, \boldsymbol{w}) \qquad [11.29]$$

여기서 $A^{(k)}$는 크기가 K인 빔에서의 동작 시퀀스다. 해당 시퀀스는 다음의 손실함수를 가진다.

$$L(\boldsymbol{\theta}) = - \sum_{t=1}^{|A^{(i)}|} \Psi(a_t^{(i)}, c_t^{(i)}, \boldsymbol{w}) + \log \sum_{k=1}^{K} \exp \sum_{t=1}^{|A^{(k)}|} \Psi(a_t^{(k)}, c_t^{(k)}, \boldsymbol{w}) \qquad [11.30]$$

위 식에서 손실의 파생은 빔에서의 동작 시퀀스에 걸친 확률분포에 대한 기댓값을 포함한다.

*조기 갱신과 점진적 퍼셉트론　빔 탐색 상황에서 학습할 때의 목표는 바로 결정함수를 학습해 항상 빔에 있는 부분 파생 중 최소 하나 이상에서 시작해 최적의 의존 파스에 도달할 수 있도록 만드는 것이다(빔 탐색을 비롯한 전이 시스템, 동작의 평가함수들의 조합을 통칭해 **정책**^{policy}이라 한다). 이 목표에 도달하기 위해 오라클 동작 시퀀스가 빔에서 떨어져 나가자마자, 완전한 분석이 이뤄지기도 전에 **조기 갱신**$^{early\ update}$하도록 만들 수 있다(Collins & Roark, 2004; Daumé III & Marcu, 2005). 해당 손실은 빔에 대한 최적의 점수를 매기는 가설$^{best-scoring\ hypothesis}$이나 모든 가설의 총합에 기반해 만들어질 수도 있다(Huang et al., 2012).

　그림 11.7의 빔 탐색을 살펴보자. 올바른 파스에서 *fish*는 다른 두 단어 모두에 의존 아크의 중심이다. 아크 표준 시스템에서는 처음 두 동작에 대해 SHIFT 를 수행해야만 알아낼 수 있다. $t = 3$에서는 오라클 동작 시퀀스는 빔에서 떨어져나간 상태이다. 따라서 파서를 중단하고, 해당 파라미터를 경사 $\frac{\partial}{\partial \theta} L(A_{1:3}^{(i)}, A_{1:3}^{(k)}; \theta)$를 통해 갱신한다. 이때, $A_{1:3}^{(i)}$는 오라클 시퀀스의 첫 3개의 동작이고, $\{A_{1:3}^{(k)}\}$은 빔을 의미한다.

　이렇게 점진적 탐색과 학습을 통합한 방법은 **점진적 퍼셉트론**$^{Incremental\ Perceptron}$에서 처음 만들어졌다(Collins & Roark, 2004). 이 방법은 최적의 점수를 매기는 가설과 최적의 동작 시퀀스를 비교하는 힌지 손실을 반영한 파라미터를 현재 지점인 t까지 갱신한다. 이 기본 과정을 다음의 몇 가지 사항을 통해 개선할 수 있다.

- 앞서 언급한 바, 최적의 의존 파스는 여러 개의 동작 시퀀스를 통해 파생될 수 있다. 빔상에서 단일 오라클 동작 시퀀스의 존재를 확인하기보다는, 현재 빔에서 **동적 오라클**$^{Dynamic\ Oracle}$을 사용해 최적의 의존 파스에 도달할 수 있는지 확인한다(Goldberg & Nivre, 2012).

- 최적의 동작 시퀀스의 점수를 최대화해서 최적의 문맥이 주어졌을 때, 올바른 동작을 찾도록 결정함수를 훈련시킨다. 하지만 실제로는 파서는 에러를 낳고, 최적이 아닐 수도 있는 주어진 문맥을 감안해, 최적의 동작을 찾도록 훈련되지 않는다. 이 문제들은 다양한 종류의 점진적 퍼셉트론의 일반화에 의해 해결될 수 있으며 이는 **탐색을 위한 학습**$^{Learning\ to\ Search}$이라고 알려져 있다(Daumé III et al., 2009). 이러한 방식 중 일부는 15장에서 다룰 것이다.

11.4 응용

의존 파싱은 실생활에서 다양하게 응용된다. 우리가 인접하지 않은 단어 쌍에 대해 알고 싶다면 언제든지 표준형 표현 탐색 패턴 대신 의존 아크를 사용할 수 있다. *delicious pastries*, *delicious French pastries*, *the pastries are delicious* [맛있는 패스츄리, 맛있는 프랑스 패스츄리, 그 패스츄리는 맛있다] 등과 같은 문자열을 매칭시킨다고 해보자.

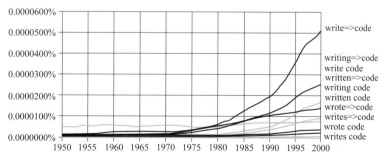

그림 11.8 바이그램 *write code*와 의존 아크 *write* → code와 해당 형태의 변형들에 대한 구글 *n*-그램 빈도 결괏값

의존 간선에 의한 구글 n-그램을 탐색해, 시간의 경과에 따라 의존 간선이 얼마나 많이 나타나는지 추세를 찾는 것도 가능하다. 예를 들어 사람들이 언제 *writing code* 에 대해 이야기 하기 시작했는지 알고 싶어 할 수도 있지만 *write some code, write good code, write all the code* 등에 대해서도 비슷한 흥미를 가질 수 있다. 의존 간선 *write* → code에 대한 탐색 결과는 그림 11.8에 나타나 있다. 이런 파싱 능력들은 셰익스피어 작품의 젠더 분석 등과 같은 디지털 인문학 연구에 적용됐다(Muralidharan & Hearst, 2013).

의존 파싱의 고전적인 응용 사례는 바로 17장에서 추가로 다룰 **관계 추출**relation extraction이다. 관계 추출의 목표는 다음과 같은 개체 쌍을 인식하는 것이다.

(MELVILLE, MOBY-DICK)

(TOLSTOY, WAR AND PEACE)

(MARQUÉZ, 100 YEARS OF SOLITUDE)

(SHAKESPEARE, A MIDSUMMER NIGHT'S DREAM)

이 개체들은 서로 간의 연관 관계상에서 존재한다(이를테면 이 예시에서의 연관 관계는 책과 원 저자이다). 이러한 개체 쌍들은 주로 의존 관계의 일관성 있는 연쇄를 통해 참조된다. 따라서 의존 경로는 인스턴스의 라벨을 같은 관계의 유형을 갖고 있는 라벨링된 인스턴스를 바탕으로 탐지할 수 있도록 만드는 지도 시스템을 학습할 때, 유용한 피처로 작용한다(Culotta & Sorense, 2004 ; Fundel et al., 2007 ; Mintz et al., 2009).

Cui et al.(2005)에서는 자동화된 질문-답변 시스템에서 의존 파싱을 사용해 어떻게 개선할 수 있는지 알려준다. 다음의 질문을 받았다고 생각해보자.

(11.1) What percentage of the nation's cheese does Wisconsin produce? [미국에서 만드는 치즈의 몇 퍼센트를 위스콘신에서 생산할까?]

그리고 말뭉치에서는 다음의 문장을 포함하고 있다.

(11.2) In Wisconsin, where farmers produce 28% of the nation's cheese, …[미국 치즈의 28%를 생산하는 농부들이 있는 위스콘신에서는…]

이렇게 표층에 위치하고 있는 *Wisconsin*의 위치는 해당 질문에 대해 답하기에는 부적합한 위치에 있다. 하지만 질문과 잠재된 답변 모두 *produce*에서 *Wisconsin*으로

가는 간선이 있어서 텍스트의 해당 스팬이 질문과 연관성이 있을 가능성을 높여준다.

마지막 예시는 정서^{sentiment} 분석에 따른 응용 사례다. 4장에서 다룬 것처럼, 문장의 극성은 부정^{negation}에 따라 뒤바뀔 수 있다. 다음 문장을 보자.

(11.3) There is no reason at all to believe the polluters will suddenly become reasonable. [오염자들이 갑자기 합리적으로 생각할 수 있는 이유는 전혀 없다.]

의존 파스를 통해 정서 극성을 추적하는 과정을 통해, 문장의 전반적인 극성을 더 잘 식별해 핵심 정서적인 단어가 언제 뒤바뀌는지를 결정하게 된다(Wilson et al., 2005; Nakagawa et al., 2010).

추가 자료

의존 문법과 파싱 알고리듬에 대한 더 상세한 자료는 Kübler et al.(2009)의 원고에서 찾아볼 수 있다. 그래프 기반 의존 파싱 알고리듬에 대한 종합적이면서도 참신한 개괄 설명은 Eisner(1997)를 참조하라. Jurafsky & Martin(2019)은 빔 탐색에 대한 **의제 기반**^{agenda based} 버전을 설명했다. 여기서 빔은 다양한 길이의 가설을 포함하고 있다. 새로운 가설은 점수가 현재 빔상에 있는 최악의 항목보다 더 나을 경우에만 빔에 추가된다. 전이 기반 파싱을 위한 또 다른 탐색 알고리듬은 바로 "**쉬운 것 우선**^{easy-first}" 알고리듬으로, 왼쪽에서 오른쪽으로 횡단하는 순서를 버리고, 가장 높은 점수를 가진 간선을 어디에 나타나는지와 무관하게 먼저 더한다(Goldber & Elhadad, 2010). Goldberg et al.(2013)에서는 전이 기반의 방법이 입력 길이의 선형 시간에 따르도록 구현될 수 있지만, 빔 탐색을 단순히 구현하기만 하면 각 가설들이 빔 위로 확장됐을 때 해당 가설을 복사하는 데 사용되는 시간 때문에 거듭제곱의 시간이 필요해진다. 이러한 문제점은 스택을 위한 더 효율적인 데이터 구조를 사용해 해결할 수 있다.

연습 문제

1. 2를 루트로 하는 의존 구조 1 ← 2 → 3은 아크 표준 파싱 안의 두 개 이상의 동작 집합으로부터 얻을 수 있다. 이러한 파스를 획득할 수 있는 동작 집합 두 개를 모두 나열하라. 주의할 것은 간선 ROOT → 2를 간과해서는 안 된다.

2. 이 문제는 의존 파싱과 어휘화된 문맥 자유 파싱 사이의 관계를 만들어낸다. 라벨링되지 않은 아크 점수 세트 $\{\psi(i \to j)\}_{i,j=1}^{M} \cup \{\psi(\text{ROOT} \to j)\}_{j=1}^{M}$이 주어졌다고 가정하자.

   a) 각각의 단어 유형이 입력 $((i \neq j) \Rightarrow (w_i \neq w_j))$ 안에서 두 번 이상 나타나지 않는다고 가정하면, 어떻게 가중된 어휘화된 문맥 자유 문법을 구축해 '모든' 투영 의존 트리의 점수가 어휘화된 문맥 자유 문법 안의 동일한 파생 점수와 같도록 만들 것인지 설명하라.

   b) 예시 *They fish*에 대해 여러분이 제시한 방법이 적용됨을 증명하시오.

   c) 여러분의 방식은 각 단어 유형은 입력 안에서 두 번 이상 나타날 수 없다라는 제약을 필요로 하는가? 만약 그렇다면 이유를 설명하시오.

   d) *만약 여러분의 방식이 각각의 단어 유형이 입력 안에서 단 한 번만 나타나도록 한다면, 이를 어떻게 일반화할 수 있을지 보이시오.

3. 입력의 길이가 M인 아크 요소화된 의존 파싱에서, 파스의 점수는 각 아크마다 부여된 총 M개 점수의 합이다. 2차원 의존 파싱에서, 총 점수는 수많은 항들의 총합이다. 조부모와 형제자매 피처를 가진 2차원 의존 파싱을 사용하는 그림 11.2에는 얼마나 많은 항들이 존재하는가? ROOT의 자식은 조부모 점수가 없으며, 형제자매가 없는 노드는 형제자매 점수가 없다고 가정한다.

4. a) 최악의 경우 2차원 의존 파싱에서 길이가 M인 입력의 점수에는 얼마나 많은 항^{term}이 포함되는가? 최악의 경우 파스의 구조를 설명하시오. 이전 문제에서와 같이 ROOT의 자식만이 있으며, 조부모 점수는 전혀 없다고 가정하라.

   b) 3차원 의존 파싱의 경우는 어떠한가?

5. 다음의 문장 *Xi-Lan eats shoots and leaves*에 대한 UD 형식의 라벨링되지 않은 의존 파스를 제시하라. *shoots*는 명사이며 *leaves*는 동사라고 가정한다. 이러한 의존 파스의 아크 표준 및 아크 이거 파생을 제시하라.

6. 길이가 M인 입력의 함수로서 라벨링되지 않은 의존을 위한 아크 표준 이동 감소 파싱에서 성공적인 파생의 수의 상한을 계산하라.

힌트: 하한은 투영 결정 트리 $\frac{1}{M+1}\binom{3M-2}{M-1}$의 개수이며(Zhang, 2017), 여기서 $\binom{a}{b}$ $=\frac{a!}{(a-b)!b!}$이다.

7. **라벨 편향 문제**는 결정이 지역적으로 올바르지만, 일부 경우에서 수많은 에러를 일으키는 경우 발생하게 된다(§11.3.3). 이러한 문제가 발생하는 시나리오를 설계하라. 구체적으로는 다음과 같다.

   - 동작 분류기가 오직 스택의 최상단과 입력 버퍼의 맨 앞에 있는 단어들만 살펴보는 아크 표준 의존 파서가 있다고 가정한다.
   - 동일한 피처를 가지는 결정을 포함하는 두 개의 예시를 설계하라.
     - 한 예시에서는 이동이 올바른 동작이며, 나머지 하나의 예시에서는 '아크 좌측' 혹은 '아크 우측'이 올바른 결정이다.
     - 두 예시 중 하나에서, 오류는 최소한 두 개 이상의 접속 에러를 일으켜야 한다.
     - 나머지 한 예시에서, 오류는 오직 하나의 접속 에러만을 일으켜야 한다.

   다음의 연습 문제를 위해, 스탠퍼드의 CoreNLP 파서와 같은 의존 파서를 `nltk.corpus.web.text` 등과 같이 (최소 10^5개의 토큰을 가진) 대규모 말뭉치의 텍스트상에서 실행하라.

8. 다음의 의존 관계 NMOD:POSS는 소유를 나타낸다. 다음에 제시된 각각의 대명사 *his, her, our, my, your, their*를 통해 가장 빈번하게 소유되는 10개의 단어를 계산하시오(Muralidharan & Hearst, 2013에서 영감을 얻었다).

9. CONJ 관계에 의해 묶이는 모든 단어 쌍을 계산하라. 그리고 i와 j가 각각 최소 5회 이상 CONJ 관계에 참여하게 되는 모든 단어쌍 (i, j)를 선택하시오. §14.3에서 다음과 같이 정의된 **"점별 상호 정보**Pointwise Mutual Information**"**를 사용해 계산하고 분류하시오.

$$\text{PMI}(i,j) = \log \frac{\mathrm{p}(i,j)}{\mathrm{p}(i)\mathrm{p}(j)} \qquad [11.31]$$

여기서 $\mathrm{p}(i)$는 단어 i(어느 위치에서든)를 포함하는 CONJ 관계의 일부이며 i와 j를 연결하는 관계의 일부분이다(순서는 무관하다).

10. §4.2에서는 **유의 관계**(synonymy, 같은 의미), **반의 관계**(antonymy, 반대 의미), **상위 관계** (hypernymy, i는 j의 특수한 경우임)에 대해 알아봤다. 이와 관련이 있는 또 다른 관계 는 바로 **공동 상위관계**[co-hypernymy]이며 이는 i와 j가 상위어를 공유함을 의미한다. 9번 문제에서 PMI에 의해 식별된 상위 20개쌍 가운데 얼마 정도의 단어쌍이 이 러한 4종의 관계 중 하나에 의해 연결된 유의어 세트에 속하는가? WORDNET을 사용해 이러한 관계를 확인하고, 단어쌍들의 유의어 세트와 연결돼 있다면 그 단 어쌍의 개수를 구하라.

의미

12 논리적 의미론

앞서 다뤘던 장에서는 태깅과 파싱을 통한 자연어의 구조적 조직에 대한 **구문론**^{syntax}을 재구성하는 시스템을 설계하도록 초점을 맞췄다. 하지만 언어 공학에서 가장 흥미롭고 유망한 몇 가지 애플리케이션을 다루기 위해서는 문법을 너머 텍스트 이면의 의미를 다루는 **의미론**^{semantics}을 알고 있어야 한다.

- *where is the nearest coffeeshop?*[가장 가까운 카페는 어디인가요?] 혹은 *what is the middle name of the mother of the 44th President of the United States?*[미국의 44번째 대통령 어머니의 가운데 이름은 무엇인가요?] 등의 질문에 답하기
- 자연어를 통한 지시에 맞춰 작업을 수행하는 로봇 만들기
- 웹상에서 모순되는 증거를 찾아 뉴스 기사에 대해 팩트 체크하기
- 모순점, 모호성, 근거 없는 주장 등을 확인해 주장의 논리성 확인하기

의미 분석 내에는 자연어를 **의미 표현**으로 변환하는 작업을 기본적으로 가지고 있다. 이를 유용하게 사용하기 위해 다음의 몇 가지 기준을 따라 의미 표현을 사용해야 한다.

- c1: 모호해서는 안 된다. 자연어와는 달리 하나의 서술에는 정확하게 단 하나의 의미만 존재해야 한다.
- c2: 언어를 외부 지식, 관측, 행동으로 연결할 수 있는 길(경로)을 제공해야 한다.
- c3: 계산적 **추론**^{inference}을 지원해 의미를 조합하고 추가적인 지식을 파생시킬

수 있어야 한다.

- c4: 사람들이 자연어에서 사용하는 모든 범주의 대상을 다룰 수 있을 만큼의
  표현이 가능해야 한다.

계산에 관한 지식을 표현하는 최선의 방법에 대해서는 할 이야기가 훨씬 많지만(예컨대 Sowa, 2000), 12장에서는 위의 4가지 기준에 대해 집중적으로 다룬다.

12.1 의미와 표기

의미 표현의 첫 번째 기준은 바로 표현 내의 서술은 모호해서는 안 되며, 가능한 해석 하나만을 가져야 한다는 것이다. 하지만 자연어는 이러한 속성을 가지고 있지 않은 데다 10장에서 봤듯이 *cats scratch people with claws*와 같은 문장에도 여러 해석이 존재한다.

모호하지 않은 서술은 무엇을 의미할까? 프로그래밍 언어는 이 질문에 대해 유용한 설명을 제시한다. 프로그램의 출력은 전적으로 언어의 규칙과, 해당 프로그램이 실행되는 환경의 속성에 따라 구체화된다. 이를테면 파이썬 코드 5+3은 8이라는 결괏값을 가지며, 코드 (4*4)-(3*3)+1과 ((8))도 마찬가지다. 이 결괏값을 프로그램에 대한 **표기**Denotation라고 하며, 다음과 같이 쓸 수 있다.

$$[\![5+3]\!] = [\![(4*4)-(3*3)+1]\!] = [\![((8))]\!] = 8 \qquad [12.1]$$

이와 같은 대수적 표현의 표기는 상수(예컨대 5, 3)와 관계(예컨대 +, *, (,))의 의미에 따라 결정된다. 그렇다면 또 다른 아주 짧은 파이썬 코드인 double (4)를 살펴보자. 이 코드의 표기는 $[\![\text{double (4)}]\!] = 8$ 혹은 $[\![\text{double (4)}]\!] = 44$일 수도 있다. 이 식에서의 double이 무엇을 의미하는가에 따라 달려 있다. 이런 의미는 무한대에 달하는 쌍으로 구성된 **월드 모델**World Model $\mathcal{M}$ 내에서 정의된다. 모델 $\mathcal{M}$에 관한 표기를 $[\![\cdot]\!]_{\mathcal{M}}$으로 표기하고, $[\![\text{double}]\!]_{\mathcal{M}} = \{(0,0),(1,2),(2,4),\ldots\}$와 같이 표현한다. 또 월드 모델은 $\{0,1,2,\ldots\}$와 같은 (무한히 많은) 상수 리스트로 정의할 수도 있다. 표기가 모호하지 않게 계산될 수만 있다면 해당 언어는 모호하지 않다고 할 수 있다.

의미에 대한 이러한 접근 방법을 **이론적 모델 의미론**Model-Theoretic Semantics이라고 한다. 이 접근법에서는 기준 $c1$(모호성 배제)뿐만이 아니라, $c2$(언어를 외부 지식, 관측, 행동

에 연결하기)도 다룬다. 예를 들면 우리는 *the capital of Georgia*[조지아의 수도]라는 서술의 의미를 지리학적 사실에 대한 지식 기반을 포함하고 있는 월드 모델과 연계해 `Atlanta`로 표기한 것에 대한 의미를 얻을 수 있다. 이미지 안의 객체를 탐지 및 분석해 월드 모델에 덧붙이고, 그런 다음 이 월드 모델을 사용해 *a man is riding a moose*[무스를 타고 있는 한 남자]와 같은 명제에 대해 평가할 수도 있다. 모델 이론적 의미론의 또 다른 매력적인 장점은 사실이 바뀌면 표기도 바뀐다는 점이다. 가령 *President of the USA*[미국 대통령]에 대한 의미 표현은 모델 $\mathcal{M}_{2014}$와 $\mathcal{M}_{2022}$에서 서로 다르게 표기한다.

12.2 의미의 논리적 표현

*c*3 기준은 의미 표현으로 추론을 지원하도록 만든다. 예를 들면 알려진 전제로부터 새로운 사실을 자동으로 연역 추론하는 식이다. 이러한 기준을 충족하는 많은 표현 방법이 나왔지만, 그중에서도 가장 발전된 표현 방법은 '1차원 논리first-order logic' 언어이다.[1]

12.2.1 명제 기반 논리

논리 의미 표현은 명제에 대한 불 연산을 골자로 다룬다.

명제 기호 ϕ와 ψ 같은 그리스 기호는, 참 또는 거짓인 서술을 의미하는 **명제**를 표현할 때 사용할 수 있다. 예를 들면 ϕ는 *bagels are delicious*[베이글은 맛있다]라는 명제에 상응하는 기호다.

불 연산자 불 연산자에 대한 더 복잡한 명제 공식을 만들 수도 있으며, 다음과 같은 항목들이 포함된다.

- 부정Negation: $\neg\phi$가 거짓일 때 참이다.
- 결합Conjunction: $\phi \wedge \psi$. ϕ와 ψ가 모두 참일 때 참이다.

---

1   다른 대안으로는 지리적 질의의 의미 파싱에 사용되는 "변수로부터 자유로운(variable-free)" 표현(Zelle & Mooney, 1996), 로보틱 제어(Ge & Mooney, 2005), 의존 기반 구성 의미론(Liang et al., 2013) 등이 있다.

- 분리^{Disjunction}: $\phi \vee \psi$. ϕ와 ψ 중 적어도 하나가 참일 때 참이다.
- 함축^{Implication}: $\phi \Rightarrow \psi$가 참이고 ψ가 거짓인 한 참이다. 함축은 $\neg\phi \vee \psi$와 동일한 진리 조건을 가진다.
- 등가^{Equivalence}: $\phi \Leftrightarrow \psi$와 ψ가 모두 참이거나, 모두 거짓일 때 참이다. 등가는 $(\phi \Rightarrow \psi) \wedge (\psi \Rightarrow \phi)$와 동일한 진리 조건을 가진다.

위의 5개의 불 연산자를 반드시 모두 가질 필요는 없으며, 불 논리에 익숙한 독자라면 NAND(not-and) 혹은 NOR(not-or) 연산자 중 하나를 사용해서 다른 모든 연산자를 구축하는 것이 가능하다는 사실을 알고 있을 것이다. 그럼에도 가장 명확한 방법은 5개의 연산자를 모두 사용하는 것이다. 이러한 연산자들의 진리 조건으로부터, 다음과 같은 몇몇 "법칙^{law}"을 정의할 수 있다.

- 교환법칙: $\phi \wedge \psi = \psi \wedge \phi$, $\phi \vee \psi = \psi \vee \phi$
- 결합법칙: $\phi \wedge (\psi \wedge \chi) = (\phi \wedge \psi) \wedge \chi$, $\phi \vee (\psi \vee \chi) = (\phi \vee \psi) \vee \chi$
- 상보성: $\phi \wedge \neg\phi = \bot$, $\phi \vee \neg\phi = \top$. 이때 $\top$는 참인 명제를, $\bot$는 거짓인 명제를 의미한다.

이러한 법칙들은 논리적 추론을 뒷받침할 수 있는 여러 등가성들을 파생하기 위해서 결합할 수도 있다. 예를 들어 $\phi = \textit{The music is loud}$[그 음악은 시끄럽다]이고, $\psi = \textit{Max can't sleep}$[맥스는 잠을 잘 수 없다]이라고 가정하자. 다음과 같은 상황이 주어졌다고 한다면,

$$\phi \Rightarrow \psi \quad \textit{If the music is loud, Max can't sleep.}$$
$$\phi \quad \textit{The music is loud.}$$

우리는 ψ(Max can't sleep)을 더 기본적인 법칙들로부터 파생돼 명제 공식을 조작하도록 활용하는 "추론 규칙"의 집합 중 하나인 **전건 긍정**^{Modus Ponens}을 응용해 파생시킬 수 있다. 또한 **자동 정리 증명계**^{Automated Theorem Prover}는 추론 규칙을 전제 집합에 적용해 원하는 명제를 파생하는 프로그램이다(Loveland, 2016).

12.2.2 1차원 논리

명제 논리는 명제를 기본 단위로 취급하기 때문에 그렇게 명명됐다. 그렇지만 기준

c4는 의미 표현이 충분히 표현적이어야 한다고 언급한다. 그렇다면 다음의 문장 쌍을 살펴보자.

(12.1) If anyone is making noise, then Max can't sleep. [그 누구도 소음을 발생시 킨다면, 맥스는 잠을 잘 수 없다.]

Abigail is making noise. [애비게일은 소음을 발생시키고 있다.]

사람들은 이러한 문장 쌍에서 추론을 이끌어낼 수 있지만, 이 추론은 명제 논리 이상의 공식적인 도구가 필요하다. *anyone is making noise*와 *Abigail is making noise* 사이의 관계를 이해하기 위해서 의미 표현에서는 **1차원 논리**^{FOL, First-Order Logic} 기계가 추가로 필요하다. FOL에서는 개체 사이의 관계를 통해 논리 명제를 구출할 수 있다. 더 구체적으로 보면, FOL은 명제 논리를 다음의 클래스의 관점을 사용해 확장한다.

상수 상수는 모델 내의 개별 개체에 대한 이름을 짓는 원소로, 이를테면 MAX, ABIGAIL 등이다. 모델 M에서 각 상수에 대해서 해당 모델의 요소 하나로 표기하며, 이를테면 $[\![MAX]\!] = m$과 $[\![ABIGAIL]\!] = a$로 적을 수 있다.

관계 관계란 개체 혹은 튜플들의 집합이라고 할 수 있다. 예를 들면 다음의 관계 CAN-SLEEP은 잠을 잘 수 있고, $[\![CAN\text{-}SLEEP]\!] = \{a, m, \ldots\}$이라는 표기를 가진 개체의 집합으로 정의할 수 있다. 명제 CAN-SLEEP(MAX)에 대한 참값을 시험하기 위해서, $[\![MAX]\!] \in [\![CAN\text{-}SLEEP]\!]$인지를 물어본다. 개체의 집합에 대해 정의된 논리 관계는 속성^{property}이라 부르기도 한다.

또한 관계는 개체에 순서가 매겨진 튜플일 수도 있다. 이를테면 BROTHER(MAX, ABIGAIL)은 'MAX가 ABIGAIL의 남자형제이다'라는 명제를 나타낸다. 이러한 관계에서 표기는 튜플의 집합에 해당하며, $[\![BROTHER]\!] = \{(m, a), (x, y), \ldots\}$와 같이 표현된다. 다음의 명제 BROTHER(MAX,ABIGAIL)에 대한 참을 확인하기 위해서는 튜플 $([\![MAX]\!], [\![ABIGAIL]\!])$이 표기 $[\![BROTHER]\!]$ 내에 있는지 자문해봐야 한다.

상수와의 관계를 이용해, *Max can't sleep, Max is Abigail's brother*[맥스는 잠을 잘 수 없고, 애비게일의 남매이다] 등과 같이 서술로 표현할 수도 있다.

$$\neg CAN\text{-}SLEEP(MAX)$$

$$BROTHER(MAX,ABIGAIL)$$

이러한 서술은 불 연산자를 활용해 다음과 같이 결합시킬 수도 있다.

$$(BROTHER(MAX,ABIGAIL) \lor BROTHER(MAX,STEVE))$$
$$\Rightarrow CAN\text{-}SLEEP(MAX)$$

이와 같은 1차원 논리 일부는 구체적인 개체에 대한 서술만 허용한다. *If anyone is making noise, then Max can't sleep*[누군가 소음을 발생시키면, 맥스는 잠을 잘 수 없다]와 같은 서술에 대한 추론을 지원하려면, 추가적인 원소 두 개가 의미 표현에 반드시 추가돼야 한다.

변수 변수는 지역에서 구체화되지 않은 개체를 참조하기 위한 장치이다. 그다음 $CAN\text{-}SLEEP(x)$ 혹은 $BROTHER(x, ABIGAIL)$을 작성할 수 있다. 이 경우, x는 **자유변수**^Free Variable^로 어떤 특정 값을 할당하지 않은 것을 의미한다.

수량사 변수는 수량사로 묶인다. 1차원 논리에서는 두 종류의 수량사가 존재한다.[2]

- **존재 수량사**^Existential Quantifier^ ∃는 변수로 묶일 수 있는 개체가 적어도 하나는 존재함을 의미한다. 이를테면 서술 $\exists x MAKES\text{-}NOISE(X)$는 $x MAKES\text{-}NOISE(X)$이 참이 되는 개체가 적어도 하나는 존재한다는 사실을 나타낸다.
- **보편 수량사**^Universal Quantifier^ ∀는 변수가 모델 안의 어떤 개체로 반드시 묶일 수 있어야 함을 의미한다. 이를테면 다음의 서술은

$$MAKES\text{-}NOISE(ABIGAIL) \Rightarrow (\forall x \neg CAN\text{-}SLEEP(x)) \qquad [12.3]$$

  만약 애비게일이 소음을 내면(if ABIGAIL makes noise), 누구도 잘 수 없음(no one can sleep)을 주장하고 있다.

다음의 표현 ∃x와 ∀x는 x를 **종속변수**로 만든다. 자유변수를 포함하지 않는 식을 바로 **문장**이라 한다.

---

2 1차원 논리에서는 객체를 대상으로만 수량화시킬 수 있다. "2차원 논리(second-order logic)"에서는 속성을 대상으로 수량화하는 것이 가능하다. 그렇게 되면 Butch has every property that a good boxer has. [Butch는 좋은 복서라면 갖고 있는 모든 속성을 가지고 있다.] 등과 같은 서술을 표현할 수 있다(BlackburnBos, 2005).

함수[function]　$[\![\text{CAPITAL-OF}]\!] [\![\text{GEORGIA}]\!] = [\![\text{ATLANTA}]\!]$와 같이 함수는 개체를 개체로 매핑시킨다. 함수에서 항등 연산자[equality operator]를 추가해 다음과 같은 서술을 지원한다면 편리하다.

$$\forall x \exists y \text{MOTHER-OF}(x) = \text{DAUGHTER-OF}(y) \qquad [12.4]$$

MOTHER-OF는 관계 MOTHER의 함수적 유사체이므로 MOTHER-OF$(x) = y$가 MOTHER(x, y)의 필요충분조건임을 주의해야 한다. 함수를 사용하는 모든 논리 공식은 관계와 수량화만을 사용해 재작성할 수 있다. 예를 들면,

$$\text{MAKES-NOISE}(\text{MOTHER-OF}(\text{ABIGAIL})) \qquad [12.5]$$

위의 공식은 다음과 같이 재작성할 수 있다.

$$\exists x \text{MAKES-NOISE}(x) \wedge \text{MOTHER}(x, \text{ABIGAIL})$$

수량사의 중요한 점은 바로 순서가 중요하다는 것이다. 하지만 아쉽게도 자연어는 순서에 있어서 명확한 경우가 매우 드물다. 예문 *everyone speaks a language*는 해당 문제를 보여주는데, 다음과 같이 여러 해석이 가능하다.

$$\forall x \exists y \ \text{SPEAKS}(x, y) \qquad [12.6]$$

$$\exists y \forall x \ \text{SPEAKS}(x, y) \qquad [12.7]$$

첫 번째에서는 y가 여러 가지 다른 언어를 의미할 수 있는 반면, 두 번째에는 모든 사람이 사용하는 단일한 y가 존재한다.

진리 조건적 의미론　FOL(1차원 논리) 문장 ϕ의 의미를 살펴보는 방법 중 하나는 이를 ϕ가 충족되는 **진리 조건**[Truth Condition]이나 모델의 집합으로 다루는 것이다. 그렇지만 주어진 모델에서 어떤 문장이 참인지 거짓인지를 어떻게 결정할 수 있을까? 이 문제에는 귀납적으로 접근해보면서, 먼저 상수의 튜플에 적용된 술어부터 살펴본다. 문장에 대한 참 유무는 상수의 표기에 대한 튜플이 술어의 표기 내에 존재하는가에 달려 있다. 예를 들면 CAPITAL(GEORGIA,ATLANTA)은 모델 $\mathcal{M}$에서 다음과 같은 필요충분 조건을 충족한다.

$$([\![\text{GEORGIA}]\!]_{\mathcal{M}}, [\![\text{ATLANTA}]\!]_{\mathcal{M}}) \in [\![\text{CAPITAL}]\!]_{\mathcal{M}} \qquad [12.8]$$

불 연산자 $\wedge$, $\vee$, ...는 더 복잡한 문장을 구축할 수 있도록 만들어준다. 해당 서술에 대한 참 유무는 이러한 연산자들과 연관된 진리표에 기반해 평가할 수 있다. 서술

∃xφ는 φ가 참인 모델 내의 개체에 대해 변수 x에 대한 할당이 존재한다면 참이 된다. 서술 ∀xφ는 만약 φ가 x의 가능한 모든 할당에 대해 참이라면 참이다. 더 정형화해서 표현하면 φ가 *M*하에 **충족한다**satisfied고 하며 *M* ⊨ φ이라고 적는다.

진리 조건적 의미론은 문장 및 문장 쌍의 여러 다른 속성들을 정의할 수 있도록 해준다. φ가 충족되는 모든 *M*에 대해 공식 ψ 또한 충족한다고 가정하면 φ는 ψ를 **함축한다**entail고 하며 φ ⊨ ψ라고 표기한다. 예를 들면 다음과 같다.

$$\text{CAPITAL}(\text{GEORGIA},\text{ATLANTA}) \models \exists x \text{CAPITAL}(\text{GEORGIA},x) \qquad [12.9]$$

어떤 모델에서도 모두 충족하는 서술, 이를테면 φ ∨ ¬φ와 같은 것을 **타당하다**valid고 하며, ⊨ (φ ∨ ¬φ)이라고 표기한다. φ ∧ ¬φ 등과 같이 어떤 모델에서도 모두 충독되지 않는 서술은 **충족되지 않는**unsatisfiable 혹은 **모순되는**inconsistent이라고 한다. 그리고 **모델 체커**Model Checker란 문장 φ가 모델 *M*에서 충족됐는지를 구성하는 프로그램이다. 1차원 논리의 일관성과 타당성을 검토할 때 FOL 공식의 타당성 및 모순 여부를 자동으로 확인 가능한 알고리듬이 없음을 결정하는 것이 불가능하다는 문제가 있다.

1차원 논리에서의 추론   원래 목표는 *If anyone is making noise, then Max can't sleep* 등과 같은 통상적인 서술을 *Abigail is making noise*와 같은 구체적인 서술과 결합할 수 있도록 추론을 지원하는 것이었다. 이제 이러한 서술은 1차원 논리로 표현할 수 있지만, 과연 어떻게 *Max can't sleep*과 같은 추론을 실행할까? 한 가지 방법은 바로 전건 긍정과 같이 FOL 공식에 적용할 수 있는 "일반화된" 명제적 추론 규칙을 사용하는 것이다. 이 추론을 사실 지식 기반에 반복해서 적용하면, 원하는 명제에 대한 증거를 만들어낼 수 있다. 원하는 정리를 파생하기 위한 추론의 올바른 시퀀스를 찾기 위해서는, 역전파 연쇄Backward Chaining 등과 같은 고전적인 인공지능 탐색 알고리듬을 적용해볼 수도 있다. 그리고 이러한 알고리듬들은 prolog 논리 프로그래밍 언어를 위한 인터프리터에 내에서 만들어졌다(Pereira & Shieber, 2002).

12.3 의미 파싱과 람다 대수

이전 장에서는 많은 형식성을 다루는 기계에 관해 소개했다. 12장의 나머지 부분에서는 이 형식들을 다시 자연어로 연결해볼 것이다. *Alex likes Brit.* [알렉스는 브릿을 좋아한다.]와 같은 영어 문장이 주어졌을 때, 어떻게 LIKES(ALEX,BRIT)과 같이 우리가 원하는 1차원 논리적 표현을 얻을 수 있을까? 이에 해당하는 작업을 바로 **의미 파싱**Semantic Parsing이라고 한다. 구문 파서가 자연어 문장에서부터 구phrase 구조 트리 등과 같은 구문 구조에 이르는 함수인 것처럼, 의미 파서는 자연어에서 논리 공식에 이르는 함수다.

구문 분석과 마찬가지로 의미 파싱도 입력과 출력의 공간이 방대하고 복잡한 상호작용이 존재하기 때문에 굉장히 어려운 작업이다. 가장 좋은 방법은 구문 파싱과 마찬가지로 의미 파싱도 어떤 식으로든 더 단순한 하부 문제로 분해하는 것이다. 이 아이디어는 독일 철학자 고틀로프 프레게Gottlob Frege가 고안한 것으로 일반적으로 알려져 있으며, **구성성의 원리**Principle of Compositionality라고 부른다. 즉 복합한 표현의 의미는 해당 표현의 구성 요소의 의미들에 대한 함수다. 즉, 표현의 "구성 요소"들을 명사구와 동사구와 같은 구문 구성 요소로 정의하려고 한다. 이런 구성 요소들은 함수 애플리케이션을 사용해서 결합된다. 만약 구문 파스가 생성 $x \rightarrow yz$를 가지고 있다면, x.sem이라고 표기된 x의 의미는 다른 구성 요소의 의미인 y.sem과 z.sem에 대한 함수로 계산된다.[3,4]

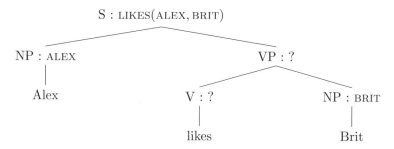

그림 12.1 구성성의 원리는 *likes*와 *likes Brit*과 같이 전체 문장의 의미를 계산할 수 있도록 구성 요소의 의미를 확인하는 작업이 필요하다.

---

3 §9.3.2에서는 결합 범주 문법(CCG, Combinatory Categorial Grammar)를 구문에서의 구조 분석에 대한 대안으로 간략하게 소개했다. 결합 범주 문법은 의미 파싱에 특화됐다는 사실이 입증됐으며(Hockenmaier & Steedman, 2007), §12.4에서 간략하게 살펴보겠지만, 오늘날 기계 학습에 관한 연구의 많은 부분에서 활용되고 있다.

4 문장의 구문 구조에 대한 일련의 작업들로부터 의미 표현을 알고리듬적으로 쌓아 나가는 방식은, 1970년대 초반 이 주제에 대해서 영향력 있는 논문을 다수 발표한 철학자 리차드 몬태규(Richard Montague)의 업적으로 널리 알려져 있다(Montague,1973).

12.3.1 람다 대수

*Alex likes Brit*과 같이 간단한 문장에 대해서 그림 12.1에 표현된 과정이 어떻게 동작하는지 살펴보자. 우리의 목표는 다음의 공식 LIKES(ALEX,BRIT)이고, 여기서 구성 요소 *Alex*와 *Brit*의 의미가 ALEX와 BRIT이어야 하는 것은 확실하다. 그러면 구성 요소 2개인 동사 *likes*와 동사구 *likes Brit*만 남아 있게 된다. 여기서 해당 단위의 의미는 함수 애플리케이션을 통해 원하는 전체 문장의 원하는 의미를 다시 재현하도록 만드는 방향으로 정의돼야 한다. 만약 *Alex*와 *Brit*의 의미가 상수라면, *likes*와 *likes Brit*의 의미는 반드시 함수적 표현이어야 하며, 원하는 분석을 만들어내기 위해서 친족들 간에도 적용할 수 있다.

이런 부분 분석을 모델링하기 위해서는 1차원 논리 의미 표현을 확장해야 한다. 이 과정은 익명함수의 표현인 "람다 표현"을 추가하는 방법으로 이뤄진다.[5] 예를 들면 다음과 같다.

$$\lambda x.\text{LIKES}(x,\text{BRIT}) \qquad [12.10]$$

위의 함수적 표현은 *likes Brit*과 같은 동사구의 의미이며, 인자 하나를 가지고 표현 LIKES(x,BRIT)에서 x를 해당 인자로 바꿨을 때의 결과를 반환한다. 이러한 대체 과정을 다음과 같이 표현할 수 있다.

$$(\lambda x.\text{LIKES}(x,\text{BRIT}))@\text{ALEX} = \text{LIKES}(\text{ALEX},\text{BRIT}) \qquad [12.11]$$

표 12.1 G_1, 최소 구문 의미에 대한 문맥 자유 문법

S	→ NP VP	VP.sem@NP.sem
VP	→ V_t NP	V_t.sem@NP.sem
VP	→ V_i	V_i.sem
Vt	→ *likes*	$\lambda y.\lambda x.\text{LIKES}(x, y)$
Vi	→ *sleeps*	$\lambda x.\text{SLEEPS}(x)$
NP	→ *Alex*	ALEX
NP	→ *Brit*	BRIT

---

5 형식적으로 보면, 모든 1차원 논리 공식은 람다 표현이다. 추가로, ϕ가 람다 표현이라면 $\lambda x.\phi$도 마찬가지로 람다 표현이다. 함수형 프로그래밍과 친숙한 독자라면 Lisp 및 Python과 같은 프로그래밍 언어로 사용하는 람다 표현식을 알고 있을 것이다.

여기서 기호 "@"은 함수 애플리케이션을 나타낸다. 람다 대수에서 함수 애플리케이션은 **베타 감소**$^{\beta\text{-Reduction}}$ 혹은 베타 전환$^{\beta\text{-Conversion}}$이라고 부르기도 한다. 표현 $\phi@\psi$는 베타 감소를 통해 수행되는 함수 애플리케이션을 의미하며, $\phi(\psi)$는 최종 논리 형식의 함수 혹은 술어를 나타낸다.

수식 12.11은 문장 *Alex likes Brit*에서 람다 표현 $\lambda x.\text{LIKES}(x,\text{BRIT})$을 논리 상수에 적용해 원하는 의미를 얻는 방법을 보여준다. 이런 구성 규칙은 구문 생성이 의미 연산과 쌍을 이루는 **구문 의미 문법**$^{\text{Syntactic-Semantic Grammar}}$에서 구체화된다. 구문 생성 S → NP VP에 대해서는 의미 규칙 VP.sem@NP.sem이 존재한다.

타동사구 *likes Brit*의 의미는 그 구문적 구성 요소에 대한 함수 애플리케이션을 사용해서도 얻을 수 있다. 구문 생성 VP → V NP에 대해서는 다음과 같은 의미 규칙을 적용한다.

$$\text{VP.sem} = (\text{V.sem})@\text{NP.sem} \tag{12.12}$$

$$= (\lambda y.\lambda x.\text{LIKES}(x,y))@(\text{BRIT}) \tag{12.13}$$

$$= \lambda x.\text{LIKES}(x, \text{BRIT}) \tag{12.14}$$

따라서 타동사 *likes*의 의미는 결괏값으로 또 다른 람다 표현을 반환하는 람다 표현이며, y를 인자로 사용해 LIKES 관계 안의 자리에 채워 넣고, 남은 한 자리를 채우기 위한 인자를 다룰 준비가 된 람다 표현을 반환한다.[6]

표 12.1은 최소 구문 의미 문법 조각 G_1을 보여주며, G_1의 *Alex likes Brit*의 완성된 파생은 그림 12.2에서 확인할 수 있다. 타동사 *likes*와 더불어 자동사인 *sleeps* 또한 문법에 포함되며, 어떻게 *Alex sleeps*와 같은 문장의 의미에 대해서 파생시킬 수 있을지 확실히 해둬야 한다. *eats*와 같이 타동사일 수도, 자동사일 수도 있는 동사는 각 의미별로 1개씩 총 2개의 단말 생성을 가진다(단말 생성은 어휘 입력이라고 부르기도 한다). 사실 문법의 상당 부분은 의미 해석의 기본 단위를 선택하기 때문에 **어휘**(즉, 단말 생성) 내에 존재한다.

---

6 이 과정은 몇 가지 다른 방법으로 사용할 수 있다. $\lambda y,\ x.\text{LIKES}(x,\ y)$는 2개의 인자를 다루는 람다 표현을 나타내는 다소 비형식적인 표기법이라 할 수 있으며, 이 표현은 함수적 프로그래밍에서 허용된다. 하지만 많은 경우에 논리학자들은 (Carpenter, 1997) 더 형식적인 표기법인 $(\lambda y.\lambda x.\text{LIKES}x)(y)$를 선호하며 이 표기에서는 각각의 람다 표현이 정확히 하나의 인자만 다루는지 알려준다.

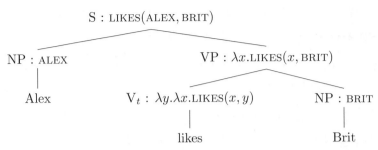

그림 12.2 문법 G_1에서 *Alex likes Brit*의 의미 표현에 대한 파생

12.3.2 수량화

명명된 개체에 대한 문장에서 다른 종류의 명사구를 포함하는 문장을 다루게 되면 상황은 더욱 복잡해진다. $\exists x \text{DOG}(x) \land \text{SLEEPS}(x)$라는 의미를 가진 예문 *A dog sleeps*를 살펴보자. 확실히 관계 DOG는 단어 *dog*에서, 관계 SLEEP은 단어 *sleeps*를 통해 도입된 것이다. 존재 수량사 $\exists$는 반드시 한정사 *a*의 어휘 입력에 따라 도입해야 한다.[7] 하지만 이런 방법으로 도입하는 것은 문법 G_1에서 다뤘던 구성적 접근법에서는 문제가 된다. 만약 명사구 *a dog*가 존재적으로 수량화된 표현이라면 개체가 있어야 하는 동사 *sleeps*에 대한 의미를 가지는 인자가 될 수 있을까? 그렇다면 이런 논리 접속사는 어디에서 나온 것일까?

이와 같은 문제를 다루기 위한 여러 방법들이 있다. 먼저 주어 NP와 VP들 사이의 어휘 관계를 반전시켜서 생성 S → NP VP 의미 NP.sem@VP.sem을 가질 수 있도록 만든다. 이제 문장의 의미는 동사구에 적용된 명사구의 의미다. 이런 변화가 의미하는 바는 그림 12.3에 있는 것처럼 해당 예시의 파생을 탐색하면서 가장 잘 표현할 수 있다. 먼저, 보기에 다소 복잡해 보이는 의미를 지정하는 부정관사 *a*부터 시작해보자.

$$\lambda P.\lambda Q.\exists x P(x) \land Q(x)$$

---

7   이와 반대로, 문장 *Every dog sleeps*는 보편 수량사 $\forall x \text{DOG}(x) \Rightarrow \text{SLEEPS}(x)$를 포함한다. 하지만 정관사 *the*는 좀 더 고려할 필요가 있다. 이를테면 *the dog*는 문장 외부에 있는 문맥 정보에서 독자적으로 식별 가능한 어떤 *dog*을 의미해야 하기 때문이다. Carpenter(1997, 96-100페이지)는 한정 표현을 다루는몇 가지 접근법을 요약했다.

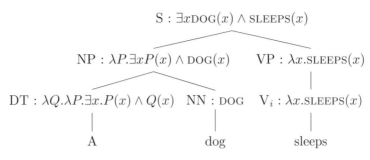

그림 12.3 문법 G_2에서 문장 *A dog sleeps*에 대한 의미 표현의 파생

이 부정관사는 2개의 **"관계**[relation]**"** P와 Q를 인자로 받는 람다 표현이다. 관계 P의 범위는 외부 람다 표현으로 한정되기 때문에, P는 바로 인접하는 명사(이 경우에는 DOG)를 통해 제공되고, 따라서 명사구 *a dog*는 다음의 의미를 가진다.

$$\text{NP.sem} = \text{DET.sem}@\text{NN.sem} \tag{12.16}$$

$$= (\lambda P.\lambda Q.\exists x P(x) \wedge Q(x))@(\text{DOG}) \tag{12.17}$$

$$= \lambda Q.\exists x \text{DOG}(x) \wedge Q(x) \tag{12.18}$$

위 식은 또 다른 관계인 Q를 기대하는 람다 표현으로, 동사구 SLEEPS를 통해 제공된다. 이 과정을 통한 결과는 우리가 원하는 분석값인 $\exists x \text{DOG}(x) \wedge \text{SLEEPS}(x)$를 내놓는다.[8]

만약 *a dog*와 같은 명사구가 람다 표현으로 해석되면, *Alex*와 같은 고유명사도 반드시 동일한 방법으로 다뤄야 한다. 상수부터 람다 표현 $x \Rightarrow \lambda P.P(x)$에 이르기까지의 **타입 레이징**[type-raising] 과정을 통해 이뤄진다. 타입 레이징이 끝나고 나면 *Alex*의 의미는 $\lambda P.P(\text{ALEX})$이 되고, 해당 관계는 우리에게 ALEX에 관한 무엇인가를 알려줄 것이라고 생각되는 람다 표현이다.[9] 재차 강조하자면 그림 12.3의 분석이 문장 *Alex*

---

8   베타 감소를 그 자신이 람다 표현인 인자에 적용할 때는 고유한 변수명을 사용해 사전에 혼란을 방지하도록 해야 한다. 예를 들면 *a*에 대한 의미론 내의 *x*를 *likes*에 대한 의미론의 *x*와 구분하는 것이 중요하다. 변수명은 추상적 개념이기 때문에 언제든지 변할 수 있으며, 이를 **"알파 전환**(α-conversion)**"**이라 한다. 예를 들면 $\lambda x.P(x)$는 $\lambda y.P(y)$ 등으로 변환할 수 있다.

9   구성 의미 분석은 보통 주어진 함수 애플리케이션이 타당한지를 확인할 수 있게 해주는 **유형 시스템**(type system)을 통해 지원된다. 기본 유형에는 개체 *e*와 진리값 *t*가 있다. 이를테면 DOG와 같은 속성은 개체에서 진리값까지의 함수이며, 따라서 해당 유형은 $\langle e, t \rangle$라고 표기한다. 타동사의 유형은 $\langle e, \langle e, t \rangle \rangle$이며, 첫 번째 개체(직접 목적어)를 받은 다음 문장의 주어에 적용할 개체부터 진리값까지의 함수를 반환한다. 유형 인상 연산 $x \Rightarrow \lambda P.P(x)$는 유형을 *e*에서 $\langle \langle e, t \rangle, t \rangle$로 변경하는 작업에 해당하며, 개체에서 진리값까지의 함수를 기대하며 진리값을 반환한다.

*sleeps*에 어떻게 적용되는지 확실히 알고 있어야 한다.

직접 목적어는 동일한 타입 레이징 연산을 타동사에 적용하는 방식으로 처리할 수 있으며, *likes*와 같은 동사의 의미는 다음과 같이 위로 끌어올릴 수 있다.

$$\lambda P.\lambda x.P(\lambda y.\text{LIKES}(x, y)) \qquad [12.19]$$

표 12.2 수량화된 명사구를 지원하는 구문 의미에 대한 문맥 자유 문법 조각 G_2

S	→ NP VP	NP.sem@VP.sem
VP	→ V_t NP	V_t.sem@NP.sem
VP	→ V_i	V_i.sem
NP	→ Det Nn	Det.sem@Nn.sem
NP	→ Nnp	$\lambda P.P(\text{Nnp.sem})$
Det	→ *a*	$\lambda P.\lambda Q.\exists x P(x) \wedge Q(x)$
Det	→ *every*	$\lambda P.\lambda Q.\forall x(\boldsymbol{P}(x) \Rightarrow \boldsymbol{Q}(x))$
V_t	→ *likes*	$\lambda P.\lambda x.P(\lambda y.\text{LIKES}(x, y))$
V_i	→ *sleeps*	$\lambda x.\text{SLEEPS}(x)$
Nn	→ *dog*	DOG
Nnp	→ *Alex*	ALEX
Nnp	→ *Brit*	BRIT

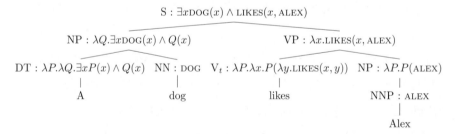

그림 12.4 *A dog likes Alex*에 대한 의미 표현의 파생 과정

결과적으로 우리는 직접 목적어가 방정식 12.19에서의 함수 P를 제공할 것을 알고 있으므로 동사구 생성 VP.sem = V.sem@NP.sem을 유지할 수 있다. 이 과정이 어떻게 동작하는지 보기 위해서 동사구 *likes a dog*를 분석해보자. 각각의 람다변수에 대해 독자적이 되도록 라벨링을 한 이후, 다음과 같이 정리할 수 있다.

$$\text{VP.sem} = \text{V.sem@NP.sem}$$

$$= (\lambda P.\lambda x.P(\lambda y.\text{LIKES}(x,y)))@(\lambda Q.\exists z \text{DOG}(z) \wedge Q(z))$$

$$= \lambda x.(\lambda Q.\exists z \text{DOG}(z) \wedge Q(z))@(\lambda y.\text{LIKES}(x,y))$$

$$= \lambda x.\exists z \text{DOG}(z) \wedge (\lambda y.\text{LIKES}(x,y))@z$$

$$= \lambda x.\exists z \text{DOG}(z) \wedge \text{LIKES}(x,z)$$

이러한 변화는 표 12.2의 수정된 문법 G_2에 정리돼 있다. 그림 12.4는 타동사, 부정명사구, 고유명사를 포함하는 파생을 보여준다.

12.4 의미 파서 학습하기

구문 파싱과 마찬가지로 충분한 범위를 다룰 수 있는 구문 의미 문법이더라도 어떤 문장이 주어지면 여러 분석이 만들어지는 리스크를 가지고 있다. 머신러닝에서는 주로 단일 선택이 될 수 있도록 만드는 게 일반적이다. 우리는 논리 형식의 파생 과정에다 피처에 가중치를 추가해 논리 형식에 대한 점수를 학습하는 알고리듬에 대해 초점을 맞출 것이다(Zettlemoyer & Collins, 2005). 그 외 다른 방법에는 전이 기반 파싱(Zelle & Mooney, 1996; Misra & Artzi, 2016)과 기계 번역에서 영감을 받은 여러 방식이 있다(Wong & Mooney, 2006). 학습에 사용되는 지도의 형식에 따라서 방식이 나눠지기도 하며, 완전한 파생에서부터 훨씬 제한된 훈련 시그널까지 방식이 다양하다. 먼저 완전한 지도supervision를 살펴보고, 핵심 정보가 확실히 누락됐음에도 어떻게 여전히 학습이 가능한지 자세히 살펴본다.

데이터 세트 의미 파싱에 대한 초기 연구는 *What states border Texas* [텍사스의 경계는 어디인가] 등과 같은 지리 정보에 대한 데이터 베이스 질의query의 자연어 표현에 초점을 맞췄다. Zelle & Mooney(1996)의 GeoQuery 데이터 세트는 원래 프롤로그prolog로 코드를 작성했으나, 훗날 확장되면서 Popescu et al.(2003)에 의해 SQL 데이터 베이스 질의 언어로 변환됐으며, Zettlemoyer & Collins(2005)에 의해 람다 대수 1차원 논리로 변환돼 $\lambda x.\text{STATE}(x) \wedge \text{BORDERS}(x,\text{TEXAS})$ 등과 같은 논리적 형식을 제공하게 됐다. 최근에는 더 넓은 영역에 대해 초점을 맞춰 연구가 진행된다. 예를 들면 Freebase 데이터 베이스(Bollacker et al., 2008)에 대해서는 Krishnamurthy &

Mitchell(2012)과 Cai & Yate(2013)가 쿼리에 대한 주석을 작성했다. 그 외 최신 데이터 세트에는 아동 지향어^{child-directed speech}(Kwiatkowski et al., 2012) 및 초등학교 과학 시험 (Krishnamurthy, 2016) 등이 있다.

12.4.1 파생을 통해 학습하기

$w^{(i)}$가 텍스트 시퀀스를, $y^{(i)}$가 원하는 논리 형식을 나타낸다고 하자. 이를테면 다음과 같다.

$$w^{(i)} = \text{Alex eats shoots and leaves}$$

$$y^{(i)} = \text{EATS}(\text{ALEX},\text{SHOOTS}) \wedge \text{EATS}(\text{ALEX},\text{LEAVES})$$

§2.3에서 소개한 표준 지도학습 패러다임에서 먼저 피처함수 $f(w, y)$를 정의하고 이러한 피처에 대한 가중치를 학습해 $y^{(i)} = \text{argmax}_y\ \theta \cdot f(w, y)$가 되도록 만든 적이 있다. 가중치 벡터 θ는 참인 라벨 $f(w^{(i)}, y^{(i)})$과 예측 라벨 $f(w^{(i)}, \hat{y})$의 피처(퍼셉트론, 서포트 벡터 머신)나 기대되는 피처 벡터 $E_{y|w}[f(w^{(i)}, y)]$(로지스틱 회귀)와 서로 비교해 학습이 진행된다.

이러한 기본 프레임워크가 분류적 구문 파싱과 유사해 보일 수도 있지만, 중요한 차이점이 존재한다. (문맥 자유) 구문 파싱에서는 주석 $y^{(i)}$는 모든 구문 생성을 포함하며, 올바른 생성 집합을 식별하는 작업은 구문 구조를 식별하는 작업과 동일하다. 하지만 의미 파싱에서는 상황이 조금 다르다. 의미 파싱에서는 논리 형식 EATS(ALEX,SHOOTS) ∧ EATS(ALEX,LEAVES)를 얻기 위해 사용되는 구문 의미 생성 과정도 겉으로 드러나지 않는다. 사실은 **거짓 모호성**^{Spurious Ambiguity}도 존재할 수 있어서, 여러 개의 파생을 통해 하나의 논리 형식에 이르는 경우도 존재한다(§11.3.2의 전이 기반 의존 파싱에서 거짓 모호성 문제를 나룬 바 있나).

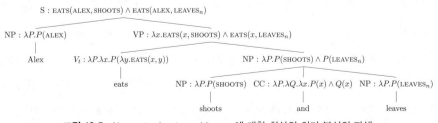

그림 12.5 *Alex eats shoots and leaves*에 대한 최상의 의미 분석의 파생

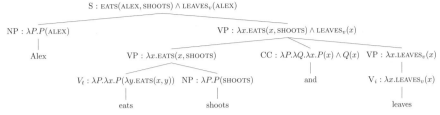

그림 12.6 *Alex eats shoots and leaves*에 대한 잘못된 의미 분석의 파생

이 아이디어에서는 변수 z를 추가로 도입해 수식화할 수 있으며, z는 텍스트 w에서 논리 형식 y로의 파생을 표현한다. 피처함수가 z_t가 단일한 구문 의미 생성을 나타내는 파생 $f(w, z, y) = \sum_{t=1}^{T} f(w, z_t, y)$ 내의 생성에 대해 분해된다고 가정해보자. 이를테면 NNP → *Alex*:ALEX와 같은 단말 생성뿐만 아니라 S → NP VP:NP.sem@ VP.sem와 같은 생성과 관련된 피처들을 가질 수도 있다. 이런 분해에서는 w의 분석 안에 있는 의미적으로 주석 처리된 하부 트리에 대한 각각의 점수를 계산해, CKY (§10.1)와 같은 상향식 파싱 알고리듬으로 최적의 점수를 매기는 의미 분석을 탐색하도록 적용할 수 있다.

그림 12.5는 문장 *Alex eats shoots and leaves*의 올바른 의미 분석의 파생을 복수명사구인 *shoots*와 *leaves*가 논리 상수인 SHOOTS와 $LEAVES_n$으로 해석하는 단순한 문법을 보여준다. 그림 12.6은 잘못된 분석의 파생을 보여준다. 생성 하나당 피처하나가 있다고 가정했을 때의 퍼셉트론 갱신은 표 12.3에 나타나 있다. 이 갱신 과정에서 파서는 *leaves*에 대한 동사 해석보다는 명사 해석을 선호하도록 학습한다. 또한파서는 동사구 등위 접속보다 명사구 등위 접속을 선호하도록 학습할 수도 있다.

표 12.3 그림 12.5(최상)와 그림 12.6(예측)에서 분석에 대한 퍼셉트론 갱신

$NP_1 \rightarrow NP_2$ Cc NP_3	(Cc.sem@(NP_2.sem))@(NP_3.sem)	+1
$VP_1 \rightarrow VP_2$ Cc VP_3	(Cc.sem@(VP_2.sem))@(VP_3.sem)	−1
NP → *leaves*	$LEAVES_n$	+1
VP → V_i	V_i.sem	−1
V_i → *leaves*	$\lambda x.LEAVES_v$	−1

퍼셉트론을 가지고 갱신 과정을 설명했지만, 퍼셉트론을 조건부 무작위장[CRF]으로바꿔서 생각하면 쉽게 이해할 수 있을 것이다. 즉, 이런 경우에 내부-외부 알고리듬

396

을 사용해 계산할 수 있는 피처 기댓값을 기반으로 온라인 갱신 과정이 이뤄진다.

12.4.2 논리 형식으로부터 학습하기

완전 파생은 주석을 하나씩 달기에는 비용 소모가 클 뿐만 아니라, 이미 주석이 달린 데이터도 거의 없다.[10] 이 문제를 해결하기 위한 한 가지 방법은 논리 형식에서 바로 학습하는 동시에 파생을 **잠재변수**로 다루는 것이다(Zettlemoyer & Collins, 2005). 논리 형식 y와 파생 z에 대한 조건부 확률적 모델에서 다음을 얻을 수 있다.

$$p(y, z \mid w) = \frac{\exp(\boldsymbol{\theta} \cdot \boldsymbol{f}(w, z, y))}{\sum_{y', z'} \exp(\boldsymbol{\theta} \cdot \boldsymbol{f}(w, z', y'))} \qquad [12.20]$$

위 식은 논리 형식 y와 파생 z에 적용된 표준 로그 선형 모델이다.

파생 z가 논리 형식 y를 명확하게 결정하기 때문에, y와 z의 결합 확률을 모델링하는 것은 불필요하다고 생각할 수도 있다. 하지만 z가 알려져 있지 않기 때문에 주변화 marginalize될 수도 있다.

$$p(y \mid w) = \sum_z p(y, z \mid w) \qquad [12.21]$$

그런 다음, 의미 파서가 최대 로그 마진 확률을 가진 논리 형식을 선택할 수 있다.

$$\log \sum_z p(y, z \mid w) = \log \sum_z \frac{\exp(\boldsymbol{\theta} \cdot \boldsymbol{f}(w, z, y))}{\sum y', z' \exp(\boldsymbol{\theta} \cdot \boldsymbol{f}(w, z', y'))} \qquad [12.22]$$

$$\propto \log \sum_z \exp(\boldsymbol{\theta} \cdot \boldsymbol{f}(w, z', y')) \qquad [12.23]$$

$$\geq \max_z \boldsymbol{\theta} \cdot \boldsymbol{f}(w, z, y) \qquad [12.24]$$

로그 항을 z에 대한 총합으로 밀어 넣는 것은 불가능하기 때문에, 일반적인 선형 평가함수를 적용할 수 없다. 하한을 제공하는 파생 z에 대한 (총합이 아닌) 최댓값을 가지고, 근사를 통해서만 이런 평가함수를 복구할 수 있다.

학습은 로그 마진 우도를 최대화해 실행할 수 있다.

---

10 예외적인 연구로는 Ge & Mooney(2005)가 있으며, 해당 연구에서는 수백 문장에 대해 각각의 구문 구성 요소의 의미를 주석 처리했다.

$$\ell(\boldsymbol{\theta}) = \sum_{i=1}^{N} \log \mathrm{p}(\boldsymbol{y}^{(i)} \mid \boldsymbol{w}^{(i)}; \boldsymbol{\theta}) \qquad [12.25]$$

$$= \sum_{i=1}^{N} \log \sum_{z} \mathrm{p}(\boldsymbol{y}^{(i)}, \boldsymbol{z}^{(i)} \mid \boldsymbol{w}^{(i)}; \boldsymbol{\theta}) \qquad [12.26]$$

이 로그우도는 완전하게 관측된 조건부 무작위장의 로그우도와는 달리, θ에서 볼록 convex이 아니다. 즉, 초기화에 따라 학습은 서로 다른 결과를 내놓을 수 있다는 것이다.

방정식 12.26의 파생은 다음과 같다.

$$\frac{\partial \ell_i}{\partial \boldsymbol{\theta}} = \sum_{z} \mathrm{p}(z \mid \boldsymbol{y}, \boldsymbol{w}; \boldsymbol{\theta}) f(\boldsymbol{w}, z, \boldsymbol{y}) - \sum_{\boldsymbol{y}', z'} \mathrm{p}(\boldsymbol{y}', z' \mid \boldsymbol{w}; \boldsymbol{\theta}) f(\boldsymbol{w}, z', \boldsymbol{y}') \qquad [12.27]$$

$$= E_{z \mid \boldsymbol{y}, \boldsymbol{w}} f(\boldsymbol{w}, z, \boldsymbol{y}) - E_{\boldsymbol{y}, z \mid \boldsymbol{w}} f(\boldsymbol{w}, z, \boldsymbol{y}) \qquad [12.28]$$

두 기댓값 모두 내부-외부inside-outside 알고리듬과 같은 상향식 알고리듬을 통해 계산할 수 있다. 아니면 근사 해결책을 위해 파생을 주변화시키기보다 다시 최대화시킬 수도 있다. 어떤 경우에서든, 경사의 첫 번째 항에서는 논리 형식 $\boldsymbol{y}$와 함께 존재할 수 없는 파생 z를 식별하는 과정이 필요하다. 이 과정은 동적 프로그래밍 알고리듬에서 표 $t[i, j, X]$의 셀들이 $X \leadsto \boldsymbol{w}_{i+1:j}$에 대한 가능한 모든 논리 형식 집합을 포함하는 식으로 이뤄진다. 그래서 결과적으로 해당 표는 구문 파싱에 비해 훨씬 방대할 수도 있다. 문제는 최종 논리 형식 $\boldsymbol{y}$와 양립하기 어려운 중간 단계의 분석을 없애기 위해 가지치기pruning를 사용하거나(Zettlemoyer & Collins, 2005), 빔 탐색을 사용해 각 셀의 크기를 고정된 상수로 제한을 두는 식으로(Liang et al., 2013) 제어할 수 있다.

만약 방정식 12.28에 대한 각 기댓값을 argmax로 바꾸고, 가중치를 학습하기 위해 확률적 경사 하강법을 적용한다면, 사라진 데이터를 학습할 수 있는 단순하고도 일반적인 알고리듬인 **잠재변수 퍼셉트론**을 얻을 수 있다. 이 알고리듬의 가장 기본적인 형태는 알고리듬 16에서 소개하지만 평균화와 마진 손실과 같은 일반적인 기법들도 이 알고리듬에 적용할 수 있다(Yu & Joachims, 2009). 의미 파싱 이외에도 잠재변수 퍼셉트론은 기계 번역(Liang et al., 2006) 및 개체명 인식(Sun et al., 2009) 등과 같은 작업에서도 사용한다. 잠재 조건부 무작위장에서는 은닉변수를 최대화하기보다는 완전히 채워진 기댓값을 사용한다. 이 모델 또한 파스 순위 다시 매기기parse reranking(Koo &

Collins, 2005), 제스처 인식(Quattoni et al., 2007) 등과 같이 의미 파싱 이상의 다양한 문제에서 해결 방법으로 사용됐다.

알고리듬 16 잠재변수 퍼셉트론

1: **procedure** LATENTVARIABLEPERCEPTRON($\boldsymbol{w}^{(1:N)}$, $\boldsymbol{y}^{(1:N)}$)

2:     $\theta \leftarrow 0$

3:     **repeat**

4:         Select an instance i

5:         $z^{(i)} \leftarrow \text{argmax}_z\ \theta \cdot f(\boldsymbol{w}^{(i)}, z, \boldsymbol{y}^{(i)})$

6:         $\hat{y}, \hat{z} \leftarrow \text{argmax}_{y', z'}\ \theta \cdot f(\boldsymbol{w}^{(i)}, z', y')$

7:         $\theta \leftarrow \theta + f(\boldsymbol{w}^{(i)}, z^{(i)}, \boldsymbol{y}^{(i)}) - f(\boldsymbol{w}^{(i)}, \hat{z}, \hat{y})$

8:     **until** tired

9:     **return** θ

12.4.3 표기를 통해 학습하기

논리 형식은 완전한 파생보다는 얻기 쉽지만 논리 형식의 주석을 매기는 것도 상당한 전문성이 필요하다. 그렇지만 여러 자연어 문장들을 대상으로 표기를 얻는 것은 상대적으로 쉽다. 예를 들면 지리 분야에서 어떤 질문에 대한 표기의 의미는 그 질문에 대한 대답이다(Clarke et al., 2010; Liang et al., 2013).

텍스트(Text): *What states border Georgia?*

논리 형식(Logical form): $\lambda x.\text{STATE}(x) \wedge \text{BORDER}(x, \text{GEORGIA})$

표기(Denotation): {Alabama, Florida, North Carolina, South Carolina, Tennessee}

이와 비슷하게 로봇 제어 설정에서도 명령의 표기는 동작이나 동작 시퀀스라고 할 수 있다(Artzi & Zettlemoyer, 2013). 두 가지 경우 모두 표기, 즉 질문에 대한 올바른 답이나 동작을 내놓는 분석을 선택하는 파서에 보상을 주는 것이 핵심이다.

논리 형식을 통한 학습은 파생을 총합하거나 최대화하는 식으로 가능하다. 이 발상에서 한 단계 더 나아가 올바른 표기를 가진 모든 논리 형식을 총합하거나 최대화할 수도 있다. $v_i(y) \in \{0, 1\}$을 **유효성 함수**라고 한다. 유효성 함수에서는 텍스트 $\boldsymbol{w}^{(i)}$의 표기인 $[\![y]\!]$가 올바른지 아닌지를 나타내는 2진법 점수를 할당하며, 그다음 조건부 우도 목적함수를 최대화해 학습할 수 있다.

$$\ell^{(i)}(\boldsymbol{\theta}) = \log \sum_{y} v_i(\boldsymbol{y}) \times \mathrm{p}(\boldsymbol{y} \mid \boldsymbol{w}; \boldsymbol{\theta}) \qquad [12.29]$$

$$= \log \sum_{y} v_i(\boldsymbol{y}) \times \sum_{z} \mathrm{p}(\boldsymbol{y}, \boldsymbol{z} \mid \boldsymbol{w}; \boldsymbol{\theta}) \qquad [12.30]$$

위 식은 모든 유효한 논리 형식 $\{ \boldsymbol{y} : v_i(\boldsymbol{y}) = 1 \}$의 모든 파생 $\boldsymbol{z}$를 모두 더한 총합이다. 이 수식은 의미 파서가 유효한 표기를 가진 논리 형식을 만들어내는 로그 확률에 따른다.

$\boldsymbol{\theta}$에 대해 미분해 다음과 같은 결과를 얻을 수 있다.

$$\frac{\partial \ell^{(i)}}{\partial \boldsymbol{\theta}} = \sum_{y,z:v_i(\boldsymbol{y})=1} \mathrm{p}(\boldsymbol{y}, \boldsymbol{z} \mid \boldsymbol{w}) \boldsymbol{f}(\boldsymbol{w}, \boldsymbol{z}, \boldsymbol{y}) - \sum_{y',z'} \mathrm{p}(\boldsymbol{y}', \boldsymbol{z}' \mid \boldsymbol{w}) \boldsymbol{f}(\boldsymbol{w}, \boldsymbol{z}', \boldsymbol{y}') \qquad [12.31]$$

위 식은 피처 기댓값에 대한 통상적인 미분값이다. 양의 항은 표기가 유효한지, 조건화된 기대 피처 기댓값을 계산하는 반면, 두 번째 항은 기대 피처 기댓값을 기저 진실과 무관하게 현재 모델에 따라 계산한다. 이 문제에 관해서는 큰 마진^Large-margin 학습 공식을 사용할 수도 있다. 이를테면 Artzi & Zettlemoyer(2013)는 유효한 파생과 유효하지 않은 파생의 집합을 만들고, 그다음 유효한 모든 파생이 유효하지 않은 모든 파생보다 높은 점수를 가져야 한다는 제약을 두었다. 이 제약 조건은 퍼셉트론과 유사한 학습 규칙을 만들어낸다.

추가 자료

여기서 다루지 않은 주요 문제는 "**의미론 과소명세화**^Semantic Underspecification"를 어떻게 다룰지에 대한 것이다. 의미 과소명세화란 단일 구문 구조에서 여러 의미 해석이 존재하는 경우를 말하며, 대표적인 예로는 수량사 범위 모호성이 해당한다. Blackburn & Bos(2005)는 이러한 문제에 접근하기 위한 다양한 방법을 정리했고, 자연어 의미론과 계산적 추론 기법 사이의 연결 고리도 만들었다. 의미 파싱에 관한 최근 연구의 대부분에서는 결합 범주 문법^CCG, Combinatory Categorial Grammar의 프레임워크를 활용한다. Carpenter(1997)는 결합 범주 문법이 어떻게 구성적 의미 분석을 지원할 수 있는지에

400

대한 포괄적인 방법을 제시했다. 또 다른 최신 연구 분야에는 다중 문장 텍스트의 의미론이 있다. 이 의미론은 동적 술어 논리(Groenendijk & Stokhof, 1991) 등을 포함하는 **동적 의미론** 모델을 사용해서 다룰 수 있다.

형식적 의미론에 관한 또 다른 자료는, Levy & Manning(2009)의 "비공식" 자료와 Briscoe(2011)의 더욱 심도 있는 안내 자료가 있다. 데이터 기반의 의미 파싱에 대한 현행 연구에 대해 더 알고 싶다면 Liang & Potts(2015)의 연구 자료, Artzi & Zettlemoyer(2013)[11]의 튜토리얼 슬라이드와 비디오, Yoav Artzi[12] 그리고 Percy Liang[13]의 소스 코드를 참고하라.

연습 문제

1. **전건 긍정**Modus Ponens 추론 규칙은 만약 우리가 $\phi \Rightarrow \psi$와 ϕ를 알고 있다면, ψ는 반드시 참이라고 명시한다. 연산자 $\Rightarrow$의 정의와 §12.2.1에서 제공된 몇몇 법칙들과 추가적인 규칙 $\perp \vee \phi = \phi$를 사용해 이러한 규칙이 타당함을 보이시오.

2. 다음 예시를 관계 CAN-SLEEP, MAKES NOISE, BROTHER를 사용해 1차원 논리로 변환하시오.
   - If Abigail makes noise, no one can sleep.
   - If Abigail makes noise, someone cannot sleep.
   - None of Abigail's brothers can sleep.
   - If one of Abigail's brothers makes noise, Abigail cannot sleep.

3. 문법 조각 G_1을 확장해 이중 타동사 *teaches*와 고유명사 *Swahili*를 포함하도록 하시오.

   문장 *Alex teaches Brit Swahili*에 대한 해석에 대한 파생 과정을 보이시오(TEACHES(ALEX,BRIT,SWAHILI)가 돼야 한다). 문법은 촘스키 정규 형식을 따르지 않아도 된다. 이중 타동사에 대해서는 NP_1, NP_2를 사용해 직접 목적어들을 적으시오.

---

11 비디오 자료는 현재 http://yoavartzi.com/tutorial/에서 이용 가능하다.
12 http://yoavartzi.com/spf
13 https://github.com/percyliang/sempre

4. 문장 *Alex likes every dog*에 대한 의미 해석을 문법 조각 G_2를 이용해 파생시키시오.

5. 문법 조각 G_2를 확장해 형용사를 다룰 수 있게 해 *an angry dog*의 의미가 $\lambda P.$ $\exists x \text{DOG}(x) \land \text{ANGRY}(x) \land P(x)$가 되도록 하시오. 구체적으로는 형용사 *angry*에 어휘 입력을 공급할 수 있어야 하고, 구문 의미 생성 NP → DET NOM, NOM → JJ NOM, NOM → NN을 명시하라.

6. 문제 5에 대한 질문을 확장해서 *Alex is angry* 등과 같이 서술 형용사를 가진 연어 구조를 다룰 수 있도록 하시오. 이에 대한 해석은 ANGRY(ALEX)가 돼야 한다. 동사구 생성 VP → V_{cop} JJ과 단말 생성 V_{cop} → *is*를 추가하시오. 이러한 문법 확장이 결과적으로 왜 올바른 해석을 산출하는가를 보이시오.

7. 그림 12.5와 12.6에서 우리는 복수형 *shoots*와 *leaves*를 개체로서 취급한 바 있다. G_2를 수정해 *Alex eats leaves*의 해석이 다음과 같게 하고 $\forall x.(\text{LEAF}(x) \Rightarrow \text{EATS}(\text{ALEX},x))$, 결과에 대한 퍼셉트론 갱신 과정을 보이시오.

8. *every student eats a pizza* 등과 같은 서술은 수량사의 범위에 따라 두 개의 해석을 가진다.

$$\forall x \exists y \text{PIZZA}(y) \land (\text{STUDENT}(x) \Rightarrow \text{EATS}(x,y)) \qquad [12.32]$$

$$\exists y \forall x \text{PIZZA}(y) \land (\text{STUDENT}(x) \Rightarrow \text{EATS}(x,y)) \qquad [12.33]$$

   a) 이러한 해석이 왜 실제로 서로 다른지 설명하시오.

   b) 어떤 해석이 문법 조각 G_2에 의해 생성된 것인가? 문법과 정확하게 정합되기 위해서 논리 형식을 조작해야 할 수도 있다.

9. *G_2를 수정해 문제 8의 두 번째 해석을 생성하도록 하시오. 힌트: 해결책 가운데 하나는 문장 생성 및 기타 생성의 의미를 변경하는 작업을 포함한다.

10. GeoQuery 영역에서, 여러 개의 가능한 의미 해석을 가진 자연어 질의에게 동일한 표기를 부여하라. 해석과 표기 모두 열거하시오.

   힌트: 여러 가지 해결책이 있지만, 그 가운데 하나는 모델 안의 여러 서로 다른 개체로 연결될 수 있는 지명^{toponym}을 사용하는 방식을 포함한다.

13 술어 인자 의미론

13장에서는 1차 논리의 일부 측면을 무시한 "경량화된" 의미 표현에 대해서 알아보는 한편, 술어 인자 구조에 초점을 맞춰 설명할 것이다. 먼저 간단한 예문을 통해 사건의 의미론에 대해 생각해보자.

(13.1) Asha gives Boyang a book. [아샤는 보양에게 책을 줬다.]

이 문장의 1차 논리 표현은 다음과 같다.

$$\exists x.\text{BOOK}(x) \wedge \text{GIVE}(\text{ASHA, BOYANG}, x) \qquad [13.1]$$

위 표현에서 book에 대한 변수 x를 정의하고, 문자열 *Asha*, *Boyang*과 개체 ASHA, BOYANG을 연결한다. '준다'라는 동작은 주는 사람과 받는 사람, 선물을 포함하기 때문에 술어 GIVE는 반드시 인자 세 개를 가진다.

그렇다면 해당 사건에 대한 추가 정보가 있다고 생각해보자.

(13.2) Yesterday, Asha reluctantly gave Boyang a book. [어제 아샤는 마지못해 보양에게 책을 줬다.]

위와 같은 문장에서 사용할 수 있는 해결 방법에는 술어 GIVE를 확장해 추가적인 인자를 다룰 수 있도록 만든다.

$$\exists x.\text{BOOK}(x) \wedge \text{GIVE}(\text{ASHA, BOYANG}, x, \text{YESTERDAY, RELUCTANTLY}) \quad [13.2]$$

그러나 이 방법은 만족스럽지 않다. 그 이유는 *yesterday*와 *reluctantly*는 선택 인자이고, 가능한 모든 인자들의 조합에 대해 서로 다른 버전으로 GIVE 술어가 필요하기 때문이다. **사건 의미론**Event semantics에서는 해당 사건을 실존하는 것으로 수량화시킨 변수 e로 구체화해 이 문제를 해결한다.

$$\exists e, x \; \text{GIVE-EVENT}(e) \land \text{GIVER}(e, \text{ASHA}) \land \text{GIFT}(e, x) \land \text{BOOK}(e, x)$$
$$\land \; \text{RECIPIENT}(e, \text{BOYANG}) \land \text{TIME}(e, \text{YESTERDAY})$$
$$\land \; \text{MANNER}(e, \text{RELUCTANTLY})$$

이와 같은 방식으로 주는 사람, 받는 사람, 선물에 해당하는 사건의 인자들은 이 인자들 간의 자체 관계로 표현할 수 있다. 그리고 해당 인자들은 사건 e에 연결된다. 표현 $\text{GIVER}(e, \text{ASHA})$는 ASHA가 사건에서 GIVER라는 역할을 수행함을 의미한다. 이런 재공식 과정은 사건의 시간이나 사건의 태도 등의 **부가사**^{adjunct}라고 하는 선택적 정보에 대한 문제를 다룬다. 인자와는 달리 부가사는 관계에서 필수적인 부분은 아니지만, 이런 표현에서는 문장의 의미 해석에 결합된 추가적인 논리 관계로 표현될 수 있다.[1]

사건 의미 표현은 중첩된 절에 적용될 수 있으며, 예를 들면 다음과 같다.

(13.3) Chris sees Asha pay Boyang. [크리스는 아샤가 보양에게 지불하는 것을 봤다.]

이 문장은 사건 변수를 인자로 사용해 수행된다.

$$\exists e_1 \exists e_2 \; \text{SEE-EVENT}(e_1) \land \text{SEER}(e_1, \text{CHRIS}) \land \text{SIGHT}(e_1, e_2)$$
$$\land \; \text{PAY-EVENT}(e_2) \land \text{PAYER}(e_2, \text{ASHA}) \land \text{PAYEE}(e_2, \text{BOYANG}) \qquad [13.3]$$

1차 논리와 마찬가지로, 사건 의미론의 목표는 수많은 표면 형식을 일반화하는 표현을 만드는 것이다. 다음의 예시는 (13.1)의 문장을 다시 작성한 것이다.

(13.3) a. Asha gives a book to Boyang. [아샤는 보양에게 책을 줬다.]

b. A book is given to Boyang by Asha. [그 책은 보양에게 아샤에 의해 주어졌다.]

c. A book is given by Asha to Boyang. [그 책은 아샤에 의해 보양에게 주어졌다.]

---

1 이와 같은 표현은 주로 **네오 데이비소니언 사건 의미론**(Neo-Davidsonian event semantics)이라고 한다. 해당 존재를 수량화한 사건 변수의 사용은 Davidson(1967)이 선택적 부가사 문제를 다루기 위해 고안했다. 네오 데이비소니언 사건 의미론에서 이렇게 부가사를 다루는 방식은 후에 필수 인자까지로 확장된다(Parsons, 1991).

　　d. The gift of a book from Asha to Boyang…[그 책 선물은 아샤에게 보양으로…]

위의 모든 예문은 예문 (13.1)과 동일한 의미론적 의미를 갖지만, 의미를 표현하는 방식은 다양하게 표현된다. 심지어 마지막 예시에서는 동사가 없다. 대부분의 경우 사건은 동사를 통해 설명되지만, (13.4d)에서 확인할 수 있듯이 명사 *gift*가 동일한 동반 인자를 가진 동일한 술어를 설명할 수도 있다.

의미 역할 라벨링^{SRL, Semantic Role Labeling}은 텍스트 자체 토큰 집합에 따라 각각의 의미 역할이 채워지는 의미 파싱의 한 형태이다. 이 파싱 방법은 모델 기반의 이론적 의미 파싱과는 달리, 역할 필터가 어떤 세계의 모델 내의 표시 의미를 가지는 기호일 필요가 없기 때문에 다른 말로 "얕은 의미론^{shallow semantics}"이라고 부르기도 한다. 역할 라벨링 시스템은 모든 술어를 식별한 다음 역할 사이를 메우는 텍스트의 스팬을 구체화해야 한다. 이 작업에 대한 이해를 돕기 위해 좀 더 복잡한 예문을 하나 더 살펴보자.

(13.5) Boyang wants Asha to give him a linguistics book. [보양은 아샤에게 언어학 책을 주기를 원한다.]

위 예시에서는 동사 *want*, *give*로 표현된 2개의 술어가 존재한다. 따라서 의미 역할은 라벨 다음의 출력을 반환한다.

- (PREDICATE: *wants*, WANTER: *Boyang*, DESIRE: *Asha to give him a linguistics book*)
- (PREDICATE: *give*, GIVER: *Asha*, RECIPIENT: *him*, GIFT: *a linguistics book*)

Boyang 및 *him*은 동일 인물을 참조할 수도 있지만, 의미 역할 라벨링에서는 이런 참조 문제를 해결할 필요는 없다. **추상 의미 표현**^{AMR, Abstract Meaning Representation} 등과 같은 다른 술어 인자 표현에서는 해당 참조 문제를 꼭 해결해야 한다. §13.3에서 추상 의미 표현에 대해 살펴보겠지만 여기서는 먼저 의미 역할의 정의에 대해 조금 더 살펴볼 것이다.

13.1 의미 역할

사건 의미론에서는 인자를 사건에 연결하기 위해 추가적인 논리 관계의 수를 구체화하는 작업이 꼭 필요하다. 이를테면 GIVER, RECIPIENT, SEER, SIGHT 등이 있다. 모든 술어는 그 자신의 고유한 인자를 표현하기 위해서 논리 관계 집합이 필요하다. 이와는 대조적으로 TIME, MANNER 등과 같은 부가사는 다양한 사건의 유형에 걸쳐서 공유된다. 이즈음에서 다수의 사건 술어를 통해 공유되는 포괄적인 인자 유형의 집합을 식별하는 방식을 통해 필수 인자를 부가사처럼 다루는 것이 가능한지 자연스럽게 질문이 생긴다. 이 질문에 대한 답은 연관된 동사를 포함한 다음의 예시를 통해 실마리를 찾을 수 있다.

(13.6) a. Asha gave Boyang a book. [아샤는 보양에게 책을 줬다.]

b. Asha loaned Boyang a book. [아샤는 보양에게 책을 빌려줬다.]

c. Asha taught Boyang a lesson. [아샤는 보양에게 수업을 했다.]

d. Asha gave Boyang a lesson. [아샤는 보양에게 수업을 해줬다.]

위 문장 a, b에서 Asha, Boyang, book의 각 역할은 거의 동일하다. c에서는 약간 다르지만, d는 GIVER와 TEACHER의 역할이 연관성을 갖는 것처럼 보일 수도 있다.

GIVER, TEACHER 등과 같은 역할 사이의 관계를 살펴보기 위한 방법은 한 개체가 이러한 역할들을 충족할 때 통상적으로 지니는 속성의 집합을 나열해볼 수 있다. 주는 사람(giver)과 선생님(teacher)은 보통 **생물이며**(animate)"(이들은 살아 있으며, 지각이 있다), **자유의지가 있다**(volitional)(이들은 어떤 행동을 할지 선택한다).[2] 이와는 반대로 빌려주는 것을 받거나, 가르침을 받는 것은 보통 생물이 아니거나 자유의지가 없을 뿐만 아니라, 사건에 의해 변경되지도 않는다.[3]

이런 생각을 바탕으로 **테마 역할**thematic role은 보편적인 역할 필터의 공유된 의미 속성을 활용해 술어를 보편화한다(Fillmore, 1968). 이를테면 (13.6a–13.6d) 예시에서

---

2 몇몇 예외적인 사례도 존재한다. 예컨대 문장 *The C programming language has taught me a lot about perseverance*에서 "선생님"은 "*The C programming language*"를 의미한다. 여기서는 C 언어가 생물이거나 자유의지를 갖지는 않을 것이다.

3 수동태에 대한 전형적인 설명으로, 누군가 나에게 A라는 물건을 주면 A라는 물건을 받는 사람은 그냥 받는 사람이지 자유의지가 없다고 본 것이다. – 옮긴이

Asha는 4개의 문장에서 모두 비슷한 역할을 수행하며 이를 에이전트(agent)라고 한다. 에이전트는 몇 가지 공유된 의미 속성을 반영한다. 이를테면 그녀(Asha)는 주도적이고 의도적으로 행동을 실행하는 반면 Boyang은 더 수동적인 참가자이고, book(책)과 lesson[수업]은 사건에서 무생물 참가자로 또 다른 역할을 수행한다.

널리 알려진 시스템 3종에 대한 예시 주석들을 그림 13.1에서 확인할 수 있다. 앞으로는 이러한 시스템에 대해서 더 상세하게 살펴보고자 한다.

13.1.1 버브넷

버브넷[VerbNet](Kipper-Schuler, 2005)은 동사의 어휘 목록이며, 이 동사들에 대해 인자가 수행하는 30개의 "핵심" 주제 역할을 가지고 있다. 버브넷 가이드라인과 더불어 예시 역할 몇 가지를 소개한다.[4]

	Asha	*gave*	*Boyang*	*a book*
VerbNet	AGENT		RECIPIENT	THEME
PropBank	ARG0: giver		ARG2: entity given to	ARG1: thing given
FrameNet	DONOR		RECIPIENT	THEME
	Asha	*taught*	*Boyang*	*algebra*
VerbNet	AGENT		RECIPIENT	TOPIC
PropBank	ARG0: teacher		ARG2: student	ARG1: subject
FrameNet	TEACHER		STUDENT	SUBJECT

그림 13.1 버브넷(VerbNet), 프롭뱅크(PropBank), 프레임넷(FrameNet)에 따른 의미 주석 예시

- 에이전트(행위자)(AGENT): "사건에서 행동자(ACTOR)이며, 의도적이고 의식적으로 사건을 수행하고 사건과는 독립적으로 존재함."
- 수동자(PATIENT): "사건에서 경험자(UNDERGOER)이며, 다른 참여자가 연관되거나 이들 참여자를 통해 직접적으로 영향을 받는 상태, 장소, 조건 등의 변화를 경험하며, 사건과는 독립적으로 존재함."
- 수신자(RECIPIENT): "생물인 목적지(DESTINATION)"
- 테마(THEME): "사건이나 상태의 중심에 있지만, 사건 발생 방식을 제어할 수

---

4 http://verbs.colorado.edu/verb-index/VerbNet_Guidelines.pdf

없는 경험자(UNDERGOER)는 사건에 따라 구조적으로 변경되지 않으며, 어떤 상태에서 특정한 위치나 조건에 놓여 있다고 특징지어짐."

- 주제(TOPIC): "또 다른 피행위자에게 전달된 정보 콘텐츠에 따라 특징지어진 테마."

버브넷에서 역할은 계층적으로 구성되며 주제(TOPIC)는 테마(THEME)의 한 유형이다. 그리고 테마는 경험자(UNDERGOER)의 유형이고, 결국 이 테마는 다시 최상위 범주인 참여자(PARTICIPANT)의 유형 중 하나이다.

또 버브넷은 단어 의의^{sense}를 비슷한 의미를 가진 동사 의의를 한데 묶는 클래스 계층으로 체계화한다. §4.2에서 살펴본 것처럼 같은 단어에 대한 다양한 의미를 의의^{sense}라고 하며, WordNet은 여러 영어 단어의 의의를 식별한다는 사실을 떠올려보자. 버브넷은 WordNet을 기반으로 하기 때문에 WordNet이 포함하는 동사의 WordNet 의의를 통해 동사 클래스가 식별된다. 예를 들어 동사 클래스 give-13.1은 *loan*의 첫 번째 WordNet 의의와 *lend*의 두 번째 WordNet 의의를 포함한다.

각각의 버브넷 클래스나 하위 클래스는 테마 역할 집합을 취한다. 이를테면 give-13.1은 AGENT, TOPIC, RECIPIENT의 테마 역할을 갖고 있는 인자를 취하고, 술어 TEACH는 테마 역할 AGENT, TOPIC, RECIPIENT, SOURCE를 가진 인자를 취한다. 따라서 버브넷에 따르면, 다음의 문장에서 *Asha*, *Boyang*은 AGENT와 RECIPIENT의 역할을 수행한다.

(13.7) a. Asha gave Boyang a book.

     b. Asha taught Boyang algebra.

위 예시에서 *book*, *algebra*는 모두 테마이지만, *algebra*는 수신자^{receiver}에게 주어진 정보 콘텐츠로 구성되기 때문에 테마의 하위 범주인 TOPIC이 된다.

13.1.2 최초 역할과 프롭뱅크

버브넷에서 사용된 유형의 상세한 주제 역할들이 보편적으로 받아들여지진 않는다. 예를 들면 Dowty(1991, 547쪽)는 "언어학자들은 많은 경우, 역할 유형 간의 경계 위치가 어디인지 공통 견해를 찾거나, 영감을 얻기가 어렵다는 사실을 깨달았다"라고 말했다. 그는 확실한 구분은 단순히 "**최초 역할**proto-role" 2개의 사이에서만 식별된다고 주장한다.

최초 에이전트proto-agent 사건 혹은 상태에 대한 의지적 개입, 지각 또는 인식, 사건 혹은 다른 참여자의 상태의 변화를 유발한다. 움직임, 사건과 독립적으로 존재하는 피처를 가지고 있다.

최초 피행위자proto-patient 상태의 변화를 경험한다. 인과성에 따라 다른 참여자로부터 영향을 받는다. 다른 참여자의 움직임에 따라 상대적으로 정지 상태가 변한다. 또 사건과 독립적으로 존재하지 않는다.[5]

그림 13.11의 예시에서 Asha는 최초 행위자 속성의 대부분을 갖고 있다. 책book을 Boyang에게 줄 때 Asha는 자유의지로써 행동한다(*Boyang got a book from Asha*처럼 *Asha가 책을 의지에 따라 포기했는지 확실하지 않은 경우와는 반대된다*). 또한 Asha는 지각이 있으며 Boyang의 상태 변화를 일으키며, 사건과는 독립적으로 존재한다. Boyang도 최초 행위자 속성 몇 가지를 가지고 있다. 지각이 있으며 사건과는 독립적으로 존재한다. 그러나 Boyang은 몇 가지의 최초 피행위자 속성도 가진다. Boyang이야말로 인과에 따라 영향을 받고, 상태의 변화를 경험하는 사람이다. Asha가 Boyang에게 준 바로 그 책은 아주 적은 최초 행위자 속성을 가진다. 책은 자유의지가 없으며 지각도 없고, 인과적 역할도 없다. 그러나 책은 최초 피행위자 속성도 마찬가지로 상당수 결여돼 있다. 책은 상태의 변화를 겪지도 않고, 사건과 독립적으로 존재하지만 고정돼 있지 않다.

---

5 Reisinger et al.(2005)은 이러한 속성에 대해 작업자들이 직접 주석을 달아서 각 인자들의 속성에 대해 견해가 일치하는 경향이 있는 주석자를 찾아야 한다고 했다. 또한 그들은 영어에서는 최초 행위자 속성을 더 많이 가지는 인자가 주어 위치에 출현하는 경향성이 있는 반면, 최초 피행위자 속성을 더 많이 가진 인자는 목적어 자리에 출현한다는 사실을 발견했다.

표 13.1 말뭉치에서의 출현 빈도에 따라 분류한 PropBank 부가사(Palmer et al., 2005)

TMP	time	*Boyang ate a bagel* [AM-TMP *yesterday*].
LOC	location	*Asha studies in* [AM-LOC *Stuttgart*]
MOD	modal verb	*Asha* [AM-MOD *will*] *study in Stuttgart*
ADV	general purpose	[AM-ADV *Luckily*], *Asha knew algebra.*
MNR	manner	*Asha ate* [AM-MNR *aggressively*].
DIS	discourse connective	[AM-DIS *However*], *Asha prefers algebra.*
PRP	purpose	*Barry studied* [AM-PRP *to pass the bar*].
DIR	direction	*Workers dumped burlap sacks* [AM-DIR *into a bin*].
NEG	negation	*Asha does* [AM-NEG *not*] *speak Albanian.*
EXT	extent	*Prices increased* [AM-EXT *4%*].
CAU	cause	*Boyang returned the book* [AM-CAU *because it was overdue*].

명제 은행 Proposition Bank(혹은 Propbank)(Palmer et al., 2005)은 이러한 행위자와 피행위자의 기본적인 구분을 바탕으로 만들었으며, 일반적인 테마 역할과 각 서술어에 대해 구체적인 역할 사이의 중간지대로서 작용한다. 각 동사는 숫자가 붙여진 인자 리스트에 연결되고, 이 리스트에서 ARG0는 최초 행위자이며, ARG1은 최초 피행위자이다. 추가적인 번호가 매겨진 인자들은 동사에 대해 구체적이다. 예를 들어 술어 TEACH에 대한 인자는 다음과 같다.

- ARG0: the teacher(선생님)
- ARG1: the subject(과목)
- ARG2: the student(s)(학생(들))

동사는 인자를 얼마든지 가질 수 있다. 예를 들면 WANT와 GET은 5개를 갖는 반면 EAT는 단지 ARG0, ARG1을 가질 뿐이다. 동사에 대해 구체적인 의미 인자 외에도, 대략적으로 십여 개의 일반 목적 부가사들을 어떤 동사와도 조합해 사용할 수 있다. 이 부가사들은 표 13.1에 나타나 있다.

전체 펜 트리뱅크에 대해 **PropBank** 형식의 의미 역할 라벨링 주석을 추가했다. 이 주석들에는 각각에 대한 인자 스팬뿐만 아니라 구두 술어에 대한 정서도 포함돼 있다.

13.1.3 프레임넷

의미 프레임은 상황 또는 사건에 대한 설명을 의미한다. 프레임은 그 자신의 **어휘 유닛**

Lexical Unit(대부분 동사이지만, 100%는 아니다) 중 하나를 통해 불러낼 수 있고, 역할과 비슷한 프레임 원소들을 몇 개 포함한다(Fillmore, 1976). 예를 들어 가르치는 행동은 동사 '*taught*(가르치다)'를 통해 해당 프레임을 불러내며, 이 프레임과 연관된 원소는 선생님(teacher), 학생(들)(student(s)), 가르치는 과목(subject being taught)들에 해당한다. 프레임 의미론은 인공지능의 역사 및 Minsky(1974), Schank-Abelson(1977) 등의 연구에서 중요한 역할을 수행했다. 자연어 처리에서 프레임 의미론은 **프레임넷**FrameNet (Fillmore-Baker, 2009)에서 구현됐다. FrameNet은 대략 1천여 프레임을 가진 어휘와, 20만 개가 넘는 "본보기 문장"을 가진 말뭉치(프레임과 그 원소들은 주석 처리된다)로 구성된다.[6]

TEACHER, GIVER 등과 같은 의미 역할을 AGENT 등과 같은 테마 역할에 연결하는 방법을 찾기보다 FrameNet은 적극적으로 동사들을 프레임으로 묶어서, 프레임에서 의미적으로 서로 연관된 역할을 연결한다. 예를 들면 다음 2개의 문장은 FrameNet에서 똑같은 주석으로 처리된다.

(13.8) a. Asha taught Boyang algebra. [아샤는 보양에게 대수학을 가르쳤다.]

b. Boyang learned algebra from Asha. [보양은 아샤로부터 대수학을 배웠다.]

그 이유는 바로 *teach*와 *learn*이 모두 프레임 EDUCATION_TEACHING의 어휘 유닛이기 때문이다. 더군다나 아래의 2개의 예문에서도 확인할 수 있듯이 심지어 역할은 프레임이 구분돼 있어도 서로 공유될 수 있다.

(13.9) a. Asha gave Boyang a book.

b. Boyang got a book from Asha.

프레임 GIVING 및 GETTING은 모두 수신자(RECIPIENT), 테마(THEME)를 가지며, 따라서 Boyang과 book은 같은 역할을 수행한다. 하지만 Asha의 역할은 다르다. Asha는 프레임 GIVING에서 증여자(DONOR)이며, 프레임 GETTING에서는 출처(SOURCE)이다. FrameNet은 상속을 광범위하게 사용해 프레임과 프레임 원소에 정보를 공유하려고 한다. 예를 들면 프레임 COMMERCE_SELL과 LENDING은 프레임 GIVING

---

6   최신 연구의 세부 자료 및 데이터는 https://framenet.icsi.berkeley.edu/에서 확인할 수 있다.

으로부터 상속받는다.

13.2 의미 역할 라벨링

의미 역할 라벨링 작업이란 의미 역할을 포함하고 있는 문장의 일부를 식별하는 것을 의미한다. 영어에서 해당 작업은 주로 PropBank 말뭉치상에서 수행되고, 다음과 같은 형식으로 결괏값을 생성한다.

(13.10) [ARG0 Asha][GIVE.01 gave][ARG2 Boyang's mom][ARG1 a book][AM-TMP yesterday]

하나의 문장이 여러 개의 동사를 가질 수도 있으며, 그렇기 때문에 주어진 해당 단어가 다중 역할 필터의 일부일 수도 있음을 주의하자.

(13.11) [ARG0 Asha][WANT.01 wanted][ARG1 Boyang to give her the book].
　　　　　Asha　　　　wanted [ARG0 Boyang][GIVE.01 to give][ARG2 her] [ARG1the book]

13.2.1 분류를 통한 의미 역할 라벨링

PropBank는 펜 트리뱅크에 구 구성 요소(§9.2.2)를 사용해 주석을 추가한 것이다. PropBank 의미 역할 라벨링은 구별로 술어에 대한 집합인 $\mathcal{R} = \{\varnothing, \text{PRED}, \text{ARG0}, \text{ARG1}, \text{ARG2}, ..., \text{AM-LOC}, \text{AM-TMP}, ...\}$에서 나온 라벨을 지정하는 작업으로 볼 수 있다. 만약 의미 역할 라벨링을 분류 문제로 다룬다면, 다음의 함수 형태를 얻을 수 있다

$$\hat{y}_{(i,j)} = \underset{y}{\arg\max}\ \psi(\boldsymbol{w}, y, i, j, \rho, \tau) \qquad [13.4]$$

여기서

- (i, j)는 구의 구성 요소 $(w_{i+1}, w_{i+2}, ..., w_j)$의 스팬을 의미한다.
- $\boldsymbol{w}$는 토큰 시퀀스로 문장을 표현한다.
- ρ는 $\boldsymbol{w}$의 술어 동사 인덱스다.

- τ는 w의 구성 요소 파스의 구조다.

의미 역할 라벨링에 대한 초기 연구는 $\psi(w, y, i, j, \rho, \tau) = \theta \cdot f(w, y, i, j, \rho, \tau)$으로 표현되는 구별할 수 있는 피처 기반 모델에 초점을 맞췄다. 표 13.2는 FrameNet 의미 역할 라벨링에 대한 중요한 논문에서 사용된 피처들을 보여준다(Gildea-Jurafsky, 2002). 2005년까지는 PropBank 의미 역할 라벨링을 위한 여러 종류의 시스템이 존재했으며, 그 접근 방식과 피처 집합은 Carreras-Marquez(2005)에 요약돼 있다. 전형적인 피처로는 구 유형, 중심어, 품사, 경계, 제시된 인자 $w_{i+1:j}$의 이웃들(단어, 단어의 기본형lemma, 품사, 동사 w_ρ의 태(능동 혹은 수동)와 해당 프레임셋frameset과 연관된 피처들) 그리고 제시된 인자와 동사 사이의 거리 및 경로 등의 여러 항목들을 포함하고 있다. 이 방법에서 의미 역할 라벨링 시스템은 자연어 처리 스택에서 높은 수준의 "소비자"가 되며, 품사 태거와 파서 등과 같은 낮은 수준의 요소로부터 생성된 피처를 사용한다. 더 종합적인 피처 집합은 Das et al.(2014)과 Täckström et al.(2015)에서 하나씩 다뤘다.

특히나 강력한 피처 클래스는 인자와 술어 사이의 **구문 경로**Syntactic Path와 관계가 있다. 이러한 피처는 문장의 구 구성 요소 파스를 가로질러, 인자에서 동사까지 이동하기 위한 필요한 움직임으로 포착한다. 이 피처들에 대한 주요 아이디어는 다양한 인자가 만들어지는 방법에 대한 구문적 규칙성을 포착하는 것이다. 이러한 구문 경로 피처는 그림 13.2의 파스 트리를 이용한 예시를 통해 가장 잘 설명할 수 있다.

표 13.2 Gildea-Jurafsky(2002)의 의미 역할 라벨링에서 사용된 피처들

술어 기본형과 품사 태그	술어 동사의 기본형과 그 품사 태그
태	술어가 능동태인지 수동태인지의 여부. 수동태 구조를 식별하기 위한 구문 패턴의 집합에 의해 결정된다.
구 유형	파스 트리 안에서 제안되는 인자에 대한 구성 요소 구 유형(예컨대 NP, PP 등)
중심어와 품사 태그	Collins(1997) 규칙을 통해 식별되는 제시된 인자 중심어와 해당 중심어의 품사 태그
위치	주어진 인자가 문장의 술어 이전이나 이후 어디에 위치하는지의 여부
구문 경로	제시된 인자에서 술어까지의 파스 트리상에 있는 단계들의 집합(텍스트에서 상세하게 설명됨)
하위 범주화	술어상의 첫 번째 분지 노드에서 만들어진 구문적 생산. 이를테면 그림 13.2에서 taught 주변의 하위 범주화 피처는 VP → VBD NP PP이다.

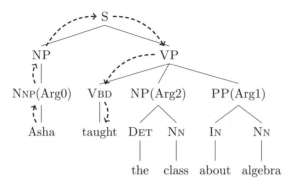

그림 13.2 문장의 구 구조 파스 트리에 대한 의미 역할 라벨링. 파선은 Asha에서 술어 동사 taught까지의 구문 경로를 의미한다.

- *Asha*에서 동사 *taught*까지의 경로는 NNP↑NP↑S↓VP↓VBD이다. 경로의 첫 번째 부분 NNP↑NP↑S는 반드시 NNP 태그(고유명사)에서 S(문장) 구성 요소까지 올라가는 식으로 파스 트리를 따라 이동해야 함을 나타낸다. 경로의 두 번째 부분 S↓VP↓VBD는 우리가 S 구성 요소로부터 VP(동사구)를 생성하고, 그 다음 VBD를 생성해 동사에 도달함을 의미한다. 이 피처는 해당 경로가 문장의 루트인 S를 포함하기 때문에 *Asha*가 주어 위치상에 있는 것과도 일치한다.

- *the class*에서 *taught*까지의 경로는 NP↑VP↓VBD이다. 여기서는 해당 경로가 동사 *taught*를 지배하는 VP 노드를 거쳐 가기 때문에 *the class*가 목적어 위치에 있는 것과 일치한다.

가능한 여러 경로 피처들이 존재하기 때문에, 더 작은 부분들을 살펴보는 것이 도움이 될 수도 있다. 이를테면 상향 및 하향 부분은 별개 피처로 취급할 수 있으며, 또 다른 피처는 S가 경로의 어떤 곳에서도 나타나는지 살펴본다.

구성 요소 파스를 사용하기보다는 각 인자의 중심어와 동사 사이의 **의존 경로**^{Dependency} ^{Path}(§11.4 참조)를 사용해서 피처를 구축하는 것도 가능하다(Pradhan et al., 2005). 보편 의존 품사 세트와 의존 관계(Nivre et al., 2016)를 사용하면, *taught*가 *Asha*와의 유형 $\xleftarrow{\text{NSUBJ}}$ 의 관계의 중심이기 때문에 *Asha*에서 *taught*까지의 의존 경로가 PROPN $\xleftarrow{\text{NSUBJ}}$ VERB임을 보일 수 있다. 이와 비슷하게, *class*는 *taught*의 직접 목적어가 되는 명사구의 중심이기 때문에 *class*에서 *taught*까지의 의존 경로는 NOUN $\xleftarrow{\text{DOBJ}}$ VERB가

된다. 더 흥미로운 예문으로는 *Asha wanted to teach the class*[아샤는 수업을 가르치고 싶어 한다]를 살펴볼 수 있다. 이 문장에서 *Asha*에서 *teach*까지의 경로는 PROPN $\underset{\text{NSUBJ}}{\leftarrow}$ VERB $\underset{\text{XCOMP}}{\rightarrow}$ VERB이다. 두 번째 관계의 우향 화살표는 *wanted*가 *teach*와의 XCOMP 관계의 중심임을 알려준다.

13.2.2 제약 조건이 있는 최적화에서 의미 역할 라벨링

의미 역할 라벨링을 분류 문제로 다룰 때 발생할 수 있는 잠재적인 문제점은 바로 문장 단위의 몇몇 제약 조건이 존재한다는 것이고, 이러한 경우 분류기는 다음과 같은 몇 가지 사항을 위반할 수 있다.

- 주어진 동사에 대해서 각 유형에는 하나의 인자만 존재할 수 있다(ARG0, ARG1 등)
- 인자는 중첩될 수 없다. 이 문제는 그림 13.2 처럼 구성 요소 파스 트리 내의 구에 라벨링할 때 발생한다. 만약 전치사구 *about algebra*를 인자 혹은 부가사라고 라벨링한다면, 그 자식인 *about*과 *algebra*는 ∅로 라벨링돼야 한다. 그리고 이런 구의 구문적 조상에 대해서도 마찬가지로 동일한 제약 조건을 적용해야 한다 .

이와 같은 제약은 라벨링 결정에 대한 의존성을 알려준다. 이를테면 시퀀스 라벨링이나 파싱과 같은 구조 예측 문제에서 이러한 의존성은 보통 전체 구조 y에 대한 평가 함수를 정의해 처리할 수 있다. 효율적인 추론 작업은 전역 점수를 지역 일부로 분해되도록 만든다. 이를테면 시퀀스 라벨링의 평가함수는 인접한 태그 쌍의 점수로 분해돼, 추론을 위한 비터비 알고리듬의 응용을 가능하도록 만든다. 하지만 의미 역할 라벨링에서 발생하는 제약 조건을 지역 분해하기란 다소 까다롭다.[7] 따라서 **제약 조건이 있는 최적화**Constrained Optimization를 또 다른 해결책으로 고려할 수 있다.

집합 $\mathcal{C}(\tau)$가 파스 τ에 의해 도입된 제약을 준수하는 모든 라벨링을 의미한다고 하자. 의미 역할 라벨링 문제는 $y \in \mathcal{C}(\tau)$이라는 제약 조건상의 최적화로 다시 수식화할

---

7   Tromble-Eisner(2006) 및 Täckström et al.(2015)은 몇 가지 동적 프로그래밍에 대한 해결 방법을 제시했다. 하지만 이들의 방법에서는 라벨의 수에 지수 비례하는 크기를 가진 격자 구조를 생성하는 과정을 포함한다.

수 있다.

$$\max_{y} \sum_{(i,j)\in\tau} \psi(\boldsymbol{w}, y_{i,j}, i, j, \rho, \tau)$$

$$\text{s.t.} \quad \boldsymbol{y} \in \mathcal{C}(\tau) \tag{13.5}$$

이 공식에서 (첫 번째 줄의) 목적함수는 개별적인 라벨링 결정으로 분리 가능한 함수이지만, (두 번째 줄의) 제약 조건은 모든 라벨링에 대해 적용된다. 총합 $\sum_{(i,j)\in\tau}$은 파스 τ 내의 모든 구성 요소 스팬을 총합한 것을 의미한다. 두 번째 줄에 나타난 표현 s.t.는 제약 $\boldsymbol{y} \in \mathcal{C}(\tau)$의 대상이 되는 목적함수를 최대화함을 의미한다.

제약 조건상의 최적화의 제한된 형식에 대한 실용적인 알고리듬들이 몇몇 존재한다. 제한된 형식 중 한 가지는 제약 조건이 정수 변수의 선형함수인 **정수 선형 프로그래밍**Integer Linear Programming이 있다. 정수 선형 프로그램으로 의미 역할 라벨링을 수식화하기 위해서 먼저 라벨을 이진 변수의 집합 $\boldsymbol{z} = \{z_{i,j,r}\}$로 다시 써 준다(Punyakanok et al., 2008).

$$z_{i,j,r} = \begin{cases} 1, & y_{i,j} = r \\ 0, & \text{otherwise} \end{cases} \tag{13.6}$$

여기서 $r \in \mathcal{R}$은 집합 {ARG0, ARG1, ..., AM-LOC, ..., ∅} 안의 라벨들이다. 그러므로 변수 $\boldsymbol{z}$는 의미 역할 라벨링 $\boldsymbol{y}$의 이진 버전이라 할 수 있다.

비로소 $\boldsymbol{z}$의 선형함수로서 목적함수를 다음과 같이 수식화할 수 있다.

$$\sum_{(i,j)\in\tau} \psi(\boldsymbol{w}, y_{i,j}, i, j, \rho, \tau) = \sum_{i,j,r} \psi(\boldsymbol{w}, r, i, j, \rho, \tau) \times z_{i,j,r} \tag{13.7}$$

해당 수식은 $z_{i,j,r}$이 가리키는 모든 관계에 대한 점수의 총합이다.

제약 정수 선형 프로그래밍은 파라미터 $\boldsymbol{A}$와 $\boldsymbol{b}$가 제약을 의미하는 일반화된 형식 $\boldsymbol{Az} \leq \boldsymbol{b}$으로 나타낼 수 있는 선형 부등식 제약 조건을 허용한다. 이를 좀 더 확실히 하기 위해, 'null이 아닌 역할의 유형은 문장에서 오직 한 번만 나타날 수 있다'라는 제약 조건을 먼저 살펴보도록 하자. 이 제약 조건은 다음과 같이 쓸 수 있다.

$$\forall r \neq \varnothing, \qquad \sum_{(i,j)\in\tau} z_{i,j,r} \leq 1 \qquad\qquad [13.8]$$

$z_{i,j,r} = 1$이 스팬 (i, j)이 라벨 r을 가지는 것에 대한 필요충분조건이라고 할 때, 이 제약은 각각에 가능한 라벨 $r \neq \varnothing$에 대해서, $z_{i,j,r} = 1$인 (i, j)가 최대 1개 있음을 의미한다. 이러한 제약 조건은 $\mathbf{A}z \leq b$로 나타낼 수 있으며, 13장의 연습 문제를 풀어보면서, 다시 확인할 수 있을 것이다.

'라벨은 중첩될 수 없다'라는 제약 조건에 대해서 살펴보자. (i, j)가 (i', j')과 중첩된 경우에만 $o((i, j), (i', j')) = 1$를 만족하고, 그렇지 않다면 0으로 함수를 정의해보자. 그러므로, o는 제약 (i', j')가 (i, j)의 조상이나 후손 중 하나인지 여부를 알려준다. 여기서 제약 조건은 만약 두 구성 요소가 중첩되면 단 하나만 널이 아닌 라벨을 가질 수 있다는 것이다.

$$\forall (i,j)\in\tau, \qquad \sum_{(i',j')\in\tau}\sum_{r\neq\varnothing} o((i,j),(i',j')) \times z_{i',j',r} \leq 1 \qquad [13.9]$$

여기서 $o((i, j), (i', j')) = 1$이다.

요약하면 의미 역할 라벨링 문제는 다음과 같은 정수 선형 프로그램으로 다시 쓸 수 있다.

$$\max_{z\in\{0,1\}^{|\tau|}} \sum_{(i,j)\in\tau}\sum_{r\in\mathcal{R}} z_{i,j,r}\psi_{i,j,r}$$
$$s.t. \quad \forall r\neq\varnothing, \quad \sum_{(i,j)\in\tau} z_{i,j,r} \leq 1 \qquad\qquad [13.10]$$
$$\forall(i,j)\in\tau, \quad \sum_{(i',j')\in\tau}\sum_{r\neq\varnothing} o((i,j),(i',j')) \times z_{i',j',r} \leq 1$$

제약이 있는 학습 제약이 있는 최적화의 맥락상에 놓여져 있더라도 학습은 일반적인 퍼셉트론 또는 큰 마진 분류 갱신을 사용해 수행할 수 있다. 일반적으로 제약이 있는 추론이 시간을 더 많이 소모하기 때문에, 여기서의 핵심적인 질문은 바로 학습 과정에 제약을 적용하는 것이 과연 필수적인지 하는 것이다. Chang et al.(2008)은 제약 조건 없이 학습한 다음 발견되지 않은 데이터의 의미 역할을 예측하기 위해 훈련된 모델을 사용할 경우에만 제약을 적용해 더 나은 성능을 얻을 수 있음을 발견했다.

제약은 얼마나 중요한가 Das et al.(2014)은 FrameNet 파싱 과정에서 제약되지 않은 분류 기반의 방법이 제약이 있는 최적화에 필적하는 수행 능력을 보여준다는 사실을 발견했다. 비록 이 방법이 "중첩 불가"라는 제약에 상당 부분 위배되지만, 전체 F_1 점수는 제약 조건이 있는 최적화된 점수와 비교했을 때도 그 차이가 1포인트 미만으로 차이가 매우 적다. Punyakanok et al.(2008)에 따른 Propbank 의미 역할 라벨링에서도 비슷한 결과를 얻는다. He et al.(2017)은 제약된 추론에서는 제약이 수동으로 라벨링된 "최상의" 구문 파스에 기반할 때 더 큰 영향력을 행사한다는 사실을 발견했다. 이 사실은 구문 파서에서 발생한 에러가 해당 제약의 효과를 제한할 가능성을 가지고 있다. Punyakanok et al.(2008)은 서로 다른 파서로부터 나온 구성 요소를 포함해 파서 에러를 서로 헷지해 대응한다. 이 방법에서는 모든 파스에서 모든 구성 요소를 선택할 수 있으며, 중첩되는 구성 요소가 선택되지 않는 제약 조건을 추가로 가진다.

실행 glpk[8], cplex[9], Gurobi[10] 등과 같은 정수 선형 프로그래밍 해결사는 행렬 수식 $\mathbf{A}z \leq b$보다는 직접적으로 부등 제약 조건이 문제 정의 내에 표현될 수 있도록 만들어준다. 정수 선형 프로그래밍의 시간 복잡도는 이론적으로는 변수의 개수인 $|z|$에 지수적으로 비례하지만 실제로는 이러한 기존의 문제 해결자를 통해 괜찮은 해결 방법을 효율적으로 얻을 수 있다. 표준 데스크탑 컴퓨터를 활용해, Das et al.(2014)은 cplex 해결자가 술어 4,458개를 포함하는 FrameNet 테스트 세트에서 추론을 수행하는 데 43초만 소요됐다고 발표했다.

자연어 처리에 존재하는 많은 제약 조건이 있는 최적화 문제는 근본적인 문제 구조를 잘 활용하는 **이중 분리**dual decomposition 등의 최적화 기법을 사용해, 고도로 병렬화하는 방식으로 해결될 수 있다(Rush et al., 2010). Das et al.(2014)은 이 기법을 FrameNet 의미 역할 라벨링에 적용해 cplex에서 수백 배에 이르는 속도 향상을 이뤘다.

---

8   https://www.gnu.org/software/glpk/

9   https://www-01.ibm.com/software/commerce/optimization/cplex-optimizer/

10   http://www.gurobi.com/

13.2.3 뉴럴 의미 역할 라벨링

의미 역할 라벨링^{SRL}에 대한 뉴럴 네트워크 차원의 접근법은 이전에 개체명 인식(§8.3)에서 살펴본 **BIO 표기법**$^{BIO\ notation}$ 등과 같은 라벨링 체계를 사용해, 시퀀스 라벨링 작업으로 다루려 한다. 이 표기법에서 유형 ARG1인 스팬 안내의 첫 번째 토큰은 B-ARG1으로 라벨링되며, 스팬의 남은 모든 토큰은 내부에 존재하며 따라서 I-ARG1으로 라벨링된다. 인자 외부의 토큰은 O으로 라벨링한다. 예를 들면 다음과 같다.

(13.12) *Asha   taught Boyang   's   mom   about   algebra*
         B-ARG0 PRED B-ARG2 I-ARG2 I-ARG2 B-ARG1 I-ARG1

순환 뉴럴 네트워크(§7.6)는 위와 같은 태깅 작업을 자연스럽게 처리할 수 있는 방법이다. 예를 들면 Zhou-Xu(2015)는 PropBank 의미 역할 라벨링에 대해 양방향 다중층 장단기 메모리$^{Bidirectional\ Multilayer\ LSTM}$(§7.6을 참조할 것)를 적용하고 있다. 이 모델에서 각각의 양방향 장단기 메모리는 또 다른 고차원 양방향 장단기 메모리의 입력이 되고, 원본 입력 임베딩 $\mathbf{X} = \{x_1, x_2, ..., x_M\}$의 복잡한 비선형 변환을 가능하도록 만들어주며, 최종 장단기 메모리의 은닉 상태는 $\mathbf{Z}^{(K)} = [z_1^{(K)}, z_2^{(K)}, ..., z_M^{(K)}]$이다. 그리고 각각의 태그 $Y_m = y$의 "발산" 점수는 내적 $\theta_y \cdot z_m^{(K)}$과 동일하며, 각각의 인접한 태그 쌍에 대한 전이 점수도 존재한다. 완성된 모델은 다음과 같이 적는다.

$$\mathbf{Z}^{(1)} = \text{BiLSTM}(\mathbf{X}) \qquad [13.11]$$

$$\mathbf{Z}^{(i)} = \text{BiLSTM}(\mathbf{Z}^{(i-1)}) \qquad [13.12]$$

$$\hat{y} = \underset{y}{\text{argmax}} \sum_{m-1}^{M} \theta_{(y)} \cdot z_m^{(K)} + \psi_{y_{m-1}, y_m} \qquad [13.13]$$

최종 단계는 전체 라벨링 y를 최대화하며, 각각의 태그 전이 ψ_{y_{m-1}, y_m}의 점수를 가지고 있음을 유의하자. 이와 같은 장단기 메모리의 조합과 태그의 쌍별^{pairwise} 포텐셜은 **장단기 메모리 조건부 무작위장**$^{LSTM-CRF}$ 중 하나다. 그리고 y에 대한 최대화는 비터비 알고리듬을 통해 수행된다.

이 모델은 제약 조건상의 디코딩 및 컨볼루셔널 뉴럴 네트워크[11]와 같은 동시대의

---

11 Collobert-Weston(2008)은 의미 역할 라벨링에 컨볼루셔널 뉴럴 네트워크을 성공적으로 적용했고 현재의 자연어 처리 연구 경향에 큰 영향을 준 초기 연구 결과였다.

다른 접근 방법을 성능 측면에서 압도했다. 더 최근에는 순환 뉴럴 네트워크 모델과 제약 조건상의 디코딩을 결합하고, A^* 탐색 알고리듬을 활용해서 제약 조건에 대해 사용할 수 있는 라벨링을 탐색한다(He et al., 2017). 이는 Zhou-Xu(2015)의 방식과 비교했을 때 소폭 개선된 것이다. He et al.(2017)은 의미 역할 라벨링 시스템에 대한 앙상블^{ensemble}을 활용해 상당한 발전을 이뤘다(각각의 모델들은 말뭉치 하위 샘플 80%상에서 훈련됐다). 이런 앙상블을 통해서 얻은 평균 예측 결과는 다른 모델보다도 훨씬 좋다.

```
(w / want-01
  :ARG0 (h / whale)
  :ARG1 (p / pursue-02
           :ARG0 (c / captain)
           :ARG1 h))
```

그림 13.3 문장 *The whale wants the captain to pursue him*에 대한 두 가지 관점으로 보는 추상 의미 표현(AMR)

13.3 추상 의미 표현

의미 역할 라벨링은 의미 파싱 작업을 라벨링 작업으로 변환한다. 다음 문장을 살펴보자.

(13.13) The whale wants the captain to pursue him.

PropBank 의미 역할 라벨링 분석은 다음과 같다.

- (PREDICATE: *wants*, ARG0: *the whale*, ARG1: *the captain to pursue him*)
- (PREDICATE: *pursue*, ARG0: *the captain*, ARG1: *him*)

추상 의미 표현^{AMR, Abstract Meaning Representation}은 이와 같은 분석을 각 노드가 변수이고 각 경로가 개념^{concept}을 나타내는 그래프 구조로 단일화할 수 있다(Banarescu et al., 2013). 이는 그림 13.3에서 확인할 수 있듯이 2개의 방식으로 표현될 수 있다. 좌측은 펜만^{PENMAN} 표기법으로(Matthiessen-Bateman, 1991), 각각의 괄호 집합들은 변수를 의미한다. 그리고 각각의 변수는 개념에 대한 **인스턴스**이고, 슬래시로 표시한다. 예를 들면 w /는 변수 w가 동사 want의 첫 번째 의의의 PropBank 프레임을 의미하는 개념

want-01의 인스턴스다. pursue-02는 *pursue*의 두 번째 의의를 의미한다. 관계는 콜론을 통해 설명한다. 이를테면 :ARG0 (c / captain)은 새로 만들어진 변수 c를 가진 유형의 형태가 ARG0인 관계를 의미한다. 또한 변수는 재사용될 수 있다. 그래서 변수 h는 p에 대한 인자로 다시 나온다면, 두 경우 모두 같은 고래를 의미하는 것이다. 이렇게 나열된 형태는 각 경로가 개념을 의미하는 그림 13.3의 그래프 구조처럼 간결하게 표현할 수 있다.

추상 의미 표현[AMR]과 PropBank 방식의 의미 역할 라벨링과의 차이점 중 하나는 바로 추상 의미 표현은 개체들을 변수로 구체화하는 것이다. 예를 들면 (13.13)의 *the whale*은 변수 h로 구체화되며 이는 w / want-01와의 관계에서는 ARG0로, p / pursue-02와의 관계에서는 ARG1으로 재사용한다. 또한 개체를 변수로 구체화하는 것은 명사구의 하위 구조를 더 명확하게 표현할 수 있도록 해준다. 예를 들면 *Asha borrowed the algebra book*은 다음과 같이 표현할 수 있다.

```
(b / borrow-01
    :ARG0 (p / person
            :name (n / name
                    :op1 "Asha"))
    :ARG1 (b2 / book
            :topic (a / algebra)))
```

위 방법에 따르면 변수 p는 이름이 변수 n인 사람임을 의미하며, 여기서의 사람 이름 하나당 토큰 하나를 가진다. 즉, 여기서는 스트링인 *Asha*이다. 이와 비슷하게 변수 b2는 book[책]이며, b2의 topic[주제]은 유형이 algebra인 변수 a이다. 관계 name과 topic은 "비핵심 역할"로 PropBank의 부가 한정사와 비슷하다. 그렇지만 추상 의미 표현 목록은 훨씬 더 광범위하며 부정[negation], 시간, 태도, 빈도, 위치 등 70여 종 이상의 비핵심 역할을 가지고 있다. 리스트와 시퀀스(이를테면 이름 안의 토큰 리스트 등)는 역할 op1, op2 등을 사용해 설명할 수 있다.

추상 의미 표현의 또 다른 피처는 바로 아래에 나오는 Banarescu et al.(2013)의 예시처럼 모든 구문적 요소에서 의미 술어를 사용할 수 있다는 점이다.

(13.14) a. The boy destroyed the room. [소년은 방을 파괴했다.]

　　　　b. The destruction of the room by the boy…[방의 파괴는 소년에 의해서…]

    c. They boy's destruction of the room…[방에 소년의 파괴…]

위의 모든 예시는 추상 의미 표현^{AMR} 측면에서 동일한 의미를 가진다.

```
(d / destroy-01
    :ARG0 (b / boy)
    :ARG1 (r / room))
```

명사 *destruction*은 동사 *destroy*와 연결돼 있으며, 이 연결고리는 PropBank 프레임 `destroy-01`을 통해 포착된다. 또한 형용사에서도 이런 형태가 나올 수 있다. 이를테면 그다음의 구 *the attractive spy*에서 형용사 *attractive*는 PropBank 프레임 `attract-01` 과 연결돼 있다.

```
(s / spy
    :ARG0-of (a / attract-01))
```

위의 예시에서 `ARG0-of`는 역관계는 모든 추상 의미 표현 파스가 단일 루트 노드를 갖도록 해주는 **역관계**^{inverse-relation}로, s가 술어 a의 `ARG0`임을 의미한다.

    추상 의미 표현이 의미 역할 라벨링보다는 나은 방법이지만, buy/sell과 같이 의미론적으로 연관성이 있는 프레임을 연결하지는 못한다(프레임넷에서는 가능하다). 또한 (1차원 술어 미적분과는 달리) 수량화를 다루지는 않으며, (PropBank와는 달리) 명사의 수와 동사 시제를 다루려고 하지 않는다.

13.3.1 추상 의미 표현 파싱

추상 의미 표현은 PropBank 의미 역할 라벨링 등의 여태까지 살펴봤던 대부분의 태깅 및 파싱 주석 방법과는 달리, 원본 텍스트에 대한 라벨링 작업이 아니다. 주어진 문장에 대한 추상 의미 표현은 문장에 있는 단일한 단어들에 대한 다수의 개념들을 포함할 수도 있으며, 이미 살펴본 것처럼 *Asha like algebra*는 단어 *Asha*에 대한 `person` 및 `name` 개념들을 모두 포함한다. 반대로 문장 안의 단어는 추상 표현에서는 나타나지 않을 수도 있다. 이를테면 *Boyang made a tour of campus*에서, **경동사**^{light verb} *make*는 추상 표현에서는 나타나지 않고 그대신 술어인 tour에 고정된다. 결과적으로 추상 의미 표현을 파싱하기가 까다로워지고, 추상 의미 파싱을 평가할 때에도 상당 수준의 알고리듬적 복잡도가 수반된다(Cai-Yates, 2013).

더 복잡한 부분은, 추상 의미 표현 라벨링된 데이터 세트의 추상 의미 표현 주석과 문장의 단어 사이의 "**정렬**alignment"을 명확하게 보여주지 않는다는 것이다. 예를 들면 단어 *wants*와 concept want-01 사이의 연결은 주석 처리되지 않았다. 따라서 트레이닝 데이터를 얻으려면 훈련 문장과 해당 문장의 추상 의미 표현 파스 사이의 정렬을 사전에 작업하는 과정이 꼭 필요하다. 또 Flanigan et al.(2014)은 상당히 높은 재현율을 보여주는 일련의 단계를 통해 텍스트를 개념에 연결하는 규칙 기반 파서를 소개했다.

의존 파싱과 마찬가지로 추상 의미 표현은 그래프 구조 공간을 탐색하는 그래프 기반의 방식이나 점증적 전이 기반 알고리듬을 통해 파싱할 수 있다. 그래프 기반 추상 의미 표현 파싱을 위한 한 가지 방법은 먼저 인접한 토큰을 지역 하위 구조로 묶고, 이 하위 구조를 대상으로 그래프의 공간을 탐색하는 것이다(Flanigan et al., 2014). 개념 하위 그래프의 식별은 시퀀스 라벨링 문제로 수식화할 수 있고, 그 이후의 그래프 탐색은 정수 선형 프로그래밍(§13.2.2)을 활용해 해결할 수 있다. 그리고 다양한 전이 기반 파싱 알고리듬들이 존재한다. Wang et al.(2015)은 구문syntactic 의존 그래프를 점진적으로 수정해 추상 의미 표현 그래프를 구축한다. 각각의 단계에서 파서는 어떠한 행동을 수행한다. 예를 들면 추상 의미 표현 관계 라벨을 현재의 의존 경로에 추가하고 구문 의존 경로의 방향을 바꾸고 경로를 잘라 부모가 없는 트리를 새로운 부모에게 다시 붙이는 행동 중 하나를 수행한다.

추가 자료

실용적인 의미 역할 라벨링은 펜 트리뱅크에 대한 PropBank 주석을 통해 처음으로 이뤄졌다. Abend & Rappoport(2017)는 의미 역할 라벨링과 추상 의미 표현 등을 포함한 몇몇 의미 표현 체계를 조사했다. 추상 의미 표현의 다른 언어학 기반의 피처들은 원본 연구 자료(Banarescu et al., 2013)와 Schneider et al.(2015)의 튜토리얼 슬라이드에 잘 요약돼 있다. 최근에 공유된 작업에서는 단어 쌍 사이의 의미 관계를 식별하는 의미 의존 파싱을 수행했다(Oepen et al., 2014). 구문 의존과 의미 의존 사이의 연결고리에 대해 살펴보고 싶다면 Ivanova et al.(2012)을 참조하면 된다.

연습 문제

1. 다음의 주어진 문장에 대한 사건 의미 표현을 작성하라. 술어를 직접 만들어도
   된다.

   (13.15) a. Abigail shares with Max.

   (13.16) b. Abigail reluctantly shares a toy with Max.

   (13.17) c. Abigail hates to share with Max.

2. *share*, *hate*에 대한 PropBank 프레임셋을 http://verbs.colorado.edu/propbank/
   framesets-english-aliases/에서 찾은 다음 1번 문제에 대한 답을 테마 역할
   ARG0, ARG1, ARG2를 사용해 다시 작성하시오.

3. 동사 *share*에 대해서 1번 문항의 각각의 예문 (13.15a)와 (13.17c)의 Abigail,
   Max에 대한 구문 경로 피처를 계산하라. 확신에 대해 확신이 없다면 http://nlp.
   stanford.edu:8080/parser/ 등과 같은 온라인 파서를 사용하더라도 무방하다.

4. 동사 *share*에 대해서 1번 문항의 각각의 예문 (13.15a)와 (13.17c)의 Abigail,
   Max에 대한 의존 경로 피처를 계산하라. 다시 언급하지만 만약 파스에 대한 확
   신이 없다면 온라인 파서를 사용하더라도 무방하다. 힌트를 주자면 *share*와 *Max*
   사이의 의존 관계는 보편 의존 트리뱅크에 따르면, OBL이다.

5. PropBank 의미 역할 라벨링은 **참조 인자**[reference argument]를 포함한다. 이를테면
   (13.18) [$_{\text{AM-LOC}}$ The bed] on [$_{\text{R-AM-LOC}}$ which] I slept broek.[12] 등이 있다.
   라벨 R-AM-LOC는 단어 *which*가 사건의 장소를 표현하는 *The bed*의 참조임을
   나타낸다. 참조 인자는 반드시 지시 대상이 있어야 하며, 태그 R-AM-LOC는
   AM-LOC도 마찬가지로 문장에 출현할 때에만 출현할 수 있다. 특히 태그
   R-AM-LOC에 대해서 어떻게 이 과정을 선형 제약으로서 표현할지를 보이시오.
   AM-LOC와 R-AM-LOC 어느 것도 문장에서 나타나지 않는 경우를 올바르게 다
   룰 수 있도록 주의하라.

6. 방정식 13.8과 13.9의 의미 역할 라벨링에 대한 제약을 일반 형식 $\mathbf{A}z \geq b$로 어

---

12 Shumin Wu(2013)의 NAACL 튜토리얼 슬라이드 예문이다.

뗗게 표현할 수 있는지 설명하시오.

7. 다음 예문에 대한 추상 의미 표현 주석을 생성하시오.

  (13.19) a. The girl likes the boy.

     b. The girl was liked by the boy.

     c. Abigail likes Maxwell Aristotle.

     d. The spy likes the attractive boy.

     e. The girl doesn't like the boy.

     f. The girl likes her dog.

(13.19c)에서는 op1, op2 등을 이용해 여러 개의 토큰명이 생성된다는 사실을 기억하자. 문제 해결을 위해서 (13.19e)의 경우는 Banarescu et al.(2013)을, (13.19f)의 경우는 Schneider et al.(2015)을 참고하라. 이 예시에서는 *her*가 *the girl*을 의미한다고 가정해도 좋다.

8. 본 문항에서는 동사 can을 위한 FrameNet 의의에 관한 분류기를 만들어야 하며, 이는 2개의 프레임, 즉 POSSIBILITY(can you order a salad with french fries?)와 CAPABILITY(can you eat a salad with chopsticks?)를 떠올리게 된다.

데이터 세트를 만들기 위해서 NLTK의 FrameNet 말뭉치를 가져온다.

```
import nltk
nltk.download('framenet_v17')
from nltk.corpus import framenet as fn
```

그다음, 어휘 유닛 can.v(can의 동사 형태)이 프레임을 불러오게 되는 인스턴스를 찾도록 한다. fn.docs()를 반복하고 문장을 반복하고 그다음은 다음과 같다.

```
for doc in fn.docs():
    if 'sentence' in doc:
        for sent in doc['sentence']:
            for anno_set in sent['annotationSet']:
                if 'luName' in anno_set and anno_set
                        ['luName'] == 'can.v':
                    pass # your code here
```

필드 frameName을 라벨로 사용하고, 필드 text로부터 피처 집합을 만든다. frameName을 정확하게 예측할 수 있도록 분류기를 훈련시키며, CAPABILIITY, POSSIBILITY를 제외한 다른 경우는 무시하도록 한다. 처음 100개의 인스턴스를 트레이닝 세트로, 나머지 인스턴스는 테스트 세트로 나눠 사용한다. 단순하게 가장 공통적인 클래스를 선택하는 분류기보다 더 나은 성능을 보여줄 수 있는가?

9. *NLTK(www.nltk.org/howto/propbank.html)를 사용해 PropBank 샘플 데이터를 다운로드하라.

   a) 술어인 단어나 구(이를테면 *we*/O *took*/B-PRED *a*/I-PRED *walk*/I-PRED *together*/O)를 식별하기 위한 BiLSTM 시퀀스 라벨링 모델(§7.6)을 훈련시키기 위해 PyTorch 등과 같은 딥러닝 툴킷을 활용하시오. 여기서 모델은 BiLSTM 은닉 상태 $\psi(y_m) = \beta_y \cdot \boldsymbol{h}_m$를 계산해야 한다.

   b) 옵션 문제: 비터비를 실행해 a)의 모델에 대한 예측을 향상시키시오.

   c) 각 술어에 대한 ARG0, ARG1를 식별하라. 다시금 BiLSTM 및 BIO 표기법을 사용하지만 BiLSTM 은닉 상태를 예측 모델의 술어 위치에 포함시켜도 되는데, 예를 들면 다음과 같으며 $\psi(y_m) = \beta_y \cdot \boldsymbol{h}_m; \boldsymbol{h}_{\hat{r}}]$, 여기서 $\hat{r}$은 술어(의 첫 번째 단어)의 예측된 위치이다.

10. 미리 만들어놓은 PropBank 의미 역할 라벨링 시스템[13]을 사용해 단순화된 문제 답변 시스템을 Shen-Lapata(2007)의 방식으로 만드시오. 구체적으로 다음의 요건을 만족시켜야 한다.

    • 데이터 세트 내의 각각의 문서에 대해서, 의미 역할 라벨러를 적용하고 결과를 튜플의 리스트로 저장해야 한다.

    • 다시금 질문에 대해서 의미 역할 라벨러를 적용해야 한다. 만약 어떤 역할이 *wh*-로 시작하는 대명사[wh-pronoun]를 통해 채워졌다면, 그 역할을 기대 답변 구[EAP, Expected Answer Phrase]로 표시해야 한다.

---

13 작성 시 SENNA(http://ronan.collobert.com/senna/), 일리노이 의미 역할 라벨러(https://cogcomp.cs.illinois.edu/page/software_view/SRL), 메이트 툴(mate-tool)과 같은 시스템을 사용할 수 있다.

- 질문에 답하기 위해서 저장된 튜플 가운데 질문에 부합하는 튜플을 가능한 한 '잘' 탐색하도록 한다(동일한 술어, 양립 불가한 의미 역할이 없으며, 부합하는 역할이 가능한 한 많이 존재하는지 등). 저장된 튜플 안에 있는 역할 필터에 대해서 EAP를 정렬시키고, 답안으로 반환하도록 한다.

답안 시스템을 평가하기 위해서는 동일한 주제에 대한 3종의 뉴스 기사를 다운로드한 다음, 이 기사들로부터 답안을 도출해낼 수 있는 사실로 생각되는 질문 5가지를 적는다. 여러분의 시스템이 이러한 질문들에 올바르게 답변할 수 있는지 확인하라(만약 이러한 문제가 전체 클래스에 지정된다면, 대규모 테스트 세트를 만들어 다양한 접근법을 비교할 수 있다).

14 분포 의미와 분산 의미

단어에서 의미로 매핑하는 과정에서 복잡도를 처리하기 위한 처리 방법은 자연어 처리에서 반복되는 주제다. 4장에서 *bank*와 같은 단일 단어 형태가 여러 의미를 가질 수 있다는 사실을 살펴봤다. 이와 대조적으로 단일 의미가 여러 표면적인 모습을 통해 만들어질 수 있으면, 이러한 어휘 의미 관계를 **유의성**synonymy이라고 한다. 단어와 의미 사이의 복잡한 매핑 관계에도 자연어 처리 시스템은 통상적으로 단어들을 분석의 기본 단위로 사용한다. 이 과정은 의미론에서 더욱 두드러진다. 앞서 두 장에서 살펴본 논리 및 프레임 의미론 방법들에서는 단어에서 의미 술어로 직접 수작업으로 매핑한 어휘를 기반으로 다뤘다. 그렇다면 지금까지 발견하지 못한 단어를 포함한 텍스트는 어떻게 분석할 수 있을까? 14장에서는 라벨링되지 않은 데이터를 분석하고, 그다음 단어 의미 표현을 학습해 자연어 처리를 일반화할 수 있는 가능성을 상당히 향상시킬 수 있는 방법에 대해 설명한다. 라벨링되지 않은 데이터로부터 유의미한 표현을 얻을 수 있도록 만들어주는 이론을 바로 **분포 가설**Distributional Hypothesis이라고 한다.

14.1 분포 가설

*tezgüino*라는 생소한 단어가 있다(Lin, 1998에서 발췌한 예시). 독자 여러분이 *tezgüino*의 의미를 모르는 것은 마치 자연어 처리 시스템이 트레이닝 데이터 안에 없던 단어를 마주한 상황이라고 볼 수 있다. 이제 *tezgüino*가 다음과 같은 맥락에서 사용됐다는 사실을 안다고 가정해보자.

(14.1) A bottle of ___ is on the table. [___ 한 병이 탁자 위에 있다.]

(14.2) Everybody likes ____. [모두가 ____ 를 좋아한다.]

(14.3) Don't have ____ before you drive. [운전하기 전에는 ____를 소지하지 말라.]

(14.4) We make ____ out of corn. [____는 옥수수로 만든다.]

위의 문맥에 적합한 다른 단어들에는 무엇이 있을까? *loud*[시끄러운], *motor oil*[엔진 오일], *tortillas*[토르티야], *choices*[선택], *wine*[포도주] 등은 어떨까? 표 14.1에서의 각 행은 각 단어의 문맥 속성을 요약하며 해당 문맥에 단어가 나타날 수 있으면 1을, 나타날 수 없다면 0을 부여한 것이다. 이러한 벡터들에 기반해 다음과 같은 결론을 내릴 수 있다. *wine*은 *tezgüino*와 매우 유사하며, *motor oil* 및 *tortillas*는 그와는 다소 유사하다. 또 *loud*는 완전히 다르다.

표 14.1 tezgüino 및 그와 관련된 5가지 용어의 분포 통계

	(14.1)	(14.2)	(14.3)	(14.4)	...
tezgüino	1	1	1	1	
loud	0	0	0	0	
motor oil	1	0	0	1	
tortillas	0	1	0	1	
choices	0	1	0	0	
wine	1	1	1	0	

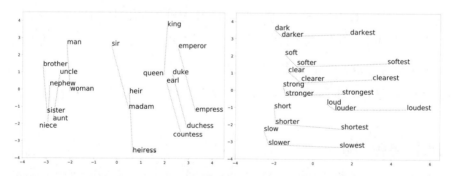

그림 14.1 어휘 의미 관계는 분포 통계를 2차원에 투영시킨 그림에서 규칙적인 선형 구조를 가진다 (Pennington et al., 2014).

이 벡터들을 **단어 표현**Word Representation이라 하고 해당 단어들의 분포 속성을 설명한다. 벡터 유사성이 의미적 유사성을 암시하고 있을까? 이 질문을 분포 가설이라고 하

며, Frith(1957)는 "어떤 단어를 알기 위해서는 함께 있는 단어를 보면 된다"고 말했다. 분포 가설은 시기별로 검증을 거쳐왔다. 대량의 라벨링되지 않은 데이터에 대해 라벨링된 트레이닝 데이터 내에 없는 희소한 단어를 학습하기 위한 지렛대로 활용할 수 있도록 만들어주면서, 오늘날 분포 통계는 언어 공학 분야에서 핵심으로 자리매김했다.

분포 통계는 비유 등과 같은 어휘 의미 관계를 포착할 때 탁월한 성능을 발휘한다. 그림 14.1은 분포 **단어 임베딩**^{Word Embedding}에 대한 2차원으로의 투영에 기반한 두 종류의 예시를 보여준다(14장 뒷부분에서 자세히 다룰 것이다). 두 경우 모두 단어 쌍 관계는 위와 같은 2차원 공간 내의 규칙적 선형 패턴을 보인다. 이러한 내부의 기저 구조를 확인하기 위해서 쌍 관계에 대한 특성에 관한 라벨 데이터는 필요 없다.

분포 의미는 문맥 통계를 통해 계산할 수 있다. 분산 의미는 문맥 통계와 관련은 있지만 별개의 개념으로, 기호 구조가 아닌 수벡터로 의미를 표현할 수 있음을 알려준다. 분포된 표현은 14장에서 나중에 설명할 잠재 의미 분석 및 WORD2VEC 등과 같은 분포 통계를 통해 주로 추정한다. 그렇지만 분포된 표현은 3장에서 다뤘던 뉴럴 분류 모델과 마찬가지로, 라벨링된 데이터를 사용해 지도^{supervised} 방식을 통해 학습될 수도 있다.

14.2 단어 표현을 위한 디자인 결정

단어 표현을 계산하기 위한 여러 처리 방식이 존재하지만 대다수는 표현의 본질, 문맥 정보의 출처, 추정 과정이라는 3가지 주요 측면에 따라 구별된다.

14.2.1 표현

최근 주로 사용되는 단어 표현은 실수로 구성된 k-차원 벡터로, 단어 임베딩으로도 알려져 있다(이 이름은 각각의 개별 단어가 실제 벡터 공간으로 임베딩돼 있다는 사실에서 비롯됐다). 이 표현은 1980년대 후반까지 거슬러 올라가며(Deerwester et al., 1990), WORD2VEC 등과 같은 널리 쓰이는 기법에도 활용된다(Mikolov et al., 2013a).

단어 임베딩은 뉴럴 네트워크에 매우 적합하다. 이 방법에서는 단어 임베딩을 입력으로 사용한다. 또한 실제 값 피처를 채택하는 선형 모델을 학습하는 것이 까다로워도(Kummerfeld et al., 2015), 단어 임베딩은 선형 분류기 및 구조 예측 모델에도 적용될 수 있다(Turian et al., 2010). 자주 사용하는 또 다른 방법은 (§14.4에서 다룰) **브라운 군집** Brown Clusters 등과 같은 비트 스트링 표현도 있다. 여기서는 각 단어는 0과 1 중 가변 길이로 구성되는 시퀀스로 표현된다(Brown et al., 1992).

표현과 관련된 또 다른 문제는 표면 형태 하나당 1개의 임베딩을 추정할 것인지(예컨대 *bank*) 아니면 각 단어 의의sense 혹은 유의어 세트에 대한 서로 다른 임베딩을 추정할지를 결정하는 것이다. 직관적으로 봤을 때 단어 표현이 개별 단어의 의미를 포착한다고 하면 의미가 여러 개인 단어는 여러 개의 임베딩을 가져야 한다. 이는 비지도 군집화와 단어 임베딩 추정을 통합하면 가능해진다(Huang & Yates, 2012; Li & Jurafsky, 2015). 하지만 **Arora et al.**(2018)은 각 표면 형태의 임베딩이 기본 의미 임베딩의 선형 조합이기 때문에 서로 다른 단어 의의sense를 명시적으로 모델링하는 것은 필요하지 않다고 주장했다.

14.2.2 문맥

분포 가설에서는 단어 의미와 해당 단어가 출현하는 "문맥"과 관련이 있다고 하지만 문맥은 다양한 방식으로 정의될 수 있다. **Tezgüino** 예시에서 전체 문장이 하나의 문맥에 해당하지만, 실제로는 문맥 내에 매우 많은 수의 문장이 존재한다. 이와 정반대되는 경우에는 문맥은 직전의 선행 단어에 따라 정의되며, 브라운 군집이 살펴보려고 하는 문맥이기도 하다. WORD2VEC은 단어의 지역 이웃을 (예컨대 $h = 5$) 문맥으로 활용해 고급 처리 방식을 사용한다(Mikolov et al., 2013a). 또 문맥은 규모가 훨씬 방대할 수도 있다. 예를 들면 **잠재변수 분석**Latent Variable Analysis에서는 각 단어의 문맥 벡터는 문서 안에 단어가 나타나면 1을 부여하는 식으로 문서별로 등장 횟수를 가지고 있다 (Deerwester et al., 1990). 그리고 **명시적 의미 분석**Explicit Semantic Analysis에서 이 문서는 위키피디아 페이지를 의미한다(Garbilovich & Markovitch, 2007).

구조화된 WORD2VEC에서는 문맥 단어는 목표로 하는 단어인 w_m을 반영한 자신의 위치(예컨대 두 단어 앞, 한 단어 뒤 등)에 따라 라벨링된다. 이 과정에서 단어 표현이 구문적 차이에 대해 더 민감해지도록 만든다(Ling et al., 2015a). 문법syntax을 포괄하기 위한 또 다른 방법은 전처리 단계로 파싱을 실행한 다음 의존 경로(Levy & Goldberg, 2014) 또는 술어 논항 관계(Lin, 1998)를 사용해 문맥 벡터를 형성할 수도 있다. 이 방법에 따른 결과로 만들어진 문맥 벡터는 표 14.2에서 확인할 수 있다.

문맥의 선택은 나타나는 표현에 대해 그 자체로 단어 유사성의 측면에 큰 영향을 미친다. 잠재 의미 분석(§14.3)을 크기가 각각 $h = 2$, $h = 30$인 문맥에 적용한다면, 단어 dog에 대해 다음과 같은 최단 이웃을 얻을 수 있다.[1]

- $(h = 2)$: *cat, horse, fox, pet, rabbit, pig, animal, mongrel, sheep, pigeon*
- $(h = 30)$: *kennel, puppy, pet, bitch, terrier, rottweiler, canine, cat, to bark, Alsatian*

어떤 단어 리스트가 더 낫다고 생각되는가? $h = 2$ 리스트 내의 단어들은 동물이며, 지역적으로 단어 *dog*가 다른 동물 종류와 동일한 문맥에서 나타나는 경향이 있다는 사실을 반영한다. $h = 30$ 리스트 내의 모든 항목은 *dog*와 관련이 있어 보인다. 여기에는 *rottweiler, Alsatian* 같은 구체적인 품종도 포함돼 있다. 또한 동물이 아닌 단어(예컨대 *kennel*)와 함께 심지어는 명사가 아닌 단어(*to bark*)도 목록에 포함돼 있다. 2단어 문맥 윈도우window는 문법에 더 민감한 반면, 30단어 윈도우는 주제topic에 더 민감하다.

표 14.2 다양한 단어 표현에 따른 단어 학습을 위한 문맥. 의존 문맥에서 (*one*, NSUB)의 의미는 단어 one 과 타입 NSUBJ(명사 주어)와 연관성을 가진다는 뜻이다. 그리고 (*moment*, ACL^{-1})의 의미는 단어 moment를 가지는 타입 ACL(형용사 절) 관계를 가진다는 뜻이다.

The moment one learns[영어를 배우는 순간], 복잡성 세트(Alfau, 1999)	
Brown Clusters	{*one*}
WORD2VEC, $h = 2$	{*moment, one, English, complications*}
Structured WORD2VEC, $h = 2$	{(*moment*, −2), (*one*, −1), (*English*, +1), (*complications*, +2)}
Dependency contexts	{(*one*, NSUBJ), (*English*, DOBJ), (*moment*, ACL^{-1})}

---

1 본 예시는 Marco Baroni, Alessandro Lenci, Stefan Evert의 강의 내용에서 인용한 것으로, 이들은 잠재 의미 분석을 영국 국립 말뭉치(British National Corpus)에 적용했다. 다음의 링크에서 온라인 데모 버전을 확인할 수 있다. http://clic.cimec.unitn.it/infomap-query/

14.2.3 추정

라벨링되지 않은 데이터 세트(혹은 밀접한 관련이 있는 수량)의 우도, 또는 표 14.1과 비슷한 방식의 문맥 횟수에 대해 행렬을 재구성하는 등의 최적화 방식을 통해 단어 임베딩을 추정할 수 있다.

최대 우도 추정 Maximum Likelihood Estimation   우도 기반 최적화는 목적함수 $\log p(w; U)$에서 파생된 것이다. 여기서 $U \in \mathbb{R}^{K \times V}$는 단어 임베딩의 행렬이며, $w = \{w_m\}_{m=1}^M$은 M개 토큰의 목록으로 표현된 말뭉치를 의미한다. 순환 뉴럴 네트워크 언어 모델(§6.3)은 이 목적함수에 대해 직접 최적화를 진행하고, 순환 구조를 통해 입력 단어 임베딩으로 역전파한다. 하지만 최근의 연구 동향에서 단어 임베딩은 수백억 개의 토큰을 가진 말뭉치를 채택하며, 순환 아키텍처로 이 데이터를 확장시키기란 어렵다. 그러므로 우도 기반의 단어 임베딩은 일반적으로 단순화된 우도나 휴리스틱 근사를 기반으로 이뤄진다.

행렬 인수분해 Matrix Factorization   행렬 $C = \{count(i, j)\}$는 단어 i와 문맥 j가 동시 출현한 횟수를 저장한다. 이 행렬을 근사적으로 인수분해해 단어 표현을 얻을 수 있으며, 단어 임베딩 u_i와 문맥 임베딩 v_j의 함수를 통해 $count(i, j)$가 근사된다. 결론적으로 임베딩은 다음의 재구성 에러에 대한 놈norm을 최소화해 얻을 수 있다.

$$\min_{u,v} ||C - \tilde{C}(u, v)||_F \tag{14.1}$$

$\tilde{C}(u, v)$는 임베딩 u, v를 통해 만들어진 재구성이며, $||X||_F$는 프로베니우스 놈인 $\sqrt{\sum_{i,j} x_{i,j}^2}$를 나타낸다. 많은 경우, 단어 문맥 빈도 행렬을 직접 분해하기보다는 다음 단원에서 다루는 **점별 상호 정보**PMI, Pointwise Mutual Information와 같은 정보 이론의 행렬을 활용해 변환하는 것이 좋다.

14.3 잠재 의미 분석

잠재 의미 분석LSA, Latent Semantic Analysis은 분포 의미를 처리하기 위한 가장 오래된 방법 중 하나다(Deerwester et al., 1990). LSA는 다음과 같은 절단된 **특이값 분해**SVD, Singular-Value Decomposition를 활용해 단어 및 문맥 빈도 행렬을 분해해 연속된 단어 표현을 유도한다.

$$\min_{\mathbf{U}\in\mathbb{R}^{V\times K},\mathbf{S}\in\mathbb{R}^{K\times K},\mathbf{V}\in\mathbb{R}^{|\mathcal{C}|\times K}} \quad ||\mathbf{C} - \mathbf{U}\mathbf{S}\mathbf{V}^\top||_F \qquad [14.2]$$

$$\text{s.t.} \quad \mathbf{U}^\top\mathbf{U} = \mathbb{I}$$

$$\mathbf{V}^\top\mathbf{V} = \mathbb{I}$$

$$\forall i \neq j, \mathbf{S}_{i,j} = 0$$

위 식에서 V는 어휘의 크기를, $|\mathcal{C}|$는 문맥의 개수를, K는 결과적인 임베딩의 크기를 의미하며 행렬 $\mathbf{U}$의 행과 동일하게 설정된다. 또 행렬 $\mathbf{S}$는 대각 행렬로 제한을 두고 행렬 내의 대각 원소들을 특이값이라고 한다. 그리고 곱 $\mathbf{S}\mathbf{V}^\top$의 열은 문맥에 대한 설명을 알려주며, 각 원소 $c_{i,j}$는 **쌍선형 곱**Bilinear Product을 통해 재구성된다.

$$c_{i,j} \approx \sum_{k=1}^{K} u_{i,k}s_k v_{j,k} \qquad [14.3]$$

위 식의 목표는 제곱 근사 에러의 총합을 최소화하는 것이다. 직교성Orthonormality 제약 조건인 $\mathbf{U}^\top\mathbf{U} = \mathbf{V}^\top\mathbf{V} = \mathbb{I}$은 $\mathbf{U}$와 $\mathbf{V}$ 내의 차원의 모든 쌍이 서로 연관성이 없도록 만들어주고, 차원별로 고유한 정보를 전달하도록 만든다. 이 과정에서 절단된 특이값 분해는 SCIPY, MATLAB 등과 같은 수학 컴퓨팅 패키지에서 효율적으로 계산할 수 있다.[2]

잠재 의미 분석은 빈도 행렬의 변환이 SVD 적용보다 먼저 올 때 가장 효율적이다. 이러한 변환 방법에는 단어 i와 문맥 j 사이의 연관성에 대한 정도를 포착하는 **점별 상호 정보**가 있다(Church & Hanks, 1990).

$$\text{PMI}(i,j) = \log \frac{\text{p}(i,j)}{\text{p}(i)\text{p}(j)} = \log \frac{\text{p}(i\,|\,j)\text{p}(j)}{\text{p}(i)\text{p}(j)} = \log \frac{\text{p}(i\,|\,j)}{\text{p}(i)} \qquad [14.4]$$

$$= \log \text{count}(i,j) - \log \sum_{i'=1}^{V} \text{count}(i',j)$$

$$- \log \sum_{j'\in\mathcal{C}} \text{count}(i,j') + \log \sum_{i'=1}^{V}\sum_{j'\in\mathcal{C}} \text{count}(i',j') \qquad [14.5]$$

---

2   이를 실행할 때 중요한 점은 바로 $\mathbf{C}$를 희소 행렬(sparse matrix)로 표현해, 저장 비용을 크기 $V\times|\mathcal{C}|$가 아니라 0이 아닌 엔트리의 수와 동일하게 설정하는 것이다.

점별 상호 정보는 문맥 j 안의 단어 i의 조건부 확률과, 모든 문맥 내의 단어 i에 대한 마진 확률 사이의 비율에 로그를 취한 것으로 볼 수 있다. 단어 i가 문맥 j와 통계적으로 연관돼 있으면, 비율은 1보다 크며 따라서 PMI$(i, j) > 0$이다. PMI 변환은 많은 빈도에 대해 재구성을 하는 게 아니라, 단어와 문맥 간의 강한 결합을 재구성하는 잠재 의미 분석에 초점을 맞춘다.

단어와 문맥이 함께 나타나는 빈도가 서로 독립적인 경우보다 낮다면 PMI는 음수가 되지만, 이러한 음의 상관관계는 신뢰하기 어렵다. 게다가 count$(i, j) = 0$일 때 PMI는 정의되지 않는다. 이와 같은 문제를 해결하기 위해서 다음과 같이 **긍정 PMI**^{PPMI,} $^{Positive\ PMI}$를 활용할 수 있다.

$$\text{PPMI}(i,j) = \begin{cases} \text{PMI}(i,j), & \text{p}(i \,|\, j) > \text{p}(i) \\ 0, & \text{otherwise} \end{cases} \qquad [14.6]$$

Bullinaria & Levy(2007)는 잠재 의미 분석을 위한 다양한 행렬 변환을 비교했다(평가에 대한 상세 내용은 §14.6을 참조). 이들은 PPMI 기반의 잠재 의미 분석이 단어 의미와 연관 있는 수많은 작업에서 뛰어난 성능을 보여준다는 사실을 발견했다. 예를 들면 PPMI 기반 LSA 벡터는 토플$^{TOEFL,\ Test\ of\ English\ as\ a\ Foreign\ Language}$ 시험에서 유의어 찾기 객관식 문제를 풀 때 사용할 수 있으며, 85%에 달하는 정확도를 보여줬다.

14.4 브라운 군집

퍼셉트론, 조건부 무작위장^{CRF} 등과 같은 학습 알고리듬은 이산적인 피처 벡터와 함께 사용하면 더 나은 성능을 보여주는 경우가 많다. 분포 통계에서 이산 표현을 구하는 간단한 방법은 바로 군집화다(§5.1.1). 여기서 동일 군집 내의 단어들이 비슷한 분포 통계를 갖도록 만든다. 이 방법은 동일 군집 내에서는 모든 단어 사이의 피처를 공유해 하향 스트림 작업에 도움을 준다. 하지만 이 방법에도 확실히 장단점이 존재한다. 만약 군집의 수가 너무 적다면 각 군집 내의 단어들에 대한 공통분모가 크지 않을 것이다. 반대로 군집의 수가 너무 많다면 학습자는 각 군집으로부터 일반화할 만한 충분한 예시들을 발견하지 못할 것이다.

이런 문제에 대한 해결 방법으로 **계층적 군집화**$^{Hierarchical\ Clustering}$가 있으며, 트리 분포 통계를 구조 표현을 유도하기 위해 활용한다. **브라운 군집**^{Brown Cluster}의 부분 트리들
은 그림 14.2와 표 14.3에서 확인할 수 있다. 각 단어 표현은 트리를 통과하는 경로를
설명하는 이진 스트링으로 구성돼 있으며, 좌측 가지를 선택하면 0이고, 우측 가지를
선택하면 1을 할당한다.

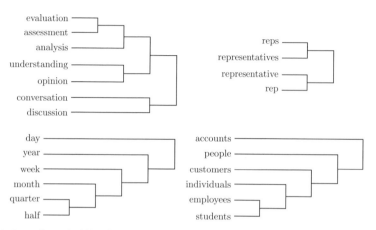

그림 14.2 뉴스 텍스트에 대한 상향식 브라운 군집화를 통해 생성된 하위 트리(Miller et al., 2004)

표 14.3 트위터(Twitter) 데이터의 브라운 군집화의 조각들(Owoputi et al)에 대한 표. 표의 각 줄은 트리의 잎에 해당하며, 가장 빈도가 높은 단어 상위 10개를 보여준다. 여기서 상위 트리 부분들은 현재분사에서 의사소통 및 앎(knowing)에 대한 동사를 강조한다. 각각의 잎 노드는 정자(orthographic) 변형들(thinking, thinkin, thinkn), 의미적으로 관련 있는 용어들(excited, thankful, grateful) 그리고 몇몇 아웃라이어(5'2, +k)를 포함한다. 이에 관한 더 상세한 정보는 www.cs.cmu.edu/~ark/TweetNLP/cluster_viewer.html에서 확인할 수 있다.

bitstring	10 most frequent words
011110100111	excited thankful grateful stoked pumped anxious hyped psyched exited geeked
01111010100	talking talkin complaining talkn bitching tlkn tlkin bragging raving +k
011110101010	thinking thinkin dreaming worrying thinkn speakin reminiscing dreamin daydreaming fantasizing
011110101011	saying sayin suggesting stating sayn jokin talmbout implying insisting 5'2
011110101100	wonder dunno wondered duno donno dno dono wonda wounder dunnoe
011110101101	wondering wonders debating deciding pondering unsure wonderin debatin wounding wondern
011110101110	sure suree suuure suure sure– surre sures shuree

그림에서 좌측 상단의 하위 트리에 있는 단어 *conversation*의 표현은 10이며, 단어
*assessment*의 표현은 0001이다. 비트로 구성된 스트링의 접두사는 여러 특이성

438

^{specificity} 단위에서 유사성을 포착하며, 개체명 인식(Miller et al., 2004) 및 의존 파싱 (Koo et al., 2008) 등과 같은 작업에서는 처음 8, 12, 16, 20비트를 피처로 사용하는 것이 일반적이다.

계층 트리는 단어 i의 군집를 표현하기 위해 잠재변수 $k_i \in \{1, 2, ..., K\}$를 활용해, 우도 기반 목적함수를 통해 유도할 수 있다.

$$\log p(\boldsymbol{w}; \boldsymbol{k}) \approx \sum_{m=1}^{M} \log p(w_m \mid w_{m-1}; \boldsymbol{k}) \qquad [14.7]$$

$$\triangleq \sum_{m=1}^{M} \log p(w_m \mid k_{w_m}) + \log p(k_{w_m} \mid k_{w_{m-1}}) \qquad [14.8]$$

위 식은 은닉 마르코프 모델과 비슷해 보이지만, 주요 차이점은 각각의 단어들은 하나의 군집인 $\forall k \neq k_{w_m}$, $p(w_m \mid k) = 0$을 통해서만 얻을 수 있다.

방정식 14.8의 목적함수를 사용하면 브라운 군집화 트리를 밑바닥에서 하나씩 구현할 수 있다. 즉, 고유한 군집 내에 있는 각 단어에서부터 시작해서, 군집이 하나만 남을 때까지 점증적으로 군집를 병합하는 것이다. 이 단계에서 방정식 14.8의 목적함수를 최대화하는 군집 쌍을 병합한다. 이 목적함수가 전체 말뭉치를 총합하는 과정을 포함하는 것처럼 보일 수 있지만, 병합에 대한 점수는 군집 간 공동으로 발생하는 (동시발생) 빈도를 사용해 계산한다. 이 병합점수는 군집화을 진행하면서 꾸준히 갱신된다. 각 단계에서 최적 병합은 **평균 상호 정보**^{Average Mutual Information}를 최대화하는 과정으로 비춰질 수 있다.

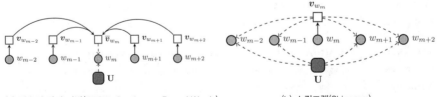

(a) 연속적 단어 가방(CBOW, Continuous Bag of Words)　　　(b) 스킵그램(Skipgram)

그림 14.3 WORD2VEC의 변형의 CBOW 및 skipgram. 매개변수 **U**는 단어 임베딩의 행렬이며 각 v_m은 단어 w_m의 문맥 임베딩이다.

$$I(\boldsymbol{k}) = \sum_{k_1=1}^{K} \sum_{k_2=1}^{K} \mathrm{p}(k_1, k_2) \times \mathrm{PMI}(k_1, k_2) \qquad [14.9]$$

$$\mathrm{p}(k_1, k_2) = \frac{\mathrm{count}(k_1, k_2)}{\sum_{k_1'=1}^{K} \sum_{k_2'=1}^{K} \mathrm{count}(k_{1'}, k_{2'})}$$

여기서 $\mathrm{p}(k_1, k_2)$은 k_1 군집(뒤이어 k_2 군집이 있다) 내의 단어를 포함하는 바이그램에 대한 결합 확률이다. 해당 결합 확률 및 PMI는 군집 간의 동시발생^{co-occurrence} 빈도를 사용해 계산할 수 있다. 병합이 이뤄지고 나면, 병합된 군집의 동시발생 벡터는 단순하게 합산돼, 최적 병합을 효율적으로 찾을 수 있도록 만들어준다.

이런 상향식 절차로 이뤄지려면 전체 어휘에 걸쳐 반복돼야 하고, 단계별로 가능한 K_t^2개의 병합을 평가하는 과정이 필요하다(K_t는 알고리듬의 t번째 단계에서 군집의 현재 개수를 나타낸다). 또 병합별로 점수를 계산하려면 K_t^2개의 군집을 총합하는 과정이 필요하다. 군집의 최대 개수는 $K_0 = V$이며, 알고리듬 시작 시 모든 단어가 군집 각각 그 자체 내에 나타난다. 그러므로 시간 복잡도는 $\mathcal{O}(V^5)$이다.

이런 복잡도를 피하기 위한 실용적인 실행 방식에서는 **교환 군집화**^{Exchange Clustering}라는 휴리스틱 근사 방법을 활용한다. 가장 자주 나타나는 단어 K는 진행 과정의 시작 부분에서 자기 자신의 군집에 배치된다. 그리고 그다음으로 흔한 단어를 살펴보고 기존의 군집 중 하나와 병합한다. 이 과정은 전체 어휘를 모두 다룰 때까지 계속되고, 이 지점에서 K개의 군집은 단일 군집으로 병합되며 트리를 형성한다. 각 단계에서 알고리듬은 절대로 $K + 1$개 이상의 군집을 살피지 않으며, 해당 복잡도는 $\mathcal{O}(VK + V \log V)$가 된다. 여기서 두 번째 항은 알고리듬의 시작 단계에서 단어를 분류하기 위해 필요한 비용을 나타낸다. 해당 알고리듬에 관한 더 상세한 정보는 Liang(2005)을 참조하면 된다.

14.5 뉴럴 단어 임베딩

뉴럴 단어 임베딩은 이전의 두 방법의 관점을 통합한다. 잠재 의미 분석과 마찬가지로 연속된 벡터 표현이기도 하며, 브라운 군집처럼 우도 기반 목적함수를 사용해서 훈련된다. 벡터 u_i가 단어 i의 K차원 임베딩을, v_j가 문맥 j의 K차원 **임베딩**을 나타낸

440

다고 하자. 그리고 벡터의 내적 $\boldsymbol{u}_i \cdot \boldsymbol{v}_j$는 단어 i와 문맥 j 사이의 호환성을 표현한다. 이 내적을 말뭉치의 로그우도의 근사에 포함시키면, 역전파를 통해 두 파라미터 모두 추정할 수 있다. WORD2VEC(Mikolov et al., 2013a)는 연속 단어 가방^{CBOW, Continuous Bag of Words}과 스킵그램^{skipgram}이라는 근사 방법 두 가지를 포함하고 있다.

14.5.1 연속 단어 가방

순환 뉴럴 네트워크 언어 모델에서 각 단어 w_m은 순환하며 갱신되는 상태 벡터상에서 이뤄지며, 해당 상태 벡터는 텍스트의 시작하는 부분으로 거슬러 올라가는 단어 표현에 기반한다. **연속 단어 가방**^{CBOW, Continuous Bag of Words} 모델은 이 과정의 축소판이라 할 수 있다. 지역 문맥은 바로 인접한 이웃 $m-h, m-h+1, \ldots, m+h-1, m+h$ 내의 단어 임베딩의 평균으로 계산된다.

$$\bar{\boldsymbol{v}}_m = \frac{1}{2h} \sum_{n=1}^{h} \boldsymbol{v}_{w_{m+n}} + \boldsymbol{v}_{w_{m-n}} \qquad [14.10]$$

이 수식에서 보이는 것처럼 문맥 단어의 순서에 구애받지 않으므로 CBOW는 단어 가방 모델이라 할 수 있다. CBOW가 연속적이라고 할 수 있는 이유는 바로 단어 그 자체 조건화되는 게 아니라, 단어 임베딩으로부터 구성된 연속된 벡터상에서 이뤄지기 때문이다. 파라미터 h는 이웃의 크기를 결정하며 Mikolov et al.(2013a)에서는 이를 $h=4$로 설정했다.

CBOW 모델은 다음과 같이 말뭉치 로그우도에 대한 근사를 최적화한다.

$$\log \mathrm{p}(\boldsymbol{w}) \approx \sum_{m=1}^{M} \log \mathrm{p}(w_m \mid w_{m-h}, w_{m-h+1}, \ldots, w_{m+h-1}, w_{m+h}) \qquad [14.11]$$

$$= \sum_{m=1}^{M} \log \frac{\exp\left(\boldsymbol{u}_{w_m} \cdot \bar{v}_m\right)}{\sum_{j=1}^{V} \exp\left(\boldsymbol{u}_j \cdot \bar{v}_m\right)} \qquad [14.12]$$

$$= \sum_{m=1}^{M} \boldsymbol{u}_{w_m} \cdot \bar{v}_m - \log \sum_{j=1}^{V} \exp\left(\boldsymbol{u}_j \cdot \bar{v}_m\right) \qquad [14.13]$$

14.5.2 스킵그램

CBOW 모델은 단어는 그 문맥으로부터 예측된다. **스킵그램**^{Skipgram} 모델에서는 문맥을 통해 단어를 예측하고, 목적함수를 얻는다.[3]

$$\log \mathrm{p}(\boldsymbol{w}) \approx \sum_{m=1}^{M} \sum_{n=1}^{h_m} \log \mathrm{p}(w_{m-n} \mid w_m) + \log \mathrm{p}(w_{m+n} \mid w_m) \qquad [14.14]$$

$$= \sum_{m=1}^{M} \sum_{n=1}^{h_m} \log \frac{\exp(\boldsymbol{u}_{w_{m-n}} \cdot \boldsymbol{v}_{w_m})}{\sum_{j=1}^{V} \exp(\boldsymbol{u}_j \cdot \boldsymbol{v}_{w_m})} + \log \frac{\exp(\boldsymbol{u}_{w_{m+n}} \cdot \boldsymbol{v}_{w_m})}{\sum_{j=1}^{V} \exp(\boldsymbol{u}_j \cdot \boldsymbol{v}_{w_m})} \qquad [14.15]$$

$$= \sum_{m=1}^{M} \sum_{n=1}^{h_m} \boldsymbol{u}_{w_{m-n}} \cdot \boldsymbol{v}_{w_m} + \boldsymbol{u}_{w_{m+n}} \cdot \boldsymbol{v}_{w_m} - 2 \log \sum_{j=1}^{V} \exp\left(\boldsymbol{u}_j \cdot \boldsymbol{v}_{w_m}\right) \qquad [14.16]$$

스킵그램 근사에서 각각의 단어들은 여러 번 생성되며, 생성될 때마다 단일 단어상에서 이뤄진다. 그래서 CBOW 모델에서처럼 단어 벡터에 대해 평균 내는 작업이 필요 없다. 지역 이웃 크기^{Local Neighborhood Size}인 h_m은 범위 $\{1, 2, \ldots, h_{\max}\}$에 걸쳐진 단일 범주 분포에서 무작위로 추출되며, Mikolov et al.(2013a)은 해당 값을 $h_{\max} = 10$으로 설정했다. 이웃은 h에 따라 밖으로 더 뻗어나가므로, 이러한 처리 방식은 먼 이웃보다 가까운 이웃에 가중치를 두는 효과가 있다. 마지막으로 스킵그램은 대부분의 평가에서 CBOW보다 우수한 성능을 보여주지만(단어 표현을 평가하는 방법에 대한 세부 내용은 §14.6 참조), CBOW가 훈련 속도는 더 빠르다(Mikolov et al., 2013a).

14.5.3 계산 복잡도

WORD2VEC 모델은 시간 복잡도가 순환 상태 벡터의 제곱(이차)에 이르는 순환 상태를 갱신하는 순환 뉴럴 네트워크에 대한 효율적인 대안으로 생각할 수 있다. CBOW 및 스킵그램은 이런 복잡한 계산을 일단 피하고, 단어 및 문맥 표현의 크기에 선형으로 비례하는 시간 복잡도를 가진다. 그렇지만 이 세 가지 모델 모두 단어 토큰에 대한 정규 확률을 계산하며, 이 확률의 나이브 구현을 하기 위해서는 전체 어휘집을 총합

---

3 CBOW 모델에서 v는 (우리가 조건으로 삼는 대상의) '입력' 임베딩을 가리키며, u는 (우리가 생성하는 대상의) 출력 임베딩을 나타낸다.

해야 하는 과정이 필요하다. 이 총합에 대한 시간 복잡도는 $\mathcal{O}(V \times K)$이며, 모든 기타 계산 비용보다 훨씬 크다. 이를 해결하기 위한 두 가지 방법이 있다. 하나는 어휘 크기의 로그 수준으로 비용을 감소시키는 트리 기반의 계산 방법인 **계층적 소프트맥스**Hierarchical Softmax이고, 두 번째는 어휘 크기에 대한 의존을 없애버리는 **부정 샘플링**Negative Sampling이 있다. 두 가지 방법 모두 RNN 언어 모델에 적용할 수 있다.

계층적 소프트맥스 Hierarchical Softmax   브라운 군집화에서 어휘는 이진 트리로 구성된다. Mnih & Hinton(2008)은 어휘 내 단어에 대한 정규 확률이 트리를 통과하는 경로의 확률로 파라미터화될 수 있음을 알려줬다. 이 계층적 소프트맥스 확률은 트리에서 좌측 또는 우측 중 어디로 이동할지에 대한 이진 결정에 대한 곱으로 계산할 수 있다. 이때 각 이진 결정은 입력 임베딩 $\boldsymbol{v}_c$와 노드 $\boldsymbol{u}_n$과 결합된 출력 임베딩 간의 벡터 내적으로 만들어진 시그모이드함수로 나타낼 수 있다.

$$\Pr(\text{left at } n \mid c) = \sigma(\boldsymbol{u}_n \cdot \boldsymbol{v}_c) \tag{14.17}$$
$$\Pr(\text{right at } n \mid c) = 1 - \sigma(\boldsymbol{u}_n \cdot \boldsymbol{v}_c) = \sigma(-\boldsymbol{u}_n \cdot \boldsymbol{v}_c) \tag{14.18}$$

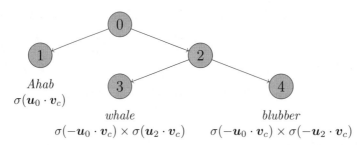

그림 14.4 계층적 소프트맥스 트리의 한 부분. 각 단어에 대한 확률은 트리 내 지역의 가지치기(branching) 결정에 대한 곱으로 계산한다.

위 수식에서 σ는 시그모이드함수 $\sigma(x) = \frac{1}{1+\exp(-x)}$를 의미한다. 시그모이드의 범위는 $(0, 1)$ 사이이고, $1 - \sigma(x) = \sigma(-x)$을 만족한다.

그림 14.4에서 살펴봤듯이 각 단어를 생성할 확률은 그 경로에 걸쳐지는 확률의 곱으로 재정의된다. 여기서 모든 경로에 걸쳐진 확률의 총합은 모든 문맥 벡터 $\boldsymbol{v}_c \in \mathbb{R}^K$에 대해 반드시 1이다. 균형 이진 트리balanced binary tree에서 트리의 깊이는 잎 노드 개수의 로그이며, 따라서 곱셈 횟수는 $\mathcal{O}(\log V)$와 같다. 잎이 아닌 노드의 개수는

$\mathcal{O}(2V - 1)$이며, 따라서 추정될 파라미터의 개수의 증가량은 적다. 트리는 계층적 브라운 군집과 유사한 점증적 군집화 과정이나(Mnih & Hinton, 2008), 무손실 압축을 위한 허프만(Huffman, 1952) 인코딩 알고리듬을 사용해 구성할 수 있다.

음의 샘플링 우도 기반의 메서드는 집약적으로 계산 과정이 구성된다. 그 이유는 각 확률이 반드시 어휘에 대해 정규화돼야 하기 때문이다. 이런 확률은 각 문맥 내의 각 단어 점수에 기반하고, 더 직접적으로 점수에 기반하는 다른 방법을 설계하는 것도 가능해진다. 실제로 관측된 단어-문맥 쌍의 점수를 최대화하는 한편 무작위로 선택된 **부정 샘플**^{Negative Samples} 집합의 점수를 최소화하는 임베딩을 찾으려고 한다.

$$\psi(i,j) = \log \sigma(\boldsymbol{u}_i \cdot \boldsymbol{v}_j) + \sum_{i' \in \mathcal{W}_{\text{neg}}} \log(1 - \sigma(\boldsymbol{u}_{i'} \cdot \boldsymbol{v}_j)) \qquad [14.19]$$

$\psi(i, j)$는 단어 j 조건하에서 단어 i에 대한 생성 점수이고, $\mathcal{W}_{\text{neg}}$는 부정 샘플에 대한 집합이다. 그리고 스킵그램 부정 샘플링의 목적함수는 말뭉치의 총합 $\sum_{m=1}^{M} \psi(c_m, w_m)$를 최대화한다($w_m$은 토큰 m을, c_m은 연관된 문맥을 의미한다).

부정 샘플 집합인 $\mathcal{W}_{\text{neg}}$는 유니그램 언어 모델에서 샘플링을 통해 얻는다. Mikolov et al.(2013b)은 해당 유니그램 언어 모델에 대해 경험적 단어 확률을 지수화하여 구성하며, $\hat{p}(i) \propto (\text{count}(i))^{\frac{3}{4}}$으로 설정한다. 그러면 흔한 단어에서부터 희소 단어에 이르기까지 확률질량을 재분포시키는 효과가 있다. 또한 부정 샘플의 개수는 훈련의 시간 복잡도를 상수 인자만큼 증가시킨다. Mikolov et al.(2013b)은 5~20개의 부정 샘플이 소규모 트레이닝 세트에서 작동하며, 이보다 더 큰 말뭉치에서도 2~5개의 샘플이면 충분하다고 발표했다.

14.5.4 행렬 인수분해로서의 단어 임베딩

방정식 14.19의 부정 샘플링 목적함수는 로그우도에 대한 효율적인 근사 방법으로 볼 수 있지만, 반대로 잠재 의미 분석에서 채택된 행렬 인수분해의 목적함수와도 밀접한 연관성이 존재한다. 모든 빈도가 0이 아닌 단어-문맥 쌍 행렬에 대해, 부정 샘플링은 행렬 **M**을 인수분해하는 것과 동일하며, 여기서 $M_{ij} = \text{PMI}(i, j) - \log k$이다. 행렬의 각 셀은 단어 및 문맥에 대한 점별^{pointwise} 상호 정보이며 $\log k$만큼 이동하고, 여기서 k는 부정 샘플의 개수이다(Levy & Goldberg, 2014). 데이터에서 관측되지 않은 단어-문맥 쌍에 대한 점별 상호 정보는 $-\infty$이지만, $\log k$보다 큰 PMI 값만을 고려해 해결할 수 있으며, 그에 따른 결과는 **이동된 긍정 점별 상호 정보**Shifted Positive Pointwise Mutual Information 행렬이다.

$$M_{ij} = \max(0, \text{PMI}(i,j) - \log k) \qquad [14.20]$$

이 행렬을 절단된 특이값 분해로 인수분해해 단어 임베딩을 얻을 수 있다.

GloVeGlobal Vectors, 전역 벡터는 이와 비슷하게 접근하는 방식으로(Pennington et al., 2014), 인수분해될 행렬은 로그 동시발생 빈도인 $M_{ij} = \log \text{count}(i, j)$를 통해 구성되며, 단어 임베딩은 제곱의 총합을 최소화해 추정한다.

$$\min_{u,v,b,\tilde{b}} \sum_{j=1}^{V} \sum_{j \in \mathcal{C}} f(M_{ij}) \left(\widehat{\log M_{ij}} - \log M_{ij} \right)^2 \qquad [14.21]$$
$$\text{s.t.} \quad \widehat{\log M_{ij}} = u_i \cdot v_j + b_i + \tilde{b}_j$$

b_i, $\tilde{b}_j$는 단어 i와 문맥 j의 오프셋offset으로, 임베딩 u와 v와 함께 결합해 추정된다. 가중치함수 $f(M_{ij})$는 $M_{ij} = 0$일 때 0으로 설정돼, 0인 로그를 취할 수 없도록 미리 방지한다. 또한 $M_{ij} = m_{\max}$일 때 값이 포화돼 발생하는 공통 단어-문맥 쌍을 추가로 헤아리는 문제도 방지한다. 이러한 휴리스틱 방법은 메서드의 성능에 중요한 영향을 미친다고 알려져 있다.

희소 행렬 재구성에 대한 시간 복잡도는 0이 아닌 단어-문맥의 빈도 개수로 결정된다. Pennington et al.(2014)은 빈도 개수가 데이터 세트 크기의 부선형으로sublinearly 증가함을 증명했으며, 일반적인 영어 말뭉치에서는 복잡도가 대략 $O(N^{0.8})$ 정도였다. 이와 반대로 WORD2VEC의 시간 복잡도는 말뭉치 크기에 따라 선형적이다. 동시발생 빈도를 계산하는 과정에서는 말뭉치 시간만큼의 선형 시간이 필요하지만 이 작업은 맵리듀스MapReduce 형식의 알고리듬을 활용해 쉽게 병렬화할 수 있다(Dean & Ghemawat, 2008).

14.6 단어 임베딩 평가하기

분포된 단어 표현은 크게 두 가지 방식으로 평가할 수 있다. **내재**[intrinsic] 평가는 해당 표현이 단어의 의미에 관한 우리의 직관과 얼마나 일치하는지 시험한다. **외재**[extrinsic] 평가는 해당 표현이 시퀀스 라벨 등과 같은 하향 스트림 작업에 유용한지 확인한다.

14.6.1 내재 평가

단어 임베딩에 대한 기본적인 질문 중 한 가지는 '과연 단어 i와 j의 유사성이 벡터 v_i 와 v_j의 유사성에 반영이 되는가'이다. 통상적으로 두 단어 임베딩을 비교하기 위해서 는 **코사인 유사도**[cosine similarity]를 주로 사용한다.

$$\cos(\boldsymbol{v}_i, \boldsymbol{v}_j) = \frac{\boldsymbol{v}_i \cdot \boldsymbol{v}_j}{||\boldsymbol{v}_i||_2 \times ||\boldsymbol{v}_j||_2} \qquad [14.22]$$

모든 임베딩 메서드에 대해 단어 임베딩의 코사인 유사도가 단어 유사성에 대한 사람 의 판단과 상관관계가 있는지 평가할 수 있다. WS-353 데이터 세트(Finkelstein et al., 2002)는 353개의 단어 쌍(표 14.4)에 대한 유사성 점수를 포함하고 있다. 희소하고 형 태학적으로 복잡한 단어에 대한 임베딩의 정확도를 시험하기 위해 Luong et al.(2013) 은 "희소 단어"에 관한 데이터 세트를 도입했다. 영어 외의 언어에서는 단어 유사성에 관한 자료가 제한적이기 때문에, 주로 WS-353 및 그와 관련된 SimLex-999 데이터 세트의 변역본으로 구성된다(Hill et al., 2015).

　단어 유추(예컨대 *king:queen ::man:woman*) 역시 또한 단어 임베딩을 평가하기 위해 사용한다(Mikolov et al., 2013). 이 평가에서 유추의 처음 세 부분 $(i_1:j_1::i_2:?)$이 시스 템에 주어지며, $\boldsymbol{v}_{i_1} - \boldsymbol{v}_{j_1} + \boldsymbol{v}_{i_2}$와 가장 유사한 단어 임베딩을 탐색해 최종 요소를 예 측한다. 또 다른 평가에서는 단어 임베딩이 **초감정**[supersenses]라고 부르는 광범위 어휘 의미 범주(Ciaramita & Johnson, 2003)와 관련 있는지 테스트하며, 여기에는 동작을 나 타내는 동사, 동물을 묘사한 명사, 신체 부분을 묘사하는 명사 등이 있다. 이런 초감 정은 WordNet 내부의 영어 유의어 세트를 위해 주석 처리된다(Fellbaum, 2017). 이러 한 초감정을 평가하는 것은 초감정의 행렬이 단어 임베딩 행렬을 통해 재구성될 수 있는지 테스트하는 QVEC 지표를 통해 구현한다(Tsvetkov et al., 2015).

표 14.4 단어 유사성 평가의 WS-353(Finkelstein et al., 2002) 데이터 세트의 부분 집합. 해당 예시는 Faruqui et al.(2016)에서 발췌했다.

word 1	word 2	similarity
love	sex	6.77
stock	jaguar	0.92
money	cash	9.15
development	issue	3.97
lad	brother	4.46

Levey et al.(2015)은 단어 유사성 지표 6종 및 유추 작업 2개를 활용해, 잠재 의미 분석, WORD2VEC, GloVe 등을 포함한 영어 밀집 단어 표현 몇 가지를 비교한 바 있다. 모든 작업에서 다른 임베딩보다 뛰어난 성능을 발휘하는 특정 임베딩은 없었지만, 스킵그램은 다방면에서 가장 경쟁력 있는 성능을 보였다. 여기서는 하이퍼파라미터 조정이 핵심적인 역할을 했고, 하이퍼파라미터를 잘못 사용하면 모든 메서드에서 저조한 성능을 보였다. 적절한 하이퍼파라미터는 이웃의 크기 및 부정 샘플의 개수와 같은 알고리듬별 세부 항목뿐만 아니라 임베딩의 크기 또한 포함한다.

14.6.2 외재 평가

단어 표현은 단어를 대상으로 한 일반화를 가능하도록 만들어서, 시퀀스 라벨링 및 문서 분류 등과 같은 하향 스트림 작업에 도움을 준다. 분포된 표현을 피처로 활용하는 것은 **준지도학습**Semi-Supervised Learning의 한 형태이며, 지도학습 문제에 대한 수행 능력은 라벨링되지 않은 데이터의 분포된 표현을 학습하는 식으로 보강된다(Miller et al., 2004; Koo et al., 2008; Turian et al., 2010). 이처럼 **사전 훈련된 단어 표현**Pretrained Word Representations은 선형 예측 모델의 피처나 뉴럴 네트워크 내의 입력층(예컨대 Bi-LSTM 태깅 모델. §7.6 참조)으로 사용할 수 있다. 단어 표현은 그 자체를 사용하는 하향 스트림 시스템의 성능에 따라 평가된다. 그러면 GloVe 임베딩은 개체명 인식에 관한 하향식 작업의 피처로 잠재 의미 분석보다 확실히 뛰어나다(Pennington et al., 2014). 안타깝게도 외재 및 내재 평가가 큰 그림에서 동일한 결과를 갖지는 않는다. 어떤 한 하향 스트림 작업에 가장 뛰어난 성능을 보여주는 단어 표현이 다른 작업에서는 저조한 성능을 보일 수도 있다(Schnabel et al., 2015).

단어 표현이 하향 스트림 작업 내 라벨링된 데이터를 통해 갱신될 때 **미세 조정**fine-tuned됐다고 한다. 라벨링된 데이터가 충분하다면 사전 훈련이 필요 없지만, 반대로 부족한 경우라면 미세 조정이 과적합overfitting으로 이어질 수도 있다. 그래서 사전 훈련과 미세 조정의 다양한 방식으로 조합해 활용할 수 있다. 사전 훈련된 임베딩은 미세 조정을 하기 전에 초기 설정으로 사용할 수 있으며, 이 과정을 통해 상당한 수준의 성능 향상을 이끌어낼 수 있다(Lample et al., 2016). 또는 미세 조정된 임베딩과 사전 훈련된 임베딩 모두를 단일 모델 안의 입력으로 사용할 수도 있다(Kim, 2014).

준지도 시나리오에서 사전 훈련된 단어 임베딩은 "문맥화된" 단어 표현으로 바꿀 수 있다(Peters et al., 2018; Devlin et al., 2018). 이 문맥화된 표현은 양방향 언어 모델로 훈련되는 심층 양방향 LSTM의 은닉 상태로 설정할 수 있으며, 이 때문에 **ELMo**Embeddings from Language Models로 명명됐다. 언어 모델을 실행해 문맥화된 단어 표현을 얻을 수 있으며, 아무 작업에서나 지도 뉴럴 네트워크 내의 기본층으로 활용될 수 있다. 이 처리 방식은 몇몇 작업에 있어서 문맥화되지 않은 단어 임베딩보다 상당한 이점이 있다. 문맥화된 임베딩이 라벨링되지 않은 데이터를 사용해 언어학적 문맥을 어떻게 지도 뉴럴 네트워크의 기본층으로 통합시킬지 학습하기 때문일 것이다.

14.6.3 공정성과 편향

그림 14.1은 단어 임베딩이 *man:woman :: king:queen* 등과 같은 유추 사례를 어떻게 포착할 수 있는지 보여줬다. 비록 왕king, 여왕queen이라는 단어의 의미가 특정 성별에 국한된다고는 하지만 다른 직업이나 직함은 단순하게 통계적 경향에 따라서만 성별 및 기타 그룹과 연관된다. 게다가 이런 통계적 경향성은 우리가 살아가는 세상에 대한 사실이거나(예컨대 프로 야구 선수는 일반적으로 남성이다), 텍스트 말뭉치에 대한 사실일 수도 있다(예컨대 농구에서 남성 프로 리그와 여성 프로 리그가 모두 존재하지만 훨씬 자주 기록상에 나타나는 것은 남성 프로 농구 리그이다).

이런 편향성을 단어 임베딩이 인코딩한다는 사실을 뒷받침할 상당한 증거가 존재한다. Bolukbasi et al.(2016)은 벡터 차이 *she-he*와 같이 나열되는 단어는 주로 사람들의 선입관 속에서 여성의 직업으로 받아들여지는 단어들이며(예컨대 *homemaker*[주부], *nurse*[간호사], *receptionist*[안내 데스크]가 있고, 반대로 *maestro*[장인], *skipper*[주장], *protege*[후배] 등이 있다.) Caliskan et al.(2017)은 단어 임베딩의 편향이 널리 퍼진 성 고정관념과 일치함을 보이고, 이런 조사들을 체계화했다. Garg et al.(2018)은 이런 편향된 결과를 아시아계 미국인의 인종에 대한 고정관념으로 확장하며, 지난 100여 년 동안 텍스트 데이터에서 고정관념이 어떻게 변화했는지에 대한 역사적 관점을 제공한다.

단어 임베딩은 다양한 기타 자연어 처리 시스템의 입력층이 될 수 있기 때문에 이런 발견은 자연어 처리가 텍스트뿐만이 아니라 세상에 존재하는 각종 편향을 확대 재생산할 수 있는 위험성을 내포하고 있다는 사실을 알려준다. 예를 들면 만약 '여성이 남성조카nephew가 될 가능성이 없듯이, 여성이 프로그래머programmer일 확률 또한 낮다'라는 관념을 단어 임베딩이 인코딩한다고 가정하자. 이 경우 소프트웨어는 '여성이 컴퓨터 프로그래밍을 하는' 경우의 텍스트를 성공적으로 파싱하고, 번역하고, 색인해 생성하지 못할 것이다. 예를 들면 최신의 NLP 시스템은 성 고정관념에 반대되는 텍스트 안의 대명사 참조를 적절히 해결하지 못하는 경우가 많다(Rudinger et al., 2018; Zhao et al., 2018). 대명사 참조 해결 작업은 15장에서 상세히 다룰 것이다. 이런 편향은 중대한 결과를 초래하게 된다. 예를 들면 통계적으로 아프리카계 미국인과 연관된 이름을 검색했을 때, 검색 엔진이 범죄 기록에 관한 맞춤형 광고를 내보낼 확률이 더 높다(Sweeney, 2013). 최근에는 기계 학습과 자연어 처리 부문에서 "탈편향(debiasing)"에 대한 연구가 활발히 이뤄지고 있으며, "공정하며 신뢰성 있고 투명한 기계 학습FAT/ML, Fairness, Accountability, and Transparency in Machin learning"이라는 연례 모임의 성장은 이런 사실을 뒷받침한다. 하지만 이런 편향에 대한 궁극적인 출처가 바로 텍스트 그 자체라는 점을 고려하면, 순전히 알고리듬 관점에서만 해결책을 기대하기란 어렵다. 자연어 처리 시스템의 입력과 그 결과물의 활용에 대한 비판적인 사고만이 최선의 해결책일 것이다.

14.7 분포 통계량 너머의 분포된 표현

분포적 단어 표현은 대규모의 라벨링되지 않은 데이터 세트를 통해 추정할 수 있으며, 라벨링된 데이터 안에 나타나지 않은 다수의 단어를 다룬다. 이를테면 GloVe 임 베딩은 8,000억 개의 웹 데이터 토큰으로부터 추정된 반면[4] NLP 작업을 위한 라벨링 된 데이터 세트가 가장 많다고 하더라도, 토큰 수백만 개에 불과하다. 그렇지만 수천 억 개의 토큰으로 이뤄진 데이터 세트조차도, 미래에 마주치게 될 모든 단어를 다룰 수는 없다. 게다가 여기서도 다수의 언어들은 단지 몇 차례만 출현할 뿐이어서 해당 임베딩의 신뢰성을 떨어뜨린다. 많은 언어는 영어보다 형태학적으로 복잡하며, 따라 서 토큰과 유형 간의 비율이 더 낮다. 이런 문제점들에 훈련 말뭉치가 크기가 작다는 또 다른 문제점과 마주하게 된다면, 분포 통계량을 넘어서는 기타 정보 자원들을 레 버리지로 삼는 것이 특히 중요하다.

14.7.1 단어-내부 구조

이러한 문제점에 대한 해결책 중 한 가지 방법은 바로 단어-내부 구조를 단어 임베딩 에 통합시키는 것이다. 순수하게 분포 측면에서만 접근하면 단어를 원자 단위로서 간 주하지만 실제로는 많은 단어가 내부 구조를 가지고 있다. 그래서 의미는 하위 단어 단위의 표현으로 **구성된다**. 다음에 나오는 단어들은 구글 사전 훈련 WORD2VEC 임베 딩[5]에 포함되지 않은 용어들이다.

- *millicuries*   이 단어는 "형태학적" 구조를 갖추고 있으며(형태학에 관한 자세한 정보는 §9.1.2 참조), 접두사 *milli-*는 양을 나타내며, 접미사 *-s*는 복수형을 의 미한다(*millicurie*는 방사능의 단위이다).
- *caesium*   이 단어는 단일 형태소이지만, 문자 *-ium*은 주로 화학 원소와 연 관성이 있다(*Caesium*은 영국식 철자법으로, 미국식 영어에서는 *cesium*으로 표기한다).
- *IAEA*   이 용어는 머리글자이며, 대문자를 사용해서 쓰여진 점을 통해 확인 할 수 있다. 접두사 *I-*는 주로 국제적인 조직을 나타내며, 접두사 *-A*는 기관 내지 협회를 의미한다(*IAEA*는 국제 원자력 기구International Atomic Energy Agency를 의미 한다).

---

4   http://commoncrawl.org
5   https://code.google.com/archive/p/word2vec/(2017년 9월 20일 접속)

450

- *Zhezhgan* 이 용어는 고유명사를 뜻하는 제목 대문자를 가지고 있으며, 이 정보를 통해 인물 또는 장소의 명칭임을 짐작케 한다. 그리고 문자 바이그램 '*zh*'는 이 단어가 음역^{transliteration}일 가능성이 높음을 나타낸다(*Zhezhgan*은 카자 흐스탄에 위치한 광산이다).

어떻게 단어-내부 구조를 단어 표현으로 통합할 수 있을까? 문자 또는 형태소의 임베딩을 통해 단어 표현을 구성하는 것이 해결책이 될 수 있다. 이를테면 만약 단어 i가 형태학적 분절 $\mathcal{M}_i$를 가진다면 그 임베딩은 다음과 같이 덧셈을 사용해 구성할 수 있다(Botha & Blunsom, 2014).

$$v_i = \tilde{v}_i + \sum_{j \in \mathcal{M}_i} v_j^{(M)} \qquad [14.23]$$

$v_m^{(M)}$은 형태소 임베딩이고 $\tilde{v}_i$는 전체 단어의 비구성적^{non compositional} 임베딩으로서, 모델의 추가적인 자유 파라미터이다(그림 14.5의 왼쪽). 모든 임베딩은 **로그-쌍일차 언어 모델**^{Log-Bilinear Language Model}으로부터 추정된다(Mnih & Hinton, 2007). 이 언어 모델은 CBOW 모델(§14.5)과 비슷하지만 선행 단어의 문맥 정보만을 가지고 있으며, 형태소 분절은 비지도 분할기를 사용해 얻을 수 있다(Creutz & Lagus, 2007).

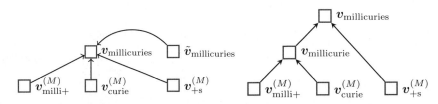

그림 14.5 하위 단어 단위를 통해 단어 임베딩을 구축하는 아키텍처 2종. 좌측 그림에서 형태소 임베딩 $v^{(m)}$은 비구성적 단어 임베딩인 $\tilde{v}$와의 덧셈을 통해 결합된다(Botha & Blunsom, 2014). 우측 그림에서 형태소 임베딩은 재귀 뉴럴 네트워크 내에서 결합된다(Luong et al., 2013).

트레이닝 데이터 안에 나타나지 않은 단어에 대해서는 각 형태소가 트레이닝 데이터 내의 어떤 다른 단어 안에서 나타날 것이라고 가정해 임베딩을 형태소를 사용해 직접 구성할 수 있다. 자유 파라미터 $\tilde{v}$는 유연성을 더해준다. 비슷한 형태소를 가진 단어에서는 임베딩도 비슷하게 가지도록 권장되지만, 이런 자유 파라미터는 형태소와 임베딩이 서로 다를 수도 있게끔 만들어준다.

이외에도 단어-내부 구조를 단어 표현으로 통합하기 위한 다양한 방식이 존재한다. 다음은 몇몇 주요 파라미터에 대해 설명한다.

하위 단어 단위 IAEA 및 Zhezhgan 등과 같은 예시는 형태적 구성에 기반하지 않은데다 형태적 분할자가 이러한 용어들의 유의미한 하위 단어 단위를 식별할 가능성이 낮다. 하위 단어 임베딩의 형태소를 활용하기보다는 문자(dos Santos & Zadrozny, 2014; Ling et al., 2015b; Kim et al., 2016) 및 문자 n-그램(Wieting et al., 2016a; Bojanowski et al., 2017) 그리고 빈도의 문자열 일부를 포착하는 압축 기법인 **바이트 쌍 인코딩**Byte-Pair Encodings 등을 활용할 수 있다.

합성 덧셈을 통한 하위 단어 임베딩의 결합은 순서를 구별하지 않고, 특정 형태소를 어근으로 식별하지도 않는다. 그리고 순환(Ling et al., 2015b), 컨볼루션(합성곱)(dos Santos & Zadrozny, 2014; Kim et al., 2016), 재귀 뉴럴 네트워크(Lunong et al., 2013)와 같은 더 유연한 합성 모델을 고려할 수 있다. 여기서 점차 커지는 단위들의 표현은 형태적 파스상에서 구성된다. 예를 들면 $((milli+curie)+s)$, $((in+flam)+able)$, $(in+(vis+ible))$ 등과 같다. 그리고 재귀 임베딩 모델은 그림 14.5의 우측에서 확인 가능하다.

추정 완전한 데이터 세트를 통해 하위 단어 임베딩을 추정하는 것은 계산적인 비용이 많이 든다. 그래서 다른 방법에는 사전 훈련된 단어 임베딩과 매칭되도록 하위 단어 모델을 훈련시키는 방법이 존재한다(Cotterell et al., 2016; Pinter et al., 2017). 이러한 모델을 훈련시키려면, 말뭉치를 반복할 필요 없이 어휘만 반복하면 된다.

14.7.2 어휘 의미 자원

WordNet을 비롯한 자원들은 단어 의미에 관한 또 다른 정보 출처를 제공한다. 만약 *caesium*이 *cesium*의 유의어라는 사실이나, *millicurie*가 측정 단위measurement unit의 일종이라는 사실을 안다면, 이 사실을 통해 모르는 단어에 대한 임베딩을 제공하고, 희소 단어의 임베딩을 평활화하도록 도움을 준다. 실행하기 위한 방법 중 하나는 바로 다음의 목적함수를 최소화해, 어휘 의미 관계 네트워크상에서 사전 훈련된 단어 임베딩을 **재장착**retrofit하는 것이다(Faruqui et al., 2015).

$$\min_{\mathbf{U}} \sum_{j=1}^{V} ||\boldsymbol{v}_i - \hat{\boldsymbol{v}}_i||_2 + \sum_{(i,j)\in\mathcal{L}} \beta_{ij}||\boldsymbol{v}_i - \boldsymbol{v}_j||_2 \qquad [14.24]$$

$\hat{\boldsymbol{v}}_i$는 단어 i의 사전 훈련된 임베딩이며, $\mathcal{L} = \{(i, j)\}$는 단어 관계의 어휘이다. 하이퍼 파라미터 β_{ij}는 비슷한 임베딩을 가진 인접 단어들의 중요도를 다루며 Faruqui et al.(2015)은 이 중요도를 단어 i의 등급을 반비례로 바꿔서 다음과 같이 $\beta_{ij} = |\{j:(i, j) \in \mathcal{L}\}|^{-1}$을 설정했다. 이렇게 재창작은 내재 평가의 성능을 향상시키고, 외재 문서 분류 작업의 성능도 작게나마 향상시킨다.

14.8 다중 단어 단위의 분포된 표현

분포된 표현을 구, 문장, 문단, 혹은 그 이상까지 확장할 수 있을까? 이 가능성을 알아보기 이전에 분포된distributed 표현과 분포적distributional 표현의 차이에 대해서 다시 한 번 떠올려보자. WORD2VEC 등과 같은 뉴럴 임베딩은 분포된 것이기도(벡터에 기반한다), 또 다른 한편으로는 분포적이다(문맥 내 단어의 빈도를 통해 파생된다). 더 넓은 범위의 텍스트 단위를 살펴보면 단어의 빈도는 감소한다. 이런 제한된 조건에서 텍스트의 다중문단 스팬은 표절을 제외하고는 두 번 나타날 수 없다. 따라서 분포 통계만으로 큰 텍스트 스팬을 결정하는 것은 불가능하며, 더 작은 스팬과 함께 구성해 계산해야 한다. 그렇지만 이러한 고려 조건들은 밀도 실수 벡터를 비롯한 분산 표현이 구, 문장 및 문단의 의미를 포착하기에 충분히 표현력이 있는지의 여부에 대한 문제와 벡터 표현상에서 직교하게 된다.

14.8.1 순수 분포 메서드

일부 다중단어로 만들어진 구는 비구성적이고 이러한 구의 의미는 전형적인 구성적 의미를 사용하는 개별 단어의 의미를 통해 파생되지 않는다. 이는 *kick the bucket*(해고 당하다) 등과 같은 관용 표현뿐만이 아니라, *San Francisco* 등과 같은 고유명사도 포함한다(Baldwin & Kim, 2010). 이런 경우에 순수 분포 처리 방식을 사용할 수 있다. 자주 함께 나타나는 다중 단어 단위들을 식별하고, 해당 단위를 단어로 다뤄서 WORD2VEC 등과 같은 기술을 사용해 임베딩을 학습하는 식으로 간단히 처리할 수 있다.

다중단어 단위 식별에 관한 문제를 **연어 추출**^{Collocation Extraction}이라고도 한다. 좋은 연어는 높은 **점별 상호 정보**(§14.3 참조)를 가진다. 이를테면 '나이브 베이즈^{Naïve Bayes}'는 $p(w_t = Bayes | w_{t-1} = naïve)$가 $p(w_t = Bayes)$보다 훨씬 크기 때문에 좋은 연어라고 할 수 있다. 두 개 이상의 단어의 연어는 탐욕 점층적 검색^{Greedy Incremental Search}을 통해 식별될 수 있다. 예를 들면 *mutual information*은 먼저 연어로 추출돼 단일 단어 유형인 *mutual_information*으로 묶이고, 그다음 *pointwise mutual_information*이 추출될 수 있다. 해당 단위들을 식별하고 나면 스킵그램 임베딩을 추정할 때 해당 단위를 단어로 취급한다. Mikilov et al.(2013b)은 이 결과로 나타나는 임베딩이 *New York : New York Times :: Baltimore : Baltimore Sun* 등과 같은 구를 유추하는 문제를 해결하는 작업에서 탁월한 성능을 가짐을 보였다.

14.8.2 분포-구성 혼합

다중 단어로 구성된 짧은 구문 이상을 다루기 위해서는 구성이 꼭 필요하다. 단순하면서도 놀랍게도 강력한 처리 방식은 바로 문장을 해당 문장의 단어 임베딩의 평균으로 나타내는 것이다(Mitchell & Lapata, 2010). 이러한 방식은 의미에 대한 분포 및 구성 처리 방식의 혼합한 것이라고 볼 수 있다. 단어 임베딩은 분포적으로 계산되고, 그다음 문장 표현은 구성을 통해 표현된다.

WORD2VEC 처리 방식은 훨씬 더 넓게 확장할 수 있다. Krios et al.(2015)의 "skip-thought" 모델은 스킵그램과 유사한 모델을 활용해 전체 문장을 임베딩한다. 각 문장은 순환 뉴럴 네트워크를 사용해 벡터로 인코딩되며, 문장 t의 부호는 최종 토큰 $h_{M_t}^{(t)}$에서 RNN의 은닉 상태로 설정된다. 이 벡터는 이제 선행 문장과 후속 문장을 생성하기 위해 사용되는 디코더 모델의 파라미터가 된다. 디코더는 또 다른 순환 뉴럴 네트워크이며, 혹은 디코딩은 또 다른 순환 뉴럴 네트워크가 이웃 문장의 인코딩을 자신의 순환 갱신 과정 내에서 추가적인 파라미터로 다룬다(이와 같은 인코더-디코더^{encoder-decoder} 모델은 18장에서 상세히 다룰 것이다). 인코더와 디코더는 우도 기반 목적함수를 통해 동시에 훈련되며, 훈련된 인코더는 모든 분장의 분산 표현에 대해 계산할 수 있게 된다. 또 Skip-thought는 또한 분산과 구성 처리 방식을 혼합한 것으로 볼 수 있다. 각 문장의 벡터 표현은 개별 단어의 표현을 통해 구성적으로 계산되지만, 트레이닝 목적 함수는 분포적이며 말뭉치상에서 문장에서 공통적으로 발생하는 동시발생에 따른다.

오토인코더^Autoencoders는 인코더-디코더 모델을 변형한 것으로, 디코더는 오직 분산된 인코딩 벡터만을 사용해 원래 인코딩된 것과 동일한 텍스트를 생성하도록 훈련된다(Li et al., 2015a). 인코딩은 병목^bottleneck과 비슷하게 동작하기 때문에 모델이 트레이닝 데이터에 적합하도록 만들려면 일반화 과정이 필요하다. **노이즈 제거 오토인코더** Denoising Autoencoders에서는 입력은 오류가 발생한 원본 문장으로, 오토인코더는 반드시 오류가 없는 원본을 재구성해야 한다(Vincent et al., 2010; Hill et al., 2016). 두 문장의 분산 표현 사이를 보간해($\alpha u_i + (1 - \alpha)u_j$), 두 입력값의 여러 측면들을 결합한 문장을 생성할 수 있고, 이 과정은 그림 14.6에서 확인할 수 있다(Bowman et al., 2016).

또 문단이나 문서와 같이 긴 종류의 텍스트에도 마찬가지로 오토인코더를 적용할 수 있다. 질의 응답 등의 애플리케이션을 만들 수 있도록 해주며, 질문을 인코딩해 후보 답안과 매칭해 실행한다(Miao et al., 2016).

this was the only way
it was the only way
it was her turn to blink
it was hard to tell
it was time to move on
he had to do it again
they all looked at each other
they all turned to look back
they both turned to face him
they both turned and walked away

그림 14.6 (굵은 글씨로 표기된) 두 문장의 분산 표현 사이를 보간해, 각 문장의 여러 측면을 결합한 문법이 맞는 문장을 생성할 수 있다(Bowman et al., 2016).

14.8.3 지도 기반 구성 메서드

지도 신호(예컨대 정서를 설명하는 라벨이나 문장의 의미 등)가 주어졌을 때, 라벨을 예측하는 분산 표현을 계산하기 위해서 광범위한 종류의 메서드를 적용할 수 있다. 가장 간단한 방법은 문장 내의 각 단어의 임베딩에 대해 평균을 구하고, 이 평균을 피드포워드 뉴럴 네트워크에 통과시키는 것이다(Iyyer et al., 2015). 컨볼루셔널과 순환 뉴럴 네트워크는 한 걸음 더 나아가 부정negation 등과 같은 다중단어로 구성된 현상을 효과적으로 포착할 수 있다(Kalchbrenner et al., 2014; Kim, 2014; Li et al., 2015; Tang et al., 2015). 그 외에도 문장의 구문 구조를 **재귀 뉴럴 네트워크**Recursive Neural Network로 통합하는 처리 방법도 있다. 여기서 각 구문 구성 요소의 표현은 그 자식들의 표현을 통해 계산한다(Socher et al., 2012). 하지만 많은 경우 순환 뉴럴 네트워크가 재귀 뉴럴 네트워크와 동급 혹은 그 이상의 성능을 보여준다(Li et al., 2015b).

컨볼루셔널, 순환, 재귀 등 각 방식을 막론하고 핵심 질문은 바로 지도 문장 표현이 작업에 종속적인지, 혹은 단일 지도 문장 표현 모델이 다른 작업에서도 유용한 실행 결과를 산출할 수 있는지의 여부다. Wieting et al.(2106)은 문장 쌍을 **의역**paraphrases으로 라벨링하는 작업을 수행하기 위해 다양한 문장 임베딩 모델을 훈련시켰다. 해당 연구에서 결과로 얻은 문장 임베딩이 정서sentiment 분석에서 우수한 성능을 가짐을 보였다. **스탠퍼드 자연어 추론 말뭉치**Stanford Natural Language Inference Corpus는 문장 쌍을 **함의**entailments(문장 *i*가 참이라면, 문장 *j*도 참이다), **모순**contradictions(문장 *i*가 참이라면 문장 *j*는 거짓이다), 중립(문장 *i*는 *j*와 함의 관계도, 모순 관계도 아니다)으로 분류한다. 이 데이터 세트상에서 훈련된 문장 임베딩은 더 광범위한 분류 작업으로 확장해 사용한다(Conneau et al., 2017).

14.8.4 혼합 분산-기호 표현

분산 표현의 힘은 일반성generality에서 비롯된다. 텍스트 단위의 분산 표현은 그 의미를 요약한 것과 같으며, 따라서 분류, 매칭, 검색 등과 같은 하향 스트림 작업에서 입력으로 활용된다. 예를 들면 분산 문장 표현은 다음 예시와 같이, 서로 밀접하게 관련된 문장 사이의 의역 관계를 인식하도록 활용될 수 있다.

(14.5) a. Donald thanked Vlad profusely. [도널드는 블라드에게 많은 감사를 표했다.]

b. Donald conveyed to Vlad his profound appreciation. [도널드는 블라드에게 확고한 감사의 마음을 전달했다.]

c. Vlad was showered with gratitude by Donald. [블라드는 도널드로부터

아낌없는 감사 인사를 받았다.]

기호 표현은 이런 유형의 변형에는 상대적으로 취약하지만 개별 개체와 개별 개체들이 하는 행위, 또 개별 개체에 대해 가해진 일을 설명할 때는 더 적합하다. 예문에서(14.5a~c), 우리는 '누군가가 누구에게 감사함을 표했다'라는 사실을 알 뿐만이 아니라, 이름이 도널드Donald와 블라드Vlad인 개체 사이에 무슨 일이 발생했는지에 대해서도 추론할 수 있다. 분산 표현은 개체를 기호로 다루지 않기 때문에, 문장 혹은 더 긴 담화에서 개체가 수행한 역할에 대해 추론할 수 있는 능력이 부족하다.[6] 분산 표현과 기호 표현의 혼합을 하면 두 방식 모두에서 최선의 방법이 될 수도 있다. 즉, 동일한 사건을 다양한 방식으로 설명할 수 있는 견고함robustness에 개체와 해당 개체가 수행하는 역할에 관한 추론을 뒷받침할 수 있는 표현력이 더해지는 것이다.

"하향식"의 혼합 처리 방식은 (앞서 두 개의 단원에서 설명한 유형의) 논리 의미에서 출발하지만 미리 정의된 어휘들을 분포 단어 군집으로 대체한다(Poon & Domingos, 2009; Lewis & Steedman, 2013). "상향식" 처리 방식은 개별 개체에 대한 벡터 표현 등과 같은 기존의 분산 표현에 대해 최소한의 기호 구조만을 추가하는 접근 방법이다(Ji & Eisenstein, 2015; Wiseman et al., 2016). 이는 15장에서 우리가 마주하게 될 두 가지 문제인 "인접 문장 간의 **담화 관계 분류**"(16장; Ji & Eisenstein, 2015)와 "개체 언급에 대한 **상호 참조 해소**"(15장; Wiseman et al., 2016; Ji et al., 2017)에서 성능 향상을 가져다주는 것으로 확인됐다. 구성적 의미 표현에 관한 연구는 아직 걸음마 단계에 불과하며, 차후에는 기존의 기호 및 분포 처리 방식에서 더 과감히 벗어난 표현이 만들어질 것이다.

추가 자료

Turney & Pantel(2010)은 행렬 인수분해 메서드에 초점을 맞춰, 벡터 단어 표현의 여러 양상을 탐구했다. Schnabel et al.(2015)은 유사성에 기반한 단어 임베딩의 평가에 관한 문제점을 강조하며, 단어 빈도를 제어하는 참신한 평가 방식을 제시한 바 있다. Baroni et al.(2014)은 분산 및 구성 표현을 결합하려는 시도에서 비롯되는 여러 언어

---

6   의미 파싱에 관한 2014 워크숍에서, 계산 의미론 분야의 선구자인 Ray Mooney는 지금은 잘 알려진 문구를 사용해 분산 표현에 대해 다음과 같이 지적했다. "하나의 벡터에 전체 문장의 의미를 욱여넣을 수는 없어요!"

학적 문제를 다뤘다.

2개 국어 및 다국어 분산 표현에서는 (*dog*, *perro*, *chien*) 등과 같은 번역 쌍 혹은 튜플에 대해 임베딩을 추정한다. 이러한 임베딩은 기계 번역(Klemetiev et al., 2012; Zou et al., 2013)과 자연어 처리 모델이 여러 언어 간에 전이하는 성능을 향상시킬 수 있으며, 단일 언어 임베딩을 더 정확하게 만들어준다(Faruqui & Dyer, 2014). 보편적인 방법으로는 2개 언어의 사전으로부터 얻을 수 있는 번역 쌍의 각 원소의 분포 표현 사이의 상관관계를 극대화하는 투영을 학습하는 방법이 있다. 또한 분포 표현은 이미지 피처와 같은 지각 정보와도 연결돼 있다. Bruni et al.(2014)은 다양한 단어의 시각적 문맥 정보를 얻기 위해 이미지에 대한 텍스트로 구성된 설명을 활용했고, 이 설명들은 기존의 분포 문맥들을 보완할 수 있다. 이미지 피처는 로그 쌍일차 언어 모델 안에 문맥 정보로 삽입될 수도 있으며(Kiros et al., 2014). 이 과정을 통해 이미지에 대한 텍스트 설명을 자동으로 생성할 수 있도록 만들어준다.

연습 문제

1. 계층적 소프트맥스 트리를 지나는 경로의 확률 총합이 1임을 증명하라.

2. 스킵그램 단어 임베딩에서, 부정 샘플링 목적함수는 다음과 같다.

$$\mathcal{L} = \sum_{i \in \mathcal{V}} \sum_{j \in \mathcal{C}} \text{count}(i,j)\, \psi(i,j) \qquad [14.25]$$

$\psi(i, j)$는 방정식 14.19에서 정의한 식과 동일하다.

경험적 유니그램 분포인 $\hat{p}(i) = p_{\text{unigram}}(i)$에서 부정 샘플을 추출했다고 가정하자. 먼저 부정 샘플에 대한 $\mathcal{L}$의 기댓값을 이 확률을 사용해 계산하라.

다음으로, 단일 단어 문맥 쌍인 $\sigma(\boldsymbol{u}_i, \boldsymbol{v}_j)$의 점수에 대한 기댓값에 미분을 취하라. 그리고 점별 상호 정보에 해당하는 PMI(i, j)를 구하라. 최적에서는, PMI가 $\sigma(\boldsymbol{u}_i, \boldsymbol{v}_j)$과 함께 몇몇의 부정 샘플로 이뤄진 간단한 함수임을 증명하라.

(본 문항은 부정 샘플링 스킵그램이, PMI가 가중된 행렬 인수분해와 밀접한 관련이 있음을 보이는 증명의 일부분이다.)

3. *브라운 군집화에서, 평균 상호 정보(방정식 14.19)를 최대화하는 군집 병합이 로그우도 목적함수(방정식 14.18)도 최대화함을 증명하라.

4. 분산된 구^{phrase} 표현을 계산하는 간단한 방법은 구 안에 있는 단어의 분산 표현을 모두 합하는 것이다. 예측된 정서^{sentiment}의 식이 $\psi(\boldsymbol{w}) = \boldsymbol{\theta} \cdot \left(\sum_{m=1}^{M} \boldsymbol{x}_m\right)$인 정서 분석 모델이 있다고 생각해보자($x_m$은 단어 m의 벡터 표현이다). 이 모델에서, 다음의 두 부등호 관계를 모두 만족하는 해가 없음을 증명하라.

$$\psi(good) > \psi(not\ good) \qquad [14.26]$$

$$\psi(bad) < \psi(not\ bad) \qquad [14.27]$$

그런 다음, 구 표현이 단어 표현의 평균인 경우에 대해 비슷한 쌍에 해당하는 예시를 구성하라.

5. 이전 문항에서 사용된 예측 모델에 조금 변화를 준 모델을 살펴보자.

$$\psi(\boldsymbol{w}) = \boldsymbol{\theta} \cdot \text{ReLU}\left(\sum_{m=1}^{M} \boldsymbol{x}_m\right) \qquad [14.28]$$

이 수식에서, 위에서 언급된 부등식의 해를 얻을 수 있음을 증명하라. 답에는 가중치 $\boldsymbol{\theta}$ 및 임베딩 $\boldsymbol{x}_{\text{good}}, \boldsymbol{x}_{\text{bad}}, \boldsymbol{x}_{\text{not}}$이 포함돼야 한다.

다음 두 문항을 풀기 위해 필요한 사전 훈련된 임베딩 세트(WORD2VEC 또는 다국어^{polyglot} 임베딩 등)를 다운로드하라.

6. 다음에 제시된 단어들과 가장 유사한 단어를 찾기 위해, 코사인 유사도를 사용하시오.

   - *Dog, whale, before, however, fabricate*

7. 벡터의 덧셈과 뺄셈을 사용해, 다음의 유추를 하기 위해 목표로 하는 벡터를 계산하라. 각 벡터를 계산한 다음, 코사인 유사도를 통해 상위 3개의 후보를 찾아라.

   - *dog:puppy :: cat: ?*
   - *speak:speaker :: sing:?*
   - *France:French :: England:?*
   - *France:wine :: England:?*

나머지 문항에서는 분류기를 구축하고 그 속성을 테스트한다. 코넬 영화 후기 데이터Cornell Movie Review Data[7] 등과 같은 텍스트 분류 데이터 세트를 선택하시오. 여러분이 선택한 데이터가 만약 분할돼 있지 않다면, 트레이닝(60%), 개발(20%), 테스트 세트(20%)로 데이터를 분할하라.

8. 6번 및 7번 문항의 사전 훈련된 단어 임베딩을 입력 세트로 사용해 컨볼루셔널 뉴럴 네트워크를 훈련하시오. 어휘에 없는 단어를 다루기 위해서 미세 조정된 임베딩을 추가로 활용하시오. 개발 세트에 대한 성능이 더 이상 향상되지 않을 때까지 훈련을 지속하라. 컨볼루션의 폭 및 깊이 등과 같은 모델 아키텍처를 조정하기 위해 개발 세트를 활용해도 좋다. *F*-MEASURE, 정확도, 훈련 시간을 적어보라.

9. 단어 임베딩을 미세 조정하기 위해서 8번 문항에서 제시한 모델을 수정하라. 마찬가지로 *F*-MEASURE, 정확도, 훈련 시간을 적어보라.

10. 문서에 포함된 단어의 평균을 구한 다음, 이 평균을 피드포워드 뉴럴 네트워크를 통해 전달하는 간단한 처리 방식을 시도해보자. 앞서와 같이 모델 아키텍처를 조정하기 위해 개발 데이터를 활용하시오. 이전 문항에서의 컨볼루셔널 네트워크와 비교하면 이 정확도는 얼마나 비슷한가?

---

7   http://www.cs.cornell.edu/people/pabo/movie-review-data/

15 참조 해결

참조는 언어 모호성이 가장 드러나는 형태 중 하나로, 자동화된 자연어 처리 시스템 이외에도 숙련된 독해 능력을 가진 사람에게도 골칫거리다. 글쓰기에 대한 여러 책에서는 "모호한 대명사"를 사용하지 말라는 등의 경고를 쉽게 찾아볼 수 있다. 하지만 그림 15.1에서 확인할 수 있듯이 참조 모호성은 대명사에서만 발생하지 않는다. 괄호로 묶인 문자열 일부^{substring}는 지문에 먼저 도입된 개체를 나타낸다. 이런 참조에는 대명사 *he*, *his*뿐만이 아니라 *Cook*과 같이 줄인 이름과 *the firm*, *the firm's biggest growth market* 등의 **명사류**^{nominal}도 해당된다.

참조 해결^{Reference Resolution}은 몇 가지 하위 작업을 포함한다. 15장에서는 기저에 깔린 단일 개체나 단일 사건을 지칭하는 일련의 텍스트 스팬을 묶는 **상호 참조 해결** 작업에 초점을 맞춘다. 이를테면 *Tim Cook*, *he*, *Cook*이라는 텍스트 스팬은 모두 **상호 참조 대상**^{coreferent}이다. 이와 같은 개별 스팬들이 특정 개체를 언급하고 있기 때문에 이런 스팬들을 멘션이라고 하며, 개체들을 **참조 대상**^{referent}이라 한다. 각 멘션들은 상호 참조 대상인 선행 멘션을 갖고 있는 선행사 세트를 가진다. 그래서 개체의 첫 번째 멘션에 대한 선행사 세트에는 아무것도 존재하지 않는다. 그리고 **대명사 대용어 해결** Pronominal Anaphora Resolution 작업은 대명사의 선행사를 식별하면 된다. 또한 또 다른 작업인 **개체 연결**에서 참조는 텍스트 내의 다른 스팬을 통해서 찾는 게 아닌 이미 알고 있는 지식 베이스 내의 개체를 통해 해결된다. 이 작업은 17장에서 살펴볼 것이다.

상호 참조 해결 작업이 어려운 이유가 몇 가지 있다. 서로 다른 유형의 **참조 표현**을 해결하기 위해서는 서로 다른 유형에 대한 추론 과정이 필요하다. 대명사에 대한 참조 해결에 필요한 피처와 메서드는, 이름과 명사류를 해결할 때 유용한 피처 및 메서드와 다르다. 상호 참조 해결은 언어학적 추론뿐만이 아니라 전 세계에 대한 여러 정보들과 화용론도 필요하다. 예를 들면 중국이 애플의 최대 성장 시장이라는 사실을 모르더라도, 그림 15.1의 지문을 읽으면서 쉽게 해당 참조를 해결할 수 있을 것이다.[1] 더 큰 난관은 바로 많은 경우 상호 참조 해결을 위한 결정을 내리기에 뒤엉켜 있다는 점이다. 각 멘션은 개체에 대한 정보를 추가하고, 이 정보들은 또 다른 상호 참조 결정에 영향을 미친다. 이렇게 보면 참조 해결 문제는 반드시 구조 예측 문제로 다뤄야 한다는 뜻이 된다. 그리고 뒤에서 추가로 언급하지만 상호 참조 결정에 대한 공간을 효율적으로 탐색할 수 있는 동적 프로그램은 존재하지 않는다.

(15.1) [[Apple Inc] Chief Executive Tim Cook] has jetted into [China] for talks with government officials as [he] seeks to clear up a pile of problems in [[the firm] 's biggest growth market] ⋯ [Cook] is on [his] first trip to [the country] since taking over ⋯

[[Apple Inc]의 [이사회 의장인 팀쿡]은 [[회사]]의 최대 성장 시장] 내의 여러 문제들을 정리해 달라고 정부 관료들에게 이야기하러 [중국]으로 날아갔다⋯. [쿡]은 취임 이후 [해당 국가]로 처음으로 [그]의 여행길에 올랐다.

그림 15.1 실행 예시(Yee & Jones, 2012). 상호 참조 개체 멘션은 괄호 안에 위치한다.

15.1 참조 표현의 형태

주요 참조 표현에는 세 가지 형태, 즉 대명사, 이름, 명사류가 존재한다.

15.1.1 대명사

대명사^{Pronouns}는 참조에 사용되는 단어에 대해 닫힌 클래스다. 대명사 참조를 살펴볼 수 있는 자연스러운 방식에는 다음과 같이 앞글자만 따온 SMASH(, 즉)가 있다(Kehler, 2007).

- 선행사 후보를 탐색^{Search}한다.
- 엄격하게 일치해야 하는 제약 조건과 연결^{Match}시킨다.

---

1 이런 해석은 협업하는 저자가 the firm's biggest growth market [회사의 최대 성장 시장]이라는 표현을 기사에서 해당 개체를 언급하기 전까지는 사용하지 않을 것이라는 가정에 따른다(Grice, 1975). 화용론은 이런 가정에 대한 공식을 만드는 규칙에 대해서 다루는 언어학의 분야다.

- 그리고 선택한다^{And Select}. 선택할 때는 휴리스틱^{Heuristics}을 사용한다. 이 휴리스틱들은 최신성, 구문적 유창함, 대구^{parallelism} 등과 같은 약한 제약 조건에 해당한다.

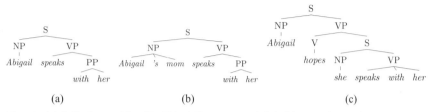

(a)   (b)   (c)

그림 15.2 (a)에서는 'Abigail' 'her'을 성분 지배(c-command)한다. (b)에서는 'Abigail'이 아닌, 'Abigail's mom'이 'her'을 성분 지배한다. (c)에서는 'Aigail'의 범위가 S 비단말 기호에 제한되므로, she 또는 her 가운데 하나만이 Abigail과 묶이게끔 한다.

탐색 탐색 단계에서 선행사 후보는 이전의 텍스트나 발화를 통해 식별된다.[2] 모든 명사구는 선행사 후보가 될 수 있으며, 통상적으로 대명사 해소를 위해서는 명사구를 모두 식별하기 위해 텍스트를 파싱하는 과정이 먼저 필요하다.[3] 필터링 휴리스틱은 상호 참조 대상일 수 있는 명사구를 찾을 수 있는 탐색 공간을 좁히도록 도움을 준다 (Lee et al., 2013 ; Durrett & Klein, 2013).

일반적으로 중첩된 명사구에서 멘션은 주어진 **중심어**^{head word}에서 가장 큰 단위로 다뤄진다(§10.5.2 참조). 따라서 *Apple Inc. Chief Executive Tim Cook*(Apple Inc. 이사회 의장 팀 쿡)은 멘션으로 포함되지만, *Tim Cook*은 멘션이 아니다. 그 이유는 이 두 구에서는 동일한 중심어인 *Cook*을 공유하기 때문이다.

대명사에 대한 제약 조건 일치시키기 참조 및 참조의 선행사는 반드시 숫자, 인물, 성^{gender}, 생물성 등의 의미론 피처에 대해서 일치해야 한다. 다음의 실행 예시 지문에서 대명사 *he*를 살펴보자.

---

2   대명사 뒤에서 대신 사용될 때에는 후방 대용어(cataphora)라고 한다. 아래의 예시는 Marquez의 소설 첫 줄에서 가져온 것이다.

(15.1) May years later, as he faced the firing squad, Colonel Aureliano Bundia was to remember that distant afternoon when he father took him discover ice. [몇 년이 지난 후 (그)가 총살대를 마주했을 때 (아우렐리아노 대령)은 (그)의 아버지가 얼음을 찾으러 데리고 갔던 옛적의 오후가 떠올랐다.]

3   OntoNotes 콘퍼런스 주석에서는 명사류가 뒤에서 참조하는 경우에 동사도 선행사가 될 수 있다(Pradhan et al., 2011). 예를 들면 다음과 같다.

(15.1) Sales of passenger cars [grew] 22%. [the strong growth] followed year-to-year increases. [승용차 판매는 22%나 (성장했다). 이렇게 (급격한 성장)이 일어난 후에는 연단위로 점진적으로 성장했다.]

464

(15.2) Tim Cook has jetted in for talks with officials as [he] seeks to clear up a pile of problems … [팀 쿡은 관계자들과의 대화에 참석했다. 그 이유는 (그)가 산적한 문제를 해결할 방법을 논의하기 위해서다.]

대명사와 선행사 후보들은 다음과 같은 피처들을 가진다.

- *he*: 단수, 남성, 생물, 3인칭
- *officials*: 복수, 생물, 3인칭
- *talks*: 복수, 무생물, 3인칭
- *Tim Cook*: 단수, 남성, 생물, 3인칭

SMASH 메서드는 '*he*'에서 시작해 거슬러 탐색하며, 일치 제약 조건을 충족하지 않는 '*officials*'와 '*talks*'를 무시한다.

또 다른 제약 조건은 구문에서 유래됐다. 좀 더 자세히 설명하면 10장에서 살펴본 구^{phrase} 구조 트리를 의미한다. *x*와 *y*가 모두 구 구성 요소인 파스 트리를 생각해보자. 구성 요소 *x*가 구성 요소 *y*를 **성분 지배**한다면, *x* 위에서 첫 번째로 놓인 분기 노드는 *y*도 지배한다. 이를테면 그림 15.1a에서 '*Abigail*' 위의 첫 번째 분기 노드인 S가 *her*도 지배하므로 '*Abigail*'은 '*her*'를 성분 지배한다. 만약 *x*가 *y*를 성분 지배한다면, **지배 결속 이론**^{Government and Binding Theory}(Chomsky, 1982)은 *x*가 **재귀대명사**인 경우에만(예컨대 *herself*), *y*가 *x*를 지칭할 수 있다고 언급했다. 그래서 자료 15.2a에서 *her*는 *Abigail*을 지칭할 수 없다. 반대로 *her*를 *herself*로 대체한다면 재귀대명사는 반드시 *Abigail*을 지칭해야 한다. 그 이유는 *herself*만이 *Abigail*을 성분 지배할 수 있는 유일한 선행사 후보이기 때문이다.

그렇다면 이제 그림 15.2b의 예시를 살펴보자. 여기서는 *Abigail*이 아닌 *Abigail's mom*이 *her*를 성분 지배한다. 따라서 *her*는 *Abigail*을 지칭할 수 있고, 이 문맥에서 우리가 *Abigail's mom*에 대해 이야기하는 것이 아니라면, 재귀대명사인 *herself*를 사용할 수 없다. 그렇지만 *her*가 꼭 *Abigail*을 지칭할 필요는 없다. 결론적으로 그림 15.2c는 이 제약 조건들의 한계를 보여준다. 이 경우 S 비단말은 *Abigail*을 *she*의 범위 밖에 둔다. 그래서 대명사 *she*는 *Abigail*을 가리킬 수 있게 된다. 이와 비슷하게 *her*는 *Abigail*을 지칭할 수도 있다. 그렇지만 *she*가 *her*를 성분 지배하므로 *she*와 *her*

는 상호 참조 대상일 수 없다.

휴리스틱　제약을 적용하고 나면, 남아 있는 후보들에 선택을 하기 위해 휴리스틱을 적용한다. 최신성^{recency}은 특히나 강력한 휴리스틱이다. 모든 조건이 동일하다면, 독자들은 주어진 대명사에 대해 더 최근의 참조 대상을 선호한다. 이 선호는 특히 서로 다른 문장에서 나타나는 참조 대상을 비교할 때 더욱 두드러진다. Jurafsky & Martin(2009)은 다음과 같은 예시를 들어 설명했다.

(15.3) The doctor found an old map in the captain's chest. Jim found an even older map hidden on the shelf. [It] described an island. [의사는 선장의 함 속에서 낡은 지도를 발견했다. 짐은 선반 위에 숨겨진 더 오래된 지도를 발견했다. [그것]은 어떤 한 섬을 나타내고 있었다.]

독자들이 대명사 *it*의 참조 대상으로 'older map'을 더 선호하리라 예측할 수 있다. 그렇지만 많은 경우, 목적어보다는 주어를 선호한다. 그래서 같은 문장 내에서 후보 참조 대상이 두 개가 존재한다면, 더 최근에 나온 대상과 모순될 수 있다. 예를 들어보자.

(15.4) Abigail loaned Lucia a book on Spanish. [She] is always trying to help people. [애비게일은 루치아에게 스페인어 책을 빌려줬다. [그녀]는 항상 남들을 도우려 한다.]

위 문장에서 우리는 *she*를 *Lucia*보다는 선행 문장에서 주어 역할을 하는 위치에 있기 때문에 *Abigail*과 연결시키려고 한다(두 번째 문장이 *'She is visiting Valencia next month.* [그녀는 다음달에 발렌시아를 방문할 계획이다]'와 같았다면 *Abigail*을 선택하려하는 선호도가 그렇게 높지 않았을 것이다).

　세 번째 휴리스틱은 대구^{parallelism}이다.

(15.5) Abigail loaned Lucia a book on Spanish. Özlem loaned [her] a book on Portuguese(애비게일은 루치아에게 스페인어 책을 빌려줬다. 오즐렘은 [그녀]에게 포르투갈어 책을 빌려줬다.)

위 문장에서는 *Lucia*가 *her*의 참조 대상으로 더 선호되고 있는데, 이전 예시에서 주어인 *Abigail*을 선호한 것과는 반대된다.

최신성과 주체 역할 휴리스틱은 구문 기반의 문서 전체를 다루며 통합할 수 있다 (Hobbs, 1978). 선행 문장을 하나씩 좌측에서 우측으로, 넓이 우선 방법으로 살펴본다 (그림15.3). 이런 휴리스틱 방법은 성공적으로 (15.4)를 처리할 수 있다. 주어 NP를 먼저 방문하기 때문에 *she*의 참조 대상으로 *Abigail*을 더 선호하게 된다. 이 방법으로 (15.3) 또한 다룰 수 있다. *it*의 참조 대상으로 최신의 문장을 먼저 방문하는 *older map*을 더 선호하게 된다. **중심화 이론**centering theory은 최신성과 구문을 또 다른 방식으로 통합하며(Grosz et al., 1995), 16장에서 더 상세히 다룰 것이다.

참조 해결에 관한 초기 연구에서 휴리스틱의 개수는 수작업으로 가중치를 설정할 수 있을 만큼 충분히 작았다(Lappin & Leass, 1994). 최신 연구에서는 머신러닝을 활용해 이러한 휴리스틱의 중요성을 정량화했지만, 제약과 휴리스틱만으로는 대명사 해소를 완전히 해결하기 어렵다. 다음과 같은 고전적인 예시 쌍을 통해 확인할 수 있다 (Winograd, 1972).

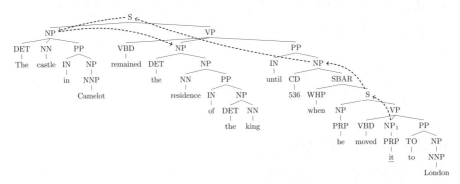

그림 15.3 좌측에서 우측으로 넓이 우선 순회(Hobbs, 1978)를 설명하는 위 자료는 'it'의 선행사(NP_1)를 탐색하는 과정이 다음의 순서로 진행됨을 알려준다. 536; the castle in Camelot; the residence of the king; Camelot; the king. Hobbs(1978)는 동사 move의 직접 목적어가 될 가능성이 낮은 536과 the castle in Camelot을 후보에서 삭제하기 위해 의미적 제약 조건을 제시했다.

(15.6) The [city council] denied [the protesters] a permit because [they] advocated/feared violence. [[시 의회]는 [시위자들]에게 허가를 내주지 않았다. [그들]이 폭력을 옹호/두려워했기 때문이다.]

시 의회와 시위자들의 동기에 대한 추론 없이는 위에 제시된 두 가지 버전의 예시 모두를 올바르게 찾을 수 있는 시스템은 없다.

비지시대명사　일반적으로 대명사는 참조에 사용되지만 꼭 개체만 지시할 필요는 없다. 다음 예시에서는 대명사가 어떤 명제, 사건, 발화 행위를 어떻게 지시하는지 보여준다.

(15.7) a. A poor carpenter blames [her] tools.

　　　 b. On the moon, [you] have to carry [your] own oxygen.

　　　 c. Every farmer who owns a donkey beats [it] (Geach, 1962)

위와 같은 예시처럼 참조하는 형태는 OntoNotes 데이터 세트와 같은 매우 큰 범위에 걸쳐 상호 참조 대상에 대한 주석을 추가한 데이터 세트에서도 통상적으로 찾아볼 수 없다.

　일부 대명사는 일반화된 대상을 지시한다.

(15.9) a. *[It]'s raining.*

　　　　 [Il]pleut. (Fr)

　　　 b. [It] 's money that she's really after.

　　　 c. [It] is too bad that we have to work so hard.

　어떻게 *it*이 위와 같이 사용됐을 경우와 지시대명사인 경우를 자동으로 구별할 수 있을까? 다음 두 예시 간의 차이점을 살펴보자(Bergsma et al., 2008).

(15.10) a. You can make [it] in advance.

　　　　 b. You can make [it] in showbiz.

　두 번째 예문에서 *it*은 비지시대명사다. 비지시대명사인지 확인할 수 있는 방법은 위의 예문에서 *it*을 다른 대명사(예컨대 *them*)로 바꾸면 된다.

(15.11) a. You can make [them] in advance.

　　　　 b. ? You can make [them] in showbiz.

두 번째 예문에서 나온 의문부호를 넣은 문법에 따라 '*it*'이 지시대명사가 아님을 알려준다. Bergsma et al.(2008)은 단어 *it*주변의 *n*-그램의 분포 통계치를 비교해서 다른 대명사나 명사가 동일한 문맥에서 얼마나 자주 출현하는지 확인하는 방법으로 이 발상이 동작하는지 확인했다. 명사 및 기타 대명사가 자주 출현하지 않는다면, *it*이 지시대명사일 가능성은 낮다.

15.1.2 고유명사

고유명사^{Proper Noun}가 참조 표현으로 사용되면, 많은 경우에 이 고유명사는 또 다른 고유명사를 상호 참조한다. 그래서 상호 참조 문제는 이 두 고유명사 간에 해당 이름이 적절하게 매칭되는지만 간단히 결정하면 된다. 뒤에 나오는 후행 고유명사 참조는 주로 그림 15.1의 실행 예시와 같은 단축된 형태를 사용한다.

(15.12) Apple Inc Chief Executive [Tim Cook] has jetted into China… [Cook] is on his first business trip to the country…

일반적으로 고유명사 상호 참조를 해결하기 위해서는 참조의 구문적 중심어와 참조 대상을 매칭시킨다. §10.5.2에서 구^{phrase} 파스 트리에 중심어 전파 규칙을 적용해 구의 중심어를 식별하는 과정을 다룬 적이 있다. 이렇게 이름을 커버하는 의존 하위 트리의 루트로 중심어를 다루는 방법으로 중심어를 식별할 수도 있다. 고유명사의 시퀀스에 있어서, 중심어는 최종 토큰이다.

고유명사의 중심어를 매칭시킬 때 몇 가지 유의 사항이 있다.

- 유럽 지역의 관습에 따르면 성^{family name}이 이름보다 더 구체적으로 보이며, 또한 성이 마지막에 위치한다. 그렇지만 다른 지역에서는 다른 관습을 따를 수도 있다. 이를테면 중국에서는 성이 이름의 앞에 위치하는 게 일반적이다. 또 일본에서는 'Nobu-San(Mr. Nobu)' 등과 같이 이름이 먼저 나오고, 그다음 존대어를 의미하는 경칭이 나타난다.
- 조직명에서 가장 유용한 정보를 전달하는 단어는 중심어가 아닌 경우가 많다. 이를테면 *Georgia Tech*, *Virginia Tech* 등을 예로 들 수 있다. 또 *Lebanon* 은 *Southern Lebanon*과 동일한 곳을 지칭하지 않고, 지리적 수식어 등과 같은 특수한 경우에는 특정한 규칙이 필요하다(Lee et al., 2011).
- 고유명사는 '*[the CEO of [Microsoft]]*'와 같이 중첩될 수 있으며, 상호 참조가 없는 중심어 매칭이라는 결과를 얻는다.

이렇게 어려운 점들이 존재하지만 고유명사는 여러 범주의 참조 문제를 해결하기에 가장 쉬운 편에 속한다(Stoyanov et al., 2009).

머신러닝 시스템에서는 이런 문제들을 해결하기 위해 완전한 매칭, 중심어 매칭, 스트링을 포함하는 등의 여러 매칭 피처를 포함해 사용한다. 매칭 피처 외에도 경쟁 시스템(예컨대 Bengtson & Roth, 2008)에서는 대규모의 목록과 약칭(예컨대 *NBA, National Basketball Associations*), 인칭(예컨대 *Israeli, Israel*) 및 기타 별칭(예컨대 *the Georgia Institute of Technology, Georgia Tech*) 등으로 이뤄진 **지명사전**gazetteers을 갖고 있다.

15.1.3 명사류

상호 참조 해결에서 대명사도 고유명사도 아닌 명사구들을 **명사류**nominals라 한다. 그림 15.1의 실습 예시에서 *the firm*(Apple Inc.), *the firm's biggest growth market*(China), '*the country*(China)' 등이 명사류 참조에 해당한다.

명사류 참조는 특히나 해결하기 어려운 문제로(Denis & Baldridge, 2007, Burrett & Klein, 2013), 위의 예시들에서 그 이유가 잘 드러난다. *Apple Inc*를 기업체로, *China*를 *growth market*으로 인식하기 위해서는 해당 지식이 필요하다. 그 외에도 *Clinton campaign officials*나 *the Clinton camp* 간의 상호 참조 등과 같은 구어체 표현 또한 까다로운 표현들이다(Soon et al., 2001).

15.2 상호 참조 해결을 위한 알고리듬

상호 참조 해결을 위한 사실로 만들어진 트레이닝 데이터는 여러 멘션 세트들로 구성 돼 있으며, 각 세트 내에 있는 모든 멘션은 단일 개체를 참조한다.[4] 위에서 다뤘던 그림 15.1의 실습 예시에서 데이터의 실제 상호 참조 주석은 다음과 같다.

$$c_1 = \{Apple\ Inc_{1:2}, the\ firm_{27:28}\} \tag{15.1}$$

$$c_2 = \{Apple\ Inc\ Chief\ Executive\ Tim\ Cook_{1:6}, he_{17}, Cook_{33}, his_{36}\} \tag{15.2}$$

---

4   많은 주석에서는 잠재적으로 해당 개체를 언급할 수 있는 텍스트 스팬에 표시 가능이라는 용어를 사용한다. 표시 가능한 세트들은 어떤 멘션이나 개체도 언급하지 않는 비지시적 대명사 또한 포함하고 있다. 상호 참조 시스템 작업 중 하나는 이러한 비지시적 표현을 어떤 개체에도 연결하지 않도록 만들어준다.

$$c_3 = \{China_{10}, \textit{the firm's biggest growth market}_{27:32}, \textit{the country}_{40:41}\} \qquad [15.3]$$

각각의 행은 개체를 언급하는 토큰 스팬을 구체화한다("싱글레톤^{Singleton}" 개체, 즉 단한 번만 언급되는 개체는 [예컨대 '*talks*', '*government officials*'] 주석에서 제외된다). 이와 동일하게 만약 M개의 멘션으로 이뤄진 집합 $\{m_i\}_{i=1}^M$이 주어졌을 때, 클러스터 z_i에 할당된다. 여기서 만약 i와 j가 서로를 참조하는 상호 참조 대상이라면, $z_i = z_j$이다. 할당된 클러스터 z는 순열 내에서는 변하지 않는다. 할당된 z와 연관된 고유 클러스터링은 $c(z)$로 표기한다.

구조 예측 문제로서 상호 참조 해결을 다룰 수 있으며, 이때 두 가지 하위 작업이 필요하다. 첫 번째는 어떤 텍스트의 스팬이 개체를 언급하는지를 찾아내는 것이고, 그다음은 이러한 스팬을 클러스터링하는 작업이다.

멘션 식별 주로 각 문장 내 구의 구조 파스에 대해 휴리스틱 세트를 적용해 상호 참조 해결을 위해 멘션 스팬을 식별하는 작업을 수행한다. 모든 명사구 및 개체명으로 시작해서, 동일한 중심(예컨대 *[Apple CEO [Tim Cook]]*), 숫자 개체(예컨대 *[100 miles]*, *[97%]*) 및 비지시적인 *it* 등을 가진 중첩된 명사구를 제거하기 위한 필터링 규칙을 적용하는 방식을 흔히 사용한다(Lee et al., 2013; Durrett & Klein, 2013). 일반적으로 멘션 클러스터링 구성 요소는 거짓 긍정 멘션을 무시하도록 선택할 수 있지만 거짓 부정을 되돌릴 수 없으므로 이와 같은 결정론적 접근 방식은 재현^{recall}에 유리하다. 또는 (길이가 유한한) 모든 스팬을 후보 멘션으로 다뤄서, 멘션 식별 및 클러스터링을 공동으로 실행하는 방법도 존재한다(Daumé III & Marcu, 2005; Lee et al., 2017).

멘션 클러스터링 15장의 나머지 부분에서는 멘션 클러스터링의 하위 작업에 대해 초점을 맞춘다. 여기서는 모델을 크게 두 가지로 분류한다. 멘션 기반 모델$^{mention\text{-}based}$ ^{models}에서는 상호 참조 클러스터링에 대한 평가함수는 멘션 쌍 위에서 분해된다. 그런 다음, 이와 같은 각각의 쌍에 대한 대한 결정은 클러스터링 휴리스틱을 사용해 총합한다. 멘션 기반 클러스터링은 상당히 직접적으로 지도 분류나 랭킹을 적용하는 방식으로 보인다. 하지만 이런 멘션 쌍 지역성 추측은 앞뒤가 만든 클러스터들을 만들수도 있다. 있다. 예를 들면 {*Hillary Clinton* ← *Clinton* ← *Mr Clinton*}에서 쌍별 연결에 대한 평가는 적절히 이뤄졌지만, 전반적인 결과는 만족스럽지 못하다. 개체 기반 모델entity-based models은 개체를 전반적으로 평가해 이러한 문제점들을 해결할 수 있다. 하지만 이 과정에서 개체를 클러스터로 만들 수 있는 방법의 수는 멘션의 수에 지수 비례하기 때문에 추론을 더 어렵게 만들게 된다.

15.2.1 멘션 쌍 모델

멘션 쌍 모델 Mention-Pair Model에서 $i < j$를 만족하는 조건하에서 각각의 멘션 쌍 (i, j)에 이진 라벨 $y_{i,j} \in \{0, 1\}$이 할당된다. 만약 i와 j가 $(z_i = z_j)$를 상호 참조한다면, $y_{i,j} = 1$이고 그렇지 않다면 $y_{i,j} = 0$이다. 그림 15.1의 멘션 'he'에 대해서는 다음과 같은 다섯 개의 멘션으로 그 이전에 언급되었다. (1) *Apple Inc* (2) *Apple Inc Chief Executive Tim Cook;* (3) *China;* (4) *talks;* (5) *government officials* 올바른 멘션 쌍 라벨링은 $y_{2,6} = 1$이며, $y_{i \neq 2,6} = 0$이며, 그외 모든 i에 대해서는 $y_{i,j} = 2, 6 = 0$이 된다. 만약 멘션 j가 예시에서 '멘션 3'와 같은 새로운 개체를 소개한다면, 모든 i에 대해서 $y_{i,j} = 0$이 된다. 비지시대명사 등과 같이 어떤 개체도 지시하지 않는 '멘션'도 동일하다. 만약 멘션 j가 한 번 이상 언급된 개체를 참조한다면, 참조 대상을 언급하는 모든 $i < j$에 대해서 $y_{i,j} = 1$이 된다. 상호 참조를 일련의 이진 라벨링 문제로 바꾸면, 멘션 쌍 모델은 이미 만들어놓은 이진 분류기를 적용할 수 있게 된다(Soon et al., 2001). 이 분류기는 각각의 멘션 j에 대해 독립적으로 적용되며, j와 높은 신뢰도로 상호 참조하는 선행사인 i를 찾을 때까지 j에서부터 역으로 탐색한다. 하나의 선행사antecedent를 식별하고 나면, 나머지 멘션 쌍 라벨은 전이성transitivity을 통해 계산되는 다음의 식 $y_{i,j} = 1$이면 $y_{j,k} = 1$이 되고 $y_{i,k} = 1$을 통해 계산할 수 있다.

실측 주석은 개별 멘션 쌍 라벨 **y**가 아닌 개체들의 체인인 **c**를 제공하기 때문에, 라벨링된 데이터를 분류를 위한 트레이닝 데이터로 변환하기 위해서는 반드시 휴리스틱을 추가해 사용해야 한다. 일반적인 접근 방법은 멘션 j에 대해 라벨링된 긍정 인스턴스인 $y_{a_j,j} = 1$을 최대 하나만 생성하는 것이다. 여기서 a_j는 가장 최근의 선행사인 $a_j = \max\{i : i < j \wedge z_i = z_j\}$들의 인덱스이다. 또 부정 라벨링된 인스턴스는 모든 $i \in \{a_j + 1, ..., j\}$에 대해 생성된다. 실행 예시에서 대명사 'he'에 대한 가장 최신의 선행사는 $a_6 = 2$이며 따라서 트레이닝 데이터는 $y_{2,6} = 1$과 $y_{3,6} = y_{4,6} = y_{5,6} = 0$이다. 변수 $y_{1,6}$은 첫 번째 멘션은 실제 선행사인 $a_6 = 2$보다 먼저 출현하기 때문에, 트

472

레이닝 데이터 내에 속하지 않는다.

15.2.2 멘션 랭킹 모델

멘션 랭킹^{mention ranking}(Denis & Baldridge, 2007)에서 분류기는 각각의 참조 표현 i에 대한 단일 선행사인 $a_i \in \{\epsilon, 1, 2, ..., i-1\}$을 식별하도록 학습된다.

$$\hat{a}_i = \operatorname*{argmax}_{a \in \{\epsilon, 1, 2, ..., i-1\}} \psi_M(a, i) \qquad [15.4]$$

여기서 $\psi_M(a, i)$는 멘션 쌍 (a, i)에 대한 점수를 의미한다. 만약 $a = \epsilon$이라면, 멘션 i는 이전에 나온 어떤 개체도 참조하지 않기 때문에 **대용적**^{anaphoric}이지 않다. 멘션 랭킹은 멘션 쌍 모델과 비슷하지만 모든 후보를 동시에 고려하며 최대 하나의 선행사가 선택된다. 멘션 랭킹 모델은 점수 $\psi_M(\epsilon, i)$을 통해 멘션 i가 대용어가 아닐 가능성을 명시적으로 설명한다. 대용성^{anaphoricity}의 결정은 전처리 과정 내의 특수한 분류기를 통해 이뤄지며, ϵ가 아닌 선행사들은 대용어로 정해진 스팬에 대해서만 식별이 이뤄진다 (Denis & Baldridge, 2008).

학습 문제에서 랭킹은 결정 분류와 동일한 목적함수를 활용해 훈련할 수 있다. 각각의 멘션 i에 대해서 우리는 최적화 선행사인 a_i^* 및 이 선행사에 대한 힌지 손실, $\ell_i = (1 - \psi_M(a_i^*, i) + \psi_M(a, i))_+$ 등과 같은 손실, 혹은 음의 로그우도, $\ell_i = -\log p(a_i^*|i; \theta)$ 등을 정의할 수 있다(랭크 학습에 대한 더 자세한 내용은 §17.1.1에서도 확인할 수 있다). 하지만 멘션 쌍 모델에서와 마찬가지로 라벨링된 데이터 사이에는 멘션 세트의 형태와 일치하지 않기도 하고, 목표 대상이 되는 지도^{supervision}가 존재하며, 이들은 각 멘션의 구체적인 선행사를 지시한다. 선행사 변수 $\{a_i\}_{i=1}^M$은 다대일 매핑 내에 존재하는 멘션 세트와 관련이 있다. 각 선행사 세트들은 단일 클러스터링을 유도하지만 클러스터링은 선행사 변수의 수많은 서로 다른 설정에 달라질 수도 있다.

휴리스틱 해결책에서는 동일 클러스터 안의 가장 최신의 멘션에 해당하는 $a_i^* = \max\{j : j < i \wedge z_j = z_i\}$을 i로 설정한다. 하지만 가장 최신의 멘션이 가장 유용한 정보를 전달하는 것은 아니다. 실습 예시에서 멘션 '*Cook*'의 가장 최신의 선행사는 대명사 '*he*'였지만, 좀 더 유용한 선행사는 바로 먼저 등장한 멘션인 '*Apple Inc Chief Executive Tim Cook*'이었다. 그리고 훈련시킬 특정 선행사를 선택하는 대신, 선행사

를 §12.4.2에서 다뤘던 **잠재변수 퍼셉트론**Latent Variable Perceptron의 방식을 사용해 잠재변
수로 다룰 수도 있다(Fernandes et al., 2014).

$$\hat{a} = \operatorname*{argmax}_{a} \sum_{i=1}^{M} \psi_M(a_i, i)$$ [15.5]

$$a^* = \operatorname*{argmax}_{a \in \mathcal{A}(c)} \sum_{i=1}^{M} \psi_M(a_i, i)$$ [15.6]

$$\theta \leftarrow \theta + \sum_{i=1}^{M} \frac{\partial L}{\partial \theta} \psi_M(a_i^*, i) - \sum_{i=1}^{M} \frac{\partial L}{\partial \theta} \psi_M(\hat{a}_i, i)$$ [15.7]

여기서 $\mathcal{A}(c)$는 이미 참인 상호 참조 클러스터링 c와 호환되는 선행사 구조들의 세트
를 의미한다. 혹은 기반 데이터의 상호 참조(클러스터링과 호환)되는 선행사 구조들의
모든 조건부 확률을 모두 더하는 방법도 있다(Durrett & Klein, 2013; Lee et al., 2017).
멘션들의 세트인 m에 대해 다음의 확률을 계산할 수 있다 .

$$p(c \mid m) = \sum_{a \in \mathcal{A}(c)} p(a \mid m) = \sum_{a \in \mathcal{A}(c)} \prod_{i=1}^{M} p(a_i \mid i, m)$$ [15.8]

$$p(a_i \mid i, m) = \frac{\exp(\psi_M(a_i, i))}{\sum_{a' \in \{\epsilon, 1, 2, \ldots, i-1\}} \exp(\psi_M(a', i))}$$ [15.9]

위의 목적함수는 유효한 모든 선행사 구조에 대해 높은 점수를 부여하는 모델에게 보
상을 준다. 실습 예시에서는 '*Cook*'에 대한 유용한 선행사인 '*he*'와 '*Apple Inc Chief
Executive Tim Cook*' 2개에 해당하는 확률을 모두 더하는 과정이다. 연습 문제에서는
주어진 클러스터링에 대해 유효한 선행사 구조 수를 계산해본다.

15.2.3 멘션 기반 모델에서의 전이 클로저

멘션 기반 모델의 문제점은 개별적인 멘션 단위에 대한 결정이 일관적이지 않다는 것
이다. 다음의 멘션들을 살펴보자.

$$m_1 = \textit{Hillary Clinton}$$ [15.10]

$$m_2 = \textit{Clinton}$$ [15.11]

474

$$m_3 = \text{Bill Clinton} \qquad [15.12]$$

멘션 쌍 시스템에서는 $\hat{y}_{1,2} = 1$, $\hat{y}_{2,3} = 1$, $\hat{y}_{1,3} = 0$이라고 예측할 것이다. 또한 평가 시스템에서도 비슷하게 $\hat{a}_2 = 1$과 $\hat{a}_3 = 2$를 선택할 것이다. 논리적으로 보면, 멘션 2의 상호 참조 대상이 멘션 1과 3 모두라고 한다면, 세 개의 멘션은 모두 반드시 동일한 개체를 언급하고 있어야 한다. 이러한 제약 조건을 **전이 클로저**^{Transitive Closure}라 한다.

전이 클로저는 개별 멘션 쌍이나 멘션 순위 결정들을 수정하기 위해 사후에도 적용될 수 있다. 그렇지만 전이 클로저를 강화하기 위한 여러 방법도 존재한다. 이를테면 위의 예시에서 $\hat{y}_{1,3} = 1$이나 $\hat{y}_{1,2} = 0$, $\hat{y}_{2,3} = 0$ 중 하나로도 설정할 수 있다. 문서에 여러 멘션들이 존재한다면, 클로저에 위배되는 경우가 많을 수 있다. 그렇지만 이런 경우에도 여러 해결 방법이 있다. 전이 클로저는 항상 경로를 추가하면서 강화되므로, $\hat{y}_{1,3} = 1$을 선호하지만(Soon et al., 2001), 매우 적은 개체에 너무 많은 멘션들이 묶여지므로 오버클러스터링을 초래할 수도 있다.

또 멘션 쌍 상호 참조 해결은 제약이 있는 최적화 문제로도 접근할 수 있다.

$$\max_{y \in \{0,1\}^M} \sum_{j=1}^{M} \sum_{i=1}^{j} \psi_M(i,j) \times y_{i,j}$$
$$\text{s.t.} \quad y_{i,j} + y_{j,k} - 1 \le y_{i,k}, \quad \forall i < j < k$$

위 식에서 제약은 전이 클로저를 강화한다. 이와 같은 제약 조건이 존재하는 최적화 문제는 경로에 양과 음의 가중치가 있는 그래프 분할 문제와 동일한 문제이며, 멘션을 노드로 그래프를 만들고, 그래프의 경로는 쌍별 점수인 $\psi_M(i,j)$가 된다. 이 문제의 목표는 그래프를 분할하고, 동일한 분할 영역 내에 있는 노드 간의 경로에 대한 가중치 합을 최대화하는 것이다(McCallum & Wellner, 2004). 이 문제는 **NP-hard**한 난이도를 가지며, 상관관계 클러스터링(Bansal et al., 2004), 정수 선형 프로그래밍(Klenner, 2007; Finkel & Manning, 2008, §13.2.2 참조) 등과 같은 방법에 아이디어를 제공했다.

15.2.4 개체 기반 모델

멘션 기반 모델의 단점은 상호 참조 해결 문제가 클러스터링 문제일 때도, 해당 문제를 순위 분류 문제로 취급한다는 것이다. 그래서 이 문제를 해결하기 위해서는 기저에 있는 개체에 해당하는 멘션들을 클러스터로 묶는 것이다. 개체 기반의 접근 방법은 이러한 클러스터들을 직접 식별하려고 한다. 이 방법에서는 개체 단위의 평가함수가 필요하며, 각각의 멘션 세트에 대해서 내부적으로 일관성이 있는지 측정한다. 그런 다음 상호 참조 해결은 다음의 최적화 방법을 통해 수행된다.

$$\max_z \quad \sum_{e=1} \psi_E(\{i : z_i = e\}) \qquad [15.13]$$

여기서 z_i는 멘션 i를 통해 참조된 개체이며, $\psi_E(\{i : z_i = e\})$는 개체 e에 할당된 모든 멘션 i에 적용하는 평가함수이다.

　개체 기반 상호 참조 해결은 5장에서 다뤘던 비지도 클러스터링 문제와 개념적으로 유사하다. 이 클러스터링 문제의 목표는 내부적으로 일관성 관계에 있는 멘션 클러스터를 얻는 것이다. n개 항목에 대해 가능한 클러스터링 개수는 **벨 수**[Bell Number]라고 하며, 다음과 같이 귀납적 방법을 통해 정의된다(Bell, 1934; Luo et al., 2004).

$$B_n = \sum_{k=0}^{n-1} B_k \binom{n-1}{k} B_0 = B_1 = 1 \qquad [15.14]$$

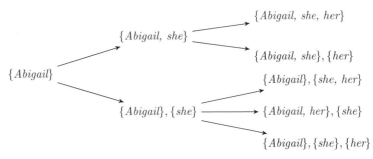

그림 15.4 'Abigail hopes she speaks with her.'[애비게일은 그녀가 그녀와 대화하기를 원한다.]라는 문장에 대한 벨 트리. 이 가운데 어떤 경로가 §15.1.1에서 언급된 구문 제약에 따라 배제될까?

이러한 귀납식은 벨 트리를 통해 표현되며, 짧은 상호 참조 해결 문제를 다룬 그림 15.4에도 적용됐다. 벨 수인 B_n은 n에 지수 비례하기 때문에, 클러스터링 공간을 완전 탐색하는 것은 불가능하다. 그래서 개체 기반 상호 참조 해결은 보통 점증적 탐색 과정을 포함해 이뤄진다. 점증적 탐색은 수식 15.13의 전체 평가함수를 근사적으로 최적화하려는 목적하에 지역적 증거에 기반한 클러스터링 결정이 이뤄진다. 이러한 접근 방식은 멘션 랭킹과 대비되므로 **클러스터 랭킹**^{Cluster Ranking}으로 부르기도 한다.

*상호 참조의 생성 모델 개체 기반의 상호 참조는 확률적 **생성 모델**^{Generative Models}을 통해 처리할 수 있다. 이때 문서 내의 멘션은 잠재 개체 세트상에서 조건화가 이뤄진다 (Haghighi & Klein, 2007, 2020). 이 모델은 라벨링되지 않은 데이터를 통해서도 학습을 할 수 있다는 장점이 있지만(Poon & Domingos, 2008), 학습뿐만이 아닌 추론에 대해서도 확률적 추론이 필요하다는 단점이 존재한다. 더군다나 생성 모델은 독립 추측이 필요하지만 다양하고도 이질적인 피처가 상호 독립적인 하위 집합으로의 쉬운 분해가 어려운 상호 참조 해결에는 적용하기 까다롭다.

점증 클러스터 랭킹 SMASH(§15.1.1) 방식은 상호 참조 클러스터를 구축하는 한편, 다른 한편으로는 문서를 이동하며, 개체 기반의 상호 참조 해결로 확장할 수 있다(Cardie & Wagstaff, 1999). 각각의 멘션에 대해서 알고리듬은 가능한 선행 클러스터들을 역방향으로 반복한다. 하지만 SMASH와는 다르게 클러스터는 자신의 모든 구성원이 현재의 멘션과 상호 존립이 가능한 경우에만 선택할 수 있다. 멘션이 클러스터에 추가되면 해당 멘션들의 피처들도 덩달아 더해진다(예컨대 성별, 수, 생물성 등). 이 방법으로 {*Hillary Clinton, Clinton, Bill Clinton*} 등의 일관성 없는 연속된 단어를 마주하지 않도록 도와준다. 그렇지만 문서의 초반부에 할당을 잘못해 **탐색 에러**^{Search Error}가 발생한다면, 그 후 연쇄적으로 에러가 발생하게 된다.

더 정교한 탐색 전략은 탐색 에러 가능성을 줄일 수 있도록 도움을 준다. 해결 방법 중 한 방법은 **빔 탐색**이 있으며(§11.3에서 처음 다뤘다)이 있다. 빔 탐색을 수행하는 과정에서는 탐색 과정 전반에 걸쳐 가설 집합이 유지된다. 여기서 각 가설들은 벨 트리상의 경로를 나타낸다(자료 15.4). 가설은 그다음 멘션을 기존의 클러스터에 추가하거나, 새로운 클리스디를 시작함으로써 "확장"된다. 이 각각에 대한 확장은 수식 15.13에 기반해 점수를 얻을 수 있으며, 상위 *K*개 가설은 알고리듬이 다음 단계로 이동할 때에도 빔에 유지된다.

점증 클러스터 랭킹은 문서에 걸쳐 여러 번 정확하게 통과시킬 수 있도록 도와주며, 이동 시마다 재현율을 증가시키고, 정밀도를 감소시키는 일련의 규칙(혹은 "체^{sieve}")을 적용하면 더 정확하게 만들 수 있다(Lee et al., 2013). 초창기에 이루어진 통과에서는 상호 참조의 연결은 해당 상호 참조 가능성이 매우 높은 멘션 사이에 대해서만 이뤄진다(예컨대 모든 이름 및 명사류에 대한 스트링이 정확하게 일치하는 경우 등). 그런 다음 이 멘션들 사이에서 정보가 공유되고, 이후의 매칭 규칙이 적용되면 이러한 일치성이 유지될 수 있도록 만들어준다. 이를테면 {*Hillary Clinton*, *Clinton*, *Bill Clinton*}의 경우, 이름 매칭 체[sieve]는 *Clinton*, *Hillary Clinton*을 연결하며, 그다음 대명사 매칭 체는 *she*를 결합된 클러스터에 연결할 것이다. 결정론적 다중 통과 시스템은 상호 참조 해결에 대한 2011 CoNLL 공유 작업에 대한 거의 모든 분야에서 우승을 거두었다(Pradhan et al., 2011). 실질적으로 머신러닝이 자연어 처리에 대한 대부분의 영역에서 대단히 선구적이라는 사실이 드러난 것이다. 훗날 학습 기반의 방식이 다시 우위를 점하기는 했지만, 상호 참조에 대한 머신러닝을 활용해 15년 이상의 선행 연구가 이뤄졌다는 점을 생각한다면 상당히 이례적인 결과였다(예컨대 Lee et al.(2018)은 이 책이 쓰여지는 지금 시점에 가장 뛰어난 연구 중 하나다).

점증 퍼셉트론   점증적 상호 참조 해결은 §11.3.2에서 설명한 바와 같이 **점증 퍼셉트론** Incremental Perceptron을 통해 학습할 수 있다. 멘션 i에서 빔상에 있는 각각의 가설은 멘션 $1 \ldots i-1$의 클러스터링, 혹은 이와 동일한 방식으로 $i-1$까지 벨 트리를 통과하는 경로에 해당한다. 빔상에 있는 어떤 가설도 최적의 상호 참조 클러스터링과 양립할 수 없을 때 즉시 퍼셉트론이 갱신된다(Daumé III & Marcu,2005). 좀 더 확실히 하기 위해 다음의 선형 클러스터 랭킹 모델을 살펴보자.

$$\psi_E(\{i:z_i=e\}) = \sum_{i:z_i=e} \boldsymbol{\theta} \cdot \boldsymbol{f}(i, \{j:j<i \wedge z_j=e\}) \qquad [15.15]$$

여기서 각각의 클러스터에 대한 점수는 클러스터로 연결된 모든 멘션의 점수의 총합으로서 계산되며, $f(i, \varnothing)$는 클러스터를 가리키는 비대용적인 멘션에 대한 피처들의 집합이다.

그림 15.4를 예시로 사용하면 참인 기반 사실들이 다음과 같다고 가정하자.

$$\boldsymbol{c}^* = \{Abigail, her\}, \{she\} \qquad [15.16]$$

하지만 크기가 1인 빔에서 학습자는 다음과 같은 가설에 이르게 된다.

$$\hat{\boldsymbol{c}} = \{Abigail, she\} \qquad [15.17]$$

이러한 가설은 c^*과 양립할 수 없으므로, 다음과 같은 갱신 과정을 수행해야 한다.

$$\theta \leftarrow \theta + f(c^*) - f(\hat{c}) \qquad [15.18]$$

$$= \theta + (f(Abigail, \varnothing) + f(she, \varnothing)) - (f(Abigail, \varnothing) + f(she, \{Abigail\})) [15.19]$$

$$= \theta + f(she, \varnothing) - f(she, \{Abigail\}) \qquad [15.20]$$

이런 과정의 점증적 갱신 과정은 최적의 클러스터링과 빔상의 최상위 클러스터링 간의 마진 손실에도 마찬가지로 적용할 수 있다. 이런 손실에서 시작해 역전파를 사용하면, 개체에 대한 점수가 개체 멘션의 임베딩 함수인 뉴럴 네트워크 등과 같이 한층 더 복잡한 평가함수를 훈련시키는 것도 가능하다(Wiseman et al., 2015).

강화학습 강화학습Reinforcement Learning은 이 한 주제만을 다뤄도 책 한 권을 쓸 수 있을 정도의 주제이기 때문에(Sutton & Barto, 2019)[5] 이 단원에서는 상호 참조를 해결하기 위한 접근 방법에 대해서만 아주 간략하게 살펴본다. 확률적 **정책**들은 가능한 동작에 대해 문맥에 대한 조건부 확률을 부여한다. 강화학습에서의 목표는 많은 기대 보상 혹은 이와 동일하게 낮은 기대 비용을 얻는 정책을 학습하는 것이다.

점증 클러스터 랭킹에서 M개의 동작 시퀀스를 통해 M개의 멘션에 대해 완전한 클러스터링을 만들 수 있다. 이 과정은 동작 z_i는 멘션 i를 기존 클러스터와 합치거나 새로 클러스터를 만드는 식으로 이뤄진다. 그래서 클러스터 점수를 사용해 확률적 정책을 생성할 수 있다(Clark & Manning, 2016).

$$\Pr(z_i = e; \theta) = \frac{\exp \psi_E(i \cup \{j : z_j = e\}; \theta)}{\sum_{e'} \exp \psi_E(i \cup \{j : z_j = e'\}'; \theta)} \qquad [15.21]$$

여기서 $\psi_E(i \cup \{j : z_j = e\}; \theta)$의 의미는 클러스터 e에 멘션 i를 할당하기 위한 파라미터 θ상의 점수이다. 이 점수는 멘션 i, 클러스터 e 및 멘션들의 세트(아마도 비어 있을 것이다)로 구성된 임의의 함수가 될 수도 있고, 여태까지 다뤘던 모든 동작들의 이력들을 가지고 있을 수도 있다.

만약 어떠한 정책이 클러스터링 c에 확률 $p(c; \theta)$를 한다면 기대 손실은 다음과 같다.

---

5   강화학습은 구어 대화 시스템(Walker, 2000)과 텍스트 기반의 게임(Branavan et al., 2009a) 등과 함께 사용됐으며, Clark & Manning(2015)에서도 적용됐다.

$$L(\boldsymbol{\theta}) = \sum_{c \in \mathcal{C}(m)} \mathrm{p}_{\boldsymbol{\theta}}(c) \times \ell(c) \qquad [15.22]$$

이때 $\mathcal{C}(m)$은 멘션 m에 대해 가능한 클러스터링의 집합을 의미한다. 손실 $\ell(c)$는 상호 참조 해결에서 사용되는 복잡한 평가 척도 등을 포함한 임의의 평가함수를 바탕으로 만들 수 있다(§15.4 참조). 이 과정은 강화학습의 장점 중 하나로 평가 척도상에서 직접 훈련할 수 있다. 그렇지만 기존의 지도학습에서는 손실함수는 개별 결정에 대해 반드시 미분 가능해야 됐으며 분해될 수 있는 손실함수가 필요했다.

무수히 많은 가능한 클러스터링들을 모두 총합하는 대신 현재의 정책에 대해 동작들의 궤적인 $z = (z_1, z_2, ..., z_M)$들을 샘플링해 기댓값을 근사시킬 수 있다. 각각의 동작 z_i는 벨 트리의 단계를 의미하게 되며, 멘션 m_i를 기존 클러스터에 추가하거나 새로운 클러스터를 만든다. 각각의 궤적 z는 단일 클러스터링 c에 해당하므로 동작 시퀀스에 대한 손실을 $\ell(c(z))$라고 표기할 수 있다. **정책 경사**$^{\text{Policy Gradient}}$ 알고리듬은 궤적에 대한 기댓값으로 기대 손실에 대한 경사를 계산한다(Sutton et al., 2000).

$$\frac{\partial}{\partial \boldsymbol{\theta}} L(\boldsymbol{\theta}) = E_{z \sim \mathcal{Z}(m)} \ell(c(z)) \sum_{i=1}^{M} \frac{\partial}{\partial \boldsymbol{\theta}} \log \mathrm{p}(z_i \mid z_{1:i-1}, m) \qquad [15.23]$$

$$\approx \frac{1}{K} \sum_{k=1}^{K} \ell(c(z^{(k)})) \sum_{i=1}^{M} \frac{\partial}{\partial \boldsymbol{\theta}} \log \mathrm{p}(z_i^{(k)} \mid z_{1:i-1}^{(k)}, m) \qquad [15.24]$$

여기서 각각의 동작 시퀀스 $z^{(k)}$은 현재 정책을 통해 추출한다. 점증 퍼셉트론과는 달리, 완전한 동작 시퀀스를 이용할 수 있기 전까진 갱신은 이뤄지지 않는다.

탐색 학습 정책 경사는 분산이 높기 때문에 수행이 어려울 수도 있다. K개 표본에 대한 평균 손실은 주어진 정책에 대한 기대 보상으로 접근하며 동일하다. 하지만 이러한 추정 방법은 K가 아주 크지 않다면 부정확할 수도 있다. 그래서 개별 동작에 대한 보상과 책임을 부여하는 것을 어렵게 만들어준다. 이 문제에서는 **탐색 학습**$^{\text{Learning to Search}}$에서 0이나 손실을 매우 작게 얻도록 만드는 **오라클**^{Oracle} 정책을 추가해 쉽게 해결할 수 있다. 이 오라클 정책은 다음의 두 가지 방법을 통해 사용할 수 있다.

- 오라클은 초기 상태에서 i개의 동작을 생성해, 평가 점수가 높을 거라고 생각되는 부분 가설을 생성하기 위해 사용한다. 이렇게 생성된 부분 가설은 학습이 완료된 정책의 시작점으로 사용된다. 이를 **롤 인**Roll-In이라고 한다.

- 오라클은 현재 상태에서부터 완료 상태에 이르기까지 $M - i$개의 동작을 생성해 주어진 상태로부터 손실을 최소화하도록 계산하기 위해 사용한다. 이를 **롤 아웃**Roll-Out이라고 한다.

오라클은 롤 인 및 롤 아웃 과정을 거치면서 기존 정책들과 합칠 수 있으며 기존에 있는 각각의 정책들에서 동작을 추출한다(Daumé III et al., 2009). 학습 과정을 수행하는 동안 오라클에서 만들어지는 동작의 수를 점진적으로 줄여 나가는 방법도 있다(Ross et al., 2011).

개체 기반 상호 참조 해결을 다룰 때, Clark & Manning(2016)은 롤 인에서는 학습된 정책을, 롤 아웃에는 오라클 정책을 사용했다. 알고리듬 17은 이 경우에 정책 가중치에 대한 경사가 어떻게 계산되는지 보여준다. 이 응용 사례에는 오라클에 '잡음'이 존재한다. 그 이유는 여기서 오라클은 전체 문서에 대해 최적의 최종 상호 참조 클러스터링으로 이어지는 동작 시퀀스를 식별하기보다는 오직 지역적 손실(멘션 i에 이르도록 하는 상호 참조 클러스터링의 정확도)만 최소화하는 동작을 선택하기 때문이다. 잡음이 있는 오라클을 사용해 학습하는 경우에는 현재 정책에 대한 동작을 롤 아웃 과정중의 오라클과 혼합하는 것이 도움이 될 수 있다(Chang et al., 2015).

알고리듬 17 개체 기반 상호 참조 해결을 위한 탐색 학습

---

1. **procedure** 경사를 계산한다(멘션 m, 손실함수 ℓ, 파라미터 θ)
2: $\quad L(\theta) \leftarrow 0$
3: $\quad z \sim \mathrm{p}(z \mid m; \theta)$ $\qquad\qquad\qquad$ ▷ 현재의 정책상에 궤적을 샘플링한다.
4: $\quad$ **for** $i \in \{1, 2, ..., M\}$ **do**
5: $\qquad$ **for** action $z \in \mathcal{Z}(z_{1:i-1}, m)$ **do** $\qquad$ ▷ $z_{1:i-1}$까지 수행하고 난 이후의 가능한 동작들
6: $\qquad\qquad h \leftarrow z_{1:i-1} \oplus z$ $\qquad$ ▷ 히스토리 $z_{1:i-1}$와 액션 z를 연결한다.
7: $\qquad\qquad$ **for** $j \in \{i + 1, i + 2, ..., M\}$ **do** $\qquad\qquad\qquad$ ▷ 롤 아웃

8:             $h_j \leftarrow \text{argmin}_h\, \ell(\mathbf{h}_{1:j-1} \oplus h)$ ▷ 손실을 최소화하는 동작을 오라클이
                                                                        선택한다.

9:             $L(\theta) \leftarrow L(\theta) + \text{p}(z \mid z_{1:i-1}, m; \theta) \times \ell(\mathbf{h})$ ▷ 기대 손실을 갱신한다.

10:    **return** $\frac{\partial}{\partial \theta} L(\theta)$

15.3 상호 참조 해결 표현하기

과거에는 §15.1에서 다뤘던 언어적 제약과 선호도를 포착하기 위한 수작업으로 제작한 피처들의 배열을 사용해 상호 참조 해결을 표현했다(Soon et al. 2001). 그 이후에는 멘션 한 쌍을 사용해 단일 어휘와 이중 어휘의 피처들의 유용함을 사용해 표현했다(Björkelund & Nugues, 2011; Durrett & Klein, 2013). 가장 최근에는 멘션과 개체들을 이용한 분산 표현을 활용해 이 피처들을 표현하는 방법이 성공적이었기 때문에 대부분이 방법을 사용하게 됐다(Wiseman et al., 2015; Clark & Manning, 2016; Lee et al., 2017).

15.3.1 상호 참조 피처

일반적으로 상호 참조 피처는 품사 태그를 제공하거나 구 구조 파싱을 하기 위한 사전 처리 파이프라인에 따라 좌우된다. 이 파이프라인은 §15.1에서 다뤘던 많은 현상들을 포착하는 기능을 설계할 수 있도록 만들었으며, 통상적으로 멘션 식별을 처리하기 위해 꼭 필요하다. 그렇지만 파이프라인에서는 해당 흐름을 따라 에러를 상호 참조 클러스터링 시스템으로 전파할 수도 있다. 게다가 다양한 언어에 대한 트리뱅크 자원들이 충분히 있어야 이러한 파이프라인을 구축할 수 있다.[6]

멘션 피처   개별 멘션의 피처들은 대용성^{anaphoricity}을 예측할 수 있도록 도와준다. 멘션을 탐지하는 시스템에서는 참조 해결을 함께 수행하고 이 과정에서 사용되는 피처들로 하여금 텍스트의 스팬이 멘션인지 아닌지 예측할 수 있다. 통상적으로 멘션 i에 대해 다음의 피처들을 포함한다.

---

6   보편 의존 구문 프로젝트(The Universal Dependencies)는 60개 이상의 의존 트리뱅크를 만들어낸다. 그렇지만 상호 참조 피처들과 멘션 탐지는 20여 개가 채 되지 않는 문맥 구조 트리에 따라 이뤄진다. 해당 목록은 다음의 링크에서 확인할 수 있다. https://en.wikipedia.org/wiki/Treebank

- **멘션 타입**: 멘션의 각 구간에서 중심어와 품사 등을 통해 대명사, 이름 혹은 명사 등을 식별할 수 있다. 펜 트리뱅크와 UD 태그세트 둘 모두 대명사와 고유명사에 대한 태그세트를 가지고 있고, 이외의 다른 모든 핵심인 단어들은 명사로 표시할 수 있다(Haghighi & Klein, 2009).

- **멘션 길이**: 토큰의 개수는 해당 멘션에서 대략적으로나마 대용할 수 있는 것들이 얼마나 많이 존재하는지 알려준다. 즉, 멘션이 길어지면 이미 정의된 개체를 언급할 가능성이 상대적으로 줄어든다.

- **어휘 피처**: 첫 번째와 마지막이나 중심어들은 대용성을 예측할 때 도움이 된다. 그리고 멘션 타입과 품사 태깅, 대략적인 동의 등의 어휘 피처만큼 유용하다. 어휘 피처들이 너무 많아질 수 있으므로, 자주 발생하는 몇 가지 피처들만 선택해 사용하는 것이 좋을 수도 있다.

- **형태론적 피처**: 품사, 숫자, 성별, 전통에 따른 피처들이 있다.

i번째 멘션의 피처와 바로 선행되는 후보인 a와 결합할 수 있고, 이 두 멘션들과의 호환성에 도움을 줄 수 있는 결합 피처들을 만들어낸다. 예를 들면 Durrett & Klein(2013)은 각각의 피처와 대응하는 멘션과 선행하는 멘션의 멘션 타입을 결합했다. 그래서 ACE와 OntoNotes와 같은 상호 참조 해결 말뭉치에서는 다양한 장르에 대한 문서를 가지고 있다. 이 방법을 사용하면 다른 피처들과 결합해 장르에 중점을 두는 피처 가중치를 학습할 수 있다.

멘션-쌍 피처 멘션 i와 j에 대한 모든 쌍에서는 다음의 피처들을 포함한다.

- **거리**[Distance]: 멘션 i와 j 사이의 중재 토큰의 수, 멘션과 문장들은 모두 거리 피처로 사용할 수 있다. 이 거리는 표면 텍스트[surface text]나 너비-우선 트리[BFT] 순회에 따른 변환 표현을 계산할 때 사용할 수 있다.

- **문자열 일치**[String Match]: 여러 문자열 일치 등의 방법이 있다. 정확한 문자열 일치, 접미사 일치, 핵[head] 일치 그리고 관계없는 조정자들을 무시하도록 만드는 더 복잡한 일치 규칙들이 있다(Soon et al., 2001).

- **호환성**[Compatibility]: 모델을 만들 때 성, 숫자, 유생성[animacy] 등의 형태론적 피처들을 반영해 대응하는 것과 선행되는 것에 대해 동의하는지 측정할 수 있다.

- **중첩**: 하나의 멘션이 다른 하나에 포함돼 있다면(예컨대 *[The President of [France]]*, [프랑스의] 대통령), 일반적으로 상호 참조될 수 없다.
- **동일 발화자**: 뉴스 등에서의 인용이나 인칭대명사가 나오는 문서에서는 각각의 멘션별로 발화자들을 정하는 것으로 상호 참조 문제를 해결할 수 있다(Lee et al., 2013). 그리고 동일 발화자의 멘션 사이에 상호 참조가 위치할 가능성이 높다.
- **지명 사전**[Gazetteers]: 대응하는 것이나 선행되는 것의 후보가 색인 사전 내에 존재하는 약어인 경우 알려준다. 예를 들면 *USA/United States*, *GATech/ Georgia Tech* 등의 약어나 *Israel/Israeli* 등의 인칭 혹은 *Knickerbockers/ New York Knicks* 등의 별칭인 경우 도움이 된다.
- **어휘 의미론**: WORDNET과 같은 어휘 자원을 사용해 해당 맨션의 중심어가 동의어나 반의어인지, 상위어와 연관성이 있는지 알려준다.
- **의존성 경로**: 대응하는 것과 선행되는 것의 후보군 사이의 의존성 경로는 그 쌍이 해당 체계와 §15.1.1에서 다뤘던 제약 조건에 따라 상호 참조할 수 있는지 알려준다.

멘션 쌍 피처의 총 리스트는 Bengston & Roth(2008)와 Rahman & Ng(2011)이 만들었다. 그리고 뉴럴 네트워크를 사용하는 방법에서는 이러한 피처들을 훨씬 더 적게 사용한다. Lee et al.(2017)은 발화자, 장르, 쌍과의 거리, 멘션 길이 피처만을 사용했다.

의미론 많은 경우 상호 참조를 다루려면 충분한 지식과 의미론적 추론이 필요하다고 본다. *China*(중국)를 *country*(국가)와 *growth market*(성장 시장)과 연결시키려면 둘 모두 필요하다. WORDNET에서는 이런 몇몇 정보들은 **유의어 세트**[synsets]에 따른 그래프로 정의한다(§4.2를 참고하자). 예를 들어 *China*(중국)를 살펴보자. 중국은 `Asian_ nation`(아시아 국가)#1의 한 인스턴스이고, *country*(국가)를 포함하는 유의어 세트인 `country#2`의 하위어이다.[7] 이렇게 연결된 경로는 개념 간의 유사성을 측정할 때 사용할 수 있고(Pedersen et al., 2004), 이 유사성을 통해 상호 참조 해결의 피처로 활용할 수 있다(Ponzetto & Strube, 2006). 이런 비슷한 아이디어를 활용해 위키피디아에 지식 그

---

7 Teletype 폰트로 표기한 것은 WordNet 유의어 세트를 의미하고, 이텔릭체로 표기한 것은 철자를 의미한다.

484

래프를 적용했지만, 이런 접근법은 상대적으로 단순한 분류-기반의 시스템을 개선할 때는 도움이 됐지만, 최근의 기법에 적용하는 것은 별로 유용하지 않았다.[8] 예를 들면 Dureet과 Klein(2013)은 의미론적 피처들(WordNet에서의 중심어와 연관된 동의어, 상의어와 사람과 조직 등의 개체명 타입, 명사 핵심어에 대한 비지도 클러스터링)을 다양하게 활용했지만, 이런 피처들은 표면 피처들을 사용한 아주 기본적인 시스템의 최소한의 성능 향상만 보였다.

개체 피처 개체 멘션 상호 참조에 대한 많은 피처들은 후보 개체에 있는 모든 멘션들에 대해 멘션–쌍 피처들을 합쳐서 생성된다(Culottaet al., 2007; Rahman & Ng, 2011). 특히 이항 멘션 쌍 피처 $f(i, j)$에 대해 개체와 멘션 i에 대한 개체-멘션 피처들은 $e = \{j : j < i \wedge z_j = e\}$과 같이 계산된다.

- ALL-TRUE: 모든 멘션 $j \in e$에 대해 피처 $f(i, j)$를 가지고 있다.
- MOST-TRUE: 멘션 $j \in e$에 대해 절반 이상 피처 $f(i, j)$를 가지고 있다.
- MOST-FALSE: 멘션 $j \in e$에 대해 최소한 하나 이상 ~ 절반 이하로 피처 $f(i, j)$를 가지고 있다.
- NONE: 모든 멘션 $j \in e$에 대해 피처 $f(i, j)$를 가지고 있지 않다.

멘션 쌍의 피처들 중 거리 피처와 같은 스칼라 쌍과 총 집계는 클러스터 내의 모든 멘션에 대해 최솟값, 최댓값, 중간값 등을 계산해 얻을 수 있다. 개체 내에서 현재 클러스터링된 멘션의 개수나 각각의 멘션 타입에 대한 ALL-X나 MOST-X와 같은 피처들도 또 다른 개체-멘션 피처가 될 수 있다.

15.3.2 멘션과 개체에 대한 분산 표현

최근의 연구는 멘션과 개체 둘 모두에 대한 분산 표현을 중점으로 진행된다. 이를 통해 얻을 수 있는 장점 중 하나는 사전 훈련된 임베딩은 명사 상호 참조 내의 의미론적인 호환성을 찾아내는 데 도움이 된다. (*Apple, the firm*[Apple, 그 회사])나 (*China, the firm's biggest growth market* [중국, 그 회사의 최대 성장 시장])과 같은 어려운 경

---

8 이 아이디어는 2015년 워크숍에서 Michael Strub가 이야기한 것이다. 상호 참조에서 머신러닝 모델의 퀄리티가 향상되면서, 의미론을 찾아내는 기능은 쓸모없게 됐다.

우에도 찾아낼 수 있도록 도와준다. 게다가 개체의 분산 표현은 각 멘션에 추가되는 의미론 기반 피처들을 포착하도록 훈련시킬 수 있다.

멘션 임베딩   개체 멘션은 상호 참조 결정을 벡터 공간으로 임베딩할 수 있으며, 이 멘션은 점수를 매기는 뉴럴 네트워크를 위한 기본층을 제공한다(Wiseman et al., 2015).

멘션 임베딩 구성하기   다중 단어 단위에 임베딩을 하기 위한 여러 가지 방법이 있다(§14.8 참조). 그림 15.5는 전체 텍스트에 쌍방향 LSTM을 적용해 시작하는 순환 뉴럴 네트워크 처리 방법에 대해 보여준다. 왼쪽에서 오른쪽으로, 혹은 오른쪽에서 왼쪽 방향으로 통과하면서 은닉 상태 $h_m = [\overleftarrow{h}_m ; \overrightarrow{h}_m]$들을 얻는다. 각각의 멘션 스팬 후보 (s, t)는 다음의 4개 벡터에 대해 수직 연쇄로 표현할 수 있다.

$$u^{(s,t)} = [u^{(s,t)}_{\text{first}} ; u^{(s,t)}_{\text{last}} ; u^{(s,t)}_{\text{head}} ; \phi^{(s,t)}] \qquad [15.25]$$

$u^{(s,t)}_{\text{first}} = h_{s+1}$은 스팬 내에서 첫 번째 단어에 대한 임베딩이고, $u^{(s,t)}_{\text{last}} = h_t$는 마지막 단어에 대한 임베딩이다. 또 $u^{(s,t)}_{\text{head}}$ 은 "중심" 단어를 표현하는 임베딩이고, $\phi^{(s, t)}$은 스팬의 길이 등과 같은 표면 피처에 대한 벡터에 해당한다(Lee et al., 2017).

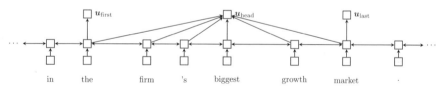

그림 15.5   멘션 임베딩의 쌍방향 순환 모델. 멘션 내의 첫 번째 단어, 마지막 단어, 가중 평균을 통해 계산된 "중심"어로 추정되는 단어를 사용해 멘션을 표현할 수 있다.

중심어상의 어텐션   파서를 활용해 중심어를 찾는 대신 뉴럴 **어텐션 메커니즘**^{Attention Mechanism}을 사용해서도 찾을 수 있다.

$$\tilde{\alpha}_m = \theta_\alpha \cdot h_m \qquad [15.26]$$

$$a^{(s,t)} = \text{softmax}\left([\tilde{\alpha}_{s+1}, \tilde{\alpha}_{s+2}, \ldots, \tilde{\alpha}_t]\right) \qquad [15.27]$$

$$u^{(s,t)}_{\text{head}} = \sum_{m=s+1}^{t} a^{(s,t)}_m h_m \qquad [15.28]$$

각 토큰 m에 대해 LSTM의 은닉 상태 h_m와 가중치 벡터 θ_α의 벡터곱으로 구한 스칼라 점수 $\tilde{\alpha}_m = \theta_\alpha \cdot h_m$ (수식 15.26과 동일)를 얻는다. 스팬 내의 토큰에 대한 점수들의 벡터들은 $m \in \{s+1, s+1, ..., t\}$ 소프트맥스 층을 통과하면서 스팬에 어텐션 하나를 할당하는 벡터 $a^{(s,t)}$를 얻는다. 이렇게 어텐션을 얻으면 중심어를 복원하기 위한 의미론 파싱 과정이 필요 없어지고, 대신 모델은 각 스팬의 가장 중요한 단어를 식별하는 방법을 학습한다. 어텐션 매커니즘은 뉴럴 기계 번역에서 처음으로 소개됐고 (Bahdanau et al., 2014), §18.3.1에서 더 자세히 다룰 것이다.

멘션 임베딩 사용하기 주어진 멘션 임베딩 세트를 사용해, 각각의 멘션 i와 선행 후보군 a에 다음과 같이 점수를 매길 수 있다.

$$\psi(a, i) = \psi_S(a) + \psi_S(i) + \psi_M(a, i) \qquad [15.29]$$

$$\psi_S(a) = \text{FeedForward}_S(\boldsymbol{u}^{(a)}) \qquad [15.30]$$

$$\psi_S(i) = \text{FeedForward}_S(\boldsymbol{u}^{(i)}) \qquad [15.31]$$

$$\psi_M(a, i) = \text{FeedForward}_M([\boldsymbol{u}^{(a)}; \boldsymbol{u}^{(i)}; \boldsymbol{u}^{(a)} \odot \boldsymbol{u}^{(i)}; \boldsymbol{f}(a, i, \boldsymbol{w})]) \qquad [15.32]$$

$\boldsymbol{u}^{(a)}$와 $\boldsymbol{u}^{(i)}$은 수식 15.25에서 따라 각각 스팬 a와 i의 임베딩으로 정의된다.

- 점수 $\psi_S(a)$은 스팬 a가 무엇을 상호 참조하는지와는 무관하게 상호 참조하는 멘션이 될 수 있는지만 판단해 점수를 매긴다. 이 과정은 모델이 전처리 단계에서 멘션을 식별하는 대신 멘션을 직접 식별하는 것을 학습할 수 있도록 해 준다.
- 점수 $\psi_M(a)$은 스팬 a와 i의 호환성을 계산한다. a와 i의 기본층에는 스팬 a와 i의 임베딩과 이들 사이의 요소별 곱$^{elementwise\ product}$인 $\boldsymbol{u}^{(a)} \odot \boldsymbol{u}^{(i)}$과 거리, 발화자, 장르 정보 등을 포함하는 표면 피처 $\boldsymbol{f}(a, i, \boldsymbol{w})$ 벡터를 포함하고 있다.

Lee et al.(2017)은 에러 분석을 통해 이 방법을 사용해 상호 참조 결정은 단어 임베딩의 유사성에 따라 결정됨을 보였다. 예를 들면 어떻게 *pilots*[조종사]와 *flight attendants*[승무원]는 연결될 수 없고, *blaze*[타오르다]와 *fire*[불]는 올바르게 연결될 수 있는지 보여줬다.

각각의 멘션에 임베딩하는 대신, Clark & Manning(2016)은 멘션 쌍에 임베딩했다. 네트워크는 기본층에서 각 멘션의 내외부 단어들을 임베딩할뿐 아니라 거리와 문자열 일치 피처와 같은 몇 가지 표면 피처들을 원-핫 벡터로 표현해 사용했다. 기본층을 통과한 후에는 ReLU 비선형성을 사용한 여러 층의 전방 네트워크에 통과해 멘션 쌍 표현으로 만들어진 결과를 얻었다. 멘션 쌍 인코더 $u_{i,j}$의 결과는 멘션-랭킹 모델의 점수를 평가하는 함수 $\psi_M(i, j) = \theta \cdot u_{i,j}$에서 사용한다. 이런 접근 방법은 클러스터상에 점수를 매길 때도 사용된다. 두 클러스터 사이의 모든 멘션쌍에 대한 멘션-쌍 인코딩을 **풀링**^{pooling}해 클러스터 쌍을 구성해 사용한다.

개체 임베딩 개체 기반 상호 참조 해결에서는 각 개체가 해당 개체의 멘션 속성을 표현해야 한다. 분산 설정에 따라 개체 임베딩 벡터 v_e의 세트를 조정할 수 있다. Wiseman et al.(2016)은 1개 층을 가진 뉴럴 네트워크에 표면 피처 벡터를 적용해 임베딩을 계산해, 각각의 후보 멘션은 임베딩 u_i를 얻는다. 그리고 전방 뉴럴 네트워크 $\psi_E(i, e) = \text{Feedforward}([v_e; u_i])$를 통해서 멘션 i와 개체 e를 통합할 수 있는지 결정한다. 만약 개체 e에 멘션 i가 추가되면, 장단기 메모리(6장에서 다뤘던 LSTM) 등을 사용한 순환 뉴럴 네트워크 등에 적용해 멘션에 대한 표현을 반복해 갱신하며, 수식으로 $v_e \leftarrow f(v_e, u_i)$와 같이 표현한다. 또한 맥스 풀링과 평균 풀링 등과 같은 풀링 연산에도 $v_e \leftarrow \text{Pool}(v_e, u_i)$으로 설정해 적용할 수도 있다. 두 가지 모두 멘션 i에 대한 새로운 정보를 추가하는 식으로 개체 e에 대한 표현을 갱신한다고 볼 수 있다.

15.4 상호 참조 해결 평가하기

상호 참조 평가 상태는 성가실 정도로 복잡하다. 초창기에 활용된 단순한 평가 척도는, 각각의 멘션을 그 자신의 클러스터에 배치하거나 모든 언급을 단일 클러스터로 묶는 것 등의 사소한 기준에 취약하다는 점이 밝혀졌다. Deni & Baldridge(2009)에 이어서, 상호 참조에 대한 CoNLL 2011 공유 작업은(Pradhan et al., 2011) MUC(Vilain et al., 1995), B-CUBED(Bagga & Baldwin, 1998a), CEAF(Luo, 2005)라는 총 세 가지 서로 다른 척도에 대한 평균화 방식을 정형화했다. Pradhan et al.(2014)은 이러한 척도의 참조 구현을 만들었으며 https://github.com/conll/reference-coreference-scorers에서 확인할 수 있다.

추가 자료

Ng(2010)은 2010년까지의 상호 참조 해결을 조사한 바 있다. 초창기 연구는 규칙 기반(Lapping & Leass, 1994) 및 확률적 방식(Ge et al., 1998)을 채택한 대명사 참조에만 초점을 맞췄다. 전체 상호 참조 해결 문제는 문서 30개의 테스트 세트와 훈련을 위한 상호 참조 주석을 각각 포함하는 제6차 메시지 이해 콘퍼런스Message Understanding Conference의 공유 작업을 통해 대중화됐다(Grishman & Sundheim, 1996). 초창기의 또 다른 영향력 있는 연구에는 Soon et al.(2001)의 결정 트리를 활용한 접근 방식이 있으며, 이 방식에서 멘션 랭킹을 소개했다. 상호 참조 해결을 위한 포괄적인 표면 피처 리스트는 Bengtson & Roth(2008)에서 확인할 수 있다. Durrett & Klein(2013)은 대규모로 어휘화한 피처 세트를 도입해 선행 연구를 향상시켰다. 그리고 후속 연구에서는 개체 및 언급의 뉴럴 표현을 위주로 작업하고 있다(Wiseman et al., 2015).

연습 문제

1. 오늘자 뉴스의 기사 하나를 선택하며, 기사에 나타난 최상위 20개의 명사구와 소유 대명사에 대해 주석을 작성해보라. 이때 더 큰 명사구에 중첩되는 것을 하나를 포함하라. 그다음 후보 개체 멘션의 첫 번째 5개를 결과로 얻을 수 있는 멘션-쌍 트레이닝 데이터를 구체화하라.

2. 직전 문제에서 사용한 주석을 사용해, 다음의 확률을 계산하라.
   - 대명사, 고유명사, 명사류nominals 각각의 유형으로 언급돼, 처음으로 소개된 새로운 개체의 개수는 얼마인가? 오직 한 번만 언급되는 "싱글레톤" 개체도 꼭 포함하라.
   - 각각의 언급 표현에 대해 대용anaphoric하는 맨션의 부분을 계산하라.

3. 이전의 문제에서 사용한 기사의 모든 대명사에 대해 단순한 휴리스틱을 적용해보라. 각각의 대명사에 대해 가장 근접하게 직전에 나온 명사구 내의 성, 수, 동물, 사람 등과 동일한지 연결해보라.
   - 참 양성True positive: 대명사는 명사구에 대해 상호 참조하는 경우 혹은 그 선행하는 맨션에 대해 한 번도 상호 언급되지 않은 개체의 라벨링된 첫 번째 멘션

인 경우에 연결된다. 이 경우에는 비참조된 대명사 또한 앞의 선행사에 표시된 것이 없다면, 참 긍정에 해당한다.

- 거짓 양성$^{\text{False positive}}$: 대명사가 어떠한 명사구에 상호 언급되지 않았음에도 불구하고 연결된 것. 여기에는 싱글레톤이나 비참조된 대명사가 잘못 연결된 경우도 포함된다.

- 부정 음성$^{\text{False negative}}$: 대명사가 최소한 하나의 선행사를 가지고 있음에도, 선행사가 없다고 라벨링돼 있거나, 상호 참조하지 않는 멘션과 연결된 경우가 여기에 해당한다.

여러분이 만든 메서드와 모든 대명사가 바로 앞의 개체 멘션을 언급하는 사소한 베이스라인에 대한 F-MEASURE를 계산하라. 이 메서드의 성능을 향상시킬 수 있는 추가적인 휴리스틱 방법이 존재하는가?

4. **Durret & Klein**(2013) 클러스팅과 함께 함께 사용할 수 있는 모든 선행 구조에 대해 총합하는 방법으로 최상의 상호 참조 클러스터링의 확률을 계산했다. 한 개체에 대해 세 가지 멘션이 있다면(예컨대 m_1, m_2, m_3), 가능한 선행 구조가 두 가지 존재한다($a_2 = 1$, $a_3 = 1$과 $a_2 = 1$, $a_3 = 2$). K개의 멘션이 존재하는 하나의 개체에 대해 선행 구조의 개수를 구하시오.

5. 성^{gender}과 수^{number}처럼 C개의 클래스로 모호하게 모든 멘션들이 나눠져 있다고 생각해보자. 그리고 서로 다른 클래스의 멘션들은 절대 상호 참조할 수 없다고 가정하자. M개의 멘션을 갖고 있는 문서에서, 벨 수 M과 파라미터 C를 반영해 가능한 상호 언급 클러스터링의 총 개수에 대해 상한과 하한을 결정하시오. $M = 4$, $C = 2$인 경우에 대해 상한과 하한에 해당하는 개수를 구하라.

6. **Lee et al.**(2017)은 문서 내의 인접한 모든 스팬을 가능한 멘션으로 다루는 모델을 제안했다.

    a) 길이가 M인 문서에 대해, 꼭 평가돼야 할 멘션쌍의 개수는 몇 개인가?(답은 점근이나 big-O 표기법 등 그 어떠한 방법으로도 적을 수 있다)

    b) 추론을 좀 더 효율적으로 만들기 위해서 Lee et al.(2017)은 스팬의 최대 길이를 $L \ll M$으로 제한했다. 해당 제한 조건상에서는 꼭 평가돼야 할 멘션쌍은 몇 개인가?

c) 추론을 더욱 향상시키기 위한 방법 중 하나로, 엔드포인트가 D 토큰의 최대로 나눠진 멘션쌍 간의 상호 참조만 평가할 수도 있다. 이러한 추가 조건상에서는 꼭 평가돼야 할 멘션쌍은 몇 개인가?

7. 스페인어에서는 주어가 맥락 내에서 명확하게 확인할 수 있다면 생략 가능하며, 예시는 다음과 같다.

(15.13) *Las ballenas no son peces. Son mamíferos.*

   The whales no are fish. Are mammals.

   Whales are not fish. They are mammals.

영 주어^{null subject}를 해결하기 위한 동사 형태학의 스페인어 시스템을 통해 촉진된다. 즉, 스페인어 시스템 내에서는 사람과 숫자와의 대부분의 조합에는 특유의 접미사를 사용한다. 예를 들면 동사 형태에 해당하는 *son*(영어로는 'are')은 3인칭 복수 대명사 *ellos*(남성)와 *ellas*(여성), *ustedes*(2인칭 복수)와 일치한다.

다음과 같이 구성 요소들이 주어져 있다고 생각해보자.

* 시스템에서는 영 주어와 함께 공존하는 동사를 자동으로 식별할 수 있다.
* 함수 $c(j, p) \in \{0, 1\}$은, 동사 형태학에 따라 대명사 p가 영 주어 j에 대해 호환해 사용할 수 있음을 의미한다.
* 멘션 i와 j로 구성된 모든 쌍에 대해 $\psi(w_i, w_j, j-i) \in \mathbb{R}$을 계산하는 훈련된 멘션쌍 모델은 선행 멘션 w_i과 대용성 w_j, 거리 $j-i$를 통해 쌍들의 점수를 매긴다.

그래서 다음의 두 가지 작업을 동시에 수행할 수 있는 정수 선형 프로그램에 대해 설명하라. 첫째, 모든 개체 멘션 간의 상호 참조를 해결해야 하며, 둘째, 영 주어에 대한 적절한 대명사를 식별할 수 있어야 한다. 이를테면 여러분이 만든 프로그램은 위의 예시에서 영 주어를 *las ballenas*('whales')와 연결되도록 할 수 있어야 하며, *ellas*를 올바른 대명사로 식별할 수 있어야 한다. 좀 더 단순하게 만들기 위해 영 주어는 선행 요소가 될 수 없으며 §15.2.3에서 다뤘던 전이성 제약 조건은 고려하지 않아도 된다.

8. 정책 경사 알고리듬을 사용해 그림 15.4에서 다뤘던 벨 트리에 있는 다음의 시나리오에 해당하는 경사를 계산하라.

   - 최적의 클러스터링 c^*는 {Abigail, her}, {she}이다.

   - 현재 정책에 따른 동작의 단일 시퀀스($K = 1$)를 만들어보라. 그렇다면 다음과 같은 점증적인 클러스터링을 얻을 것이다.

$$c(a_1) = \{Abigail\}$$
$$c(a_{1:2}) = \{Abigail, she\}$$
$$c(a_{1:3}) = \{Abigail, she\}, \{her\}$$

   - 각각의 멘션 t에 대해, 동작의 공간 A_t에서는 이미 존재하는 클러스터나 빈 클러스터와 멘션을 합친다. 클러스터 c와 m_t를 병합하기 위한 확률은 병합된 클러스터에 대한 지수 점수와 비례한다.

$$\text{p(Merge}(m_t, c))) \propto \exp \psi_E(m_t \cup c) \qquad [15.33]$$

   여기서 $\psi_E(m_t \cup c)$은 수식 15.15에서 정의했다.

   손실 $\ell(c(a))$과 각각의 (잠재적인) 클러스터의 피처에 대해 경사 $\frac{\partial}{\partial\theta}L(\theta)$를 계산하라. 동일한 예시에서 경사 기반의 갱신 과정 $\theta \leftarrow \theta - \frac{\partial}{\partial\theta}L(\theta)$과 점증적인 퍼셉트론과의 차이점에 대해 설명하라.

9. §15.1.1에서 다뤘던 것처럼 일부 대명사는 비지시대명사에 해당한다. 영어에서 *it* 이라는 단어에서 자주 확인할 수 있다. NLTK의 ⟨*Alice in Wonderland*⟩[이상한 나라의 앨리스]를 다운로드받아 첫 번째 나오는 10개의 *it*에 대해 평가해보라. 각각 나타난 건에 대해 다음과 같다.

   - 첫째, 단어 주위의 5-토큰 윈도우에 대해 평가해보라. 첫 번째 예시에서 첫 윈도우는 다음과 같다.

     , but it had no

     *it*을 대체할 수 있는 또 다른 대명사가 있을까? *she*, *they*, *them* 등을 고려해보라. 이 경우에는 *she*와 *they* 모두 문법상으로 대체할 수 있다. 다른 10개의 *it*이 나타난 경우에도 동일하게 적용해보라.

- 이제 각각의 예시에 대해 15-단어 윈도우에 대해서도 고려해보라. 이 윈도우에 대해 단어 *it*이 어떠한 것을 지시하는지 표시해보라.

10. 이제 구글의 *n*-그램 코퍼스(Brants & Franz, 2006)를 사용해 테스트를 자동화해보자. 특히 *it*을 포함하고 있는 5-그램의 개수를 구하고, *it*이 3인칭 대명사(*he, she, they, her, him, them, herself, himself*)로 대체될 수 있는 5-그램의 개수를 구하라.

해당 개수를 구할 수 있는 여러 방법이 있다. 그중 한 가지는 로우 데이터를 다운로드해 찾아보는 것이다. 또 다른 방법은 https://books.google.com/ngrams에서 웹 쿼리를 사용하는 방법도 있다.

대체된 것으로 생성한 5-그램의 총 숫자에 대한 원본 5-그램의 개수의 비율을 비교해보라. 해당 비율이 참조의 유무를 확인하기 위한 좋은 예측자인지 설명하시오.

16 담화

자연어 처리의 응용에서는 많은 경우 한 문단 길이 정도의 식당 후기부터 500단어로 구성된 신문 기사나 500페이지 분량의 소설 등과 같은 여러 문장으로 구성된 문서를 다룬다. 여태까지 다뤘던 대부분의 방법에서는 개별 문장에 집중해 다뤘다. 하지만 16장에서는 통칭 **담화**discourse라고 부르는 여러 문장으로 구성된 언어학적 현상을 다루는 이론과 방법을 살펴본다. 담화 구조는 다양한 피처를 가지고 있으며, 모든 계산 응용 방법에 맞는 최적의 구조는 존재하지 않는다. 16장에서는 가장 활발히 연구된 담화 표현 몇몇을 다루면서 이런 구조를 식별하고 이용하는 계산 모델을 중점적으로 살펴본다.

16.1 분절

문서 혹은 대화는 **분절**segment들의 시퀀스로 볼 수 있으며, 내용이나 기능에 따라 분절들끼리 서로 결합된다. 위키피디아에 올라가 있는 자서전 등에서 이렇게 나뉘는 분절은 많은 경우 인물의 삶의 다양한 면모들, 이를테면 유년기와 주요 사건 및 타인에 끼친 영향 등과 관련이 있다. 이런 분절화 과정은 **주제**를 중심으로 이뤄진다. 한편 과학연구 논문에서는 주로 서론, 선행 연구에 대한 점검, 실험 구성 및 결과를 비롯한 **기능적 테마**에 따라 구성된다.

글로 써 있는 텍스트에서는 종종 분절들을 문단의 제목이나 이와 관련한 포맷으로 표시한다. 하지만 이런 포맷에서 질의와 관련된 텍스트의 구체적인 지문을 검색하는 것과 같은 애플리케이션을 지원하기에는 너무 다듬어지지 않았다(Hearst, 1997). 회의

나 강의 등의 포맷화되지 않은 발화 표현 또한 분절화를 위한 응용 시나리오에 해당한다(Carletta, 2007; Glass et al., 2007; Janin et al., 2003).

16.1.1 주제 분절화

주제로 응집돼 있는 분절들은 다양한 언어학 장치(실체 혹은 사건에 대한 반복적인 참조, 연관된 개념 간의 연결고리를 생성하기 위한 접속사 사용, 어휘 선택을 통한 의미 반복 등)를 활용해 단일화된 전체를 형성한다(Halliday & Hasan, 1976). 이렇게 응집된 장치들을 측정하고 나면 주제 분절화$^{Topic\ Segmentation}$를 위한 피처로 사용할 수 있다. 전통적인 예시는 주제 분절화를 위한 TEXTTILING 방식에서 어휘 연결을 사용하는 사례다(Hearst, 1997).

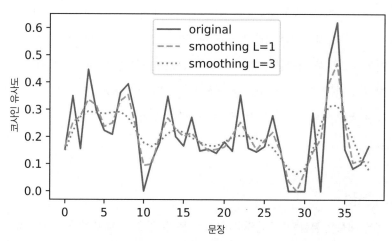

그림 16.1 뉴스 기사 속의 인접한 문장들 사이의 평활화된 코사인 유사도를 나타내는 그래프다. $m = 10$, $m = 29$에서의 지역 최소치는 분절화시킬 지역 후보군을 나타낸다.

여기서 기본적인 발상은 인접한 텍스트 블록쌍에 대해 텍스트 유사성을, 그 단어 가방 벡터의 평활화된 **코사인 유사도**$^{cosine\ similarity}$ 등과 같은 공식을 사용해 계산하는 것이다.

$$s_m = \frac{\boldsymbol{x}_m \cdot \boldsymbol{x}_{m+1}}{||\boldsymbol{x}_m||_2 \times ||\boldsymbol{x}_{m+1}||_2} \qquad [16.1]$$

$$\bar{s}_m = \sum_{\ell=0}^{L} k_\ell (s_{m+\ell} + s_{m-\ell}) \qquad\qquad [16.2]$$

위의 수식에서 k_ℓ은 크기가 L인 평활화 커널의 값을 나타내며, 이를테면 $k =$ $[1,0.5,0.25]^\top$와 같다. 그다음 분절화 지점은 평활화된 유사성 $\bar{s}$의 지역 최소치에서 식별된다. 그 이유는 이런 최소 지점들은 텍스트 내 있는 단어들의 전반적인 분포 변화를 나타내기 때문이다. 그림 16.1에서 예시를 확인할 수 있다.

텍스트 분절화는 또한 확률적 모델로 수식화할 수도 있으며, 각각의 분절은 그 안의 텍스트의 확률을 정의하는 고유 언어 모델을 가진다(Utiyama & Isahara, 2001; Eisenstein & Barzilay, 2008; Du et al., 2013).[1] 제대로 이뤄진 분절화는 분절들을 유사한 단어 분포로 묶어서 높은 우도를 얻을 수 있도록 만들어준다. 이러한 확률적 접근법은 **계층적 주제 분절화**Hierarchical Topic Segmentation로 확장할 수 있고, 각 주제 분절들은 하위 분절로 분할된다(Eisenstein, 2009). 이런 접근법들은 모두 비지도로 이뤄진다. 라벨링된 데이터를 교과서 등과 같이 포맷이 잘 만들어진 텍스트에서도 얻을 수 있지만, 이런 주석들은 또 다른 분야에 대한 구어 표현으로 일반화할 수 없다. 도메인 내부에 라벨링된 데이터를 사용할 수 있는 경우, 지도 방식을 사용하려는 시도가 있었으며 다양한 유형의 피처에 대한 가중치를 학습해 성능을 현저히 개선했다(Galley et al., 2003).

16.1.2 기능적 분절화

일부 장르에서는 의사소통 기능에 대한 정석이라 할 수 있는 사례들이 존재한다. 이를테면 과학 연구 논문에서 의사소통하기 위한 한 가지 방법은 바로 논문의 일반적인 배경을 전달하는 것이며, 또 다른 하나는 새로운 과학적 기여를 소개하거나 연구의 목표를 설명하는 것이다(Teufel et al., 1999). **기능적 분절화**Functional Segmentation는 **수사 구간**Rhetorical Zone이라고도 하는 문장들이 문서를 동일한 기능을 가지는 인접한 분절로 분할한다. Teufel & Moens(2002)는 일련의 과학 연구 논문에서 개별 문장에 대한 기

---

1   잠재변수 모델(이를테면 잠재 디리클레 할당 등)이 문서상의 주제들을 추적하는 방법에 대해서는 다양한 문헌 자료가 존재한다(Blei et al., 2003; Blei, 2012).

능을 식별하기 위해 텍스트 내에서의 문장의 위치, 문장과 나머지 논문과의 유사성, 주 동사의 시제와 태, 이전 문장의 기능적 역할 등을 설명하는 피처를 사용해 지도 분류기를 훈련시켰다. 기능적 분절화는 지도 방법 없이도 수행할 수 있다. 위키피디아에 올라가 있는 특정 유형의 문서들이 매우 일관적인 기능적 분절화를 보여준다는 사실을 바탕으로(이를테면 도시 또는 화학 원소에 대한 문서 등) Chen et al.(2009)은 기능에 연관된 언어 모델과, 문서에 대한 기능적 분절에 대한 전형적인 패턴을 모두 학습할 수 있는 비지도 기능적 분절화 모델을 제시했다.

16.2 개체와 언급

담화의 또 다른 차원을 살펴보면, 텍스트에서 어떤 개체가 어떠한 방식으로 언급됐는지와 관련이 있다. 그림 16.2의 예시를 살펴보자. Grosz et al.(1995)은 첫 번째 담화가 더 일관성 있다고 주장한다. 여러분은 이에 동의하는가? 다음 예시들은 주인공 *John*에 대한 **언급 표현**referring expression의 선택과 함께 문장 (b)와 (d)의 구문 구조에 있어서 차이가 있음을 알려준다.

(16.1)　a. John went to his favorite music store to buy a piano.
　　　　b. He had frequented the store for many years.
　　　　c. He was excited that he could finally buy a piano.
　　　　d. He arrived just as the store was closing for the day.

(16.2)　a. John went to his favorite music store to buy a piano.
　　　　b. It was a store John had frequented for many years.
　　　　c. He was excited that he could finally buy a piano.
　　　　d. It was closing just as John arrived.

그림 16.2 동일한 이야기에 대한 두 가지 서술(Grosz et al., 1995). 좌측의 담화는 언급 시 표현을 일관되게 사용하는 반면, 우측의 경우는 그렇지 않다.

이 예시들은 언급 표현이 어떻게 선택되고, 문장 내의 위치에 대해 설명할 수 있는 이론적 모델의 필요성을 보여준다. 이 모델들은 담화의 전반적인 구조를 해석할 때 도움을 주거나 담화 일관성을 측정하고 언급 표현이 일관되게 사용되는 담화를 생성할 시에 활용한다.

16.2.1 중심화 이론

중심화 이론 Centering Theory은 담화 구조와 개체 언급 간의 관계에 대해 통합된 해석을 제시한다(Grosz et al., 1995). 이 이론에 의하면 담화 안의 모든 발언은 중심center이라는 개체 집합을 통해 피처지어진다.

- 발화 m에서 **미래 지향 중심**forward-looking center은 그 발화에서 언급된 모든 개체들인 $c_f(w_m) = \{e_1, e_2, ...\}$을 말한다. 미래 지향 중심에서는 부분적으로 그 구문적 중요성에 따라 정렬되며, 목적어보다는 주어를, 기타 위치에 있는 요소보다는 목적어를 선호한다(Brennan et al., 1987). 이를테면 위의 예시 (16.1a)에서, 첫 번째 발화에서 미래 지향 중심들이 정렬된 목록에서의 순서는 존(John), 악기 상점(the music store), 피아노(the piano)이다.
- **과거 지향 중심**backward-looking center $c_b(w_m)$는 이전 발화인 $c_f(w_{m-1})$의 미래 지향 중심에 대한 집합에서 가장 높은 순위이면서, w_m에서도 언급된 원소를 의미한다. 예시 (16.1b)에서 과거 지향 중심은 존(John)이다.

위의 두 가지 정의에 따라 중심화 이론은 언급 표현의 형태와 위치에 대해 다음의 예측을 만들어낸다.

1. 만약 발화 w_m에서 대명사가 나타난다면, 과거 지향 중심 $c_b(w_m)$에서도 마찬가지로 반드시 대명사로 만들어져야 한다. 이런 규칙은 예시 (16.2d)에서 '피아노 가게(the piano store)'를 언급하기 위해 나타난 it과 반대 성향을 띤다. 그 이유는 존(JOHN)은 문장(16.2d)의 과거 지향 중심이며 대명사가 아닌 이름으로 언급됐기 때문이다.

2. 발화 시퀀스는 가능하다면 과거 지향 중심이 동일하도록 유지해야 하며, 이상적으로는 과거 지향 중심이 미래 지향 중심 목록에서도 가장 높은 순위의 원소여야 한다. 이런 규칙은 예시 (16.1)에서 과거 지향 중심으로 JOHN을 유지하는 것도 포함하고 있다.

중심화 이론은 구문론, 담화, 대용어anaphora 해결에 대한 여러 측면들을 통합한다. 하지만 정확하게 어떤 방법으로 각 발화의 원소들의 순위를 매기거나 텍스트나 대화를 발화로 분할하는 방법에 대해서 규명하는 것은 까다로운 작업이다(Poesio et al., 2004).

16.2.2 개체 그리드

중심화 이론에 대한 아이디어를 공식화하기 위한 방법 가운데 하나는 바로 텍스트나 대화 내의 개체들을 문장당 1개의 행과 개체당 1개의 열을 가진 데이터 구조인 **개체 그리드**entity grid로 묶는다(Barzilay & Lapata, 2008). 각 셀의 $c(m, i)$는 다음과 같이 값을 가진다.

	SKYLER	WALTER	DANGER	A GUY	THE DOOR
You don't know who you're talking to,	S	-	-	-	-
so let me clue you in.	O	O	-	-	-
I am not in danger, Skyler.	X	S	X	-	-
I am the danger.	-	S	O	-	-
A guy opens his door and gets shot,	-	-	-	S	O
and you think that of me?	S	X	-	-	-
No. I am the one who knocks!	-	S	-	-	-

그림 16.3 TV 프로그램 〈Breaking Bad〉에서 발췌한 대화에 대한 개체 그리드 표현

$$c(m, i) = \begin{cases} S, & \text{개체 } i \text{가 문장 } m \text{의 주어 자리에 위치함} \\ O, & \text{개체 } i \text{가 문장 } m \text{의 목적어 자리에 위치함} \\ X, & \text{개체 } i \text{가 문장의 주어나 목적어 자리에 위치하지 않음} \\ -, & \text{개체 } i \text{가 문장 } m \text{에서 나타나지 않음} \end{cases} \qquad [16.3]$$

개체 그리드를 추가하려면 주어와 목적어 위치를 식별하기 위한 구문 파싱을 적용하고 단일 개체에 대한 복수 언급을 연결하기 위해 상호 참조 해결을 적용한다. 해당 예시는 그림 16.3에서 확인할 수 있다.

그리드를 구축된 다음 문서 간의 상호 참조는 각 열에 인접해 있는 셀들의 전이를 통해 측정된다. 예를 들면 $(S \rightarrow S)$ 전이는 인접한 문장들 사이에서 개체를 주어 위치에 유지시키고, $(O \rightarrow S)$ 전이는 개체를 목적어 위치에서 주어 위치로 전이시킨다. 또 전이 $(S \rightarrow -)$는 한 문장의 주어를 다음 문장에서 탈락시킨다. 각 전이 확률은 라벨링된 데이터를 통해 추정할 수 있으며, 그런 다음 개체 그리드는 모든 열과 모든 전이에 대한 로그 확률의 합 $\sum_{i=1}^{Ne} \sum_{m=1}^{M} \log p(c(m, i) | c(m-1, i))$에 따라 점수를 매길 수 있다. 최종 확률은 텍스트의 상호 참조를 위한 대체제로 사용될 수 있다. 그래서 해당 최종 확률은 어떤 글이 가독성이 더 뛰어난지 결정하고(Schwarm & Ostendorf, 2005),

텍스트 안에서 뒤섞여 있는 문장을 올바르게 정렬하거나(Lapata, 2003), 온라인에서 여러 분야에서 채팅하는 애플리케이션에서 다수의 대화 스레드를 구분하는(Elsner & Charniak, 2010) 등의 다양한 작업에서 효과적이다.

16.2.3 *문장 차원 이상의 형식적 의미론

담화에서 개체의 역할에 대한 또 다른 관점은 형식적 의미론과 여러 문장 단위의 의미 표현의 구조에 초점을 둔다. 다음 두 문장을 살펴보자(Bird et al., 2009에서 인용)

(16.3) a. Angus owns a dog.

b. It bit Irene.

여기서 다음과 같은 형식적 의미 표현으로 복원하려 한다.

$$\exists x.\text{DOG}(x) \wedge \text{OWN}(\text{ANGUS}, x) \wedge \text{BITE}(x, \text{IRENE}) \qquad [16.4]$$

하지만 각 문장에 대한 의미적 표현은 다음과 같다.

$$\exists x.\text{DOG}(x) \wedge \text{OWN}(\text{ANGUS}, x) \qquad [16.5]$$

$$\text{BITE}(y, \text{IRENE}) \qquad [16.6]$$

이 두 표현을 수식 [16.4]와 같은 방식으로 통합하는 작업은 수식 [16.6]의 선언되지 않은^{unbound} 변수 y와 수식 [16.5]의 양적화^{quantified} 변수 x를 연결이 필요하다.[2] 따라서 담화를 이해하기 위해서 독자는 변수로부터 개체에 이르기까지의 일련의 작업들을 갱신할 필요가 있다. 이와 같은 갱신 과정은 (아마도) 수식 [16.3]의 첫 번째 문장의 dog를 두 번째 문장의 선언되지 않은 변수 y로 연결하고, 이 방법을 통해 수식 [16.4]에 접속사를 허용하게 될 것이다.[3] 이러한 아이디어는 **동적 의미론**$^{\text{Dynamic Semantics}}$에 뿌리를 두고 있다(Groenendijk & Stokhof, 1991).

분절된 담화 표현 이론$^{\text{Segmented Discourse Representation Theory}}$은 동적 의미론을 일련의 담화 관계와 연결한다. 이 담화 관계는 텍스트의 인접한 단위들이 수사학적 혹은 개념적으로 어떤 관련이 있는지 설명한다(Lascarides & Asher, 2007). 다음 절에서는 담화 관계

---

2 Groenendijk & Stokhof(1991)는 수식 [16.6]의 변수 y를 선언되지 않은 변수로 다룬다. 존재 수량사와 함께 지역적으로 할당됐지만, 이 변수는 수식 [16.5]의 수량화 변수와 일치해야 한다.

3 이와 같은 연결 작업은 상호 참조 해결과 유사하지만(15장 참조), 여기서의 연결은 텍스트의 스팬보다는 의미 변수들 사이에 존재한다.

에 대한 이론을 한층 더 깊이 있게 살펴볼 것이다.

16.3 관계

의존 문법에서 문장은 Nsubj, Det 등과 같은 단어 사이의 구문적 관계의 그래프(일반적으로는 트리 형태)를 통해 피처로 만들어진다. 이런 비슷한 생각을 문서 단위에서도 적용해, 절, 문장, 문단 등의 담화 단위 사이의 관계를 식별하도록 만들 수 있다. **담화 파싱**Discourse Parsing 작업은 담화 단위와 그 사이의 관계를 식별하는 과정을 포함하고 있다. 이런 관계들은 §16.3.4에서 다루게 될 문서 분류와 요약 등의 작업에 적용할 수 있다.

16.3.1 얕은 담화 관계

however, *moreover*, *meanwhile*, *if ...then* 등과 같은 **담화 연결사**Discourse Connective는 담화 관계가 존재함을 암시한다. 이런 연결사들은 텍스트에서 인접한 단위 사이의 관계를 명시적으로 구체화한다. *however*는 대비되는 관계를, *moreover*는 뒤따르는 텍스트가 바로 직전 텍스트에 대한 요점을 부연 설명하거나 강화하는 경우를 의미한다. *meanwhile*은 두 사건이 동시에 발생함을, *if ...then*은 조건부 관계를 의미한다. 따라서 담화 연결사는 담화 관계 분석의 시작점이라 할 수 있다.

표 16.1 펜 담화 트리뱅크 주석에서의 담화 관계 계층(Prasad et al., 2008). 이를테면 PRECEDENCE는 TEMPORAL 관계의 유형 중 하나인 SYNCHRONOUS의 하위 유형이다.

TEMPORAL[시간]	COMPARISON[비교]
• 비동기식	• 대조: 나란히 놓기, 반대
• 동기식: 우선순위, 연속	• 화용론적(pragmatic) 대비
CONTINGENCY[우연]	• 양보: 기대, 상반된 기대
• 원인: 결과, 이유	• 화용론적 양보
• 화용론적 원인: 정당화	EXPANSION[확장]
• 조건: 가정, 일반, 비현실적 현재, 비현실적 과거, 실제 현재, 실제 과거	• 결합
• 화용론적 조건: 연관, 암묵적 확신	• 사례화
	• 재진술: 특정화, 동등성, 일반화
	• 대안: 연결, 분리, 대안 선택
	• 예외
	• 목록

담화를 위해 **어휘화된 트리-인접 문법**D-LTAG, Lexicalized Tree-Adjoining Grammar for Discourse에서 연결사들은 텍스트의 두 단위 관계를 고정한다(Webber, 2004). 이런 모델은 영어의 담화 관계에서 가장 큰 말뭉치인 **펜 담화 트리뱅크**PDTB, Penn Discourse TreeBank의 이론적 토대를 제공한다(Prasad et al., 2008). 이 트리뱅크에는 담화 관계의 실제 텍스트에서 나타난 담화 연결사가 내포하는 의미를 추상화해 생성한 계층 목록을 가지고 있다(표 16.1에서 확인할 수 있음)(Knott, 1996). 그다음 이들 간의 관계는 펜 트리뱅크(§9.2.2 참조)에서 사용된 뉴스 텍스트의 동일한 말뭉치에 다음 정보를 추가해 주석을 달았다.

- 각각의 연결사는 담화 관계나 담화 관계가 표현하려고 하는 관계가 있다면, 이를 위해 주석을 추가한다. 다수의 담화 연결사는 담화 관계를 표현하지 않는 의의를 가진다(Pitler & Nenkova, 2009).

- 각각의 담화 관계에 대해 한 관계의 두 논항들은 ARG1과 ARG2로 명시하며 ARG2는 연결사와 인접하도록 제약 조건을 가진다. 이런 논항들은 문장일 수도 있지만, 텍스트보다 더 작거나 큰 단위일 수도 있다.

- 인접 문장들은 어떤 연결사로도 표시할 수 없는 **암시적 담화 관계**Implicit Discourse Relation를 위해 주석을 추가한다. 연결사가 한 쌍의 문장 사이에 삽입될 수 있다면, 주석자는 연결사를 보충하고, 그 의의를 라벨링한다(이를테면 다음의 예시 16.5). 어떤 경우에는 인접 문장 한 쌍 사이에는 관계가 아예 없을 수도 있다. 또 다른 경우에는 인접한 문장들이 언급하는 하나 혹은 그 이상의 공유된 개체만이 유일한 관계일 수도 있다. 이런 현상들은 NOREL 및 ENTREL(개체 관계)로 각각 주석 처리된다.

(16.4)	*…as this business of whaling has somehow come to be regarded among landsmen as a rather unpoetical and disreputable pursuit;* <u>therefore</u>, **I am all anxiety to convince ye, ye landsmen, of the injustice hereby done to us hunters of whales.** [….포경 사업은 육지인들 사이에 시적이지 않고 평판이 좋지 않기 때문에; <u>그러므로</u> 나는 여러분 모두에게 여기 있는 고래 사냥꾼들에게 가해진 부당함에 대해서 확신시키고자 한다.]
(16.5)	But a few funds have taken other defensive steps. *Some have raised their cash positions to record levels.* <u>Implicit = BECAUSE</u> **High cash positions help buffer a fund when the market falls.** [그렇지만 몇몇 펀드들은 방어적인 조치를 취했다. 일부는 그들의 현금 포지션을 기록적인 레벨로 올렸다. <u>암시적=왜냐하면</u> 높은 현금 포지션은 시장이 하락할 때, 펀드를 완충하 도록 도와주기 때문이다.]
(16.6)	Michelle lives in a hotel room, and <u>although</u> **she drives a canary-colored Porsche,** *she hasn't time to clean or repair it.* [미셸은 호텔 방에 산다. 그리고 그녀는 카나리아색 포르쉐를 몰고 <u>다니지만</u>, 청소하거나 수리할 시간은 없다.]
(16.7)	*Most oil companies,* <u>when</u> **they set exploration and production budgets for this year,** *forecast revenue of $15 for each barrel of crude produced.* [대부분의 정유회사들이 올해 탐 사와 생산 예산을 책정했을 때, 원유 한 배럴당 $15의 수익을 예상한다.]

그림 16.4 담화 관계의 주석 예시. 펜 담화 트리뱅크 형식에서 담화 연결사는 밑줄 처리됐으며 첫 번째 논항은 기울임체로, 두 번째 논항은 굵은 글씨로 표기됐다. 예시(16.5-16.7)은 Prasad et al.(2008)에서 발 췌했다.

펜 담화 트리뱅크 주석의 예시는 자료 16.4에서 확인할 수 있다. (16.4)에서 단어 *therefore*는 명시적 담화 연결사의 역할을 하며 텍스트의 인접한 단위 두 개를 연결한 다. 또한 트리뱅크 주석은 각 관계의 "의의^{sense}"를 명시하고, 연결사를 표 16.1에서 나타난 의의 리스트 내의 관계로 연결한다. (16.4)의 관계는 저자의 소통 의도와 관련 이 있기 때문에 관계는 PRAGMATIC CAUSE:JUSTIFICATION[화용론적 원인: 정당화]이다. 이 예시에서 단어 therefore는 외부 세계 속의 원인을 나타낼 수도 있다 (예컨대 *He was <u>therefore</u> forced to relinquish his plan*[그래서 그는 마지못해 그의 계획을 포기해 야만 했다.]). **담화 의의 분류**$^{\text{Discourse Sense Classification}}$의 목표는 담화 관계가 존재한다면 어 떤 것이 각각의 연결사를 통해 표현되는지 결정하는 것이다. 또 이 분류와 연관된 작 업은 예시 (16.5)와 같은 암시적 담화 관계에 대한 분류이다. 이 예시에서 인접한 문 장들 사이의 관계는 연결사 *because*를 통해 표현할 수 있으며, CAUSE:REASON 관계를 나타낸다.

명시적 담화 관계와 논항 분류하기 위에서 언급한 예시들이 보여주듯이 상당수의 연결 사들은 다양한 유형의 담화 관계를 언급하기 위해 사용된다. 또 비슷하게 일부 연결 사는 담화와 관련이 없는 의의를 갖기도 한다. 이를테면 *and*는 전치사를 연결할 때는 담화 연결사의 기능을 갖지만, 명사구를 연결할 때는 그렇지 않다(Lin et al., 2014). 그렇지만 펜 트리뱅크에서 명시적으로 표기된 담화 관계의 의의는 무질서하게 분류돼 있는 경우에는 상대적으로 분류하기 용이하다. 펜 담화 트리뱅크 관계의 상위 4개 단계로 관계를 분류한다면, 단순히 각 연결사의 가장 흔한 관계를 선택하는 것만으로도 90%의 정확도를 얻을 수 있다(Pitler & Nenkova, 2009). 담화 관계 계층의 더 세밀한 분류 단계에서는 연결사들이 더욱 모호해진다. 이런 사실은 자동화된 의의 분류(Versley, 2011)와 주석자 간 일치Interannotator Agreement의 정확도에도 모두 반영된다. 여기서 레벨 3 담화 관계에서 80%까지 떨어진다(Prasad et al., 2008).

명시적으로 표기된 담화 관계에서 한층 더 까다로운 작업은 바로 논항의 범위가 어디까지인지 확인하는 것이다. 예시 (16.6)과 같이 ARG1이 ARG2를 따르는 경우에서 확인할 수 있듯이, 담화 연결사가 반드시 ARG1에 인접할 필요는 없다. 심지어 (16.7)과 마찬가지로, 논항이 연속으로 나올 필요도 없다. 이런 이유로 각 담화 연결사의 논항을 복구하는 것은 어려운 하위 작업이다. 문장 중간의 논항들은 주로 구문에 관한 구성 요소이기 때문에(10장 참조), 다수의 처리 방식에서는 분류기를 학습하도록 만들어서 각 구성 요소가 각 명시적 담화 연결사에 대한 적절한 논항인지 예측하도록 한다(Lin et al., 2014).

암시적 담화 관계 분류하기 암시적 담화 관계를 분류하고 주석을 달기란 훨씬 더 어렵다.[4] 대부분의 처리 방식은 논항들의 인코딩에 기반하며, 이 인코딩은 그 이후에 비선형 분류기의 입력으로 사용된다.

$$z^{(i)} = \text{Encode}(\boldsymbol{w}^{(i)}) \qquad\qquad [16.7]$$

$$z^{(i+1)} = \text{Encode}(\boldsymbol{w}^{(i+1)}) \qquad\qquad [16.8]$$

$$\hat{y}_i = \underset{y}{\text{argmax}}\ \Psi(y, z^{(i)}, z^{(i+1)}) \qquad\qquad [16.9]$$

이런 기본 프레임워크는 피처 기반과 뉴럴 인코더를 모두 포함하고 있는 몇 가지 방법을 통해 설명할 수 있다.

---

4   2015년에 공유된 얕은 담화 파싱 작업의 데이터 세트에서 세부적인 모든 레벨에 걸쳐서 주석자 간 일치는 명시적 담화 관계에서 91%의 정확도를 보였고, 암시적 담화 관계에서는 81%의 정확도를 보였다(Xue et al., 2015).

피처 기반 접근 방법 각각의 논항은 표면 피처의 벡터로 인코딩될 수 있다. 통상적으로 인코딩은 어휘 피처(모든 단어 혹은 모든 내용어 혹은 처음 세 개의 단어 및 주 동사를 비롯한 단어의 하위 집합), 개별 단어의 브라운[Brown] 클러스터(§14.4), 비단말 생성과 같은 구문 피처 및 의존 아크(Pitler et al., 2009; Lin et al., 2009; Rutherford & Xue, 2014) 등을 가지고 있다. 그리고 나면 분류함수는 크게 두 부분으로 나뉜다. 첫 번째는 각 논항의 인코딩을 모두 합해 결합된 피처 벡터를 생성한다. 통상적으로 각각의 인코딩에 대한 모든 피처 간의 외적을 계산해 구한다.

$$f(y, z^{(i)}, z^{(i+1)}) = \{(a \times b \times y) : (z_a^{(i)} z_b^{(i+1)})\} \qquad [16.10]$$

이런 피처 집합의 크기는 어휘 크기의 제곱에 비례하며 따라서 학습 데이터에서 특히 유용한 피처에 대한 부분 집합을 잘 선택하는 것이 좋다(Park & Cardie, 2012). f를 계산하고 나면, 모든 분류기는 최종 점수 $\Psi(y, z^{(i)}, z^{(i+1)}) = \theta \cdot f(y, z^{(i)}, z^{(i+1)})$를 계산하도록 학습될 수 있다.

뉴럴 네트워크 기반 접근 방법 뉴럴 네트워크 아키텍처에서 인코더는 엔드 투 엔드[end-to-end] 모델로서 분류기와 결합해 학습이 이뤄진다. 다양한 뉴럴 네트워크 아키텍처를 사용해 각 논항들을 인코딩할 수 있으며(§14.8 참조), 여기에는 (§10.6.1; Ji & Eisenstein, 2015), (§6.3; Ji et al., 2016), (§3.4; Qin et al., 2017) 등이 있다. 그다음 분류함수는 두 개의 인코딩에 대한 피드포워드 뉴럴 네트워크(3장; 예컨대 Qin et al., 2017; Rutherford et al., 2017)나 단순한 쌍일차 곱 $\Psi(y, z^{(i)}, z^{(i+1)}) = (z^{(i)})^\top \Theta_y z^{(i+1)}$으로(Ji & Eisenstein, 2015) 구현할 수 있다. 인코딩 모델은 마진 손실과 같은 분류 목적함수에 따른 역전파를 통해 학습할 수 있다. Rutherford et al.(2017)은 뉴럴 아키텍처가 대부분의 상황에서 피처 기반 처리 방식보다 성능이 훨씬 좋음을 보였다. 뉴럴 기반 접근 방법은 뉴럴 아키텍처를 만드는 엔지니어링 과정이 필요하지만(예컨대 임베딩 크기, 분류기 내의 히든 유닛의 개수 등), 마찬가지로 피처 기반 처리 방식도 브라운 클러스터 및 파스 트리와 같은 언어학적 자원을 통합해서 관련된 피처의 하위 집합을 선택하기 위해 상당한 수준의 엔지니어링이 필요하다.

16.3.2 계층적 담화 관계

문장 파싱에서 인접한 구들은 더 큰 구성 요소로 합쳐지고, 그다음 마지막에는 전체 문장에 대한 단일한 구성 요소를 생성한다. 결과로 나온 트리 구조는 문장을 구조화된 분석이 가능하도록 만들어주고, 하위 트리는 구문적으로 일관성 있는 의미 덩어리 chunk를 나타낸다. **수사적 구조 이론**RST, Rhetorical Structure Theory은 이 계층적 분석의 형식을 담화 수준으로 확장한다(Mann & Thompson, 1988).

RST의 기본 요소는 담화 단위이며 텍스트의 연속된 스팬을 의미한다. **기초 담화 단위**EDU, Elementary Discourse Unit는 이 프레임워크의 (항상 그렇진 않지만, 일반적으로) 가장 작은 원소에 해당한다.[5] 각각의 담화 관계는 두 개 또는 그 이상의 인접한 담화 단위를 더 큰 복합적인 담화 단위로 결합한다.[6]

핵성　여러 담화 관계에서 하나의 특정 논증은 주요 논증이다. 예를 들어보자.

(16.8) [LaShawn loves animals][라숀은 동물을 좋아한다]$_N$

[She has nine dogs and one pig][그녀는 아홉 마리의 개와 한 마리의 돼지를 가지고 있다]$_S$

위 예시에서 두 번째 문장은 첫 번째 문장의 요점에 대한 EVIDENCE[근거]를 제공한다. 따라서 첫 번째 문장은 담화 관계의 "**핵**Nucleus"이며 두 번째 문장은 "**위성**Satellite"이다. 핵성이라는 개념은 의존 파싱(§11.1.1 참조)의 중심 수식어Head-Modifier 구조와 유사하다. 그러나 RST의 일부 관계에서는 핵을 여러 개 가진다. 이를테면 CONTRAST[대비] 관계의 논항들은 중요성을 동등하게 가진다.

(16.9) [The clash of ideologies survives this treatment][이데올로기의 충돌은 이러한 논의 중에서도 살아남았다]$_N$

5　담화 분절화에 대한 구체적인 자료는 RST 주석 매뉴얼에서 더 찾아볼 수 있다(Carlson & Marcu, 2001).

6　일반적으로 RST 분석은 트리 형태이지만, 모든 일관성 있는 담화가 트리 구조를 지닌다는 원리가 강한 이론적 약속으로 받아들여서는 안 된다. Taboda & Mann(2006)은 다음과 같이 적었다.

"트리는 편리하고, 표현하기 쉬우며 이해하기 쉬운 한 가지 사례에 불과하다. 반면 트리가 담화 구조와 일관성 관계를 표현하는 유일한 수단이라고 가정할 만한 이론적인 근거도 존재하지 않는다."

담화에 대한 트리 구조의 적합성에는 여러 의문이 제기돼왔다. 이를테면, Wolf & Gibson(2005)은 더 일반적인 그래프 구조 표현을 제안했다.

[but the nuance and richness of Gorky's individual characters have vanished in the scuffle][그렇지만, 그로키 개인적인 성향에 따른 뉘앙스와 풍부함은 이 난투 속에서 그가 사라지듯 만들었다]$_N$[7]

여러 개의 핵을 가진 관계를 **등위**^{Coordinating}라고 하며, 단일 핵을 가진 관계를 **종속** ^{Subordinate}이라 한다. 종속 관계는 오직 두 개의 논항만을 갖도록 제약 조건을 가지지만, CONJUNCTION 등과 같은 등위 관계는 두 개 이상을 가질 수도 있다.

RST 관계   수사적 구조 이론은 담화 관계의 대규모 리스트를 피처로 가지고 있고, 상위 수준의 그룹인 화제^{Subject-matter} 관계와 제시^{Presentational} 관계로 나뉜다. 제시 관계는 독자가 의도한 믿음을 중심으로 만들어진다. 이를테면 (16.8)에서 두 번째 담화 단위는 첫 번째 담화 단위인 'LaShawn loves animal'을 통해 표현된 명제에 대해 독자의 믿음을 강화하도록 의도한 증거들을 제공한다. 그렇지만 화제 관계는 연관돼 있는 담화 단위가 갖고 있는 명제에 대한 추가 사실을 전달하도록 한다.

(16.10) [the debt plan was rushed to completion]$_N$

[in order to be announced at the meetings]$_S$[8]

위의 예시에서 위성은 핵에서 묘사한 행위가 실제 수행되는 현실의 상태에 대해 설명한다. 이 관계는 저자가 전달하려는 의도와는 관계가 없으며 현실에 대한 것이다.

예시   그림 16.5는 어느 한 영화 후기에서 발췌한 문단에 대한 RST 분석을 나타낸다. 비대칭(종속) 관계는 위성에서 핵으로 향하는 화살표로 표시되며, 대칭 (등위) 관계는 실선으로 표시된다. 기초 담화 단위인 1F, 1G는 대칭 CONJUNCTION[접속] 관계에 있는 더 큰 담화 단위로 합쳐지고, 마지막 최종 담화 단위는 1E와 JUSTIFY[정당화] 관계 내에 있는 위성이다.

계층적 담화 파싱   담화 파싱의 목표는 그림 16.5의 분석에서 본 것처럼 문서 텍스트 등에서 계층적 구조 분석을 복원하는 것이다. 그렇다면, 여기서는 문서를 기초 담화 단위^{EDU, Elementary Discourse Unit}로 분절화시키는 상황을 생각해본다. 이에 더해 분절화

---

7   RST 트리뱅크에서 발췌(Carlson et al., 2002)
8   RST 트리뱅크에서 발췌(Carlson et al., 2002)

알고리듬은 뒤에서 살펴볼 것이다. 분절화가 완료되고 나면 담화 파싱은 두 가지 요소, 즉 §16.3.1에서 살펴봤던 담화 관계 분류 기법과 10장에서 다뤘던 차트 파싱 및 이동 감소 등의 구^{phrase} 구조 파싱 알고리듬의 조합으로 다룰 수 있다.

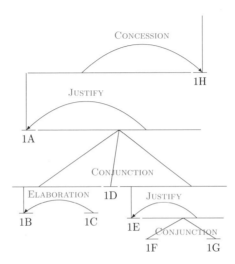

[It could have been a great movie]^{1A} [It does have beautiful scenery,]^{1B} [some of the best since Lord of the Rings.]^{1C} [The acting is well done,]^{1D} [and I really liked the son of the leader of the Samurai.]^{1E} [He was a likable chap,]^{1F} [and I hated to see him die.]^{1G} [But, other than all that, this movie is nothing more than hidden rip-offs.]^{1H}

그림 16.5 Voll & Taboada(2007)를 다듬은 영화 후기에 대해 수사 구조 이론 분석을 수행했다. 긍정적 (positive), 부정적(negative) 정서는 밑줄 처리했으며, 문서 수준의 정서 분석에서 RST가 잠재적으로 갖고 있는 유용함을 알려준다.

　차트 파싱과 이동 감소는 이산 피처 벡터 혹은 밀집된 뉴럴 표현 중 하나를 선택해 복합 담화 단위로 인코딩하는 과정이 필요하다.[9] 일부 담화 파서는 복합 담화 단위가 해당 단위의 핵을 통해 표현된다는 가정을 설명하는 **강한 합성 기준**에 따라 파싱이 이뤄진다(Marcu, 1996). 이 기준은 복합 담화 단위의 피처 벡터를 결정하기 위한 피처 기반 담화 파싱에서 활용된다. 또한 해당 핵의 인코딩와 동일한 복합 담화 단위의 벡터 인코딩을 설정하기 위한 뉴럴 처리 방식에서도 사용된다. 그리고 또 다른 뉴럴 접근 방법에서는 재귀 뉴럴 네트워크를 활용해 담화 단위의 구성 요소에 걸쳐 합성 함수를

9　해당 알고리듬을 사용하기 위해서는, 파싱 과정 중간의 모든 담화 관계를 이진화하고 나면, 그다음 원하는 구조를 재구축하기 위해 해당 관계를 "비이진화"하는 과정이 필수적이다(Hernault et al., 2010).

학습하도록 만들 수 있다(§14.8.3 참조).

상향식 담화 파싱 기저 표현이 $\{z^{(i)}\}_{i=1}^{N}$인 기초 담화 단위로 만드는 텍스트 분절화와 두 개의 인코딩을 담화 관계 ℓ를 새로운 인코딩으로 매핑하는 합성함수 COMPOSE $(z^{(i)}, z^{(j)}, \ell)$가 있다고 가정해보자. 합성함수는 위에서 언급한 '강한 합성 기준'을 따르며, 단순하게 핵의 부호를 선택하거나 더 복잡한 무언가를 실행할 수도 있다. 또한 좌측 자식이 스팬이 $i + 1 : k$를, 우측 자식이 스팬 $k + 1 : j$를 다루는 (이진화된) 담화 관계 ℓ에 대한 스칼라 점수를 계산하는 평가함수 $\Psi(z^{(i,k)}, z^{(k,j)}, \ell)$가 필요하다. 이 요소들이 주어지면 각 스팬에 대한 벡터 표현을 만들 수 있고, 이 과정은 **합성 벡터 문법** Compositional Vector Grammars에 대한 기본 아이디어로 이어진다(Socher et al., 2013a). 이런 동일한 구성 요소는 상향식 파싱에 있어서도, 가중된 문맥 자유 문법을 위한 CKY 알고리듬과 동일한 방식으로(§10.1) 사용될 수 있다. 즉, 길이가 증가하는 각각의 가능한 스팬의 점수와 최적의 분석을 계산하는 동시에, 전체 입력의 최적의 파스를 복구할 수 있도록 만들어주는 백포인터를 저장한다. 그렇지만 CKY 파싱과는 확실한 차이점이 존재한다. 각각 라벨링된 스팬 (i, j, ℓ)에 대해, 표현 $z^{(i,j,\ell)}$을 만들기 위해서는 반드시 합성 함수를 사용해야 한다. 그다음 이런 표현은 더 높은 수준의 담화 관계에서 $i + 1 : j$를 포괄하는 담화 단위를 합성하기 위해 사용된다. $z^{(i,j,\ell)}$은 $i + 1 : j$를 포괄하는 단위의 하위 구조에 의존하며, CKY 알고리듬의 최적성 보장 기반이 되는 지역성 추측에 위배된다. 보통은 재귀적으로 구축된 스팬 표현을 사용하는 상향식 파싱은 최적의 점수를 가지는 담화 파스를 찾을 수 있음을 보장할 수 없다. 이에 해당하는 문제점은 이 장의 후반에 나오는 연습 문제에서 살펴보도록 한다.

전이 기반 담화 파싱 상향식 파싱의 단점 중 하나는 바로 입력 길이의 세제곱에 달하는 복잡도이다. 문서의 길이가 길면 전이 기반 파싱은 훌륭한 선택지다. 이동 감소 알고리듬(§10.6.2 참조)은 꽤 직접적으로 담화 파싱에 적용할 수 있다(Sagae, 2009). 스택은 담화 단위 및 담화 표현 세트를 저장하고, 이러한 표현에 대한 함수를 통해 동작을 선택한다. 여기서 이 함수는 가중치와 피처의 선형 곱, 혹은 담화 단위의 인코딩에 적용한 뉴럴 네트워크일 수도 있다. 그다음 REDUCE 동작은 스택의 최상단에 있는 두 개의 담화 단위에서 합성을 수행하고, 더 큰 합성 단위를 산출해 스택의 맨 위로 보낸다. §11.3에서 살펴본 적 있는 학습과 전이 기반 파싱을 통합하기 위한 여러 방법들은 담화 파싱에서도 적용할 수 있다.

담화 단위로 분절하기 수사 구조 이론에서 기초 담화 단위는 문장의 경계를 서로 넘지 않기 때문에, 문장 분절화가 주어진다면 담화 분절화는 문장 내에서 수행될 수 있다. 일반적으로 문장을 기초 담화 단위로 분절시키는 작업은 구문 분석의 피처를 활용해 수행한다(Braud et al., 2017). 한 가지 방법은 생성, 트리 구조, 중심어[head word] 등의 피처를 사용해 구문 구성 요소들이 EDU인지 판단하도록 분류기를 학습시킨다(Soricut & Marcu, 2003; Hernault et al., 2010). 또 다른 접근 방법은 조건부 무작위장 등과 같은 시퀀스 라벨링 모델을 학습시킨다(Sporleder & Lapata, 2005; Xuan Bach et al., 2012; Feng et al., 2014). 이 과정은 §8.3에서 설명한 시퀀스 라벨링을 사용해 분절화를 실행하기 위한 BIO 표기법을 사용해 수행된다.

16.3.3 논증

텍스트 수준의 관계 구조에 관한 또 다른 관점으로는 **논증**[argumentation]에 초점을 맞추는 것이다(Stab & Gurevych, 2014b). 각 분절(주로 문장 또는 절)들은 다른 분절들을 뒷받침하거나 반박하며, 해당 텍스트에 대해 그래프 구조를 생성한다. 다음의 예시에서 (Peldszus & Stede, 2013) 분절 $S2$는 분절 $S1$의 명제를 논증의 방식으로 뒷받침한다.

(16.11) [We should tear the building down,][우리는 빌딩을 허물어야 한다.]$_{S1}$
      [because it is full of asbestos][그 빌딩은 석면으로 가득 차 있기 때문이다.]$_{S2}$

마찬가지로, 하나의 주장은 위의 두 개의 주장에 대해 연결 고리를 뒷받침하거나 반박할 수 있고 **하이퍼그래프**[hypergraph]를 생성한다. 이 그래프는 꼭짓점의 수에 구애받지 않고 간선들이 결합하는 경우에 대한 일반화된 그래프다. 이 방법은 다음의 예시에서처럼 다른 문장 하나를 추가해 확인할 수 있다.

(16.12) [In principle it is possible to clean it up,][원리상으로는 그것(석면)을 청소하는 것은 가능하다.]$_{S3}$
      [but according to the mayor that is too expensive.][그렇지만 시장에 따르면 그 비용은 매우 비싸다.]$_{S4}$

$S3$는 $S2$에 대한 타당성을 인정하지만 $S1$의 주장을 약화시킨다. 이들은 하이퍼 간선 $(S3, S2, S1)_{undercut}$을 도입해 표현할 수 있으며, $S3$가 $S2$와 $S1$ 사이에 제안된 관계를 약화시킨다는 사실을 나타내고 $S4$는 $S3$의 타당성을 약화시킨다.

논증 마이닝은 이런 구조를 원본 텍스트에서부터 복구하는 작업이며, 최근에는 논증 구조의 주석은 상대적으로 적게 작업한다. Stab & Gurevych(2014a)는 90편의 설득하는 에세이 모음에 대해 주석을 달았고, Peldszus & Stede(2015)는 112편의 문단 정도 길이에 해당하는 작은 텍스트를 수집해 독일어로 주석을 달았다.

16.3.4 담화 관계의 응용

담화 파싱에서 주로 사용되는 응용 사례는 문서의 내부 내용을 선택하는 것이다. 수사 구조 이론에서 핵은 관계에서 더 비중이 있는 요소로 다뤄져서 문서를 요약할 때 포함될 가능성이 더 높고, 또한 문서 분류에서도 더 유용하게 쓰일 수도 있다. 펜 트리뱅크의 기반이 되는 이론인 D-LTAG는 이러한 핵성이 가지는 의의에 대해 대해 크게 주목하지 않지만, 논항은 관계 유형에 따라 각기 다른 중요도를 가질 수도 있다. 예를 들면 확장 관계에 있는 ARG1을 구성하는 텍스트의 스팬은 요약문에서 나타날 가능성이 높은 반면, 암시적 관계에 있는 ARG2를 구성하는 문장은 나타날 가능성이 낮다(Louis et al., 2010). 또한 담화 관계는 문서 구조 내의 분절화 지점을 알려주기도 한다. 명시적으로 표시된 담화는 주관성subjectivity의 변화와 상관관계가 있으며, 또 이런 변화 지점을 식별하는 것은 분류기로 텍스트의 주관적인 부분에 초점을 맞출 수 있도록 해 문서 단위의 정서 분류의 성능을 향상시킬 수 있도록 도움을 줄 수 있다 (Trivedi & Eisenstein, 2013; Yang & Cardie, 2014).

추출 요약 텍스트 요약은 긴 문장을 짧은 문장으로 변환하는 깃과 함께 원본 텍스드의 핵심적인 사실, 사건, 발상, 정서 등을 여전히 잘 전달하고 있는지에 대한 문제를 다룬다. **추출 요약**Extractive Summarization에서 요약이란 원본 텍스트의 하위 집합을 의미하며, **추상 요약**에서의 요약은 원본을 의역해 표현하거나 먼저 의미 표현으로 인코딩하는 등의 방법을 통해 생성한 '드 노보de novo'를 의미한다(§19.2 참조). 추출 요약의 주요 전략은 바로 전체 문서의 개념을 가장 잘 포괄하는 문서의 하위 집합을 선택해 해당 커버리지를 극대화하는 것이다. 일반적으로 커버리지는 단어 가방을 겹치는 식으로 근사치를 계산한다(Nenkova & KcKeown, 2012). 커버리지 기반 목적함수는 핵성 원칙을 활용해 계층적 담화 관계에 따라 보충할 수 있다. 모든 담화 관계에서 전체적인 텍스트의 의미에서 핵은 더 중요한 비중을 차지하고, 따라서 추출 요약 과정에 핵을 포함해야 할 중요성 또한 더 크다고 할 수 있다(Marcu, 1997a).[10] 이와 같은 생각은 **담화 깊이**discourse depth(Hirao et al., 2013)를 활용해 각개 관계에서 일반화될 수 있다. 각각의 기초 담화 요소 e에서 담화 깊이 d_e는 e를 포함하는 담화 단위가 위성에 해당하게 되는 관계의 수를 의미한다.

담화 깊이와 핵성 모두 제한된 최적화를 사용해 추출 요약 과정에 합칠 수도 있다. x_n이 기초 담화 단위에 대한 벡터 표현을, $y_n \in \{0, 1\}$은 n이 요약에 포함됐는지의 여부를, d_n은 단위 n의 깊이를 나타낸다고 가정하자. 또 각 담화 단위가 재귀적으로 정의되는 "중심" h를 가진다고 생각해보자.

- 만약 담화 단위가 종속 관계에 의해 생성된다면, 그 담화 단위의 중심은 핵의 중심이다.
- 만약 담화 단위가 등위 관계에 의해 생산된다면, 그 담화 단위의 중심은 가장 좌측 핵의 중심이다.
- 각각의 기초 담화 단위에 대해, 그 부모인 $\pi(n) \in \{\varnothing, 1, 2, ..., N\}$은 중심이 n이 아니고, n을 포함하는 가장 작은 담화 단위의 중심이다.
- 만약 n이 전체 문서를 스패닝하는 담화 단위의 중심이라면, $\pi(n) = \varnothing$이다.

위의 정의들을 고려하면, 담화 기반의 추출 요약은 다음과 같은 수식으로 표현할 수 있다(Hirao et al., 2013).

$$\max_{\boldsymbol{y}=\{0,1\}^N} \sum_{n=1}^{N} y_n \frac{\Psi\left(\boldsymbol{x}_n, \{\boldsymbol{x}_{1:N}\}\right)}{d_n}$$

$$\text{s.t.} \sum_{n=1}^{N} y_n \left(\sum_{j=1}^{V} x_{n,j}\right) \leq L$$

$$y_{\pi(n)} \geq y_n, \quad \forall n \text{ s.t. } \pi(n) \neq \varnothing \qquad [16.11]$$

---

10 이와 반대로 여러 개의 핵을 갖고 있는 관계의 논항은 요약에 모두 포함되거나 포함되지 않아야 한다(Drrett et al., 2016)

여기서 $\Psi(\boldsymbol{x}_n, \{\boldsymbol{x}_{1:N}\})$는 문서의 나머지 부분에 대해 기초 담화 단위 n의 커버리지를 측정하며, $\sum_{j=1}^{V} x_{n,j}$은 $\boldsymbol{x}_n$의 토큰의 수를 의미한다. 첫 번째 제약 조건은 요약 내의 토큰의 최대 개수가 L이 되도록 보장한다. 두 번째 제약 조건은 부모가 포함돼 있지 않다면 어떤 기초 담화 단위도 포함하지 않게끔 한다. 이 방법에서는 담화의 중심이 되지 않는 기초 담화 단위의 기여도를 낮추고, 결과 구조가 원본 담화 구조의 하위 트리임을 보장하기 위해 두 번에 걸쳐 담화 구조를 사용한다. 그리고 §13.2.2에서 설명한 것처럼, 16.11의 최적화 문제는 **정수 선형 프로그래밍**^{Integer Linear Programming}을 통해 해결할 수 있다.[11]

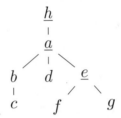

그림 16.6 그림 16.5의 담화 파스의 담화 깊이 트리(Hirao et al., 2013). 각각의 기초 담화 단위는 그 부모에 연결돼 있다. 유효한 요약 내에 있는 담화 단위는 밑줄로 표시했다.

그림 16.6은 그림 16.5의 RST 분석을 위한 담화 깊이 트리를 나타내며, 각각의 기초 담화는 그 부모와 연결돼 있다(또한 부모의 아래에 위치한다). 그림상에서 밑줄로 표시된 담화 단위는 다음과 같은 요약을 생성한다.

(16.13) It could have been a great movie, and I really liked the son of the leader of the Samurai. But, other than all that, this movie is nothing more than hidden rip-offs.
[상당히 잘 만들어진 영화라고 볼 수도 있었고, 사무라이 두목의 아들이라는 캐릭터는 정말 마음에 들었다. 그렇지만 딱 거기까지였고, 그 영화는 단지 관객들의 주머니를 털어가는 데 지나지 않았다.]

---

11 형식적으로 16.11은 **배낭**(knapsack) **문제**의 특별한 경우이다. 이 문제의 목표는 어떤 최대 가중치에 따른 제약 조건하에 최댓값을 가진 항목의 하위 집합을 탐색하는 것이다(Cormen et al., 2009).

문서 분류   계층적 담화 구조는 그 자체로 자연스럽게 텍스트 분류 시에도 도움이 된다. 종속 담화 관계에서 분류 결정을 내릴 때, 핵은 위성보다 더 중요한 비중을 차지한다. 이러한 기본적인 아이디어를 실행하기 위해 다양한 방안이 제안됐다.

- 문장 내의 담화 관계 및 어휘 기반 분류(§4.1.2)에 초점을 맞추고, Voll & Taboada(2007)는 담화 관계의 위성 내의 텍스트를 간단히 무시해버린다.

- 문서 수준에서 각각의 담화 관계 논항의 원소는 가중치가 조정될 수 있다. 이 접근법에서는 핵 안의 단어를 선호하고 위성 내의 단어를 회피시킨다(Heerschop et al., 2011; Bhatia et al., 2015). 이 처리 방식은 재귀적으로 적용될 수 있으며, 전체 문서에 걸쳐 가중치를 계산한다. 가중치는 관계에 따라 상이할 수 있고, 대비 관계에 있는 위성의 피처들은 감소하거나 뒤바뀔 수도 있다.

- 또 다른 방법에서 계층적 담화 구조는 재귀 뉴럴 네트워크의 구조를 정의할 수도 있다(§10.6.1을 참조). 이 네트워크에서 담화 단위의 표현은 해당 담화 단위의 논항과 담화 관계에 대응하는 파라미터를 통해 계산할 수 있다(Ji & Smith, 2017).

얕고 비계층적인 담화 관계는 문서 분류에서도 비슷하게 적용된다. 한 접근 방법에서는 개별 담화 단위의 분석에 여러 제약 조건들을 추가해서, 인접 단위가 동의를 나타내는 담화 관계에 연결됐을 때는 같은 극성을, 불일치를 나타내는 대비 담화 관계에 의해 연결됐을 때는 반대의 극성을 가지도록 만들었다(Somasundaran et al., 2009; Zirn et al., 2011). Yang & Cardie(2014)은 펜 담화 트리뱅크에서 명시적으로 표시된 관계를 문장 수준의 정서 분류 문제에 적용하기도 했으며(§4.1을 참조할 것), 이 경우 다음의 약한 제약 조건상에서 이뤄진다.

- CONTRAST[대비] 관계가 문장의 시작 부분에 나온다면, 해당하는 문장은 직전의 선행하는 문장과 정서가 반대인 극성을 가진다.

- EXPANSION[확장] 또는 CONTINGENCY[개연성]이 문장의 시작 부분에 나온다면, 해당 문장은 직전의 선행하는 문장과 동일한 극성을 가진다.

- CONTRAST[대비] 관계가 문장 '안에' 나온다면, 해당 문장은 문장이 두 가지 정서를 모두 표현할 가능성이 높기 때문에 중립인 극성을 가진다.

이와 같이 담화에 따라 나타나는 제약 조건들은 제품 후기 데이터 세트 두 개에서 더 나은 성능을 보인다.

일관성 적절하게 문장들이 구축되면 문법 속성을 문장들이 공유하는 것처럼 담화들이 잘 구축되면 **일관성**coherence이라는 속성을 담화들이 서로 공유한다. 담화 처리의 응용 사례 중 하나는 번역문이나 요약문과 같은 컴퓨터를 사용해 생성한 텍스트의 일관성을 측정(하고 최대화)하는 방법이 있다(Kibble & Power, 2004). 또한 일관성 평가는 학생들의 에세이와 같은 사람이 만든 텍스트 등을 평가할 때도 사용된다(예컨대 Miltsakaki & Kukich, 2004; Burstein et al., 2013).

일관성은 여러 현상을 포괄해 다루며 많은 현상들은 16장의 앞부분에서 강조한 바 있다. 예를 들면 인접한 문장들은 등장하는 어휘도 일관적이어야 하며(Foltz et al., 1998; Ji et al., 2015; Li & Jurafsky, 2017), 개체 참조는 중심화 이론을 따라야 한다(Barzilay & Lapata, 2008; Nguyen & Joty, 2017). 또 담화 관계는 다음과 같은 다양한 방식으로 텍스트의 일관성과 연관성을 가진다.

- 계층적 담화 관계는 핵 및 위성에 대해 "표준 배열canonical ordering"을 만드는 경향성을 띤다(Mann & Thompson, 1988). 이를테면 수사 구조 이론의 ELABORA-TION[정교화] 관계에서는 핵이 항상 먼저인 반면, JUSTIFICATION[정당화] 관계에서는 위성이 항상 먼저 나타난다(Marcu, 1997b).

- 담화 관계는 논항 사이의 의미적 혹은 기능적 관계에 적합한 연결사에 따라 표현돼야 한다. 이를테면 일관적인 텍스트는 일시적인temporal 관계가 아닌 COMPARISON[비교] 관계를 나타내기 위해 'however'를 사용한다(Kibble & Power, 2004).

- 담화 관계는 예측 가능한 시퀀스로 나열되는 경향이 있다. 예를 들면 COM-PARISON[비교] 관계는 CONTINGENCY[개연성] 관계의 바로 앞에 나타나는 경향이 있다(Pitler et al., 2008). 이런 관측 과정은 개체 그리드 모델을 일반화해 수식화되고(§16.2.2), 각각의 셀 (i, j)는 문장 i 안의 개체 j에 대한 언급을 포함하는 담화 논항의 역할에 대한 정보를 제공한다(Lin et al., 2011). 이를테면 첫 번째 문장이 비교 관계의 ARG1이라면, 문장에서 언급된 모든 개체는 COMP.ARG1으로 라벨링된다. 이런 처리 방식은 RST 담화 관계에도 동일

하게 적용할 수 있다(Feng et al., 2014).

데이터 세트 담화 관계의 기준을 평가할 때 가장 어려운 점 중 하나는 사람이 생성한 텍스트는 통상적으로 일관성이 최소 한계 수준 정도에 그친다는 것이다. 그렇기 때문에 일관성을 측정하기 위한 연구의 대다수는 인위적인 데이터에 초점을 맞춰 이뤄졌다. 대표적인 설정은 사람이 작성한 텍스트의 문장을 허용한 다음, 제안된 일관성 측정 방법에 따라 원본 문장의 순서가 더 높은 점수를 가지는지 여부를 결정하는 것이다(Barzilay & Lapata, 2008). 이와 비슷하게 기계 요약에 대한 일관성을 사람이 평가한 소규모 데이터 세트도 존재한다. 예를 들면 2003년의 문서 이해 콘퍼런스Document Understanding Conference에서 선보인 참여 시스템을 거쳐서 얻은 요약문에 대한 패널들의 판단은 웹에서 구할 수 있다.[12] ETS(Educational Testing Service, 미국 내 국가 차원의 시험 일부를 주관하는 기관)의 연구자들은 담화의 일관성과 학생들의 에세이 품질 간의 관계를 연구해왔다(Burstein et al., 2003, 2010). 캠브리지대학교의 연구자들은 외국어(제2 언어) 학습자들의 에세이에 대한 공개 데이터 세트 및 양질의 주석을 제공한 바 있다(Yannakoudakis et al., 2011). 이와 정반대로 Louis & Nenkova(2013)는 전문적으로 작성된 과학 에세이의 구조를 분석해, 담화 관계의 전이가 수상작을 동일 분야의 기타 논문들 사이에서 구분할 때 도움이 된다는 사실을 발견했다.

추가 자료

원고 정도 길이 수준의 담화 처리의 논항에 대해서는 Stede(2011)를 참조하면 된다. 그리고 논문 정도 길이 수준의 연구에 대해서는 Webber et al.(2012) 및 Webber & Joshi(2012)를 참고하면 된다.

연습 문제

1. 일부 담화 연결사는 논항 사이에 위치하는 경향이 있다. 다른 경우에는 두 논증 모두를 선행하거나, 드물게는 두 논항 모두보다 뒤이어 나올 때도 있다. 다음에

---

12 http://homepages.inf.ed.ac.uk/mlap/coherence/

제시된 연결사가 그 논항의 사이, 앞, 뒤 가운데 어디에 위치하는지를 나타내시오.

however, but, while (contrastive, not temporal), *although, therefore, nonetheless*

2. 본 문항은 짝을 지어 해결해야 한다. 참가자는 당일의 뉴스 기사를 하나 선택해, 개별 인물에 관해 언급된 모든 것들을 특수한 토큰, 이를테면 PERSON1, PERSON2 등으로 대체한다. 그런 다음, 또 다른 참가자는 중심화 이론의 규칙을 활용해 참조 표현의 각 유형을 다음과 같이 추론해본다(성명(예컨대 *Captain Ahab*), 성명의 일부(예컨대 *Ahab*), 명사형(예컨대 *the ship's captain*), 대명사). 그래서 여러분의 예측이 원본 텍스트와 일치하는지 확인하고, 텍스트가 중심화 이론 규칙에 부합하는지의 여부를 확인해보자.

3. 본 문항에서는 자료 16.1과 유사한 자료를 만들게 될 것이다.

   a) 평활화 커널 $k = [.5, .3, .15, .05]$를 활용해, 방정식 16.2의 평활화된 코사인 유사도 척도를 실행하라.

   b) 최소 10개 이상의 문단으로 구성된 뉴스 기사의 텍스트를 다운로드하라.

   c) 뉴스 기사의 길이에 대해 평활화된 유사성 $\bar{s}$를 계산하고 도표로 나타내라.

   d) $\bar{s}$ 내의 지역 최소치를 다음과 같이 식별한다. 먼저 $\bar{s}_m < \bar{s}_{m\pm1}$인 모든 문장 m을 탐색한다. 그런 다음 이 지점들을 탐색해 가장 낮은 $\bar{s}_m$을 가진 문장 다섯 개를 탐색한다.

   e) 다섯 개의 지역 최소치는 문장의 경계와 일치하는 빈도는 어느 정도인가?

      ○ 문장의 경계에 해당하는 지역 최소치의 일부는 "k에서의 **정밀도**precision-at-k"이며, 여기서는 $k = 5$이다.

      ○ 지역 최소치에 해당하는 문장 경계의 일부는 "k에서의 **재현율**recall-at-k"이다.

      ○ $k = 3$, $k = 10$일 때 k에서의 정밀도와 k에서의 재현율을 구하라.

4. 텍스트 분절화를 확률적 모델로 나타내기 위한 방법 가운데 하나는 바로 "**디리클레 복합 다항**DCM, Dirichlet Compound Multinomial" 분포가 있다. 이 분포에서는 파라미터 α가 양의 실수의 벡터인 단어 주머니 $\text{DCM}(x; \alpha)$의 확률을 계산한다. 이와 같은 분포는 개별 단어가 반복적으로 나타날 수 있도록, 내부적으로 일관적인 단어 벡터

주머니에 높은 우도를 할당하도록 구성된다. 예를 들어 이러한 습성은 $\alpha < 1$인 $\alpha = \alpha 1$ 등과 같은 간단한 파라미터화에서도 관측할 수 있다. $\psi_a(i, j)$가 매개변수가 α인 DCM 분포에서의 분절 $w_{i+1:j}$의 로그 확률을 나타낸다고 가정하자. 로그 확률 $\sum_{k=1}^{K} \psi_a(s_{k-1}, s_k)$의 합을 최대화하며 텍스트를 모두 k개의 분절로 분할하기 위한 동적 프로그램을 제시하라. 여기서 s_k는 분절 k의 마지막 토큰을 색인하며, $s_0 = 0$이다. 제시된 동적 프로그램의 시간 복잡도는 입력 길이의 제곱보다 커서는 안 되며, 분절의 수에 따라 선형이다.

5. 본 문항에서는 문항 4를 확장해, 계층적 분절화를 실행하기 위한 CKY 알고리듬을 채택한다. 분절화 집합 $\{\{s_k^{(\ell)}\}_{k=1}^{K^{(\ell)}}\}_{\ell=1}^{L}$으로서의 계층 분절화를 정의하시오(L은 분절화 깊이를 의미한다). 분절화가 계층적으로 타당함을 보장하기 위해, 분절화 지점 $s_k^{(\ell)}$은 계층 ℓ에서뿐만이 아니라, 계층 $\ell - 1(\ell > 0)$에서도 마찬가지로 분절화 지점이 돼야 한다.

   간단히 하기 위해 이번 문제에서는 이진 계층적 분절화에 초점을 맞춰, 레벨 $\ell > 1$에서 각각의 분절이 정확히 두 개의 하위 분절을 갖도록 한다. 이전 문제에서 다룬 DCM 로그 확률을 분절 스코어로 사용해, 계층적 분할 점수를 (모든 레벨에서) 모든 분절의 점수로 정의하라. 정확히 계층 L인 최대 로그 확률 이진 분절화인 텍스트의 최적의 "파스"가 되도록 CKY류의 순환을 제시하시오.

6. 중심화 이론의 개체 그리드 표현은 §16.2.2에서 살펴본 바와 같이 인접한 문장의 점수를 계산하기 위해 사용될 수 있다. 문장들의 세트가 주어지면, 이러한 점수는 최적의 순서를 계산할 때 사용된다. 로그 확률이 최대인 순서를 탐색하는 작업이 NP-완전complete임을 기존의 잘 알려진 방식과는 다르게 제시하라.

7. §16.3.2에서는 각각의 스팬의 구성 벡터 표현을 사용한 상향식 파싱이 항상 최적인 것은 아니라는 사실을 확인했다. 본 연습 문제에서는 이러한 요지를 증명할 수 있는 최소한의 예시를 만들게 될 것이다. 기저 표현이 $\{z^{(i)}\}_{i=1}^{4}$이며 4개의 단위를 가진 담화가 있다고 가정하자. 이때, 상향식 파싱에 의해 선택된 파스가 최적이 아닌 시나리오를 구성하고, 이러한 차선의 파스가 채택되는 정확한 수학적 조건을 제시하라. 본 문항의 목적에 따라 관계 라벨 ℓ은 무시해도 무방하다.

8. §16.3.3에서 살펴본 바와 같이, 논항은 어떤 한 분절이 두 개의 다른 분절 사이에 제안된 경로를 "**약화시키는**undercut" 하이퍼 그래프에 의해 표현될 수 있다. §16.3.4에서 설명한 추출 요약 모델을 논항까지 확장해, 다음과 같은 제약을 추가한다. 만약 분절 i가 j와 k 사이의 논증적 관계를 약화시킨다면, j와 k를 모두 포함하지 않는 한, i는 요약에 포함될 수 없다. 제시된 답안은 정수 선형 프로그램상에서 일련의 '선형' 제약의 형태를 취해야 한다. 즉, 각각의 제약은 오직 변수의 덧셈과 뺄셈만을 포함할 수 있다.

다음 2개의 연습 문항에서는 실제 말뭉치에서 담화 연결사의 활용을 살펴본다. NLTK를 사용해 브라운Brown 말뭉치를 다운로드받은 후, 다음의 연결사 즉, *however, nevertheless, moreover, furthermore, thus* 가운데 하나로 시작하는 문장을 식별하시오.

9. 어휘적 일관성과 담화 연결사는 모두 텍스트의 "응집성cohesion"에 기여한다. 따라서 명시적 담화 연결사에 의해 결합된 인접한 문장들이 더 높은 단어 중첩overlap을 가진다고 예상할 수 있다. 브라운 말뭉치를 활용해, 위에서 언급한 연결사 가운데 하나에 따라 연결된 인접한 문장들 사이의 평균 코사인 유사도를 계산해 해당 이론을 확인해보라. 또한 이를 모든 기타 인접한 문장들의 평균 코사인 유사도와 비교해보라. 만약 방법을 알고 있다면 관측된 차이가 수치적으로 유의미한지를 결정하기 위해 두 표본 t 검정two-sample-t-test을 실행해보라.

10. 위에서 언급된 연결사를 다음의 3개의 담화 관계로 구분지어 묶는다.
    * 확장: *moreover, furthermore*
    * 비교: *however, nevertheless*
    * 개연성: *thus*

   나열한 5개의 연결사 중 하나로 결합된 문장 쌍에 유의해, 두 개의 인접한 문장으로부터 담화 관계를 예측할 수 있는 분류기를 만들어보시오(연결사 자체는 무시하도록 하자). 브라운 말뭉치의 처음 30,000개의 문장을 트레이닝 세트로 사용하고 나머지 문장들은 테스트 세트로 사용한다. 여러분의 분류기의 성능을 단순하게 가장 흔한 클래스를 선택하는 경우와 비교해보라. 단어 가방 분류기를 사용하더라도 이러한 기준보다 나은 성능을 구현하기가 어렵기 때문에 더 정교한 또 다른 방법을 생각해보기를 바란다.

IV 응용

17 정보 추출

구조화된 레코드 및 관계 데이터를 탐색하고 추론하는 과정에서 컴퓨터는 강력한 성능을 제공한다. 일각에서는 인공지능의 가장 중대한 한계점은 추론이나 학습이 아니라 단순히 지식의 양이 지나치게 부족한 것이라고 주장한다(Lenat et al.,1990). 자연어 처리는 이에 대한 흥미로운 해결 방안을 제시한다. 바로 자연어 텍스트를 읽어와 구조화된 **지식 베이스**Knowledge Base를 구축하는 것이다.

예를 들면 많은 위키피디아 페이지는 개체나 사건에 대해 구조화된 정보를 제공하는 "정보 상자Infobox"를 갖고 있다. 자료 17.1a에서 해당 예시를 확인할 수 있으며, 각각의 행은 개체 ⟨IN THE AEROPLANE OVER THE SEA⟩라는 레코드 앨범에 대한 하나의 이상의 속성을 알려준다. 속성 집합은 사전에 위키피디아 내의 모든 레코드 앨범에 적용한 사전에 정의된 **스키마**를 통해 결정된다. 자료 17.1b에서 확인할 수 있듯이 이러한 필드 중 많은 부분은 위키피디아 페이지상의 텍스트의 첫 몇 줄의 문장을 통해 직접 알려준다.

텍스트를 통해 자동으로 정보 상자를 구축하거나 채우는 작업은 **정보 추출**information extraction의 사례 중 하나다. 대부분의 정보 추출은 개체, 관계, 사건을 사용해서 설명할 수 있다.

- **개체**entity란 사람(JEFF MANGUM), 장소(ATHENS, GEORGIA), 단체(MERGE RECORDS), 시간(FEBRUARY 10, 1998) 등과 같이 현실에서의 고유한 대상을 의미한다. 앞선 8장에서 토큰을 개체 스팬의 일부로 라벨링하는 개체명 인식에 대해 학습한 바 있다. 더 나아가 17장에서는 개체에 대한 멘션을 어떻게 지

식 베이스의 요소와 연결하는지 알아본다.

- **관계**relation는 **술어**predicate와 두 개의 **논항**argument을 포함한다. 이를테면 CAPITAL (GEORGIA, ATLANTA)과 같다.
- **사건**event은 유형화된 여러 논항을 포함한다. 예를 들면 그림 17.1에 나타난 앨범의 제작과 발매는 다음의 사건들로 설명할 수 있다

⟨TITLE: IN THE AEROPLANE OVER THE SEA,

ARTIST: NEUTRAL MILK HOTEL,

RELEASE-DATE: 1998-FEB-10, ...⟩

Studio album by Neutral Milk Hotel

발매 : 1998년 2월 10일

녹음 : 199년 7월 – 9월

스튜디오 : 펫 사운즈 스튜디오, 덴버, 콜로라도

장르 : 인디록, 사이키델릭 포크, 로파이

길이 : 39.55

라벨 : 머지, 도미노

프로듀서 : 로버트 슈나이더

(a) 위키피디아 정보 상자

(17.1) In the Aeroplane Over the Sea 앨범은 미국 인디록 밴드 뉴트럴 밀크 호텔의 두 번째이자 마지막 스튜디오 앨범이다.

(17.2) 이 앨범은 1998년 2월 10일 미국에서 머지 레코드를 통해 발매됐으며, 블루 로즈 레코드를 통해 1998년 5월에 영국에서 발매됐다.

(17.3) 제프 맨검은 앨범 노래의 대부분을 준비하기 위해서 그의 프로듀서인 로버트 슈나이더와 함께 조지아주의 아테네에서 콜로라도주의 덴버로 옮겼다. 이 기간 동안 짐 매킨타이어의 집이었던 펫 사운드 스튜디오를 새롭게 만들었다.

(b) 텍스트의 처음 몇 문장. 정보 상자 안의 필드 혹은 필드 명과 일치하는 문자열은 밑줄을 추가했고, 다른 개체를 멘션하는 문자열은 물결무늬 밑줄을 추가했다.

그림 17.1 Neutral Milk Hotel[뉴트럴 밀크 호텔]의 스튜디오 앨범[1]

사건 유형의 논항 집합은 **스키마**에 따라 정의된다. 많은 사건에서 결혼, 저항, 구매, 테러 공격 등과 같은 시간별로 구분된 사건을 참조한다.

정보 추출은 의미 역할 라벨링(13장)과 유사한 측면이 있다. 술어가 사건과 대응되고, 논항은 사건 표현 내부를 정의하는 부분으로 생각할 수도 있다. 하지만 정보 추출에서는 목표기 디르다. 모든 문장을 정확하게 파싱하기보다는 정보 추출 시스템은 주로 소수의 핵심 관계나 사건 유형, 주어진 문장의 모든 속성을 식별하는 작업에 초점을 둔다. 정보 추출은 얼마나 많은 문장들이 파싱됐는지가 아닌, 최종 지식 베이스가 얼마나 정확한지에 따라 평가가 이뤄진다. 이 목표는 각 문장을 정확하게 분석해야

---

1   뉴트럴 밀크 호텔(영어: Neutral Milk Hotel)은 미국 루이지애나주 러스턴에서 음악가 제프 맨검이 결성한 록 밴드다. 음악적으로 인디 록과 사이키델릭 포크의 영향을 받았으며, 의도적으로 저음질의 음악을 만든다(출처: 위키피디아). – 옮긴이

하는 **마이크로 독해**^{Micro-Reading}와 반대되는 **매크로 독해**^{Macro-Reading}라는 용어로 부르기도 한다. 매크로 독해 시스템은 읽기 쉬운 문장을 가지고 동일한 정보를 복원해낼 수만 있다면, 어려운 문장을 무시해버린다고 페널티가 부과되지 않는다. 하지만 매크로 독해 시스템은 정보들 간의 불일치가 있다면 반드시 해소해야 하며(이를테면 MERGE RECORDS와 BLUE ROSE RECORDS 중 어디에서 앨범이 출시됐는지), 전체 데이터 세트에 대한 추론이 필요하다.

개체, 관계, 사건을 인식하는 기본적인 작업 이외에도, 정보 추출 시스템은 반드시 부정을 처리할 수 있어야 하고, 사실에 대한 진술과 바람, 우려, 예측, 가설 등을 구별해야 한다. 마지막으로 정보 추출은 주로 **"질문에 대한 응답"** 문제와 함께 다뤄지는 경우가 많다. 이 작업은 질문의 의미를 정확하게 파싱하고 텍스트로 구성된 답변을 선택하거나 생성하는 과정이 필요하다. 질문 응답 시스템은 대규모의 코퍼스에서 추출된 지식 베이스상에서 구축되거나, 원본 테스트에서 직접적으로 답변을 확인하기 위해서 시도할 수도 있다.

17.1 개체

정보 추출은 텍스트 내에서 개체에 대한 멘션을 식별하는 작업에서부터 시작한다. 다음과 같은 예시를 생각해보자.

(17.4) The United States Army captured a hill overlooking Atlanta on May 14, 1864.

  [미군은 애틀랜타가 내려다보이는 언덕을 1864년 5월 14일에 점령했다.]

1. 다음의 스팬('*United States Army*', '*Atlanta*', '*May 14,1864*')을 개체 멘션으로 식별하라('The hill'은 고유하게 식별되지 않으므로, 따라서 개체명이 아니다). 또한 조직, 위치, 날짜와 같은 **개체명 유형**도 식별하려고 한다. 이 과정을 개체명 인식이라고 하며, 이에 대한 내용은 앞서 8장에서 설명했다.

2. 이와 같은 스팬을 지식 베이스 안의 개체('U.S ARMY', 'ATLANTA', '1864-MAY-14')에 연결한다. 이와 같은 작업은 **개체 연결**^{Entity Tinking}로 알려져 있다.

개체에 연결할 문자열을 **멘션**mentions이라고 하며, 상호 참조 해결 작업에서와 비슷하게 사용된다. 개체 연결 작업의 일부 수식에서는 연결의 후보군에는 개체만 해당되며 이를 **개체명 연결**Named Entity Linking이라고도 한다(Ling et al., 2015c). 또 다른 수식 표현, 예를 들면 **위키화**Wikification(Milne & Witten, 2008) 등에서는 어떤 문자열이든 멘션이 될 수 있다. 대상 개체의 집합은 주로 위키피디아 페이지에 해당하며, 위키피디아는 YAGO(Suchanek et al., 2007), DBPedia(Auer et al., 2007), Freebase(Bollacker et al., 2008) 등과 같이 더 포괄적인 지식 베이스의 근간이라고 할 수도 있다. 개체 연결은 훨씬 적은 수의 목표가 주어졌을 때처럼 더 "폐쇄적인" 상황에서도 마찬가지로 적용할 수 있다. 이 경우 시스템은 멘션이 지식 베이스 내의 어떤 개체도 참조하지 않는지 해당 여부를 결정해야 하며, 이를 **NIL 개체**(McNamee & Dang, 2009)라고도 한다.

예시 17.4를 다시 보면, 모호하지 않은 세 개의 개체 멘션이 존재한다. 하지만 문자열 Atlanta에 대한 위키피디아의 상세 페이지를 살펴보면 예시와 반대되는 부분이 있다.[2] 미국에는 Atlanta라는 이름의 서로 다른 마을 및 도시가 20개 이상, 선박이 5척 이상 존재하며 그 외에도 잡지명, TV 쇼의 제목, 악단 및 가수 등도 존재하고 이들은 그 자체를 설명한 고유 위키피디아 페이지를 보유할 정도로 높은 인지도를 보여준다. 이제부터는 이러한 수십여 가지의 확률 중에서 어떻게 선택할 것인지에 대해 생각해 봐야 한다. 17장에서는 지도 관점의 처리 방식에 초점을 맞춰서 다룰 것이다. 비지도 개체 연결은 **문서 간 상호 참조 해결**Cross-Document Coreference Resolution 문제와 밀접한 관련이 존재하며, 이 문제는 문서 경계에서 상호 참조하는 멘션을 식별하는 작업을 다룬다(Bagga & Baldwin, 1998b; Singh et al., 2011).

17.1.1 랭킹에 대한 학습을 통한 개체 연결

개체 연결은 주로 **랭킹** 문제로 나타낼 수 있다.

$$\hat{y} = \underset{y \in \mathcal{Y}(x)}{\mathrm{argmax}} \, \Psi(y, x, c) \qquad [17.1]$$

---

2 https://en.wikipedia.org/wiki/Atlanta_(disambiguation)(2017년 11월 1일 기준)

여기서 y는 목표 개체를, x는 멘션의 설명을, $\mathcal{Y}(x)$는 후보 개체의 집합을, c는 문서 내의 다른 텍스트 혹은 메타데이터 등과 같이 문맥에 대한 설명을 각각 의미한다. 함수 Ψ는 평가함수로, 선형 모델인 $\Psi(y,\,x,\,c) = \theta \cdot f(y,\,x,\,c)$이거나 뉴럴 네트워크 등의 더 복잡한 함수일 수도 있다. 어떤 경우든지 간에 평가함수는 다음과 같이 마진 기반의 **랭킹 손실**Ranking Loss을 최소화하도록 학습한다.

$$\ell(\hat{y}, y^{(i)}, x^{(i)}, c^{(i)}) = \left(\Psi(\hat{y}, x^{(i)}, c^{(i)}) - \Psi(y^{(i)}, x^{(i)}, c^{(i)}) + 1 \right)_{+} \qquad [17.2]$$

여기서 $y^{(i)}$는 실제가 참인 사실이며, $\hat{y} \neq y^{(i)}$는 문맥 $c^{(i)}$ 내의 멘션인 $x^{(i)}$를 예측하기 위한 대상이다(Joachims, 2002; Dredze et al., 2010).

후보 식별   계산적 용이성을 위해서는 후보군 $\mathcal{Y}(x)$를 제한하는 것이 좋다. **이름 사전**name dictionary을 활용하는 처리 방식은 문자열에서 멘션일 가능성이 있는 개체에 대해 다대다many-to-many로 매핑된다. *Atlanta* 등의 문자열은 여러 개체를 참조할 수 있으며, 반대로 ATLANTA와 같은 개체는 여러 개의 문자열을 통해 참조될 수 있다. 이름 사전은 위키피디아를 통해 추출할 수 있으며, 각 위키피디아 개체 페이지와 해당 페이지를 가리키는 모든 하이퍼링크의 고정 텍스트 사이의 링크가 존재한다(Bunescu & Pasca, 2006; Ratinov et al., 2011). 재현율을 높이기 위해서 부분적이고 개략적으로 매칭해서 이름 사전을 보강할 수 있지만(Dredze et al., 2010), 후보군 집합이 커지면서 거짓 양성False Positive 판단이 나올 리스크 또한 증가한다. 예를 들면 문자열 *Atlanta*는 *the Atlanta Fed*(애틀랜타 연방 준비 은행, 즉 FEDERAL RESERVE BANK OF ATLANTA)와 부분적으로 매칭되며, '*Atlanta*(그리스 신화의 여주인공 그리고 이탈리아의 축구 팀)'와는 노이즈가 있는 매칭이 된다.

피처   개체 랭킹을 위한 피처 기반의 처리 방식은 지역 정보에 대한 주요 유형 3가지에 따라 결정된다(Dredze et al., 2010).

- 문자열 유사성에 따라 수량화된 표준 개체명과 멘션 문자열 간의 유사성, 이 3가지 유형이다. 이 피처에서는 문자열 '*Atlanta*'에 대해, 도시 ATLANTA를 농구 팀 ATLANTA HAWKS보다 우선시한다.
- 위키피디아 페이지 조회수 또는 위키피디아 연결 그래프에 나타난 페이지 랭

킹에 따라 측정할 수 있는 개체에 대한 인기도. 이러한 피처는 ATLANTA, GEORGIA를 통합되지 않은 지역인 ATLANTA, OHIO보다 우선시한다.

- 개체명 인식 시스템의 결과물에 해당하는 개체 유형. 이 피처는 멘션이 지역으로 태그돼 있는 문맥에서는 도시 'ATLANTA'를 잡지명 'ATLANTA'보다 우선시한다.

지역적 피처 외에도 문서의 문맥도 도움이 될 수 있다. 만약 *Jamaica*가 카리브해에 대한 문서에서 멘션됐다면, 이는 섬 국가를 가리킬 가능성이 높으며, 뉴욕이라는 문맥상에서는 퀸즈에 위치한 뉴욕과 이웃한 특정 지역을 의미할 가능성이 높다. 만약 이 단어가 음식 메뉴 문맥에서 멘션된다면, 히비스커스 차 음료를 의미할 가능성이 있다. 이러한 힌트들은 각 후보 개체에 대해 설명하는 위키피디아 페이지 간의 유사성을 통해 계산할 수 있다. 또한 이 위키피디아 페이지에는 문서를 표현하는 단어 가방을 포함할 가능성이 있거나(Dredze et al., 2010; Hoffart et al., 2011), 멘션 주위의 텍스트 범위에 대한 아주 작은 윈도우를 가지는(Ratinov et al., 2011) 등의 멘션 문맥 $c^{(i)}$를 사용한다. 이를테면 문맥과 개체 설명에 대한 단어 가방 벡터의 코사인 유사도를 계산할 수 있으며, 통상적으로 소성을 나타나는 단어를 강조하기 위해 **역문서 빈도** Inverse Document Frequency를 사용해 가중치를 부여한다.[3]

뉴럴 개체 연결 또 다른 방법에는 각 개체 후보에 대한 점수를 개체, 멘션, 문맥의 벡터 표현 분포를 사용해 계산하는 방법이 있다. 예를 들면 트위터 내의 개체를 연결하는 작업에서 Yang et al.(2016)은 다음의 쌍일차 평가함수를 사용했다.

$$\Psi(y, \boldsymbol{x}, \boldsymbol{c}) = \boldsymbol{v}_y^\top \Theta^{(y,x)} \boldsymbol{x} + \boldsymbol{v}_y^\top \Theta^{(y,c)} \boldsymbol{c} \qquad [17.3]$$

여기서 $\boldsymbol{v}_y \in \mathbb{R}^{K_y}$는 개체 y의 단어 임베딩, $\boldsymbol{x} \in \mathbb{R}^{K_x}$는 맨션의 임베딩, $\boldsymbol{c} \in \mathbb{R}^{K_c}$는 문맥의 임베딩이며, 행렬 $\Theta^{(y, x)}$, $\Theta^{(y, c)}$은 멘션과 문맥에 대해 개체의 호환성을 평가하는 파라미터이다. 각 벡터 임베딩은 엔드 투 엔드 목적함수를 통해 학습되거나 라벨링되지 않은 데이터상에서 사전 훈련된다.

---

3   **단어의 문서 빈도**(document frequency) j는 $DF(j) = \frac{1}{N}\sum_{i=1}^N \delta(x_j^{(i)} > 0)$이며, 해당 단어가 출현하는 문서의 수에 비례한다. 단어 가방 벡터가 두 개인 코사인 유사도에 대한 각 단어의 기여도는 희소 단어를 강조하기 위해 **역문서 빈도**인 $\frac{1}{DF(j)}$ 또는 $\log \frac{1}{DF(j)}$를 통해 가중될 수 있다(Spärck Jones, 1972).

- 사전 훈련된 **개체 임베딩**은 이미 존재하는 지식 베이스를 통해 얻거나(Bordes et al., 2011, 2013), 하이퍼링크가 고정 텍스트로 대체된 위키피디아 텍스트상에서 WORD2VEC과 같은 단어 임베딩 알고리듬을 실행해 얻을 수 있다.[4]

- 멘션 x의 임베딩은 멘션 안의 단어들의 임베딩 평균을 통해서 얻을 수 있다 (Yang et al., 2016). 혹은 §14.8에서 설명한 적 있는 구성적 방법을 사용해 계산할 수 있다.

- 마찬가지로 문맥 c의 임베딩 또한 해당 문맥 내의 임베딩을 통해 계산할 수 있다. 노이즈 제거 오토인코더는 재구성 손실을 최소화하도록 원본 텍스트에서 K-차원의 밀집 벡터 인코딩에 걸쳐 학습된다(Vincent et al., 2010).

$$\min_{\theta_g, \theta_h} \sum_{i=1}^{N} ||\boldsymbol{x}^{(i)} - g(h(\tilde{\boldsymbol{x}}^{(i)}; \boldsymbol{\theta}_h); \boldsymbol{\theta}_g)||^2 \qquad [17.4]$$

이때 $\tilde{\boldsymbol{x}}^{(i)}$는 노이즈가 있는 단어 가방 내의 개수인 $\boldsymbol{x}^{(i)}$를 나타내며, 무작위로 일부 빈도를 마이너스(−)로 설정해 생성한다. $h : \mathbb{R}^V \to \mathbb{R}^K$는 파라미터가 θ_h인 인코더이며, $g : \mathbb{R}^K \to \mathbb{R}^V$는 파라미터가 θ_g인 디코더이다. 인코더와 디코더 함수는 주로 뉴럴 네트워크를 사용해 실행된다. 이와 같은 모델을 개체 연결에 적용하려면, 각각의 개체와 문맥은 단어 가방 벡터인 $h(\boldsymbol{e})$와 $h(\boldsymbol{c})$로 초기화해서 인코딩으로 표현하고, 그다음 이러한 인코딩을 라벨링된 데이터를 통해 미세 조정하면 된다(He et al., 2013). 문맥 벡터 c는 문서 내 단어 임베딩상에서 컨볼루션(§3.4)을 통해서도 얻을 수 있으며(Sun et al., 2015), 혹은 저자의 소셜 네트워크 등과 같은 메타데이터를 검토해 얻을 수도 있다(Yang et al., 2016).

남아 있는 파라미터 $\Theta^{(y,x)}$, $\Theta^{(y,c)}$는 방정식 17.2 내의 마진 손실을 통한 역전파를 사용해 훈련될 수 있다.

17.1.2 집단 개체 연결

개체 연결은 문서 간에 결합하면서 실행되면 더 높은 정확도를 보인다. 그 이유를 살

---

4   사전 훈련된 개체 임베딩은 code.google.com/archive/p/word2vec/에서 다운로드할 수 있다.

펴보기 위해 먼저 다음의 목록을 살펴보자.

(17.5) a. California, Oregon, Washington

    b. Baltimore, Washington, Philadelphia

    c. Washington, Adams, Jefferson

각각의 경우에서 '*Washington*'이라는 용어는 서로 다른 개체를 참조하고 있으며, 리스트상의 다른 개체에 따라 어떤 것을 언급하는지 공고히 알려준다. 마지막 리스트에 있는 3개의 이름은 많이 모호하다. 위키피디아에는 서로 다른 '*Adams*'와 '*Jefferson*' 개체가 수십 개는 존재한다. 하지만 일관성을 선호한다는 가정이라면, 미국의 제 1,2,3 대통령이라는 **집단**으로 연결되도록 만들어준다.

집단 개체 연결에 대한 일반적인 처리 방식은 바로 호환성 점수 $\psi_c(\boldsymbol{y})$을 도입하는 것이다. 그다음 집단 개체 연결을 전역 목적함수에 대해 최적화하도록 실행된다.

$$\hat{\boldsymbol{y}} = \underset{\boldsymbol{y} \in \mathbb{Y}(\boldsymbol{x})}{\operatorname{argmax}} \Psi_c(\boldsymbol{y}) + \sum_{i=1}^{N} \Psi_\ell(y^{(i)}, \boldsymbol{x}^{(i)}, \boldsymbol{c}^{(i)}) \qquad [17.5]$$

$\mathbb{Y}(\boldsymbol{x})$는 $\boldsymbol{x}$ 내의 멘션에 대해 할당할 수 있는 가능한 모든 집단적 개체이며, Ψ_ℓ는 각각의 개체 i에 대한 지역 평가함수이다. 호환성함수는 통상적으로 쌍별^pairwise 점수의 총합인 $\Psi_c(\boldsymbol{y}) = \sum_{i=1}^{N} \sum_{j \neq i}^{N} \Psi_c(y^{(i)}, y^{(j)})$으로 분해된다. 이러한 점수들은 서로 다른 몇 가지 방식을 통해 계산될 수 있다.

- 위키피디아는 개체에 대한 상위 수준의 범주를 정의하며, (예컨대 '현존 인물 living people', '미 대통령^Presidents of the United States', '미국의 주^States of the United States' 등) Ψ_c는 개체 쌍들이 공통적으로 가지는 범주 개수만큼 개체 쌍에게 보상을 준다(Cucerzan, 2007).

- 호환성은 두 개체에 대한 위키피디아 페이지에서 공유된 하이퍼링크를 통해 들어오는 횟수를 통해 측정할 수 있다(Milne & Witten, 2008).

- 뉴럴 아키텍처에서 두 개체의 호환성은 두 개체를 임배딩해 내적한 $\Psi_c(y^{(i)}, y^{(j)}) = \boldsymbol{v}_{y^{(i)}} \cdot \boldsymbol{v}_{y^{(j)}}$을 통해 동일하게 설정할 수 있다.

- 쌍별이 아닌 호환성 점수는 **확률적 토픽 모델**^Probabilistic Topic Model로 알려져 있는 잠재변수 모델 유형을 사용해 정의할 수 있다(Blei et al., 2003; Blei, 2012). 이

프레임워크에서 각각의 잠재적인 주제는 개체상의 확률분포이고, 각각의 문서는 주제상에서 확률분포를 가진다. 각 개체는 주제에 대한 문서의 분포를 결정할 때 도움을 주고, 결국 이러한 주제들은 모호한 개체 멘션을 해결하도록 도움을 준다(Newman et al., 2006). 여기서 추론은 5장에서 다뤘던 샘플링 기법을 활용해 실행할 수 있다.

안타깝지만 집단 개체 연결은 쌍별 호환성함수에서조차 **NP-hard**하기 때문에, 완전히 최적화하기는 거의 불가능에 가깝다. 이 문제를 해결하기 위해 **정수 선형 프로그래밍** Integer Linear Programming(Cheng & Roth, 2013), **깁스 샘플링**Gibbs Sampling(Han & Sun, 2012), 그래프 기반 알고리듬(Hoffart et al., 2011 ; Han et al., 2011) 등의 다양한 근사 추론 기법 등이 제안됐다.

17.1.3 *쌍별 랭킹 손실함수

수식 17.2에서 정의한 손실함수는 가장 높은 평가 점수를 가지는 예측인 $\hat{y}$만을 고려하지만 사실 참 개체 $y^{(i)}$는 다른 모든 개체보다 점수가 높아야 한다. 이에 따라 설계된 손실함수는 단순히 평가 점수가 가장 높은 1개의 점수에 대한 예측이 아닌, 여러 피처 혹은 표현에 경사를 계산해야 한다. Usunier et al.(2009)은 일반적인 랭킹 에러함수를 다음과 같이 정의했다.

$$L_{\text{rank}}(k) = \sum_{j=1}^{k} \alpha_j, \quad \text{with } \alpha_1 \geq \alpha_2 \geq \cdots \geq 0 \qquad [17.6]$$

k는 참인 라벨 $y^{(i)}$보다 랭킹이 높은 라벨의 수다. 이 함수는 랭킹 에러의 범주를 정한다. 즉, 만약 모든 j에 대해 $\alpha_j = 1$이라면, 랭킹 에러는 참인 객체의 랭킹과 같으며, $\alpha_1 = 1$이고 $\alpha_{j>1} = 0$이고, 참인 개체가 더 높은 순위에 있지 않다면, 랭킹 에러는 1이다. 만약 $\alpha_j = \frac{1}{j}$과 같이 α_j가 j에 따라 완만하게 감소한다면 에러는 이러한 두 극단 사이에 어딘가 존재한다.

이와 같은 랭킹 에러는 마진 목적함수로 합칠 수 있다. 큰 마진 분류large-margin classification는 참인 라벨이 존재해야 할 뿐만 아니라, 이 라벨이 다른 모델에 비해 차이가 엄청 큰 마진 차이로 능가하는 점수를 가진다는 사실을 기억하자. 이와 유사한 원

530

칙을 랭킹에도 적용할 수 있다. 그 이유는 우리는 참인 개체에 대해 높은 순위를 부여하고, 해당 개체가 다른 모든 개체에 비해 확실한 마진 차이를 가져서 분리시키고 싶기 때문이다. 따라서 마진을 보강한 순위를 다음과 같이 정의한다.

$$r(y^{(i)}, \boldsymbol{x}^{(i)}) \triangleq \sum_{y \in \mathcal{Y}(\boldsymbol{x}^{(i)}) \backslash y^{(i)}} \delta\left(1 + \psi(y, \boldsymbol{x}^{(i)}) \geq \psi(y^{(i)}, \boldsymbol{x}^{(i)})\right) \qquad [17.7]$$

$\delta(\cdot)$는 델타함수를, $\mathcal{Y}(\boldsymbol{x}^{(i)}) \backslash y^{(i)}$는 모든 개체 후보 집합에서 참인 개체 $y^{(i)}$를 제외한 것이다. 마진이 보강된 순위는 현재 평가함수인 ψ상에서 다른 모든 후보를 1만큼 마진으로 보강한 이후, 참인 개체의 순위이다(문맥 c는 명확성을 위해 생략하며, x의 일부로 간주한다).

알고리듬 18 근사 랭킹 손실 WARP

1: **procedure WARP**($y^{(i)}$, $\boldsymbol{x}^{(i)}$)
2:      $N \leftarrow 0$
3:      **repeat**
4:          Randomly sample $y \sim \mathcal{Y}(\boldsymbol{x}^{(i)})$
5:          $N \leftarrow N + 1$
6:          **if** $\psi(y, \boldsymbol{x}^{(i)}) + 1 > \psi(y^{(i)}, \boldsymbol{x}^{(i)})$ **then**   ▷ 마진에 대해 위배되는지 확인한다.
7:              $r \leftarrow \lfloor |\mathcal{Y}(\boldsymbol{x}^{(i)})| / N \rfloor$ ▷ 근사적인 순위를 계산한다.
8:              **return** $L_{\text{rank}}(r) \times (\psi(y, \boldsymbol{x}^{(i)}) + 1 - \psi(y^{(i)}, \boldsymbol{x}^{(i)}))$
9:      **until** $N \geq |\mathcal{Y}(\boldsymbol{x}^{(i)})| - 1$ ▷ 위반된 것이 없다면
10:     **return** 0   ▷ 손실 0을 반환한다.

각각의 인스턴스에 대해, 이와 같이 마진이 보강된 순위와 연관된 랭킹 에러와 마진 제약 조건에 대한 위배된 것을 통해 다음과 같이 힌지 손실을 계산할 수 있다.

$$\ell(y^{(i)}, \boldsymbol{x}^{(i)}) = \frac{L_{\text{rank}}(r(y^{(i)}, \boldsymbol{x}^{(i)}))}{r(y^{(i)}, \boldsymbol{x}^{(i)})} \sum_{y \in \mathcal{Y}(\boldsymbol{x}) \backslash y^{(i)}} \left(\psi(y, \boldsymbol{x}^{(i)}) - \psi(y^{(i)}, \boldsymbol{x}^{(i)}) + 1\right)_+ \qquad [17.8]$$

방정식 17.8에서 총합은 마진 보강을 적용한 이후에 최소 참인 개체만큼 손실이 높아서 순위가 매겨진 모든 라벨은 0이 아닌 값들을 포함하고 있다. 따라서 참인 개체의

마진 보강된 순위로 나누면, 위배된 것에 대한 평균을 얻을 수 있다.

방정식 17.8의 전역함수는 라벨 공간이 크다면 대규모 지식 베이스에 개체 연결하는 경우에서처럼 최적화 시에 많은 비용이 소모된다. 이 생각은 알고리듬 18에서 설명하는 **워프**WARP라고 부르는 무작위 근사 방법(Weston et al., 2011)에 영감을 줬다. 이 알고리듬의 절차에 따라 쌍별 마진 제약 $\psi(y, \boldsymbol{x}^{(i)}) + 1 \geq \psi(y^{(i)}, \boldsymbol{x}^{(i)})$을 위반하는 개체가 하나만 남을 때까지, 무작위로 개체를 샘플링한다. 그리고 위배된 것을 찾기 위해 필요한 샘플의 수 N은 참인 개체의 마진 보강된 순위의 근사치를 다음을 통해 산출한다. $r(y^{(i)}, \boldsymbol{x}^{(i)}) \approx \left\lfloor \frac{|\mathcal{Y}(\boldsymbol{x})|}{N} \right\rfloor$ 만약 위배된 것이 즉시 발견된다면 $N = 1$이 되고, 참인 개체는 $r \approx |\mathcal{Y}(\boldsymbol{x})|$이 되므로 다수의 다른 개체보다 순위가 낮을 것이다. 만약 위배된 것이 발견되기까지 그만큼 많은 샘플이 필요하다면, $N \to |\mathcal{Y}(\boldsymbol{x})|$이 되며 참인 개체는 아마 $r \to 1$이 되므로 순위가 높을 것이다. 연산 측면에서 WARP의 강점은 바로 가장 높은 점수를 가지는 라벨을 찾을 필요가 없다는 점이다. $\mathcal{Y}(\boldsymbol{x}^{(i)})$가 크면 위배된 것을 찾기까지 막대한 연산 비용을 초래하기 때문이다. 이런 목표는 관측된 단어와 무작위로 샘플링한 여러 대안들은 비교하는 WORD2VEC 내의 **부정 샘플링**negative sampling 목적함수 (14장)와 비슷하다.

17.2 관계

텍스트에서 멘션된 개체를 식별하고 나면, 그다음 단계는 개체들이 서로 어떻게 관계를 갖고 있는지 결정하는 것이다. 다음 예시를 살펴보자.

(17.6) George Bush traveled to France on Thursday for a summit. [조지 부시 미 대통령은 회담을 위해 목요일에 프랑스로 출국했다.]

이 문장은 *George Bush*와 *France*를 통해 언급된 개체들 사이에 관계를 소개한다. 자동 내용 추출ACE, Automatic Content Extraction 온톨로지(Linguistic Data Consortium, 2005)에 따르면 이러한 관계의 유형은 PHYSICAL이며, 하위 유형은 LOCATED이다. 이 관계는 다음과 같이 적을 수 있다.

$$\text{PHYSICAL.LOCATED(GEORGE BUSH, FRANCE)} \qquad [17.9]$$

관계는 정확히 두 개의 논항을 다루며, 또 논항의 순서에도 유의해야 한다.

ACE 데이터 세트에서는 위의 예시에서 확인할 수 있듯이, 개체 멘션 사이에서 관계는 주석 처리된다. 또한 관계는 다음의 SemEval-2010 공유 작업 예시에서처럼, 명사형 사이에 끼일 수도 있다(Hendricks et al., 2009).

(17.7) The cup contained tea from dried ginseng. [컵에는 말린 인삼으로 우려낸 차가 담겨 있다.]

이 문장은 *tea*와 *ginseng* 사이의 ENTITY-ORIGIN 유형의 관계를 설명한다. 명사형 관계 추출은 **의미 역할 라벨링**^{semantic role labeling}(13장 참조)과 밀접한 관련이 있다. 주요한 차이는 관계 추출은 상대적으로 작은 수의 관계 유형으로 제한된다는 사실이다. 예를 들면 표 17.1은 SemEval-2010에서의 10가지 관계 유형을 보여준다.

17.2.1 패턴 기반 관계 추출

관계 추출에 대한 초기 연구는 주로 수작업으로 만든 패턴에 초점을 맞춰서 이뤄졌다(Hearst, 1992). 예를 들면 동격 관계인 '*Starbuck, a native of Nantucket*'은 '*Starbuck*'과 '*Nantucket*' 사이의 ENTITY-RELATION 관계를 나타낸다. 이러한 패턴은 다음과 같이 표기할 수 있다.

PERSON, *a native of* LOCATION ⇒ ENTITY-ORIGIN(PERSON, LOCATION)　　[17.10]

이러한 패턴은 문자 그대로 *a native of*가 유형이 PERSON인 개체와, LOCATION인 개체 사이에 위치할 때마다 "촉발"된다. 이러한 패턴은 표제어 추출^{lemmatization} 등과 같이 단어(예컨대 *buy, buys, buying*)에 대해 동일한 패턴을 가지도록 만드는 기법을 활용해 문자 그 자체의 매칭을 넘어서 일반화시킬 수 있다(§4.3.1 참조). 좀 더 공격적인 방법에는 WordNet 동의어 세트(§4.2) 내의 모든 단어를 그룹화하는 방법이 있다. 예를 들면 '*buy*'와 '*purchase*'가 동일한 패턴을 촉발하도록 만들어준다.

표 17.1 SemEval-2010 데이터 세트의 관계 및 예문(Hendricks et al., 2009)

원인-결과	those cancers were caused by radiation exposures[그 암은 방사능 노출 때문에 생긴 것이다.]
기계-에이전시	phone operator[핸드폰의 연산자]
제품-생산자	a factory manufactures suits[정장을 생산하는 공장]
콘텐츠-저장소	a bottle of honey was weighed[꿀을 담은 병은 무게가 나간다.]
개체-출발지	letters from foreign countries[외국에서 온 편지]
개체-도착지	the boy went to bed[소년은 침대로 갔다.]
컴포넌트-전체	my apartment has a large kitchen[내 아파트에는 커다란 부엌이 있다.]
멤버-콜렉션	there are many trees in the forest[숲에는 많은 나무들이 있다.]
커뮤니케이션-주제	the lecture was about semantics[의미론에 대한 강의]

관계 추출 패턴은 유한 상태 오토마타^{Finite-State Automata}(§9.1 참조)에서 실행 가능하다. 마찬가지로 개체명 인식기도 유한 상태 머신이라면, 시스템은 유한 상태 신호 전달을 통해 결합될 수 있다(Hobbs et al.,1997). 유한 상태 케스케이드를 통해 불확실성을 전파하고, 더 높은 수준의 문맥에서 구체적으로 만들어준다. 예를 들면 개체 인식기가 'Starbuck'이 PERSON인지 LOCATION인지 결정하지 못한다고 가정해보자. 합성 트랜듀서에서 관계 추출기는 적절한 패턴을 가진 문맥에서만 나타난다면 자유롭게 PERSON 주석을 선택할 수 있다.

17.2.2 분류 작업을 통한 관계 추출

관계 추출은 분류 문제로도 표현할 수 있다.

$$\hat{r}_{(i,j),(m,n)} = \underset{r \in \mathcal{R}}{\mathrm{argmax}}\ \Psi(r, (i,j), (m,n), \boldsymbol{w}) \qquad [17.11]$$

$r \in \mathcal{R}$은 관계 유형이며(아마도 NIL일 것이다), $\boldsymbol{w}_{i+1:j}$ 및 $\boldsymbol{w}_{m+1:n}$은 각각 첫 번째와 두 번째 논항의 스팬이다. 논항 $\boldsymbol{w}_{m+1:n}$은 텍스트 안에서 $\boldsymbol{w}_{i+1:j}$의 앞이나 뒤에 출현하거나 서로 중첩될 수도 있지만, 여기서는 $\boldsymbol{w}_{i+1:j}$가 관계의 첫 번째 논항인 경우만 살펴본다. 그렇다면 이제 평가함수를 계산하기 위한 다음의 세 가지 대안들을 살펴본다.

피처 기반 분류 피처 기반 분류기에서 평가함수는 다음과 같이 정의한다.

$$\Psi(r, (i,j), (m,n), \boldsymbol{w}) = \boldsymbol{\theta} \cdot \boldsymbol{f}(r, (i,j), (m,n), \boldsymbol{w}) \qquad [17.12]$$

θ는 가중치의 벡터를, $f(\cdot)$는 피처들의 벡터를 의미한다. §17.2.1에서 설명한 패턴 기반 방법은 다음과 같은 몇 가지 피처들을 제안한다.

- 지역 피처에 해당하는 $w_{i+1:j}$, $w_{m+1:n}$ 여기에는 문자열과, 문자열이 개체로서 인식됐는지의 여부 그리고 추가로 인식됐다면 어떤 유형인지, 문자열이 개체명들의 **지명사전**gazetteer 내에 포함됐는지 그리고 문자열의 구문 중심(§9.2.2) 등이 포함된다.

- 두 논항 $w_{j+1:m}$, $w_{m+1:n}$ 사이(어떤 논항이 먼저 출현하는지에 영향을 받음)의 스팬의 피처와 스팬의 길이, 스팬 내에서 문자 그대로의 시퀀스 또는 단어 가방으로 나타나는 단어들, 논항 사이의 스팬 내에서 나타나는 WordNet 동의어 집합(§4.2) 등이 포함된다.

- 두 논항 사이의 구문 관계의 피처. 주로 논항 사이의 **의존 경로**Dependency Path가 이에 해당된다. 의존 경로 예시는 표 17.2에서 확인할 수 있다.

표 17.2 PHYSICAL.LOCATED 관계와 그 의존 경로의 인스턴스 후보

George Bush traveled to France[조지 부시는 프랑스를 여행했다.]	조지 부시 ← NSUBJ	여행했다. → OBL	프랑스		
Ahab traveled to Nantucket[에이허브는 난터켓 섬으로 여행했다.]	에이허브 ← NSUBJ	여행했다. → OBL	난터킷		
George Bush will travel to France[조지 부시는 프랑스로 여행을 떠날 것이다.]	조지 부시 ← NSUBJ	여행했다. → OBL	프랑스		
George Bush wants to travel to France[조지 부시는 프랑스로 여행하기를 원한다.]	조지 부시 ← NSUBJ	원한다. → XCOMP	여행했다. → OBL	프랑스	
Ahab traveled to a city in France[에이허브는 프랑스의 도시를 여행했다.]	에이허브 ← NSUBJ	여행했다. → OBL	도시 → NMOD	프랑스	
We await Ahab's visit to France[우리는 에이허브의 프랑스 방문을 기다리고 있다.]	에이허브 ← NMOD:POSS	방문 → NMOD	프랑스		

커널 표 17.2의 첫 번째 줄은 라벨링된 예시이며, 나머지는 분류돼야 하는 인스턴스라고 해보자. 피처 기반의 처리 방식은 라벨이 있을 때와 없을 때 모두 개별 경로를 포착할 수 있는 피처로 의존 경로를 분해한 다음, 이 피처들의 가중치를 학습한다. 예를 들면 두 번째 문장은 동일한 의존성을 가지고 있지만, 서로 다른 논항을 가진다. 세 번째 문장은 단어 'travel'의 또 다른 굴절 형태를 가지고 있다. 네 번째와 다섯 번

째는 의존 경로상의 추가적인 경로를 포함하고, 여섯 번째 예시에서는 완전히 다른 경로를 사용한다. 이러한 의존 경로들이 어떤 방식으로 유사하고 서로 다른지를 전부 포착하는 지역 피처를 생성하기보다는, 모든 인스턴스 쌍의 점수를 계산할 수 있는 유사성 함수 κ를 $\kappa : \mathcal{X} \times \mathcal{X} \rightarrow \mathbb{R}_+$로 정의한다. 인스턴스 (i, j)의 점수는 $\kappa(\boldsymbol{x}^{(i)}, \boldsymbol{x}^{(j)}) \geq 0$이며, $\kappa(i, j)$는 인스턴스 $\boldsymbol{x}^{(i)}$와 $\boldsymbol{x}^{(j)}$가 유사할 때 커진다. 만약 함수 κ가 핵심적인 속성들을 여러 개 가지고 있다면, 해당 함수는 유효한 **커널함수**^{Kernel Function}가 된다.[5]

유효한 커널 함수가 주어지면, 명시적으로 피처 벡터나 뉴럴 아키텍처를 정의하지 않고도 비선형 분류기를 구축할 수 있다. 이진 분류 문제 $y \in \{-1, 1\}$에 대해, 다음의 결정함수를 갖는다.

$$\hat{y} = \text{Sign}(b + \sum_{i=1}^{N} y^{(i)} \alpha^{(i)} \kappa(\boldsymbol{x}^{(i)}, \boldsymbol{x})) \qquad [17.13]$$

b와 $\{\alpha^{(i)}\}_{i=1}^{N}$는 다음의 제약 조건 $\forall_i, \ \alpha^{(i)} \geq 0$상에서, 훈련 세트를 통해 학습돼야 하는 파라미터다. 직관적으로 보면 각각의 α_i은 분류 규칙에 대한 인스턴스 $\boldsymbol{x}^{(i)}$의 중요도를 구체화한다. 커널 기반 분류는 시험 인스턴스가 학습 세트 안의 가까운 이웃 사이에서 가장 흔한 라벨을 부여받게 되는 **최근접 이웃**^{nearest-neighbor} 분류기의 형태라고 볼 수 있다(Hastie et al., 2009). 이는 비선형 분류 경계라는 결과를 낳는다. 파라미터는 주로 마진 기반의 목적함수를 통해 학습되며(§2.4 참조), **커널 서포트 벡터 머신**^{Kernel Support Vector Machine}으로 이어진다. 다중 분류로 일반화하려면, 각 라벨에 대해 서로 다른 이진 분류기를 훈련시키거나(**일대다**로 부르기도 한다), 가능한 각각의 라벨 쌍에 대해 이진 분류기를 훈련시킬 수도 있다(**일대일**이라 한다).

의존 커널은 관계 추출에서 더욱 효과적이다. 바로 두 개의 후보 논항 사이의 경로에서의 구문적 속성을 포착할 수 있는 능력 때문이다. 어느 한 클래스의 의존 트리 커널은 재귀적으로 정의되며, 트리 쌍의 점수는 루트 노드의 유사성 및 매칭된 자식 하위 트리 쌍의 유사성의 총합과 동일하다(Zelenko et al., 2003; Culotta & Sorensen, 2004).

5　**그램 행렬 K**(Gram matrix K)는 인스턴스 세트 내에 있는 모든 쌍 사이의 커널함수를 계산해 얻을 수 있다. 유효한 커널에 대해 그램 행렬은 반드시 대칭 구조를 가지며($K = K^\top$), 준정부호 행렬(positive semi-definite matrix)이다($\forall \boldsymbol{a}, \ \boldsymbol{a}^\top K \boldsymbol{a} \geq 0$). 커널 기반 분류에 대한 더 자세한 정보는 Murphy(2012)의 14장을 참고하면 된다.

한편 Bunescu & Mooney(2005)는 라벨링되지 않은 의존 선분을 대상으로 커널함수를 정의하는데, 여기서 점수는 시퀀스 안의 각 단어 쌍의 점수 곱으로 계산된다. 동일한 단어는 높은 점수를, 유의어 집합이나 품사를 공유하는 단어는 0은 아니지만 낮은 점수를 부여받고(예컨대 *travel/visit*), 관련이 없는 단어에는 점수가 0으로 주어진다.

뉴럴 관계 추출 **컨볼루셔널 뉴럴 네트워크**(§3.4)는 관계 추출을 위해 자주 사용됐던 초기 아키텍처였다(Zeng et al., 2014; dos Santos et al., 2015). 문장 $(w_1, w_2, \ldots, w_M)$에 대해 단어 임베딩이 $\mathbf{X}$인 행렬을 획득하도록 한다(이때 $x_m \in \mathbb{R}^K$는 w_m의 임베딩이다). 후보 논항이 위치 a_1, a_2에 나타난다고 해보자. 그렇다면 문장 안의 각 단어에 대해, 각 논항에 대한 단어의 위치는 $m - a_1, m - a_2$이다(Zeng et al.,(2014)에 따르면, 논항이 단일 토큰에 해당하는 관계 추출 작업의 제한된 버전이다). 이와 같은 위치에 의해 전달되는 모든 정보를 포착하기 위해 단어 임베딩은 위치 오프셋^{offset}인 $x_{m-a_1}^{(p)}$ 및 $x_{m-a_2}^{(p)}$의 벡터 인코딩과 결합된다(**위치 인코딩**^{positional encoding}에 대한 상세한 내용은 §18.3.2 참조). 문장의 기저 표현에 대한 완성본은 다음과 같다.

$$\mathbf{X}(a_1, a_2) = \begin{pmatrix} x_1 & x_2 & \cdots & x_M \\ x_{1-a_1}^{(p)} & x_{2-a_1}^{(p)} & \cdots & x_{M-a_1}^{(p)} \\ x_{1-a_2}^{(p)} & x_{2-a_2}^{(p)} & \cdots & x_{M-a_2}^{(p)} \end{pmatrix} \qquad [17.14]$$

여기서 각 열은 단어 임베딩의 수직 결합이며 열 벡터 x_m과 a_1과 a_2에 대한 위치를 구체화하는 두 개의 위치 인코딩을 통해 표현된다. 그다음, 행렬 $\mathbf{X}(a_1, a_2)$는 컨볼루셔널층의 입력값이 되며(§3.4 참조), 벡터를 얻기 위해 최대 풀링을 적용한다. 최종 평가함수는 다음과 같다.

$$\Psi(r, i, j, \mathbf{X}) = \boldsymbol{\theta}_r \cdot \text{MaxPool}(\text{ConvNet}(\mathbf{X}(i, j); \boldsymbol{\phi})) \qquad [17.15]$$

$\boldsymbol{\phi}$는 컨볼루셔널 연산자의 파라미터를 정의하며, θ_r은 관계 r에 대한 가중치 집합을 정의한다. 마진 목적함수를 활용해 이 모델을 다음과 같이 훈련시킬 수 있다.

$$\hat{r} = \underset{r}{\text{argmax}} \ \Psi(r, i, j, \mathbf{X}) \qquad [17.16]$$

$$\ell = (\delta(r \neq \hat{r}) + \psi(\hat{r}, i, j, \mathbf{X}) - \psi(r, i, j, \mathbf{X}))_+ \qquad [17.17]$$

마찬가지로 **순환 뉴럴 네트워크**(§6.3)도 관계 추출에 적용할 수 있으며, 두 논항 사이의 단어 또는 의존 경로를 인코딩하기 위한 양방향 LSTM 등의 네트워크를 사용한다. Xu et al.(2015)은 의존 경로들을 좌측 혹은 우측의 하위 경로로 나뉘도록 한다. 경로 $Bush \xleftarrow{\text{NSUBJ}} wants \xrightarrow{\text{XCOMP}} travel \xrightarrow{\text{OBL}} France$는 다음과 같이 하위 경로 $Bush \xleftarrow{\text{NSUBJ}} wants$ 및 $wants \xrightarrow{\text{XCOMP}} travel \xrightarrow{\text{OBL}} France$로 나뉘진다. 각 경로에서 순환 뉴럴 네트워크는 논항에서부터 루트 단어(이 경우, 'wants')에 도달할 때까지 실행된다. 최종 표현은 각 경로를 따라 존재하는 모든 순환 상태에 걸친 최대 풀링(§3.4)을 적용해 얻는다. 이 과정은 입력이 단어, 품사, 의존 관계, WordNet 상위어(예컨대 *France-nation*, §4.2 참조)의 임베딩으로 이뤄진 별도의 "채널channel"에 대해 적용할 수 있다. 해당 모델을 수식화하기 위해, $s(m)$이 단어 m의 좌측 혹은 우측의 후속 단어 내에서 정의된다고 하자(의존 경로에서 각 단어는 최대 1개의 하위 경로에 대해 하나의 후속 단어를 가진다). $x_m^{(c)}$은 채널 c에서 단어(또는 관계) m의 임베딩을 나타내며, $\overleftarrow{h}_m^{(c)}$ 및 $\overrightarrow{h}_m^{(c)}$은 좌측과 우측 하위 트리에서의 결합된 각각의 순환 상태를 나타낸다. 그런 다음 완성된 모델은 다음과 같이 나타낼 수 있다.

$$h_{s(m)}^{(c)} = \text{RNN}(x_{s(m)}^{(c)}, h_m^{(c)}) \qquad [17.18]$$

$$z^{(c)} = \text{MaxPool}\left(\overleftarrow{h}_i^{(c)}, \overleftarrow{h}_{s(i)}^{(c)}, \ldots, \overleftarrow{h}_{\text{root}}^{(c)}, \overrightarrow{h}_j^{(c)}, \overrightarrow{h}_{s(j)}^{(c)}, \ldots, \overrightarrow{h}_{\text{root}}^{(c)} \right) \qquad [17.19]$$

$$\Psi(r,i,j) = \boldsymbol{\theta} \cdot \left[z^{(\text{word})}; z^{(\text{POS})}; z^{(\text{dependency})}; z^{(\text{hypernym})} \right] \qquad [17.20]$$

z는 수평 결합된 벡터 h의 행렬에 최대 풀링을 적용해 계산되도록 하는 반면, Ψ는 수직 결합된 벡터 z의 벡터를 통해 계산된다는 사실을 주의하자. Xu et al.(2015)은 확률 $p(r|i, j, w)$를 얻기 위해 평가함수 Ψ를 **소프트맥스층**에 통과시키며, 규칙적인 **크로스 엔트로피**로 모델을 훈련시킨다. Miwa & Bansal(2016)은 관계 모델이 동시에 개체를 탐지하고 그다음 그들의 관계를 추출해야 하는 한층 복잡한 작업에 해당하는 "엔드 투 엔드" 관계 추출 작업을 해결할 수 있음을 보여줬다.

17.2.3 지식 베이스 덧붙이기

다수의 애플리케이션에서 가장 중요한 부분은 문장의 어떤 부분이 제대로 분석됐는지가 아니라, 얼마나 정확한 지식을 추출할 수 있는가다. **지식 베이스 덧붙이기**KBP,

Knowledge Base Population는 자료 17.1a처럼, 위키피디아 스타일의 정보 상자를 채우는 작업을 의미한다. 지식 베이스 덧붙이기는 두 개의 하위 작업으로 나눌 수 있다. 즉, §17.1에서 설명한 **개체 연결**과 **슬롯 채우기**(Ji & Grishman, 2011)이다. 슬롯 채우기는 위에서 다뤘던 관계 추출의 형태와 크게 두 가지 차이점을 갖고 있다. 첫 번째로 관계는 텍스트의 스팬이 아니라 개체 사이에 존재하며, 두 번째는 (개별 문장상의) 토큰 단위가 아니라, (개체 쌍상의) 유형 단위에서 성능이 평가된다.

이외에도 실용적 관점에서 살펴보면 슬롯 채우기와 문장별 관계 추출 사이에는 세 가지 차이점이 존재한다.

- KBP 작업은 주로 몇몇 "쿼리" 개체의 속성 식별이라는 관점에서 수식화된다. 그래서 이러한 시스템에서는 주로 관련 있는 텍스트들을 검색을 통해 얻을 수 있는 **정보 검색**Information Retrieval 단계에서부터 시작한다.
- 다수의 개체 쌍에 대해 증거를 제공하는 다양한 텍스트가 존재한다. 슬롯 채우기 시스템은 단일 관계 유형(혹은 관계 집합)을 예측하기 위해 반드시 증거를 합치는 과정이 필요하다.
- 라벨링된 데이터는 보통 주석 처리된 텍스트의 형태가 아니라, 관계가 맺어진 개체들의 쌍 형태로 존재한다. 이러한 유형 단위의 주석으로 훈련하는 것은 어려운 작업이다. 두 개체는 여러 관계를 통해 연결될 수도 있으며, 또는 텍스트 지문 안에 함께 나타나면서도 서로 간의 관계에 대한 설명이 없을 수도 있다.

이 책에서는 정보 검색에 대해서는 다루지 않을 것이다(Manning et al.(2009)을 참조하라). 이 단원의 나머지 부분에서는 정보 융합과 유형 단위의 주석을 통해 학습하기 위한 처리 방법을 다룰 것이다.

정보 융합   지식 베이스 덧붙이기에서는 단일한 관계에 대한 (혹은 그에 반대되는) 다양한 증거들이 존재한다. 이를테면 MAYNARD JACKSON, JR.라는 개체를 검색하면, 개체 ATLANTA를 참조하는 몇몇 지문들을 반환할 것이다.[6]

---

6   처음 열거한 세 예시의 출처는 다음과 같다. www.georgiaencyclopedia.org/articles/government-politics/maynard-jackson-1938-2003; JET magazine, November 10, 2003; www.todayingeorgiahistory.org/content/maynard-jackson-elected

(17.8) a. 1973년 애틀랜타^{Atlanta}의 시장으로 선출된 메이너드 잭슨^{Maynard Jackson}은 남부 지방 주요 도시의 시장으로 재임한 최초의 아프리카계 미국인이었다.

b. 애틀랜타^{Atlanta} 공항은 그 도시의 첫 번째 흑인 시장인 메이너드 잭슨^{Maynard Jackson}을 기리기 위해 명칭을 변경할 것이다.

c. 1938년 텍사스의 달라스에서 태어난 메이너드 홀브룩 잭슨 주니어^{Maynard Holbrook Jackson, Jr.}는 8살이 되던 해 애틀랜타^{Atlanta}로 이주했다.

d. 메이너드 잭슨^{Maynard Jackson}은 애틀랜타^{Atlanta}에서 가장 낙후된 고등학교 중 한 곳에서 가장 뛰어난 학교로 전학갔다.

a, b는 개체 ATLANTA와 MAYNARD JACKSON, JR. 사이에 존재하는 관계 MAYOR에 관한 증거를 제공한다. c에서는 LIVED-IN이라는 동일한 개체에 대한 서로 다른 관계에 관한 증거를 제시한다. d에서는 개체 연결 문제를 제기하며, MAYNARD JACKSON HIGH SCHOOL을 언급한다. 지식 베이스 덧붙이기는 이러한 유형의 텍스트로 구성된 증거에 대해 가장 있을 법한 관계들을 예측하는 과정이 필요하다.

이를 처리하기 위해서 단일 문서 관계 추출 시스템을 실행한 다음(§17.2.2에서 설명한 기법을 사용한다), 결과를 합산하는 방법을 채택할 수도 있다(Li et al., 2011). 다수의 문서에서 이미 높은 신뢰도를 가지는 관계는 유효할 가능성이 더 높으며, 다음의 휴리스틱을 유도할 수 있다.

$$\psi(r, e_1, e_2) = \sum_{i=1}^{N} (\mathrm{p}(r(e_1, e_2) \mid \boldsymbol{w}^{(i)}))^{\alpha} \qquad [17.21]$$

여기서 $\mathrm{p}(r(e_1, e_2) \mid \boldsymbol{w}^{(i)})$는 텍스트 $\boldsymbol{w}^{(i)}$상에서 조건화돼 있는 개체 e_1과 e_2 사이의 관계 r의 확률이며, $\alpha \gg 1$은 조정 가능한 하이퍼파라미터이다. 이러한 휴리스틱을 사용하면, 모든 후보 관계에 대해 순위를 부여하고, 더 정확한 관계가 추출되면서 **정밀도-재현율 곡선**^{precision-recall curve}을 찾아낼 수 있다.[7] 또 다른 방법에서는 피처가 다수의 텍스트 지문에 걸쳐 통합되면서, 하나의 유형 단위 관계 추출 시스템을 사용할 수 있게 된다(Wolfe et al., 2017).

---

7 정밀도-재현율 곡선은 자료 4.4의 ROC 곡선과 유사하지만 거짓 양성률 $\frac{FP}{FP+TN}$이 아니라 정밀도 $\frac{TP}{TP+FP}$를 포함한다.

여러 관계에 관한 제약 조건을 도입해 정밀도를 더 높일 수 있다. 이를테면 관계 PARENT(e_1, e_2)이 확실한 관계라면, PARENT(e_2, e_1)인 경우는 성립이 불가능하다. 정수 선형 프로그래밍은 이러한 제약 조건을 전역에 적용할 수 있는 최적화로 합칠 수 있도록 만든다(Lin et al., 2011). 다른 관계 쌍은 MAYOR(e_1, e_2), LIVED-IN(e_1, e_2) 등과 같은 양의 상관관계를 가진다. 관계 유형의 호환성은 확률적 그래프 모델에도 포함될 수 있다(예컨대 Riedel et al., 2010).

원격 지도 관계 추출은 각각의 관계에 대해서는 그 자체의 라벨링된 데이터가 필요하기 때문에 늘 주석이 부족한 상태이다. 개별 문서의 주석에 의존하기 보다는 DBPedia 등에 내재된 다수의 사실fact 등을 비롯해, 이미 존재하는 지식 자료를 활용하는 것이 좋다. 그러나 이러한 주석은 위에서 다뤘던 정보 융합과 반하는 문제를 발생시킨다. 예를 들면 다음의 관계 MAYOR(MAYNARD JACKSON JR., ATLANTA)는 개체 쌍이 멘션돼 있는 예시 텍스트에 대한 **원격 지도**Distant Supervision만 제공한다.

개체 쌍을 텍스트가 아니라 인스턴스로 취급하면 해당 문제에 관한 해결책이 될 수 있다(Mintz et al., 2009). 그다음, 피처는 두 개체가 모두 멘션된 모든 문장에 대해 총합되며, 라벨은 Freebase 등과 같은 지식 베이스 내의 개체 사이의 관계(만약 존재한다면 말이다)에 해당한다. 음의 인스턴스는 지식 베이스 내에서 서로 관계가 없는 개체 쌍으로부터 구축된다. 어떤 경우에는 두 개체 사이에는 관계가 있지만, 지식 베이스가 관계를 누락하는 경우도 있다. 그러나 가능한 개체 쌍의 수가 크기 때문에, 누락된 관계가 상대적으로 드물다고 간주한다. 이러한 처리 방식은 자료 17.2에서 확인할 수 있다.

다중 인스턴스 학습에서는 라벨을 알 수 없는 하위 집합만 실제 관련성을 가지는 인스턴스 '세트'에 라벨을 할당한다(Dietterich et al.,1997; Maron & Lozano-Pérez, 1998). 이 과정은 원격 지도 프레임워크를 공식화한다. 즉, 다중 문서에서 높은 신뢰도를 가지는 하위 집합에서만 유효할 가능성이 더 높더라도 (문장들의 하위 집합만 실제로 관계를 설명한다고 하더라도) 전체 문장에 대해 라벨링된다. 즉, 관계 REL(A, B)는 개체 A와 B를 멘션하는 전체 문장 세트에 대한 라벨처럼 동작한다.

- **라벨:** MAYOR[시장](ATLANTA, MAYNARD JACKSON)
  - 1973년에 애틀랜타(Atlanta)의 시장에 선출된, 메이너드 잭슨은…
  - 애틀랜타(Atlanta) 공항은 그 도시의 첫 번째 흑인 시장인 메이너드 잭슨(Maynard Jackson)을 기리기 위해 명칭을 변경할 것이다.
  - 1938년 텍사스의 달라스에서 태어난 메이너드 홀브룩 잭슨 주니어(Maynard Holbrook Jackson, Jr.은 8살이 되던 해 애틀랜타(Atlanta)로 이주했다.
- **라벨:** MAYOR[시장](NEW YORK, FIORELLO LA GUARDIA)
  - 3번에 걸쳐 뉴욕(New York) 시장을 역임한 피오렐로 라과디아(FIORELLO LA GUARDIA)는
  - 피오렐로 라과디아(FIORELLO LA GUARDIA)는 뉴욕(New York)시의 시의원으로 근무했으며…
- **라벨:** BORN-IN[태어난](DALLAS, MAYNARD JACKSON)
  - 1938년 텍사스의 달라스(Dallas)에서 태어난 메이너드 홀브룩 잭슨 주니어(Maynard Holbrook Jackson, Jr.)는 8살이 되던 해 애틀란타로 이주했다.
  - 메이너드 잭슨(Maynard Jackson)은 달라스(Dallas)에서 자랐으며….
- **라벨:** NIL(NEW YORK, MAYNARD JACKSON)
  - 잭슨은 그가 뉴욕(New York)에서 만난 발레리 리처드슨(Valerie Richardson)과 결혼했으며,
  - 잭슨은 조지아와 뉴욕(New York)에서 바의 멤버였으며….

그림 17.2 원격 지도(distant supervision)를 사용하는 관계 분류를 위한 훈련 인스턴스 4개(Mintz et al., 2009). 첫 번째와 두 번째 인스턴스는 MAYOR 관계에 대해서 양(+)이며, 세 번째 인스턴스는 BORN-IN 관계에 대해서 양(+)이다. 네 번째 인스턴스는 음(−)인 경우로, 어느 Freebase 관계 안에도 나타나지 않는 개체 쌍인 (NEW YORK, MAYNARD JACKSON)으로부터 만들어졌다. 각각의 인스턴스 피처는 두 개체가 멘션된 모든 문장에 걸쳐 통합돼 계산된다.

다중 인스턴스 학습을 처리하기 위해, 각 문장에 대한 이진 **잠재변수**를 도입해, 문장이 라벨링된 관계를 표현하는지의 여부를 나타내도록 할 수 있다(Riedel et al., 2010). 이러한 관계 추출에 해당하는 확률적 모델을 위해 다양한 추론 기법들이 공개됐다. Surdeanu et al.(2012)은 기댓값-최대화^{EM}를, Riedel et al.(2010)은 샘플링을, Hoffmann et al.(2011)은 사용자 정의 그래프 기반 알고리듬을 사용했다. 기댓값-최대화와 샘플링은 5장에서 다뤘으며, 더 자세한 내용은 Murphy(2012)에서 확인할 수 있다. 그래프 기반의 방식은 Mihalcea & Radev(2011)가 정리한 적이 있다.

17.2.4 개방형 정보 추출

고전적 방식의 관계 추출에서 관계 집합은 **스키마**^{schema}를 사용해 미리 정의된다. 그런 다음 모든 개체 쌍의 관계를 다계층 분류를 활용해 예측할 수 있다. **개방형 정보 추출** OpenIE, Open Information Extraction에서 관계는 텍스트에서 3가지 관계를 만들 수도 있다. 예문 (17.8a)는 이러한 유형의 몇몇 "관계"들을 인스턴스화하며 예를 들면 다음과 같다.

- *(mayor of, Maynard Jackson, Atlanta).*
- *(elected, Maynard Jackson, mayor of Atlanta).*
- *(elected in, Maynard Jackson, 1973).*

표 17.3 다양한 관계 추출 작업 및 그 속성. 버브넷(VerbNet) 및 FrameNet은 13장에서 다뤘다. ACE(Linguistic Data Consortium, 2005), TAC(McNamee & Dang, 2009), SemEval(Hendrickx et al., 2009)는 관계 유형의 온톨로지를 포함하는 공유 작업을 참조한다.

작업	관계 온톨로지	지도
PropBank semantic role labeling	VerbNet	문장
FrameNet semantic role labeling	FrameNet	문장
Relation extraction	ACE, TAC, SemEval, etc	문장
Slot filling	ACE, TAC, SemEval, etc	관계
Open Information Extraction	open	초기 관계 혹은 초기 패턴

이러한 튜플을 추출하는 작업은 **의미 역할 라벨링**(13장)의 2가지 논항의 유형만(첫 번째 슬롯과 두 번째 슬롯) 가지는 경량화된 버전으로 볼 수도 있다. 이 작업은 일반적으로 문장 단위가 아닌 관계 단위에서 평가되며, 정밀도는 정확하게 추출된 관계의 수에 의해 측정되며, 재현율은 성공적으로 추출된 참인 관계의 수에 의해 측정된다. OpenIE 시스템은 라벨링된 문장에서가 아닌, 원격 지도나 부트스트래핑을 통해 훈련된다.

이에 관한 초기 예시 중 하나로 TEXTRUNNER 시스템(Banko et al., 2007)이 있으며, 이 시스템은 수작업으로 만든 구문 규칙 집합을 통해 관계를 식별한다. 그런 다음 수작업 규칙을 통해 얻은 예시들을 사용해 품사 패턴을 피처로 활용하는 분류 모델을 훈련시킨다. 마지막으로, 분류기를 통해 추출된 관계들을 종합해 불필요한 관계를 제거한 이후, 각 관계가 코퍼스 안에서 멘션된 횟수를 계산한다. TEXTRUNNER는 더 정확한 언어학 기반 피처(Etzioni et al., 2011), 위키피디아 정보 상자를 통한 원격 지도(Wu & Weld, 2010), 향상된 학습 알고리듬(Zhu et al., 2009)을 통합해, 높은 정밀도를 보이도록 개방형 관계 추출을 실행한 선구적인 시스템이었다.

17.3 사건

관계는 개체 쌍끼리 연결하지만 실제로는 두 개 이상의 개체가 포함되는 경우가 많다. 예시 17.8a를 다시 살펴보자. 선거라는 사건을 지위(MAYOR), 지역구(ATLANTA), 날짜(1973), 당선자(MAYYNARD JACKSON, JR.)라는 네 가지 속성으로 설명하고 있다. **사건을 찾을 때**, 각 사건의 유형(예컨대 선거, 테러 공격, 화학 반응 등)에 대해 스키마가 주어지며, 이 유형들은 사건의 가능한 모든 속성을 알려준다. 그다음 이 시스템은 이 속성을 최대한 많이 채워야만 한다(Doddington et al., 2004).

일반적인 사건 탐지 시스템은 검색 컴포넌트(관련 있는 텍스트 문서와 지문을 탐색함), 그리고 추출 컴포넌트(검색된 텍스트를 기반으로 사건의 속성을 결정함)을 포함한다. 연구 초기에는 사건 속성을 식별하기 위한 유한 상태 패턴에 초점을 맞춰 접근했다(Hobbs et al.,1997). 이 패턴은 사건 쿼리에 매칭되는 문서 안에 나타날 가능성이 특히 높은 패턴을 탐색해 자동으로 유도된다(Riloff, 1996). 최근에 들어서는 FrameNet 의미 역할 라벨링(§13.2)과 유사한 방법을 사용한다. 이를테면 지역 및 전역 피처에 대한 구조화된 예측(Li et al., 2013), 양방향 순환 뉴럴 네트워크(Feng et al., 2016) 등의 방법을 사용한다. 이러한 방법을 통해 문장 안에서 해당 사건이 설명이 됐는지, 만약 그렇다면 사건의 속성이 무엇인지 찾는다.

사건 상호 참조   여러 문장이 단일 사건의 고유한 속성을 설명할 수도 있기 때문에, 단일 텍스트 지문 혹은 지문 간의 사건 멘션을 연결하기 위해서는 **사건 상호 참조**[Event Coreference]가 필요하다(Humphreys et al., 1997). Bejan & Harabagiu(2014)는 사건 상호 참조를 문서상에서 동일한 사건 참여자(즉, 슬롯을 채우는 개체)와 동일한 사건 속성(예컨대 시간 및 장소)을 공유하는 사건 멘션을 식별하는 작업으로 정의한다. 사건 상호 참조 해결은 15장에서 설명한 개체 상호 참조의 경우와 비슷한 방식으로 지도학습 기법을 사용해 실행할 수 있다. 이때 문서의 좌측에서 우측으로 이동하면서 분류기를 사용해 각 사건 참조를 기존의 상호 참조 사건의 클러스터[cluster]에 연결할지 혹은 새로운 클러스터를 생성할지 결정한다(Ahn, 2006). 해당 클러스터링에 대한 개별 결정은 사건의 참여자와 속성을 설명하는 피처의 호환성에 따른다. 개체 상호 참조를 하기 위해 대규모 데이터를 주석 처리하기란 까다롭기 때문에, 비지도 처리 방법이 특히 바람직하다고 볼 수 있다(Chen & Ji, 2009; Bejan & Harabagiu, 2014).

사건 사이의 관계   개체가 다른 개체와 관계를 만들 수 있는 것과 같이 사건도 다른 사건과 관계를 형성할 수 있다. 예를 들면 선거에서의 승리라는 사건은 시장으로 재임하는 사건보다 먼저 나타나며, 또한 원인이 되기도 한다. 애틀랜타로 이주하는 것은 애틀랜타의 시장이 되는 사건 이전에 나타나며, 선거 승리의 사건을 가능하도록 만든다. 그리고 달라스에서 애틀랜타로 이주하는 것은 훗날 달라스의 시장이 되는 사건이 일어나지 못하도록 방지한다. 이 예시에서도 확인할 수 있듯, 사건은 시간과 인과 모두에 대해 관계를 형성할 수도 있다. **TimeML** 주석 체계는 사건 사이의 시간적 관계 6개를 구체화하며(Pustejovsky et al., 2005), 부분적으로는 **구간 대수**Interval Algebra로부터 만들어졌다(Allen, 1984). **TimeBank** 코퍼스는 TimeML 주석에 186건의 문서를 제공한다(Pustejovsky 외 ,2003). 시간적 관계를 탐지하기 위한 방식은 지도 머신러닝과 이행성transitivity 등의 시간적 제약 조건을 합쳐서 만들어진다(예컨대 Mani et al., 2006; Chambers & Jurafsky, 2008).

더 최근의 주석 체계 및 데이터 세트는 시간적 관계와 인과적 관계를 결합한다(Mirza et al., 2014; Dunietz et al., 2017). 예를 들면, **CaTeRS** 데이터 세트에서는 다섯 문장으로 된 단편 이야기 320편과 해당 이야기에 대한 주석을 가지고 있다(Mostafazadeh et al., 2016).

한층 더 추상적으로 표현하면, **과정**process은 여러 사건 간의 인과 관계로 만들어진 네트워크이다. 생물학적 과정에 대한 소규모 데이터 세트는 ProcessBank 데이터 세트상에서 주석을 달았으며(Berant et al., 2014), 과학 교과서에 대해 자동으로 질의 응답을 할 수 있도록 개발됐다.

표 17.4 FactBank 코퍼스에서의 사실성(factuality) 값의 표(Sauri & Pustejovsky, 2009). (NA)는 주석 처리되지 않은 조합을 나타낸다.

	긍정(+)	부정(−)	미명세(u)
Certain[어떤]	Fact[사실]CT+	Counterfact[반하는 사실]CT−	어떤, 그러나 확실하지 않은: CTU
Probable[개연성 있는]	Probable: PR+(개연성 있는)	Not probable[개연성 없는]: PR−	(NA)
Possible[가능성 있는]	Possible: PS+ (가능성 있는)	Not possible[가능성 없는]: PS−	(NA)
Underspecified[구체적이지 않은](U)	(NA)	(NA)	잘 알려지지 않은 혹은 어느 것도 아닌: UU

17.4 헤지, 부정, 가정

지금까지 설명한 방식은 현실의 상황에 대한 **명제**^{Proposition}를 적용해 설명했다. 하지만 자연어에서는 그럴듯하거나 그럴듯하지 않은, 가능하거나 불가능한, 정말로 원하거나 두려워하는 사건 및 관계에 대해서 설명할 수도 있다. 다음 예시는 문제의 범위에 대한 힌트를 알려준다(Prabhakara et al., 2010).

(17.9) a. GM will lay off workers.

   [GM이 노동자들을 해고할 것이다.]

b. A spokesman for GM said GM will lay off workers.

   [GM 측 대변인은 GM이 노동자들을 해고할 것이라 밝혔다.]

c. GM may lay off workers.

   [GM이 노동자를 해고할지도 모른다.]

d. The politician claimed that GM will lay off workers.

   [그 정치인은 GM이 노동자들을 해고할 것이라 주장했다.]

e. Some wish GM would lay off workers.

   [일각에서는 GM이 노동자들을 해고하기를 희망한다.]

f. Will GM lay off workers?

   [GM은 노동자들을 해고할 것인가?)

g. Many wonder whether GM will lay off workers.

   [다수의 사람들이 GM이 노동자를 해고할지에 대해 궁금해한다.]

정확한 정보 추출은 위와 같은 의미의 **명제 외적인** 부분을 다룰 수 있어야 하며, **양태**^{Modality}와 **부정**^{Negation}으로 요약되기도 한다.[8] 양태^{Modality}는 화자 자신의 진술에 대한 화자의 태도 표현을 알려주며, "확신 정도, 신뢰성, 주관성, 정보의 출처, 관점" 등을 포함한다(Morante & Sporleder, 2012). 양태에 대해 다양한 체계화 방법들이 제안됐으며(예컨대 Palmer, 2001) 미래, 의문, 명령, 조건, 주관 등과 같은 분류들을 포함한다. 예를

---

8 부정을 진술 외적인 것으로 분류하는 것은 논쟁의 여지가 있다. Packard et al.(2014)은 부정이 "구성적으로 구축된 논리적 형태 표현의 핵심 부분"이라고 주장한다. 부정은 12장과 13장에서 살펴본 의미 역할 파싱 작업의 구성 요소다. 이를테면 부정을 의미하는 문장 부호는 PropBank 의미 역할 라벨링에서 부가사로서 취급된다. 하지만 17장에서 다루는 다수의 관계 추출 방식에서는 부정을 직접적으로 다루지 않는다. 추가적으로 고려할 사항은 부정은 확실성과 주관성 등과 같이 명제 의미론에서 일반적으로 고려되지 않는 양태의 측면들과 긴밀히 상호작용한다는 점이다.

들면 Saurí & Pustejovsky(2009)는 부정을 확실성, 개연성 및 가능성에 관한 양태 계산과 결부시켜서 표 17.4에서 표현된 이차원 스키마를 생성한다. 이 스키마는 뉴스 텍스트 문서 208건 안에 있는 모든 문장의 **사실성**factuality의 주석과 함께 FactBank 코퍼스의 근간이 됐다.

이와 연관된 개념은 **헤지**Hedging로, 화자가 명제에 대해 기여하는 것을 제한한다 (Lakoff, 1973).

(17.10) a. These results **suggest** that expression of c-jun, jun B, and jun D genes **might** be involved in terminal granulocyte differentiation … (Morante & Daelemans, 2009).

[이러한 결과는 c-jun, jun B, jun D 유전자의 표현이 최종 과립구 분화와 관련이 있을지도 모른다는 사실을 암시한다.]

b. A whale is **technically** a mammal(Lakoff, 1973).

[고래는 엄밀히 말하자면 포유류다.]

첫 번째 예시에서 헤지인 *suggest*와 *might*는 불확실성을 전달한다. 두 번째 예시에서는 불확실성은 없지만, 헤지에 해당하는 *technically*는 명제를 위한 증거가 독자가 기대하는 바를 완전히 충족시키지 못한다는 점을 알려준다. 헤지는 과학 텍스트에서 광범위하게 연구됐으며(Medlock & Briscoe, 2007; Morante & Daelemans, 2009), 여기서 과학적 사실의 대규모 추출이라는 목표는 헤지와 추측이라는 장애물에 가로막혔다. 양태와 관련된 또 다른 측면에는 **증거성**evidentiality이라는 것이 있다. 여기서 화자는 그들이 말하는 정보의 출처를 표기한다. 다수의 언어에서는 접사나 불변화사를 통해 증거성을 표시해두는 과정을 필수로 두기도 한다(Aikhenvald, 2004). 하지만 영어에서는 증거성을 문법화하지는 않았지만, (독자는) 저자가 저널리즘(Kovach & Rosenstiel, 2014)과 위키피디아 등의 맥락 내에서 이런 정보를 알려주리라 기대한다.[9]

부정과 양태를 다루는 방법에는 일반적으로 다음의 두 단계를 포함한다.

1. 부정 혹은 확실하지 않은 사건을 탐지
2. 부정 혹은 양태 연산자의 **범위**를 식별

9   https://en.wikipedia.org/wiki/Wikipedia:Verifiability

부정에 대한 상당수의 연구는 부정된 사건을 탐지하기 위해 정규 표현식 등과 같은 규칙 기반의 기법을 사용한다(Chapman et al., 2001). 이러한 기법은 어휘 단서들(예컨대 *Norwood was **not** elected Mayor*)과 매칭되는 한편 "이중 부정"을 피하도록 해준다(예컨대 *surely all this is **not** without meaning*). 그리고 지도 기법은 어휘 및 구문 피처에 대한 분류기(Uzuner et al., 2009)와 시퀀스 라벨링(Prabhakaran et al., 2010)을 포함한다.

다음의 Morante & Sporleder(2012)의 예시에서 확인할 수 있듯이, 범위는 명제 의미를 부정하거나 변조된 텍스트의 요소를 참조한다(Huddleston & Pullum, 2005).

(17.11) [After his habit he <u>said</u>] **nothing**, and after mine I asked no questions.

After his habit he said nothing, and [after mine I <u>asked</u>] **no** [questions].

[그의 버릇을 있던 후, 그는 아무 말도 하지 않았고, 내 버릇 이후에는 아무 질문도 하지 않았다.]

위 문장에서는 두 개의 부정 단서 (*nothing* 그리고 *no*)가 있다. 이들은 개별 사건을 부정하며 밑줄 친 동사 *said*와 *asked*에 후에 나타난다. 그리고 범위 (*after his habit he said*와 *after mine I asked _____ questions*) 내에서 발생한다. 범위 식별은 통상적으로 시퀀스 라벨링 문제로 수식화할 수 있으며, 각각의 단어 토큰은 시작 혹은 단서, 초점의 내외부, 혹은 범위 스팬 등으로 라벨링된다(§8.3참조). 그런 다음, 기존의 시퀀스 라벨링 처리 방식을 적용할 수 있으며 구문론(Velldal et al., 2012)과 의미 분석(Packard et al., 2014)뿐만이 아니라 외적인 피처 또한 사용한다. 라벨링된 데이터 세트는 생물의학 텍스트의 BioScope 코퍼스(Vincze et al., 2008) 및 아서 코난 도일Arthur Conan Doyle이 저술한 탐정 이야기(셜록 홈즈)의 공유 작업 데이터 세트를 포함해서 가지고 있다(Morante & Blanco, 2012).

17.5 질의 응답과 기계 독해

3명의 인간 플층을 상대로 진행하는 질의 응답 퀴즈쇼인 〈제퍼디!Jeoperdy!〉에서 왓슨이 이긴 순간은 NLP 역사에서 길이 남을 만한 장면이다(Ferrucci et al., 2010). 게임에서는 나타난 질문에 대해 개체 이름과 짧은 구문을 섞어서 사실인 것처럼 말하는 **팩토**

이드^{factoid} 방식으로 답변한다.[10] 그래서 팩토이드 질의응답은 질문에 대한 정확한 파싱이라는 문제를 가진다는 점에서 정보 추출과 높은 연관성을 가지고 있다.

17.5.1 형식 의미론

의미 파싱은 지리학이나 비행기 예약 등의 제한된 영역상에서 이뤄지는 질의응답에서는 효율적으로 동작한다(Zettlemoyer & Collins, 2005). 또 Freebase 등에서 질의 응답하는 "개방형-분야"에 대한 설정(Berant et al., 2013)이나, 생체 연구 개요에도 적용할 수 있다(Poon & Domingos, 2009). 질문을 변환하는 처리 방법 중 한 방법은 람다 표현식을 활용해서 불리언 값을 반환하도록 하는 것이다. 이를테면 *Who is the mayor of the capital of Georgia?*[조지아주의 수도의 시장은 누구인가?]라는 질문은 다음과 같이 변환할 수 있다.

$$\lambda x. \exists y \; \text{CAPITAL}(\text{GEORGIA}, y) \wedge \text{MAYOR}(y, x) \qquad [17.22]$$

이러한 람다 표현식은 기존의 지식 기반 베이스에서도 쿼리로 사용할 수 있으며 모든 개체가 참을 만족하면 "true"를 반환한다.

17.5.2 기계 독해

최근의 연구는 젊은 학생들을 대상으로 하는 독해 시험과 비슷한 특정 텍스트 지문에 대해 질의 응답하는 것에 초점을 맞춘다(Hirschman et al.,1999). 이러한 작업을 **기계 독해**^{machine reading}라고 한다.

데이터 세트 기계 독해 문제는 서로 다른 몇 가지 방식으로 수식화할 수 있다. 이 방식들의 가장 주요한 차이점은 "답변이 어떤 형식으로 쓰이는지"이다.

- 우화에 대한 MCTest 데이터 세트(Richardson et al., 2013) 및 뉴욕 지역의 과학 시험(Clark, 2015) 등을 비롯한 **다중 선택형 질의 응답** 세트가 있다. MCTest 상에서의 답변은 텍스트만으로 추론될 수 있는 반면, 과학 시험에서는 근본

---

10 질의 응답은 "왜"라는 질문(예컨대 왜 에이허브는 흰 고래를 계속 쫓았을까?)과 "어떻게" 질문(예컨대 퀴케그는 어떻게 죽었나?)과 요약을 요청(예컨대 조직화된 종교에 대해 이스마엘의 생각은 무엇인가?)하는 등의 질문을 광범위하게 포함하고 있다. 더 자세한 것은 Hirschman & Gaizauskas(2001)를 참조하면 된다.

적 과학 현상에 대한 기존 모델을 사용해 추론해야만 한다. 다음은 MCTest 에 해당하는 예시다.

(17.12) James the turtle was always getting into trouble. Sometimes he'd reach into the freezer and empty out all the food…

[거북이 제임스는 늘 문제를 일으켰다. 가끔 냉장고에 손을 넣어 모든 음식을 비우곤 했다...]

Q: What is the name of the trouble making turtle? [말썽을 일으키는 거북의 이름은 무엇인가?]

(a) Fries

(b) Pudding

(c) James

(d) Jane

- **클로즈**^{Cloze} 방식의 빈칸 채우기 문제에는 CNN/일간 메일 이해 작업^{CNN/Daily Mail comprehension task}(Hermann et al., 2015), 아동용 도서 테스트^{Children's Book Test}(Hill et al., 2016), Who-did-What 데이터 세트(Onishi et al., 2016) 등이 있다. 이러한 작업에서는 시스템은 텍스트 독해 지문에 기반해서 어떠한 단어 혹은 개체가 문장을 완성하는지 추측해야 한다. 다음의 예시는 누가 무엇을^{Who-did-What} 데이터 세트에서 가져온 것이다.

(17.13) Q: Tottenham manager Juande Ramos has hinted he will allow _____ to leave if

the Bulgaria striker makes it clear he is unhappy (Onishi et al., 2016).

[토트넘의 매니저인 후안데 라모스는 불가리아 스트라이커가 불행하다는 것을 확실히 하면 _____ (을)를 떠나는 것을 허락할 것이라고 시사했다.]

쿼리 질문은 이야기 그 자체를 통해서나 외적인 요약문에서 선택될 수 있다. 어떤 경우에서든, 데이터 세트는 대량의 기존 문서를 처리해 자동적으로 만들 수 있다. 추가적인 제약점은 클로즈 문항의 빈칸은 텍스트 지문 본문에 반드시 있어야 한다는 것이다. 예를 들면 Who-did-What 데이터 세트에서 후보는 본문 내에 멘션된 모든 개체를 포함한다. CNN/일간 메일 데이트 세트 내의 개별 개체명들은 고유 식별자(예컨대 ENTITY37)로 바뀐다. 이는 개체에 관한 외부적 지식이 아니라, 해당 텍스트를 정확하게 읽어야만 정답을 찾을 수 있도록 확실하게 만들어준다.

- **추출** 질의 응답에서 답변은 원본 텍스트로부터 도출된다. WikiQA에서는 답변은 문장형이며(Yang et al., 2015), 스탠포드 질의 응답 데이터 세트^{SQuAD,} Stanford Question Answering Dataset에서의 답변은 단어 혹은 짧은 구^{phrase} 형식이다 (Rajpurkar et al., 2016).

(17.14) In meteorology, precipitation is any product of the condensation of atmospheric water vapor that falls under gravity. [기상학에서 강수는 중력에 의해 떨어지는 대기 수증기가 응결된 산물이다.]

Q: What causes precipitation to fall? [강수가 떨어지는 원인은 무엇인가?]

A: gravity [중력]

WikiQA와 SQuAD에서 원본 텍스트는 위키피디아 항목이며, 크라우드 워커^{crowdworker11}들이 질문들을 생성했다.

방법들 베이스라인 방법은 질의 및 답변 후보들과 중첩되는 문장 혹은 짧은 지문에 대한 텍스트를 찾으려고 한다(Richardson et al., 2013). 예시(17.12)에서는 이러한 베이스라인은 정답을 선택한다. 'James'가 쿼리 용어인 'trouble'과 'turtle'을 포함하는 문장 속에 있기 때문이다.

이러한 베이스라인은 쿼리와 원본 텍스트 내의 각 부분에 대한 유사도를 매기는 **어텐션 매커니즘**^{attention mechanism}을 활용해(§18.3.1 참조) 뉴럴 아키텍처로 실행할 수 있다 (Chen et al., 2016). 이렇게 실행하기 위한 첫 번째 단계는 지문 $w^{(p)}$ 및 쿼리 $w^{(q)}$를 두 개의 양방향 LSTM(§7.6)을 사용해 인코딩하는 것이다.

$$h^{(q)} = \text{BiLSTM}(w^{(q)}; \Theta^{(q)}) \qquad [17.23]$$

$$h^{(p)} = \text{BiLSTM}(w^{(p)}; \Theta^{(p)}) \qquad [17.24]$$

---

11 대중들이 각자의 시간에 맞춰 자원해 함께 만들어가는 사람들을 말한다. 여기서는 데이터를 라벨링하는 사람들을 의미한다. - 옮긴이

쿼리는 우향left-to-right 및 좌향right-to-left 경로의 최종 상태를 수집 결합한 것으로 나타낼 수 있다.

$$u = [\overrightarrow{h^{(q)}}_{M_q}; \overleftarrow{h^{(q)}}_0] \tag{17.25}$$

어텐션 벡터는 쌍일차 곱의 벡터에 대한 소프트맥스로 계산하며, 기대 표현은 어텐션 값을 모두 더해 계산된다.

$$\tilde{\alpha}_m = (u^{(q)})^\top \mathbf{W}_a h_m^{(p)} \tag{17.26}$$

$$\alpha = \text{SoftMax}(\tilde{\alpha}) \tag{17.27}$$

$$o = \sum_{m=1}^{M} \alpha_m h_m^{(p)} \tag{17.28}$$

각각의 답변 후보 c는 벡터 x_c를 활용해서 표현된다. 답변 후보가 원본 텍스트에서 온 스팬이라고 가정한다면 이러한 벡터들은 $h^{(p)}$ 안에 해당하는 요소들과 동일하게 설정할 수 있다. 그런 다음 각각의 답변 후보 a에 대한 점수는 내적을 통해 계산된다.

$$\hat{c} = \underset{c}{\text{argmax}}\, o \cdot x_c \tag{17.29}$$

이러한 아키텍처는 정확한 정답에 따른 로그우도상에 기반한 손실을 통해 엔드 투 엔드 방법으로 훈련할 수 있다. 이와 관련된 몇몇 아키텍처가 제안됐다. 예를 들면 다음과 같은 자료(Hermann et al., 2015; Kadlec et al., 2016; Cui et al., 2017; Dhingra et al., 2017)가 있으며 이러한 방법들은 Wang et al.(2017)에 의해 연구된 바 있다.

추가 자료

정보 추출 부문은 Grishman(2012)의 강의 노트와 더 최신의 단편 연구 논문(Grishman, 2015)에서 다룬 바 있다. Shen et al.(2015)은 개체 연결 작업을, Ji & Grishman(2011)은 지식 베이스 덧붙이기에 대해서 연구했다. 비명제 의미 고찰에 관한 17장의 해설은 Morante & Sporleder(2012) 로부터 많은 영향을 받았으며, 해당 연구는 양태 및 부정에 관해 집중적으로 다룬 〈컴퓨터 언어학Computational Linguistics〉 저널의 특별호에서 소개한 적이 있다.

연습 문제

1. 여러분이 가장 좋아하는 영화의 위키피디아 페이지에 접속해보자. 정보 상자 내의 각 내용에 대해(예컨대 'Screenplay by: Stanley Kubrick'), 글 안의 문장 중에 필드와 값을 모두 포함하는 것이 있는지 확인하라(예컨대 'The screenplay was written by Stanley Kubrick'). 만약 없다면, 값만이라도 포함하는 문장은 존재하는가?(값이 하나 이상 존재하는 레코드에 대해서는, 첫 번째 값만 사용한다)

2. 1번 문제에 대한 여러분의 답을 활용해, 적어도 세 개의 레코드를 가진 필드와 값에 대해 중심어$^{Head Word}$들 간의 의존 경로를 나타내시오.

3. 개체 연결에 대한 다음의 휴리스틱을 살펴보자.
   - 멘션과 동일한 유형을 가진 모든 개체에 대해(예컨대 LOC, PER 등) 그 이름과 멘션과의 편집 거리$^{Edit Distance}$가 가장 작은 개체를 선택하라.
   - 만약 올바른 유형과 멘션과의 수정 거리가 가장 작은 개체가 하나 이상 존재한다면, 가장 인기 있는 개체를 고르시오.
   - 만약 올바른 유형을 가진 후보 개체가 없다면, NIL을 선택하시오.

   이제, 다음과 같은 피처함수가 있다고 가정하자.

   $$\boldsymbol{f}(y, \boldsymbol{x}) = [\text{edit-dist}(\text{name}(y), \boldsymbol{x}), \text{same-type}(y, \boldsymbol{x}), \text{popularity}(y), \delta(y = \text{NIL})]$$

   휴리스틱과 매칭되는 랭킹 가중치 θ의 집합을 정의하라. 거리와 인기도는 항상 [0, 100]의 범위 내에 존재하며, NIL 개체는 $\delta(y = \text{NIL})$을 제외한 모든 피처에 대해 값이 0이다.

4. 다른 휴리스틱도 살펴보자.
   - 멘션과의 수정 거리가 0이며, 올바른 유형을 가진 모든 후보 개체들 중 가장 인기 있는 개체 하나를 선택하라.
   - 만약 멘션과의 수정 거리가 0인 개체가 없다면 수정 거리와는 상관없이 올바른 유형을 가진 개체들 중 가장 높은 인기도를 가진 개체를 고르시오.
   - 만약 올바른 유형의 개체가 없다면 NIL을 선택하시오.

   3번 문제와 동일한 피처와 가정을 사용해 이러한 휴리스틱을 실행할 수 있는 가중치의 집합이 존재하지 않음을 보이시오. 그런 다음, 단일 피처를 추가해 휴리

스틱이 실행될 수 있음을 보이시오. 여기서 새로운 피처는 오직 수정 거리만을
고려해야 한다.

5. NLTK에 포함된 로이터^{Reuters} 코퍼스를 다운로드하고, 코퍼스 안의 토큰에 대해
다음 과정을 반복한다.

```
import nltk
nltk.corpus.download('reuters')
from nltk.corpus import reuters
for word in reuters.words():
  #your code here
```

a) IS-A 관계에 대한 후보를 획득하기 위해, ____등과 같은 ____패턴을 적용
하라(예컨대 IS-A(ROMANIA, COUNTRY). 이와 같은 방식이 올바르게 식별하는 쌍
3개는 무엇인가? 또한 잘못 식별된 다른 쌍 3개는 무엇인가?

b) 예컨대 PRESIDENT(PHILIPPINES, CORAZON AQUINO) 등과 같은 PRESIDENT
관계를 설계하시오. 이 경우 여러분은 가령, 고유명사를 탐지하기 위한 사례
정보의 활용 등과 같이 다중 토큰 와일드카드를 매칭할 수 있는 능력을 이용
해, 여러분의 패턴 매칭 기계^{matcher}를 보강할 수도 있다. 정답 및 오답 출력을
각각 세 개씩 적어보라.

c) 개체명 인식기를 통해 로이터 데이터를 전처리하라. 가능하다면 토큰을 개체
명 스팬으로 대체하라. 만약 NER 시스템에서 여러분의 패턴을 태그한다면,
비로소 'the United States'와 여러분의 패턴이 일치할 수 있다. 이렇게 전처리
된 데이터에 대해 자신만의 PRESIDENT 매칭 기계를 적용해보라. 정확도가 향
상됐는가? 이 패턴에서 무작위로 선택된 20쌍을 앞 부분에서 여러분이 설계
한 패턴을 비교해보라.

6. 동일한 NLTK 로이터 코퍼스를 활용해, 국가와 그 수도 사이의 관계를 탐지하는
훈련 집합을 만들기 위한 원격 지도^{Distant Supervision}를 적용하라. 먼저 알려진 다음
의 관계부터 시작한다. (JAPAN, TOKYO), (FRANCE, PARIS), (ITALY, ROME). 양인
예시와 음인 예시를 얼마만큼 추출할 수 있었는가?

7. 의존 경로 $x^{(i)}$를 단어 시퀀스와 길이 M_i를 사용해 의존 아크를 사용해 나타내시오 (경로의 종점은 고려하지 않는다). 표 17.2의 예시 1에서의 의존 경로는 다음과 같다.

$$x^{(1)} = (\underset{\text{NSUBJ}}{\leftarrow}, \textit{traveled}, \underset{\text{OBL}}{\rightarrow}) \qquad [17.30]$$

만약 $x_m^{(i)}$가 단어라면, 8장에서 정의한 태그세트를 활용해 $\text{pos}(x_m^{(i)})$가 그 단어의 품사라고 정의하자.

의존 경로 쌍의 커널 함수를 다음과 같이 정의할 수 있다(Bunescu & Mooney, 2005).

$$\kappa(x^{(i)}, x^{(j)}) = \begin{cases} 0, & M_i \neq M_j \\ \prod_{m=1}^{M_i} c(x_m^{(i)}, x_m^{(j)}), & M_i = M_j \end{cases}$$

$$c(x_m^{(i)}, x_m^{(j)}) = \begin{cases} 2, & x_m^{(i)} = x_m^{(j)} \\ 1, & x_m^{(i)} \neq x_m^{(j)} \text{ and } \text{pos}(x_m^{(i)}) = \text{pos}(x_m^{(j)}) \\ 0, & \text{otherwise} \end{cases}$$

이러한 커널 함수를 사용해 표 17.2의 예시 1과 나머지 다섯 예시의 커널 유사성을 계산하시오.

8. 7번 문제의 연장선상에서 인스턴스가 다음과 같이 라벨을 가진다고 가정해보자.

$$y_2 = 1, y_3 = -1, y_4 = -1, y_5 = 1, y_6 = 1 \qquad [17.31]$$

방정식 17.13은 매개변수 α와 b의 관점에서 커널 기반 분류를 정의한다. 위의 $y_2, \dots, y_6$에 대한 라벨을 사용해 $\hat{y}_1 = 1$인 α와 b의 값을 찾아라. 여기서 제약 조건은 모든 i에 대해 $\alpha_i \geq 0$이다.

9. §17.5.2에서 설명한 뉴럴 QA 시스템을 만들어보라. 단, 답변 후보 집합을 지문 내의 단어들로 제한하시오. 그리고 각각의 답변 후보 임베딩 x를 지문에서 토큰 m을 표현하는 벡터 $h_m^{(p)}$와 동일하게 설정해 $\hat{m} = \text{argmax}_m \, o \cdot h_m^{(p)}$가 되도록 한다. 시스템이 $\hat{m}$이라는 답을 선택했지만, 정답은 m^*이라고 생각해보자. 해당 어텐션에 대한 마진 손실의 경사를 구해보자.

a) $\frac{\partial \ell}{\partial \alpha_{\hat{m}}} \geq \frac{\partial \ell}{\partial \alpha_{m^*}}$임을 증명하시오.

b) $\|\boldsymbol{h}_{\hat{m}}\| = \|\boldsymbol{h}_{m*}\|$이라고 가정했을 때, $\frac{\partial \ell}{\partial a_{\hat{m}}} \geq 0$이며 또한 $\frac{\partial \ell}{\partial a_{m*}} \leq 0$임을 증명하시오. 그리고 경사 기반의 갱신 과정 이후에 어텐션이 어떻게 변할지에 대한 예측이 의미하는 바를 적어보라.

18 기계 번역

기계 번역^{MT}은 인공지능에서 "성배"로 다뤄지는 문제 가운데 하나다. 전 세계 어디에 있든 사람들과의 의사소통을 더 많이 할 수 있도록 만들어줄 엄청난 가능성을 가지고 있기 때문이다. 이에 따라 1950년 초반부터 엄청난 관심과 펀딩을 받아왔지만, 난항을 겪고 있는 데다 아직까지도 많은 도전 과제가 산재한 것으로 알려져 있다. 하지만 이 기간 동안 사용 가능한 MT 시스템에 대해 상당한 진전이 있었다. 특히 영어-프랑스어와 같은 고급 자료 언어^{High-Resource Language} 간에는 상당한 성능을 보인다. 그렇지만 수작업으로 번역할 때의 깊이 있고 뉘앙스까지 파악해 번역하는 시스템에 도달하기까지는 아직 갈 길이 멀다.

18.1 기계 번역 작업

기계 번역 작업은 최적화 문제로 바꾸어 수식화할 수 있다.

$$\hat{\boldsymbol{w}}^{(t)} = \underset{\boldsymbol{w}^{(t)}}{\operatorname{argmax}} \ \Psi(\boldsymbol{w}^{(s)}, \boldsymbol{w}^{(t)}) \qquad [18.1]$$

위 수식에서 $\boldsymbol{w}^{(s)}$는 **원본 언어**로 이루어진 문장을 뜻하고, $\boldsymbol{w}^{(t)}$은 번역할 **대상 언어**로 만들어진 문장이다. 또 Ψ은 이들 간의 점수를 매기는 평가함수다. 통상적으로 이 수식에서는 $\hat{\boldsymbol{w}}^{(t)}$를 계산하기 위한 디코딩 알고리듬과 평가함수 Ψ의 파라미터를 측정하기 위한 학습 알고리듬이라는 두 개의 구성 요소가 필요하다.

기계 번역에서 디코딩 작업은 막대한 언어 공간 내에서 가능한 번역을 찾는 작업이기 때문에 매우 어려운 일이다. 여태까지는 거대한 라벨 공간이 있는 것을 다뤄왔다.

이를테면 입력값의 길이에 따라 가능한 라벨 시퀀스가 기하급수적으로 증가하는 시퀀스 라벨링과 같은 작업을 다뤄왔다. 이때는 지역성 가정^{Locality Assumption} 등을 활용해 공간을 빠르게 탐색한다. 예를 들면 각 태그들은 오직 직전에 놓인 선행사들에 좌우되거나, 부모들에 의해서만 생성됐다. 그렇지만 기계 번역 작업에서는 지역성 가정을 사용하기 어렵다. 실제로 번역가들은 끊임없이 단어를 바꾸고, 단어를 재정렬하고 재구성한다. 게다가 단어 하나를 다중 단어들로 구성된 구 등으로 바꾸는 등의 여러 방법을 사용해 바꾼다. 이러한 유연성 때문에 상대적으로 간단한 번역 모델이라 하더라도, 디코딩 문제는 NP-hard한 문제가 된다(Knight, 1999). 이러한 복잡성을 다루기 위한 접근법은 §18.4에서 다룰 것이다.

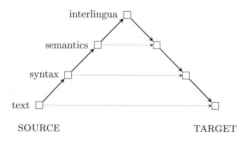

그림 18.1 푸쿠아 피라미드

한편, 번역 모델을 추정하는 일도 어렵다. 이미 라벨링돼 있는 번역 데이터들은 보통 병렬로 놓인 동일한 문장 형태에 따라 만들어진다. 스페인어 문장을 영어 문장으로 번역할 때는 다음과 같이 이뤄진다.

$$\boldsymbol{w}^{(s)} = \textit{A Vinay le gusta las manzanas.}$$
$$\boldsymbol{w}^{(t)} = \textit{Vinay likes apples.}$$

유용한 피처함수는 (*gusta*, *likes*), (*manzanas*, *apples*)뿐 아니라 (*vinay*, *vinay*)까지도 번역쌍이 만들어져 있다. 그렇지만 이러한 단어에서 단어로의 **정렬**^{alignment1}은 데이터에 주어지지 않으므로 얻을 수 없다. 이 문제를 해결하는 한 가지 방법은 **잠재변수**^{Latent}

---

1 사실 alignment의 정의는 '각각의 쌍들을 일치시켜 정렬한다'에 좀 더 가깝다. 하지만 적정한 단어를 찾기 어려우므로 18장에서는 정렬이라는 단어는 alignment를 의미한다. 통상적으로 정렬로 번역되는 sorting의 경우에는 18장에서 언급되지 않는다. - 옮긴이

Variable로 정렬을 다뤄서 처리하는 것이다. 이 방식은 §18.2에서 추가로 설명할 전통적인 **통계적 기계 번역**SMT, Statistical Machine Translation을 활용한 처리 방식이다. 또 다른 해결 방법에는 더 복잡하고 표현 가능한 함수를 사용해 $w^{(t)}$와 $w^{(s)}$ 간의 관계를 모델에 넣는 것이며, §18.3에서 자세히 다룰 **뉴럴 기계 번역**NMT, Neural Machine Translation을 활용한 처리 방식이다.

푸쿠아 피라미드 Vauquois Pyramid는 번역이 어떻게 이뤄지는지 보여준다. 가장 낮은 단계에서는 각개 단어들을 사용해 번역 시스템이 수행되지만, 수평 거리는 언어마다 사용되는 뜻이 다르기 때문에 매우 크다. 피라미드에서 구문 구조를 다루는 곳으로 올라가게 되면, 번역하기 위한 수평 거리는 줄어든다. 즉 구문적 표현에 따라 번역되는 대상 언어 텍스트를 생성하는 것만 필요하게 된다. 그래서 트리 구조를 읽는 것만큼이나 쉬워진다. 한 단계 올라가면 피라미드에서 의미론에 도달하게 된다. 의미론적 표현 간의 번역은 아직까지는 쉬운 편이지만, 의미와 표층 텍스트 간을 매핑하는 일은 어렵고 아직까지 해결하지 못한 문제다. 피라미드의 꼭대기에는 **인테르링구아**Interlingua[2]가 있다. 의미론적 표현은 매우 일반적으로 적용되므로 인류의 모든 언어를 관통하는 공통적인 부분이 분명히 존재한다. 철학자들은 정말 인테르링구아가 실제로 가능한지의 여부에 대해서 열띤 토론을 해왔다(예컨대 Derrida, 1985). 그렇지만 12장에서 다뤘던 1차원 논리 표현은 언어를 독립적이라고 생각하고, 영어 단어들과 꽤 비슷한 술어들의 리스트를 만들었다(Nirenburg & Wilks, 2001). 그럼에도 원본 텍스트보다 결과가 의미를 더 잘 보존한다면 번역본과 의미론적으로 이해한 것을 연결하는 아이디어는 요즘에도 여전히 유망한 방법이다.

표 18.1 스페인어 문장 'A Vinay le gusta python'의 번역에 대한 적절성과 유창성

	적절한가?	유창한가?
To Vinay it like Python	yes	no
Vinay debugs memory leaks	no	yes
Vinay likes Python	yes	yes

2 　인테르링구아는 1951년에 알렉산데르 고데에 의해 만들어진 인공어이자 국제어다. 간략화된 라틴어로 볼 수 있으며 문법과 어휘는 다양한 언어에서 가져왔으며, 극도로 단순하다(출처: 위키피디아). – 옮긴이

18.1.1 번역 평가하기

표 18.1에서 요약된 것처럼 번역은 크게 2가지 기준에 따라 평가된다.

- **적절성**: 번역된 결과물 $w^{(s)}$은 $w^{(t)}$의 내용을 적절하게 반영해야 한다. 예를 들어 $w^{(s)} = $ *A vinay le gusta Python*이라면, 참조 번역은 $w^{(t)} = $ *Vinay likes Python*에 해당한다. 하지만 구로 묶거나, 단어에서 단어만으로 번역한다면 $w^{(t)} = $ *To vinay it like Python*은 적절한 내용으로 구성돼 있기 때문에 합리적이고 적절히 번역됐다고 할 수 있다. 그렇지만 $w^{(t)} = $ *Vinay debugs memory leaks*는 적절하게 번역된 것이 아니다.

- **유창성**: 번역된 결과물 $w^{(t)}$는 번역되는 대상 언어에서 잘 읽혀야 한다. 이 기준으로 보면, $w^{(t)} = $ *To vinay it like Python*의 점수는 매우 낮을 것이고 $w^{(t)} = $ *Vinay debugs memory leaks*는 괜찮은 점수를 얻을 것이다.

기계 번역에 대한 자동화된 평가는 통상적으로 위 두 가지 기준을 잘 조합해 이뤄진다. 평가 시에는 전문 번역가가 만든 하나 이상의 여러 **참조 번역 결과물**들을 비교해 평가한다. 가장 인기 있는 정량적 평가 지표는 n-그램 기반의 BLEU^Bilingual Evaluation Understudy^(Papineni et al., 2002)이다. 참조 텍스트 내의 시스템 번역에서 어떤 n-그램이 나타나는가? 또 각각의 n-그램 길이에 대한 특정 정밀도는 다음과 같이 계산한다.

$$\frac{\text{참조와 가정 번역 모두에서 나타나는 } n\text{-그램의 수}}{\text{가정 번역 내에서 나타나는 } n\text{-그램의 수}} \qquad [18.2]$$

세 가정 번역에 대한 n-그램 정밀도는 그림 18.2에서 확인할 수 있다.

BLEU 점수는 평균 즉 $\exp \frac{1}{N} \sum_{m=1}^{N} \log p_n$을 기반으로 계산한다. 또 수식 18.2에서 다음 2가지를 꼭 수정해야 한다. (1) log 0을 계산하는 것을 피하기 위해 모든 정밀도는 곡선이고, 양수라는 것을 보장하도록 만든다. (2) 참조 내에서의 각 n-그램들은 한 번씩만 사용해야 한다. 그래서 *to to to to to to*는 *to be or not to be*라는 참조 텍스트에 반하더라도 $p_1 = 1$이 되지 못하도록 해야 한다. 또 정밀도 기반의 평가 방법은 수식 [18.2]에서의 분모를 최소화해 점수를 최대화하는 짧은 번역을 선호하게 된다. 이 문제를 피하기 위해서라도 **간결성 페널티**^Brevity Penalty^을 번역된 버전에 적용해 참조 텍스트보다 짧게 만들어준다. 그림 18.2에서는 이에 해당하는 페널티를 "BP"로 표시했다.

	Translation	p_1	p_2	p_3	p_4	BP	BLEU
Reference	*Vinay likes programming in Python*						
Sys1	*To Vinay it like to program Python*	$\frac{2}{7}$	0	0	0	1	.21
Sys2	*Vinay likes Python*	$\frac{3}{3}$	$\frac{1}{2}$	0	0	.51	.33
Sys3	*Vinay likes programming in his pajamas*	$\frac{4}{6}$	$\frac{3}{5}$	$\frac{2}{4}$	$\frac{1}{3}$	1	.76

그림 18.2 참조 번역과 세 개의 시스템 결과물. 각각의 결과물에서 p_n은 n-그램 각각에 대한 정밀도를, BP는 간결성 페널티를 의미한다.

BLEU와 같이 자동으로 생성되는 평가 지표는 사람이 직접 결정한 번역 평가에 따른 상호관계로 검증했다. 그럼에도 번역판이 잘 읽히지 않고, 원본 텍스트의 의미와 완전히 다르더라도 BLEU 점수를 높게 얻기는 쉽다. 하나의 예시를 들자면, 대명사를 번역하는 문제를 생각하면 된다. 대명사는 특정 개체 하나를 언급하지만 잘못된 대명사는 원 문장의 의미를 완전히 없애버릴 수도 있다. 최근의 연구 동향에 따른 시스템에서도 일반적으로 이러한 **대명사 대용**anaphora을 정확하게 찾으려고 시도하지 않는다(Hardmeier, 2012). 의미론적으로 대명사가 중요하지만 대명사는 BLEU에 미미한 영향만 미친다. 이를 보면, 기존 시스템에서 정확히 대명사를 번역하도록 더 애쓰지 않는지에 대한 의문에 실마리를 얻을 수 있다.

공정성과 편향 대명사 번역의 문제점은 공정성과 편향 문제 사이를 오간다. 터키어 등의 많은 언어에서는 3인칭 단수 대명사는 성별에 따라 영향을 받지 않는다. 최근 연구 동향에 따른 시스템에서는 다음과 같이 터키어-영어 번역을 생성한다(Caliskan et al., 2017).

(18.1) *O bir doktor.*

He is a doctor

(18.2) *O bir hemisre.*

She is a nurse.

위 두 문장은 직업군에 따라 고정관념에 박힌 성이 드러나는 공통적인 문제를 갖고 있다. 공학자, 군인, 선생님 등이나 성별에 영향받지 않는 대명사를 가지는 다른 언어에서도 이러한 문제가 발생한다. 이러한 편향은 번역 모델에 직접적으로 프로그래밍된 것이 아니라 기존 데이터 세트에서 영향을 받은 통계적 경향성에 따라 나타난다. 이러한 문제들은 데이터 기반의 접근법에서는 자주 발생하는 일반적인 문제다. 이러한 편향이 계속되면서 영향을 받지 않은 곳에도 계속 부정적인 영향을 끼치는 것이다. 더 안 좋은 일은 머신러닝은 이러한 데이터의 편향을 더 키울 수도 있다는 것이다 (Bolukbasi et al., 2016). 데이터 세트 내에 의사들이 남성이라는 아주 근소한 경향성만 보여도, 결과를 만들어내는 번역 모델에서는 언제나 의사를 *he*(그)로, 간호사를 *she*(그녀)로 생성할 것이다.

또 다른 지표 기계 번역을 자동으로 평가하는 다른 여러 방법들도 제시됐다. BLEU가 가지는 잠재적 약점 중 하나는 단순하게 정밀도만 측정하는 것이다. METEOR는 재현율과 정밀도를 조합해 가중치를 매긴 F-MEASURE이다(§4.4.1 참조). **번역 오류율** TER, Translation Error Rate은 참조 문자열과 가정 문자열 간의 **편집 거리**Edit Distance를 계산한다(Snover et al., 2016). 영어와 일본어 간의 언어 쌍에는 단어 배열 순서에 상당한 차이가 존재하지만 n-그램 기반의 평가법에서 이러한 단어 배열 오류를 충분히 잡아내지 못한다. RIBES 평가법은 시스템과 참조 번역 사이의 단어 순서에 대한 유사성을 측정해 순위 상관관계를 적용한다.

18.1.2 데이터

기계 번역에서 데이터 기반의 접근법은 주로 문장 단위를 번역하는 **병렬 코퍼스**Parallel Corpora를 따른다. 초기의 기계 번역은 정부 문서에 초점을 맞춰서 이뤄졌기 때문에, 매끄럽게 다듬어진 번역이 보통 필요했다. 예를 들면 IBM 번역 시스템은 영어와 불어로 기록된 **Hansards**라고 하는 캐나다 국회의 기록을 바탕으로 만들어졌다(Brown et al., 1990). 또 유럽연합은 21개의 유럽 언어로 채워진 EuroParl 코퍼스 개발을 주도했다(Koehn, 2005). 이러한 데이터 세트들은 형식적인 대화 방식에다 아주 좁은 영역에 한정되기도 하고, 다른 형태의 텍스트에 적용할 때 제한적이긴 했지만 통계 기반의 기계 번역 시스템을 만들 수 있도록 도와줬다. 그리고 더 많은 자원들이 기계 번역에 활용됐고, 굉장히 다양한 분야에서 새로운 번역 데이터들이 만들어졌다. 예를 들면 뉴스[3], 영화 자막[4], 소셜 미디어(Ling et al., 2013), 대화 기록(Fordyce, 2007), TED talks(Paul et al. 2010), 과학 연구 기사들(Nakazawa et al., 2016) 등이 새롭게 추가됐다.

데이터 자원들이 많이 공개되고 있지만, 기계 번역 데이터에서 여전히 발목을 잡은 것은 문장 단위에서 병렬적으로 연결된 코퍼스가 부족한 것이다. 많은 언어들은 몇몇 고차원 언어로는 상당한 병렬 코퍼스를 가지고 있지만, 서로 간에는 그렇지 않다. 그래서 고차원 언어는 "피벗Pivot"이나 "중간다리" 등으로 사용할 수는 있다(Boitet, 1988; Utiyama & Isahara, 2007). **De Gispert & Marino**(2006)은 카탈로니아어와 영어를 번역할 때 스페인어를 중간다리 역할로 사용했다. 현재 사용되고 있는 6,000여 개의 언어들이 있지만, 번역 자원으로 활용 가능한 건 Judeo-Christia 성경뿐이다(Resnik et al., 1999). 100만 개 이하의 토큰만 가지고 있어서 상대적으로 적은 양이지만, 성경은 2,000개 이상의 언어로 번역됐기 때문에 다른 코퍼스들에 비해 훨씬 많은 서로 다른 언어 간의 데이터를 가지고 있다. 또 일부에서는 위키피디아와 웹 페이지 등을 활용해 서로 병렬로 정렬되지 않은 문장에 대해 자동으로 병렬 문장들을 식별할 수 있는 가능성에 대해 연구했다(Kilgarriff & Grefenstette, 2003; Resnik & Smith, 2003; Adafre & De Rijke, 2006). 또 다른 방법은 크라우드 소싱을 활용해 거대한 병렬 코퍼스를 만드는 것이다(Zaidan & Callison-Burch, 2011).

18.2 통계적 기계 번역

이전 단원에서는 기계 번역에는 적절성과 유창성이라는 주요한 기준 2개가 있다고 이야기했다. 그렇다면 자연 모델링 접근법에서는 해당 점수를 나눠 다음과 같이 표현한다.

$$\Psi(\boldsymbol{w}^{(s)}, \boldsymbol{w}^{(t)}) = \Psi_A(\boldsymbol{w}^{(s)}, \boldsymbol{w}^{(t)}) + \Psi_F(\boldsymbol{w}^{(t)}) \qquad [18.3]$$

유창성을 평가하는 점수 Ψ_F는 원본의 문장을 고려하지도 않는다. 이 점수는 번역되는 대상 언어에서 $\boldsymbol{w}^{(t)}$가 유창하게 읽힐지만 고려한다. 이러한 방식으로 나누는 것은 각각의 데이터를 점수를 매기는 함수 2개 각각을 통해 측정되도록 만드는 이점이있

---

3 https://catalog.ldc.upenn.edu/LDC2010T10, http://www.statmt.org/wmt15/translation-task.html
4 https://opus.nlpl.eu/

564

다. 적절성 모델은 함께 정렬된 문장들에서만 평가해야 하지만 이는 상대적으로 어렵고 희박하게 일어나는 일이다. 그리고 유창성 모델은 번역되는 대상 언어 내의 단일 언어 텍스트로 반드시 측정돼야 한다. 또 단일 언어로 구성되는 거대한 코퍼스는 많은 언어에서 존재한다(데이터 자원을 제공해준 위키피디아 등의 자료에 감사를 전한다).

18.3의 수식을 분해를 세련되게 정의하기 위해서는 **노이즈 채널 모델**^{Noisy Channel Model}을 활용하면 된다. 이를 활용해 각각의 평가함수를 로그 확률에 적용하면 다음과 같다.

$$\Psi_A(\boldsymbol{w}^{(s)}, \boldsymbol{w}^{(t)}) \triangleq \log p_{S|T}(\boldsymbol{w}^{(s)} \mid \boldsymbol{w}^{(t)}) \qquad [18.4]$$

$$\Psi_F(\boldsymbol{w}^{(t)}) \triangleq \log p_T(\boldsymbol{w}^{(t)}) \qquad [18.5]$$

$$\Psi(\boldsymbol{w}^{(s)}, \boldsymbol{w}^{(t)}) = \log p_{S|T}(\boldsymbol{w}^{(s)} \mid \boldsymbol{w}^{(t)}) + \log p_T(\boldsymbol{w}^{(t)}) = \log p_{S,T}(\boldsymbol{w}^{(s)}, \boldsymbol{w}^{(t)}) \qquad [18.6]$$

평가함수를 이전의 로그와 우도를 활용해서 만들고 나면, 이들의 총합은 원본 문장과 대상 결과 문장 간의 결합 확률에 로그를 취한 $\log P_{S,T}$를 따른다. 이 결합 확률을 최대화시킨 문장 $\hat{\boldsymbol{w}}^{(t)}$은 원본 문장에 대해 가장 그럴듯한 대상 언어 문장을 만들 가능성이 있는 조건부 확률 $P_{T|S}$를 최대화한 것과 동일하다.

이러한 노이즈 채널 모델은 생성 이야기로 정의될 수도 있다. 대상 텍스트는 원래 확률 모델 P_T를 통해 생성된 것이다. 그런 다음 이 생성된 문장은 원본 문장의 문자열을 변환하는 "노이즈 채널" $P_{S|T}$을 통해 인코딩된다. 그런 다음 디코딩 과정에서 조건부 확률 $P_{T|S}$을 최대로 만드는 문자열 $\boldsymbol{w}^{(t)}$를 복원하기 위해 베이지안 확률을 적용시킨다. 이 해석 과정에서 보면 대상 확률 P_T는 단순히 언어 모델일 뿐이고 6장에서 다뤘던 방법 중 하나를 사용해 해당 확률을 추정할 수 있다. 그렇다면 유일하게 남아 있는 학습 문제는 번역 모델 $P_{S|T}$를 추정하는 일이다.

18.2.1 통계적 번역 모델링

번역 모델의 가장 단순한 분해 방법은 단어를 단어로 옮기는 것이다. 원본 텍스트 내의 단어들은 번역 결과물의 단어와 정렬돼 있어야 한다. 이 방법을 수행하기 전에 번역 원본과 번역될 대상들의 토큰 쌍을 미리 포함해 정렬 $A(\boldsymbol{w}^{(s)}, \boldsymbol{w}^{(t)})$을 만족해야 한다. 예를 들면 번역 원본이 $\boldsymbol{w}^{(s)} = A\ vinay\ le\ gusta\ Python$이고, 번역 결과물이

$\boldsymbol{w}^{(t)}$ = *Vinay likes Python*이라면, 가능한 단어 간 정렬^{Word-to-Word Alignment} 방법 중 하나는 다음과 같을 것이다.

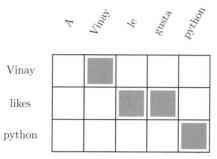

그림 18.3 단어에서 단어 간 정렬 방법의 한 예시

$$\mathcal{A}(\boldsymbol{w}^{(s)}, \boldsymbol{w}^{(t)}) = \{(A, \varnothing), (\textit{Vinay, Vinay}), (\textit{le, likes}), (\textit{gusta, likes}), (\textit{Python, Python})\} \tag{18.7}$$

이 수식 18.7에 해당하는 정렬 방법은 그림 18.3에서 설명했다. 이 방법보다는 조금 덜 좋지만, 다음과 같은 정렬 방법도 있다.

$$\mathcal{A}(\boldsymbol{w}^{(s)}, \boldsymbol{w}^{(t)}) = \{(A, \textit{Vinay}), (\textit{Vinay, likes}), (\textit{le, Python}), (\textit{gusta}, \varnothing), (\textit{Python}, \varnothing)\} \tag{18.8}$$

원본 내의 단어당 정확히 하나의 튜플만을 가지고 있다. 이렇게 이미 연결돼 있는 튜플을 통해 원본 단어가 번역 확률 $P_{S|T}$를 통해 어떻게 번역되는지 알려준다. 원본 단어에 대해 대상 언어에서 적절한 단어를 찾을 수 없으면, $\varnothing$로 정렬된다. 위 예시에서처럼 스페인어에서의 기능어인 a가 될 수도 있다(보통 영어 단어 *to*로 매끄럽게 번역된다). 그리고 대상 언어의 단어는 원본 언어에서는 다중 단어로 정렬될 수 있다. 이를테면 대상 언어 *likes*는 소스 내의 *le*나 *gusta*로 정렬될 수 있다. 정렬과 번역물의 결합 확률은 다음과 같이 쉽게 정의할 수 있다.

$$p(\boldsymbol{w}^{(s)}, \mathcal{A} \mid \boldsymbol{w}^{(t)}) = \prod_{m=1}^{M^{(s)}} p(w_m^{(s)}, a_m \mid w_{a_m}^{(t)}, m, M^{(s)}, M^{(t)}) \tag{18.9}$$

$$= \prod_{m=1}^{M^{(s)}} p(a_m \mid m, M^{(s)}, M^{(t)}) \times p(w_m^{(s)} \mid w_{a_m}^{(t)}) \qquad [18.10]$$

위 확률 모델은 다음의 2가지 주요 가정하에 만들어졌다.

- 정렬 확률$^{\text{Alignment Probability}}$은 토큰 간의 인자다.

$$p(\mathcal{A} \mid \boldsymbol{w}^{(s)}, \boldsymbol{w}^{(t)}) = \prod_{m=1}^{M^{(s)}} p(a_m \mid m, M^{(s)}, M^{(t)}) \qquad [18.11]$$

이 수식에 따라 각개 정렬에 대한 결정은 다른 정렬과 독립이며, 인덱스 m과 문장의 길이 $M^{(s)}$와 $M^{(t)}$를 통해서만 결정된다.

- 번역물의 확률도 토큰 간의 인자다.

$$p(\boldsymbol{w}^{(s)} \mid \boldsymbol{w}^{(t)}, \mathcal{A}) = \prod_{m=1}^{M^{(s)}} p(w_m^{(s)} \mid w_{a_m}^{(t)}) \qquad [18.12]$$

이 수식에 따라 $\boldsymbol{w}^{(s)}$에서의 각 단어들은 이미 정렬된 $\boldsymbol{w}^{(t)}$에서의 단어들을 통해서만 영향을 받는다. 즉, 단어에서 단어로 번역할 때는 문맥을 무시한다는 것이다. 그나마 원하는 부분은 언어 모델 $p(\boldsymbol{w}^{(t)})$은 단어 간 번역에서 발생하는 불완전한 것들을 수정하도록 하는 것이다.

위의 모델을 사용해서 번역하려면 가능한 모든 정렬에 대한 총합을 구하거나 최댓값을 구한다.

$$p(\boldsymbol{w}^{(s)}, \boldsymbol{w}^{(t)}) = \sum_{\mathcal{A}} p(\boldsymbol{w}^{(s)}, \boldsymbol{w}^{(t)}, \mathcal{A}) \qquad [18.13]$$

$$= p(\boldsymbol{w}^{(t)}) \sum_{\mathcal{A}} p(\mathcal{A}) \times p(\boldsymbol{w}^{(s)} \mid \boldsymbol{w}^{(t)}, \mathcal{A}) \qquad [18.14]$$

$$\geq p(\boldsymbol{w}^{(t)}) \max_{\mathcal{A}} p(\mathcal{A}) \times p(\boldsymbol{w}^{(s)} \mid \boldsymbol{w}^{(t)}, \mathcal{A}) \qquad [18.15]$$

$P(\mathcal{A})$는 정렬 전체에 걸친 선행 확률을 정의한다. IBM의 연구자들이 1980년대에서 1990년대에 걸쳐 독립 가정이 점진적으로 완화되면서 만들어진 일련의 정렬 모델들은 만들었으며, IBM 모델 1-6으로 알려져 있다(Och & Ney, 2003). 이 모델을 사용

해 다음의 가장 강력한 독립 가정을 만들어냈다.

$$\mathrm{p}(a_m \mid m, M^{(s)}, M^{(t)}) = \frac{1}{M^{(t)}} \qquad [18.16]$$

이 모델에서 모든 정렬들이 나올 가능성은 동일하다. 이러한 가정 자체는 확실히 틀렸지만, 훨씬 더 복잡한 정렬 모델의 좋은 시작 지점을 얻을 수 있는 볼록한 목적함수를 구할 수 있다(Brown et al., 1993; Koehn, 2009).

18.2.2 추정

대상 단어 u를 원본 언어 v로 번역할 확률을 $\theta_{u \to v}$으로 정의해보자. 단어 간 정렬이 이미 이뤄졌다고 가정하면, 상대 빈도를 통해 이 확률을 계산할 수 있다.

$$\hat{\theta}_{u \to v} = \frac{\mathrm{count}(u, v)}{\mathrm{count}(u)} \qquad [18.17]$$

$\mathrm{count}(u, v)$는 트레이닝 세트 내에서 어떤 단어 v가 단어 u로 정렬돼 있는 인스턴스 개수이고, $\mathrm{count}(u)$는 대상 단어 u의 총 개수이다. 또한 6장에서 다뤘던 평활화 smoothing 기법은 이 확률 추정의 분산을 줄여줄 것이다.

이와 반대로 정확한 번역 모델을 가지고 있다면 각각의 정렬에 대한 결정의 우도를 측정할 수 있다.

$$q_m(a_m \mid \boldsymbol{w}^{(s)}, \boldsymbol{w}^{(t)}) \propto \mathrm{p}(a_m \mid m, M^{(s)}, M^{(t)}) \times \mathrm{p}(w_m^{(s)} \mid w_{a_m}^{(t)}) \qquad [18.18]$$

$q_m(a_m \mid \boldsymbol{w}^{(s)}, \boldsymbol{w}^{(t)})$을 사용하면, 원본 내의 단어 $w_m^{(s)}$를 대상 단어 $w_{a_m}^{(t)}$로 정렬하는 것에 대한 신뢰 구간을 구할 수 있다. 그런 다음 기댓값을 통해 상대적인 빈도를 계산할 수 있다.

$$\hat{\theta}_{u \to v} = \frac{E_q\left[\mathrm{count}(u, v)\right]}{\mathrm{count}(u)} \qquad [18.19]$$

$$E_q\left[\mathrm{count}(u, v)\right] = \sum_m q_m(a_m \mid \boldsymbol{w}^{(s)}, \boldsymbol{w}^{(t)}) \times \delta(w_m^{(s)} = v) \times \delta(w_{a_m}^{(t)} = u) \qquad [18.20]$$

기댓값-최대화EM **알고리듬**은 q_m과 $\hat{\Theta}$를 끊임없이 갱신하며 수행된다. 이 알고리듬의 일반적인 형태는 5장에서 이미 다뤘다. 여기서의 통계 기반 기계 번역에서는 각 단계별로 다음을 수행한다.

1. **E-단계**: 수식 18.18을 사용해 단어 정렬에 대한 기대를 갱신한다.
2. **M-단계**: 수식 18.19 와 수식 18.20을 사용해 번역 모델을 갱신한다.

5장에서 다뤘듯이, 기댓값-최대화 알고리듬은 전역 최솟값에 꼭 수렴하는 것은 아니지만, 확실히 수렴은 이뤄진다. 하지만 IBM 모델 1에서의 EM 알고리듬은 볼록성에 따른 목적을 최적화해 전역 최적값을 보장해낸다. 이러한 이유로 IBM 모델은 좀 더 복잡한 정렬 모델을 초기화시킬 때 자주 사용됐다. 더 자세한 내용은 Koehn(2009)을 살펴보면 된다.

18.2.3 문맥 기반 번역

실제 번역은 단어에서 단어로 단순히 일대일로만 옮기는 작업이 아니다. 다중 단어를 사용한 표현은 직역하면, 말이 안 되는 번역이 되는 경우도 더러 존재하기 때문이다. 다음과 같은 프랑스어를 영어로 옮기는 예시를 살펴보자.

(18.3) *Nous allons prendre un verre*

we'll take a glass. [우리는 잔을 들 것이다.]

we'll have a drink. [우리는 마실 것이다.]

*we'll take a glass*는 프랑스 문장을 일대일로 단어를 옮겨 다듬은 것이다. 실제 번역은 마지막 줄의 *we'll have a drink*에 해당한다. 이러한 예시를 단어 간 번역 모델Word-to-Word Tranlation Model에 적용하기는 어렵다. 사실상 *prendre*는 *have*로, *verre*는 *drink*으로 번역돼야 하므로, 이러한 번역 과정은 특정 구에서의 문맥에 대해서만 적합한 번역이 된다.

구 기반의 번역 모델은 단어 기반의 모델에다 번역표와 다중 단어 스팬 간의 정렬을 활용해 일반화한 것이다(여기서 "구"는 9장과 10장에서 다뤘던 명사구나 동사구와 같은 구문적 구조를 띨 필요는 없다). 단어 기반의 번역의 일반화는 상당히 직설적이다. 번역표는 다중 단어 단위에 대해 조건을 설정할 수 있고, 해당 단위에 $((i, j), (k, \ell))$과 같이 스팬에서 스팬으로 매핑하며 정렬해 확률을 할당할 수 있다. 그런 다음 다음과 같이 수식을 쓸 수 있다.

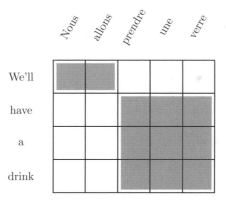

그림 18.4 예시 (18.3)에 대한 프랑스와 영어 간의 구 기반 정렬

$$
p(\boldsymbol{w}^{(s)} \mid \boldsymbol{w}^{(t)}, \mathcal{A}) = \prod_{((i,j),(k,\ell)) \in \mathcal{A}} p_{w^{(s)}|w^{(t)}}(\{w_{i+1}^{(s)}, w_{i+2}^{(s)}, \ldots, w_j^{(s)}\} \mid \{w_{k+1}^{(t)}, w_{k+2}^{(t)}, \ldots, w_\ell^{(t)}\})
$$

$$[18.21]$$

구 간의 정렬 $((i, j), (k, \ell))$은 span $\boldsymbol{w}_{i+1;j}^{(s)}$가 span $\boldsymbol{w}_{i+1;\ell}^{(t)}$로 번역된 것을 의미한다. 그림 18.4는 구 정렬에 대한 예시에 대한 내용을 설명한 것이다. 이때 주의해야 할 것은 정렬 세트 $\mathcal{A}$는 단어 기반의 번역에서와 같이 원본 내의 모든 토큰을 아우를 수 있어야 한다. 즉, 단어 기반의 통계적 기계 번역과 동일하게 기댓값-최대화 알고리듬으로부터 학습될 수 있는 모든 구들의 쌍에 대한 번역을 모델 $P_{w^{(s)}|w^{(t)}}$가 포함하고 있어야 한다.

18.2.4 *구문 기반 번역

푸쿠아 피라미드(그림 18.1)에서 더 상위 단위를 다룰수록 번역하기 쉬워질 수 있다고 했다. 이를테면 원본의 구문 구조나 대상 언어의 구조 혹은 그 모두를 통합시키는 것이다. 특히 구문 구조가 일관되게 다른 언어쌍이 더 좋다. 예를 들면 영어에서 형용사는 거의 대부분 수식하는 명사 앞에 위치하지만 프랑스나 스페인어와 같은 로망스어 계열에서는 명사 뒤에 위치한다. 그래서 영어에서 *angry fish*라는 구는 스페인어로 *pez*(fish) *enojado*(angry)로 번역된다. 단어 간 번역 과정에서는 이러한 재배열 과정이 정렬 모델을 지나치게 허용되도록 만들 때도 있다. 스페인어로 번역할 때, 영어 단어에 대한 모든 쌍의 순서를 뒤집는 게 아니라, 명사구 내의 형용사와 명사만을 뒤집을 수 있도록 한다. 이러한 비슷한 문제는 여러 언어 간에 번역하는 과정들, 예컨대 일본어 등의 동사로 끝나는(Verb-final, 보통 주어와 목적어 다음에 동사가 위치한다) 언어 계열이나 타갈로그Tagalog어나 전통적 아랍어 등의 같은 동사로 시작하는Verb-initial 언어, 영어 등의 동사가 중간에 위치하는Verb-medial 언어 등에서도 나타난다.

이 문제는 **동시성 문맥 자유 문법**SCFG, Synchronous Context Free Grammar(Chiang, 2007) 내에서 파싱과 번역을 연결하는 방법을 사용하면 조금 더 세련되게 해결할 수 있다.[5] SCFG는 $X \to (\alpha, \beta, \sim)$ 과정에 대한 생성들로 이뤄진 것이다. X가 비단말이라면, α와 β는 단말 혹은 비단말의 시퀀스이고, $\sim$은 α와 β 내의 요소와 일대일로 정렬된 것이다. 영어-스페인어 간의 형용사-명사 순서 문제는 이렇게 동시성 처리 문제로 다룰 수 있다. 예를 들면 다음과 같다.

$$\text{NP} \to (\text{DET}_1\ \text{NN}_2\ \text{JJ}_3, \quad \text{DET}_1\ \text{JJ}_3\ \text{NN}_2) \qquad [18.22]$$

첨자가 붙은 것들은 우항의 스페인어(왼쪽)와 영어(오른쪽) 간의 정렬을 의미한다. 그리고 단말 생성을 통해 다음과 같은 번역 쌍을 얻는다.

$$\text{JJ} \to (enojado_1, \quad angry_1) \qquad [18.23]$$

동시성 파생 과정은 시작 기호 S에서 시작해 단말 기호 시퀀스 쌍을 만들어낸다.

주어진 SCFG에서는 각개 생성 과정에서 언어별로 최대 2개의 기호만을 만들어내고(§9.2.1의 촘스키 표준형), CKY 알고리듬을 통해서만 문장을 파싱할 수 있다(10장). 그리고 SCFG의 결과물은 모두 표층 형태surface form까지 만들어지는 다른 언어의 생성들도 포함한다. 그래서 SCFG를 사용한 번역은 파싱과 굉장히 유사하다. 가중치가 있는 SCFG 내에서는 생성의 로그 확률을 총합을 통해 로그 확률 $\log P_{S|T}$를 계산한다. 하지만 대상 언어 모델과 함께 복합적인 SCFGCombining SCFG을 사용하면 계산 과정의 비용이 너무 많이 들기 때문에, 근사 탐색 알고리듬이 필요하다(Huang and Chiang, 2007).

동시성 문맥 자유 문법은 해당 모델이 대상과 원본 언어 모두 구문 구조를 갖고 있다는 점에서 **트리 간 번역**tree-to-tree translation의 한 예시로 볼 수도 있다. **문자열에서 트리로**

---

5   초기의 구문론 기반 기계 번역은 구문 기반의 변환(syntax-driven transduction, Lewis II and Sterans, 1968)과 확률론적 연변환 문법(stochastic inversion transduction grammars)을 포함한다(Wu, 1997).

의 번역^{String-to-Tree Translation}에서는 문자열 요소들을 트리의 조각들로 변환하고 나서, 번역 결과물로 합친다(Yamada & Knight, 2001; Galley et al., 2004). **트리에서 문자열로의 번역**에서는 원본 쪽을 먼저 파싱하고 나서, 대상 쪽으로 문자열을 변환하는 식이다 (Liu et al., 2006). 결국 구문 기반의 번역의 핵심 질문은 단일 언어 파서와 트리뱅크에 대한 의존 범위를 다루는 구의 구성 요소가 번역 결과물에서 정렬되는 범위에 대한 것이다. 구문 기반 기계 번역에 대해 더 자세히 알고 싶으면, Willams et al.(2016)의 연구 논문을 살펴보면 된다.

18.3 뉴럴 기계 번역

기계 번역을 위한 뉴럴 네트워크는 기본적으로 **인코더-디코더** 아키텍처를 기반으로 만든다(Cho et al., 2014). 인코더 네트워크는 원본 언어의 문장을 벡터나 행렬 표현으로 바꾸고, 디코더 네트워크는 이러한 벡터나 행렬들을 번역하는 대상 언어로 다시 인코딩한다.

$$z = \text{ENCODE}(\boldsymbol{w}^{(s)}) \quad [18.24]$$

$$\boldsymbol{w}^{(t)} \mid \boldsymbol{w}^{(s)} \sim \text{DECODE}(z) \quad [18.25]$$

여기서 두 번째 줄의 수식 18.25은 DECODE(z)는 조건부 확률 p($\boldsymbol{w}^{(t)} \mid \boldsymbol{w}^{(s)}$)을 정의한다.

통상적으로 디코더 네트워크는 순환 뉴럴 네트워크로 만든다. 순환하면서 은닉 상태를 계속 갱신하며 한 번에 하나씩 대상 언어의 단어를 생성한다. 인코더와 디코더 네트워크들은 병렬 문장을 통해 엔드 투 엔드^{end-to-end} 학습을 진행한다. 만약 디코더의 결과 층이 로지스틱함수라면, 전체 아키텍처는 조건부 로그-우도를 최대화하도록 학습할 수 있다.

$$\log p(\boldsymbol{w}^{(t)} \mid \boldsymbol{w}^{(s)}) = \sum_{m=1}^{M^{(t)}} p(w_m^{(t)} \mid \boldsymbol{w}_{1:m-1}^{(t)}, z) \quad [18.26]$$

$$p(w_m^{(t)} \mid \boldsymbol{w}_{1:m-1}^{(t)}, \boldsymbol{w}^{(s)}) \propto \exp\left(\boldsymbol{\beta}_{w_m^{(t)}} \cdot \boldsymbol{h}_{m-1}^{(t)}\right) \quad [18.27]$$

은닉 상태 $\boldsymbol{h}_{m-1}^{(t)}$은 직전에 생성된 텍스트 $\boldsymbol{w}_{1:m-1}^{(t)}$와 인코딩 z로 만들어진 순환함수이

며, $\beta \in \mathbb{R}^{(V^{(t)} \times K)}$은 대상 언어의 사전 내에 있는 $V^{(t)}$ 단어에 대한 결과 단어 벡터가 만들어진 행렬이다.

간단한 인코더-디코더 아키텍처에는 **시퀀스 간**^{sequence-to-sequence} **모델**(Sutskever et al., 2014)이 있다. 이 모델에서 인코더는 원본 문장에서 **장단기 메모리**^{LSTM}(§6.3.3)의 최종 은닉 상태들의 집합에 해당한다.

$$h_m^{(s)} = \text{LSTM}(x_m^{(s)}, h_{m-1}^{(s)}) \qquad [18.28]$$

$$z \triangleq h_{M^{(s)}}^{(s)} \qquad [18.29]$$

위 식에서 $x_m^{(s)}$는 원본 언어의 단어 $w_m^{(s)}$을 임베딩한 것이다. 그런 다음 인코딩은 디코더 LSTM에 대한 초기 은닉 상태를 다음과 같이 제공한다.

$$h_0^{(t)} = z \qquad [18.30]$$

$$h_m^{(t)} = \text{LSTM}(x_m^{(t)}, h_{m-1}^{(t)}) \qquad [18.31]$$

여기서 $x_m^{(t)}$은 대상 언어의 단어 $w_m^{(t)}$을 임베딩한 것이다.

시퀀스 간 번역은 하나는 원본을 읽고, 하나는 대상을 생성하는 두 개의 LSTM을 서로 엮은 것뿐이지만, 모델이 잘 동작되도록 만들기 위해서는 몇 가지 방법을 더 알아둬야 한다.

- 가장 잘 알려진 방법은 모델은 원본 문장으로 역으로 맨 끝에서 앞으로 읽을 때 더 잘 동작한다는 것이다. 이 방법에서는 원본의 시작 지점에 있는 단어가 인코딩 z에 가장 큰 영향을 미치기 때문에, 대상 문장의 시작 지점에 있는 단어에 가장 큰 영향을 준다. 뒤이은 추가 연구를 통해 더 향상된 인코딩 모델이 만들어졌다. **뉴럴 어텐션**^{Neural Attention}(§18.3.1 참조)과 같은 모델에서는 원본 문장을 역으로 읽을 필요가 없어졌다.

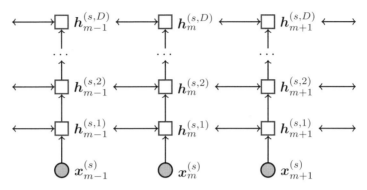

그림 18.5 딥 쌍방향 LSTM 인코더

- 또 인코더와 디코더가 은닉 상태에 대한 여러 층을 가지는 **딥 LSTM**^{deep LSTM}으로 향상됐다. 그림 18.5에서 확인할 수 있듯 i층에 있는 각개의 은닉 상태 $h_m^{(s,i)}$은 LSTM의 $i + 1$층의 입력으로 사용된다.

$$h_m^{(s,1)} = \text{LSTM}(x_m^{(s)}, h_{m-1}^{(s)}) \qquad [18.32]$$

$$h_m^{(s,i+1)} = \text{LSTM}(h_m^{(s,i)}, h_{m-1}^{(s,i+1)}), \quad \forall i \geq 1 \qquad [18.33]$$

기존의 시퀀스간 번역에서는 4개 층만 사용했지만, 2016년 구글의 상업 기계 번역 시스템은 8개 층을 사용했다(Wu et al., 2016).[6]

- 또 상당히 성능을 향상시킬 수 있는 방법이 있다. 서로 다르게 무작위로 초기화를 진행한 후 훈련을 하고 난 후, 해당 번역 모델의 **앙상블**^{ensemble}을 만드는 것이다. 크기가 N인 앙상블에 대해 각 토큰별 디코딩 확률은 다음과 같이 적을 수 있다.

$$\text{p}(w^{(t)} \mid z, w_{1:m-1}^{(t)}) = \frac{1}{N} \sum_{i=1}^{N} \text{p}_i(w^{(t)} \mid z, w_{1:m-1}^{(t)}) \qquad [18.34]$$

여기서 p_i는 모델 i의 디코딩 확률이고, 앙상블 내의 각 번역 모델은 그 자체의 인코더와 디코더 네트워크를 가지고 있다.

---

6 구글은 영어-프랑스 번역을 위해 이 시스템을 학습시킬 때 6일이 걸렸다고 발표했다. 학습 기간 동안 NVIDIA K 80 GPU 96개를 사용했는데, 어림잡아도 50만 달러가 사용된 것이다.

574

- 기존의 시퀀스 간 모델은 상당히 표준화된 학습 단계를 가지고 있다. 확률적 경사 하강법은 초기 에폭^epoch 5번이 수행되고 나면, 학습률이 지수적으로 떨어진다. 128개 문장로 구성된 미니 배치에서는 모두 비슷한 길이로 문장이 선택되기 때문에, 각 문장은 처리하는 데 대략 비슷한 시간이 걸린다. 그러고 나서 (3.3.4장에서 다룬) 경사 클리핑^clipping은 경사의 놈^norm이 사전에 정의한 특정 값을 넘지 않도록 보장해준다.

18.3.1 뉴럴 어텐션

직전 단원에서 다뤘던 시퀀스 간 모델은 통계적 기계 번역 모델을 완전히 반대로 틀어서 만든 모델이다. 통계적 기계 번역 모델은 대상 언어 내의 각 단어와 구들은 원본 언어 내의 각 단어와 구에 따라 조건부로 적용된다. 이 두 가지 모델 모두 이점이 있다. 통계적 번역은 **구성성**^compostitionality이라는 아이디어에서 기인한다. 즉, 넓은 단위의 번역은 해당 단위를 구성하는 구성 요소들의 번역에 기반하고 있어야 한다는 것이다. 그리고 이 생각은 긴 호흡의 텍스트를 번역하는 엄청난 양의 번역일 때 더 중요하게 적용된다. 그렇지만 각각의 단어와 구들은 더 긴 문맥에 따라 좌우되지만, 인코더-디코더 모델은 문장 단위의 문맥을 포착해낸다.

이러한 문맥 기반과 구성적 기반 모두를 번역에 적용할 수 없을까? 이를 해결하기 위한 접근 방법 중 한 방법은 바로 **어텐션 메커니즘**^Attention Mechanism을 활용해 뉴럴 번역을 진행하는 것이다. 뉴럴 어텐션에 대한 내용 자체는 이미 §17.5에서 다뤘지만, 번역으로 응용할 때는 몇 가지 논의 주제를 가진다. 일반적으로 어텐션은 메모리에 이미 저장된 키-밸류 쌍에서 선택한 쿼리를 사용하는 것으로 보인다. 메모리 안에 있는 각각의 키인 n에 대해, 쿼리 m을 반영해 점수 $\psi_\alpha(m, n)$을 계산한다. 이 평가함수는 키와 쿼리의 호환성을 가지는지에 대한 함수이고, 작은 뉴럴 네트워크를 사용해 계산한다. 이 점수 벡터는 소프트맥스와 같은 활성화함수에 통과시킨다. 그러고 나면 이 활성화함수의 결과는 음이 아닌 수로 구성된 벡터 $[\alpha_{m\to1}, \alpha_{m\to2}, ..., \alpha_{m\to N}]^\top$를 반환한다(여기서 길이 N는 메모리의 크기이다). 메모리 v_n의 각각의 값은 어텐션 $\alpha_{m\to n}$ 과정을 통해 곱한 것이고, 이 곱한 값들의 총합이 바로 결괏값이다. 이 과정은 그림 18.6에 자세히 설명돼 있다. $\alpha_{m\to n} = 1$과 서로 다른 모든 n'에 대한 $\alpha_{m\to n'} = 0$과 같은 극단적인 경우에는 어텐션 메커니즘이 메모리에서 값 v_n을 간단히 선택해버린다.

뉴럴 어텐션은 정렬 과정을 인코더-디코더 아키텍처로 통합할 수 있도록 해준다. 원본 전체를 특정 길이 z의 벡터로 인코딩하기보다는, 행렬 $\mathbf{Z} \in \mathbb{R}^{K \times M^{(S)}}$으로 인코딩할 수 있다. 이 식에서 K는 은닉 상태의 차원이고, $M^{(S)}$는 원본인 입력에 대한 토큰의 개수다. $\mathbf{Z}$의 각 열은 원본 문장 전체에 대한 순환 뉴럴 네트워크의 상태를 의미한다. 이 벡터들은 그림 18.5의 딥 네트워크에서 다뤘던 것처럼 **양방향 LSTM**(§7.6 참조)을 통해 만들어진다. 이 열들은 어텐션 메커니즘 내의 키와 밸류 모두가 될 수 있다.

디코딩 과정 중의 각 단계 m에서 디코더 $\boldsymbol{h}_m^{(t)}$의 상태와 동일한 어텐션 상태는 쿼리를 실행하며 계산된다. 그러한 경우 호환 점수 결과는 다음과 같다.

$$\psi_\alpha(m, n) = \boldsymbol{v}_\alpha \cdot \tanh(\Theta_\alpha[\boldsymbol{h}_m^{(t)}; \boldsymbol{h}_n^{(s)}]) \qquad [18.35]$$

그래서 함수 ψ은 가중치 $\boldsymbol{v}_\alpha$와 결과층과 가중치 Θ_α으로 구성된 2개의 층으로 구성된 피드포워드 뉴럴 네트워크다. 이 점수를 계산하기 위해서는 벡터별^{vertorwise} 소프트맥스나 요소별^{element-wise} 시그모이드 등의 활성화함수에 적용시켜야 한다.

소프트맥스 어텐션

$$\alpha_{m \to n} = \frac{\exp \psi_\alpha(m, n)}{\sum_{n'=1}^{M^{(s)}} \exp \psi_\alpha(m, n')} \qquad [18.36]$$

시그모이드 어텐션

$$\alpha_{m \to n} = \sigma\left(\psi_\alpha(m, n)\right) \qquad [18.37]$$

그런 다음 위 수식에서 계산된 어텐션 $\boldsymbol{\alpha}$를 사용해 가중치가 매겨진 $\mathbf{Z}$열의 총합과 함께 문맥 벡터 $\boldsymbol{c}_m$을 계산한다.

$$\boldsymbol{c}_m = \sum_{n=1}^{M^{(s)}} \alpha_{m \to n} \boldsymbol{z}_n \qquad [18.38]$$

$\alpha_{m \to n} \in [0, 1]$은 원본에서 단어 n에서 대상으로 하는 단어 m로의 어텐션 값이다. 그리고 이 식을 통해 얻은 문맥 벡터는 다른 층을 디코더에 추가하는 식으로 디코더의 단어 결과 확률 모델로 통합할 수 있다(Luong et al., 2015a).

$$\tilde{\boldsymbol{h}}_m^{(t)} = \tanh\left(\Theta_c[\boldsymbol{h}_m^{(t)}; \boldsymbol{c}_m]\right) \qquad [18.39]$$

$$p(w_{m+1}^{(t)} \mid \boldsymbol{w}_{1:m}^{(t)}, \boldsymbol{w}^{(s)}) \propto \exp\left(\boldsymbol{\beta}_{w_{m+1}^{(t)}} \cdot \tilde{\boldsymbol{h}}_m^{(t)}\right) \qquad [18.40]$$

디코더 상태 $\boldsymbol{h}_m^{(t)}$을 문맥 벡터에 연결해, 최종 결과 벡터 $\tilde{\boldsymbol{h}}_m^{(t)}$를 계산할 수 있도록 입력 값 형태를 조정한다. 그리고 위와 유사한 방법으로 문맥 벡터를 순환 디코더에도 통합할 수 있다(Bahadanau et al., 2014).

18.3.2 *순환을 사용하지 않는 뉴럴 기계 번역

인코더-디코더 모델에서 어텐션의 "키와 밸류"는 인코더 네트워크 z의 은닉 상태를 표현하는 것이고, "쿼리"는 디코더 네트워크 $\boldsymbol{h}^{(t)}$ 내의 상태를 의미한다. 하지만 **자기 어텐션**self attention을 적용해서 뉴럴 번역에서 순환을 완전히 없애버리는 방법도 있다(Kim et al., 2017, Lin et al., 2017). 이러한 셀프 어텐션은 인코더와 디코더를 **트랜스포머 아키텍처**에 구성한다(Vaswani et al., 2017). 각 단계 i에 대한 트랜스포머 내의 인코더 쪽의 기본 수식은 다음과 같다.

$$\boldsymbol{z}_m^{(i)} = \sum_{n=1}^{M^{(s)}} \alpha_{m \to n}^{(i)}(\Theta_v \boldsymbol{h}_n^{(i-1)}) \qquad [18.41]$$

$$\boldsymbol{h}_m^{(i)} = \Theta_2 \operatorname{ReLU}\left(\Theta_1 \boldsymbol{z}_m^{(i)} + \boldsymbol{b}_1\right) + \boldsymbol{b}_2 \qquad [18.42]$$

단계 i에 대한 각 토큰 m에 대해 원본 문장 전체에 걸쳐서 자기 어텐션을 계산한다. 그리고 키, 밸류, 쿼리는 모두 벡터 $\boldsymbol{h}^{(i-1)}$를 투영projection한 것이다. 이를테면 수식 18.41에서 값 v_n은 $\Theta_v \boldsymbol{h}_n^{(i-1)}$을 투영한 것이다. 어텐션 점수 $\alpha_{m \to n}^{(i)}$은 소프트맥스 어텐션의 확장형을 사용해 계산한다.

$$\alpha_{m \to n} \propto \exp(\psi_\alpha(m, n)/M) \qquad [18.43]$$

위 식에서 M은 입력의 길이이며, 입력 전체에 대해 더욱 고르게 어텐션이 분산될 수 있도록 만들어준다. 키, 밸류, 쿼리의 형태를 지닌 $\boldsymbol{h}^{(i-1)}$를 투영된 것에 해당하는 여러 "핵heads"에 자기 어텐션을 적용하며, 해당 아키텍처는 그림 18.7에서 자세하게 확인할 수 있다. $\boldsymbol{z}_m^{(i)}$으로 표현되는 자기 어텐션층의 결과물은 2개 층의 피드포워드 네트워크를 통과한다. 그다음 이 네트워크의 결과물은 그다음층 $h^{(i)}$의 입력이 된다. 이러한 자기 어텐션 아키텍처는 디코더에도 적용할 수 있지만, 미래에 나타날 모든 단어에 대해 제로 어텐션을 적용해야 한다(즉, 모든 $n > m$에 해당하는 $\alpha_{m \to n} = 0$).

원본 문장의 단어 순서에 대한 정보가 모델에 통합됐는지 확실히 하려면, 원본 내의 각 단어에 대한 인덱스에 대해 각 위치 $m \in \{1, 2, ..., M\}$에 해당하는 벡터인 **위치 인코딩**Positional Encoding으로 인코더의 기본층을 보강해야 한다. 그리고 트랜스포머는 이러한 인코딩들을 m에 대한 대한 사인류sinusoidal 함수로 만들어준다.

$$e_{2i-1}(m) = \sin(m/(10000^{\frac{2i}{K_e}})) \qquad [18.44]$$

$$e_{2i}(m) = \cos(m/(10000^{\frac{2i}{K_e}})), \quad \forall i \in \{1, 2, ..., K_e/2\} \qquad [18.45]$$

$e_{2i}(m)$은 인덱스 m에 대한 인코딩의 요소 $2i$에 대한 값이다. 이렇게 인코딩을 진행하면, 사인류 함수의 범위는 점차적으로 좁아진다. 이 과정이 지나면, 단어의 상대적 위치에 따라 나타날 수 있도록 모델을 학습시킨다. 그런 다음 위치 인코딩은 모델의 기본층에서 단어 임베딩 x_m과 연결된다.[7]

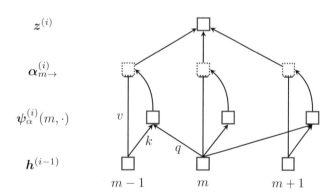

그림 18.7 $h^{(i-1)}$으로부터 얻은 $z_m^{(i)}$에서 트랜스포머의 인코더 계산. 토큰 $m-1$에 대한 키, 값, 쿼리를 보여준다. 예를 들면 키 $\Theta_k h_{m-1}^{(i-1)}$와 쿼리 $\Theta_q h_m^{(i-1)}$으로 함수 $\psi_a^{(i)}(m, m-1)$을 계산하고, 게이트 $\alpha_{m \to m-1}^{(i)}$은 값 $\Theta_v h_{m-1}^{(i-1)}$에 따라 작동한다. 이 그림에서는 어텐션 핵이 하나만 있는 아키텍처의 최소한의 버전만을 보여준다. 핵이 더 많아지면, 다중 단어의 서로 다른 속성들도 함께 계산할 수 있다.

7 이러한 트랜스포머 아키텍처는 **층 정규화**(layer normalization, §3.3.4)와 같은 또 다른 방법에 따라 좌우되기도 한다. 비선형 활성(§3.2)과 비단조(non-monotonic) 학습률 계획의 주변에서 잔차를 연결한다.

컨볼루셔널 뉴럴 네트워크 뉴럴 기계 번역(§3.4 참조)에 컨볼루셔널 네트워크도 인코더로 적용한 경우도 존재한다(Gegring et al. 2017). 각각의 단어 $w_m^{(s)}$에 대해 해당 단어와 그 단어의 이웃에서 표현 $h_m^{(s)}$을 계산한다. 이 과정을 몇 번 적용하면 딥 컨볼루셔널 네트워크가 만들어진다. 그런 다음 순환 디코더가 이 컨볼루셔널 표현에 걸쳐서 디코더의 은닉 상태 $h^{(i)}$를 쿼리로 적용해 어텐션 가중치 세트를 계산한다. 그리고 어텐션 벡터가 원본의 또 다른 컨볼루셔널 뉴럴 네트워크 결과에 대한 가중 평균을 계산한다. 그러고 나면, 디코더에 입력할 평균 표현 c_m을 얻는다.

트랜스포머를 사용하면, 순환 모델에 비해 전체적으로 계산 속도가 빠르다. 그리고 위치 인코딩을 사용해서 얻은 단어 순서에 대한 근사 정보 또한 비슷하다.[8]

18.3.3 어휘집에서 찾을 수 없을 때

지금까지 우리는 단어와 구 단위에서만 번역 문제를 다뤘다. 그렇지만 만약 트레이닝 데이터에 단어가 존재하지 않는 경우, 여태까지 다뤘던 모든 모델에서 문제에 봉착한다. 어휘집에서 단어를 찾을 수 없을 때 발생하는 주요 문제 두 가지는 다음과 같다.

- 회사와 조직 이름과 같은 고유명사들은 뉴스 영역 내에서 끊임없이 발생하고, 규모는 다소 작지만 기술 분야에서도 마찬가지가 적용된다. 이 문제는 그림 18.8에서 자세히 설명한다.

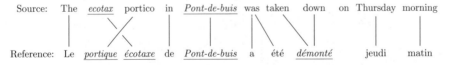

그림 18.8 알려지지 않은 단어를 번역하는 법. 시스템에서 unk을 출력하면 해당 단어가 어휘집에 없음을 의미한다. 이 그림은 Luong et al.이 맞춰서 변경한 것이다.

- 많은 언어에서 각각의 단어들은 **형태학**이라고 하는 복잡한 내부 구조를 갖고 있다. 독일어에서는 *abwasser-behandlungsanlage*(sewage water treatment plant[하수 오물 처리장]; Sennrich et al., 2016의 예시) 등과 같은 복합명사들이 있

---

8 최근의 연구 결과에서는 디코더에 순환 네트워크를 사용하고, 인코더에 트랜스포머를 사용하는 것이 최고의 성능을 낸다고 알려졌다(Chen et al., 2018). 또한 트랜스포머가 컨볼루셔널 뉴럴 네트워크에서 엄청난 성능을 낸다는 것 또한 알아냈다.

다. 이론상으로는 복합체를 더 나은 토크나이제이션으로 처리할 수 있지만(§8.4 참조), 하위 단어 단위에 대한 더 복잡한 변환을 처리 과정 중에 갖게 된다.

이름과 기술적인 전문 용어들은 사후 처리 과정을 통해 처리할 수 있다. 먼저 원본과 대상 간의 알려지지 않은 단어를 정렬을 통해 확인하고 나면, 각각 정렬된 대상 언어를 사전에서 찾아서 다른 단어로 바꿀 수 있다(Luong et al., 2015). 사전 내에 해당 단어가 없다면 적정 명사라고 생각하고, 원본에서 대상으로 바로 복사할 수도 있다. 이러한 접근 방법에서는 사후 처리 과정을 적용하지 않고 번역 모델에 바로 통합시킬 수도 있다(Jean et al., 2015).

복잡한 내부 구조 내의 단어에서는 전체 단어를 번역하기보다 하위 단어 단위로 번역하는 식으로 처리할 수도 있다. 하위 단어 단위로 확인하는 가장 잘 알려진 방법은 **바이트-쌍 인코딩**BPE, Byte-Pair Encoding(Gage, 1994; Sennrich et al., 2016)이 있다. 초기 어휘집을 텍스트 내에서 사용한 글자 세트로 먼저 정의한다. 그리고 이 어휘집 내에서 가장 공통적으로 발생하는 문자 바이그램을 새로운 기호로 통합하고, 해당 어휘집을 갱신한다. 그리고 이렇게 병합된 연산을 다시 적용한다. 예를 들면 어휘집 내에 {*fish, fished, want, wanted, bike, biked*}가 주어졌다고 해보자. 먼저 여섯 단어에서 3번이나 등장하는 문자 바이그램인 하위 단어 유닛 *ed*를 첫 번째로 만든다. 그런 다음 단어 쌍별로 나타나는 몇몇 바이그램들이 존재한다. 즉 *fi, is, sh, wa, an* 등이다. 이 바이그램들은 어떤 순서로도 합쳐질 수 있다. 이 과정을 계속 반복하면 결국 {*fish, fish+ed, want, want+ed, bik+e, bik+ed*}와 같은 분할에 이르게 된다. 이 분할 지점에 도달하고 나면 한 번 이상 나올 수 있는 바이그램은 이제 존재하지 않는다. 실제로 적용할 때는 10^4 등의 사전에 정의한 한계치에 도달할 때까지 통합 과정을 반복 수행한다.

번역 과정이 진행되는 동안 (원본 쪽의) 인코더와 (대상 쪽의) 디코더에서 각 하위 단어 단위는 토큰으로 처리된다. **바이트 쌍 인코딩**은 두 언어 모두에서 발생하는 하위 단어 단위를 확인하면서 원본과 대상의 단어들의 공용체에 결합하는 식으로 적용된다. 이외에도 영어와 러시아 간의 번역과 같이 철자 자체가 다른 언어를 번역하는 경우 스크립트 간의 **음역**transliteration부터 적용해야 한다.[9]

---

9   음역(transliteration)은 일본어와 영어 간의 번역처럼 철자를 공유하지 않는 언어 간에 이름과 외래어를 변환할 때 특히 중요하다. 이 과정은 9장에서 다뤘던 유한-상태 방법을 사용한다.

18.4 디코딩

주어진 학습된 번역 모델 내에서 디코딩 과정은 $\hat{w}^{(t)}$이 대상 어휘집 $\mathcal{V}$에서의 토큰으로 구성된 시퀀스일 때 다음과 같이 정의한다.

$$\hat{\boldsymbol{w}}^{(t)} = \underset{\boldsymbol{w} \in \mathcal{V}^*}{\operatorname{argmax}} \ \Psi(\boldsymbol{w}, \boldsymbol{w}^{(s)}) \qquad [18.46]$$

확률적 모델이나 뉴럴 모델 등에서의 아무리 최소한으로 효율적으로 짠 모델에서도, 디코딩 문제를 해결할 수 있는 정확한 방법을 찾기는 쉽지 않다. 최근의 연구 동향에서는 (§11.3.1에서 다룬) **빔 탐색**^{beam search}을 활용한다. 즉, 경쟁 가설에 작은 값의 상수를 유지하는 점증적인 디코딩 알고리듬이다. 이러한 탐욕적 근사법은 실제로 굉장히 유용하다. 디코딩 목표는 번역 품질 기준과 연관성이 적기 때문에, 수식 18.46에 대한 정확한 최적화 방법은 오히려 번역 결과를 크게 향상시키지 않는다.

뉴럴 기계 번역에서의 디코딩은 구 기반의 통계 기계 번역에 비하면 훨씬 단순하다.[10] 디코딩에 대한 평가함수는 다음과 같이 정의한다.

$$\Psi(\boldsymbol{w}^{(t)}, \boldsymbol{w}^{(s)}) = \sum_{m=1}^{M^{(t)}} \psi(w_m^{(t)}; \boldsymbol{w}_{1:m-1}^{(t)}, z) \qquad [18.47]$$

$$\psi(w^{(t)}; \boldsymbol{w}_{1:m-1}^{(t)}, z) = \beta_{w_m^{(t)}} \cdot \boldsymbol{h}_m^{(t)} - \log \sum_{w \in \mathcal{V}} \exp\left(\beta_w \cdot \boldsymbol{h}_m^{(t)}\right) \qquad [18.48]$$

위 식에서 z는 원본 문장 $\boldsymbol{w}^{(s)}$에 대한 인코딩이고, $\boldsymbol{h}_m^{(t)}$은 인코딩된 z와 디코딩 히스토리가 담겨 있는 $\boldsymbol{w}_{1:m-1}^{(t)}$에 대한 함수이다. 이 수식은 결국 원본을 인코딩한 행렬 z에 대해 어텐션 번역 모델을 포함한 것이다.

그러면 이제 점증적 디코딩 알고리듬에 대해 살펴보자.

$$\hat{w}_m^{(t)} = \underset{w \in \mathcal{V}}{\operatorname{argmax}} \ \psi(w; \hat{\boldsymbol{w}}_{1:m-1}^{(t)}, z), \quad m = 1, 2, \dots \qquad [18.49]$$

이 알고리듬은 이미 시퀀스 $\hat{w}_{1:m-1}^{(t)}$가 생성됐다는 가정하에, 위치 m에 들어갈 최적의 대상 단어를 선택하는 것이다(그리고 단어 $\mathcal{V}$와 시퀀스의 끝을 알리는 특별한 기호 ■를 추가해 종료를 관리한다). 점증적 알고리듬은 수식 18.46에서 정의한 최적화 문제에 대

---

10 구 기반의 통계 모델에서의 디코딩에 대해 더 알아보고 싶다면, Koehn(2007)을 참고하면 된다.

한 하위 최적화 해결책을 생성할 가능성도 있다. 그 이유는 m에서의 가장 점수가 높은 단어를 선택하면, 향후의 어떤 위치 $n > m$에서 더 나은 선택을 할 수 없는 "정원 경로garden path"에 디코더를 위치시킨다. 우리는 여기서 이 문제가 보통 (§7.3에서 다뤘던) 시퀀스 라벨링처럼 어떤 동적 프로그래밍 문제이기를 원하지만 비터비 알고리듬과 그와 비슷한 알고리듬 등은 목적함수를 마르코프 분해해 지역 점수의 총합으로 만든다. 이를테면 지역적으로 인접한 태그 (y_m, y_{m-1})에 대해서는 고려하지만 전체 태깅 히스토리인 $y_{1:m}$에 대해서는 고려하지 않는다. 게다가 이러한 분해 과정은 순환 뉴럴 네트워크를 사용할 때는 은닉 상태 $h_m^{(t)}$이 전체 히스토리 $w_{1:m}^{(t)}$서 영향을 받기 때문에 적용할 수 없다. 이 미세한 차이가 사실 긴 호흡의 문맥상에서 순환 뉴럴 네트워크를 훨씬 효율적으로 만들어준다.[11] 그렇지만 어떤 순환 뉴럴 네트워크를 사용하더라도 NP-완전 문제에 직면하는 것처럼 보인다(Siegelmann & Sontag, 1995; Chen e al, 2018)

빔 탐색 빔 탐색beam search은 완전 탐색exhaustive search이 불가능할 때 탐색 에러를 피하기 위한 일반적인 방법이다(더 자세한 내용은 §11.3.1에서 다뤘다). 빔 탐색은 수식 18.49에서 다뤘던 점증적 디코딩 알고리듬을 변형한 것으로 볼 수 있다. 각 단계 m에 대해 k개의 서로 다른 가정들을 빔이 유지시킬 수 있도록 변형한 것이다. 각각의 가정 $k \in \{1, 2, ..., K\}$에 대해 현재의 은닉 상태 $h_k^{(t)}$과 현재 점수 $\sum_{m=1}^{M^{(t)}} \psi(w_{k,m}^{(t)}; w_{k,1:m-1}^{(t)}, z)$을 계산한다. 빔 탐색에서는 각 단계별로, 가정에 대한 K개의 상위 점수를 가진 자식들만 현재의 빔에 "확장해" 얹은 후, 빔을 갱신한다. RNN에 관한 빔 탐색에 대한 더 자세한 내용은 Graves(2012)를 살펴보면 된다.

학습과 탐색 전통적인 방법에서는, 이전까지 번역된 히스토리가 모두 올바르다는 가정하에 다음 토큰을 예측할 수 있도록 학습 알고리듬을 훈련시킨다. 그렇지만 디코딩 값이 꼭 근삿값이어야 한다면, 번역된 히스토리에서의 에러를 강건하게 만들 수 있도록 학습 알고리듬을 수정하는 것이 좋다. **사전 계획된 샘플링**Scheduled sampling은 경우에 따라 기반 사실(참인 데이터)에서 가져올 때도 있고, 모델 그 자체의 결과에서 가져오는

---

11 (§7.6에서 다뤘던) RNN 기반의 시퀀스 라벨링 모델에서 생성된 태그들은 순환 상태에 영향을 끼치지는 않기 때문에, 이 라벨링 모델에서는 별다른 영향이 없다는 것을 기억하자.

582

방식으로 이러한 번역 히스토리들을 만든다(Daumé III et al., 2009; Ross et al., 2011).[12] 학습이 계속 진행될수록 학습을 진행하는 동력은 계속 줄어든다. 그래서 기반 사실로 토큰을 채우기보다 모델에서 나온 결과로 토큰을 채워 나가는 식으로 전체적인 비중을 늘린다. 또 다른 방법으로는 목적함수를 직접 빔 탐색 성능과 연관시켜서 학습하는 경우도 존재한다(Wiseman et al., 2016). 또한 **강화학습**Reinforcement Learning도 BLEU와 같은 번역 지표들을 직접 최적화하는 식으로 RNN 기반 학습 모델의 디코딩에도 적용할 수 있다.

18.5 평가 지표 훈련

우도 기반 훈련의 목표는 **병렬 코퍼스**의 확률을 최대화하는 것이지만, 번역물을 우도를 통해서만 평가하지 않는다. BLEU와 같은 지표는 하나의 출력된 번역물의 적절성만을 살펴볼 뿐, 그 모델이 할당하는 일련의 다른 확률들은 고려하지 않는다. 따라서 BLEU가 번역의 품질을 측정한다고 믿을 수 있는 수준까지 번역 모델을 훈련시켜, 가능한 높은 BLEU 점수를 얻을 수 있도록 하는 것이 좋다. 하지만 안타깝게도 번역 모델의 파라미터들이 비연속적이고 미분 불가능한 함수이기 때문에 BLEU 및 그와 관련된 지표를 최적화하기란 쉽지 않다.

시스템 번역 $\hat{w}^{(t)}$과 참조 번역 $w^{(t)}$ 간의 차이를 측정하는 에러함수 $\Delta(\hat{w}^{(t)}, w^{(t)})$를 살펴보자. 이 함수는 BLEU 혹은 번역 품질에 대한 다른 지표를 기반으로 삼을 수 있다. 여기서 사용할 만한 지표 중 하나는 바로 시스템이 선호하는 번역의 오류를 최소화하는 파라미터 Θ를 선택하는 것이다.

$$\hat{w}^{(t)} = \operatorname*{argmax}_{w^{(t)}} \Psi(w^{(t)}, w^{(s)}; \theta) \qquad [18.50]$$

$$\hat{\theta} = \operatorname*{argmin}_{\theta} \Delta(\hat{w}^{(t)}, w^{(s)}) \qquad [18.51]$$

그러나 앞서 설명한 바와 같이 일반적으로 가장 높은 점수를 획득한 번역인 $w^{(t)}$을 식별하기는 까다로운 작업이다. **최소 오류율 훈련**MERT, Minimum Error-Rate Training에서, $\hat{w}^{(t)}$은

---

12 사전 계획된 샘플링은 탐색을 학습하기 이전에 만들어진다. 해당 내용 또한 §15.2.4에서 다뤘다.

후보 번역들의 집합인 $\mathcal{Y}(\boldsymbol{w}^{(s)})$에서만 선택된다. 이 후보들의 집합은 통상적으로 가능한 모든 번역에 대한 엄격한 부분집합이므로 실제 오류율에 대한 근사치로만 최적화할 수 있다(Och & Ney, 2003).

더 큰 문제는 수식 18.51의 목적함수가 번역에 대한 argmax 함수이므로 비연속적이고 미분 불가능하다는 사실이다. 파라미터 θ의 미세한 변화는 다른 번역이 선택되는 결과와 함께 완전히 다른 에러를 발생시킨다. 이러한 문제를 해결하기 위해서 대신 **위험도**risk를 최소화시킬 수 있다. 위험도는 기대 에러율로 다음과 같이 정의한다.

$$R(\boldsymbol{\theta}) = E_{\hat{\boldsymbol{w}}^{(t)} \mid \boldsymbol{w}^{(s)}; \boldsymbol{\theta}}[\Delta(\hat{\boldsymbol{w}}^{(t)}, \boldsymbol{w}^{(t)})] \qquad [18.52]$$

$$= \sum_{\hat{\boldsymbol{w}}^{(t)} \in \mathcal{Y}(\boldsymbol{w}^{(s)})} \mathrm{p}(\hat{\boldsymbol{w}}^{(t)} \mid \boldsymbol{w}^{(s)}) \times \Delta(\hat{\boldsymbol{w}}^{(t)}, \boldsymbol{w}^{(t)}) \qquad [18.53]$$

최소 위험도 훈련 Minimum Risk Training은 훈련 세트 내의 모든 인스턴스에 대해서 $R(\boldsymbol{\theta})$의 총합을 최소화한다.

위험도는 번역 확률을 지수화해서 일반화된다.

$$\tilde{p}(\boldsymbol{w}^{(t)}; \boldsymbol{\theta}, \alpha) \propto \left(\mathrm{p}(\boldsymbol{w}^{(t)} \mid \boldsymbol{w}^{(s)}; \boldsymbol{\theta}) \right)^{\alpha} \qquad [18.54]$$

$$\tilde{R}(\boldsymbol{\theta}) = \sum_{\hat{\boldsymbol{w}}^{(t)} \in \mathcal{Y}(\boldsymbol{w}^{(s)})} \tilde{p}(\hat{\boldsymbol{w}}^{(t)} \mid \boldsymbol{w}^{(s)}; \alpha, \boldsymbol{\theta}) \times \Delta(\hat{\boldsymbol{w}}^{(t)}, \boldsymbol{w}^{(t)}) \qquad [18.55]$$

이제, 여기서 $\mathcal{Y}(\boldsymbol{w}^{(s)})$는 $\boldsymbol{w}^{(s)}$에 대해 가능한 모든 번역으로 구성된 집합이다. 이 방식으로 확률을 거듭제곱하는 것을 **어닐링**annealing이라고 한다(Smith & Eisner, 2006). $\alpha = 1$일 때, $\tilde{R}(\boldsymbol{\theta}) = R(\boldsymbol{\theta})$이고, $\alpha = \infty$이면, $\tilde{R}(\boldsymbol{\theta})$은 데이터 세트 안의 각 문장에 대한 최대 확률 번역의 에러들의 총합과 동일하다.

확실히 후보 번역의 집합체인 $\mathcal{Y}(\boldsymbol{w}^{(s)})$는 명시적으로 모두 합하기에는 지나치게 크다. 일반적으로 에러함수인 Δ는 작은 부분으로 분해되지 않으므로, 이러한 집합을 작은 부분으로 분해할 수 있는 효율적인 동적 프로그래밍 해결 방법은 존재하지 않는다. 하지만 우리는 총합 $\sum_{\hat{\boldsymbol{w}}^{(t)} \in \mathcal{Y}(\boldsymbol{w}^{(s)})}$을 유한 개로 구성된 샘플 $\{\boldsymbol{w}_1^{(t)}, \boldsymbol{w}_2^{(t)}, ..., \boldsymbol{w}_K^{(t)}\}$의 총합으로 근사시킬 수 있다. 만약 이 샘플들이 무작위로 균일하게 추출됐다면, (어닐링된) 위험도를 다음과 같이 근사시킬 수 있다(Shen et al., 2016).

$$\tilde{R}(\boldsymbol{\theta}) \approx \frac{1}{Z} \sum_{k=1}^{K} \tilde{p}(\boldsymbol{w}_k^{(t)} \mid \boldsymbol{w}^{(s)}; \boldsymbol{\theta}, \alpha) \times \Delta(\boldsymbol{w}_k^{(t)}, \boldsymbol{w}^{(t)}) \qquad [18.56]$$

$$Z = \sum_{k=1}^{K} \tilde{p}(\boldsymbol{w}_k^{(t)} \mid \boldsymbol{w}^{(s)}; \boldsymbol{\theta}, \alpha) \qquad [18.57]$$

Shen et al.(2016)은 뉴럴 기계 번역의 최소 위험도 훈련의 성능이 $K = 100$에서 안정적이라고 밝혔다.

가능한 모든 번역에 대해서 균일하게 샘플링하는 것은 대부분의 번역들이 매우 낮은 확률을 갖기 때문에 좋지 않다. 몬테 카를로 추정에서 비롯된 **중요도 샘플링**Importance Sampling이라는 해결 방법에서는 **제안 분포**Proposal Distribution $q(\boldsymbol{w}^{(s)})$에서 샘플링한다. 이 분포는 현재 번역 모델인 $p(\boldsymbol{w}^{(t)} | \boldsymbol{w}^{(s)}; \boldsymbol{\theta})$와 동일하게 설정할 수 있다. 그런 다음 각각의 표본은 **중요도 점수**Importance Score인 $\omega_k = \frac{\tilde{p}(\boldsymbol{w}_k^{(t)}|\boldsymbol{w}^{(s)})}{q(\boldsymbol{w}_k^{(t)};\boldsymbol{w}^{(s)})}$를 통해 가중치를 가진다. 이러한 가중치를 부여하면, 제안 분포 q와 실제 분포인 $\tilde{p}$ 간의 불일치한 것들을 모두 수정하는 효과를 볼 수 있다.

위험도는 다음과 같이 근사시킬 수 있다.

$$\boldsymbol{w}_k^{(t)} \sim q(\boldsymbol{w}^{(s)}) \qquad [18.58]$$

$$\omega_k = \frac{\tilde{p}(\boldsymbol{w}_k^{(t)} \mid \boldsymbol{w}^{(s)})}{q(\boldsymbol{w}_k^{(t)}; \boldsymbol{w}^{(s)})} \qquad [18.59]$$

$$\tilde{R}(\boldsymbol{\theta}) \approx \frac{1}{\sum_{k=1}^{K} \omega_k} \sum_{k=1}^{K} \omega_k \times \Delta(\boldsymbol{w}_k^{(t)}, \boldsymbol{w}^{(t)}) \qquad [18.60]$$

일반적으로 중요도 샘플링은 균일한 샘플보다 더 정확한 근삿값을 얻을 수 있다. 유일한 형식적인 요구 사항은 해당 제안에 모두 $\boldsymbol{w}^{(t)} \in \mathcal{Y}(\boldsymbol{w}^{(s)})$을 만족하는 0이 아닌 확률을 할당한다는 것이다. 추가적인 중요도 샘플링 및 그와 관련된 메서드에 대한 추가 정보는 Robert & Casella(2013)를 참고하면 된다.

추가 자료

뉴럴 번역으로 이뤄지는 최근의 연구보다 이전의 연구이지만, Koehn(2009)은 기계 번역 부문의 교과서라 칭해도 손색이 없다. 뉴럴 번역 모델에 대한 추가적인 최신의 드래프트도 역시 Koehn(2017)에서 확인할 수 있다. Neubig(2017)은 뉴럴 기계 번역의 기본 원칙부터 시작하는 포괄적인 튜토리얼을 제공한다. Cho(2015)의 강의 노트 역시 매우 유용하다. 또한 여러 뉴럴 기계 번역 라이브러리를 사용할 수도 있다. LAMTRAM은 DYNET 내에서 뉴럴 기계 번역을 구현한 것이며(Neubig et al., 2017b), OPENNMT (Klein et al., 2017) 및 FAIRSEQ는 PYTORCH에서 사용 가능하고, TENSOR2TENSOR는 TENSORFLOW를 사용해 각종 구글 번역 모델들을 구현한 것이다(Abadi et al., 2016).

숙련된 번역가에게도 특히나 문학 번역은 까다로운 작업이다. Messud(2014)는 프랑스 소설가 알베르트 카뮈의 1942년작 〈이방인 L'etranger〉의 영문 번역본에 대한 서평에서 이러한 난관들 중 일부를 상술한 바 있다.[13] 해당 서평에서는 Sandra Smith의 새로운 번역본과 과거 Stuart Gilbert, Matthew Ward의 번역본에서 첫 번째 문장 안에 있는 단어 하나가 보여주는 난해함에 초점을 맞춰 비교했다.

> 그런 다음, Smith 또한 이 책의 유명한 도입부를 다시 고찰했다. 카뮈의 원작은 다음처럼 너무 간결하다. – "Aujourd'hui, maman est morte". 길버트는 이 문장을 "Mother died today. [오늘, 엄마가 죽었다.]"로 영역해 후대에 많은 영향력을 끼쳤다. 이와 같이 초장부터 뫼르소(Meursault, 서술자)를 등장시키는 형식은, 비정하게 해석할 수 있다. 그러나 실제로 'maman'은 아이가 어머니를 친근하고 애정 있게 부르는 명칭이다. Matthew Ward는 이 단어를 본질적으로 번역할 수 없다는 결론을 내렸고("mom" 혹은 "mummy"는 그리 적합하지 않다), 프랑스어 단어 그대로 내버려두었다. – "Maman died today". 이러한 선택지에서는 확실한 논거가 있지만, Smith가 〈가디언(The Guardian)〉과의 인터뷰에서 밝혔듯이, 'maman'은 "독자에게 내재된 의미에 대해 아무 것도 알려주지 않는다" 라고 하며, 대신 이 문장을 "My mother died today"라고 옮겼다.

> 내가 "My mother"를 선택한 이유는 누군가 자신의 어머니에 대한 죽음을 다른 사람들에게 어떻게 알릴지에 대해서 숙고해봤기 때문이다. Meursault는 독자에게 직접적으로 말한다. "My mother died today"는 내가 생각하는 방식에도 부합하고, 프랑스어에서 "maman"이라는 단어가 주는 친근감을 내포하고 있는 번역이라고 생각했다.

---

13 해당 서평은 현재 www.nybooks.com/articles/2014/06/05/camus-new-letranger/에서 확인할 수 있다.

책의 다른 부분에서는 Smith는 'maman'을 "mama"로 번역해, 프랑스어에서 'maman'
과 동일한 내재된 의미를 전달할 수 있는 사실적인 구어체 단어에 최대한 근접하기 위해
노력했다.

위의 지문을 통해 기계 번역의 품질이 지난 수년 동안 비약적으로 향상됐지만, 현
대의 어떤 컴퓨터를 사용한 접근 방법도 숙련된 번역가의 통찰력을 끌어낼 수 없음을
보여준다.

연습 문제

1. 구글 번역기 혹은 다른 서비스를 사용해 다음의 예시들을 여러분이 선택한 두 가
    지 다른 언어로 번역해보라.

    (18.4) It is not down on any map; true places never are.

    그리고 해당 결과물을 다시 영어로 옮겨보라. 무엇이 더 원본에 가까운가? 그 차
    이에 대해 설명해보시오.

2. 직전 문제에서 만든 두 개의 번역 결과물에 대해 비평활화된 n-그램의 정밀도
    $p_1 \ldots p_4$를 구하시오. 이때 원본을 레퍼런스로 사용하라. 당신의 n-그램은 문장
    부호들을 포함하고 있어야 하며, *it's*와 같은 접속사 부분 또한 두 개의 토큰으로
    나뉘어 있어야 한다.

3. 다음의 두 가지 데이터 세트가 주어졌다고 생각해보자. 해당 데이터는 "쉬운" 영
    어를 "어려운" 영어로 번역한 데이터다.

    (18.5) a. *Kids like cats.*

    　　　　Children adore felines.

    　　b. *Cats hats*

    　　　　Felines fedoras.

    §18.2.2에서 설명한 기댓값-최대화 알고리듬을 사용해, 쉬운 영어(원본 언어)를
    어려운 영어(대상 언어)로 바꾸는 단어 간 통계 번역 모델을 추정하라. 먼저 알고

리듬에서의 두 번의 반복을 손으로 직접 계산하라. 단일 번역 모델에서 시작하고, 간단한 정렬 모델 $p(a_m | m, M^{(s)}, M^{(t)}) = \frac{1}{M^{(t)}}$을 사용하라.

힌트: 최종 M-단계에서 분수를 십진법으로 바꾸고 싶어질 것이다.

4. 3번 문제에서 만든 모델에서, 수렴된 번역 확률표는 무엇일까? 또한 여기서 실패한다면 어떠한 번역 모델이 실패하는 방식에 대한 데이터의 일반적인 조건에 대해서 설명할 수 있을까?

5. 직전의 두 문제에서 사용했던 토이 데이터 세트로부터 정확한 번역 확률을 복구할 수 있는 단순한 정렬 모델을 제안하라.

6. 대상의 $m+1$ 단어의 손실을 $\ell_{m+1}^{(t)}$이라 하고, $\boldsymbol{h}_n^{(s)}$를 원본의 단어 n에 대한 은닉 상태라고 하자. 수식 [18.28~18.31]에 따라 표현된 단어간 번역 모델 내의 도출 과정 $\frac{\partial \ell_{m+1}^{(t)}}{\partial \boldsymbol{h}_n^{(s)}}$의 표현을 작성하라. 한 개층이 있는 LSTM부터, 인코더와 디코더 모두 존재하는 LSTM까지 생각해봐야 한다. 일반화하면 $\ell_{m+1}^{(t)}$에서 $\boldsymbol{h}_s^{(s)}$로의 최단 역전파 과정에서 몇 개의 항이 존재하는가?

7. §18.3.1에서 설명한 뉴럴 어텐션 모델을 시그모이드 어텐션과 함께 다룰 것이다. 도출 과정 $\frac{\partial \ell_{m+1}^{(t)}}{\partial z_n}$은 계산 그래프를 통한 많은 경로의 총합이다. 여기서 최단 경로를 식별하라. 이 문제를 풀 때, 디코더 순환의 초기 상태인 $\boldsymbol{h}_0^{(t)}$이 인코더 순환의 최종 상태인 $\boldsymbol{h}_{M^{(s)}}^{(s)}$와 연결 고리가 없다고 가정할 수 있다.

8. 단어 *it, unit, unite*에 대해 바이그램이 한 번 이상 나오지 않을 때까지 바이트 쌍 인코딩을 적용하라.

9. 이 문제는 기계 번역의 복잡성에 대해 다룬다. 번역에 포함될 단어 목록을 미리 반환하는 문서가 있어서, 단어 순서를 지정하는 작업만 있다고 가정해보자. 또한 순서에 따른 평가함수가 바이그램의 총합, 즉 $\sum_{m=1}^{M} \psi(\boldsymbol{w}_m^{(t)}, \boldsymbol{w}_{m-1}^{(t)})$이라고 하자. 여기서 잘 알려진 문제를 줄이는 방식으로 최적의 번역본을 찾는 문제가 NP-완전 문제임을 보여라.

10. 원본에서 대상으로 단순하게 복사하는 어텐션이 있는 순환 번역 모델을 직접 만들어보라. 그리고 아마 임의로 매우 큰 은닉 상태를 가정해야 할 수도 있고, 유한

의 입력 길이 M을 생각해야 할 수도 있다. 그리고 원본의 최대 확률 변환이 원본 그 자체일 수 있도록 모든 가중치를 지정하라. 힌트: LSTM보다 엘만 순환^{Elman} ^{Recurrence} $h_m = f(\Theta h_{m-1} + x_m)$을 사용하는 것이 가장 단순할 것이다.

11. 스페인어-영어 번역에 대한 동시성에 따른 도출하는 과정(§18.2.4)이 주어져 있다고 가정하자.

(18.6) *El pez enojado atacado.*

The fish angry attacked.

The angry fish attacked. [화난 물고기는 공격을 받았다.]

위에서 두 번째 줄은 구끼리 마디별로 묶은 것을 보여준다. 그리고 세 번째 줄은 원하는 번역 결과물이다. [18.22]에서 다뤘던 동시성 생성 규칙을 적용해, 문장 쌍을 도출하는 데 필요한 다른 생성 규칙을 설계하라. 아마 VP에서 직접 (*atacado*, *attacked*)를 도출해야 할 것이다.

19 텍스트 생성

자연어 처리에서 가장 흥미로운 문제가 드러나는 지점은 바로 언어가 결과물이라는 것이다. 기계 번역에 대한 특정 사례를 설명했지만, 이외에도 연구 논문 요약부터 저널리즘 자동화, 대화 시스템에 이르기까지 기계 번역은 여러 가지로 응용될 수 있다. 19장에서는 구조화된 레코드나 구조화되지 않은 지각 입력$^{Perceptual\ Input}$을 설명 혹은 기술하기 위한 '데이터를 통한 텍스트 생성', 통상적으로 여러 언어 자료에서 얻은 정보를 일관되게 하나로 통합해 요약하는 '텍스트를 통한 텍스트 생성' 그리고 한 명 이상의 사람으로 구성된 참여자와 쌍방 대화의 일부에서 텍스트를 생성하는 '대화', 이렇게 세 가지 주요 시나리오를 중점으로 다룰 것이다.

19.1 데이터를 통한 텍스트 생성

데이터에서 텍스트를 생성하는 경우 입력 범위는 일기 예보에 대한 설명(그림 19.1 참조)과 같은 구조화된 레코드에서 가공되지 않은 이미지나 영상 같은 구조화되지 않은 지각 데이터에 이르기까지 다양하다. 결과물은 이미지 캡션처럼 하나의 문장일 수도 있고 여러 개의 문단으로 이뤄진 글일 수도 있다. 이처럼 조건은 다양할 수 있지만 데이터에서 텍스트를 생성하는 모든 시스템에는 어느 정도 동일한 어려움이 존재한다 (Reiter & Dale, 2000).

- 어느 부분의 데이터를 설명할지 결정하기
- 해당 정보의 설명 방식 계획하기
- 데이터를 단어와 구로 **어휘화**^{lexicalizing}

- 단어와 구를 잘 구성된 문장과 문단으로 구성

이 프로세스 중 처음 단계를 **내용 선택**^{content selection} 및 **텍스트 계획**^{text planning}, 나중 단계를 **표층 실현**^{surface realization}이라고 부르기도 한다.

데이터에서 텍스트를 생성하는 시스템의 초기 모델은 작업별로 별도 소프트웨어 구성 요소를 두는 모듈식이었다. 의사소통 목표를 달성하기 위해 인공지능의 계획 알고리듬을 높은 수준의 정보 구조와 개별 문장 구성에 모두 적용했다(McKeown, 1992; Moore & Paris, 1993). 외적 실현은 특정 유형의 데이터를 후보 단어와 구문에 연결하는 문법이나 템플릿을 통해 구현할 수 있다. 간단한 예로는 와이즈먼 등(Wiseman et al., 2017)이 농구 경기를 설명하는 문장을 생성할 때 사용한 예시 템플릿이 있다.

(19.1) The \<team1\> (\<wins1\>-losses1) defeated the \<team2\> (\<wins2\>-\<losses2\>), \<pts1\>-\<pts2\>.

The New York Knicks (45-5) defeated the Boston Celtics (11-38), 115-79.
[뉴욕 닉스(45-5)가 보스턴 셀틱스(11-38)를 115대 79로 꺾었다.]

온도			
시간	최소	평균	최대
06:00~21:00	9	15	21

구름량	
시간	퍼센트(%)
06:00~09:00	25~50
09:00~12:00	50~75

풍속			
시간	최소	평균	최대
06:00~21:00	15	20	30

풍향	
시간	모드
06:00~21:00	S

흐림, 기온은 10~20도, 풍속 20mph 남풍

그림 19.1 일기 예보 기술 텍스트를 생성하기 위한 입출력쌍 예시(Konstas & Lapata, 2013에서 응용)

더 복잡한 경우에는 복수형과 시제 표시 등 형태론 변화^{Morphological Inflections}를 적용해야 할 수도 있다. 러시아어 같은 언어에서는 위의 간단한 예에서도 팀 이름에 접미사를 사용해야 할 수도 있다. 이러한 형태론 변화는 후처리 단계에서 적용할 수 있다. 표층 실현에서 또 다른 어려운 점은 반복을 피할 수 있도록 만들 때 필수적이고 다양한 **지시 표현**^{Referring Expression}(예: *The Knicks*[닉스], *New York*[뉴욕], *they*[그들])을 생성하는 것이다. 하지만 §16.2.1에서 다룬 것처럼 지시 표현의 형식은 담론과 정보 구조 때문에 제약이 존재한다.

　규칙 기반의 통계 기법들이 서로 만나는 지점에 해당하는 예시에는 NITROGEN 시스템이 있다(Langkilde & Knight, 1998). NITROGEN 시스템의 입력은 단일 문장으로 나타나는 의미론적 내용의 **추상 의미 표현**^{AMR, Abstract Meaning Representation}(§13.3 참조)이다. 데이터에서 텍스트를 생성하는 경우 추상 의미 표현이란 상위 수준의 텍스트 계획 단계를 거친 결과물이다. 그런 다음 일련의 규칙을 통해 추상 의미 표현을 다양한 문장 계획으로 변환한다. 이 계획에서는 능동태와 수동태의 선택 같은 높은 수준의 문장 구조와 단어 및 구문 선택과 같은 낮은 수준의 세부 사항 두 가지 면에서 차이가 있을 수 있다. 그림 19.2에서 몇 가지 예를 확인해보자. 주어진 의미에 대한 실현 가능한 방법에 대한 조합이 폭발적으로 늘어나지 않도록 제어하기 위해 문장 계획은 **단일 유한 상태 판정기**^{Single Finite-State Acceptor}로 통합해 이 과정에서 단어 토큰을 아크^{arc}로 표현한다(§9.1.1 참조). 그런 다음 바이그램 언어 모델을 바탕으로 아크에 대한 가중치를 계산해, 바이그램 언어 모델에서의 확률이 가장 높은 외적 실현이 최단 경로가 되도록 한다.

　최근에 공개된 시스템에는 역전파 알고리듬을 사용해 엔드 투 엔드^{end-to-end} 방식으로 학습하는 통합 모델이 있다. 이 모델에서 데이터를 통해 텍스트를 생성하는 방식은 기계 번역과 여러 속성을 공유한다. 그중 하나가 **정렬**^{alignment} 문제다. 라벨링된 예시에서는 데이터와 텍스트를 제공했지만, 텍스트의 어느 부분이 데이터의 어디에 해당하는지는 지정하지 않았다. 예를 들어 그림 19.1에서 학습을 위해 시스템은 *cloudy*라는 단어를 CLOUD SKY COVER 레코드에 할당하고 *10*과 *20 degrees*는 TEMPERATURE의 MIN과 MAX 필드에 할당해야 한다. 이를 해결하기 위해 기계 번역에서와 마찬가지로 잠재변수와 뉴럴 어텐션^{Neural Attention}이 해결책으로 제안됐다.

```
(a / admire-01
  :ARG0 (v / visitor
        :ARG1-of (c / arrive-01
                     ARG4 (j / Japan)))
  :ARG1 (m / "Mount Fuji"))
```

• Visitors who came to Japan admire Mount Fuji.
[일본에 온 관광객이 후지산에 감탄한다.]
• Visitors who came in Japan admire Mount Fuji.
[일본으로 온 관광객이 후지산에 감탄한다.]
• Mount Fuji is admired by the visitor who came in Japan.
[후지산에 일본으로 온 관광객이 감탄한다.]

그림 19.2 NITROGEN 시스템에서 추상적인 의미 표현과 가능한 외적 실현의 경우를 보여준다. 해당 예시는 Langkilde & Knight(1998)의 연구를 응용한 것이다.

19.1.1 데이터에서 텍스트로의 잠재 정렬

텍스트 및 관련 레코드의 데이터 세트 $\{(\boldsymbol{w}^{(i)}, \boldsymbol{y}^{(i)})\}_{i=1}^{N}$가 주어졌을 때, 해당 목표는 모델 Ψ을 학습하는 것이므로 다음과 같이 표현할 수 있다.

$$\hat{\boldsymbol{w}} = \underset{\boldsymbol{w} \in \mathcal{V}^*}{\arg\max} \, \Psi(\boldsymbol{w}, \boldsymbol{y}; \boldsymbol{\theta}) \qquad [19.1]$$

이때 $\mathcal{V}^*$은 이산적으로 구성된 어휘에 대한 문자열 세트이며, $\boldsymbol{\theta}$은 파라미터 벡터이다. 그리고 $\boldsymbol{w}$와 $\boldsymbol{y}$ 사이의 관계는 꽤 복잡하다. 데이터 $\boldsymbol{y}$는 수십 개의 레코드를 가지고 있을 수 있으며 $\boldsymbol{w}$는 여러 문장으로 확장될 수 있다. 평가함수 Ψ를 하위 구성 요소로 분해하면 학습과 추론을 용이하게 할 수 있도록 도움을 준다. 하지만 이 분해 과정이 가능하려면 $\boldsymbol{y}$의 어떤 성분을 $\boldsymbol{w}$의 각 부분에 표시하는지 지정해주는 정렬이 이뤄져야 한다. 특히 z_m은 단어 m에 할당되는 레코드를 알려준다고 하자. 그림 19.1에서 z_1은 *cloudy*라는 단어가 cloud-sky-cover:percent 레코드에 정렬될 수 있도록 지정할 수 있다. 이러한 정렬에 대한 점수는 피처에 대한 가중치로 다음과 같이 주어진다.

$$(cloudy, \text{cloud-sky-cover:percent}) \qquad [19.2]$$

일반적으로 관찰을 통해 텍스트와 레코드 간의 할당으로 이뤄진 집합이 주어지면 생성된 텍스트의 점수는 지역별 점수의 총합으로 적을 수 있다(Angeli et al., 2010).

$$\Psi(\boldsymbol{w}, \boldsymbol{y}; \boldsymbol{\theta}) = \sum_{m=1}^{M} \psi_{w,y}(\boldsymbol{w}_m, \boldsymbol{y}_{z_m}) + \psi_w(w_m, w_{m-1}) + \psi_z(z_m, z_{m-1}) \qquad [19.3]$$

여기에서 ψ_w은 바이그램 언어 모델을 나타내며 ψ_z은 주변 단어 내의 관련 레코드를 사용하는 등의 일관되게 보상하도록 조정할 수 있다.[1] 이 모델의 파라미터는 라벨링된 데이터 $\{(\boldsymbol{w}^{(i)}, \boldsymbol{y}^{(i)}, \boldsymbol{z}^{(i)})\}_{i=1}^{N}$에서 학습이 가능하다. 하지만 여러 데이터 세트가 구조화된 레코드와 자연어 텍스트를 포함하고 있지만(Barzilay & McKeown, 2005; Chen & Mooney, 2008; Liang & Klein, 2009) 일반적으로 텍스트와 레코드 간의 정렬은 사용이 불가능하다.[2] 한 가지 해결 방법은 해당 문제를 확률적으로 모델링해 정렬을 잠재변

---

1 Ψ의 표현을 더욱 세밀하게 분해할 수 있다. 이를테면 Wong & Mooney(2007)는 의미 표현과 자연어 텍스트 간의 '번역'을 위해 동시성을 갖는 문맥 자유 문법(context-free grammar, §18.2.4 참조)을 사용한다.

2 미식 축구 경기의 레코드와 요약 데이터 세트는 예외다. 여기에는 문장과 레코드 간의 정렬에 대한 주석을 가지고 있다(Snyder & Barzilay, 2007).

수로 다루는 것이다(Liang et al., 2009; Konstas & Lapata, 2013). 그런 다음 기댓값-최대화^{EM} 알고리듬이나 샘플링을 사용해 모델을 추정할 수 있다(5장 참조).

19.1.2 뉴럴 기반 데이터를 통한 텍스트 생성

뉴럴 기계 번역을 하기 위한 두 가지 방법인 **인코더-디코더 모델**과 **뉴럴 어텐션**을 §18.3에서 소개했다. 이 모델들은 데이터를 원본 언어로 활용해 데이터를 통해 텍스트를 생성할때 적용할 수 있다(Mei et al., 2016). 뉴럴 기계 번역에서 어텐션 메커니즘은 원본 언어의 단어를 대상 언어의 단어로 연결한다. 데이터를 통해 텍스트를 생성하는 경우 어텐션 메커니즘은 생성된 텍스트의 각 부분들을 데이터의 레코드와 다시 연결할 수 있다. 번역과 비교했을 때 가장 큰 차이점은 인코더 내에 있다. 데이터 형식에 따라 인코더가 달라지기 때문이다.

데이터 인코더 구조화된 레코드들의 일부 유형에서는 이산 세트에서 모든 값을 가져온다. 예를 들면 개인의 출생지는 나올 수 있는 위치들로 구성된 이산 세트에서, 환자에 대한 진단과 치료는 완전하게 만들어진 임상 코드 목록에서 추출한다(Johnson et al., 2016). 이 경우 벡터 임베딩에서 각 필드와 필드에 들어갈 가능한 값을 추정할 수 있다. 예를 들면 필드 BIRTHPLACE(출생지)에 대한 벡터 임베딩과 해당 필드에 들어갈 수 있는 값인 BERKELEY_CALIFORNIA(버클리_캘리포니아)에 대한 다른 임베딩을 생각해볼 수 있다(Bordes et al., 2011). 이러한 임베딩 테이블은 구조화된 레코드를 인코딩하는 역할을 한다(He et al., 2017). 또한 필드와 값의 임베딩 전반에서 걸쳐서 풀링^{pooling}을 통해 전체 테이블을 단일 벡터 표현으로 압축할 수도 있다(Lebret et al., 2016).

시퀀스 일부 구조화된 레코드 유형에는 경기의 이벤트(Chen & Mooney, 2008)나 요리법의 단계(Tutin & Kittredge, 1992)처럼 자연스러운 순서가 있다. 예를 들면 다음에 나오는 레코드는 로봇 축구 경기 중간에 벌어지는 일련의 이벤트를 설명한다(Mei et al., 2016).

$$\text{PASS(arg1 = PURPLE6, arg2 = PURPLE3)}$$

$$\text{KICK(arg1 = PURPLE3)}$$

$$\text{BADPASS(arg1 = PURPLE3, arg2 = PINK9)}$$

각각의 이벤트는 단일 레코드이며 이벤트 유형(예: PASS), 필드(예: arg1) 및 값(예: PURPLE3)에 대한 벡터 표현을 연결해 인코딩할 수 있다.

$$\mathbf{X} = \left[u_{\text{PASS}}, u_{\text{arg1}}, u_{\text{PURPLE6}}, u_{\text{arg2}}, u_{\text{PURPLE3}} \right] \qquad [19.4]$$

이후 이 인코딩은 순환 뉴럴 네트워크의 입력층으로 동작하도록 만들어서 벡터 표현인 $\{z_r\}_{r=1}^{R}$ 시퀀스를 생성한다. 이때 r은 레코드의 인덱스다. 흥미로운 것은 이러한 시퀀스 기반 접근 방식은 그림 19.1(Mei et al., 2016)의 날씨 데이터와 같이 레코드에 대해 자연스러운 순서가 없어도 여전히 유효하다.

한 여성이 원반을 공원에서 던지고 있다. / 개 한 마리가 단단한 나무 바닥 위에 서 있다. / 배경으로 나무가 보이는 도로에 정지 표지판이 놓여 있다.

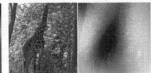

한 어린 소녀가 테디 베어와 함께 침대에 앉아 있다. / 사람들로 구성된 한 그룹이 물 위에 있는 보트에 앉아 있다. / 배경으로 나무가 있는 숲에 기린이 서 있다.

그림 19.3 밑줄 친 각 단어에 대해 어텐션 마스킹을 수행하는 이미지 캡션 작업의 예(Xu et al., 2015)

이미지 데이터에서 텍스트를 생성하는 방식에 대한 또 다른 선호도는 이미지에 대한 텍스트 캡션 생성이다. 이 작업의 예는 그림 19.3에서 확인할 수 있다. 이미지는 자연스럽게 텐서로 표현된다. 320 × 240픽셀의 컬러 이미지는 320 × 240 × 3 강도 값을 지닌 텐서로 저장된다. 이미지 분류에 가장 많이 사용되는 접근 방식은 컨볼루션convolution과 풀링의 소합을 사용해 이미시를 벡터로 인코딩하는 것이다(Krizhevsky et al., 2012). 3장에서 설명한 텍스트에 컨볼루셔널 네트워크를 사용하는 방법처럼, 이미지에는 컨볼루션을 수직, 수평 및 색상 차원에 적용한다. 연속하는 컨볼루션의 결과를 풀링하면 이미지가 벡터 표현으로 변환된다. 그다음 이 벡터 표현은 시퀀스 간 번역 모델처럼(§18.3 참조) 초기 상태(Vinyals et al., 2015)로 디코더에 직접 공급할 수 있다. 또 다른 방법에서는 컨볼루셔널 네트워크 세트를 적용해 이미지의 다른 부분에 대한 벡터 표현을 생성한 다음 뉴럴 어텐션을 사용해 결합할 수 있다(Xu et al., 2015).

어텐션 데이터 $\{z_r\}_{r=1}^{R}$와 디코더 상태 h_m에 대한 임베딩 세트가 주어지면, 데이터에 대한 어텐션 벡터는 기계 번역에서와 동일한 방법을 사용해 계산할 수 있다(§18.3.1 참조). 그리고 결과 단어 m을 생성할 때 레코드에 걸쳐 어텐션이 계산된다.

$$\psi_\alpha(m, r) = \boldsymbol{\beta}_\alpha \cdot f(\Theta_\alpha[\boldsymbol{h}_m; z_r]) \qquad [19.5]$$

$$\boldsymbol{\alpha}_m = g\left([\psi_\alpha(m, 1), \psi_\alpha(m, 2), \ldots, \psi_\alpha(m, R)]\right) \qquad [19.6]$$

$$\boldsymbol{c}_m = \sum_{r=1}^{R} \alpha_{m \to r} z_r \qquad [19.7]$$

이때 f는 tanh나 ReLU 같은 요소별 비선형함수, g는 소프트맥스나 요소별 시그모이드함수다. 가중 합계 $\boldsymbol{c}_m$은 §18.3.1에서 설명한 것처럼 디코더 상태에 대한 순환 갱신이나 출력 확률$^{\text{emission probability}}$에 포함될 수 있다. 그림 19.4는 x축에 표시된 텍스트를 생성하는 동안 날씨 레코드 구성 요소에 대한 어텐션을 보여준다.

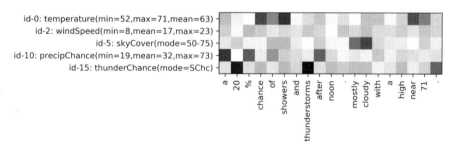

그림 19.4 텍스트 생성 과정 중의 뉴럴 어텐션. 그림은 Mei et al.(2016)에서 발췌하였다.

이 아키텍처를 이미지 캡션 작성에 적용하기는 어렵지 않다. 컨볼루셔널 뉴럴 네트워크는 이미지의 위치 세트에 적용하며, 위치 ℓ의 결과는 벡터 z_ℓ으로 표현한다. 그런 다음 그림 19.3의 각 이미지 쌍 중 오른쪽에 표시된 것처럼 이미지 위치에 대한 어텐션을 계산할 수 있다.

이 기본 메커니즘에 대한 여러 방식이 고안됐다. **어텐션 미세화**$^{\text{Coarse-to-Fine Attention}}$(Mei et al., 2016) 과정에서 각 레코드는 디코더 상태와 무관한 전역 어텐션$^{\text{Global Attention}}$ $a_r \in [0, 1]$을 받는다. 레코드의 전반적인 중요도를 나타내는 이 전역 어텐션에 디코더 기반 어텐션 점수를 곱한 다음 최종 정규화 어텐션을 계산한다. **구조화 어텐션**^{Structured} 을 여기서 정규화.

기반 어텐션 점수를 곱한 다음 최종 정규화 어텐션을 계산한다. **구조화 어텐션**Structured Attention에서는 어텐션 벡터 $\boldsymbol{a}_{m\to}$. 이 구조적 편향을 포함할 수 있으며, 이를 통해 인접한 부분이나 의존 하위 트리에 더 높은 어텐션 값을 할당할 때 유리할 수 있다(Kim et al., 2017). 구조화 어텐션 벡터를 계산하려면 순방향-역방향 알고리듬을 실행해 마진 어텐션 확률을 구해야 한다(§7.5.3 참조). 순방향-역방향 알고리듬은 각 단계에서 구분이 가능하기 때문에 계산 그래프에서 인코딩이 가능하며 역전파를 통해 엔드 투 엔드 학습을 수행할 수 있다.

디코더 인코딩이 주어지고 나면 디코더는 디코더 순환이나 결과 계산에서 혹은 둘 모두에서 가중치를 가진 어텐션 인코더 표현을 사용해 뉴럴 기계 번역(§18.3.1 참조)와 유사하게 동작할 수 있다. 기계 번역에서처럼 빔 탐색beam search은 탐색 오류를 방지하는 데 도움이 된다(Lebret et al., 2016).

학습 어휘에 등장하지 않는 단어를 생성해야 하는 응용 사례는 다양하게 발생한다. 이를테면 날씨 레코드에는 이전에 한 번도 나타나지 않은 도시 이름이 포함될 수 있다. 스포츠 레코드에는 처음 보는 선수 이름이 있을 수도 있다. 이러한 토큰은 입력에서 그대로 복사해 텍스트로 생성할 수 있다(예: Gulcehre et al., 2016).[3] 먼저 토큰 $w_m^{(t)}$을 생성 또는 복사해야 하는지 여부를 알려주는 추가 변수 $s_m \in \{\text{gen, copy}\}$를 도입하자. 이때 디코더 확률은 다음과 같다.

$$\text{p}(w^{(t)} \mid \boldsymbol{w}_{1:m-1}^{(t)}, \mathbf{Z}, s_m) = \begin{cases} \text{softmax}(\boldsymbol{\beta}_{w^{(t)}} \cdot \boldsymbol{h}_{m-1}^{(t)}), & s_m = \text{gen} \\ \sum_{r=1}^{R} \delta\left(w_r^{(s)} = w^{(t)}\right) \times \alpha_{m\to r}, & s_m = \text{copy} \end{cases} \quad [19.8]$$

여기에서 $\delta(w_r^{(s)} = w^{(t)})$은 지시함수Indicator Function로, 레코드 $w_r^{(s)}$의 텍스트가 대상 단어 $w^{(t)}$와 같으면 값이 1이 된다. 원본에서 레코드 r을 복사할 확률은 $\delta(s_m = \text{copy}) \times \alpha_{m\to r}$으로, 복사 확률에 지역 어텐션을 곱한 결괏값이다. 이 모델에서 어텐션 가중치 α_m은 직전의 디코더 상태인 $\boldsymbol{h}_{m-1}$에서 계산된다는 점을 주의하자. 그래서 계산 그래프는 $\boldsymbol{h}_{m-1}^{(t)} \to \alpha_m \to w_m^{(t)} \to \boldsymbol{h}_m^{(t)}$과 같은 순환 경로를 가지는 피드포워드 뉴럴 네트워

---

3 해당 전략에 따른 여러 가지 변형 방법이 제안된 바 있다(예: Gu et al., 2016; Merity et al., 2017; Wiseman et al. 2017 논문 초록 참조).

크를 유지한다.

엔드 투 엔드 학습을 쉽게 하기 위해 스위칭 변수 s_m은 게이트 π_m으로 적을 수 있다. 해당 게이트는 두 개 층을 가진 뉴럴 네트워크를 통해 계산되며, 뉴럴 네트워크의 입력은 디코더 상태 $h_{m-1}^{(t)}$와 데이터의 어텐션 가중 표현인 $c_m = \sum_{r=1}^{R} \alpha_{m \to r} z_r$의 연결로 구성된다.

$$\pi_m = \sigma(\Theta^{(2)} f(\Theta^{(1)}[h_{m-1}^{(t)}; c_m]))$$ [19.9]

토큰 m에서의 총체적인 생성 확률은 다음과 같다.

$$p(w^{(t)} \mid \boldsymbol{w}_{1:m}^{(t)}, \mathbf{Z}) = \pi_m \times \underbrace{\frac{\exp \boldsymbol{\beta}_{w^{(t)}} \cdot \boldsymbol{h}_{m-1}^{(t)}}{\sum_{j=1}^{V} \exp \boldsymbol{\beta}_j \cdot \boldsymbol{h}_{m-1}^{(t)}}}_{\text{generate}} + (1 - \pi_m) \times \underbrace{\sum_{r=1}^{R} \delta(w_r^{(s)} = w^{(t)}) \times \alpha_{m \to r}}_{\text{copy}}$$

[19.10]

19.2 텍스트를 통한 텍스트 생성

텍스트를 통해 텍스트를 생성하는 경우에는 입력과 결과 모두 텍스트다. 여기서 목표는 요약 및 단순화와 관련이 있다. 예를 들면 다음과 같다.

- 소설을 읽고 줄거리를 한 단락 정도 길이로 된 요약본을 출력
- 정치를 다룬 여러 블로그 게시물을 읽고, 다양한 문제와 관점에 대해 불릿 목록 출력
- 콤부차를 마실 때 건강에 나타나는 장기적 영향에 대한 연구 논문을 읽고 비전문가가 이해할 수 있는 언어로 기사 요약문을 출력

특히 흥미로운 점은 추상적인 요약^{abstractive summarization}으로 여기서의 요약에는 원본 텍스트에 없는 단어가 포함될 수 있다. 추상 요약은 §16.3.4에 설명한 추출 요약^{extractive summarization} 방법을 일반화한 것이다. 이제 텍스트를 통해 텍스트를 생성하기 위한 두 가지 방법인 (1) 인코더-디코더 아키텍처와 (2) 입력 텍스트를 직접 조작하는 방법에 대해 살펴보자.

19.2.1 뉴럴 기반 추상적인 요약

추상적인 요약과 추출 요약을 비교하기 위해 문장 요약에 대한 하위 작업에 해당하는
'의미를 유지하면서 문장 줄이기'를 집중적으로 살펴보자. 다음과 같은 예시를 살펴보
자(Knight & Marcu, 2000; Rush et al., 2015).

(19.2) a. The documentation is typical of Epson quality: excellent. [이 문서는 엡
손 품질을 대표하는 뛰어난 문서이다.]

Documentation is excellent. [이 문서는 뛰어나다.]

b. Russian defense minister Ivanov called sunday for the creation of a joint
front for combating global terrorism. [러시아 국방장관 이바노프가 일요
일에 전 세계의 테러와의 전쟁을 위한 공동 전선을 구축할 것을 요청했다.]

Russia calls for joint front against terrorism. [러시아가 테러에 대응하기
위한 공동 전선 구축을 요청했다.]

(19.2a)에는 입력에서 토큰을 삭제하는 식으로 문장을 생성하는 추출 요약 방식이 사
용됐다. 이러한 형태의 요약 방식을 문장 압축이라고도 한다(Clarke & Lapata, 2008).
(19.2b)의 경우는 *for combating*[~와의 전쟁을 위한]이라는 구절 대신 *against*[~에
대한]라는 새로운 단어로 대체한 추상 요약의 예시다.

문장 요약은 §18.3.1(Rush et al., 2015)에서 다룬 어텐션 기반 인코더-디코더 번역
모델을 사용해 기계 번역 문제로 다룰 수 있다. 긴 문장은 토큰별로 하나씩 벡터 시퀀
스로 인코딩한다. 그런 다음 디코더가 자체 순환 상태를 갱신할 때 이들 벡터에 대한
어텐션을 계산한다. 데이터에서 텍스트를 생성할 때와 마찬가지로 원본에서 단어를
직접 복사하는 기능을 사용해 인코더-디코더 모델을 개선하는 것이 유용할 수 있다.
Rush et al.(2015)은 뉴스 기사에서 문장 쌍 4백만 개를 구축해 이 모델을 훈련시켰다.
각 쌍에서 긴 문장은 기사의 첫 번째 문장, 요약은 기사 헤드라인이 된다. 문장 요약
방식은 **변형 오토인코더**^{Variational Autoencoder}(Miao & Blunsom, 2016, §14.8.2 참조)라고 하는
인코더-디코더 모델의 확률 공식을 사용해 준지도 방식으로 학습할 수도 있다.

긴 문서를 요약할 때 추가로 발생하는 문제는 요약에서는 반복되는 형태로 써지면
안 된다는 것이다. 요약의 각 부분은 새로운 영역을 다뤄야 한다. 이 문제는 지금까지

의 모든 어텐션 값의 합계인 $t_m = \sum_{n=1}^{m} \alpha_n$의 벡터를 유지하는 식으로 해결할 수 있다. 이 총합은 어텐션 가중치 계산 시 추가 입력으로 사용할 수 있다.

$$\alpha_{m \to n} \propto \exp\left(\boldsymbol{v}_\alpha \cdot \tanh(\Theta_\alpha[\boldsymbol{h}_m^{(t)}; \boldsymbol{h}_n^{(s)}; \boldsymbol{t}_m])\right) \qquad [19.11]$$

이를 통해 해당 모델은 아직 처리하지 않은 원본의 일부를 선호할 수 있도록 하는 방법을 학습할 수 있다(Tu et al., 2016). 생성된 요약문에 대한 다양성을 더욱 확장하기 위해 See et al.(2017)은 목적함수에 **커버리지 손실**Coverage Loss을 도입했다.

$$\ell_m = \sum_{n=1}^{M^{(s)}} \min(\alpha_{m \to n}, t_{m \to n}) \qquad [19.12]$$

$\boldsymbol{\alpha}_m$이 $\boldsymbol{t}_m$에서 이미 큰 값을 갖고 있는 단어에 거의 어텐션을 할당하지 않으면 손실은 낮다. 커버리지 손실은 **한계 관련성**Marginal Relevance 개념과 유사하다. 여기에 새로운 내용으로 얻는 보상은 요약을 통해 전달되는 전체 정보량을 증가시키는 정도에 비례한다(Carbonell & Goldstein, 1998).

19.2.2 다중 문서 요약을 위한 문장 융합

다중 문서 요약 Multidocument Summarization의 목표는 여러 문서의 내용을 포괄하는 요약을 생성하는 것이다(McKeown et al., 2002). 이러한 까다로운 문제를 해결하는 한 가지 방법은 하나의 주제와 관련된 여러 문서에서 문장을 식별한 다음 하나의 문장으로 통합하는 것이다(Barzilay & McKeown, 2005). 예를 들어 다음 두 문장을 보자(McKeown et al., 2010).

(19.3) a. Palin actually turned against the bridge project only after it became a national symbol of wasteful spending. [폴린은 실제로 교량 건설 프로젝트가 낭비성 지출의 국가적 상징이 된 후에야 이 프로젝트를 반대했다.]

   b. Ms. Palin supported the bridge project while running for governor, and abandoned it after it became a national scandal. [폴린은 주지사에 출마했을 당시 교량 건설 프로젝트를 지지했으며, 이 프로젝트가 전국적인 스캔들이 된 후 이를 포기했다.]

교집합^{Intersection}은 두 문장에 공통으로 들어 있는 내용만 남기는 방식이다.

(19.4) Palin turned against the bridge project after it became a national scandal. [폴린은 교량 건설 프로젝트가 전국적인 스캔들이 된 후 이 프로젝트에 반대했다.]

합집합^{Union}은 두 문장의 정보를 모두 포함시키는 방식이다.

(19.5) Ms. Palin supported the bridge project while running for governor, but turned against it when it became a national scandal and a symbol of wasteful spending. [폴린은 주지사에 출마했을 당시 교량 건설 프로젝트를 지지했지만, 이 프로젝트가 전국적인 스캔들이자 낭비성 지출의 상징이 됐을 때 이 프로젝트에 반대했다.]

의존 파싱^{Dependency Parsing} 방식은 종종 문장 융합 기법으로 사용된다. 각 문장을 구문 분석한 후 결과 의존 트리를 격자(Barzilay & McKeown, 2005) 또는 그래프 구조(Filippova & Strube, 2008)로 결합할 수 있으며, 이때 동일하거나 밀접하게 관련된 단어(예컨대, 폴린, 교량, 전국적인)들은 하나의 노드로 통합시킨다. 이에 따른 결과 그래프는 **정수 선형 프로그램**^{Integer Linear Program}(§13.2.2 참조)을 사용해 트리로 다시 정리할 수 있다.

$$\max_{\boldsymbol{y}} \quad \sum_{i,j,r} \psi(i \overset{r}{\to} j, \boldsymbol{w}; \boldsymbol{\theta}) \times y_{i,j,r} \qquad [19.13]$$

$$\text{s.t.} \quad \boldsymbol{y} \in \mathcal{C} \qquad [19.14]$$

여기서 변수 $y_{i,j,r} \in \{0, 1\}$가 i에서 j까지 r 유형의 경로가 있는지 여부를 나타낸다고 하면, 이 경로의 점수는 $\psi(i \overset{r}{\to} j, \boldsymbol{w}; \boldsymbol{\theta})$과 같다. 그리고 $\mathcal{C}$는 제약 조건의 집합으로 $\boldsymbol{y}$가 유효하도록 의존성 그래프를 형성하도록 만든다. $\boldsymbol{w}$는 그래프에서 단어 목록이고 $\boldsymbol{\theta}$은 파라미터 벡터이다. 점수 $\psi(i \overset{r}{\to} j, \boldsymbol{w}; \boldsymbol{\theta})$는 전체적인 의미에 대해 수식어 j의 "중요도"를 알려준다. 교집합 방식의 융합에서 이 점수는 해당 경로의 내용이 모든 문장에서 표현되는 정도를 나타내는 반면, 합집합 방식의 융합에서 이 점수는 경로의 내용이 모든 문장에서 표현되는지 여부를 나타낸다. 이를테면 제약 조건 집합 $\mathcal{C}$는 조정된 명사가 충분히 비슷해야 한다는 등의 언어 제약 조건을 추가로 부여할 수 있다. 다음으로는 결과 트리를 문장으로 **선형화**^{Linearization}해야 한다. 선형화는 파싱과는 역의 관계라고 볼 수 있다. 다시 말해 선형화를 통해 토큰 시퀀스를 구문 분석해서 트리로 만드는 것과는 반대로 트리를 다시 토큰 시퀀스로 변환해야 한다. 이 과정은 보통 후보 선형화 집합을 만든 후, 언어 모델에서 가장 높은 점수를 가진 선형화를 선택하는 방식으로 수행된다(Langkilde & Knight, 1998; Song et al., 2016).

19.3 대화

대화 시스템dialogue system은 어떤 경우에는 어떤 작업을 수행하기 위해(Grosz, 1979) 또는 단순히 가벼운 대화를 위해(Weizenbaum, 1966) 인간인 대화 상대와 대화할 수 있는 능력을 말한다. 대화 체계에 대한 연구의 시작은 수십 년 전으로 거슬러 올라가지만 (Carbonell, 1970; Winograd, 1972) 알렉사나 시리 같은 상업용 대화 시스템 덕분에 실제 사용은 최근에서야 보편화됐다. 그럼에도 연구와 실제 사이에는 커다란 간극이 존재한다. 실제 대화 시스템 중 상당수는 여전히 스크립트를 기반으로 하기 때문에 유연성이 떨어지는 반면, 연구에서 사용되는 대화 시스템은 추상적인 텍스트의 생성, '즉흥적인' 의사 결정, 사용자의 의도에 따른 확률적 추론에 초점을 맞춘다.

19.3.1 유한 상태 및 의제 기반 대화 시스템

9장에서 형식적 계산 모델로 소개한 유한 상태 오토마타에서는 문자열 입출력이 유한한 수의 이산 상태 간 전환과 연결된다. 유한 상태 오토마타 모델은 그림 19.5의 왼쪽에 표시된 것과 같은 간단한 작업에 초점이 맞춰진 대화에 자연스럽게 들어맞는다. 다음의 (다소 실망스러운) 대화는 그림의 오른쪽에 표시된 것처럼 유한 상태 변환기Finite State Transducer로 나타낼 수 있다. 수용 상태에 도달하려면 두 가지 필요 정보가 제공되고, 사용자가 주문이 올바른지 확인해야만 한다. 이 간단한 시나리오에서 TOPPING (토핑)과 ADDRESS(주소)는 **프레임**Frame이라고 하는 피자 주문 과정과 관련된 두 개의 **슬롯**Slot에 해당한다. 프레임 내 방법은 계층적일 수 있다. 이를테면 ADDRESS(주소)에는 STREET(도로명)와 CITY(도시) 같은 자체적인 슬롯을 가지고 있을 수 있다.

(19.6) A: 피자를 주문하고 싶습니다.

　　B: 토핑은 뭘로 하실 건가요?

　　A: 앤초비요.

　　B: 네, 주소가 어떻게 되시죠?

　　A: 컴퓨터공학부 건물이요.

　　B: 주문 확인할게요. 앤초비 피자 한 판, 컴퓨터공학부 건물로 배달이요.

　　A: NO[아니요].

　　B: 토핑은 뭘로 하실 건가요?

　　...

그림 19.5 대화 및 관련 유한 상태 모델 예시. 이 유한 상태 모델에서 전체를 대문자로 표시한 부분(TOPPING, ADDRESS)은 사용자가 응답하며 해당 유형의 정보를 제공해야 함을 의미한다.

그림 19.5의 예시 대화에서 사용자는 자기 차례에서 필요한 입력을 정확하게 제공한다(예: 앤초비, 컴퓨터공학부 건물). 사용자 중에는 *I'd, uh, like some anchovies please*(저, 앤초비 같은 거로 주세요)처럼 조금 더 자연스럽게 의사소통하는 방식을 선호할 수 있다. 이러한 발화를 처리하는 한 가지 방법은 TOPPING과 LOCATION(위치) 같은 슬롯에 대한 비단말[non-terminal] 기호를 사용해 사용자에 맞춰진 문법을 설계하는 것이다. 하지만 제약이 없는 음성 입력을 문맥 자유 파싱을 하기는 쉽지 않다. 그래서 이 방법보다 조금 쉬운 또 다른 방법에는 BIO 표기에 따른 시퀀스 라벨링이 있다(§8.3 참조). 예를 들면 다음과 같다.

(19.7) *I'd like anchovies. , and please bring it to the　College of*

　　O　O　B-TOPPING O O O　O　O O B-ADDR I-ADDR I-ADDR

Computing Building .

　　I-ADDR　I-ADDR O

(앤초비 피자로, 컴퓨터공학부 건물로 가져다주세요.)

양방향 순환 뉴럴 네트워크를 사용해서 태거를 발생시킬 수 있으며, 이 방법은 §13.2.3에 설명한 **의미 역할 라벨링**SRL, Semantic Role Labeling을 위한 순환 접근법과 유사하게 동작한다.

입력 (19.7)은 그림 19.5의 유한 상태 시스템에서 처리할 수 없으므로 사용자가 토핑을 제공한 뒤 다음 차례에서 위치를 따로 알려줘야 한다. 이 관점에서 보면 시스템이 전적으로 '주도권'을 갖게 된다. **의제 기반 대화 시스템**Agenda-Based Dialogue System은 사용자의 응답으로 채워진 슬롯을 모두 인식해, 더 복잡한 예를 처리해 유한 상태 아키텍처를 확장한다. 이러한 의제 기반 시스템은 프레임이 완성될 때까지 동적으로 추가 질문을 던진다(Bobrow et al., 1977; Allen et al., 1995; Rudnicky & Xu, 1999). 이러한 시스템은 사용자와 시스템 모두 대화의 방향을 주도해 나갈 수 있기 때문에 **혼합 이니셔티브**Mixed Initiative라고 한다.

19.3.2 마르코프 의사 결정 프로세스

대화에서 다음에 이뤄질 동작을 동적으로 선택하는 작업을 **대화 관리**Dialogue Management라고 한다. 이 문제는 상태의 이산집합, 동작의 이산집합, 상태 간 전환 확률을 계산하는 함수, 동작 상태쌍의 비용 또는 보상을 계산하는 함수를 포함하는 이론 모델인 **마르코프 의사 결정 프로세스**Markov Decision Process로 표현할 수 있다. 이들 각 요소가 피자 주문 대화 시스템과 어떤 관련이 있는지 살펴보자.

- 각 상태는 토핑과 주소를 알려줬는지, 또 주문이 확인됐는지 여부에 대한 정보로 구성된 튜플로 표현된다. 예를 들면 다음과 같다.

$$(\text{KNOWN TOPPING, UNKNOWN ADDRESS, NOT CONFIRMED})$$
$$(\text{알려준 토핑, 알려준 주소, 확인 안 함}) \qquad [19.15]$$

  이런 식의 상태가 가능하다. 피자 주문이 확인된 상태는 모두 종료 상태가 되며, 이러한 상태가 되면 마르코프 의사 결정 프로세스가 중지된다.
- 동작 집합은 토핑 쿼리, 주소 쿼리 및 확인 요청을 포함한다. 각 작업은 상태에 대한 확률분포인 $p(s_t|a_t, s_{t-1})$을 유도해낸다. 예를 들면 아직 토핑을 알려주지 않았다면 주문 확인 요청이 종료 상태로 전환되지 않을 수도 있다. 상태

전환에 대한 이러한 확률분포는 데이터를 통해 학습할 수도 있고, 사전에 명시적으로 적어 놓을 수도 있다.

- 각 상태-행동-상태 튜플은 보상 $r_a(s_t, s_{t+1})$을 받는다. 피자 주문 시스템의 맥락에서 간단한 보상함수는 다음과 같을 것이다.

$$r_a(s_t, s_{t-1}) = \begin{cases} 0, & a = \text{CONFIRM}, s_t = (*, *, \text{CONFIRMED}) \\ -10, & a = \text{CONFIRM}, s_t = (*, *, \text{NOT CONFIRMED}) \\ -1, & a \neq \text{CONFIRM} \end{cases} \qquad [19.16]$$

이 함수는 종료 상태로 성공적으로 전환하면 보상으로 0을 할당하고, 확인 요청이 거부되면 음의 보상을 많이, 그 외의 모든 행동에 대해서는 음의 보상을 적게 할당한다. 따라서 시스템은 몇 단계에 걸쳐 최종 상태에 도달했을 때 보상을 받고, 조건이 미처 갖춰지기 전에 확인을 요청하면 불이익을 받는다.

마르코프 의사 결정 프로세스에서 **정책**Policy은 상태를 행동으로 매핑하는 $\pi:\mathcal{S} \to \mathcal{A}$ 함수다(§15.2.4 참조). 정책 값은 할인된 보상의 예상 합계인 $E_\pi[\sum_{t=1}^{T} \gamma^t r_{a_t}(s_t, s_{t+1})]$으로 나타낼 수 있다. 여기서 γ은 할인 인자로 $\gamma \in [0, 1)$을 만족한다. 여기서 할인은 먼 미래의 확실하지 않은 보상보다 즉시 얻을 수 있는 보상을 강조하는 효과가 있다.

최적의 정책은 최적의 행동 a를 할 때 s로부터 얻은 누적 보상에 대한 기댓값을 알려주는 **가치함수**Value Function $V(s)$를 반복적으로 갱신하는 동적 프로그래밍을 통해 얻을 수 있다.

$$V(s) \leftarrow \max_{a \in \mathcal{A}} \sum_{s' \in \mathcal{S}} \text{p}(s' \mid s, a)[r_a(s, s') + \gamma V(s')] \qquad [19.17]$$

가치함수 $V(s)$는 $s' \in \mathcal{S}$을 만족하는 모든 상태에 대한 $V(s')$에 대해 계산된다. 가치함수는 반복해서 갱신했을 때 결국 고정된 한 점으로 수렴한다. 이 알고리듬을 **가치 반복**Value Iteration 알고리듬이라고 한다. 수렴하는 가치함수 $V(s)$가 주어졌을 때 각 상태에서의 최적 동작이 argmax라고 하면 다음과 같은 수식이 성립한다.

$$\pi(s) = \underset{a \in \mathcal{A}}{\text{argmax}} \sum_{s' \in \mathcal{S}} \text{p}(s' \mid s, a)[r_a(s, s') + \gamma V(s')] \qquad [19.18]$$

가치 반복 및 관련 알고리듬은 Sutton & Barto(2019)의 논문에서 자세히 설명한다. 대화 시스템에 적용시킨 사례는 Levin et al.(1998)과 Walker(2000)의 논문을 참조한다.

　마르코프 의사 결정 프로세스에서는 대화의 현재 상태를 알고 있다고 가정한다. 실제로는 시스템이 사용자의 진술을 잘못 해석할 수 있다. 이를테면 배송 장소가 피치 트리(PEACHTREE)로 명시된 것을 토핑을 복숭아(PEACHES)로 명시했다고 생각하는 식이다. **부분 관찰 마르코프 의사 결정 과정**POMDP, Partially Observable Markov Decision Process에서 시스템은 상태 p($o|s$)에서 확률적으로 조건화된 관찰 o를 받는다. 그러므로 어떤 상태 안에 어떤 관찰이 있는지에 대한 믿음의 분포를 $q_t(s)$에서 유지해야 한다. 여기서 $q_t(s)$는 시간 t에서 대화가 상태 s에 있음을 믿는 정도를 나타낸다. POMDP 수식화는 대화 시스템이 오류에 더 잘 대처할 수 있도록 도와준다. 특히 음성 자체가 잘못 인식될 수 있는 음성 언어 대화의 맥락에서 큰 역할을 할 수 있다(Roy et al., 2000; Williams & Young, 2007). 하지만 POMDP에 최적의 정책을 찾는 것은 계산적으로 까다로우며, 근사하는 과정이 필요하다.

19.3.3 뉴럴 챗봇

무언가 준비할 필요가 없다면 말하기 더 쉬워진다. **챗봇**Chatbot은 사용자의 입력을 받아 대답을 하는 방식으로 대화를 계속 이어나가는 시스템을 말한다. 챗봇은 §18.3과 §19.1.2에서 설명한 인코더-디코더 아키텍처로 구축할 수 있다. 인코더는 사용자의 입력을 벡터로 변환하고 디코더는 대답으로 단어 시퀀스를 생성한다. 예를 들면 Shang et al.(2015)에서는 어텐션 기반 인코더-디코더 번역 모델을 적용해 중국 마이크로 블로깅 플랫폼인 시나 웨이보의 게시물과 해당 게시물에 대한 답변으로 이뤄진 데이터 세트를 학습했다.[4] 이러한 접근 방법은 다음의 예시와 같이 주제면에서 입력과 관련한 대답을 생성할 수 있다(Shang et al.(2015)이 중국어를 번역했다).

(19.8) a. A: High fever attacks me every New Year's day. [나는 매년 새해 첫날에 열이 크게 나.]

4　트위터도 대화 데이터 세트를 구성할 때 자주 사용된다(Ritter et al., 2011a; Sordoni et al., 2015). 이외에도 우분투 리눅스 배포판의 기술 지원 채팅 기록도 데이터로 사용된다(Uthus & Aha, 2013; Lowe et al., 2015).

       B: Get well soon and stay healthy! [얼른 나아서 괜찮아졌으면 좋겠다!]

  b. A: I gain one more year. Grateful to my group, so happy. [1년 더 있을 수 있게 됐어. 우리 그룹 덕분이야, 정말 기뻐.]

       B: Getting old now. Time has no mercy. [철 좀 들어. 세월은 자비가 없어.]

인코더-디코더 모델은 바로 앞의 차례에서 말이 통하는 대답을 생성할 수 있지만, 대화가 길어지면 일관성을 유지하는 데 어려움이 생긴다. 이를 해결하는 한 가지 방법은 대화 맥락을 순환식으로 모델링하는 것이다. 이렇게 하면 단어 단위와 차례 단위의 순환을 모두 포함하는 **계층적 순환 네트워크**^{Hierarchical Recurrent Network}를 생성할 수 있다. 차례 단위의 은닉 상태는 디코더에서 추가적인 맥락으로 사용된다(Serban et al., 2016).

열린 질문^{Open Question}은 인코더-디코더 아키텍처를 작업 지향 대화 시스템과 통합하는 방법이다. 뉴럴 챗봇은 엔드 투 엔드로 학습이 이뤄질 수 있다. 인코더가 사용자의 차례를 분석하고 디코더가 시스템의 결과를 생성한다. 이 아키텍처는 역전파를 사용해서 우도 가능성(예: Sordoni et al., 2015; Serban et al., 2016)이나 강화학습을 사용하는 더욱 정교한 목표(Li et al., 2016)를 통해 학습할 수 있다. 이와 반대로 §19.3.1에서 설명한 작업 지향 대화 시스템은 보통 사용자의 입력을 인식하는 용도, 수행할 작업을 결정하는 용도, 시스템의 결과물에 순서를 정렬하는 이 세 가지 특수한 용도의 모듈을 가지고 있다.

순환 뉴럴 네트워크 디코더를 마르코프 의사 결정 프로세스 대화 시스템에 통합시키기 위해, 각 차례에서 표현될 수 있는 정보의 표현상에서 디코더가 학습하도록 만드는 방법을 사용할 수 있다(Wen et al., 2015). 특히 장단기 메모리^{LSTM}(§6.3) 아키텍처는 m번째 차례의 메모리 셀이 다음 차례에 표현될 슬롯과 값을 표시하는 추가 입력인 d_m을 다룰 수 있도록 확장된다. 하지만 이런 방법 또한 사용자의 발화를 인식하고 대화의 전체적인 흐름을 계획하기 위해서는 추가로 모듈이 필요하다.

떠오르는 또 다른 방법은 분야별로 해당 성분(예: 레코드의 슬롯과 슬롯을 채울 수 있는 개체)에 대한 임베딩을 생성하는 것이다. 그다음, 인코더는 사용자의 입력에서 나타나는 단어뿐만 아니라 사용자가 언급한 요소의 임베딩도 인코딩한다. 마찬가지로 디코더에도 지식 기반의 특정 요소를 참조할 수 있는 기능을 부여한다. He et al.(2017)은 이러한 방법을 통해 개체와 해당 개체의 속성이 적힌 목록을 두 명의 플층에게 먼저 제공한 후, 서로의 목록에 공통으로 존재하는 개체를 찾는 협업 대화 게임을 하는 법을 배울 수 있음을 보여줬다.

추가 자료

Gatt & Krahmer(2018)는 텍스트 생성에 대한 포괄적이면서도 최신의 방법에 대한 연구를 제공한다. 책 한 권 분량에 달하는 그 이전의 연구에 대한 내용은 Reiter & Dale(2000)의 논문을 참고하면 된다. 이미지 캡션에 대한 연구는 Bernardi et al.(2016)의 논문을, 대화 시스템에 대한 사전 뉴런 방식에 대한 연구는 Rieser & Lemon(2011)의 논문을 참고하면 된다. **대화 행위**^{dialogue act}는 §8.6에서 인간과 인간들의 대화에 대한 라벨링 체계로 소개됐지만, 작업 기반 대화 시스템에서 중요한 역할을 하기도 한다(예: Allen et al., 1996). 대화의 이론 모델을 컴퓨터 시스템에 통합하는 것은 Jurafsky & Martin(2009, 24장)의 연구에서 검토한 적이 있다.

19장에서는 정보 전달을 위한 텍스트 생성에 초점을 맞춰서 다뤘지만, 구성 가능한 스타일 속성을 사용해 텍스트를 생성하는 것을 목표로 하는 또 다른 연구 흐름도 존재한다(Walker et al., 1997; Mairesse & Walker, 2011; Ficler & Goldberg, 2017; Hu et al., 2017). 19장에서는 또한 서술(Riedl & Young, 2010), 농담(Ritchie, 2001), 시(Colton et al., 2012), 노래 가사(Gonçalo Oliveira et al., 2007) 같은 창의적인 텍스트 생성에 관해서는 다루지 않았다.

연습 문제

1. 먼저 프로 농구 경기에 대한 기사 중 통계 자료로 관련 '박스 스코어'가 포함된 기사를 찾자. 기사에 표현된 박스 스코어의 첫 세 성분은 무엇인가? 레코드의 이 요소를 표현하는 템플릿 기반 패턴을 식별할 수 있는가? 이제 다른 농구 경기에 대한 두 번째 기사를 찾자. 박스 스코어의 첫 세 성분이 나타나 있는가? 이 요소가 텍스트에서 어떻게 표현되는지를 여러분이 만든 템플릿이 파악하고 있는가?

2. 이번 연습 문제는 학생 두 명이 한 팀이 돼 수행해야 한다. 한 학생은 뉴스나 위키피디아에서 기사를 선택한 뒤 세 개의 짧은 문장이나 절에 대해 직접 의미론적 역할 라벨링^{SRL}을 수행한다(SRL 검토는 13장 참조). 주요 의미 관계와 관계에서 논항^{argument}과 부가사^{adjunct}를 파악하자. 그런 다음 원래 문장이 아닌 구조화된 레코드를 다른 학생에게 전달해 의미를 표현하는 문장을 생성하도록 한다. 이제 역할을 바꿔 술어-논항 의미 체계$^{predicate-argument semantics}$를 기반으로 다른 기사에서 문장 세 개를 다시 생성해볼 수 있다.

3. 원본 기사의 텍스트를 참조해서 앞의 연습 문제에서 생성한 문장에 대한 BLEU 점수(§18.1.1 참조)를 계산해보자.

4. 그림 19.1의 텍스트에 있는 각 토큰을 데이터베이스의 특정 단일 레코드나 널 레코드 ∅에 할당한다. 예를 들어 *south wind*[남풍] 토큰은 `wind direction: 06:00-21:00: mode=S`(풍향: 06:00–21:00: 모드=S) 레코드에 할당된다. 각각의 토큰이 직전의 토큰과 같은 레코드에 얼마나 자주 정렬되는가? 얼마나 많은 변환이 일어나는가? 시스템은 레코드 min(최소)이 9일 때 *10 degrees*(10도)를 출력할 수 있도록 학습할 수 있는가?

5. 문장 압축과 융합에서 연속적인 토큰 시퀀스(n그램)와 의존 경로$^{dependency edge}$를 남겨두고 싶을 수 있다. 헤드라인이 있는 짧은 뉴스 기사를 5개 찾자. 각 헤드라인에 대해 기사의 본문에 나타나는 바이그램 비율을 계산한다. 그런 다음 수작업으로 헤드라인의 의존 구문 분석을 해보자. 각 의존 경로의 경우 본문에서 의존 경로로 나타나는 빈도를 계산한다. 이 연습 문제의 풀이를 돕기 위해 자동 의존 구문 분석기$^{dependency parser}$를 사용할 수도 있지만, 이 경우 결과를 확인하고 11장에서 설명한 것처럼 UD 2.0 의존 문법에 초점을 맞추도록 한다.

6. §19.2.2는 선형화가 필요한 의존 트리에서 텍스트를 생성하는 방법을 제안한다. 때로는 의존 트리를 선형화할 수 있는 방법이 여러 개일 때도 있다. 다음을 예로 들어보자.

   (19.9) a. The sick kids stayed at home in bed. [아픈 아이들은 침대에 누운 채로 집에 머물렀다.]

b. The sick kids stayed in bed at home. [아픈 아이들은 집에서 침대에 머물렀다.]

두 문장 모두 *home*[집]과 *bed*[침대]가 *stayed*[머물렀다]에 (간접적으로) 의존하고 있다는 점에서 의존 구문 분석 결과가 동일하다.

각각 한 가지 이상의 방법으로 선형화할 수 있는 영어 의존 트리를 두 개 더 찾아보고, 각 트리에서 다른 변형 패턴을 사용해보자. 언제나처럼 11장에서 설명한 UD 2 스타일로 트리를 나타내보자.

7. §19.3.2에서는 피자 배달 서비스를 예시로 다뤘다. 이번에는 토핑을 결정하고 주문을 확인하기만 하면 되는 테이크아웃 문제를 단순화해보자. 상태 튜플은 토핑이 정해진 경우와 ? 기호를 가진 그렇지 않은 경우 첫 번째 성분 T가 되고, 주문이 확인됐는지 여부에 따라 YES나 NO가 두 번째 성분이 된다. 행동은 TOPPING?(토핑 정보 요청)과 CONFIRM?(확인 요청)의 두 가지다. 이때 상태 전환함수는 다음과 같다.

$$p(s_t \mid s_{t-1} = (?, \text{NO}), a = \text{TOPPING}?) = \begin{cases} 0.9, & s_t = (\text{T}, \text{NO}) \\ 0.1, & s_t = (?, \text{NO}) \end{cases} \quad [19.19]$$

$$p(s_t \mid s_{t-1} = (?, \text{NO}), a = \text{CONFIRM}?) = \begin{cases} 1, & s_t = (?, \text{NO}) \end{cases} \quad [19.20]$$

$$p(s_t \mid s_{t-1} = (\text{T}, \text{NO}), a = \text{TOPPING}?) = \begin{cases} 1, & s_t = (\text{T}, \text{NO}) \end{cases} \quad [19.21]$$

$$p(s_t \mid s_{t-1} = (\text{T}, \text{NO}), a = \text{CONFIRM}?) = \begin{cases} 0.9, & s_t = (\text{T}, \text{YES}) \\ 0.1, & s_t = (\text{T}, \text{NO}) \end{cases} \quad [19.22]$$

등식 19.16에 정의된 보상함수, 할인 $\gamma = 0.9$, 초기 조건 $V(s) = 0$을 적용해, 등식 19.17을 세 번 반복한다. 세 번의 반복이 끝난 후 각 상태에서 최적의 동작을 계산한다. 종료 상태를 $V(*, \text{YES}) = 0$이라고 가정하면 비단말 상태인 $V(?, \text{NO})$와 $V(\text{T}, \text{NO})$의 값만 계산하면 된다.

8. FAIRSEQ(Gehring et al., 2017), XNMT(Neubig et al., 2018), TENSOR2TENSOR(Vaswani et al., 2018), OPENNMT(Klein et al., 2017) 같은 인코더-디코더 번역 모델을 '즉시'

학습할 수 있는 툴킷이 몇 가지 있다.[5] 이 툴킷을 사용해서 챗봇 대화 시스템을 훈련시켜보자. NLTK와 함께 제공되는 NPS 대화 말뭉치dialogue corpus(Forsyth & Martell, 2007)를 사용해도 좋고, 조금 더 도전하고 싶은 마음이 있다면 우분투 대화 말뭉치(Lowe et al., 2015)를 사용해서 훈련해도 좋다.

A 확률

확률 이론은 무작위 사건을 추론할 수 있는 방법에 대해 다룬다. 확률 이론을 설명하기 위해 통상적으로 사용되는 무작위 사건에는 동전 던지기, 카드 뽑기, 날씨 맞추기 등이 포함된다. 만약 여러분이 단어를 신중하게 선택하는 사람이라면 단어 선택을 동전 던지기에 비유하는 것은 더욱 납득하기 어려울 것이다. 하지만 무작위든 아니든 간에, 결정적으로 언어를 모델링하기는 굉장히 까다롭다는 사실은 이미 밝혀졌다. 확률은 언어적 데이터를 모델링하고 조작하는 강력한 도구를 제공한다.

확률은 **무작위 결과**의 측면에서 살펴볼 수 있다. 예를 들어 동전을 한 번 던진다면 앞면(H: head) 혹은 뒷면(T: tail)이라는 두 가지 타입의 결과가 나올 수 있다. 일어날 수 있는 결과 집합을 **표본 공간**^{Sample Space}이라 하며, 표본 공간의 각각의 부분 집합을 **사건**이라고 한다. 동전을 두 번 던진다면 {*HH*, *HT*, *TH*, *TT*}라는 4개의 결과가 나올 수 있다(차례로 앞면-앞면, 앞면-뒷면, 뒷면-앞면, 뒷면-뒷면을 나타낸다). 정확히 단 하나의 앞면이 나오는 사건은 {*HT*, *TH*}라는 2개의 결과만을 포함한다.

사전적 정의의 확률은 사건에서 0과 1 사이의 구간에 대한 함수를 말한다. $\Pr : \mathcal{F} \rightarrow [0, 1]$이며 이때 $\mathcal{F}$는 일어날 수 있는 사건의 집합이다. 확실한 사건의 확률이 1이며, 일어날 수 없는 사건의 확률은 0이다. 가령, 동전을 두 번 던져서 앞면이 3번보다 적게 나올 확률은 1이다. 각각의 결과도 마찬가지로 하나의 사건이며(단 하나의 원소가 존재하는 집합이다) 앞면과 뒷면이 나올 확률이 같은 동전을 2회 던진다면 각각 결과에 대한 확률은 다음과 같이 계산할 수 있다.

$$\Pr(\{HH\}) = \Pr(\{HT\}) = \Pr(\{TH\}) = \Pr(\{TT\}) = \frac{1}{4} \qquad\qquad [\text{A}.1]$$

A.1 사건 조합의 확률

사건은 결과들로 이루어진 집합이다. 그래서 사건의 확률과 조합을 추론하려면 여집합이나 교집합, 합집합 등과 같은 집합론 기반의 연산을 사용할 수 있다.

모든 특정한 사건 A에 대해서는 다음을 만족하는 **여집합** $\neg A$가 존재한다.

- 합집합 $A \cup \neg A$에 대한 확률은 $\Pr(A \cup \neg A) = 1$이다.
- 교집합 $A \cap \neg A = \varnothing$은 공집합이며, 해당 확률은 $\Pr(A \cap \neg A) = 0$이다.

동전 던지기를 예로 들면, 두 번 던져서 앞면이 한 번만 나오는 사건은 $\{HT, TH\}$라는 결과 세트에만 해당한다. 이에 대한 여사건은 나머지 두 가지 경우인 집합 $\{TT, HH\}$에 해당한다.

A.1.1 상호 배타적 사건의 확률

사건 A와 B에 대한 교집합이 공집합인 ($A \cap B = \varnothing$) 두 사건 A, B를 상호 배타적 관계라 한다. 상호 배타적인 두 사건의 합집합의 확률은 각 사건의 확률의 합과 같다.

$$A \cap B = \varnothing \quad\Rightarrow\quad \Pr(A \cup B) = \Pr(A) + \Pr(B) \qquad\qquad [\text{A}.2]$$

이는 **확률 공리 제3항**^{The Third Axiom of Probability}에 해당하며, 가산적인 모든 상호 배타적 사건에 대해서 일반화할 수 있다.

동전 던지기 예시에서 이 공리를 활용해, 동전을 두 번 던졌을 때 앞면이 한 번만 나오는 사건이 일어날 확률을 구할 수도 있다. 이 사건은 집합 $\{HT, TH\}$로 간단한 사건들의 합집합 $\{HT, TH\} = \{HT\} \cup \{TH\}$으로 표현할 수 있다. 그렇다면 사건 $\{HT\}$와 $\{TH\}$는 상호 배타적이다.

그러므로 다음의 식이 성립한다.

$$\Pr(\{HT, TH\}) = \Pr(\{HT\} \cup \{TH\}) = \Pr(\{HT\}) + \Pr(\{TH\}) \qquad\qquad [\text{A}.3]$$

$$= \frac{1}{4} + \frac{1}{4} = \frac{1}{2} \qquad\qquad [A.4]$$

일반적으로 두 사건에 대한 합집합의 확률은 다음과 같다.

$$\Pr(A \cup B) = \Pr(A) + \Pr(B) - \Pr(A \cap B) \qquad\qquad [A.5]$$

이에 대해서는 자료 A.1에서 시각적으로 확인할 수 있으며, 확률 공리 제3항을 통해 유도할 수도 있다. B에는 존재하지만, A에는 없는 모든 결과를 포함하는 사건 $B - (A \cap B)$이 있다고 가정하자. 즉, 이 사건은 A와는 상호 배타적이다. 따라서 결합법칙을 적용할 수 있다.

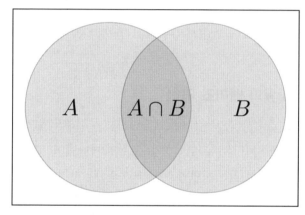

그림 A.1 상호 배타적이지 않은 사건 *A*와 *B*의 확률을 그림으로 표현한 벤다이어그램

$$\Pr(A \cup B) = \Pr(A) + \Pr(B - (A \cap B)) \qquad\qquad [A.6]$$

게다가 사건 B는 두 개의 상호 배타적 사건 $A \cap B$와 $B - (A \cap B)$의 합집합에 해당한다.

$$\Pr(B) = \Pr(B - (A \cap B)) + \Pr(A \cap B) \qquad\qquad [A.7]$$

[A.7]을 수식 [A.6]에 대입하여 재구성하면, 다음과 같이 우리가 원하는 결과를 얻을 수 있다.

$$\Pr(B - (A \cap B)) = \Pr(B) - \Pr(A \cap B) \qquad\qquad [A.8]$$

$$\Pr(A \cup B) = \Pr(A) + \Pr(B) - \Pr(A \cap B) \qquad\qquad [A.9]$$

A.1.2 전체 확률의 법칙

각각의 사건 쌍이 서로 상호 배타적이고 ($B_i \cap B_j = \varnothing$), 사건의 합집합이 전체 표본 공간과 동일하다면, 사건의 집합 $\mathcal{B} = \{B_1, B_2, ..., B_N\}$는 표본 공간의 분할한 것으로 볼 수 있다. 전체 확률의 법칙은 이러한 사건들을 다음과 같이 **주변화**^{Marginalize}할 수 있다고 설명한다.

$$\Pr(A) = \sum_{B_n \in \mathcal{B}} \Pr(A \cap B_n) \qquad [A.10]$$

모든 사건 B에 대해서 합집합 $B \cup \neg B$는 표본 공간을 분할한 것에 해당한다. 그렇기 때문에 전체 확률 법칙의 특수한 경우는 다음과 같은 수식으로 나타낼 수 있다.

$$\Pr(A) = \Pr(A \cap B) + \Pr(A \cap \neg B) \qquad [A.11]$$

A.2 조건부 확률과 베이즈 규칙

조건부 확률^{Conditional Probability}은 사건 A와 마찬가지로 사건 B도 일어난다고 가정했을 때의 사건 A의 확률을 의미하며, $\Pr(A|B)$ 등과 같이 나타낼 수 있다. 예를 들면 무작위로 전화를 걸어 전화를 받는 사람이 여보세요라고 대답하며, 영어로 대답하는 확률을 구한다고 해보자. 조건부 확률은 다음과 같이 분수로 나타낼 수 있다.

$$\Pr(A|B) = \frac{\Pr(A \cap B)}{\Pr(B)} \qquad [A.12]$$

확률의 연쇄법칙에 의하면 $\Pr(A \cap B) = \Pr(A|B) \times \Pr(B)$이며, 이 식은 수식 [A.12]를 새롭게 나열한 것에 불과하다. 연쇄 법칙은 다음과 같이 반복 적용할 수 있다.

$$\Pr(A \cap B \cap C) = \Pr(A|B \cap C) \times \Pr(B \cap C)$$
$$= \Pr(A|B \cap C) \times \Pr(B|C) \times \Pr(C)$$

베이즈 규칙^{Bayes' rule}은 베이즈 법칙 혹은 베이즈 정리라고 부르며, $\Pr(A|B)$과 $(B|A)$를 서로 변환할 수 있는 방법을 우리에게 알려준다. 베이즈 규칙은 조건부 확률과 연쇄법칙의 정의를 통해 만들어졌다.

$$\Pr(A \mid B) = \frac{\Pr(A \cap B)}{\Pr(B)} = \frac{\Pr(B \mid A) \times \Pr(A)}{\Pr(B)} \qquad [\text{A.13}]$$

베이즈 규칙에서 각각의 항은 고유 명칭을 가지며, 앞으로 종종 사용하게 될 것이다.

- $\Pr(A)$를 **사전확률**이라 하며, 사건 B가 일어날지 전혀 모르는 상황에서 사건 A 가 일어날 확률을 의미한다.
- $\Pr(B \mid A)$를 **우도**라 하며, 사건 A가 일어났을 때 사건 B가 일어날 확률을 의미 한다.
- $\Pr(A \mid B)$는 **사후확률**로, 사건 B의 결과를 알고 있을 때, 사건 A가 일어날 확률 을 의미한다.

예시 베이즈 규칙을 설명하기 위해 자주 사용되는 전형적인 예시로는 희귀 질환 검 사가 있다. 하지만 Manning & Schütze(1999)는 언어학적 설정 내에서 이를 재구성하 려 한다. 여러분이 기생 공범주^{Parasitic Gaps} 등과 같이 잘 발생하지 않는 구문적 구성 등 에 관심이 있다고 가정하자. 보통 문장이 10만 개가 있다면 이러한 구문적 구성은 평 균적으로 한 번 정도 등장한다. 다음은 기생 공범주^{parasitic gap}의 예시다.

(A.1) Which class did you attend __ without registering for __?

Lana Linguist는 기생 공범주를 갖는 문장들을 식별하기 위한 복잡한 패턴 매칭기 를 고안했다. 이 매칭기는 상당한 성능을 보여주긴 하지만, 완벽하다고 하기에는 부 족한 부분이 있다. 그 이유는 다음과 같다.

- 만약 문장이 기생 공범주를 가진다면, 패턴 매칭기가 이를 찾을 확률은 0.95 이다. 이를 **재현율**^{Recall}이라 부르며, 1에서 **거짓 음성률**^{False Negative Rate}을 뺀 것이다.
- 만약 문장에 기생 공범주가 없다고 하면, 패턴 매처가 기생 공범주가 존재한 다고 잘못 판단할 확률은 0.005이다. 이는 **거짓 양성률**^{False Positive Rate}이라고 하 며, 1에서 **정밀도**^{Precision}를 제외한 값이다.

Lana가 고안한 패턴 매칭기가 문장에서 기생 공범주를 탐지했다고 가정하면, 이 탐 지가 과연 참일 확률은 얼마일까?

G는 문장이 기생 공범주를 갖는 사건을 의미하며, T는 실험이 양성^{positive}인 사건을 나타낸다고 하자. 여기서 우리가 시행한 테스트가 양성이라 하면, 해당 문장이 기생 공범주를 가질 확률을 구하려고 한다. 이러한 확률을 조건부 확률인 $\Pr(G|T)$라고 하며, 베이즈 규칙을 사용해 계산할 수 있다.

$$\Pr(G \mid T) = \frac{\Pr(T \mid G) \times \Pr(G)}{\Pr(T)} \qquad [\text{A}.14]$$

분자를 구성하고 있는 두 항의 값을 이미 알고 있다. $\Pr(T|G)$는 재현율이므로 0.95이며, $\Pr(G)$는 사전 확률이며, 해당 값 10^{-5}이다.

분모가 주어지지는 않았지만, 앞서 미리 알고 있는 정보를 활용해 계산할 수 있다. 우선 분할 $\{G, \neg G\}$를 사용해 전체 확률의 법칙을 적용해보자.

$$\Pr(T) = \Pr(T \cap G) + \Pr(T \cap \neg G) \qquad [\text{A}.15]$$

위 식에 따라 양성일 확률은 **참 양성**$^{\text{True Positive}}$ $(T \cap G)$과 **거짓 양성**$^{\text{False Positive}}$ $(T \cap \neg G)$에 대한 확률 총합이라는 사실을 보여준다. 연쇄법칙을 사용하면 이들 사건 각각의 확률을 계산할 수 있다.

$$\Pr(T \cap G) = \Pr(T \mid G) \times \Pr(G) = 0.95 \times 10^{-5} \qquad [\text{A}.16]$$

$$\Pr(T \cap \neg G) = \Pr(T \mid \neg G) \times \Pr(\neg G) = 0.005 \times (1 - 10^{-5}) \approx 0.005 \qquad [\text{A}.17]$$

$$\Pr(T) = \Pr(T \cap G) + \Pr(T \cap \neg G) \qquad [\text{A}.18]$$

$$= 0.95 \times 10^{-5} + 0.005 \qquad [\text{A}.19]$$

이 항들을 원하는 사후 확률을 구하는 베이즈 규칙에 적용하면 다음과 같다.

$$\Pr(G \mid T) = \frac{\Pr(T \mid G) \Pr(G)}{\Pr(T)} \qquad [\text{A}.20]$$

$$= \frac{0.95 \times 10^{-5}}{0.95 \times 10^{-5} + 0.005 \times (1 - 10^{-5})} \qquad [\text{A}.21]$$

$$\approx 0.002 \qquad [\text{A}.22]$$

얼핏 보면, Lana의 패턴 매칭기는 거짓 양성과 거짓 음성이 발생할 확률이 5% 이하이므로 상당히 정확하다고 생각된다. 하지만 어떤 현상이 매우 드물게 발생한다는 사실은 해당 매칭기가 잘못된 양성^{positive} 결과를 반환할 가능성이 매우 높음을 의미하기도 한다.

A.3 독립

어떤 두 사건의 교집합에 대한 확률이 각 사건의 확률의 곱과 동일할 때, 즉 $\Pr(A \cap B) = \Pr(A) \times \Pr(B)$을 만족한다면 두 사건을 독립이라고 한다. 예를 들어 앞면과 뒷면이 나올 확률이 같은 동전을 두 번 던졌을 때, 첫 번째에 앞면이 나올 확률은 두 번째에 앞면이 나올 사건의 확률과 독립이다.

$$\Pr(\{HH, TH\}) = \Pr(HH) + \Pr(TH) = \frac{1}{4} + \frac{1}{4} = \frac{1}{2} \qquad [A.23]$$

$$\Pr(\{HH, TH\}) = \Pr(HH) + \Pr(TH) = \frac{1}{4} + \frac{1}{4} = \frac{1}{2} \qquad [A.24]$$

$$\Pr(\{HT, HH\}) \times \Pr(\{HH, TH\}) = \frac{1}{2} \times \frac{1}{2} = \frac{1}{4} \qquad [A.25]$$

$$\Pr(\{HT, HH\} \cap \{HH, TH\}) = \Pr(HH) = \frac{1}{4} \qquad [A.26]$$

$$= \Pr(\{HT, HH\}) \times \Pr(\{HH, TH\}) \qquad [A.27]$$

만약 $\Pr(A \cap B \,|\, C) = \Pr(A \,|\, C) \times \Pr(B \,|\, C)$이라면, 사건 A와 B는 조건부 독립을 만족하며, $A \perp B \,|\, C$라고 나타낼 수 있다. **조건부 독립**은 나이브 베이즈^{Naïve Bayes} 등과 같은 확률적 모델에서 중요한 역할을 수행한다(2장 참조).

A.4 확률변수

확률변수^{Random Variables}는 사건에서 다른 $\mathbb{R}^n$으로 가는 함수를 말한다(여기서 $\mathbb{R}$은 실수 집합을 의미한다). 확률변수는 다음과 같이 특수하면서 유용한 경우들을 몇 가지 포함한다.

- **지시 확률변수**^{Indicator Random Variable}은 사건에서 집합 {0, 1}로 가는 함수를 말한다. 동전 던지기 예시에서 Y를 지시 확률변수로 두고, 적어도 한 번 이상 동전 던지기를 시행해 앞면이 나온다면 1이라는 값을 갖도록 할 수 있다. 이 경우에 사건 {HH, HT, TH}가 포함된다. 확률 $\Pr(Y = 1)$은 이 결과 확률에 대

한 합이며, 따라서 $\Pr(Y = 1) = \frac{1}{4} + \frac{1}{4} + \frac{1}{4} = \frac{3}{4}$이다.

- **이산 확률변수**^{Discrete Random Variable}는 사건에서 $\mathbb{R}$에 대한 이산 부분집합으로 가는 함수를 말한다. 동전 던지기 예시를 생각해보자. 두 번 던졌을 때 나오는 앞면의 횟수에 해당하는 X는 이산 확률변수 $X \in 0, 1, 2$로 볼 수 있다. 사건 확률 $\Pr(X = 1)$은 앞면이 하나가 나오는 사건들 $\{HT, TH\}$의 확률의 총합으로 다시 계산할 수 있으며, $\Pr(X = 1) = \frac{1}{4} + \frac{1}{4} = \frac{1}{2}$을 얻는다.

확률변수의 가능한 값들은 각각 표본 공간의 부분집합과 연관돼 있다. 동전 던지기 예시에서 $X = 0$은 사건 $\{TT\}$, $X = 1$은 사건 $\{HT, TH\}$와 관련이 있으며, $X = 2$는 $\{HH\}$와 연관돼 있다. 앞면과 뒷면이 나올 확률이 동일한 동전에서 가지는 사건의 확률은 각각 1/4, 1/2, 1/4이다. 이 확률들은 X에 대한 **확률분포**를 나타내며(P$_X$으로 적는다), X의 가능한 값들을 음이 아닌 실수와 연결한다. 구체적으로는 특정 값 x는 $\mathrm{P}_X(x)$로 적을 수 있는데, 이는 사건의 확률 $\Pr(X = x)$과 동일하다.[1]

함수 P_X를 X가 이산이라면, **확률질량함수**^{PMF, Probability Mass Function}라고 하며, X가 연속적이라면 **확률밀도함수**^{PDF, Probability Density Function}라고 부른다. 두 경우 모두 함수의 총합은 1이어야 하며, 모든 값은 음이 아닌 값이어야 한다.

$$\int_x \mathrm{p}_X(x)dx = 1 \qquad\qquad [\text{A.28}]$$

$$\forall x, \mathrm{p}_X(x) \geq 0 \qquad\qquad [\text{A.29}]$$

다수의 확률변수에 대한 확률은 **결합 확률**로 표현할 수 있다. 이를테면 $\mathrm{p}_{A,B}(a, b) = \Pr(A = a \cap B = b)$와 같다. 사건 확률의 몇 가지 속성들은 확률변수에 대한 확률분포에서도 그대로 이어진다.

- **마진 확률분포**는 $\mathrm{p}_A(a) = \sum_b \mathrm{p}_{A,B}(a, b)$이다.
- **조건부 확률분포**는 $\mathrm{p}_{A|B}(a|b) = \frac{\mathrm{p}_{A,B}(a,b)}{\mathrm{p}_B(b)}$이다.
- 확률변수 A와 B의 상호 독립성은 $\mathrm{p}_{A,B}(a, b) = \mathrm{p}_A(a) \times \mathrm{p}_B(b)$와 필요충분조건 관계에 있다.

---

1 통상적으로 대문자(예컨대 X)는 확률변수를 의미하고, 소문자(예컨대 x)는 특정 값을 의미한다. 문맥에서의 분포가 명확하다면 간단히 p(x)로 적을 수 있다.

A.5 기댓값

$E[g(x)] = \sum_{x \in \mathcal{X}} g(x)p(x)$ 등과 같이, 함수의 기댓값을 구해야 하는 경우가 간혹 발생한다. 기댓값은 이산 사건에 대한 확률분포의 관점에서 바라봤을 때, 가장 파악하기가 수월하다.

- 만약 햇빛이 쨍쨍하다면, 루치아는 아이스크림을 세 개 먹을 것이다.
- 만약 비가 온다면, 루치아는 아이스크림을 하나만 먹을 것이다.
- 오늘 햇빛이 쨍쨍할 확률은 80%이다.
- 루치아가 먹을 아이스크림 개수의 기댓값은 $0.8 \times 3 + 0.2 \times 1 = 2.6$이다.

위에서 확률변수 X가 연속적이라면, 기댓값은 다음과 같이 적분을 통해 구할 수 있다.

$$E[g(x)] = \int_{\mathcal{X}} g(x)p(x)dx \qquad [A.30]$$

캐나다 퀘백에 있는 패스트푸드 가게에서 날이 추운 날에는 특별 할인 행사를 진행한다고 해보자. 기온이 섭씨 0도 아래로 떨어지는 모든 날은 감자튀김 가격의 1%를 할인해준다. 무한의 정밀도를 가진 온도계가 있다고 가정할 때, 해당 기대 가격은 가능한 모든 온도에 대한 적분이라고 할 수 있다.

$$E[\text{price}(x)] = \int_{\mathcal{X}} \min(1, 1 + x/100) \times \text{original-price} \times p(x)dx \qquad [A.31]$$

A.6 모델링과 추정

확률적 모델은 무작위 사건과 확률변수를 추정할 수 있는 원칙화된 방법들을 제시한다. 동전 던지기 예시를 다시 살펴보자. 각각의 동전 던지기 사건들은 무작위 사건으로 모델을 만들 수 있다. 사건 H의 확률은 θ을 의미하며, 사건 T의 확률은 $1 - \theta$이다. 만약 확률변수 X를 동전을 3회 던졌을 때 나오는 앞면의 총 횟수라고 정의하면, X의 분포는 θ를 따른다. 이때, X는 **이항 확률변수**로 존재한다. 이는 X가 **파라미터** $(\theta, N=3)$로 구성된 이항분포를 통해 만들어질 수 있으며, 이 사실을 표현하면 다음과 같다.

$$X \sim \text{Binomial}(\theta, N = 3) \qquad [A.32]$$

이항분포의 속성은 우리가 X에 대해 설명할 수 있도록 해준다. 이를테면 X의 기댓값과 그 값이 어느 구간 내에 존재하는지에 대한 정보를 제공한다.

그렇다면 이제 우리가 θ를 모르는 상태이지만 실험을 진행했으며, 해당 실험에서 우리는 동전을 N번 던져서 앞면이 x회 나왔다고 가정해보자. 그렇다면 **최대 우도** Maximum Likelihood 이론에 따라서 θ를 다음과 같이 **추정**할 수 있다.

$$\hat{\theta} = \underset{\theta}{\mathrm{argmax}}\; \mathrm{p}_X(x; \theta, N) \qquad [\text{A.33}]$$

위의 수식은 추정값 $\hat{\theta}$가 데이터 우도를 최대화해야 함을 알려준다. 또한 여기서 세미콜론은 θ와 N이 확률함수의 파라미터임을 의미한다. 또한 이항분포로부터 우도 $\mathrm{p}_X(x; \theta, N)$를 계산할 수 있다.

$$\mathrm{p}_X(x; \theta, N) = \frac{N!}{x!(N-x)!}\theta^x(1-\theta)^{N-x} \qquad [\text{A.34}]$$

위 수식에서 우도는 개별 결과에서 발생한 확률 곱에 비례한다. 이를테면 시퀀스 T, H, H, T, H의 확률은 $\theta^3(1-\theta)^2$일 것이다. 한편 다음과 같은 항 $\frac{N!}{x!(N-x)!}$은 우리가 N번의 시행을 통해서 x개의 앞면을 얻을 수 있는 수많은 나열들에서 얻을 수 있다. 이 항은 θ에 의존하지 않기 때문에 추정 과정을 무시할 수 있다.

실제로 우리는 로그 우도를 최대화시키며, 이는 우도의 단조 함수에 해당한다. 이항분포하에서, 로그 우도는 θ에 대한 볼록함수이다(§2.4 참조). 따라서 도함수를 구하고, 이를 0과 동일하게 설정해 θ를 최대화할 수 있다.

$$\ell(\theta) = x\log\theta + (N-x)\log(1-\theta) \qquad [\text{A.35}]$$

$$\frac{\partial\ell(\theta)}{\partial\theta} = \frac{x}{\theta} - \frac{N-x}{1-\theta} \qquad [\text{A.36}]$$

$$\frac{N-x}{1-\theta} = \frac{x}{\theta} \qquad [\text{A.37}]$$

$$\frac{N-x}{x} = \frac{1-\theta}{\theta} \qquad [\text{A.38}]$$

$$\frac{N}{x} - 1 = \frac{1}{\theta} - 1 \qquad [\text{A.39}]$$

$$\hat{\theta} = \frac{x}{N} \qquad\qquad [\text{A.40}]$$

이 경우, 최대 우도 추정값은 $\frac{x}{N}$와 동일하다(시행에서 앞면이 나오는 경우를 분수로 표현). 이러한 직관적인 해법을 결과의 상대 빈도와 동일하다는 것에 기반해 **상대 빈도 추정**Relative Frequency Estimate이라고 한다.

그렇다면 최대 우도 추정이 항상 가장 올바른 선택지라고 할 수 있을까? 동전을 한 번 던져서 앞면이 나왔다고 가정해보자. 이 경우 "$\theta = 1$이므로 동전은 무조건 앞면이 나온다!"로 결론지을 수 있을까? 그렇지 않다고 생각이 든다면, 여러분은 확실히 θ에 대한 **사전 기댓값**Prior Expectation을 가지고 있는 것이다. 이와 같은 사전 정보를 통합하기 위해서 우리는 θ를 확률변수로 다루고, 베이즈 규칙을 적용할 수 있다.

$$p(\theta \mid x; N) = \frac{p(x \mid \theta) \times p(\theta)}{p(x)} \qquad\qquad [\text{A.41}]$$

$$\propto p(x \mid \theta) \times p(\theta) \qquad\qquad [\text{A.42}]$$

$$\hat{\theta} = \underset{\theta}{\operatorname{argmax}}\, p(x \mid \theta) \times p(\theta) \qquad\qquad [\text{A.43}]$$

이 방식은 **최대 사후 확률**MAP, Maximum A Posteriori 추정이다. $p(\theta)$의 형태로 주어졌을 때, 최대 우도 추정을 도출할 때의 사용한 방법과 동일한 방법으로 최대 사후 확률 추정을 유도할 수 있다.

추가 자료

Manning & Schütze(1999)는 확률 이론에 대한 훌륭한 길잡이 역할을 제공하며, 이 단원을 구상하는 데 많은 영감을 줬다. Sharon Goldwater는 더 상세하고 유용한 레퍼런스를 제공한다(http://homepages.inf.ed.ac.uk/sgwater/teaching/general/probability.pdf). 역사 및 철학적 관점에서 확률에 대해 고찰한 자료가 필요하다면 Diaconis & Skyrms(2017)를 참고하기를 추천한다.

B 수치 최적화

제약 조건이 없는 수치 최적화는 다음의 형태에 관한 문제를 해결하는 과정을 포함한다.

$$\min_{\boldsymbol{x} \in \mathbb{R}^D} f(\boldsymbol{x}) \qquad\qquad [\text{B.1}]$$

위 식에서 실수 D의 벡터를 $\boldsymbol{x} \in \mathbb{R}^D$으로 표기한다.

미분은 수치 해석화의 가장 근간에 해당하는 부분이다. 어떠한 $\boldsymbol{x}^*$에 대해, 함수 f의 모든 편미분이 0이라면 수식으로 $\frac{\partial f}{\partial x_i}\big|_{\boldsymbol{x}^*} = 0$으로 적는다. 이러한 $\boldsymbol{x}^*$를 **임계점**^{critical} ^{point}이라고 한다. 만약 f가 **볼록함수**라면(§2.4에서 정의했다), $f(\boldsymbol{x}^*)$의 값이 함수 f의 전역 최솟점이라면, $\boldsymbol{x}^*$은 f의 임계점을 만족한다.

예를 들어보자. 그림 B.1a에 있는 것처럼 볼록함수 $f(x) = (x - 2)^2 + 3$가 있다고 해보자. 그렇다면 여기서 편미분식은 $\frac{\partial f}{\partial x} = 2x - 4$을 만족한다. x^*의 해 $x^* = 2$를 찾는 과정에서 미분값이 0이 되는 유일한 최솟값을 얻을 수 있다. 그렇다면 $\|\boldsymbol{x}\|^2$가 제곱 유클리드 놈인 다변수 볼록함수 $f(\boldsymbol{x}) = \frac{1}{2}\|\boldsymbol{x} - [2,\ 1]^\top\|^2$를 생각해보자. 이를 편미분하면 다음과 같다.

$$\frac{\partial d}{\partial x_1} = x_1 - 2 \qquad\qquad [\text{B.2}]$$

$$\frac{\partial d}{\partial x_2} = x_2 - 1 \qquad\qquad [\text{B.3}]$$

여기서 유일한 최솟값은 $\boldsymbol{x}^* = [2,\ 1]^\top$이다.

비볼록함수에서는 임계점이 항상 전역 최솟점으로 이어지지는 않는다. 함수에서

주위의 이웃에 비해 작은 값으로 다뤄지는 점을 지역 최솟점 x^*이라 한다. 수식으로 적으면, $f(x^*) \leq f(x)$을 만족하는 모든 x에 대해 x^*과의 거리 ϵ가 양의 실수이면 x^*이 지역 최솟점이다. 그림 B.1b은 여러 지역 최솟점과 함께 $x = 0$이라는 유일한 전역 최솟점이 존재하는 함수 $f(x) = |x| - 2\cos(x)$을 보여준다. 여기서 임계점은 함수의 전역 최솟값이 될 수도, 지역 최솟값이 될 수도 있다. 이러한 점들을 **안장점**^{Saddle Point}이라 한다. 즉, 한 좌표축에서만 보면 최솟값이고, 최소한 하나 이상의 다른 좌표축에서 보면 최댓값으로 보이게 되는 점 값들을 **변곡점**^{Inflection Point}이라 한다. 변곡점은 최솟값이나 최댓값 모두 해당되지 않을 수도 있다. 그래서 특정 경우에 가능하다면, f의 이계도 함수는 이러한 값들을 구별짓는 데 도움이 된다.

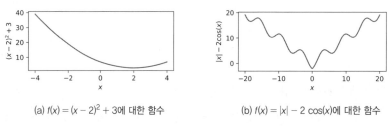

(a) $f(x) = (x - 2)^2 + 3$에 대한 함수   (b) $f(x) = |x| - 2\cos(x)$에 대한 함수

그림 B.1 전역 최솟값이 고유한 두 가지 함수

B.1 경사 하강

볼록함수이고 닫힌 형태라면, x^*의 해를 찾을 수 없다. 경사 하강법^{Gradient Descent}에서는 각각의 점 $x^{(t)}$에서의 함수 f에 대한 편미분 벡터를 의미하는 지역 경사^{Gradient} $\nabla_{x^{(t)}}f$의 단계를 따라가며, $x^{(0)}$, $x^{(1)}$,...로 구성된 나열된 해를 계산한다. 각각의 해 $x^{(t+1)}$는 다음과 같이 계산한다.

$$x^{(t+1)} \leftarrow x^{(t)} - \eta^{(t)}\nabla_{x^{(t)}}f \qquad\qquad [\text{B.4}]$$

위 식에서 $\eta^{(t)} > 0$은 **단계 크기**^{step size}를 의미한다.

단계 크기가 적절하게 선택된다면, 이 과정에 따라가면 미분 가능한 볼록함수의 전역 최솟점을 찾을 수 있을 것이다. 비볼록함수에서는 경사 하강은 지역 최솟점을 찾을 수 있게 해준다. 미분 불가능한 볼록함수의 더 많은 내용은 §2.4에서 다룰 것이다.

B.2 제약 조건이 있는 최적화

최적화는 반드시 제약 조건하에서만 실행돼야 한다. 예를 들면 확률분포의 파라미터에 대해서 최적화를 하고 싶다면, 모든 사건에 대한 확률의 총합은 반드시 1이 돼야 한다. 제약 조건이 있는 최적화 문제는 다음과 같이 쓸 수 있다.

$$\min_{x} f(x) \tag{B.5}$$

$$\text{s.t.} \, g_c(x) \le 0, \quad \forall c = 1, 2, \dots, C \tag{B.6}$$

위 식에서 각각의 $g_c(x)$ 함수는 x에 대한 스칼라 함수다. 이를테면 x가 음이 아닌 값이라면, 그 총합은 b를 초과할 수 없다. 거기에는 $D+1$개의 부등식 제약 조건이 존재한다.

$$g_i(x) = -x_i, \quad \forall i = 1, 2, \dots, D \tag{B.7}$$

$$g_{D+1}(x) = -b + \sum_{i=1}^{D} x_i \tag{B.8}$$

부등식 제약 조건은 원본 목적함수 f와 함께 **라그랑지안**^{Lagrangian} 식으로 함께 묶을 수 있다.

$$L(x, \lambda) = f(x) + \sum_{c=1}^{C} \lambda_c g_c(x) \tag{B.9}$$

위 식에서 λ_c은 **라그랑주 승수**^{Lagrange Multiplier}이다. 모든 라그랑지안 식에 대해, λ에 대한 함수인 동일한 식이 존재한다.

$$D(\lambda) = \min_{x} L(x, \lambda) \tag{B.10}$$

라그랑지안 L은 해당 식의 **초기 형태**라 할 수 있다.

B.3 예시: 수동적-능동적 온라인 학습

특정 경우에는 제약 조건이 있는 최적화 문제를 라그랑지안을 조정해서 풀 수도 있다. §2.2.3에서 다루는 나이브 베이즈 확률 모델의 최대 우도 추정이 하나의 예시다.

이 경우에는 라그랑주 승수를 명시적으로 계산할 필요가 없다. 또 다른 예시는 온라인 학습에 대해 **수동적-능동적**Passive-Aggressive **알고리듬**으로 다루는 것이다(Crammer et al., 2006). 이 경우 알고리듬은 퍼셉트론과 비슷하지만 각 단계별 목표는 현재 예시에 있어서 제로 마진 손실을 제공하는 가장 보수적인 갱신 과정을 각각의 단계에서 실행하도록 만든다.[1] 각각의 갱신 과정은 가중치 θ에 대해 제약 조건이 있는 최적화 수식으로 바꿀 수 있다.

$$\min_{\boldsymbol{\theta}} \frac{1}{2}||\boldsymbol{\theta} - \boldsymbol{\theta}^{(i-1)}||^2 \qquad [\text{B}.11]$$

$$\text{s.t.} \, \ell^{(i)}(\boldsymbol{\theta}) = 0 \qquad [\text{B}.12]$$

여기서 $\boldsymbol{\theta}^{(i-1)}$는 가중치들의 직전 세트를 의미하며, $\ell^{(i)}(\boldsymbol{\theta})$은 인스턴스 i에 대한 마진 손실을 의미한다. §2.4.1에서처럼 손실은 다음과 같이 정의된다.

$$\ell^{(i)}(\boldsymbol{\theta}) = 1 - \boldsymbol{\theta} \cdot \boldsymbol{f}(\boldsymbol{x}^{(i)}, y^{(i)}) + \max_{y \neq y^{(i)}} \boldsymbol{\theta} \cdot \boldsymbol{f}(\boldsymbol{x}^{(i)}, y) \qquad [\text{B}.13]$$

$\boldsymbol{\theta}^{(i-1)}$에 대한 마진 손실이 0이라면, 최적해는 $\boldsymbol{\theta}^* = \boldsymbol{\theta}^{(i-1)}$이 된다. 그런 다음 우리는 $\ell^{(i)}(\boldsymbol{\theta}^{(i-1)}) > 0$을 만족하는 경우에 집중한다. 이 문제에 대한 라그랑지안은 다음과 같다.

$$L(\boldsymbol{\theta}, \lambda) = \frac{1}{2}||\boldsymbol{\theta} - \boldsymbol{\theta}^{(i-1)}||^2 + \lambda \ell^{(i)}(\boldsymbol{\theta}) \qquad [\text{B}.14]$$

λ를 상수로 두고, θ에 대해 미분하면, 다음과 같다.

$$\nabla_{\boldsymbol{\theta}} L = \boldsymbol{\theta} - \boldsymbol{\theta}^{(i-1)} + \lambda \frac{\partial}{\partial \boldsymbol{\theta}} \ell^{(i)}(\boldsymbol{\theta}) \qquad [\text{B}.15]$$

$$\boldsymbol{\theta}^* = \boldsymbol{\theta}^{(i-1)} + \lambda \boldsymbol{\delta} \qquad [\text{B}.16]$$

위 시에서 $\boldsymbol{\delta} = \boldsymbol{f}(\boldsymbol{x}^{(i)}, y^{(i)}) - \boldsymbol{f}(\boldsymbol{x}^{(i)}, \hat{y})$이며, $\hat{y} = \text{argmax}_{y \neq y^{(i)}} \boldsymbol{\theta} \cdot \boldsymbol{f}(\boldsymbol{x}^{(i)}, y)$이다.

라그랑주 승수 λ는 여기서 퍼셉트론 방식으로 θ를 갱신하는 학습률처럼 동작한다. 우리는 λ에 대해 θ^*를 라그랑지안에 역으로 넣어서, 다음과 같은 함수를 만들 수 있다.

---

1   이것이 바로 알고리듬 이름으로 연결된다. 손실이 0일 때는 수동적이 되고, 필요한 경우에 손실을 0으로 만들 수 있도록 능동적으로 움직이도록 만든다.

$$D(\lambda) = \frac{1}{2}||\boldsymbol{\theta}^{(i-1)} + \lambda\boldsymbol{\delta} - \boldsymbol{\theta}^{(i-1)}||^2 + \lambda(1 - (\boldsymbol{\theta}^{(i-1)} + \lambda\boldsymbol{\delta}) \cdot \boldsymbol{\delta}) \qquad \text{[B.17]}$$

$$= \frac{\lambda^2}{2}||\boldsymbol{\delta}||^2 - \lambda^2||\boldsymbol{\delta}||^2 + \lambda(1 - \boldsymbol{\theta}^{(i-1)} \cdot \boldsymbol{\delta}) \qquad \text{[B.18]}$$

$$= -\frac{\lambda^2}{2}||\boldsymbol{\delta}||^2 + \lambda\ell^{(i)}(\boldsymbol{\theta}^{(i-1)}) \qquad \text{[B.19]}$$

λ의 해를 찾기 위해 미분하면 다음과 같다.

$$\frac{\partial D}{\partial \lambda} = -\lambda||\boldsymbol{\delta}||^2 + \ell^{(i)}(\boldsymbol{\theta}^{(i-1)}) \qquad \text{[B.20]}$$

$$\lambda^* = \frac{\ell^{(i)}(\boldsymbol{\theta}^{(i-1)})}{||\boldsymbol{\delta}||^2} \qquad \text{[B.21]}$$

최종해를 찾기 위한 수식은 다음과 같다.

$$\boldsymbol{\theta}^* = \boldsymbol{\theta}^{(i-1)} + \frac{\ell^{(i)}(\boldsymbol{\theta}^{(i-1)})}{||\boldsymbol{f}(\boldsymbol{x}^{(i)}, y^{(i)}) - \boldsymbol{f}(\boldsymbol{x}^{(i)}, \hat{y})||^2}(\boldsymbol{f}(\boldsymbol{x}^{(i)}, y^{(i)}) - \boldsymbol{f}(\boldsymbol{x}^{(i)}, \hat{y})) \qquad \text{[B.22]}$$

여기서 학습률은 직관적 의미를 가진다. 분자는 손실을 더 키우고, 분모는 참과 연관된 피처 벡터와 예측되는 라벨 간의 차이에 대한 놈을 더 키운다. 만약 놈^{norm}이 더 커지면, 각 단계에서는 각각의 피처가 작아지고, 그다음 나머지가 반영된다.

참고문헌

Abadi, M., A. Agarwal, P. Barham, E. Brevdo, Z. Chen, C. Citro, G. S. Corrado, A. Davis, J. Dean, M. Devin, S. Ghemawat, I. J. Goodfellow, A. Harp, G. Irving, M. Isard, Y. Jia, R. Józefowicz, L. Kaiser, M. Kudlur, J. Levenberg, D. Mané, R. Monga, S. Moore, D. G. Murray, C. Olah, M. Schuster, J. Shlens, B. Steiner, I. Sutskever, K. Talwar, P. A. Tucker, V. Vanhoucke, V. Vasudevan, F. B. Viégas, O. Vinyals, P. Warden, M. Wattenberg, M. Wicke, Y. Yu, and X. Zheng. 2016. Tensorflow: Large-scale machine learning on heterogeneous distributed systems. *CoRR* abs/1603.04467. http://arxiv.org/abs/1603.04467.

Abend, O., and A. Rappoport. 2017. The state of the art in semantic representation. In *Proceedings of the Association for Computational Linguistics (ACL)*.

Abney, S., R. E. Schapire, and Y. Singer. 1999. Boosting applied to tagging and PP attachment. In *Proceedings of Empirical Methods for Natural Language Processing (EMNLP)*.

Abney, S. P. 1987. The English noun phrase in its sentential aspect. PhD diss, Massachusetts Institute of Technology.

Abney, S. P., and M. Johnson. 1991. Memory requirements and local ambiguities of parsing strategies. *Journal of Psycholinguistic Research* 20 (3): 233–250.

Adafre, S. F., and M. De Rijke. 2006. Finding similar sentences across multiple languages in wikipedia. In *Proceedings of the Workshop on NEW TEXT Wikis and Blogs and Other Dynamic Text Sources*.

Ahn, D. 2006. The stages of event extraction. In *Proceedings of the Workshop on Annotating and Reasoning About Time and Events*.

Aho, A. V., M. S. Lam, R. Sethi, and J. D. Ullman. 2006. *Compilers: Principles, Techniques, & Tools*, 2nd edn. Reading, MA: Addison-Wesley Publishing Company.

Aikhenvald, A. Y. 2004. *Evidentiality*. Oxford, UK: Oxford University Press.

Akaike, H. 1974. A new look at the statistical model identification. *IEEE Transactions on Automatic Control* 19 (6): 716–723.

Akmajian, A., R. A. Demers, A. K. Farmer, and R. M. Harnish. 2010. *Linguistics: An Introduction to Language and Communication*, 6th edn. Cambridge, MA: MIT Press.

Alfano, M., D. Hovy, M. Mitchell, and M. Strube. 2018. *Proceedings of the Second ACL Workshop on Ethics in Natural Language Processing*.

Alfau, F. 1999. *Chromos*. Champaign, IL: Dalkey Archive Press.

Allauzen, C., M. Riley, J. Schalkwyk, W. Skut, and M. Mohri. 2007. OpenFst: A general and efficient weighted finite-state transducer library. In *International Conference on Implementation and Application of Automata*.

Allen, J. F. 1984. Towards a general theory of action and time. *Artificial Intelligence* 23 (2): 123–154.

Allen, J. F., B. W. Miller, E. K. Ringger, and T. Sikorski. 1996. A robust system for natural spoken dialogue. In *Proceedings of the Association for Computational Linguistics (ACL)*.

Allen, J. F., L. K. Schubert, G. Ferguson, P. Heeman, C. H. Hwang, T. Kato, M. Light, N. Martin, B. Miller, M. Poesio, and D. Traum. 1995. The TRAINS project: A case study in building a conversational planning agent. *Journal of Experimental & Theoretical Artificial Intelligence* 7 (1): 7–48.

Alm, C. O., D. Roth, and R. Sproat. 2005. Emotions from text: Machine learning for text-based emotion prediction. In *Proceedings of Empirical Methods for Natural Language Processing (EMNLP)*.

Aluísio, S., J. Pelizzoni, A. Marchi, L. de Oliveira, R. Manenti, and V. Marquiafável. 2003. An account of the challenge of tagging a reference corpus for Brazilian Portuguese. In *Proceedings of Computational Processing of the Portuguese Language (PROPOR)*.

Anand, P., M. Walker, R. Abbott, J. E. Fox Tree, R. Bowmani, and M. Minor. 2011. Cats rule and dogs drool!: Classifying stance in online debate. In *Proceedings of the 2nd Workshop on Computational Approaches to Subjectivity and Sentiment Analysis*.

Anandkumar, A., and R. Ge. 2016. Efficient approaches for escaping higher order saddle points in non-convex optimization. In *Proceedings of the Conference on Learning Theory (COLT)*.

Anandkumar, A., R. Ge, D. Hsu, S. M. Kakade, and M. Telgarsky. 2014. Tensor decompositions for learning latent variable models. *The Journal of Machine Learning Research* 15 (1): 2773–2832.

Ando, R. K., and T. Zhang. 2005. A framework for learning predictive structures from multiple tasks and unlabeled data. *The Journal of Machine Learning Research* 6: 1817–1853.

Andor, D., C. Alberti, D. Weiss, A. Severyn, A. Presta, K. Ganchev, S. Petrov, and M. Collins. 2016. Globally normalized transition-based neural networks. In *Proceedings of the Association for Computational Linguistics (ACL)*.

Angeli, G., P. Liang, and D. Klein. 2010. A simple domain-independent probabilistic approach to generation. In *Proceedings of Empirical Methods for Natural Language Processing (EMNLP)*.

Antol, S., A. Agrawal, J. Lu, M. Mitchell, D. Batra, L. Zitnick, and D. Parikh. 2015. VQA: Visual question answering. In *Proceedings of the International Conference on Computer Vision (ICCV)*.

Aronoff, M. 1976. *Word Formation in Generative Grammar*. Cambridge, MA: MIT Press.

Arora, S., and B. Barak. 2009. *Computational Complexity: A Modern Approach*. Cambridge, UK: Cambridge University Press.

Arora, S., R. Ge, Y. Halpern, D. Mimno, A. Moitra, D. Sontag, Y. Wu, and M. Zhu. 2013. A practical algorithm for topic modeling with provable guarantees. In *Proceedings of the International Conference on Machine Learning (ICML)*.

Arora, S., Y. Li, Y. Liang, T. Ma, and A. Risteski. 2018. Linear algebraic structure of word senses, with applications to polysemy. *Transactions of the Association of Computational Linguistics* 6: 483–495.

Artstein, R., and M. Poesio. 2008. Inter-coder agreement for computational linguistics. *Computational Linguistics* 34 (4): 555–596.

Artzi, Y., and L. Zettlemoyer. 2013. Weakly supervised learning of semantic parsers for mapping instructions to actions. *Transactions of the Association for Computational Linguistics* 1: 49–62.

Attardi, G. 2006. Experiments with a multilanguage non-projective dependency parser. In *Proceedings of the Conference on Natural Language Learning (CoNLL)*.

Auer, P., ed. 2013. *Code-Switching in Conversation: Language, Interaction and Identity*. London, UK: Routledge.

Auer, S., C. Bizer, G. Kobilarov, J. Lehmann, R. Cyganiak, and Z. Ives. 2007. DBpedia: A nucleus for a web of open data. In *Proceedings of the International Semantic Web Conference*.

Austin, J. L. 1962. *How to Do Things with Words*. Oxford, UK: Oxford University Press.

Aw, A., M. Zhang, J. Xiao, and J. Su. 2006. A phrase-based statistical model for SMS text normalization. In *Proceedings of the Association for Computational Linguistics (ACL)*.

Ba, J. L., J. R. Kiros, and G. E. Hinton. 2016. Layer normalization. *arXiv preprint arXiv:1607.06450*.

Bagga, A., and B. Baldwin. 1998a. Algorithms for scoring coreference chains. In *Proceedings of the Language Resources and Evaluation Conference (LREC)*.

Bagga, A., and B. Baldwin. 1998b. Entity-based cross-document coreferencing using the vector space model. In *Proceedings of the International Conference on Computational Linguistics (COLING)*.

Bahdanau, D., K. Cho, and Y. Bengio. 2014. Neural machine translation by jointly learning to align and translate. In *Neural Information Processing Systems (NeurIPS)*.

Baldwin, T., and S. N. Kim. 2010. Multiword expressions. In *Handbook of Natural Language Processing*, Vol. 2, 267–292. Boca Raton, FL: CRC Press.

Balle, B., A. Quattoni, and X. Carreras. 2011. A spectral learning algorithm for finite state transducers. In *Proceedings of the European Conference on Machine Learning and Principles and Practice of Knowledge Discovery in Databases (ECML)*.

Banarescu, L., C. Bonial, S. Cai, M. Georgescu, K. Griffitt, U. Hermjakob, K. Knight, P. Koehn, M. Palmer, and N. Schneider. 2013. Abstract meaning representation for sembanking. In *Proceedings of the Linguistic Annotation Workshop (LAW)*.

Banko, M., M. J. Cafarella, S. Soderland, M. Broadhead, and O. Etzioni. 2007. Open information extraction from the web. In *Proceedings of the International Joint Conference on Artificial Intelligence (IJCAI)*.

Bansal, N., A. Blum, and S. Chawla. 2004. Correlation clustering. *Machine Learning* 56: 89–113.

Barber, D. 2012. *Bayesian Reasoning and Machine Learning*. Cambridge University Press.

Barman, U., A. Das, J. Wagner, and J. Foster. 2014. Code mixing: A challenge for language identification in the language of social media. In *Proceedings of the First Workshop on Computational Approaches to Code Switching*.

Baron, A., and P. Rayson. 2008. Vard2: A tool for dealing with spelling variation in historical corpora. In *Postgraduate Conference in Corpus Linguistics*.

Baroni, M., R. Bernardi, and R. Zamparelli. 2014. Frege in space: A program for compositional distributional semantics. *Linguistic Issues in Language Technologies* 9: 241–346.

Barzilay, R., and M. Lapata. 2008. Modeling local coherence: An entity-based approach. *Computational Linguistics* 34 (1): 1–34.

Barzilay, R., and K. R. McKeown. 2005. Sentence fusion for multidocument news summarization. *Computational Linguistics* 31 (3): 297–328.

Beesley, K. R., and L. Karttunen. 2003. *Finite-State Morphology*. Stanford, CA: Center for the Study of Language and Information.

Bejan, C. A., and S. Harabagiu. 2014. Unsupervised event coreference resolution. *Computational Linguistics* 40 (2): 311–347.

Bell, E. T. 1934. Exponential numbers. *The American Mathematical Monthly* 41 (7): 411–419.

Bender, E. M. 2013. *Linguistic Fundamentals for Natural Language Processing: 100 Essentials from Morphology and Syntax*. San Rafael, CA: Morgan & Claypool.

Bengio, S., O. Vinyals, N. Jaitly, and N. Shazeer. 2015. Scheduled sampling for sequence prediction with recurrent neural networks. In *Neural Information Processing Systems (NeurIPS)*.

Bengio, Y., P. Simard, and P. Frasconi. 1994. Learning long-term dependencies with gradient descent is difficult. *IEEE Transactions on Neural Networks* 5 (2): 157–166.

Bengio, Y., R. Ducharme, P. Vincent, and C. Janvin. 2003. A neural probabilistic language model. *The Journal of Machine Learning Research* 3: 1137–1155.

Bengtson, E., and D. Roth. 2008. Understanding the value of features for coreference resolution. In *Proceedings of Empirical Methods for Natural Language Processing (EMNLP)*.

Benjamini, Y., and Y. Hochberg. 1995. Controlling the false discovery rate: A practical and powerful approach to multiple testing. *Journal of the Royal Statistical Society. Series B (Methodological)*.

Berant, J., A. Chou, R. Frostig, and P. Liang. 2013. Semantic parsing on freebase from question-answer pairs. In *Proceedings of Empirical Methods for Natural Language Processing (EMNLP)*.

Berant, J., V. Srikumar, P.-C. Chen, A. Vander Linden, B. Harding, B. Huang, P. Clark, and C. D. Manning. 2014. Modeling biological processes for reading comprehension. In *Proceedings of Empirical Methods for Natural Language Processing (EMNLP)*.

Berger, A. L., V. J. D. Pietra, and S. A. D. Pietra. 1996. A maximum entropy approach to natural language processing. *Computational Linguistics* 22 (1): 39–71.

Berg-Kirkpatrick, T., D. Burkett, and D. Klein. 2012. An empirical investigation of statistical significance in NLP. In *Proceedings of Empirical Methods for Natural Language Processing (EMNLP)*.

Berg-Kirkpatrick, T., A. Bouchard-Côté, J. DeNero, and D. Klein. 2010. Painless unsupervised learning with features. In *Proceedings of the North American Chapter of the Association for Computational Linguistics (NAACL)*.

Bergsma, S., D. Lin, and R. Goebel. 2008. Distributional identification of non-referential pronouns. In *Proceedings of the Association for Computational Linguistics (ACL)*.

Bernardi, R., R. Cakici, D. Elliott, A. Erdem, E. Erdem, N. Ikizler-Cinbis, F. Keller, A. Muscat, and B. Plank. 2016. Automatic description generation from images: A survey of models, datasets, and evaluation measures. *Journal of Artificial Intelligence Research* 55: 409–442.

Bertsekas, D. P. 2012. Incremental gradient, subgradient, and proximal methods for convex optimization: A survey. In *Optimization for Machine Learning*, eds. S. Sra, S. Nowozin, and S. J. Wright. Cambridge, MA: MIT Press.

Bhatia, P., R. Guthrie, and J. Eisenstein. 2016. Morphological priors for probabilistic neural word embeddings. In *Proceedings of Empirical Methods for Natural Language Processing (EMNLP)*.

Bhatia, P., Y. Ji, and J. Eisenstein. 2015. Better document-level sentiment analysis from RST discourse parsing. In *Proceedings of Empirical Methods for Natural Language Processing (EMNLP)*.

Biber, D. 1991. *Variation Across Speech and Writing*. Cambridge, UK: Cambridge University Press.

Bird, S., E. Klein, and E. Loper. 2009. *Natural Language Processing with Python*. Sebastopol, CA: O'Reilly Media.

Bishop, C. M. 2006. *Pattern Recognition and Machine Learning*. New York, NY: Springer.

Björkelund, A., and P. Nugues. 2011. Exploring lexicalized features for coreference resolution. In *Proceedings of the Conference on Natural Language Learning (CoNLL)*. http://www.aclweb.org/anthology/W11-1905.

Blackburn, P., and J. Bos. 2005. *Representation and Inference for Natural Language: A First Course in Computational Semantics*. Stanford, CA: Center for the Study of Language and Information.

Blei, D. M. 2012. Probabilistic topic models. *Communications of the ACM* 55 (4): 77–84.

Blei, D. M. 2014. Build, compute, critique, repeat: Data analysis with latent variable models. *Annual Review of Statistics and Its Application* 1: 203–232.

Blei, D. M., A. Y. Ng, and M. I. Jordan. 2003. Latent dirichlet allocation. *The Journal of Machine Learning Research* 3: 993–1022.

Blitzer, J., M. Dredze, and F. Pereira. 2007. Biographies, bollywood, boom-boxes and blenders: Domain adaptation for sentiment classification. In *Proceedings of the Association for Computational Linguistics (ACL)*.

Blum, A., and T. Mitchell. 1998. Combining labeled and unlabeled data with co-training. In *Proceedings of the Conference on Learning Theory (COLT)*.

Bobrow, D. G., R. M. Kaplan, M. Kay, D. A. Norman, H. Thompson, and T. Winograd. 1977. GUS, a frame-driven dialog system. *Artificial Intelligence* 8 (2): 155–173.

Bohnet, B. 2010. Very high accuracy and fast dependency parsing is not a contradiction. In *Proceedings of the International Conference on Computational Linguistics (COLING)*.

Boitet, C. 1988. Pros and cons of the pivot and transfer approaches in multilingual machine translation. In *Readings in Machine Translation*, eds. S. Nirenburg, H. L. Somers, and Y. Wilks, 273–279. Cambridge, MA: MIT Press.

Bojanowski, P., E. Grave, A. Joulin, and T. Mikolov. 2017. Enriching word vectors with subword information. *Transactions of the Association for Computational Linguistics* 5: 135–146.

Bollacker, K., C. Evans, P. Paritosh, T. Sturge, and J. Taylor. 2008. Freebase: A collaboratively created graph database for structuring human knowledge. In *Proceedings of the ACM International Conference on Management of Data (SIGMOD)*.

Bolukbasi, T., K.-W. Chang, J. Y. Zou, V. Saligrama, and A. T. Kalai. 2016. Man is to computer programmer as woman is to homemaker? Debiasing word embeddings. In *Neural Information Processing Systems (NeurIPS)*.

Bordes, A., J. Weston, R. Collobert, and Y. Bengio. 2011. Learning structured embeddings of knowledge bases. In *Proceedings of the National Conference on Artificial Intelligence (AAAI)*.

Bordes, A., N. Usunier, A. Garcia-Duran, J. Weston, and O. Yakhnenko. 2013. Translating embeddings for modeling multi-relational data. In *Neural Information Processing Systems (NeurIPS)*.

Borges, J. L. 1993. *Other Inquisitions 1937–1952*. Austin, TX: University of Texas Press. Translated by Ruth L. C. Simms.

Botha, J. A., and P. Blunsom. 2014. Compositional morphology for word representations and language modelling. In *Proceedings of the International Conference on Machine Learning (ICML)*.

Bottou, L. 2012. Stochastic gradient descent tricks. In *Neural Networks: Tricks of the Trade*, eds. G. Montavon, G. B. Orr, and K.-R. Müller, 421–436. New York, NY: Springer.

Bottou, L., F. E. Curtis, and J. Nocedal. 2018. Optimization methods for large-scale machine learning. *SIAM Review* 60 (2): 223–311.

Bowman, S. R., L. Vilnis, O. Vinyals, A. Dai, R. Jozefowicz, and S. Bengio. 2016. Generating sentences from a continuous space. In *Proceedings of the Conference on Natural Language Learning (CoNLL)*.

boyd, d., and K. Crawford. 2012. Critical questions for big data. *Information, Communication & Society* 15 (5): 662–679.

Boyd, S., and L. Vandenberghe. 2004. *Convex Optimization*. Cambridge, UK: Cambridge University Press.

Boydstun, A. E. 2013. *Making the News: Politics, the Media, and Agenda Setting*. Chicago, IL: University of Chicago Press.

Branavan, S. R., H. Chen, L. S. Zettlemoyer, and R. Barzilay. 2009a. Reinforcement learning for mapping instructions to actions. In *Proceedings of the Association for Computational Linguistics (ACL)*.

Branavan, S., H. Chen, J. Eisenstein, and R. Barzilay. 2009b. Learning document-level semantic properties from free-text annotations. *Journal of Artificial Intelligence Research* 34 (2): 569–603.

Brants, T., and A. Franz. 2006. The Google 1T 5-gram Corpus. LDC2006T13.

Braud, C., O. Lacroix, and A. Søgaard. 2017. Does syntax help discourse segmentation? Not so much. In *Proceedings of Empirical Methods for Natural Language Processing (EMNLP)*.

Brennan, S. E., M. W. Friedman, and C. J. Pollard. 1987. A centering approach to pronouns. In *Proceedings of the Association for Computational Linguistics (ACL)*.

Briscoe, T. 2011 (accessed February 6, 2019). Introduction to Formal Semantics for Natural Language. www.cl.cam.ac.uk/teaching/1011/L107/semantics.pdf.

Brown, P. F., J. Cocke, S. A. D. Pietra, V. J. D. Pietra, F. Jelinek, J. D. Lafferty, R. L. Mercer, and P. S. Roossin. 1990. A statistical approach to machine translation. *Computational Linguistics* 16 (2): 79–85.

Brown, P. F., P. V. Desouza, R. L. Mercer, V. J. D. Pietra, and J. C. Lai. 1992. Class-based n-gram models of natural language. *Computational Linguistics* 18 (4): 467–479.

Brown, P. F., V. J. D. Pietra, S. A. D. Pietra, and R. L. Mercer. 1993. The mathematics of statistical machine translation: Parameter estimation. *Computational Linguistics* 19 (2): 263–311.

Brun, C., and C. Roux. 2014. Décomposition des "hash tags" pour l'amélioration de la classification en polarité des "tweets". In *Proceedings of Traitement Automatique des Langues Naturelles (TAL)*.

Bruni, E., N.-K. Tran, and M. Baroni. 2014. Multimodal distributional semantics. *Journal of Artificial Intelligence Research* 49 (2014): 1–47.

Brutzkus, A., A. Globerson, E. Malach, and S. Shalev-Shwartz. 2018. SGD learns over-parameterized networks that provably generalize on linearly separable data. In *Proceedings of the International Conference on Learning Representations (ICLR)*.

Bullinaria, J. A., and J. P. Levy. 2007. Extracting semantic representations from word co-occurrence statistics: A computational study. *Behavior Research Methods* 39 (3): 510–526.

Bunescu, R. C., and R. J. Mooney. 2005. A shortest path dependency kernel for relation extraction. In *Proceedings of Empirical Methods for Natural Language Processing (EMNLP)*.

Bunescu, R. C., and M. Pasca. 2006. Using encyclopedic knowledge for named entity disambiguation. In *Proceedings of the European Chapter of the Association for Computational Linguistics (EACL)*.

Burstein, J., D. Marcu, and K. Knight. 2003. Finding the WRITE stuff: Automatic identification of discourse structure in student essays. *IEEE Intelligent Systems* 18 (1): 32–39.

Burstein, J., J. Tetreault, and S. Andreyev. 2010. Using entity-based features to model coherence in student essays. In *Proceedings of the North American Chapter of the Association for Computational Linguistics (NAACL)*.

Burstein, J., J. Tetreault, and M. Chodorow. 2013. Holistic discourse coherence annotation for noisy essay writing. *Dialogue & Discourse* 4 (2): 34–52.

Cai, Q., and A. Yates. 2013. Large-scale semantic parsing via schema matching and lexicon extension. In *Proceedings of the Association for Computational Linguistics (ACL)*.

Caliskan, A., J. J. Bryson, and A. Narayanan. 2017. Semantics derived automatically from language corpora contain human-like biases. *Science* 356 (6334): 183–186.

Canny, J. 1986. A computational approach to edge detection. *IEEE Transactions on Pattern Analysis and Machine Intelligence (PAMI)*.

Cappé, O., and E. Moulines. 2009. On-line expectation–maximization algorithm for latent data models. *Journal of the Royal Statistical Society: Series B (Statistical Methodology)* 71 (3): 593–613.

Carbonell, J., and J. Goldstein. 1998. The use of MMR, diversity-based reranking for reordering documents and producing summaries. In *Proceedings of the ACM SIGIR Conference on Research and Development in Information Retrieval*.

Carbonell, J. R. 1970. Mixed-initiative man-computer instructional dialogues., Technical report, Bolt Beranek and Newman.

Cardie, C., and K. Wagstaff. 1999. Noun phrase coreference as clustering. In *Proceedings of Empirical Methods for Natural Language Processing (EMNLP)*.

Carletta, J. 1996. Assessing agreement on classification tasks: the kappa statistic. *Computational Linguistics* 22 (2): 249–254.

Carletta, J. 2007. Unleashing the killer corpus: Experiences in creating the multi-everything AMI meeting corpus. *Language Resources and Evaluation* 41 (2): 181–190.

Carlson, L., and D. Marcu. 2001. Discourse tagging reference manual, Technical Report ISI-TR-545, Information Sciences Institute.

Carlson, L., M. E. Okurowski, and D. Marcu. 2002. RST discourse treebank. Linguistic Data Consortium, University of Pennsylvania.

Carpenter, B. 1997. *Type-Logical Semantics*. Cambridge, MA: MIT Press.

Carreras, X., and L. Màrquez. 2005. Introduction to the CoNLL-2005 shared task: Semantic role labeling. In *Proceedings of the Conference on Natural Language Learning (CoNLL)*.

Carreras, X., M. Collins, and T. Koo. 2008. Tag, dynamic programming, and the perceptron for efficient, feature-rich parsing. In *Proceedings of the Conference on Natural Language Learning (CoNLL)*.

Carroll, L. 1865. *Alice's Adventures in Wonderland*. London: Macmillan.

Carroll, L. 1917. *Through the Looking Glass: And What Alice Found There*. Chicago: Rand McNally.

Chambers, N., and D. Jurafsky. 2008. Jointly combining implicit constraints improves temporal ordering. In *Proceedings of Empirical Methods for Natural Language Processing (EMNLP)*.

Chang, K.-W., A. Krishnamurthy, A. Agarwal, H. Daume III, and J. Langford. 2015. Learning to search better than your teacher. In *Proceedings of the International Conference on Machine Learning (ICML)*.

Chang, M.-W., L. Ratinov, and D. Roth. 2007. Guiding semi-supervision with constraint-driven learning. In *Proceedings of the Association for Computational Linguistics (ACL)*.

Chang, M.-W., L.-A. Ratinov, N. Rizzolo, and D. Roth. 2008. Learning and inference with constraints. In *Proceedings of the National Conference on Artificial Intelligence (AAAI)*.

Chapman, W. W., W. Bridewell, P. Hanbury, G. F. Cooper, and B. G. Buchanan. 2001. A simple algorithm for identifying negated findings and diseases in discharge summaries. *Journal of Biomedical Informatics* 34 (5): 301–310.

Charniak, E. 1997. Statistical techniques for natural language parsing. *AI Magazine* 18 (4): 33–43.

Charniak, E., and M. Johnson. 2005. Coarse-to-fine n-best parsing and maxent discriminative reranking. In *Proceedings of the Association for Computational Linguistics (ACL)*.

Chelba, C., and A. Acero. 2006. Adaptation of maximum entropy capitalizer: Little data can help a lot. *Computer Speech & Language* 20 (4): 382–399.

Chelba, C., T. Mikolov, M. Schuster, Q. Ge, T. Brants, P. Koehn, and T. Robinson. 2013. One billion word benchmark for measuring progress in statistical language modeling. *arXiv preprint arXiv:1312.3005*.

Chen, D., and C. D. Manning. 2014. A fast and accurate dependency parser using neural networks. In *Proceedings of Empirical Methods for Natural Language Processing (EMNLP)*.

Chen, D., J. Bolton, and C. D. Manning. 2016. A thorough examination of the CNN/Daily Mail reading comprehension task. In *Proceedings of the Association for Computational Linguistics (ACL)*.

Chen, D. L., and R. J. Mooney. 2008. Learning to sportscast: A test of grounded language acquisition. In *Proceedings of the International Conference on Machine Learning (ICML)*.

Chen, H., S. Branavan, R. Barzilay, and D. R. Karger. 2009. Content modeling using latent permutations. *Journal of Artificial Intelligence Research* 36 (1): 129–163.

Chen, M., Z. Xu, K. Weinberger, and F. Sha. 2012. Marginalized denoising autoencoders for domain adaptation. In *Proceedings of the International Conference on Machine Learning (ICML)*.

Chen, M. X., O. Firat, A. Bapna, M. Johnson, W. Macherey, G. Foster, L. Jones, N. Parmar, M. Schuster, Z. Chen, Y. Wu, and M. Hughes. 2018. The best of both worlds: Combining recent advances in neural machine translation. In *Proceedings of the Association for Computational Linguistics (ACL)*.

Chen, S. F., and J. Goodman. 1999. An empirical study of smoothing techniques for language modeling. *Computer Speech & Language* 13 (4): 359–393.

Chen, T., and C. Guestrin. 2016. XGBoost: A scalable tree boosting system. In *Proceedings of Knowledge Discovery and Data Mining (KDD)*.

Chen, X., X. Qiu, C. Zhu, P. Liu, and X. Huang. 2015. Long short-term memory neural networks for chinese word segmentation. In *Proceedings of Empirical Methods for Natural Language Processing (EMNLP)*.

Chen, Y., S. Gilroy, A. Malletti, K. Knight, and J. May. 2018. Recurrent neural networks as weighted language recognizers. In *Proceedings of the North American Chapter of the Association for Computational Linguistics (NAACL)*.

Chen, Z., and H. Ji. 2009. Graph-based event coreference resolution. In *Proceedings of the Workshop on Graph-Based Methods for Natural Language Processing*.

Cheng, X., and D. Roth. 2013. Relational inference for wikification. In *Proceedings of Empirical Methods for Natural Language Processing (EMNLP)*.

Chiang, D. 2007. Hierarchical phrase-based translation. *Computational Linguistics* 33 (2): 201–228.

Chiang, D., J. Graehl, K. Knight, A. Pauls, and S. Ravi. 2010. Bayesian inference for finite-state transducers. In *Proceedings of the North American Chapter of the Association for Computational Linguistics (NAACL)*.

Chinchor, N., and P. Robinson. 1997. MUC-7 named entity task definition. In *Proceedings of the 7th Conference on Message Understanding (MUC)*.

Cho, K. 2015. Natural language understanding with distributed representation. *CoRR* abs/1511.07916.

Cho, K., B. Van Merriënboer, C. Gulcehre, D. Bahdanau, F. Bougares, H. Schwenk, and Y. Bengio. 2014. Learning phrase representations using rnn encoder-decoder for statistical machine translation. In *Proceedings of Empirical Methods for Natural Language Processing (EMNLP)*.

Chomsky, N. 1957. *Syntactic Structures*. The Hague: Mouton & Co.

Chomsky, N. 1982. *Some Concepts and Consequences of the Theory of Government and Binding*. Cambridge, MA: MIT Press.

Choromanska, A., M. Henaff, M. Mathieu, G. B. Arous, and Y. LeCun. 2015. The loss surfaces of multilayer networks. In *Proceedings of Artificial Intelligence and Statistics (AISTATS)*.

Christodoulopoulos, C., S. Goldwater, and M. Steedman. 2010. Two decades of unsupervised pos induction: How far have we come? In *Proceedings of Empirical Methods for Natural Language Processing (EMNLP)*.

Chu, Y.-J., and T.-H. Liu. 1965. On shortest arborescence of a directed graph. *Scientia Sinica* 14 (10): 1396–1400.

Chung, C., and J. W. Pennebaker. 2007. The psychological functions of function words. In *Social Communication*, ed. K. Fiedler, 343–359. New York and Hove: Psychology Press.

Church, K. 2011. A pendulum swung too far. *Linguistic Issues in Language Technology* 6 (5): 1–27.

Church, K. W. 2000. Empirical estimates of adaptation: The chance of two Noriegas is closer to $p/2$ than p^2. In *Proceedings of the International Conference on Computational Linguistics (COLING)*.

Church, K. W., and P. Hanks. 1990. Word association norms, mutual information, and lexicography. *Computational Linguistics* 16 (1): 22–29.

Ciaramita, M., and M. Johnson. 2003. Supersense tagging of unknown nouns in WordNet. In *Proceedings of Empirical Methods for Natural Language Processing (EMNLP)*.

Clark, K., and C. D. Manning. 2015. Entity-centric coreference resolution with model stacking. In *Proceedings of the Association for Computational Linguistics (ACL)*.

Clark, K., and C. D. Manning. 2016. Improving coreference resolution by learning entity-level distributed representations. In *Proceedings of the Association for Computational Linguistics (ACL)*.

Clark, P. 2015. Elementary school science and math tests as a driver for AI: Take the Aristo challenge! In *Proceedings of the National Conference on Artificial Intelligence (AAAI)*.

Clarke, J., and M. Lapata. 2008. Global inference for sentence compression: An integer linear programming approach. *Journal of Artificial Intelligence Research* 31: 399–429.

Clarke, J., D. Goldwasser, M.-W. Chang, and D. Roth. 2010. Driving semantic parsing from the world's response. In *Proceedings of the Conference on Natural Language Learning (CoNLL)*.

Cohen, J. 1960. A coefficient of agreement for nominal scales. *Educational and Psychological Measurement* 20 (1): 37–46.

Cohen, S. 2016. *Bayesian Analysis in Natural Language Processing*. Vol. 9 of *Synthesis Lectures on Human Language Technologies*. San Rafael, CA: Morgan & Claypool.

Cohen, S. B., K. Stratos, M. Collins, D. P. Foster, and L. Ungar. 2014. Spectral learning of latent-variable PCFGs: Algorithms and sample complexity. *Journal of Machine Learning Research* 15: 2399–2449.

Collier, N., C. Nobata, and J.-i. Tsujii. 2000. Extracting the names of genes and gene products with a hidden Markov model. In *Proceedings of the International Conference on Computational Linguistics (COLING)*.

Collins, M. 1997. Three generative, lexicalised models for statistical parsing. In *Proceedings of the Association for Computational Linguistics (ACL)*.

Collins, M. 2002. Discriminative training methods for hidden Markov models: Theory and experiments with perceptron algorithms. In *Proceedings of Empirical Methods for Natural Language Processing (EMNLP)*.

Collins, M., and T. Koo. 2005. Discriminative reranking for natural language parsing. *Computational Linguistics* 31 (1): 25–70.

Collins, M., and B. Roark. 2004. Incremental parsing with the perceptron algorithm. In *Proceedings of the Association for Computational Linguistics (ACL)*.

Collobert, R., and J. Weston. 2008. A unified architecture for natural language processing: Deep neural networks with multitask learning. In *Proceedings of the International Conference on Machine Learning (ICML)*.

Collobert, R., K. Kavukcuoglu, and C. Farabet. 2011a. Torch7: A matlab-like environment for machine learning, Technical Report EPFL-CONF-192376, EPFL.

Collobert, R., J. Weston, L. Bottou, M. Karlen, K. Kavukcuoglu, and P. Kuksa. 2011b. Natural language processing (almost) from scratch. *Journal of Machine Learning Research* 12: 2493–2537.

Colton, S., J. Goodwin, and T. Veale. 2012. Full-face poetry generation. In *Proceedings of the International Conference on Computational Creativity*.

Conneau, A., D. Kiela, H. Schwenk, L. Barrault, and A. Bordes. 2017. Supervised learning of universal sentence representations from natural language inference data. In *Proceedings of Empirical Methods for Natural Language Processing (EMNLP)*.

Cormen, T. H., C. E. Leiserson, R. L. Rivest, and C. Stein. 2009. *Introduction to Algorithms*, 3rd edn. Cambridge, MA: MIT Press.

Cotterell, R., H. Schütze, and J. Eisner. 2016. Morphological smoothing and extrapolation of word embeddings. In *Proceedings of the Association for Computational Linguistics (ACL)*.

Coviello, L., Y. Sohn, A. D. Kramer, C. Marlow, M. Franceschetti, N. A. Christakis, and J. H. Fowler. 2014. Detecting emotional contagion in massive social networks. *PloS One* 9 (3): 90315.

Covington, M. A. 2001. A fundamental algorithm for dependency parsing. In *Proceedings of the 39th Annual ACM Southeast Conference*.

Crammer, K., and Y. Singer. 2001. Pranking with ranking. In *Neural Information Processing Systems (NeurIPS)*.

Crammer, K., and Y. Singer. 2003. Ultraconservative online algorithms for multiclass problems. *The Journal of Machine Learning Research* 3: 951–991.

Crammer, K., O. Dekel, J. Keshet, S. Shalev-Shwartz, and Y. Singer. 2006. Online passive-aggressive algorithms. *The Journal of Machine Learning Research* 7: 551–585.

Creutz, M., and K. Lagus. 2007. Unsupervised models for morpheme segmentation and morphology learning. *ACM Transactions on Speech and Language Processing (TSLP)* 4 (1): 3.

Cross, J., and L. Huang. 2016. Span-based constituency parsing with a structure-label system and provably optimal dynamic oracles. In *Proceedings of Empirical Methods for Natural Language Processing (EMNLP)*.

Cucerzan, S. 2007. Large-scale named entity disambiguation based on Wikipedia data. In *Proceedings of Empirical Methods for Natural Language Processing (EMNLP)*.

Cui, H., R. Sun, K. Li, M.-Y. Kan, and T.-S. Chua. 2005. Question answering passage retrieval using dependency relations. In *Proceedings of the ACM SIGIR Conference on Research and Development in Information Retrieval*.

Cui, Y., Z. Chen, S. Wei, S. Wang, T. Liu, and G. Hu. 2017. Attention-over-attention neural networks for reading comprehension. In *Proceedings of the Association for Computational Linguistics (ACL)*.

Culotta, A., and J. Sorensen. 2004. Dependency tree kernels for relation extraction. In *Proceedings of the Association for Computational Linguistics (ACL)*.

Culotta, A., M. Wick, and A. McCallum. 2007. First-order probabilistic models for coreference resolution. In *Proceedings of the North American Chapter of the Association for Computational Linguistics (NAACL)*.

Curry, H. B., and R. Feys. 1958. *Combinatory Logic*, Vol. I. Amsterdam: North Holland.

Danescu-Niculescu-Mizil, C., M. Sudhof, D. Jurafsky, J. Leskovec, and C. Potts. 2013. A computational approach to politeness with application to social factors. In *Proceedings of the Association for Computational Linguistics (ACL)*.

Das, D., D. Chen, A. F. Martins, N. Schneider, and N. A. Smith. 2014. Frame-semantic parsing. *Computational Linguistics* 40 (1): 9–56.

Daumé III, H. 2007. Frustratingly easy domain adaptation. In *Proceedings of the Association for Computational Linguistics (ACL)*.

Daumé III, H., and D. Marcu. 2005. A large-scale exploration of effective global features for a joint entity detection and tracking model. In *Proceedings of Empirical Methods for Natural Language Processing (EMNLP)*.

Daumé III, H., J. Langford, and D. Marcu. 2009. Search-based structured prediction. *Machine Learning* 75 (3): 297–325.

Dauphin, Y. N., R. Pascanu, C. Gulcehre, K. Cho, S. Ganguli, and Y. Bengio. 2014. Identifying and attacking the saddle point problem in high-dimensional non-convex optimization. In *Neural Information Processing Systems (NeurIPS)*.

Davidson, D. 1967. The logical form of action sentences. In *The Logic of Decision and Action*, ed. N. Rescher. Pittsburgh, PA: University of Pittsburgh Press.

Dean, J., and S. Ghemawat. 2008. MapReduce: Simplified data processing on large clusters. *Communications of the ACM* 51 (1): 107–113.

Deerwester, S. C., S. T. Dumais, T. K. Landauer, G. W. Furnas, and R. A. Harshman. 1990. Indexing by latent semantic analysis. *Journal of the American Society for Information Science* 41 (6): 391–407.

De Gispert, A., and J. B. Marino. 2006. Catalan-English statistical machine translation without parallel corpus: Bridging through Spanish. In *Proceedings of the Language Resources and Evaluation Conference (LREC)*.

Dehdari, J. 2014. A neurophysiologically-inspired statistical language model. PhD diss, The Ohio State University.

Deisenroth, M. P., A. A. Faisal, and C. S. Ong. 2018. *Mathematics for Machine Learning*. Cambridge, UK: Cambridge University Press.

De Marneffe, M.-C., and C. D. Manning. 2008. The Stanford typed dependencies representation. In *Proceedings of the Workshop on Cross-Framework and Cross-Domain Parser Evaluation*.

Dempster, A. P., N. M. Laird, and D. B. Rubin. 1977. Maximum likelihood from incomplete data via the EM algorithm. *Journal of the Royal Statistical Society. Series B (Methodological)*.

Denis, P., and J. Baldridge. 2007. A ranking approach to pronoun resolution. In *Proceedings of the International Joint Conference on Artificial Intelligence (IJCAI)*.

Denis, P., and J. Baldridge. 2008. Specialized models and ranking for coreference resolution. In *Proceedings of Empirical Methods for Natural Language Processing (EMNLP)*.

Denis, P., and J. Baldridge. 2009. Global joint models for coreference resolution and named entity classification. *Procesamiento del Lenguaje Natural* 42: 87–96.

Derrida, J. 1985. Des tours de babel. In *Difference in Translation*, ed. J. Graham. Ithaca, NY: Cornell University Press.

Devlin, J., M. q. W. Chang, K. Lee, and K. Toutanova. 2018. BERT: Pre-training of deep bidirectional transformers for language understanding. *CoRR* abs/1810.04805.

Dhingra, B., H. Liu, Z. Yang, W. W. Cohen, and R. Salakhutdinov. 2017. Gated-attention readers for text comprehension. In *Proceedings of the Association for Computational Linguistics (ACL)*.

Diaconis, P., and B. Skyrms. 2017. *Ten Great Ideas About Chance*. Princeton, NJ: Princeton University Press.

Dietterich, T. G. 1998. Approximate statistical tests for comparing supervised classification learning algorithms. *Neural Computation* 10 (7): 1895–1923.

Dietterich, T. G., R. H. Lathrop, and T. Lozano-Pérez. 1997. Solving the multiple instance problem with axis-parallel rectangles. *Artificial Intelligence* 89 (1): 31–71.

Dimitrova, L., N. Ide, V. Petkevic, T. Erjavec, H. J. Kaalep, and D. Tufis. 1998. Multext-east: Parallel and comparable corpora and lexicons for six central and eastern European languages. In *Proceedings of the International Conference on Computational Linguistics (COLING)*.

Doddington, G. R., A. Mitchell, M. A. Przybocki, L. A. Ramshaw, S. Strassel, and R. M. Weischedel. 2004. The automatic content extraction (ACE) program-tasks, data, and evaluation. In *Proceedings of the Language Resources and Evaluation Conference (LREC)*.

dos Santos, C., and B. Zadrozny. 2014. Learning character-level representations for part-of-speech tagging. In *Proceedings of the International Conference on Machine Learning (ICML)*.

dos Santos, C., B. Xiang, and B. Zhou. 2015. Classifying relations by ranking with convolutional neural networks. In *Proceedings of the Association for Computational Linguistics (ACL)*.

Dowty, D. 1991. Thematic proto-roles and argument selection. *Language* 67 (3): 547–619.

Dredze, M., P. McNamee, D. Rao, A. Gerber, and T. Finin. 2010. Entity disambiguation for knowledge base population. In *Proceedings of the International Conference on Computational Linguistics (COLING)*.

Dredze, M., M. J. Paul, S. Bergsma, and H. Tran. 2013. Carmen: A Twitter geolocation system with applications to public health. In *AAAI Workshop on Expanding the Boundaries of Health Informatics Using AI (HIAI)*.

Dreyfus, H. L. 1992. *What Computers Still Can't Do: A Critique of Artificial Reason*. Cambridge, MA: MIT Press.

Dror, R., G. Baumer, M. Bogomolov, and R. Reichart. 2017. Replicability analysis for natural language processing: Testing significance with multiple datasets. *Transactions of the Association for Computational Linguistics* 5: 471–486.

Dror, R., G. Baumer, S. Shlomov, and R. Reichart. 2018. The hitchhiker's guide to testing statistical significance in natural language processing. In *Proceedings of the Association for Computational Linguistics (ACL)*.

Du, L., W. Buntine, and M. Johnson. 2013. Topic segmentation with a structured topic model. In *Proceedings of the North American Chapter of the Association for Computational Linguistics (NAACL)*.

Duchi, J., E. Hazan, and Y. Singer. 2011. Adaptive subgradient methods for online learning and stochastic optimization. *The Journal of Machine Learning Research* 12: 2121–2159.

Dunietz, J., L. Levin, and J. Carbonell. 2017. The because corpus 2.0: Annotating causality and overlapping relations. In *Proceedings of the Linguistic Annotation Workshop*.

Durrett, G., and D. Klein. 2013. Easy victories and uphill battles in coreference resolution. In *Proceedings of Empirical Methods for Natural Language Processing (EMNLP)*.

Durrett, G., and D. Klein. 2015. Neural CRF parsing. In *Proceedings of the Association for Computational Linguistics (ACL)*.

Durrett, G., T. Berg-Kirkpatrick, and D. Klein. 2016. Learning-based single-document summarization with compression and anaphoricity constraints. In *Proceedings of the Association for Computational Linguistics (ACL)*.

Dyer, C., M. Ballesteros, W. Ling, A. Matthews, and N. A. Smith. 2015. Transition-based dependency parsing with stack long short-term memory. In *Proceedings of the Association for Computational Linguistics (ACL)*.

Dyer, C., A. Kuncoro, M. Ballesteros, and N. A. Smith. 2016. Recurrent neural network grammars. In *Proceedings of the North American Chapter of the Association for Computational Linguistics (NAACL)*.

Edmonds, J. 1967. Optimum branchings. *Journal of Research of the National Bureau of Standards B* 71 (4): 233–240.

Efron, B., and R. J. Tibshirani. 1993. *An Introduction to the Bootstrap. Monographs on Statistics and Applied Probability*. New York and London: Chapman and Hall/CRC.

Eisenstein, J. 2009. Hierarchical text segmentation from multi-scale lexical cohesion. In *Proceedings of the North American Chapter of the Association for Computational Linguistics (NAACL)*.

Eisenstein, J., and R. Barzilay. 2008. Bayesian unsupervised topic segmentation. In *Proceedings of Empirical Methods for Natural Language Processing (EMNLP)*.

Eisner, J. 1997 (accessed February 6, 2019). State-of-the-art algorithms for minimum spanning trees: A tutorial discussion. www.cs.jhu.edu/~jason/papers/eisner.mst-tutorial.pdf.

Eisner, J. 2000. Bilexical grammars and their cubic-time parsing algorithms. In *Advances in Probabilistic and Other Parsing Technologies*, eds. H. Bunt and A. Nijholt, 29–61. New York, NY: Springer.

Eisner, J. 2002. Parameter estimation for probabilistic finite-state transducers. In *Proceedings of the Association for Computational Linguistics (ACL)*.

Eisner, J. 2016. Inside-outside and forward-backward algorithms are just backprop. In *Proceedings of the Workshop on Structured Prediction for NLP*.

Eisner, J. M. 1996. Three new probabilistic models for dependency parsing: An exploration. In *Proceedings of the International Conference on Computational Linguistics (COLING)*.

Ekman, P. 1992. Are there basic emotions? *Psychological Review* 99 (3): 550–553.

Elman, J. L. 1990. Finding structure in time. *Cognitive Science* 14 (2): 179–211.

Elman, J. L., E. A. Bates, M. H. Johnson, A. Karmiloff-Smith, D. Parisi, and K. Plunkett. 1998. *Rethinking Innateness: A Connectionist Perspective on Development*, Vol. 10. Cambridge, MA: MIT Press.

Elsner, M., and E. Charniak. 2010. Disentangling chat. *Computational Linguistics* 36 (3): 389–409.

Esuli, A., and F. Sebastiani. 2006. SentiWordNet: A publicly available lexical resource for opinion mining. In *Proceedings of the Language Resources and Evaluation Conference (LREC)*.

Etzioni, O., A. Fader, J. Christensen, S. Soderland, and M. Mausam. 2011. Open information extraction: The second generation. In *Proceedings of the International Joint Conference on Artificial Intelligence (IJCAI)*.

Faruqui, M., and C. Dyer. 2014. Improving vector space word representations using multilingual correlation. In *Proceedings of the European Chapter of the Association for Computational Linguistics (EACL)*.

Faruqui, M., R. McDonald, and R. Soricut. 2016. Morpho-syntactic lexicon generation using graph-based semi-supervised learning. *Transactions of the Association for Computational Linguistics* 4: 1–16.

Faruqui, M., J. Dodge, S. K. Jauhar, C. Dyer, E. Hovy, and N. A. Smith. 2015. Retrofitting word vectors to semantic lexicons. In *Proceedings of the North American Chapter of the Association for Computational Linguistics (NAACL)*.

Faruqui, M., Y. Tsvetkov, P. Rastogi, and C. Dyer. 2016. Problems with evaluation of word embeddings using word similarity tasks. In *Proceedings of the 1st Workshop on Evaluating Vector-Space Representations for NLP*.

Fellbaum, C. 2017. WordNet: An electronic lexical resource for English. In *The Oxford Handbook of Cognitive Science*, ed. S. Chipman, 301–313. Oxford, UK: Oxford University Press.

Feng, V. W., Z. Lin, and G. Hirst. 2014. The impact of deep hierarchical discourse structures in the evaluation of text coherence. In *Proceedings of the International Conference on Computational Linguistics (COLING)*.

Feng, X., L. Huang, D. Tang, H. Ji, B. Qin, and T. Liu. 2016. A language-independent neural network for event detection. In *Proceedings of the Association for Computational Linguistics (ACL)*.

Fernandes, E. R., C. N. dos Santos, and R. L. Milidiú. 2014. Latent trees for coreference resolution. *Computational Linguistics* 40 (4): 801–835.

Ferrucci, D., E. Brown, J. Chu-Carroll, J. Fan, D. Gondek, A. A. Kalyanpur, A. Lally, J. W. Murdock, E. Nyberg, J. Prager, et al.. 2010. Building Watson: An overview of the DeepQA project. *AI Magazine* 31 (3): 59–79.

Ficler, J., and Y. Goldberg. 2017. Controlling linguistic style aspects in neural language generation. In *Proceedings of the Workshop on Stylistic Variation*.

Filippova, K., and M. Strube. 2008. Sentence fusion via dependency graph compression. In *Proceedings of Empirical Methods for Natural Language Processing (EMNLP)*.

Fillmore, C. J. 1968. The case for case. In *Universals in Linguistic Theory*, eds. E. Bach and R. Harms. New York, NY: Holt, Rinehart, and Winston.

Fillmore, C. J. 1976. Frame semantics and the nature of language. *Annals of the New York Academy of Sciences* 280 (1): 20–32.

Fillmore, C. J., and C. Baker. 2009. A frames approach to semantic analysis. In *The Oxford Handbook of Linguistic Analysis*. Oxford, UK: Oxford University Press.

Finkel, J. R., and C. Manning. 2009. Hierarchical Bayesian domain adaptation. In *Proceedings of the North American Chapter of the Association for Computational Linguistics (NAACL)*.

Finkel, J. R., and C. D. Manning. 2008. Enforcing transitivity in coreference resolution. In *Proceedings of the Association for Computational Linguistics (ACL)*.

Finkel, J. R., T. Grenager, and C. Manning. 2005. Incorporating non-local information into information extraction systems by gibbs sampling. In *Proceedings of the Association for Computational Linguistics (ACL)*.

Finkel, J. R., T. Grenager, and C. D. Manning. 2007. The infinite tree. In *Proceedings of the Association for Computational Linguistics (ACL)*.

Finkel, J. R., A. Kleeman, and C. D. Manning. 2008. Efficient, feature-based, conditional random field parsing. In *Proceedings of the Association for Computational Linguistics (ACL)*.

Finkelstein, L., E. Gabrilovich, Y. Matias, E. Rivlin, Z. Solan, G. Wolfman, and E. Ruppin. 2002. Placing search in context: The concept revisited. *ACM Transactions on Information Systems* 20 (1): 116–131.

Firth, J. R. 1957. *Papers in linguistics 1934-1951*. Oxford, UK: Oxford University Press.

Flanigan, J., S. Thomson, J. Carbonell, C. Dyer, and N. A. Smith. 2014. A discriminative graph-based parser for the abstract meaning representation. In *Proceedings of the Association for Computational Linguistics (ACL)*.

Foltz, P. W., W. Kintsch, and T. K. Landauer. 1998. The measurement of textual coherence with latent semantic analysis. *Discourse Processes* 25 (2-3): 285–307.

Fordyce, C. 2007. Overview of the IWSLT 2007 evaluation campaign. In *Proceedings of the International Workshop on Spoken Language Translation (IWSLT)*.

Forsyth, E. N., and C. H. Martell. 2007. Lexical and discourse analysis of online chat dialog. In *Proceedings of the International Conference on Semantic Computing*.

Fort, K., G. Adda, and K. B. Cohen. 2011. Amazon mechanical turk: Gold mine or coal mine? *Computational Linguistics* 37 (2): 413–420.

Fox, H. 2002. Phrasal cohesion and statistical machine translation. In *Proceedings of Empirical Methods for Natural Language Processing (EMNLP)*.

Francis, W., and H. Kucera. 1982. *Frequency Analysis of English Usage*. Boston, MA: Houghton Mifflin Company.

Francis, W. N. 1964. A standard sample of present-day English for use with digital computers. Report to the U.S Office of Education on Cooperative Research Project No. E-007.

Freund, Y., and R. E. Schapire. 1999. Large margin classification using the perceptron algorithm. *Machine Learning* 37 (3): 277–296.

Fromkin, V., R. Rodman, and N. Hyams. 2013. *An Introduction to Language*, 10th edn. Boston, MA: Cengage Learning.

Fundel, K., R. Küffner, and R. Zimmer. 2007. Relex – relation extraction using dependency parse trees. *Bioinformatics* 23 (3): 365–371.

Gabow, H. N., Z. Galil, T. Spencer, and R. E. Tarjan. 1986. Efficient algorithms for finding minimum spanning trees in undirected and directed graphs. *Combinatorica* 6 (2): 109–122.

Gabrilovich, E., and S. Markovitch. 2007. Computing semantic relatedness using Wikipedia-based explicit semantic analysis. In *Proceedings of the International Joint Conference on Artificial Intelligence (IJCAI)*, Vol. 7.

Gage, P. 1994. A new algorithm for data compression. *The C Users Journal* 12 (2): 23–38.

Gale, W. A., K. W. Church, and D. Yarowsky. 1992. One sense per discourse. In *Proceedings of the Workshop on Speech and Natural Language*.

Galley, M., K. R. McKeown, E. Fosler-Lussier, and H. Jing. 2003. Discourse segmentation of multi-party conversation. In *Proceedings of the Association for Computational Linguistics (ACL)*.

Galley, M., M. Hopkins, K. Knight, and D. Marcu. 2004. What's in a translation rule? In *Proceedings of the North American Chapter of the Association for Computational Linguistics (NAACL)*.

Ganchev, K., and M. Dredze. 2008. Small statistical models by random feature mixing. In *Proceedings of Workshop on Mobile Language Processing*.

Ganchev, K., J. Graça, J. Gillenwater, and B. Taskar. 2010. Posterior regularization for structured latent variable models. *The Journal of Machine Learning Research* 11: 2001–2049.

Ganin, Y., E. Ustinova, H. Ajakan, P. Germain, H. Larochelle, F. Laviolette, M. Marchand, and V. Lempitsky. 2016. Domain-adversarial training of neural networks. *The Journal of Machine Learning Research* 17 (59): 1–35.

Gao, J., G. Andrew, M. Johnson, and K. Toutanova. 2007. A comparative study of parameter estimation methods for statistical natural language processing. In *Proceedings of the Association for Computational Linguistics (ACL)*.

Garg, N., L. Schiebinger, D. Jurafsky, and J. Zou. 2018. Word embeddings quantify 100 years of gender and ethnic stereotypes. *Proceedings of the National Academy of Sciences* 115 (16): 3635–3644.

Gatt, A., and E. Krahmer. 2018. Survey of the state of the art in natural language generation: Core tasks, applications and evaluation. *Journal of Artificial Intelligence Research* 61: 65–170.

Ge, D., X. Jiang, and Y. Ye. 2011. A note on the complexity of l_p minimization. *Mathematical Programming* 129 (2): 285–299.

Ge, N., J. Hale, and E. Charniak. 1998. A statistical approach to anaphora resolution. In *Proceedings of the Sixth Workshop on Very Large Corpora*.

Ge, R., and R. J. Mooney. 2005. A statistical semantic parser that integrates syntax and semantics. In *Proceedings of the Conference on Natural Language Learning (CoNLL)*.

Ge, R., F. Huang, C. Jin, and Y. Yuan. 2015. Escaping from saddle points—online stochastic gradient for tensor decomposition. In *Proceedings of the Conference on Learning Theory (COLT)*, eds. P. Grünwald, E. Hazan, and S. Kale.

Geach, P. T. 1962. *Reference and Generality: An Examination of Some Medieval and Modern Theories*. Ithaca, NY: Cornell University Press.

Gehring, J., M. Auli, D. Grangier, D. Yarats, and Y. N. Dauphin. 2017. Convolutional sequence to sequence learning. In *Proceedings of the International Conference on Machine Learning (ICML)*.

Gildea, D., and D. Jurafsky. 2002. Automatic labeling of semantic roles. *Computational Linguistics* 28 (3): 245–288.

Gimpel, K., N. Schneider, B. O'Connor, D. Das, D. Mills, J. Eisenstein, M. Heilman, D. Yogatama, J. Flanigan, and N. A. Smith. 2011. Part-of-speech tagging for Twitter: Annotation, features, and experiments. In *Proceedings of the Association for Computational Linguistics (ACL)*.

Glass, J., T. J. Hazen, S. Cyphers, I. Malioutov, D. Huynh, and R. Barzilay. 2007. Recent progress in the MIT spoken lecture processing project. In *Proceedings of the International Speech Communication Association*.

Glorot, X., and Y. Bengio. 2010. Understanding the difficulty of training deep feedforward neural networks. In *Proceedings of Artificial Intelligence and Statistics (AISTATS)*.

Glorot, X., A. Bordes, and Y. Bengio. 2011. Deep sparse rectifier networks. In *Proceedings of Artificial Intelligence and Statistics (AISTATS)*.

Godfrey, J. J., E. C. Holliman, and J. McDaniel. 1992. Switchboard: Telephone speech corpus for research and development. In *Proceedings of the International Conference on Acoustics, Speech, and Signal Processing (ICASSP)*.

Goldberg, Y. 2017. *Neural Network Methods for Natural Language Processing. Synthesis Lectures on Human Language Technologies*. San Rafael, CA: Morgan & Claypool.

Goldberg, Y. 2017 (accessed February 6, 2019). An Adversarial Review of "Adversarial Generation of Natural Language." medium.com/@yoav.goldberg/an-adversarial-review-of-adversarial-generation-of-natural-language-409ac3378bd7.

Goldberg, Y., and M. Elhadad. 2010. An efficient algorithm for easy-first non-directional dependency parsing. In *Proceedings of the North American Chapter of the Association for Computational Linguistics (NAACL)*.

Goldberg, Y., and J. Nivre. 2012. A dynamic oracle for arc-eager dependency parsing. In *Proceedings of the International Conference on Computational Linguistics (COLING)*.

Goldberg, Y., K. Zhao, and L. Huang. 2013. Efficient implementation of beam-search incremental parsers. In *Proceedings of the Association for Computational Linguistics (ACL)*.

Goldwater, S., and T. Griffiths. 2007. A fully Bayesian approach to unsupervised part-of-speech tagging. In *Proceedings of the Association for Computational Linguistics (ACL)*.

Gonçalo Oliveira, H. R., F. A. Cardoso, and F. C. Pereira. 2007. Tra-la-lyrics: An approach to generate text based on rhythm. In *Proceedings of the International Joint Workshop on Computational Creativity*.

Goodfellow, I., Y. Bengio, and A. Courville. 2016. *Deep Learning*. Cambridge, MA: MIT Press.

Goodman, J. T. 2001. A bit of progress in language modeling. *Computer Speech & Language* 15 (4): 403–434.

Gouws, S., D. Metzler, C. Cai, and E. Hovy. 2011. Contextual bearing on linguistic variation in social media. In *Proceedings of the Workshop on Language and Social Media*.

Goyal, A., H. Daumé III, and S. Venkatasubramanian. 2009. Streaming for large scale NLP: Language modeling. In *Proceedings of the North American Chapter of the Association for Computational Linguistics (NAACL)*.

Graves, A. 2012. Sequence transduction with recurrent neural networks. In *Proceedings of the International Conference on Machine Learning (ICML)*.

Graves, A., and N. Jaitly. 2014. Towards end-to-end speech recognition with recurrent neural networks. In *Proceedings of the International Conference on Machine Learning (ICML)*.

Graves, A., and J. Schmidhuber. 2005. Framewise phoneme classification with bidirectional LSTM and other neural network architectures. *Neural Networks* 18 (5): 602–610.

Grice, H. P. 1975. Logic and conversation. In *Syntax and Semantics Volume 3: Speech Acts*, eds. P. Cole and J. L. Morgan, 41–58. New York, NY: Academic Press.

Grishman, R. 2012. Information Extraction: Capabilities and Challenges. Notes prepared for the 2012 International Winter School in Language and Speech Technologies, Rovira i Virgili University, Tarragona, Spain.

Grishman, R. 2015. Information extraction. *IEEE Intelligent Systems* 30 (5): 8–15.

Grishman, R., and B. Sundheim. 1996. Message understanding conference-6: A brief history. In *Proceedings of the International Conference on Computational Linguistics (COLING)*.

Grishman, R., C. Macleod, and J. Sterling. 1992. Evaluating parsing strategies using standardized parse files. In *Proceedings of the Third Conference on Applied Natural Language Processing*.

Groenendijk, J., and M. Stokhof. 1991. Dynamic predicate logic. *Linguistics and Philosophy* 14 (1): 39–100.

Grosz, B. J. 1979. Focusing and description in natural language dialogues, Technical report, SRI International.

Grosz, B. J., S. Weinstein, and A. K. Joshi. 1995. Centering: A framework for modeling the local coherence of discourse. *Computational Linguistics* 21 (2): 203–225.

Gu, J., Z. Lu, H. Li, and V. O. Li. 2016. Incorporating copying mechanism in sequence-to-sequence learning. In *Proceedings of the Association for Computational Linguistics (ACL)*.

Gulcehre, C., S. Ahn, R. Nallapati, B. Zhou, and Y. Bengio. 2016. Pointing the unknown words. In *Proceedings of the Association for Computational Linguistics (ACL)*.

Gutmann, M. U., and A. Hyvärinen. 2012. Noise-contrastive estimation of unnormalized statistical models, with applications to natural image statistics. *The Journal of Machine Learning Research* 13 (1): 307–361.

Haghighi, A., and D. Klein. 2007. Unsupervised coreference resolution in a nonparametric Bayesian model. In *Proceedings of the Association for Computational Linguistics (ACL)*.

Haghighi, A., and D. Klein. 2009. Simple coreference resolution with rich syntactic and semantic features. In *Proceedings of Empirical Methods for Natural Language Processing (EMNLP)*.

Haghighi, A., and D. Klein. 2010. Coreference resolution in a modular, entity-centered model. In *Proceedings of the North American Chapter of the Association for Computational Linguistics (NAACL)*.

Hajič, J., and B. Hladká. 1998. Tagging inflective languages: Prediction of morphological categories for a rich, structured tagset. In *Proceedings of the Association for Computational Linguistics (ACL)*.

Halliday, M., and R. Hasan. 1976. *Cohesion in English*. London: Longman.

Hammerton, J. 2003. Named entity recognition with long short-term memory. In *Proceedings of the Conference on Natural Language Learning (CoNLL)*.

Han, X., and L. Sun. 2012. An entity-topic model for entity linking. In *Proceedings of Empirical Methods for Natural Language Processing (EMNLP)*.

Han, X., L. Sun, and J. Zhao. 2011. Collective entity linking in web text: A graph-based method. In *Proceedings of the ACM SIGIR Conference on Research and Development in Information Retrieval*.

Hannak, A., E. Anderson, L. F. Barrett, S. Lehmann, A. Mislove, and M. Riedewald. 2012. Tweetin' in the rain: Exploring societal-scale effects of weather on mood. In *Proceedings of the International Conference on Web and Social Media (ICWSM)*.

Hardmeier, C. 2012. Discourse in statistical machine translation: A survey and a case study. *Discours*.

Haspelmath, M., and A. Sims. 2013. *Understanding Morphology*. London, UK: Routledge.

Hastie, T., R. Tibshirani, and J. Friedman. 2009. *The Elements of Statistical Learning*, 2nd edn. New York, NY: Springer.

Hatzivassiloglou, V., and K. R. McKeown. 1997. Predicting the semantic orientation of adjectives. In *Proceedings of the Association for Computational Linguistics (ACL)*.

Hayes, A. F., and K. Krippendorff. 2007. Answering the call for a standard reliability measure for coding data. *Communication Methods and Measures* 1 (1): 77–89.

He, H., A. Balakrishnan, M. Eric, and P. Liang. 2017. Learning symmetric collaborative dialogue agents with dynamic knowledge graph embeddings. In *Proceedings of the Association for Computational Linguistics (ACL)*.

He, K., X. Zhang, S. Ren, and J. Sun. 2015. Delving deep into rectifiers: Surpassing human-level performance on imagenet classification. In *Proceedings of the International Conference on Computer Vision (ICCV)*.

He, K., X. Zhang, S. Ren, and J. Sun. 2016. Deep residual learning for image recognition. In *Proceedings of the International Conference on Computer Vision (ICCV)*.

He, L., K. Lee, M. Lewis, and L. Zettlemoyer. 2017. Deep semantic role labeling: What works and what's next. In *Proceedings of the Association for Computational Linguistics (ACL)*.

He, Z., S. Liu, M. Li, M. Zhou, L. Zhang, and H. Wang. 2013. Learning entity representation for entity disambiguation. In *Proceedings of the Association for Computational Linguistics (ACL)*.

Hearst, M. A. 1992. Automatic acquisition of hyponyms from large text corpora. In *Proceedings of the International Conference on Computational Linguistics (COLING)*.

Hearst, M. A. 1997. TextTiling: Segmenting text into multi-paragraph subtopic passages. *Computational Linguistics* 23 (1): 33–64.

Heerschop, B., F. Goossen, A. Hogenboom, F. Frasincar, U. Kaymak, and F. de Jong. 2011. Polarity analysis of texts using discourse structure. In *Proceedings of the International Conference on Information and Knowledge Management (CIKM)*.

Henderson, J. 2004. Discriminative training of a neural network statistical parser. In *Proceedings of the Association for Computational Linguistics (ACL)*.

Hendrickx, I., S. N. Kim, Z. Kozareva, P. Nakov, D. Ó Séaghdha, S. Padó, M. Pennacchiotti, L. Romano, and S. Szpakowicz. 2009. Semeval-2010 task 8: Multi-way classification of semantic relations between pairs of nominals. In *Proceedings of the Workshop on Semantic Evaluations: Recent Achievements and Future Directions*.

Hermann, K. M., T. Kocisky, E. Grefenstette, L. Espeholt, W. Kay, M. Suleyman, and P. Blunsom. 2015. Teaching machines to read and comprehend. In *Neural Information Processing Systems (NeurIPS)*.

Hernault, H., H. Prendinger, D. A. duVerle, and M. Ishizuka. 2010. HILDA: A discourse parser using support vector machine classification. *Dialogue and Discourse* 1 (3): 1–33.

Hill, F., K. Cho, and A. Korhonen. 2016. Learning distributed representations of sentences from unlabelled data. In *Proceedings of the North American Chapter of the Association for Computational Linguistics (NAACL)*.

Hill, F., R. Reichart, and A. Korhonen. 2015. Simlex-999: Evaluating semantic models with (genuine) similarity estimation. *Computational Linguistics* 41 (4): 665–695.

Hill, F., A. Bordes, S. Chopra, and J. Weston. 2016. The goldilocks principle: Reading children's books with explicit memory representations. In *Proceedings of the International Conference on Learning Representations (ICLR)*.

Hindle, D., and M. Rooth. 1993. Structural ambiguity and lexical relations. *Computational Linguistics* 19 (1): 103–120.

Hirao, T., Y. Yoshida, M. Nishino, N. Yasuda, and M. Nagata. 2013. Single-document summarization as a tree knapsack problem. In *Proceedings of Empirical Methods for Natural Language Processing (EMNLP)*.

Hirschman, L., and R. Gaizauskas. 2001. Natural language question answering: The view from here. *Natural Language Engineering* 7 (4): 275–300.

Hirschman, L., M. Light, E. Breck, and J. D. Burger. 1999. Deep read: A reading comprehension system. In *Proceedings of the Association for Computational Linguistics (ACL)*.

Hobbs, J. R. 1978. Resolving pronoun references. *Lingua* 44 (4): 311–338.

Hobbs, J. R., D. Appelt, J. Bear, D. Israel, M. Kameyama, M. Stickel, and M. Tyson. 1997. FASTUS: A cascaded finite-state transducer for extracting information from natural-language text. In *Finite-state Language Processing*, eds. E. Roche and Y. Schabes, 383–406. Cambridge, MA: MIT Press.

Hochreiter, S., and J. Schmidhuber. 1997. Long short-term memory. *Neural Computation* 9 (8): 1735–1780.

Hockenmaier, J., and M. Steedman. 2007. CCGbank: A corpus of CCG derivations and dependency structures extracted from the Penn Treebank. *Computational Linguistics* 33 (3): 355–396.

Hoffart, J., M. A. Yosef, I. Bordino, H. Fürstenau, M. Pinkal, M. Spaniol, B. Taneva, S. Thater, and G. Weikum. 2011. Robust disambiguation of named entities in text. In *Proceedings of Empirical Methods for Natural Language Processing (EMNLP)*.

Hoffmann, R., C. Zhang, X. Ling, L. Zettlemoyer, and D. S. Weld. 2011. Knowledge-based weak supervision for information extraction of overlapping relations. In *Proceedings of the Association for Computational Linguistics (ACL)*.

Holmstrom, L., and P. Koistinen. 1992. Using additive noise in back-propagation training. *IEEE Transactions on Neural Networks* 3 (1): 24–38.

Hovy, D., S. Spruit, M. Mitchell, E. M. Bender, M. Strube, and H. Wallach, eds. 2017. Proceedings of the First ACL Workshop on Ethics in Natural Language Processing.

Hovy, E., and J. Lavid. 2010. Towards a "science" of corpus annotation: A new methodological challenge for corpus linguistics. *International Journal of Translation* 22 (1): 13–36.

Hsu, D., S. M. Kakade, and T. Zhang. 2012. A spectral algorithm for learning hidden Markov models. *Journal of Computer and System Sciences* 78 (5): 1460–1480.

Hu, M., and B. Liu. 2004. Mining and summarizing customer reviews. In *Proceedings of Knowledge Discovery and Data Mining (KDD)*.

Hu, Z., Z. Yang, X. Liang, R. Salakhutdinov, and E. P. Xing. 2017. Toward controlled generation of text. In *Proceedings of the International Conference on Machine Learning (ICML)*.

Huang, F., and A. Yates. 2012. Biased representation learning for domain adaptation. In *Proceedings of Empirical Methods for Natural Language Processing (EMNLP)*.

Huang, L., and D. Chiang. 2007. Forest rescoring: Faster decoding with integrated language models. In *Proceedings of the Association for Computational Linguistics (ACL)*.

Huang, L., S. Fayong, and Y. Guo. 2012. Structured perceptron with inexact search. In *Proceedings of the North American Chapter of the Association for Computational Linguistics (NAACL)*.

Huang, Y. 2015. *Pragmatics*, 2nd edn. *Oxford textbooks in linguistics*. Oxford, UK: Oxford University Press.

Huang, Z., W. Xu, and K. Yu. 2015. Bidirectional LSTM-CRF models for sequence tagging. *arXiv preprint arXiv:1508.01991*.

Huddleston, R., and G. K. Pullum. 2005. *A Student's Introduction to English Grammar*. Cambridge, UK: Cambridge University Press.

Huffman, D. A. 1952. A method for the construction of minimum-redundancy codes. *Proceedings of the IRE* 40 (9): 1098–1101.

Humphreys, K., R. Gaizauskas, and S. Azzam. 1997. Event coreference for information extraction. In *Proceedings of a Workshop on Operational Factors in Practical, Robust Anaphora Resolution for Unrestricted Texts*.

Ide, N., and Y. Wilks. 2006. Making sense about sense. In *Word Sense Disambiguation*, eds. E. Agirre and P. Edmonds, 47–73. New York, NY: Springer.

Ioffe, S., and C. Szegedy. 2015. Batch normalization: Accelerating deep network training by reducing internal covariate shift. In *Proceedings of the International Conference on Machine Learning (ICML)*.

Isozaki, H., T. Hirao, K. Duh, K. Sudoh, and H. Tsukada. 2010. Automatic evaluation of translation quality for distant language pairs. In *Proceedings of Empirical Methods for Natural Language Processing (EMNLP)*.

Ivanova, A., S. Oepen, L. Øvrelid, and D. Flickinger. 2012. Who did what to whom? A contrastive study of syntacto-semantic dependencies. In *Proceedings of the Sixth Linguistic Annotation Workshop*.

Iyyer, M., V. Manjunatha, J. Boyd-Graber, and H. Daumé III. 2015. Deep unordered composition rivals syntactic methods for text classification. In *Proceedings of the Association for Computational Linguistics (ACL)*.

James, G., D. Witten, T. Hastie, and R. Tibshirani. 2013. *An Introduction to Statistical Learning*. New York, NY: Springer.

Janin, A., D. Baron, J. Edwards, D. Ellis, D. Gelbart, N. Morgan, B. Peskin, T. Pfau, E. Shriberg, A. Stolcke, et al.. 2003. The ICSI meeting corpus. In *Proceedings of the International Conference on Acoustics, Speech, and Signal Processing (ICASSP)*.

Jean, S., K. Cho, R. Memisevic, and Y. Bengio. 2015. On using very large target vocabulary for neural machine translation. In *Proceedings of the Association for Computational Linguistics (ACL)*.

Jeong, M., C.-Y. Lin, and G. G. Lee. 2009. Semi-supervised speech act recognition in emails and forums. In *Proceedings of Empirical Methods for Natural Language Processing (EMNLP)*.

Ji, H., and R. Grishman. 2011. Knowledge base population: Successful approaches and challenges. In *Proceedings of the Association for Computational Linguistics (ACL)*.

Ji, Y., and J. Eisenstein. 2014. Representation learning for text-level discourse parsing. In *Proceedings of the Association for Computational Linguistics (ACL)*.

Ji, Y., and J. Eisenstein. 2015. One vector is not enough: Entity-augmented distributional semantics for discourse relations. *Transactions of the Association for Computational Linguistics (TACL)* 3: 329–344.

Ji, Y., and N. A. Smith. 2017. Neural discourse structure for text categorization. In *Proceedings of the Association for Computational Linguistics (ACL)*.

Ji, Y., G. Haffari, and J. Eisenstein. 2016. A latent variable recurrent neural network for discourse relation language models. In *Proceedings of the North American Chapter of the Association for Computational Linguistics (NAACL)*.

Ji, Y., T. Cohn, L. Kong, C. Dyer, and J. Eisenstein. 2015. Document context language models. In *International Conference on Learning Representations, workshop track*, Vol. abs/1511.03962.

Ji, Y., C. Tan, S. Martschat, Y. Choi, and N. A. Smith. 2017. Dynamic entity representations in neural language models. In *Proceedings of Empirical Methods for Natural Language Processing (EMNLP)*.

Jiang, L., M. Yu, M. Zhou, X. Liu, and T. Zhao. 2011. Target-dependent Twitter sentiment classification. In *Proceedings of the Association for Computational Linguistics (ACL)*.

Jing, H. 2000. Sentence reduction for automatic text summarization. In *Proceedings of Applied Natural Language Processing*.

Joachims, T. 2002. Optimizing search engines using clickthrough data. In *Proceedings of Knowledge Discovery and Data Mining (KDD)*.

Jockers, M. L. 2015 (accessed February 9, 2019). Revealing Sentiment and Plot Arcs with the Syuzhet Package. www.matthewjockers.net/2015/02/02/syuzhet/.

Johnson, A. E., T. J. Pollard, L. Shen, H. L. Li-wei, M. Feng, M. Ghassemi, B. Moody, P. Szolovits, L. A. Celi, and R. G. Mark. 2016. MIMIC-III, a freely accessible critical care database. *Scientific Data* 3: 160035.

Johnson, M. 1998. PCFG models of linguistic tree representations. *Computational Linguistics* 24 (4): 613–632.

Johnson, R., and T. Zhang. 2017. Deep pyramid convolutional neural networks for text categorization. In *Proceedings of the Association for Computational Linguistics (ACL)*.

Joshi, A. K. 1985. Tree adjoining grammars: How much context-sensitivity is required to provide reasonable structural descriptions? In *Natural Language Processing: Theoretical, Computational and Psychological Perspectives*, eds. D. Dowty, L. Karttunen, and A. Zwicky. Cambridge, UK: Cambridge University Press.

Joshi, A. K., and Y. Schabes. 1997. Tree-adjoining grammars. In *Handbook of Formal Languages*, 69–123. New York, NY: Springer.

Joshi, A. K., K. V. Shanker, and D. Weir. 1991. The convergence of mildly context-sensitive grammar formalisms. In *Foundational Issues in Natural Language Processing*. Cambridge, MA: MIT Press.

Jozefowicz, R., W. Zaremba, and I. Sutskever. 2015. An empirical exploration of recurrent network architectures. In *Proceedings of the International Conference on Machine Learning (ICML)*.

Jozefowicz, R., O. Vinyals, M. Schuster, N. Shazeer, and Y. Wu. 2016. Exploring the limits of language modeling. *arXiv preprint arXiv:1602.02410*.

Jurafsky, D. 1996. A probabilistic model of lexical and syntactic access and disambiguation. *Cognitive Science* 20 (2): 137–194.

Jurafsky, D., and J. H. Martin. 2009. *Speech and Language Processing*, 2nd edn. Upper Saddle River, NJ: Prentice Hall.

Jurafsky, D., and J. H. Martin. 2019. *Speech and Language Processing*, 3rd edn. Upper Saddle River, NJ: Prentice Hall.

Kadlec, R., M. Schmid, O. Bajgar, and J. Kleindienst. 2016. Text understanding with the attention sum reader network. In *Proceedings of the Association for Computational Linguistics (ACL)*.

Kalchbrenner, N., and P. Blunsom. 2013. Recurrent convolutional neural networks for discourse compositionality. In *Proceedings of the Workshop on Continuous Vector Space Models and their Compositionality*.

Kalchbrenner, N., E. Grefenstette, and P. Blunsom. 2014. A convolutional neural network for modelling sentences. In *Proceedings of the Association for Computational Linguistics (ACL)*.

Kalchbrenner, N., L. Espeholt, K. Simonyan, A. v. d. Oord, A. Graves, and K. Kavukcuoglu. 2016. Neural machine translation in linear time. *arXiv preprint arXiv:1610.10099*.

Karlsson, F. 2007. Constraints on multiple center-embedding of clauses. *Journal of Linguistics* 43 (2): 365–392.

Kate, R. J., Y. W. Wong, and R. J. Mooney. 2005. Learning to transform natural to formal languages. In *Proceedings of the National Conference on Artificial Intelligence (AAAI)*.

Kawaguchi, K., L. P. Kaelbling, and Y. Bengio. 2017. Generalization in deep learning. *arXiv preprint arXiv:1710.05468*.

Kehler, A. 2007. Rethinking the SMASH approach to pronoun interpretation. In *Interdisciplinary Perspectives on Reference Processing*, eds. J. Gundel and N. Hedberg. *New Directions in Cognitive Science Series*, 95–122. Oxford, UK: Oxford University Press.

Kibble, R., and R. Power. 2004. Optimizing referential coherence in text generation. *Computational Linguistics* 30 (4): 401–416.

Kilgarriff, A. 1997. I don't believe in word senses. *Computers and the Humanities* 31 (2): 91–113.

Kilgarriff, A., and G. Grefenstette. 2003. Introduction to the special issue on the web as corpus. *Computational Linguistics* 29 (3): 333–347.

Kim, M.-J. 2002. Does Korean have adjectives? *MIT Working Papers in Linguistics* 43: 71–89.

Kim, S.-M., and E. Hovy. 2006. Extracting opinions, opinion holders, and topics expressed in online news media text. In *Proceedings of the Workshop on Sentiment and Subjectivity in Text*.

Kim, Y. 2014. Convolutional neural networks for sentence classification. In *Proceedings of Empirical Methods for Natural Language Processing (EMNLP)*.

Kim, Y., Y. Jernite, D. Sontag, and A. M. Rush. 2016. Character-aware neural language models. In *Proceedings of the National Conference on Artificial Intelligence (AAAI)*.

Kim, Y., C. Denton, L. Hoang, and A. M. Rush. 2017. Structured attention networks. In *Proceedings of the International Conference on Learning Representations (ICLR)*.

Kingma, D., and J. Ba. 2014. Adam: A method for stochastic optimization. *arXiv preprint arXiv:1412.6980*.

Kiperwasser, E., and Y. Goldberg. 2016. Simple and accurate dependency parsing using bidirectional LSTM feature representations. *Transactions of the Association for Computational Linguistics* 4: 313–327.

Kipper-Schuler, K. 2005. VerbNet: A broad-coverage, comprehensive verb lexicon. PhD diss, Computer and Information Science, University of Pennsylvania.

Kiros, R., R. Salakhutdinov, and R. Zemel. 2014. Multimodal neural language models. In *Proceedings of the International Conference on Machine Learning (ICML)*.

Kiros, R., Y. Zhu, R. Salakhudinov, R. S. Zemel, A. Torralba, R. Urtasun, and S. Fidler. 2015. Skip-thought vectors. In *Neural Information Processing Systems (NeurIPS)*.

Klein, D., and C. D. Manning. 2003. Accurate unlexicalized parsing. In *Proceedings of the Association for Computational Linguistics (ACL)*.

Klein, D., and C. D. Manning. 2004. Corpus-based induction of syntactic structure: Models of dependency and constituency. In *Proceedings of the Association for Computational Linguistics (ACL)*.

Klein, G., Y. Kim, Y. Deng, J. Senellart, and A. M. Rush. 2017. OpenNMT: Open-source toolkit for neural machine translation. *arXiv preprint arXiv:1701.02810*.

Klementiev, A., I. Titov, and B. Bhattarai. 2012. Inducing crosslingual distributed representations of words. In *Proceedings of the International Conference on Computational Linguistics (COLING)*.

Klenner, M. 2007. Enforcing consistency on coreference sets. In *Recent Advances in Natural Language Processing (RANLP)*.

Knight, K. 1999. Decoding complexity in word-replacement translation models. *Computational Linguistics* 25 (4): 607–615.

Knight, K., and J. Graehl. 1998. Machine transliteration. *Computational Linguistics* 24 (4): 599–612.

Knight, K., and D. Marcu. 2000. Statistics-based summarization—step one: Sentence compression. In *Proceedings of the National Conference on Artificial Intelligence (AAAI)*.

Knight, K., and J. May. 2009. Applications of weighted automata in natural language processing. In *Handbook of Weighted Automata*, 571–596. New York, NY: Springer.

Knott, A. 1996. A data-driven methodology for motivating a set of coherence relations. PhD diss, The University of Edinburgh.

Koehn, P. 2005. Europarl: A parallel corpus for statistical machine translation. In *MT Summit*, Vol. 5.

Koehn, P. 2009. *Statistical Machine Translation*. Cambridge, UK: Cambridge University Press.

Koehn, P. 2017. Neural machine translation. *arXiv preprint arXiv:1709.07809*.

Konstas, I., and M. Lapata. 2013. A global model for concept-to-text generation. *Journal of Artificial Intelligence Research* 48: 305–346.

Koo, T., and M. Collins. 2005. Hidden-variable models for discriminative reranking. In *Proceedings of Empirical Methods for Natural Language Processing (EMNLP)*.

Koo, T., and M. Collins. 2010. Efficient third-order dependency parsers. In *Proceedings of the Association for Computational Linguistics (ACL)*.

Koo, T., X. Carreras, and M. Collins. 2008. Simple semi-supervised dependency parsing. In *Proceedings of the Association for Computational Linguistics (ACL)*.

Koo, T., A. Globerson, X. Carreras, and M. Collins. 2007. Structured prediction models via the matrix-tree theorem. In *Proceedings of Empirical Methods for Natural Language Processing (EMNLP)*.

Kovach, B., and T. Rosenstiel. 2014. *The Elements of Journalism: What Newspeople Should Know and the Public Should Expect*. New York, NY: Three Rivers Press.

Krishnamurthy, J. 2016. Probabilistic models for learning a semantic parser lexicon. In *Proceedings of the North American Chapter of the Association for Computational Linguistics (NAACL)*.

Krishnamurthy, J., and T. M. Mitchell. 2012. Weakly supervised training of semantic parsers. In *Proceedings of Empirical Methods for Natural Language Processing (EMNLP)*.

Krizhevsky, A., I. Sutskever, and G. E. Hinton. 2012. Imagenet classification with deep convolutional neural networks. In *Neural Information Processing Systems (NeurIPS)*.

Kübler, S., R. McDonald, and J. Nivre. 2009. Dependency parsing. *Synthesis Lectures on Human Language Technologies* 1 (1): 1–127.

Kuhlmann, M., and J. Nivre. 2010. Transition-based techniques for non-projective dependency parsing. *Northern European Journal of Language Technology (NEJLT)* 2 (1): 1–19.

Kummerfeld, J. K., T. Berg-Kirkpatrick, and D. Klein. 2015. An empirical analysis of optimization for max-margin NLP. In *Proceedings of Empirical Methods for Natural Language Processing (EMNLP)*.

Kwiatkowski, T., S. Goldwater, L. Zettlemoyer, and M. Steedman. 2012. A probabilistic model of syntactic and semantic acquisition from child-directed utterances and their meanings. In *Proceedings of the European Chapter of the Association for Computational Linguistics (EACL)*.

Lafferty, J., A. McCallum, and F. Pereira. 2001. Conditional random fields: Probabilistic models for segmenting and labeling sequence data. In *Proceedings of the International Conference on Machine Learning (ICML)*.

Lakoff, G. 1973. Hedges: A study in meaning criteria and the logic of fuzzy concepts. *Journal of Philosophical Logic* 2 (4): 458–508.

Lample, G., M. Ballesteros, S. Subramanian, K. Kawakami, and C. Dyer. 2016. Neural architectures for named entity recognition. In *Proceedings of the North American Chapter of the Association for Computational Linguistics (NAACL)*.

Langkilde, I., and K. Knight. 1998. Generation that exploits corpus-based statistical knowledge. In *Proceedings of the Association for Computational Linguistics (ACL)*.

Lapata, M. 2003. Probabilistic text structuring: Experiments with sentence ordering. In *Proceedings of the Association for Computational Linguistics (ACL)*.

Lappin, S., and H. J. Leass. 1994. An algorithm for pronominal anaphora resolution. *Computational Linguistics* 20 (4): 535–561.

Lari, K., and S. J. Young. 1990. The estimation of stochastic context-free grammars using the inside-outside algorithm. *Computer Speech & Language* 4 (1): 35–56.

Lascarides, A., and N. Asher. 2007. Segmented discourse representation theory: Dynamic semantics with discourse structure. In *Computing Meaning*, eds. H. Bunt and R. Muskens, Vol. 3, 87–124. New York, NY: Springer.

Law, E., and L. v. Ahn. 2011. *Human Computation*. Vol. 5 of *Synthesis lectures on artificial intelligence and machine learning*. San Rafael, CA: Morgan & Claypool.

Lebret, R., D. Grangier, and M. Auli. 2016. Neural text generation from structured data with application to the biography domain. In *Proceedings of Empirical Methods for Natural Language Processing (EMNLP)*.

LeCun, Y., L. Bottou, G. B. Orr, and K.-R. Müller. 2012. Efficient backprop. In *Neural Networks: Tricks of the Trade*, eds. G. Montavon, G. B. Orr, and K.-R. Müller, 9–50. New York, NY: Springer.

Lee, C. M., and S. S. Narayanan. 2005. Toward detecting emotions in spoken dialogs. *IEEE Transactions on Speech and Audio Processing* 13 (2): 293–303.

Lee, H., Y. Peirsman, A. Chang, N. Chambers, M. Surdeanu, and D. Jurafsky. 2011. Stanford's multi-pass sieve coreference resolution system at the conll-2011 shared task. In *Proceedings of the Conference on Natural Language Learning (CoNLL)*.

Lee, H., A. Chang, Y. Peirsman, N. Chambers, M. Surdeanu, and D. Jurafsky. 2013. Deterministic coreference resolution based on entity-centric, precision-ranked rules. *Computational Linguistics* 39 (4): 885–916.

Lee, K., L. He, and L. Zettlemoyer. 2018. Higher-order coreference resolution with coarse-to-fine inference. In *Proceedings of the North American Chapter of the Association for Computational Linguistics (NAACL)*.

Lee, K., L. He, M. Lewis, and L. Zettlemoyer. 2017. End-to-end neural coreference resolution. In *Proceedings of Empirical Methods for Natural Language Processing (EMNLP)*.

Lenat, D. B., R. V. Guha, K. Pittman, D. Pratt, and M. Shepherd. 1990. Cyc: Toward programs with common sense. *Communications of the ACM* 33 (8): 30–49.

Lesk, M. 1986. Automatic sense disambiguation using machine readable dictionaries: How to tell a pine cone from an ice cream cone. In *Proceedings of the 5th Annual International Conference on Systems Documentation*.

Levesque, H. J., E. Davis, and L. Morgenstern. 2011. The Winograd schema challenge. In *AAAI Spring Symposium: Logical Formalizations of Commonsense Reasoning*.

Levin, E., R. Pieraccini, and W. Eckert. 1998. Using Markov decision process for learning dialogue strategies. In *Proceedings of the International Conference on Acoustics, Speech and Signal Processing*, Vol. 1.

Levy, O., and Y. Goldberg. 2014. Dependency-based word embeddings. In *Proceedings of the Association for Computational Linguistics (ACL)*.

Levy, O., Y. Goldberg, and I. Dagan. 2015. Improving distributional similarity with lessons learned from word embeddings. *Transactions of the Association for Computational Linguistics* 3: 211–225.

Levy, R., and C. Manning. 2009 (accessed February 9, 2019). An Informal Introduction to Computational Semantics. idiom.ucsd.edu/~rlevy/teaching/winter2009/ligncse256/lectures/lecture_14_compositional_semantics.pdf.

Lewis II, P. M., and R. E. Stearns. 1968. Syntax-directed transduction. *Journal of the ACM* 15 (3): 465–488.

Lewis, M., and M. Steedman. 2013. Combined distributional and logical semantics. *Transactions of the Association for Computational Linguistics* 1: 179–192.

Li, J., and D. Jurafsky. 2015. Do multi-sense embeddings improve natural language understanding? In *Proceedings of Empirical Methods for Natural Language Processing (EMNLP)*. http://aclweb.org/anthology/D15-1200.

Li, J., and D. Jurafsky. 2017. Neural net models of open-domain discourse coherence. In *Proceedings of Empirical Methods for Natural Language Processing (EMNLP)*.

Li, J., R. Li, and E. Hovy. 2014. Recursive deep models for discourse parsing. In *Proceedings of Empirical Methods for Natural Language Processing (EMNLP)*.

Li, J., M.-T. Luong, and D. Jurafsky. 2015a. A hierarchical neural autoencoder for paragraphs and documents. In *Proceedings of Empirical Methods for Natural Language Processing (EMNLP)*.

Li, J., T. Luong, D. Jurafsky, and E. Hovy. 2015b. When are tree structures necessary for deep learning of representations? In *Proceedings of Empirical Methods for Natural Language Processing (EMNLP)*.

Li, J., W. Monroe, A. Ritter, D. Jurafsky, M. Galley, and J. Gao. 2016. Deep reinforcement learning for dialogue generation. In *Proceedings of Empirical Methods for Natural Language Processing (EMNLP)*.

Li, Q., H. Ji, and L. Huang. 2013. Joint event extraction via structured prediction with global features. In *Proceedings of the Association for Computational Linguistics (ACL)*.

Li, Q., S. Anzaroot, W.-P. Lin, X. Li, and H. Ji. 2011. Joint inference for cross-document information extraction. In *Proceedings of the International Conference on Information and Knowledge Management (CIKM)*.

Liang, P. 2005. Semi-supervised learning for natural language. Master's thesis, Massachusetts Institute of Technology.

Liang, P., and D. Klein. 2009. Online EM for unsupervised models. In *Proceedings of the North American Chapter of the Association for Computational Linguistics (NAACL)*.

Liang, P., and C. Potts. 2015. Bringing machine learning and compositional semantics together. *Annual Review of Linguistics* 1 (1): 355–376.

Liang, P., M. Jordan, and D. Klein. 2009. Learning semantic correspondences with less supervision. In *Proceedings of the Association for Computational Linguistics (ACL)*.

Liang, P., M. I. Jordan, and D. Klein. 2013. Learning dependency-based compositional semantics. *Computational Linguistics* 39 (2): 389–446.

Liang, P., A. Bouchard-Côté, D. Klein, and B. Taskar. 2006. An end-to-end discriminative approach to machine translation. In *Proceedings of the Association for Computational Linguistics (ACL)*.

Liang, P., S. Petrov, M. I. Jordan, and D. Klein. 2007. The infinite PCFG using hierarchical Dirichlet processes. In *Proceedings of Empirical Methods for Natural Language Processing (EMNLP)*.

Lieber, R. 2015. *Introducing Morphology*. Cambridge, UK: Cambridge University Press.

Lin, D. 1998. Automatic retrieval and clustering of similar words. In *Proceedings of the International Conference on Computational Linguistics (COLING)*.

Lin, J., and C. Dyer. 2010. Data-intensive text processing with mapreduce. *Synthesis Lectures on Human Language Technologies* 3 (1): 1–177.

Lin, Z., M.-Y. Kan, and H. T. Ng. 2009. Recognizing implicit discourse relations in the Penn Discourse Treebank. In *Proceedings of Empirical Methods for Natural Language Processing (EMNLP)*.

Lin, Z., H. T. Ng, and M.-Y. Kan. 2011. Automatically evaluating text coherence using discourse relations. In *Proceedings of the Association for Computational Linguistics (ACL)*.

Lin, Z., H. T. Ng, and M.-Y. Kan. 2014. A PDTB-styled end-to-end discourse parser. *Natural Language Engineering* 20 (2): 151–184.

Lin, Z., M. Feng, C. N. d. Santos, M. Yu, B. Xiang, B. Zhou, and Y. Bengio. 2017. A structured self-attentive sentence embedding. In *Proceedings of the International Conference on Learning Representations (ICLR)*.

Ling, W., G. Xiang, C. Dyer, A. Black, and I. Trancoso. 2013. Microblogs as parallel corpora. In *Proceedings of the Association for Computational Linguistics (ACL)*.

Ling, W., C. Dyer, A. Black, and I. Trancoso. 2015a. Two/too simple adaptations of word2vec for syntax problems. In *Proceedings of the North American Chapter of the Association for Computational Linguistics (NAACL)*.

Ling, W., T. Luís, L. Marujo, R. F. Astudillo, S. Amir, C. Dyer, A. W. Black, and I. Trancoso. 2015b. Finding function in form: Compositional character models for open vocabulary word representation. In *Proceedings of Empirical Methods for Natural Language Processing (EMNLP)*.

Ling, X., S. Singh, and D. S. Weld. 2015c. Design challenges for entity linking. *Transactions of the Association for Computational Linguistics* 3: 315–328.

Linguistic Data Consortium. 2005. ACE (automatic content extraction) English annotation guidelines for relations, Technical Report 5.8.3, Linguistic Data Consortium.

Liu, B. 2015. *Sentiment Analysis: Mining Opinions, Sentiments, and Emotions*. Cambridge, UK: Cambridge University Press.

Liu, D. C., and J. Nocedal. 1989. On the limited memory BFGS method for large scale optimization. *Mathematical Programming* 45 (1-3): 503–528.

Liu, Y., Q. Liu, and S. Lin. 2006. Tree-to-string alignment template for statistical machine translation. In *Proceedings of the Association for Computational Linguistics (ACL)*.

Loper, E., and S. Bird. 2002. NLTK: The natural language toolkit. In *Proceedings of the Workshop on Effective Tools and Methodologies for Teaching Natural Language Processing and Computational Linguistics*.

Louis, A., and A. Nenkova. 2013. What makes writing great? first experiments on article quality prediction in the science journalism domain. *Transactions of the Association for Computational Linguistics* 1: 341–352.

Louis, A., A. Joshi, and A. Nenkova. 2010. Discourse indicators for content selection in summarization. In *Proceedings of the Special Interest Group on Discourse and Dialogue (SIGDIAL)*.

Loveland, D. W. 2016. *Automated Theorem Proving: A Logical Basis*. New York, NY: Elsevier.

Lowe, R., N. Pow, I. V. Serban, and J. Pineau. 2015. The Ubuntu Dialogue Corpus: A large dataset for research in unstructured multi-turn dialogue systems. In *Proceedings of the Special Interest Group on Discourse and Dialogue (SIGDIAL)*.

Luo, X. 2005. On coreference resolution performance metrics. In *Proceedings of Empirical Methods for Natural Language Processing (EMNLP)*.

Luo, X., A. Ittycheriah, H. Jing, N. Kambhatla, and S. Roukos. 2004. A mention-synchronous coreference resolution algorithm based on the bell tree. In *Proceedings of the Association for Computational Linguistics (ACL)*.

Luong, M.-T., R. Socher, and C. D. Manning. 2013. Better word representations with recursive neural networks for morphology. In *Proceedings of the Conference on Natural Language Learning (CoNLL)*.

Luong, T., H. Pham, and C. D. Manning. 2015a. Effective approaches to attention-based neural machine translation. In *Proceedings of Empirical Methods for Natural Language Processing (EMNLP)*.

Luong, T., I. Sutskever, Q. Le, O. Vinyals, and W. Zaremba. 2015b. Addressing the rare word problem in neural machine translation. In *Proceedings of the Association for Computational Linguistics (ACL)*.

Maas, A. L., A. Y. Hannun, and A. Y. Ng. 2013. Rectifier nonlinearities improve neural network acoustic models. In *Proceedings of the International Conference on Machine Learning (ICML)*.

Magerman, D. M. 1995. Statistical decision-tree models for parsing. In *Proceedings of the Association for Computational Linguistics (ACL)*.

Mairesse, F., and M. A. Walker. 2011. Controlling user perceptions of linguistic style: Trainable generation of personality traits. *Computational Linguistics* 37 (3): 455–488.

Mani, I., M. Verhagen, B. Wellner, C. M. Lee, and J. Pustejovsky. 2006. Machine learning of temporal relations. In *Proceedings of the Association for Computational Linguistics (ACL)*.

Mann, W. C., and S. A. Thompson. 1988. Rhetorical structure theory: Toward a functional theory of text organization. *Text* 8 (3): 243–281.

Manning, C. D. 2015. Last words: Computational linguistics and deep learning. *Computational Linguistics* 41 (4): 701–707.

Manning, C. D., and H. Schütze. 1999. *Foundations of Statistical Natural Language Processing*. Cambridge, MA: MIT Press.

Manning, C. D., P. Raghavan, and H. Schütze. 2009. *An Introduction to Information Retrieval*. Cambridge, UK: Cambridge University Press.

Marcu, D. 1996. Building up rhetorical structure trees. In *Proceedings of the National Conference on Artificial Intelligence*.

Marcu, D. 1997a. From discourse structures to text summaries. In *Proceedings of the Workshop on Intelligent Scalable Text Summarization*.

Marcu, D. 1997b. From local to global coherence: A bottom-up approach to text planning. In *Proceedings of the National Conference on Artificial Intelligence (AAAI)*.

Marcus, M. P., M. A. Marcinkiewicz, and B. Santorini. 1993. Building a large annotated corpus of English: The Penn Treebank. *Computational Linguistics* 19 (2): 313–330.

Maron, O., and T. Lozano-Pérez. 1998. A framework for multiple-instance learning. In *Neural Information Processing Systems (NeurIPS)*.

Márquez, G. G. 1970. *One Hundred Years of Solitude*. New York, NY: Harper & Row. English translation by Gregory Rabassa.

Martins, A. F. T., N. A. Smith, and E. P. Xing. 2009. Concise integer linear programming formulations for dependency parsing. In *Proceedings of the Association for Computational Linguistics (ACL)*.

Martins, A. F. T., N. A. Smith, E. P. Xing, P. M. Q. Aguiar, and M. A. T. Figueiredo. 2010. Turbo parsers: Dependency parsing by approximate variational inference. In *Proceedings of Empirical Methods for Natural Language Processing (EMNLP)*.

Matsuzaki, T., Y. Miyao, and J. Tsujii. 2005. Probabilistic CFG with latent annotations. In *Proceedings of the Association for Computational Linguistics (ACL)*.

Matthiessen, C., and J. A. Bateman. 1991. *Text Generation and Systemic-Functional Linguistics: Experiences from English and Japanese*. London, UK: Pinter Publishers.

McCallum, A., and W. Li. 2003. Early results for named entity recognition with conditional random fields, feature induction and web-enhanced lexicons. In *Proceedings of the North American Chapter of the Association for Computational Linguistics (NAACL)*.

McCallum, A., and B. Wellner. 2004. Conditional models of identity uncertainty with application to noun coreference. In *Neural Information Processing Systems (NeurIPS)*.

McDonald, R., and F. Pereira. 2006. Online learning of approximate dependency parsing algorithms. In *Proceedings of the European Chapter of the Association for Computational Linguistics (EACL)*.

McDonald, R., K. Crammer, and F. Pereira. 2005. Online large-margin training of dependency parsers. In *Proceedings of the Association for Computational Linguistics (ACL)*.

McDonald, R., K. Hannan, T. Neylon, M. Wells, and J. Reynar. 2007. Structured models for fine-to-coarse sentiment analysis. In *Proceedings of the Association for Computational Linguistics (ACL)*.

McKeown, K. 1992. *Text Generation*. Cambridge, UK: Cambridge University Press.

McKeown, K. R., R. Barzilay, D. Evans, V. Hatzivassiloglou, J. L. Klavans, A. Nenkova, C. Sable, B. Schiffman, and S. Sigelman. 2002. Tracking and summarizing news on a daily basis with Columbia's Newsblaster. In *Proceedings of the International Conference on Human Language Technology Research (HLT)*.

McKeown, K., S. Rosenthal, K. Thadani, and C. Moore. 2010. Time-efficient creation of an accurate sentence fusion corpus. In *Proceedings of the North American Chapter of the Association for Computational Linguistics (NAACL)*.

McNamee, P., and H. T. Dang. 2009. Overview of the TAC 2009 knowledge base population track. In *Proceedings of the Text Analysis Conference (TAC)*.

Medlock, B., and T. Briscoe. 2007. Weakly supervised learning for hedge classification in scientific literature. In *Proceedings of the Association for Computational Linguistics (ACL)*.

Mei, H., M. Bansal, and M. R. Walter. 2016. What to talk about and how? Selective generation using LSTMs with coarse-to-fine alignment. In *Proceedings of the North American Chapter of the Association for Computational Linguistics (NAACL)*.

Merity, S., N. S. Keskar, and R. Socher. 2018. Regularizing and optimizing LSTM language models. In *Proceedings of the International Conference on Learning Representations (ICLR)*.

Merity, S., C. Xiong, J. Bradbury, and R. Socher. 2017. Pointer sentinel mixture models. In *Proceedings of the International Conference on Learning Representations (ICLR)*.

Messud, C. 2014. A new 'l'étranger'. *New York Review of Books*. June 5.

Miao, Y., and P. Blunsom. 2016. Language as a latent variable: Discrete generative models for sentence compression. In *Proceedings of Empirical Methods for Natural Language Processing (EMNLP)*.

Miao, Y., L. Yu, and P. Blunsom. 2016. Neural variational inference for text processing. In *Proceedings of the International Conference on Machine Learning (ICML)*.

Mihalcea, R., and D. Radev. 2011. *Graph-Based Natural Language Processing and Information Retrieval*. Cambridge, UK: Cambridge University Press.

Mihalcea, R., T. A. Chklovski, and A. Kilgarriff. 2004. The SENSEVAL-3 English lexical sample task. In *Proceedings of SENSEVAL-3*.

Mikolov, T., and G. Zweig. 2012. Context dependent recurrent neural network language model. In *Proceedings of the International Workshop on Spoken Language Translation (IWSLT)*.

Mikolov, T., W.-t. Yih, and G. Zweig. 2013. Linguistic regularities in continuous space word representations. In *Proceedings of the North American Chapter of the Association for Computational Linguistics (NAACL)*.

Mikolov, T., M. Karafiát, L. Burget, J. Cernocký, and S. Khudanpur. 2010. Recurrent neural network based language model. In *Proceedings of the International Speech Communication Association (INTERSPEECH)*.

Mikolov, T., A. Deoras, D. Povey, L. Burget, and J. Cernocky. 2011. Strategies for training large scale neural network language models. In *Proceedings of the Workshop on Automatic Speech Recognition and Understanding (ASRU)*.

Mikolov, T., K. Chen, G. Corrado, and J. Dean. 2013a. Efficient estimation of word representations in vector space. In *Proceedings of the International Conference on Learning Representations (ICLR)*.

Mikolov, T., I. Sutskever, K. Chen, G. S. Corrado, and J. Dean. 2013b. Distributed representations of words and phrases and their compositionality. In *Neural Information Processing Systems (NeurIPS)*.

Miller, G. A., G. A. Heise, and W. Lichten. 1951. The intelligibility of speech as a function of the context of the test materials. *Journal of Experimental Psychology* 41 (5): 329.

Miller, M., C. Sathi, D. Wiesenthal, J. Leskovec, and C. Potts. 2011. Sentiment flow through hyperlink networks. In *Proceedings of the International Conference on Web and Social Media (ICWSM)*.

Miller, S., J. Guinness, and A. Zamanian. 2004. Name tagging with word clusters and discriminative training. In *Proceedings of the North American Chapter of the Association for Computational Linguistics (NAACL)*.

Milne, D., and I. H. Witten. 2008. Learning to link with Wikipedia. In *Proceedings of the International Conference on Information and Knowledge Management (CIKM)*.

Miltsakaki, E., and K. Kukich. 2004. Evaluation of text coherence for electronic essay scoring systems. *Natural Language Engineering* 10 (1): 25–55.

Minka, T. P. 1999. From hidden Markov models to linear dynamical systems, Technical Report 531, Vision and Modeling Group of Media Lab, MIT.

Minsky, M. 1974. A framework for representing knowledge, Technical Report 306, MIT AI Laboratory.

Minsky, M., and S. Papert. 1969. *Perceptrons*. Cambridge, MA: MIT Press.

Mintz, M., S. Bills, R. Snow, and D. Jurafsky. 2009. Distant supervision for relation extraction without labeled data. In *Proceedings of the Association for Computational Linguistics (ACL)*.

Mirza, P., R. Sprugnoli, S. Tonelli, and M. Speranza. 2014. Annotating causality in the TempEval-3 corpus. In *Proceedings of Workshop on Computational Approaches to Causality in Language (CAtoCL)*.

Misra, D. K., and Y. Artzi. 2016. Neural shift-reduce CCG semantic parsing. In *Proceedings of Empirical Methods for Natural Language Processing (EMNLP)*.

Mitchell, J., and M. Lapata. 2010. Composition in distributional models of semantics. *Cognitive Science* 34 (8): 1388–1429.

Miwa, M., and M. Bansal. 2016. End-to-end relation extraction using LSTMs on sequences and tree structures. In *Proceedings of the Association for Computational Linguistics (ACL)*.

Mnih, A., and G. Hinton. 2007. Three new graphical models for statistical language modelling. In *Proceedings of the International Conference on Machine Learning (ICML)*.

Mnih, A., and G. E. Hinton. 2008. A scalable hierarchical distributed language model. In *Neural Information Processing Systems (NeurIPS)*.

Mnih, A., and Y. W. Teh. 2012. A fast and simple algorithm for training neural probabilistic language models. In *Proceedings of the International Conference on Machine Learning (ICML)*.

Mohammad, S. M., and P. D. Turney. 2013. Crowdsourcing a word–emotion association lexicon. *Computational Intelligence* 29 (3): 436–465.

Mohri, M., F. Pereira, and M. Riley. 2002. Weighted finite-state transducers in speech recognition. *Computer Speech & Language* 16 (1): 69–88.

Mohri, M., A. Rostamizadeh, and A. Talwalkar. 2012. *Foundations of Machine Learning*. Cambridge, MA: MIT Press.

Montague, R. 1973. The proper treatment of quantification in ordinary English. In *Approaches to Natural Language*, eds. J. Hintikka, J. Moravcsik, and P. Suppes, 221–242. New York, NY: Springer.

Moore, J. D., and C. L. Paris. 1993. Planning text for advisory dialogues: Capturing intentional and rhetorical information. *Computational Linguistics* 19 (4): 651–694.

Morante, R., and E. Blanco. 2012. *SEM 2012 shared task: Resolving the scope and focus of negation. In *Proceedings of the First Joint Conference on Lexical and Computational Semantics*.

Morante, R., and W. Daelemans. 2009. Learning the scope of hedge cues in biomedical texts. In *Proceedings of the Workshop on Current Trends in Biomedical Natural Language Processing*.

Morante, R., and C. Sporleder. 2012. Modality and negation: An introduction to the special issue. *Computational Linguistics* 38 (2): 223–260.

Mostafazadeh, N., A. Grealish, N. Chambers, J. Allen, and L. Vanderwende. 2016. CaTeRS: Causal and temporal relation scheme for semantic annotation of event structures. In *Proceedings of the Fourth Workshop on Events*.

Mueller, T., H. Schmid, and H. Schütze. 2013. Efficient higher-order CRFs for morphological tagging. In *Proceedings of Empirical Methods for Natural Language Processing (EMNLP)*.

Müller, C., and M. Strube. 2006. Multi-level annotation of linguistic data with MMAX2. In *Corpus Technology and Language Pedagogy: New Resources, New Tools, New Methods*, eds. S. Braun, K. Kohn, and J. Mukherjee, 197–214. Frankfurt: Peter Lang Publishing.

Muralidharan, A., and M. A. Hearst. 2013. Supporting exploratory text analysis in literature study. *Literary and Linguistic Computing* 28 (2): 283–295.

Murphy, K. P. 2012. *Machine Learning: A Probabilistic Perspective*. Cambridge, MA: MIT Press.

Nakagawa, T., K. Inui, and S. Kurohashi. 2010. Dependency tree-based sentiment classification using CRFs with hidden variables. In *Proceedings of the North American Chapter of the Association for Computational Linguistics (NAACL)*.

Nakazawa, T., M. Yaguchi, K. Uchimoto, M. Utiyama, E. Sumita, S. Kurohashi, and H. Isahara. 2016. ASPEC: Asian scientific paper excerpt corpus. In *Proceedings of the Language Resources and Evaluation Conference (LREC)*.

Navigli, R. 2009. Word sense disambiguation: A survey. *ACM Computing Surveys* 41 (2): 10.

Neal, R. M., and G. E. Hinton. 1998. A view of the EM algorithm that justifies incremental, sparse, and other variants. In *Learning in Graphical Models*, ed. M. I. Jordan, 355–368. New York, NY: Springer.

Nenkova, A., and K. McKeown. 2012. A survey of text summarization techniques. In *Mining Text Data*, eds. C. Aggarwal and C. Zhai, 43–76. Boston, MA: Springer.

Neubig, G. 2017. Neural machine translation and sequence-to-sequence models: A tutorial. *arXiv preprint arXiv:1703.01619*.

Neubig, G., Y. Goldberg, and C. Dyer. 2017a. On-the-fly operation batching in dynamic computation graphs. In *Neural Information Processing Systems (NeurIPS)*.

Neubig, G., C. Dyer, Y. Goldberg, A. Matthews, W. Ammar, A. Anastasopoulos, M. Ballesteros, D. Chiang, D. Clothiaux, T. Cohn, K. Duh, M. Faruqui, C. Gan, D. Garrette, Y. Ji, L. Kong, A. Kuncoro, G. Kumar, C. Malaviya, P. Michel, Y. Oda, M. Richardson, N. Saphra, S. Swayamdipta, and P. Yin. 2017b. Dynet: The dynamic neural network toolkit. *arXiv:1701.03980*.

Neubig, G., M. Sperber, X. Wang, M. Felix, A. Matthews, S. Padmanabhan, Y. Qi, D. S. Sachan, P. Arthur, P. Godard, J. Hewitt, R. Riad, and L. Wang. 2018. XNMT: The extensible neural machine translation toolkit. In *Proceedings of the Association for Machine Translation in the Americas (AMTA)*.

Neuhaus, P., and N. Bröker. 1997. The complexity of recognition of linguistically adequate dependency grammars. In *Proceedings of the European Chapter of the Association for Computational Linguistics (EACL)*.

Newman, D., C. Chemudugunta, and P. Smyth. 2006. Statistical entity-topic models. In *Proceedings of Knowledge Discovery and Data Mining (KDD)*.

Ng, V. 2010. Supervised noun phrase coreference research: The first fifteen years. In *Proceedings of the Association for Computational Linguistics (ACL)*.

Nguyen, D., and A. S. Dogruöz. 2013. Word level language identification in online multilingual communication. In *Proceedings of Empirical Methods for Natural Language Processing (EMNLP)*.

Nguyen, D. T., and S. Joty. 2017. A neural local coherence model. In *Proceedings of the Association for Computational Linguistics (ACL)*.

Nigam, K., A. K. McCallum, S. Thrun, and T. Mitchell. 2000. Text classification from labeled and unlabeled documents using em. *Machine Learning* 39 (2-3): 103–134.

Nirenburg, S., and Y. Wilks. 2001. What's in a symbol: Ontology, representation and language. *Journal of Experimental & Theoretical Artificial Intelligence* 13 (1): 9–23.

Nivre, J. 2008. Algorithms for deterministic incremental dependency parsing. *Computational Linguistics* 34 (4): 513–553.

Nivre, J., and J. Nilsson. 2005. Pseudo-projective dependency parsing. In *Proceedings of the Association for Computational Linguistics (ACL)*.

Nivre, J., M.-C. de Marneffe, F. Ginter, Y. Goldberg, J. Hajič, C. D. Manning, R. McDonald, S. Petrov, S. Pyysalo, N. Silveira, R. Tsarfaty, and D. Zeman. 2016. Universal dependencies v1: A multilingual treebank collection. In *Proceedings of the Language Resources and Evaluation Conference (LREC)*.

Novikoff, A. B. J. 1962. On convergence proofs on perceptrons. In *Proceedings of the Symposium on the Mathematical Theory of Automata*, Vol. 12.

Och, F. J., and H. Ney. 2003. A systematic comparison of various statistical alignment models. *Computational Linguistics* 29 (1): 19–51.

O'Connor, B., M. Krieger, and D. Ahn. 2010. Tweetmotif: Exploratory search and topic summarization for Twitter. In *Proceedings of the International Conference on Web and Social Media (ICWSM)*.

Oepen, S., M. Kuhlmann, Y. Miyao, D. Zeman, D. Flickinger, J. Hajic, A. Ivanova, and Y. Zhang. 2014. SemEval 2014 task 8: Broad-coverage semantic dependency parsing. In *Proceedings of the 8th International Workshop on Semantic Evaluation (SemEval 2014)*.

Oflazer, K., and İ. Kuruöz. 1994. Tagging and morphological disambiguation of Turkish text. In *Proceedings of the Conference on Applied Natural Language Processing*.

Ohta, T., Y. Tateisi, and J.-D. Kim. 2002. The GENIA corpus: An annotated research abstract corpus in molecular biology domain. In *Proceedings of the International Conference on Human Language Technology Research (HLT)*.

Onishi, T., H. Wang, M. Bansal, K. Gimpel, and D. McAllester. 2016. Who did what: A large-scale person-centered cloze dataset. In *Proceedings of Empirical Methods for Natural Language Processing (EMNLP)*.

Owoputi, O., B. O'Connor, C. Dyer, K. Gimpel, N. Schneider, and N. A. Smith. 2013. Improved part-of-speech tagging for online conversational text with word clusters. In *Proceedings of the North American Chapter of the Association for Computational Linguistics (NAACL)*.

Packard, W., E. M. Bender, J. Read, S. Oepen, and R. Dridan. 2014. Simple negation scope resolution through deep parsing: A semantic solution to a semantic problem. In *Proceedings of the Association for Computational Linguistics (ACL)*.

Paice, C. D. 1990. Another stemmer. In *ACM SIGIR Forum*, Vol. 24.

Pak, A., and P. Paroubek. 2010. Twitter as a corpus for sentiment analysis and opinion mining. In *Proceedings of the Language Resources and Evaluation Conference (LREC)*.

Palmer, F. R. 2001. *Mood and Modality*. Cambridge, UK: Cambridge University Press.

Palmer, M., D. Gildea, and P. Kingsbury. 2005. The Proposition Bank: An annotated corpus of semantic roles. *Computational Linguistics* 31 (1): 71–106.

Pan, S. J., and Q. Yang. 2010. A survey on transfer learning. *IEEE Transactions on Knowledge and Data Engineering* 22 (10): 1345–1359.

Pang, B., and L. Lee. 2004. A sentimental education: Sentiment analysis using subjectivity summarization based on minimum cuts. In *Proceedings of the Association for Computational Linguistics (ACL)*.

Pang, B., and L. Lee. 2005. Seeing stars: Exploiting class relationships for sentiment categorization with respect to rating scales. In *Proceedings of the Association for Computational Linguistics (ACL)*.

Pang, B., and L. Lee. 2008. Opinion mining and sentiment analysis. *Foundations and Trends in Information Retrieval* 2 (1-2): 1–135.

Pang, B., L. Lee, and S. Vaithyanathan. 2002. Thumbs up? Sentiment classification using machine learning techniques. In *Proceedings of Empirical Methods for Natural Language Processing (EMNLP)*.

Papineni, K., S. Roukos, T. Ward, and W.-J. Zhu. 2002. BLEU: A method for automatic evaluation of machine translation. In *Proceedings of the Association for Computational Linguistics (ACL)*.

Park, J., and C. Cardie. 2012. Improving implicit discourse relation recognition through feature set optimization. In *Proceedings of the Special Interest Group on Discourse and Dialogue (SIGDIAL)*.

Parsons, T. 1991. *Events in the Semantics of English*. Cambridge, MA: MIT Press.

Pascanu, R., T. Mikolov, and Y. Bengio. 2013. On the difficulty of training recurrent neural networks. In *Proceedings of the International Conference on Machine Learning (ICML)*.

Paul, M., M. Federico, and S. Stüker. 2010. Overview of the IWSLT 2010 evaluation campaign. In *Proceedings of the International Workshop on Spoken Language Translation (IWSLT)*.

Pedersen, T., S. Patwardhan, and J. Michelizzi. 2004. WordNet::Similarity – measuring the relatedness of concepts. In *Proceedings of the North American Chapter of the Association for Computational Linguistics (NAACL)*.

Pedregosa, F., G. Varoquaux, A. Gramfort, V. Michel, B. Thirion, O. Grisel, M. Blondel, P. Prettenhofer, R. Weiss, V. Dubourg, J. Vanderplas, A. Passos, D. Cournapeau, M. Brucher, M. Perrot, and E. Duchesnay. 2011. Scikit-learn: Machine learning in Python. *Journal of Machine Learning Research* 12: 2825–2830.

Pei, W., T. Ge, and B. Chang. 2015. An effective neural network model for graph-based dependency parsing. In *Proceedings of the Association for Computational Linguistics (ACL)*.

Peldszus, A., and M. Stede. 2013. From argument diagrams to argumentation mining in texts: A survey. *International Journal of Cognitive Informatics and Natural Intelligence (IJCINI)* 7 (1): 1–31.

Peldszus, A., and M. Stede. 2015. An annotated corpus of argumentative microtexts. In *Proceedings of the First Conference on Argumentation*.

Peng, F., F. Feng, and A. McCallum. 2004. Chinese segmentation and new word detection using conditional random fields. In *Proceedings of the International Conference on Computational Linguistics (COLING)*.

Pennington, J., R. Socher, and C. Manning. 2014. Glove: Global vectors for word representation. In *Proceedings of Empirical Methods for Natural Language Processing (EMNLP)*.

Pereira, F., and Y. Schabes. 1992. Inside-outside reestimation from partially bracketed corpora. In *Proceedings of the Association for Computational Linguistics (ACL)*.

Pereira, F. C. N., and S. M. Shieber. 2002. *Prolog and Natural-Language Analysis*. Brookline, MA: Microtome Publishing.

Peters, M. E., M. Neumann, M. Iyyer, M. Gardner, C. Clark, K. Lee, and L. Zettlemoyer. 2018. Deep contextualized word representations. In *Proceedings of the North American Chapter of the Association for Computational Linguistics (NAACL)*.

Peterson, W. W., T. G. Birdsall, and W. C. Fox. 1954. The theory of signal detectability. *Transactions of the IRE Professional Group on Information Theory* 4 (4): 171–212.

Petrov, S., and R. McDonald. 2012. Overview of the 2012 shared task on parsing the web. In *Notes of the First Workshop on Syntactic Analysis of Non-Canonical Language (SANCL)*.

Petrov, S., D. Das, and R. McDonald. 2012. A universal part-of-speech tagset. In *Proceedings of the Language Resources and Evaluation Conference (LREC)*.

Petrov, S., L. Barrett, R. Thibaux, and D. Klein. 2006. Learning accurate, compact, and interpretable tree annotation. In *Proceedings of the Association for Computational Linguistics (ACL)*.

Pinker, S. 2003. *The Language Instinct: How the Mind Creates Language*. New York, NY: William Morrow & Company.

Pinter, Y., R. Guthrie, and J. Eisenstein. 2017. Mimicking word embeddings using subword RNNs. In *Proceedings of Empirical Methods for Natural Language Processing (EMNLP)*.

Pitler, E., and A. Nenkova. 2009. Using syntax to disambiguate explicit discourse connectives in text. In *Proceedings of the Association for Computational Linguistics (ACL)*.

Pitler, E., A. Louis, and A. Nenkova. 2009. Automatic sense prediction for implicit discourse relations in text. In *Proceedings of the Association for Computational Linguistics (ACL)*.

Pitler, E., M. Raghupathy, H. Mehta, A. Nenkova, A. Lee, and A. Joshi. 2008. Easily identifiable discourse relations. In *Proceedings of the International Conference on Computational Linguistics (COLING)*.

Plank, B., A. Søgaard, and Y. Goldberg. 2016. Multilingual part-of-speech tagging with bidirectional long short-term memory models and auxiliary loss. In *Proceedings of the Association for Computational Linguistics (ACL)*.

Poesio, M., R. Stevenson, B. Di Eugenio, and J. Hitzeman. 2004. Centering: A parametric theory and its instantiations. *Computational Linguistics* 30 (3): 309–363.

Polanyi, L., and A. Zaenen. 2006. Contextual valence shifters. In *Computing Attitude and Affect in Text: Theory and Applications*, eds. J. G. Shanahan, Y. Qu, and J. Wiebe. New York, NY: Springer.

Ponzetto, S. P., and M. Strube. 2006. Exploiting semantic role labeling, WordNet and Wikipedia for coreference resolution. In *Proceedings of the North American Chapter of the Association for Computational Linguistics (NAACL)*.

Ponzetto, S. P., and M. Strube. 2007. Knowledge derived from Wikipedia for computing semantic relatedness. *Journal of Artificial Intelligence Research* 30: 181–212.

Poon, H., and P. Domingos. 2008. Joint unsupervised coreference resolution with Markov logic. In *Proceedings of Empirical Methods for Natural Language Processing (EMNLP)*.

Poon, H., and P. Domingos. 2009. Unsupervised semantic parsing. In *Proceedings of Empirical Methods for Natural Language Processing (EMNLP)*.

Popel, M., D. Marecek, J. Stepánek, D. Zeman, and Z. Zabokrtskỳ. 2013. Coordination structures in dependency treebanks. In *Proceedings of the Association for Computational Linguistics (ACL)*.

Popescu, A.-M., O. Etzioni, and H. Kautz. 2003. Towards a theory of natural language interfaces to databases. In *Proceedings of Intelligent User Interfaces (IUI)*.

Poplack, S. 1980. Sometimes I'll start a sentence in Spanish y termino en Español: Toward a typology of code-switching. *Linguistics* 18 (7-8): 581–618.

Porter, M. F. 1980. An algorithm for suffix stripping. *Program* 14 (3): 130–137.

Prabhakaran, V., O. Rambow, and M. Diab. 2010. Automatic committed belief tagging. In *Proceedings of the International Conference on Computational Linguistics (COLING)*.

Pradhan, S., W. Ward, K. Hacioglu, J. H. Martin, and D. Jurafsky. 2005. Semantic role labeling using different syntactic views. In *Proceedings of the Association for Computational Linguistics (ACL)*.

Pradhan, S., L. Ramshaw, M. Marcus, M. Palmer, R. Weischedel, and N. Xue. 2011. CoNLL-2011 shared task: Modeling unrestricted coreference in OntoNotes. In *Proceedings of the Conference on Natural Language Learning (CoNLL)*.

Pradhan, S., X. Luo, M. Recasens, E. Hovy, V. Ng, and M. Strube. 2014. Scoring coreference partitions of predicted mentions: A reference implementation. In *Proceedings of the Association for Computational Linguistics (ACL)*.

Prasad, R., N. Dinesh, A. Lee, E. Miltsakaki, L. Robaldo, A. Joshi, and B. Webber. 2008. The Penn Discourse Treebank 2.0. In *Proceedings of the Language Resources and Evaluation Conference (LREC)*.

Punyakanok, V., D. Roth, and W.-t. Yih. 2008. The importance of syntactic parsing and inference in semantic role labeling. *Computational Linguistics* 34 (2): 257–287.

Pustejovsky, J., P. Hanks, R. Saurí, A. See, R. Gaizauskas, A. Setzer, D. Radev, B. Sundheim, D. Day, L. Ferro, and M. Lazo. 2003. The TIMEBANK corpus. In *Proceedings of the Conference on Corpus Linguistics*.

Pustejovsky, J., B. Ingria, R. Sauri, J. Castano, J. Littman, R. Gaizauskas, A. Setzer, G. Katz, and I. Mani. 2005. The specification language TimeML. In *The Language of Time: A Reader*, 545–557. Oxford, UK: Oxford University Press.

Qin, L., Z. Zhang, H. Zhao, Z. Hu, and E. Xing. 2017. Adversarial connective-exploiting networks for implicit discourse relation classification. In *Proceedings of the Association for Computational Linguistics (ACL)*.

Qiu, G., B. Liu, J. Bu, and C. Chen. 2011. Opinion word expansion and target extraction through double propagation. *Computational Linguistics* 37 (1): 9–27.

Quattoni, A., S. Wang, L.-P. Morency, M. Collins, and T. Darrell. 2007. Hidden conditional random fields. *IEEE Transactions on Pattern Analysis and Machine Intelligence* 29 (10): 1848–1852.

Rahman, A., and V. Ng. 2011. Narrowing the modeling gap: A cluster-ranking approach to coreference resolution. *Journal of Artificial Intelligence Research* 40: 469–521.

Rajpurkar, P., J. Zhang, K. Lopyrev, and P. Liang. 2016. SQuAD: 100,000+ questions for machine comprehension of text. In *Proceedings of Empirical Methods for Natural Language Processing (EMNLP)*.

666

Ranzato, M., S. Chopra, M. Auli, and W. Zaremba. 2016. Sequence level training with recurrent neural networks. In *Proceedings of the International Conference on Learning Representations (ICLR)*.

Rao, D., D. Yarowsky, A. Shreevats, and M. Gupta. 2010. Classifying latent user attributes in Twitter. In *Proceedings of Workshop on Search and Mining User-Generated Contents*.

Ratinov, L., and D. Roth. 2009. Design challenges and misconceptions in named entity recognition. In *Proceedings of the Conference on Natural Language Learning (CoNLL)*.

Ratinov, L., D. Roth, D. Downey, and M. Anderson. 2011. Local and global algorithms for disambiguation to wikipedia. In *Proceedings of the Association for Computational Linguistics (ACL)*.

Ratliff, N. D., J. A. Bagnell, and M. Zinkevich. 2007. (Approximate) subgradient methods for structured prediction. In *Proceedings of Artificial Intelligence and Statistics (AISTATS)*.

Ratnaparkhi, A. 1996. A maximum entropy model for part-of-speech tagging. In *Proceedings of Empirical Methods for Natural Language Processing (EMNLP)*.

Ratnaparkhi, A., J. Reynar, and S. Roukos. 1994. A maximum entropy model for prepositional phrase attachment. In *Proceedings of the International Conference on Human Language Technology Research (HLT)*.

Read, J. 2005. Using emoticons to reduce dependency in machine learning techniques for sentiment classification. In *Proceedings of the ACL Student Research Workshop*.

Reisinger, D., R. Rudinger, F. Ferraro, C. Harman, K. Rawlins, and B. V. Durme. 2015. Semantic proto-roles. *Transactions of the Association for Computational Linguistics* 3: 475–488.

Reisinger, J., and R. J. Mooney. 2010. Multi-prototype vector-space models of word meaning. In *Proceedings of the North American Chapter of the Association for Computational Linguistics (NAACL)*.

Reiter, E., and R. Dale. 2000. *Building Natural Language Generation Systems*. Cambridge, UK: Cambridge University Press.

Resnik, P., and N. A. Smith. 2003. The web as a parallel corpus. *Computational Linguistics* 29 (3): 349–380.

Resnik, P., M. B. Olsen, and M. Diab. 1999. The bible as a parallel corpus: Annotating the "Book of 2000 Tongues." *Computers and the Humanities* 33 (1–2): 129–153.

Ribeiro, F. N., M. Araújo, P. Gonçalves, M. A. Gonçalves, and F. Benevenuto. 2016. Sentibench—a benchmark comparison of state-of-the-practice sentiment analysis methods. *EPJ Data Science* 5 (1): 1–29.

Richardson, M., C. J. Burges, and E. Renshaw. 2013. MCTest: A challenge dataset for the open-domain machine comprehension of text. In *Proceedings of Empirical Methods for Natural Language Processing (EMNLP)*.

Riedel, S., L. Yao, and A. McCallum. 2010. Modeling relations and their mentions without labeled text. In *Proceedings of the European Conference on Machine Learning and Principles and Practice of Knowledge Discovery in Databases (ECML)*.

Riedl, M. O., and R. M. Young. 2010. Narrative planning: Balancing plot and character. *Journal of Artificial Intelligence Research* 39: 217–268.

Rieser, V., and O. Lemon. 2011. *Reinforcement Learning for Adaptive Dialogue Systems: A Data-Driven Methodology for Dialogue Management and Natural Language Generation*. New York, NY: Springer.

Riloff, E. 1996. Automatically generating extraction patterns from untagged text. In *Proceedings of the National Conference on Artificial Intelligence (AAAI)*.

Riloff, E., and J. Wiebe. 2003. Learning extraction patterns for subjective expressions. In *Proceedings of Empirical Methods for Natural Language Processing (EMNLP)*.

Ritchie, G. 2001. Current directions in computational humour. *Artificial Intelligence Review* 16 (2): 119–135.

Ritter, A., C. Cherry, and W. B. Dolan. 2011a. Data-driven response generation in social media. In *Proceedings of Empirical Methods for Natural Language Processing (EMNLP)*.

Ritter, A., S. Clark, Mausam, and O. Etzioni. 2011b. Named entity recognition in tweets: An experimental study. In *Proceedings of Empirical Methods for Natural Language Processing (EMNLP)*.

Roark, B., M. Saraclar, and M. Collins. 2007. Discriminative n-gram language modeling. *Computer Speech & Language* 21 (2): 373–392.

Robert, C., and G. Casella. 2013. *Monte Carlo Statistical Methods*. New York, NY: Springer.

Rosenfeld, R. 1996. A maximum entropy approach to adaptive statistical language modelling. *Computer Speech & Language* 10 (3): 187–228.

Ross, S., G. Gordon, and D. Bagnell. 2011. A reduction of imitation learning and structured prediction to no-regret online learning. In *Proceedings of Artificial Intelligence and Statistics (AISTATS)*.

Roy, N., J. Pineau, and S. Thrun. 2000. Spoken dialogue management using probabilistic reasoning. In *Proceedings of the Association for Computational Linguistics (ACL)*.

Rudinger, R., J. Naradowsky, B. Leonard, and B. Van Durme. 2018. Gender bias in coreference resolution. In *Proceedings of the North American Chapter of the Association for Computational Linguistics (NAACL)*.

Rudnicky, A., and W. Xu. 1999. An agenda-based dialog management architecture for spoken language systems. In *Proceedings of the IEEE Automatic Speech Recognition and Understanding Workshop*.

Rush, A. M., S. Chopra, and J. Weston. 2015. A neural attention model for abstractive sentence summarization. In *Proceedings of Empirical Methods for Natural Language Processing (EMNLP)*.

Rush, A. M., D. Sontag, M. Collins, and T. Jaakkola. 2010. On dual decomposition and linear programming relaxations for natural language processing. In *Proceedings of Empirical Methods for Natural Language Processing (EMNLP)*.

Russell, S. J., and P. Norvig. 2009. *Artificial Intelligence: A Modern Approach*, 3rd edn. Upper Saddle River, NJ: Prentice Hall.

Rutherford, A., and N. Xue. 2014. Discovering implicit discourse relations through brown cluster pair representation and coreference patterns. In *Proceedings of the European Chapter of the Association for Computational Linguistics (EACL)*.

Rutherford, A., V. Demberg, and N. Xue. 2017. A systematic study of neural discourse models for implicit discourse relation. In *Proceedings of the European Chapter of the Association for Computational Linguistics (EACL)*.

Sag, I. A., T. Baldwin, F. Bond, A. Copestake, and D. Flickinger. 2002. Multiword expressions: A pain in the neck for NLP. In *Proceedings of the International Conference on Intelligent Text Processing and Computational Linguistics*.

Sagae, K. 2009. Analysis of discourse structure with syntactic dependencies and data-driven shift-reduce parsing. In *Proceedings of the 11th International Conference on Parsing Technologies*.

Sato, M.-A., and S. Ishii. 2000. On-line EM algorithm for the normalized Gaussian network. *Neural Computation* 12 (2): 407–432.

Saurí, R., and J. Pustejovsky. 2009. FactBank: A corpus annotated with event factuality. *Language Resources and Evaluation* 43 (3): 227.

Saxe, A. M., J. L. McClelland, and S. Ganguli. 2014. Exact solutions to the nonlinear dynamics of learning in deep linear neural networks. In *Proceedings of the International Conference on Learning Representations (ICLR)*.

Schank, R. C., and R. Abelson. 1977. *Scripts, Goals, Plans, and Understanding*. Hillsdale, NJ: Erlbaum.

Schapire, R. E., and Y. Singer. 2000. BoosTexter: A boosting-based system for text categorization. *Machine Learning* 39 (2-3): 135–168.

Schaul, T., S. Zhang, and Y. LeCun. 2013. No more pesky learning rates. In *Proceedings of the International Conference on Machine Learning (ICML)*.

Schnabel, T., I. Labutov, D. Mimno, and T. Joachims. 2015. Evaluation methods for unsupervised word embeddings. In *Proceedings of Empirical Methods for Natural Language Processing (EMNLP)*.

Schneider, N., J. Flanigan, and T. O'Gorman. 2015. The logic of AMR: Practical, unified, graph-based sentence semantics for NLP. In *Proceedings of the North American Chapter of the Association for Computational Linguistics (NAACL)*.

Schütze, H. 1998. Automatic word sense discrimination. *Computational Linguistics* 24 (1): 97–123.

Schwarm, S. E., and M. Ostendorf. 2005. Reading level assessment using support vector machines and statistical language models. In *Proceedings of the Association for Computational Linguistics (ACL)*.

See, A., P. J. Liu, and C. D. Manning. 2017. Get to the point: Summarization with pointer-generator networks. In *Proceedings of the Association for Computational Linguistics (ACL)*.

Sennrich, R., B. Haddow, and A. Birch. 2016. Neural machine translation of rare words with subword units. In *Proceedings of the Association for Computational Linguistics (ACL)*.

Serban, I. V., A. Sordoni, Y. Bengio, A. C. Courville, and J. Pineau. 2016. Building end-to-end dialogue systems using generative hierarchical neural network models. In *Proceedings of the National Conference on Artificial Intelligence (AAAI)*.

Settles, B. 2012. Active learning. *Synthesis Lectures on Artificial Intelligence and Machine Learning* 6 (1): 1–114.

Shang, L., Z. Lu, and H. Li. 2015. Neural responding machine for short-text conversation. In *Proceedings of the Association for Computational Linguistics (ACL)*.

Shen, D., and M. Lapata. 2007. Using semantic roles to improve question answering. In *Proceedings of Empirical Methods for Natural Language Processing (EMNLP)*.

Shen, S., Y. Cheng, Z. He, W. He, H. Wu, M. Sun, and Y. Liu. 2016. Minimum risk training for neural machine translation. In *Proceedings of the Association for Computational Linguistics (ACL)*.

Shen, W., J. Wang, and J. Han. 2015. Entity linking with a knowledge base: Issues, techniques, and solutions. *IEEE Transactions on Knowledge and Data Engineering* 27 (2): 443–460.

Shieber, S. M. 1985. Evidence against the context-freeness of natural language. *Linguistics and Philosophy* 8 (3): 333–343.

Siegelmann, H. T., and E. D. Sontag. 1995. On the computational power of neural nets. *Journal of Computer and System Sciences* 50 (1): 132–150.

Singh, S., A. Subramanya, F. Pereira, and A. McCallum. 2011. Large-scale cross-document coreference using distributed inference and hierarchical models. In *Proceedings of the Association for Computational Linguistics (ACL)*.

Sipser, M. 2012. *Introduction to the Theory of Computation*. Boston, MA: Cengage Learning.

Smith, D. A., and J. Eisner. 2006. Minimum risk annealing for training log-linear models. In *Proceedings of the Association for Computational Linguistics (ACL)*.

Smith, D. A., and J. Eisner. 2008. Dependency parsing by belief propagation. In *Proceedings of Empirical Methods for Natural Language Processing (EMNLP)*.

Smith, D. A., and N. A. Smith. 2007. Probabilistic models of nonprojective dependency trees. In *Proceedings of Empirical Methods for Natural Language Processing (EMNLP)*.

Smith, N. A. 2011. Linguistic structure prediction. *Synthesis Lectures on Human Language Technologies* 4 (2): 1–274.

Snover, M., B. Dorr, R. Schwartz, L. Micciulla, and J. Makhoul. 2006. A study of translation edit rate with targeted human annotation. In *Proceedings of the Association for Machine Translation in the Americas (AMTA)*.

Snow, R., B. O'Connor, D. Jurafsky, and A. Y. Ng. 2008. Cheap and fast—but is it good? Evaluating non-expert annotations for natural language tasks. In *Proceedings of Empirical Methods for Natural Language Processing (EMNLP)*.

Snyder, B., and R. Barzilay. 2007. Database-text alignment via structured multilabel classification. In *Proceedings of the International Joint Conference on Artificial Intelligence (IJCAI)*.

Socher, R., B. Huval, C. D. Manning, and A. Y. Ng. 2012. Semantic compositionality through recursive matrix-vector spaces. In *Proceedings of Empirical Methods for Natural Language Processing (EMNLP)*.

Socher, R., J. Bauer, C. D. Manning, and A. Y. Ng. 2013a. Parsing with compositional vector grammars. In *Proceedings of the Association for Computational Linguistics (ACL)*.

Socher, R., A. Perelygin, J. Y. Wu, J. Chuang, C. D. Manning, A. Y. Ng, and C. Potts. 2013b. Recursive deep models for semantic compositionality over a sentiment treebank. In *Proceedings of Empirical Methods for Natural Language Processing (EMNLP)*.

Søgaard, A. 2013. Semi-supervised learning and domain adaptation in natural language processing. *Synthesis Lectures on Human Language Technologies* 6 (2): 1–103.

Solorio, T., and Y. Liu. 2008. Learning to predict code-switching points. In *Proceedings of Empirical Methods for Natural Language Processing (EMNLP)*.

Somasundaran, S., and J. Wiebe. 2009. Recognizing stances in online debates. In *Proceedings of the Association for Computational Linguistics (ACL)*.

Somasundaran, S., G. Namata, J. Wiebe, and L. Getoor. 2009. Supervised and unsupervised methods in employing discourse relations for improving opinion polarity classification. In *Proceedings of Empirical Methods for Natural Language Processing (EMNLP)*.

Song, L., B. Boots, S. M. Siddiqi, G. J. Gordon, and A. J. Smola. 2010. Hilbert space embeddings of hidden Markov models. In *Proceedings of the International Conference on Machine Learning (ICML)*.

Song, L., Y. Zhang, X. Peng, Z. Wang, and D. Gildea. 2016. AMR-to-text generation as a traveling salesman problem. In *Proceedings of Empirical Methods for Natural Language Processing (EMNLP)*.

Soon, W. M., H. T. Ng, and D. C. Y. Lim. 2001. A machine learning approach to coreference resolution of noun phrases. *Computational Linguistics* 27 (4): 521–544.

Sordoni, A., M. Galley, M. Auli, C. Brockett, Y. Ji, M. Mitchell, J.-Y. Nie, J. Gao, and B. Dolan. 2015. A neural network approach to context-sensitive generation of conversational responses. In *Proceedings of the North American Chapter of the Association for Computational Linguistics (NAACL)*.

Soricut, R., and D. Marcu. 2003. Sentence level discourse parsing using syntactic and lexical information. In *Proceedings of the North American Chapter of the Association for Computational Linguistics (NAACL)*.

Sowa, J. F. 2000. *Knowledge Representation: Logical, Philosophical, and Computational Foundations*. Pacific Grove, CA: Brooks/Cole.

Spärck Jones, K. 1972. A statistical interpretation of term specificity and its application in retrieval. *Journal of Documentation* 28 (1): 11–21.

Spitkovsky, V. I., H. Alshawi, D. Jurafsky, and C. D. Manning. 2010. Viterbi training improves unsupervised dependency parsing. In *Proceedings of the Conference on Natural Language Learning (CoNLL)*.

Sporleder, C., and M. Lapata. 2005. Discourse chunking and its application to sentence compression. In *Proceedings of Empirical Methods for Natural Language Processing (EMNLP)*.

Sproat, R., W. Gale, C. Shih, and N. Chang. 1996. A stochastic finite-state word-segmentation algorithm for Chinese. *Computational Linguistics* 22 (3): 377–404.

Sproat, R., A. W. Black, S. Chen, S. Kumar, M. Ostendorf, and C. Richards. 2001. Normalization of non-standard words. *Computer Speech & Language* 15 (3): 287–333.

Sra, S., S. Nowozin, and S. J. Wright. 2012. *Optimization for Machine Learning*. Cambridge, MA: MIT Press.

Srivastava, N., G. Hinton, A. Krizhevsky, I. Sutskever, and R. Salakhutdinov. 2014. Dropout: A simple way to prevent neural networks from overfitting. *The Journal of Machine Learning Research* 15 (1): 1929–1958.

Srivastava, R. K., K. Greff, and J. Schmidhuber. 2015. Training very deep networks. In *Neural Information Processing Systems (NeurIPS)*.

Stab, C., and I. Gurevych. 2014a. Annotating argument components and relations in persuasive essays. In *Proceedings of the International Conference on Computational Linguistics (COLING)*.

Stab, C., and I. Gurevych. 2014b. Identifying argumentative discourse structures in persuasive essays. In *Proceedings of Empirical Methods for Natural Language Processing (EMNLP)*.

Stede, M. 2011. *Discourse Processing*. Vol. 4 of *Synthesis Lectures on Human Language Technologies*. San Rafael, CA: Morgan & Claypool.

Steedman, M., and J. Baldridge. 2011. Combinatory categorial grammar. In *Non-Transformational Syntax: Formal and Explicit Models of Grammar*, eds. K. Börjars and R. D. Borsley. Hoboken, NJ: Wiley-Blackwell.

Stenetorp, P., S. Pyysalo, G. Topić, T. Ohta, S. Ananiadou, and J. Tsujii. 2012. BRAT: A web-based tool for NLP-assisted text annotation. In *Proceedings of the European Chapter of the Association for Computational Linguistics (EACL)*.

Stern, M., J. Andreas, and D. Klein. 2017. A minimal span-based neural constituency parser. In *Proceedings of the Association for Computational Linguistics (ACL)*.

Stolcke, A., K. Ries, N. Coccaro, E. Shriberg, R. Bates, D. Jurafsky, P. Taylor, R. Martin, C. Van Ess-Dykema, and M. Meteer. 2000. Dialogue act modeling for automatic tagging and recognition of conversational speech. *Computational Linguistics* 26 (3): 339–373.

Stone, P. J. 1966. *The General Inquirer: A Computer Approach to Content Analysis*. Cambridge, MA: MIT Press.

Stoyanov, V., N. Gilbert, C. Cardie, and E. Riloff. 2009. Conundrums in noun phrase coreference resolution: Making sense of the state-of-the-art. In *Proceedings of the Association for Computational Linguistics (ACL)*.

Strang, G. 2016. *Introduction to Linear Algebra*, 5th edn. Wellesley, MA: Wellesley-Cambridge Press.

Strubell, E., P. Verga, D. Belanger, and A. McCallum. 2017. Fast and accurate entity recognition with iterated dilated convolutions. In *Proceedings of Empirical Methods for Natural Language Processing (EMNLP)*.

Suchanek, F. M., G. Kasneci, and G. Weikum. 2007. Yago: A core of semantic knowledge. In *Proceedings of the Conference on World-Wide Web (WWW)*.

Sun, X., T. Matsuzaki, D. Okanohara, and J. Tsujii. 2009. Latent variable perceptron algorithm for structured classification. In *Proceedings of the International Joint Conference on Artificial Intelligence (IJCAI)*.

Sun, Y., L. Lin, D. Tang, N. Yang, Z. Ji, and X. Wang. 2015. Modeling mention, context and entity with neural networks for entity disambiguation. In *Proceedings of the International Joint Conference on Artificial Intelligence (IJCAI)*.

Sundermeyer, M., R. Schlüter, and H. Ney. 2012. LSTM neural networks for language modeling. In *Proceedings of the International Speech Communication Association (INTERSPEECH)*.

Surdeanu, M., J. Tibshirani, R. Nallapati, and C. D. Manning. 2012. Multi-instance multi-label learning for relation extraction. In *Proceedings of Empirical Methods for Natural Language Processing (EMNLP)*.

Sutskever, I., O. Vinyals, and Q. V. Le. 2014. Sequence to sequence learning with neural networks. In *Neural Information Processing Systems (NeurIPS)*.

Sutton, R. S., and A. G. Barto. 2019. *Reinforcement Learning: An Introduction*, 2nd edn. Cambridge, MA: MIT Press.

Sutton, R. S., D. A. McAllester, S. P. Singh, and Y. Mansour. 2000. Policy gradient methods for reinforcement learning with function approximation. In *Neural Information Processing Systems (NeurIPS)*.

Suzuki, J., S. Takase, H. Kamigaito, M. Morishita, and M. Nagata. 2018. An empirical study of building a strong baseline for constituency parsing. In *Proceedings of the Association for Computational Linguistics (ACL)*.

Sweeney, L. 2013. Discrimination in online ad delivery. *Queue* 11 (3): 10.

Taboada, M., and W. C. Mann. 2006. Rhetorical structure theory: Looking back and moving ahead. *Discourse Studies* 8 (3): 423–459.

Taboada, M., J. Brooke, M. Tofiloski, K. Voll, and M. Stede. 2011. Lexicon-based methods for sentiment analysis. *Computational Linguistics* 37 (2): 267–307.

Täckström, O., K. Ganchev, and D. Das. 2015. Efficient inference and structured learning for semantic role labeling. *Transactions of the Association for Computational Linguistics* 3: 29–41.

Täckström, O., R. McDonald, and J. Uszkoreit. 2012. Cross-lingual word clusters for direct transfer of linguistic structure. In *Proceedings of the North American Chapter of the Association for Computational Linguistics (NAACL)*.

Tang, D., B. Qin, and T. Liu. 2015. Document modeling with gated recurrent neural network for sentiment classification. In *Proceedings of Empirical Methods for Natural Language Processing (EMNLP)*.

Taskar, B., C. Guestrin, and D. Koller. 2003. Max-margin Markov networks. In *Neural Information Processing Systems (NeurIPS)*.

Tausczik, Y. R., and J. W. Pennebaker. 2010. The psychological meaning of words: LIWC and computerized text analysis methods. *Journal of Language and Social Psychology* 29 (1): 24–54.

Teh, Y. W. 2006. A hierarchical Bayesian language model based on Pitman-Yor processes. In *Proceedings of the Association for Computational Linguistics (ACL)*.

Tesnière, L. 1966. *Éléments de Syntaxe Structurale*, 2nd edn. Paris: Klincksieck.

Teufel, S., and M. Moens. 2002. Summarizing scientific articles: experiments with relevance and rhetorical status. *Computational Linguistics* 28 (4): 409–445.

Teufel, S., J. Carletta, and M. Moens. 1999. An annotation scheme for discourse-level argumentation in research articles. In *Proceedings of the European Chapter of the Association for Computational Linguistics (EACL)*.

Thomas, M., B. Pang, and L. Lee. 2006. Get out the vote: Determining support or opposition from Congressional floor-debate transcripts. In *Proceedings of Empirical Methods for Natural Language Processing (EMNLP)*.

Tibshirani, R. 1996. Regression shrinkage and selection via the lasso. *Journal of the Royal Statistical Society. Series B (Methodological)*.

Titov, I., and J. Henderson. 2007. Constituent parsing with incremental sigmoid belief networks. In *Proceedings of the Association for Computational Linguistics (ACL)*.

Toutanova, K., D. Klein, C. D. Manning, and Y. Singer. 2003. Feature-rich part-of-speech tagging with a cyclic dependency network. In *Proceedings of the North American Chapter of the Association for Computational Linguistics (NAACL)*.

Trivedi, R., and J. Eisenstein. 2013. Discourse connectors for latent subjectivity in sentiment analysis. In *Proceedings of the North American Chapter of the Association for Computational Linguistics (NAACL)*.

Tromble, R. W., and J. Eisner. 2006. A fast finite-state relaxation method for enforcing global constraints on sequence decoding. In *Proceedings of the North American Chapter of the Association for Computational Linguistics (NAACL)*.

Tsochantaridis, I., T. Hofmann, T. Joachims, and Y. Altun. 2004. Support vector machine learning for interdependent and structured output spaces. In *Proceedings of the International Conference on Machine Learning (ICML)*.

Tsvetkov, Y., M. Faruqui, W. Ling, G. Lample, and C. Dyer. 2015. Evaluation of word vector representations by subspace alignment. In *Proceedings of Empirical Methods for Natural Language Processing (EMNLP)*.

Tu, Z., Z. Lu, Y. Liu, X. Liu, and H. Li. 2016. Modeling coverage for neural machine translation. In *Proceedings of the Association for Computational Linguistics (ACL)*.

Turian, J., L. Ratinov, and Y. Bengio. 2010. Word representations: A simple and general method for semi-supervised learning. In *Proceedings of the Association for Computational Linguistics (ACL)*.

Turing, A. M. 2009. Computing machinery and intelligence. In *Parsing the Turing Test*, eds. R. Epstein, G. Roberts, and G. Beber, 23–65. New York, NY: Springer.

Turney, P. D., and P. Pantel. 2010. From frequency to meaning: Vector space models of semantics. *Journal of Artificial Intelligence Research* 37: 141–188.

Tutin, A., and R. Kittredge. 1992. Lexical choice in context: Generating procedural texts. In *Proceedings of the International Conference on Computational Linguistics (COLING)*.

Twain, M. 1997. *A Tramp Abroad*. New York: Penguin.

Tzeng, E., J. Hoffman, T. Darrell, and K. Saenko. 2015. Simultaneous deep transfer across domains and tasks. In *Proceedings of the International Conference on Computer Vision (ICCV)*.

Usunier, N., D. Buffoni, and P. Gallinari. 2009. Ranking with ordered weighted pairwise classification. In *Proceedings of the International Conference on Machine Learning (ICML)*.

Uthus, D. C., and D. W. Aha. 2013. The Ubuntu chat corpus for multiparticipant chat analysis. In *AAAI Spring Symposium: Analyzing Microtext*.

Utiyama, M., and H. Isahara. 2001. A statistical model for domain-independent text segmentation. In *Proceedings of the Association for Computational Linguistics (ACL)*.

Utiyama, M., and H. Isahara. 2007. A comparison of pivot methods for phrase-based statistical machine translation. In *Proceedings of the North American Chapter of the Association for Computational Linguistics (NAACL)*.

Uzuner, Ö., X. Zhang, and T. Sibanda. 2009. Machine learning and rule-based approaches to assertion classification. *Journal of the American Medical Informatics Association* 16 (1): 109–115.

Vadas, D., and J. R. Curran. 2011. Parsing noun phrases in the Penn Treebank. *Computational Linguistics* 37 (4): 753–809.

Van Eynde, F. 2006. NP-internal agreement and the structure of the noun phrase. *Journal of Linguistics* 42 (1): 139–186.

Van Gael, J., A. Vlachos, and Z. Ghahramani. 2009. The infinite HMM for unsupervised PoS tagging. In *Proceedings of Empirical Methods for Natural Language Processing (EMNLP)*.

Vaswani, A., N. Shazeer, N. Parmar, J. Uszkoreit, L. Jones, A. N. Gomez, Ł. Kaiser, and I. Polosukhin. 2017. Attention is all you need. In *Neural Information Processing Systems (NeurIPS)*.

Vaswani, A., S. Bengio, E. Brevdo, F. Chollet, A. N. Gomez, S. Gouws, L. Jones, L. Kaiser, N. Kalchbrenner, N. Parmar, R. Sepassi, N. Shazeer, and J. Uszkoreit. 2018. Tensor2tensor for neural machine translation. *CoRR* abs/1803.07416.

Velldal, E., L. Øvrelid, J. Read, and S. Oepen. 2012. Speculation and negation: Rules, rankers, and the role of syntax. *Computational Linguistics* 38 (2): 369–410.

Versley, Y. 2011. Towards finer-grained tagging of discourse connectives. In *Proceedings of the Workshop Beyond Semantics: Corpus-Based Investigations of Pragmatic and Discourse Phenomena*.

Vilain, M., J. Burger, J. Aberdeen, D. Connolly, and L. Hirschman. 1995. A model-theoretic coreference scoring scheme. In *Proceedings of the 6th Conference on Message Understanding*.

Vincent, P., H. Larochelle, I. Lajoie, Y. Bengio, and P.-A. Manzagol. 2010. Stacked denoising autoencoders: Learning useful representations in a deep network with a local denoising criterion. *The Journal of Machine Learning Research* 11: 3371–3408.

Vincze, V., G. Szarvas, R. Farkas, G. Móra, and J. Csirik. 2008. The BioScope corpus: Biomedical texts annotated for uncertainty, negation and their scopes. *BMC Bioinformatics* 9 (11): 9.

Vinyals, O., A. Toshev, S. Bengio, and D. Erhan. 2015. Show and tell: A neural image caption generator. In *Proceedings of Computer Vision and Pattern Recognition (CVPR)*.

Viterbi, A. 1967. Error bounds for convolutional codes and an asymptotically optimum decoding algorithm. *IEEE Transactions on Information Theory* 13 (2): 260–269.

Voll, K., and M. Taboada. 2007. Not all words are created equal: Extracting semantic orientation as a function of adjective relevance. In *Proceedings of Australian Conference on Artificial Intelligence*.

Wager, S., S. Wang, and P. S. Liang. 2013. Dropout training as adaptive regularization. In *Neural Information Processing Systems (NeurIPS)*.

Wainwright, M. J., and M. I. Jordan. 2008. Graphical models, exponential families, and variational inference. *Foundations and Trends in Machine Learning* 1 (1-2): 1–305.

Walker, M. A. 2000. An application of reinforcement learning to dialogue strategy selection in a spoken dialogue system for email. *Journal of Artificial Intelligence Research* 12: 387–416.

Walker, M. A., J. E. Cahn, and S. J. Whittaker. 1997. Improvising linguistic style: Social and affective bases for agent personality. In *Proceedings of the First International Conference on Autonomous Agents*.

Wang, C., N. Xue, and S. Pradhan. 2015. A transition-based algorithm for AMR parsing. In *Proceedings of the North American Chapter of the Association for Computational Linguistics (NAACL)*.

Wang, H., T. Onishi, K. Gimpel, and D. McAllester. 2017. Emergent predication structure in hidden state vectors of neural readers. In *Proceedings of the 2nd Workshop on Representation Learning for NLP*.

Weaver, W. 1955. Translation. In *Machine Translation of Languages*, eds. W. N. Locke and A. D. Booth, Vol. 14, 15–23. Cambridge, MA: MIT Press.

Webber, B. 2004. D-LTAG: Extending lexicalized TAG to discourse. *Cognitive Science* 28 (5): 751–779.

Webber, B., and A. Joshi. 2012. Discourse structure and computation: Past, present and future. In *Proceedings of the ACL-2012 Special Workshop on Rediscovering 50 Years of Discoveries*.

Webber, B., M. Egg, and V. Kordoni. 2012. Discourse structure and language technology. *Journal of Natural Language Engineering* 18 (4): 437–490.

Wei, G. C., and M. A. Tanner. 1990. A Monte Carlo implementation of the EM algorithm and the poor man's data augmentation algorithms. *Journal of the American Statistical Association* 85 (411): 699–704.

Weinberger, K., A. Dasgupta, J. Langford, A. Smola, and J. Attenberg. 2009. Feature hashing for large scale multitask learning. In *Proceedings of the International Conference on Machine Learning (ICML)*.

Weizenbaum, J. 1966. Eliza–A computer program for the study of natural language communication between man and machine. *Communications of the ACM* 9 (1): 36–45.

Wellner, B., and J. Pustejovsky. 2007. Automatically identifying the arguments of discourse connectives. In *Proceedings of Empirical Methods for Natural Language Processing (EMNLP)*.

Wen, T.-H., M. Gasic, N. Mrkšić, P.-H. Su, D. Vandyke, and S. Young. 2015. Semantically conditioned LSTM-based natural language generation for spoken dialogue systems. In *Proceedings of Empirical Methods for Natural Language Processing (EMNLP)*.

Weston, J., S. Bengio, and N. Usunier. 2011. Wsabie: Scaling up to large vocabulary image annotation. In *Proceedings of the International Joint Conference on Artificial Intelligence (IJCAI)*.

Wiebe, J., T. Wilson, and C. Cardie. 2005. Annotating expressions of opinions and emotions in language. *Language Resources and Evaluation* 39 (2): 165–210.

Wieting, J., M. Bansal, K. Gimpel, and K. Livescu. 2016a. CHARAGRAM: Embedding words and sentences via character n-grams. In *Proceedings of Empirical Methods for Natural Language Processing (EMNLP)*.

Wieting, J., M. Bansal, K. Gimpel, and K. Livescu. 2016b. Towards universal paraphrastic sentence embeddings. In *Proceedings of the International Conference on Learning Representations (ICLR)*.

Williams, J. D., and S. Young. 2007. Partially observable Markov decision processes for spoken dialog systems. *Computer Speech & Language* 21 (2): 393–422.

Williams, P., R. Sennrich, M. Post, and P. Koehn. 2016. *Syntax-Based Statistical Machine Translation*, Vol. 9. San Rafael, CA: Morgan & Claypool.

Wilson, T., J. Wiebe, and P. Hoffmann. 2005. Recognizing contextual polarity in phrase-level sentiment analysis. In *Proceedings of Empirical Methods for Natural Language Processing (EMNLP)*.

Winograd, T. 1972. Understanding natural language. *Cognitive Psychology* 3 (1): 1–191.

Wiseman, S., A. M. Rush, and S. M. Shieber. 2016. Learning global features for coreference resolution. In *Proceedings of the North American Chapter of the Association for Computational Linguistics (NAACL)*.

Wiseman, S., S. Shieber, and A. Rush. 2017. Challenges in data-to-document generation. In *Proceedings of Empirical Methods for Natural Language Processing (EMNLP)*.

Wiseman, S. J., A. M. Rush, S. M. Shieber, and J. Weston. 2015. Learning anaphoricity and antecedent ranking features for coreference resolution. In *Proceedings of the Association for Computational Linguistics (ACL)*.

Wolf, F., and E. Gibson. 2005. Representing discourse coherence: A corpus-based study. *Computational Linguistics* 31 (2): 249–287.

Wolfe, T., M. Dredze, and B. Van Durme. 2017. Pocket knowledge base population. In *Proceedings of the Association for Computational Linguistics (ACL)*.

Wong, Y. W., and R. J. Mooney. 2006. Learning for semantic parsing with statistical machine translation. In *Proceedings of the North American Chapter of the Association for Computational Linguistics (NAACL)*.

Wong, Y. W., and R. Mooney. 2007. Generation by inverting a semantic parser that uses statistical machine translation. In *Proceedings of the North American Chapter of the Association for Computational Linguistics (NAACL)*.

Wu, B. Y., and K.-M. Chao. 2004. *Spanning Trees and Optimization Problems*. Boca Raton, FL: CRC Press.

Wu, D. 1997. Stochastic inversion transduction grammars and bilingual parsing of parallel corpora. *Computational Linguistics* 23 (3): 377–403.

Wu, F., and D. S. Weld. 2010. Open information extraction using Wikipedia. In *Proceedings of the Association for Computational Linguistics (ACL)*.

Wu, X., R. Ward, and L. Bottou. 2018. WNGrad: Learn the learning rate in gradient descent. *arXiv preprint arXiv:1803.02865*.

Wu, Y., M. Schuster, Z. Chen, Q. V. Le, M. Norouzi, W. Macherey, M. Krikun, Y. Cao, Q. Gao, K. Macherey, J. Klingner, A. Shah, M. Johnson, X. Liu, Łukasz Kaiser, S. Gouws, Y. Kato, T. Kudo, H. Kazawa, K. Stevens, G. Kurian, N. Patil, W. Wang, C. Young, J. Smith, J. Riesa, A. Rudnick, + O. Vinyals, G. Corrado, M. Hughes, and J. Dean. 2016. Google's neural machine translation system: Bridging the gap between human and machine translation. *CoRR* abs/1609.08144.

Xia, F. 2000. The part-of-speech tagging guidelines for the Penn Chinese Treebank (3.0), Technical report, University of Pennsylvania Institute for Research in Cognitive Science.

Xu, K., J. Ba, R. Kiros, K. Cho, A. Courville, R. Salakhudinov, R. Zemel, and Y. Bengio. 2015. Show, attend and tell: Neural image caption generation with visual attention. In *Proceedings of the International Conference on Machine Learning (ICML)*.

Xu, W., X. Liu, and Y. Gong. 2003. Document clustering based on non-negative matrix factorization. In *Proceedings of the ACM SIGIR Conference on Research and Development in Information Retrieval*.

Xu, Y., L. Mou, G. Li, Y. Chen, H. Peng, and Z. Jin. 2015. Classifying relations via long short term memory networks along shortest dependency paths. In *Proceedings of Empirical Methods for Natural Language Processing (EMNLP)*.

Xuan Bach, N., N. L. Minh, and A. Shimazu. 2012. A reranking model for discourse segmentation using subtree features. In *Proceedings of the Special Interest Group on Discourse and Dialogue (SIGDIAL)*.

Xue, N. 2003. Chinese word segmentation as character tagging. *Computational Linguistics and Chinese Language Processing* 8 (1): 29–48.

Xue, N., H. T. Ng, S. Pradhan, R. Prasad, C. Bryant, and A. T. Rutherford. 2015. The CoNLL-2015 shared task on shallow discourse parsing. In *Proceedings of the Conference on Natural Language Learning (CoNLL)*.

Yamada, H., and Y. Matsumoto. 2003. Statistical dependency analysis with support vector machines. In *Proceedings of the 8th International Workshop on Parsing Technologies (IWPT)*.

Yamada, K., and K. Knight. 2001. A syntax-based statistical translation model. In *Proceedings of the Association for Computational Linguistics (ACL)*.

Yang, B., and C. Cardie. 2014. Context-aware learning for sentence-level sentiment analysis with posterior regularization. In *Proceedings of the Association for Computational Linguistics (ACL)*.

Yang, Y., and J. Eisenstein. 2013. A log-linear model for unsupervised text normalization. In *Proceedings of Empirical Methods for Natural Language Processing (EMNLP)*.

Yang, Y., and J. Eisenstein. 2015. Unsupervised multi-domain adaptation with feature embeddings. In *Proceedings of the North American Chapter of the Association for Computational Linguistics (NAACL)*.

Yang, Y., M.-W. Chang, and J. Eisenstein. 2016. Toward socially-infused information extraction: Embedding authors, mentions, and entities. In *Proceedings of Empirical Methods for Natural Language Processing (EMNLP)*.

Yang, Y., W.-t. Yih, and C. Meek. 2015. WikiQA: A challenge dataset for open-domain question answering. In *Proceedings of Empirical Methods for Natural Language Processing (EMNLP)*.

Yannakoudakis, H., T. Briscoe, and B. Medlock. 2011. A new dataset and method for automatically grading ESOL texts. In *Proceedings of the Association for Computational Linguistics (ACL)*.

Yarowsky, D. 1995. Unsupervised word sense disambiguation rivaling supervised methods. In *Proceedings of the Association for Computational Linguistics (ACL)*.

Yee, L. C., and T. Y. Jones. 2012. Apple CEO in China mission to clear up problems. *Reuters*. March 27.

Yi, Y., C.-Y. Lai, S. Petrov, and K. Keutzer. 2011. Efficient parallel CKY parsing on GPUs. In *Proceedings of the 12th International Conference on Parsing Technologies*.

Yu, C.-N. J., and T. Joachims. 2009. Learning structural SVMs with latent variables. In *Proceedings of the International Conference on Machine Learning (ICML)*.

Yu, F., and V. Koltun. 2016. Multi-scale context aggregation by dilated convolutions. In *Proceedings of the International Conference on Learning Representations (ICLR)*.

Zaidan, O. F., and C. Callison-Burch. 2011. Crowdsourcing translation: Professional quality from non-professionals. In *Proceedings of the Association for Computational Linguistics (ACL)*.

Zaremba, W., I. Sutskever, and O. Vinyals. 2014. Recurrent neural network regularization. *arXiv preprint arXiv:1409.2329*.

Zeiler, M. D. 2012. ADADELTA: An adaptive learning rate method. *arXiv preprint arXiv:1212.5701*.

Zelenko, D., C. Aone, and A. Richardella. 2003. Kernel methods for relation extraction. *The Journal of Machine Learning Research* 3: 1083–1106.

Zelle, J. M., and R. J. Mooney. 1996. Learning to parse database queries using inductive logic programming. In *Proceedings of the National Conference on Artificial Intelligence (AAAI)*.

Zeng, D., K. Liu, S. Lai, G. Zhou, and J. Zhao. 2014. Relation classification via convolutional deep neural network. In *Proceedings of the International Conference on Computational Linguistics (COLING)*.

Zettlemoyer, L. S., and M. Collins. 2005. Learning to map sentences to logical form: Structured classification with probabilistic categorial grammars. In *Proceedings of Uncertainty in Artificial Intelligence (UAI)*.

Zhang, C., S. Bengio, M. Hardt, B. Recht, and O. Vinyals. 2017. Understanding deep learning requires rethinking generalization. In *Proceedings of the International Conference on Learning Representations (ICLR)*.

Zhang, X., J. Zhao, and Y. LeCun. 2015. Character-level convolutional networks for text classification. In *Neural Information Processing Systems (NeurIPS)*.

Zhang, Y., and S. Clark. 2008. A tale of two parsers: Investigating and combining graph-based and transition-based dependency parsing using beam-search. In *Proceedings of Empirical Methods for Natural Language Processing (EMNLP)*.

Zhang, Y., and J. Nivre. 2011. Transition-based dependency parsing with rich non-local features. In *Proceedings of the Association for Computational Linguistics (ACL)*.

Zhang, Y., T. Lei, R. Barzilay, T. Jaakkola, and A. Globerson. 2014. Steps to excellence: Simple inference with refined scoring of dependency trees. In *Proceedings of the Association for Computational Linguistics (ACL)*.

Zhang, Z. 2017. A note on counting dependency trees. *arXiv preprint arXiv:1708.08789*.

Zhao, J., T. Wang, M. Yatskar, V. Ordonez, and K.-W. Chang. 2018. Gender bias in coreference resolution: Evaluation and debiasing methods. In *Proceedings of the North American Chapter of the Association for Computational Linguistics (NAACL)*.

Zhou, J., and W. Xu. 2015. End-to-end learning of semantic role labeling using recurrent neural networks. In *Proceedings of the Association for Computational Linguistics (ACL)*.

Zhu, J., Z. Nie, X. Liu, B. Zhang, and J.-R. Wen. 2009. StatSnowball: a statistical approach to extracting entity relationships. In *Proceedings of the Conference on World-Wide Web (WWW)*.

Zhu, X., and A. B. Goldberg. 2009. *Introduction to Semi-Supervised Learning*. San Rafael, CA: Morgan & Claypool.

Zhu, X., Z. Ghahramani, and J. D. Lafferty. 2003. Semi-supervised learning using Gaussian fields and harmonic functions. In *Proceedings of the International Conference on Machine Learning (ICML)*.

Zipf, G. K. 1949. *Human Behavior and the Principle of Least Effort*. Reading, MA: Addison-Wesley.

Zirn, C., M. Niepert, H. Stuckenschmidt, and M. Strube. 2011. Fine-grained sentiment analysis with structural features. In *Proceedings of the International Joint Conference on Artificial Intelligence (IJCAI)*.

Zou, W. Y., R. Socher, D. Cer, and C. D. Manning. 2013. Bilingual word embeddings for phrase-based machine translation. In *Proceedings of Empirical Methods for Natural Language Processing (EMNLP)*.

찾아보기

자연어 처리의 정석

자연어 처리의 A-Z 과거부터 최근 연구까지

발 행 | 2022년 5월 30일

지은이 | 제이콥 에이젠슈테인
옮긴이 | 이 동 근 · 김 근 호

펴낸이 | 권 성 준
편집장 | 황 영 주
편 집 | 조 유 나
          김 진 아
디자인 | 윤 서 빈

에이콘출판주식회사
서울특별시 양천구 국회대로 287 (목동)
전화 02-2653-7600, 팩스 02-2653-0433
www.acornpub.co.kr / editor@acornpub.co.kr

한국어판 ⓒ 에이콘출판주식회사, 2022, Printed in Korea.
ISBN 979-11-6175-645-5
http://www.acornpub.co.kr/book/introduction-nlp

책값은 뒤표지에 있습니다.